—修订版—

陈寅恪与傅斯年

岳南◎著

獨立之精神

自由之思想

岳麓書社　博集天卷 CS-BOOKY

目 录

目 录

目　　录

目　　录

序 | 独为神州惜大儒

前几天，岳南先生来到我的寓所，携来《陈寅恪与傅斯年》书稿，嘱我看后提些意见。我虽是九十八岁的老人，精力不济，但面对这部撰述陈傅两位恩师，并插有堂兄何思源青年时代与陈傅二师一起留学欧洲相交甚笃的图片和文字大作，百感交集，遂未做推辞，决定先读为快。书稿翻阅一遍，一幕幕往事涌上心头，两位大师的身影又在眼前浮现。既然作者有此盛意，借此机会，说一说陈傅二师对我的栽培和教诲，顺便写下一点读后感言，算是对两位恩师的纪念，以及对作者岳南先生为此付出心血与汗水的答谢吧。

我是 1931 年冬认识傅先生的。1931 年暑假，我考上北京大学，进入史学系。我的堂兄何思源（仙槎）写信给傅先生，请他做我的保证人。他们是五四时期的同学好友，后来又一起在欧洲留学数载。我于一个晚上持信去看他，那时傅先生住在西城内平安里往东不远再往北的一个胡同里，好像是厂桥胡同吧。

傅先生热情接待了我，和我谈了大学应如何学习，并嘱我两句话："一定要学好古文，一定要学好外语。"说来惭愧，我一生既没有学好古文，也没有学好外语，但越来越觉得学好古文和学好外语的重要，时时想起傅先生这两句话，念念不忘。

傅斯年先生有学术心，也有学术事业心。他北大毕业后留学欧洲，回国后在中山大学教书，不久就在中山大学创办了"语言历史研究所"，这是 1927 年秋天的事。1928 年 10 月，傅斯年又在中山大学语言历史研究所的基础上，筹备建立了中央研究院历史语言研究所。史语所成立后他出任所长，一直到 1950 年去世。他的社会、政治领域的职务千变万化，名堂甚多，但史语所所长这个职务却是他一直担任到底的。他以史语所为基础，对中国近代学术事业做出了很大贡献，中国的历史、语言研究由此向前推进了一大步。特别是田野考古工作，可以说是到傅先生与李济、梁思永等那一代人手中才成为科学的，小屯殷墟的考古发掘是傅先生和史语所同人建立起来的最早的科学工作。傅斯年主持中央研究院历史语言研究所的二十三年中，为中国史学、考古学、语言学、民族学培养了众多人才。新中国成立后，一大批在这方面有贡献的学者，大多都受过他的培养。因而在这一领域，傅斯年是当之无愧的第一功臣。

傅先生是北大培养出来的，也是著名的五四运动学生领袖，对北大有一种特别的感情，在他一生的事业中，除了创办史语所，对北大也功不可没。抗战前，傅斯年除了担任史语所所长，还兼任北大历史系教授、文科研究所所长等职务。我在北大读书的那四年，和傅先生接触不多，但听过他讲的中国古代史课程。他讲西周史，处处有新意，有创见，使人开阔眼界，开阔胸襟。听他的课，很佩服他广博的学问和深厚的功力。前几年，美籍华人、著名考古学家张光直教授称赞傅先生是一位历史天才，他的《夷夏东西说》一篇文章奠定了他的天才地位，并说此文与董作宾的《甲骨文断代研究例》，是他所看到的有创始性和突破性的最好的两篇文章。在我看来，傅先生除了这篇名满天下的雄文之外，在他身后留下的有关中国古代史的文字中，我更看重《周东封与殷遗民》、《大东小东说——兼论鲁、燕、齐初封在成周东南而后乃东迁》、《姜原》，以及《论所谓五等爵》等篇章。这些文章的好，不在于篇篇掷地有声，而在于它们和《夷夏东西说》一样，都是有创始性和突破性的大手笔与天才之作，只有大手笔和真正的天才，才能写出这般具有史识、史见，震古烁今的光辉篇章。

我说傅斯年是我的老师，这老师不是泛泛的老师而是真正意义上的恩师。1935年我从北大毕业，他邀我去史语所工作，我没有去，而是赴日本读书。抗战爆发后，我回国在重庆编杂志，写社论，在机关里混。后来失了业，中英庚款董事会拨发一部分专款资助一些人在国内做研究工作，我请傅先生推荐我，取得了中英庚款资助，研究魏晋南北朝史。我有了收入，一家三口生活得以维持。

1944年，何思源大哥回山东任山东省政府主席，要带我回山东做官。当时我正在国民党中央训练委员会任编审，该会的负责人是段锡朋，段与傅斯年先生同为五四运动时期学生领袖，为人精明苛刻。我原已不想再在训练委员会待下去，但也不愿去山东做官，我还有自知之明，自知做官是最无能的。抗战后期论政之心已倦，极愿回书斋生活。我去看傅先生，说我愿去史语所念书。傅先生说："毕业时就约你来，你不来。"就这样我进了当时已搬迁到四川南溪县李庄镇的中央研究院历史语言研究所。

在李庄，我和傅先生见面的机会就多了，只是我同所内大多数学长、学弟一样，对傅先生是又尊敬又拘束，用三个字来表达，那就是"敬""怕""亲"。所谓敬，大家对傅先生的学问没有不是满心尊敬、佩服和崇拜的；对于怕和亲，说老实话，傅先生的性情不同常人，极易冲动、暴怒，像个孩子，因而大家对他既怕又亲。正像董作宾所说：其实傅先生对朋友，对同人，原是一片赤子之心，同人爱他之处也在此，但年轻人的"敬"和"怕"却又压住了他们的"亲"。或许这便是当时的内在真情吧。

抗战之后，我去美国留学，1950年回到北京，12月去看郑天挺师，进门他就对我说："孟真（傅斯年先生的字）先生去世了！"我一时愕然，沉默了半天没说话。

行文至此，禁不住思绪缥缈，泪眼婆娑，一时回到北大，一时回到李庄，一时又回到现在，情肠交结，不忍追忆。当年史语所在李庄的几十口子同人、师友，傅先生去了，董作宾先生去了，李济先生、梁思永先生、石璋如先生、夏鼐先生，以及与李庄擦肩而过的陈寅恪师也去了。想到这里，真是"欲祭疑君在，天涯哭此时"，令人备感伤神。

屈指算来，到今天，傅斯年师去世已五十八个年头，而陈寅恪师去世已三十九年矣。我自己也渐渐老了。回忆接受傅斯年、陈寅恪师教诲的日子，犹历历在目，感念不已。

我与陈寅恪师相识于抗战爆发之后的西南之地，最早见到他是在重庆，后来我到了史语所历史组任助理研究员，成为陈寅恪先生的学生与下属。尽管接触不多，但有论文经常寄给他请教。在李庄的后期，陈寅恪师已赴成都燕大任教，他的眼睛已患严重的疾病，但对我的论文与晋升职称等事宜，时刻挂念在心，这样的事例从陈傅二师通信中还可以看到，岳南先生在著作中已有摘录，不赘。有一次，听从成都回李庄的一位史语所同事说，他去拜访陈寅恪先生时，陈师对我的学问与人品还夸奖了一番。我听后受宠若惊，感到莫大的荣幸，同时也感汗颜。抗战胜利后，陈先生从英国治病回到南京，住在俞大维公馆。这个时候，我与先生的接触就多了起来，经常受傅斯年先生或董作宾先生委派，给他送信、送物或者送钱等。借此机会，我也请教了一些史学上的难题，已双目失明的陈师都一一作答，令我深受感动。

陈寅恪先生是三百年甚至一千年乃得一见的学术大师，傅斯年先生是20世纪中国史学界、国学界当之无愧的天才、奇才和大师级人物。如果用"最好的""最有创始性、突破性"做标准，20世纪上半叶史学、国学方面的学者，能称得起大师级人物的，在我看来也就是梁启超、王国维、胡适、陈寅恪、陈垣、傅斯年、陶希圣、钱穆、顾颉刚等几个人吧。

令我感到欣喜的是，岳南先生在这部《陈寅恪与傅斯年》文学传记书稿中，不仅讲了陈傅两位大师级人物，上面列举的另外几位大师，也大都有不同篇幅的描述和介绍，只是叙述的侧重点有所不同罢了。

出于诸多复杂的原因，过去几十年，在祖国大陆，没有看到关于傅斯年的传记，甚至连普通的介绍文章也较少。随着政治思想逐渐放开，前些年傅先生家乡聊城的父老乡亲，为此做过不少的努力，召开过几届"傅斯年与中国文化"国际学术研讨会，也出版过几本传记性书籍与论文集。但总的感觉，其声势与深入人心的程度，与傅斯年本人的声望和在学术上的贡献比起来，还是不够匹配，不到位。今天中国大陆的年轻一代，甚至包括相当一部分中青年知识分子，能知傅斯年为何许人也，做过何种事业者，已不是很多了。人类是健忘的，对傅斯年及他那一代知识分子精英的健忘，不知是历史的无情，还是今人的不幸？

关于陈寅恪先生的生平史事，在此前出版的一些著作中，大多是把先生的人生境遇一分为二，对前几十年生命历程的叙述相对薄弱，而后半生，特别是陈先生最后二十年着墨较多。我猜想，这可能是陈师前半生留下的资料较少，而作为传主"出彩"的地方也较少的缘故吧。

岳南先生的《陈寅恪与傅斯年》令我看到的是，他尽可能地搜集了陈寅恪与傅斯年家族前辈人物的一些史事，简明扼要地进行叙述点评，而后对陈傅二人留学期间，特别是在欧洲的交往史实，进行了多方搜罗和鉴别比较，通过当年在欧洲的中国留学生的书信来往与局外者的回忆文章，一点一滴查找、拼对、复原，基本勾勒出一个轮廓，让后人看到陈傅二人在那个时代较为清晰的身影，以及二人在学术上相互影响、砥砺，渐行渐近，肝胆相照的生命历程。

几年前，岳南先生为撰写《陈寅恪与傅斯年》这部书，找过我几次，特别是对抗战期间知识分子流亡西南的事情，询问得尤为仔细。我谈了一些我所知道的情况。后来听说为了写好这部书，岳南先生还赴长沙、昆明、重庆、成都、李庄等地，对傅斯年、陈寅恪那一代知识分子，以及我们这一批小字辈学者工作、生活和战斗过的地方进行调查采访，体察当地风土人情，尽量在每一个细节上做到真实不虚。在这个基础上，他耗几年心血成就了这部著作，这种扎扎实实的写作态度是难能可贵的。此书涉及不少史事属首次有理有据、条理清晰地对外披露，填补了陈傅两位大师研究领域的空白，对研究者与普通读者予以启迪的方面不少。

正如岳南先生书稿中所描述的，由于历史和政治等原因，1948年后，陈傅两位大师被迫离散，一位留在了大陆岭南中山大学，默默承受一系列政治苦难和心灵煎熬；一位埋骨孤岛，长眠于台湾大学校园。两位天才的聚合离散，既是大时代的因缘，也是二人性格与思想观念不同所致。赴台后的傅斯年曾把主要精力用于台湾大学的建设上，他想把这座日本统治时期创建的学府，改造成现代一流的大学和学术中心。可惜天不假年，他仅在台大校长任上奋斗了两年即溘然长逝，去世时年仅五十五岁。而留在大陆的陈寅恪先生逐渐落入了凄凉之境，于"文化大革命"中精神备受折磨而死去。

当年与陈寅恪、傅斯年同时留欧，且是好友加亲家的俞大维说：陈寅恪平生的志愿是写成一部《中国通史》及《中国历史的教训》，在史中求史识，"因他晚年环境的遭遇，与双目失明，他的大作（Magnum Opus）未能完成，此不但是他个人的悲剧，也是我们这个时代的悲剧"。

作为后来者，面对岳南先生撰写的这部著作，以及著作中所描述的两位天才大师的因缘际会，聚合离散，或许能让我们从另一个侧面更真切地感知历史的真相，并从中吸取一些"历史的教训"吧。

是为序。

何兹全
时年九十八岁
2008. 3. 23.

第一章 | 风云际会

◎ 走进清华园

1925 年，隆冬。

薄雾轻启，天色微明。惨淡的星光下，一个单薄瘦削的中年人携一黄发碧眼的幼儿，悄然离开德国柏林大学研究院暗灰色的公寓，冒着清晨凛冽的寒风，乘车向大街尽头驶去。两天后，二人转乘的汽车穿越卡纳比埃尔街（La Canebiere），很快抵达碧海青天、云飞浪卷的马赛港。中年人提着行李，深吸了一口带有海腥味的空气，健步踏上停泊在港湾的豪华邮轮，身后的幼儿既兴奋又好奇地随即跟进。阵阵汽笛声中，一老一少作别欧洲大陆，穿越波滚浪涌的地中海，向阔别日久的东方故国驶来。

翌年 7 月 8 日，中年人出现在北京西郊清华园荷塘岸边，他那清癯面容与摆动的灰布长衫，随着微风飘拂的花香，很快进入学界的视野。

——时年三十七岁的陈寅恪受好友吴宓举荐、清华校长曹云祥聘请，告别长达十六年海外游学生涯，来到这所浸润着欧风美雨的大师之园，以教授身份，开始了传道、授业、解惑的人生之旅。

成立于 1911 年的清华学堂，翌年改为清华学校。因学校是由"庚子赔款"资助起家，在最初的十几年中，一直作为一所普通的留美预备学校而设置。学生进入清华园，主要学习英文和一些欧美文化知识，中国传统文化的教学相对薄弱。1924 年初，在各方鼓噪和社会大潮涌动中，清华学校进行改革，正式启动"改办大学"程序。这年 10

原清华园大门.

月，根据清华大学筹备委员会草拟的组织纲要，决定在筹建大学部的同时，筹备创建研究院。由于财力、人力、研究方向等诸方面的限制，最终决定研究院先设国学门一科，也就是后来被社会广泛称谓的国学研究院，培养目标是"以著述为毕生事业"的国学研究人才。学科范围包括中国历史、哲学、文学、语言、文字学、考古学等，同时吸收欧美、日本等国际学术前沿的优秀成果，重建中国传统学术之魂——即研究院主任吴宓所提出的："故今即开办研究院，而专修国学。惟兹所谓国学者，乃指中国学术文化之全体而言，而研究之道，尤注重正确精密之方法（即时人所谓科学方法），并取材于欧美学者研究东方语言及中国文化之成绩，此又本校研究院之异于国内之研究国学者也。"[1]

计划既定，清华校长曹云祥立即动员原游美学务处第二批庚款留学生，以第55名成绩放洋美国，并于1917年归国未久就"暴得大名"的北大文学院哲学教授胡适（字适之），到筹建中的清华国学研究院主持院务。时年三十四岁，尚不算糊涂的胡氏立即推辞，表示只做顾问不就院长，建议曹校长采用宋、元书院的导师制，吸取外国大学研究生院学术论文的专题研究法来办研究院。曹校长听罢深以为然，当场表示请胡出任导师，广招天下士子名流，亲身示范，以保留、绵延中国文化之血脉云云。尽管胡适此时的学问日益精进，地位和名声在新派学界如日中天，但他毕竟算是个心中有数之人，面对曹校长的一番抬举，并未得意忘形，更没敢轻视王国维（字静安，号观堂）、梁启超（字卓如，号任公）等诸位前贤大儒的真实存在，忽略其作为文化昆仑在天下儒林所展现的"高山仰止"的伟岸身影。他清醒且谦虚地说道："非第一流学者，不配做研究院的导师，我实在不敢当。你最好去请梁任公、王静安、章太炎三位大师，方能把研究院办好。"[2]曹校长见对方态度诚恳，又觉此言甚在情理，于是决定按胡适指引的方式、方法付诸行动。

1925年2月，在曹云祥主持下，清华学校国学研究院筹备处鸣锣开张，首先聘请由清华出身、美国哈佛大学学成归国的一代名士、年仅三十二岁的吴宓主持研究院筹备处事宜。

按照当初胡适的建议，曹云祥让吴宓拿着自己签发的聘书前往几位大师住处一一聘请。曾任宣统朝五品"南书房行走"之职、时年四十九岁的王国维，作为清王朝最后一位皇帝——溥仪的"帝师",自然属于旧派人物。此前,曹云祥曾托胡适向王氏转交过一封非正式的印刷体聘书,并让胡对王就研究院性质与教授程序做一番解释说明。聘书送到后,胡适怕这位性格内向的学术大师优柔寡断,又动用自己的汽车专门拉着王国维在清华园转了一圈。王氏见园内风景优美,学校颇具规模与秩序,始有进清华的念头。此次吴宓在登门之前,对王氏这位清朝遗老的生活、思想、习性专门做了调查研究,认为还是按老礼节行事方能把事情办成。2月23日,吴宓持清华校长曹云祥签发的聘书来到北京城内地安门织染局十号王国维宅院,待进得厅堂,见到坐在椅子上的王国维,先行三鞠躬礼,而后慢慢提及聘请之事。如此一招,令王国维大感意外,又深受感动,觉得眼前这个吃过洋面包的年轻人,居然把自己当作一个有身份的前辈人物看待,尊敬有加,顿觉有了面子,心中颇为舒畅痛快,当场答应下来。据《吴宓日记》载:"王先生事后语人,彼以为来者必系西服革履、握手对坐之少年,至是乃知不同,乃决就聘。"[3]

王国维虽打定主意,但又想到自己仍是前清皇朝的臣子,为人臣者,乃唯君命是从,像这样工作调动之大事还得按旧规矩向"皇帝"禀报,看"上面"是否"恩准",然后才能正式决定行止,否则有失体统。于是王氏在家中吭吭哧哧地独自憋了些时日,又偷偷跑到天津日租界张园"行在办事处",见到逊帝溥仪(南按:时溥仪已被冯玉祥部队逐出紫禁城),最后"面奉谕旨命就清华学校研究院之聘"[4],才放下心来,回到居处收拾行李,于4月17日携家人迁往清华园古月堂居住(秋迁入西院十六、十八号),就任国学研究院教授之职。

王氏到校,立即在师生间引起轰动。鉴于他在国学界如雷贯耳的显赫声名,校长曹云祥有意请其出任研究院院长一职,王却以"院长须总理院中大小事宜,坚辞不就,执意专任教授"。曹校长想到吴宓在筹备过程中精明能干,颇有些组织能力,便与之商议,请他出任院长。为人谦恭的吴宓表示不能接受如此显耀的职务,凌驾于王、梁等国学大师之上,曹云祥心领神会,采取变通之法,改聘吴氏为国学研究院主任。[5]

进清华前的王国维

与王国维处事风格不同的是,时年五十三岁的梁启超一见吴宓送达的聘书,极其痛快地接受了。梁氏尽管年过半百,思想不再像当年"公车上书"时,凭一介书生之血气与康有为等举子在北京城奔走呼号,掀起著名的"康梁变法"滔天巨浪那样激进,且已有保守之嫌,但凭借他那明快畅达、开一代学风的《饮冰室文集》和现代史学的奠基之作《中国历史研究法》等文史巨著,奠定了其不可撼动的学术大师地位。当时中国学界曾称"太炎为南方学术界的泰山，任公为北方学术界的北斗"，南北两大巨星相互映照，构成了20世纪上半叶史学星河中一道亮丽的风景。

王梁二位大师应聘后，按当初胡适的提议，清华方面欲聘另一位名盖当世，为天下士子服膺的国学大师，外号"章疯子"的章太炎前来聚会。但自视甚高，目空天下士的章氏不愿与王梁二人同堂共事。因为章在日本时，经常和梁启超打笔墨官司。另外章氏公开反对甲骨文，说那是罗振玉串通奸商们鼓捣出的假冒伪劣产品，信它就是妄人，而王国维恰是跟从罗振玉习甲骨文，从中发现了殷商王朝的先公先王名号而震动学界、闻名于世的。因了这些瓜葛矛盾，章太炎得此礼聘，"疯"劲顿起，当场将聘书摔在地上，并高声示众，以示决绝之态。自此，"章疯子"失去了在清华园一展"疯"采的机会，清华失去了一位儒林宗师。

国学研究院既开，第一届招收了38名学生，仅王梁二位导师显然不足以应付。于是，清华教务长张彭春积极荐举与自己同期留美，时年三十四岁，才情超群，知识广博，号称"汉语言学之父"的哈佛博士赵元任前来任教。曹校长闻知，欣然同意，立即发电聘请。正担任国学研究院主任之职的吴宓，一看张氏荐举了自己的同窗故旧，也不甘示弱，灵机一动，借机向曹云祥推荐了自己在哈佛攻读时的同学，这便是后来被誉为中国史学界近三百年来一人而已的陈寅恪。

原籍陕西泾阳的吴宓（字雨僧），1916年于清华学校毕业，次年赴美留学，初入弗吉尼亚大学，后转入哈佛大学就读。获得学士学位后，继入哈佛研究院师从新人文主义大师白璧德（Irving Babbitt）攻研哲学。就在这个时候，来自江西义宁的陈寅恪经在美国哈佛就读的表弟俞大维介绍，入哈佛大学师从东方语言学大师兰曼（Lanman）学习梵文与巴利文。既进哈佛校园，自然要与中国留学生结交，陈寅恪很快与姜立夫、梅光迪、汤用彤等辈相识，当然还有终身挚友吴宓。其间，由于陈寅恪、吴宓、汤用彤三人才华超群，成绩卓著，引起中国留学生的瞩目，一时有"哈佛三杰"之誉。而作为三杰之一的吴宓，则对陈寅恪的学问人品推崇备至，赞为人中之龙，相识不久即以师长待之。

吴宓有写日记的习惯和毅力，也是日记高手，行文优美，议论独到，内中充满了真性情和对世事的深邃见解。与好论政治时势的胡适日记大为不同，吴氏日记中珍贵的史料价值与引人入胜的"好看"程度，为学术界所推崇，是研究陈寅恪生平史事的一扇不可或缺的窗口。据已整理出版的《吴宓日记》载，1919年3月2日，正在哈佛攻读硕士学位的吴氏受哈佛大学中国学生会之请，做《红楼梦新谈》演讲。主要是"用西洋小说法程（原理、技术）来衡量《红楼梦》，见得处处精上，结论是：《红楼梦》是一部伟大的小说，世界各国文学中未见其比"[6]。

当吴宓在讲堂上慷慨激昂地演讲时，刚进哈佛大学一个月的陈寅恪在俞大维陪同下前往就听，见吴宓意气风发，且摇头晃脑沉醉其中，对《红楼梦》中人物景象，隐语暗线，起承转合，皆说得有声有色，头头是道。陈寅恪对吴宓的才学留下了深刻印象并流露出钦佩之情，很快作《红楼梦新谈题辞》一首相赠，诗曰：

> 等是阎浮梦里身，梦中谈梦倍酸辛。
> 青天碧海能留命，赤县黄车更有人。**虞初号黄车使者**
> 世外文章归自媚，灯前啼笑已成尘。
> 春宵絮语知何意，付与劳生一怆神。[7]

吴宓初得陈寅恪诗，惊喜交加，认为在异国他乡书剑飘零的孤独岁月，不仅遇到了一位难得的知音，同时得到了一位亦师亦友的贴心好兄弟。这位似师如兄的朋友很可能伴随自己一生，并作为道德学问之楷模，像一盏永不熄灭的明灯，昭示着前方那漫长的人生之路。吴宓在当天的日记中写道："陈君学问渊博，识力精到，远非侪辈所能及。而又性气和爽，志行高洁，深为倾倒。新得此友，殊自得也。"[8]字里行间，跳跃着作者喜悦的音符，洋溢着相遇相知的喜悦，触动了双方心灵深处的热血情怀。自此之后，吴陈二人作为同学加密友，携手并行，开始了长达半个世纪的感人肺腑的管鲍之交。也正是得益于陈寅恪的鼓励与帮助，吴宓所学日渐精进，在"红学"研究中深得神韵，终于成为开宗立派、独领风骚的一代宗师。为此，吴宓深为感激，并多次提及此事。许多年后，对于陈寅恪的学问人品，吴宓仍不无感慨地说道："1919 年一月底二月初，陈寅恪君由欧洲来到美国。先寓康桥区之 Mt.Auburn 街，由俞大维君介见。以后宓恒往访，聆其谈述，则寅恪不但学问渊博，且深悉中西政治、社会之内幕……其历年在中国文学、史学及诗之一道，所启迪、指教宓者，更多不胜记也。"[9]纵观吴宓一生为人为学之品性，此说当为其郁结于心灵之感慨，发自肺腑之颤音。

1921 年夏秋，吴宓获得硕士学位后归国，先后出任东南大学和东北大学教授，致力于西方文学教学和研究，同时兼任号称"昌明国粹，融化新知，以中正之眼光，行批评之职事"的《学衡》杂志主编。尽管这份以梅光迪、柳诒徵等人为主要创办人，吴氏为"学衡派"领袖的杂志，遭到了另类派文化领袖陈独秀以及干将胡适，周豫才（鲁迅）、周作人兄弟等人的强烈抵制与猛烈抨击，双方就此结下了梁子，但与胡适关系相当密切的曹云祥，并未因此类江湖恩怨偏袒一方。当清华国学研究院筹备处成立后，曹

任教于清华大学时的吴宓。温源宁对吴氏的形象这样描述："脑袋的形状像颗炸弹，也像炸弹一样随时都有可能爆炸。憔悴，苍白，头发好像就要披散下来，亏得每天早上都要剃须，还保持着一张脸面清晰的边界，脸上多皱，颧骨高耸，两颊下陷，盯着人看的一双眼睛像是烧红了的两粒煤球——这一切全都支撑在比常人长一半的脖颈上，瘦削的躯体活像一根结实梆硬的钢条（见《不够知己》，温源宁著，江枫译，外语教学与研究出版社 2012 年出版）

1921年在德国柏林大学时的陈寅恪

氏慕吴宓才学与名声，力主聘其回母校为国学研究院筹备鸣锣开道。吴不负厚意，很快辞去东北大学教职，怀着一份感念之情回到故都北京，二度踏进水木清华那宁静安逸的校园，竭尽全力协助校长曹云祥积极物色延聘国内"精博宏通的国学大师"（吴宓语）来院执教。就在这样一个历史进程的节骨眼上，远在万里之外的陈寅恪，迎来了踏入清华园一试身手的历史契机。

此时，陈寅恪已由美国哈佛大学转赴德国柏林大学研究院攻读，他得到清华聘请的电文后，经过一番思量踌躇，答应就聘。由于购书等事宜拖延了半年才起程归国，又因母丧等事宜，回到上海的陈寅恪向校方请假在家中逗留了约半年，直到1926年7月8日方步入清华校园的大门。而这个时候，吴宓因与教务长张彭春矛盾加深，已辞去研究院主任之职，改任清华外国语言文学系教授。曾经荐举赵元任步入清华讲坛的张彭春，也在与吴宓等人的纷争中败下阵来，被学生赶出了清华园，研究院事务由新任教务长梅贻琦兼理。[10]

"混战"过后，处于多事之秋的清华园又恢复了往日的平静。在蛙鼓蝉鸣与阵阵热风吹荡中，随着陈寅恪摆动长衫缓缓登上承载着文化使命的圣洁讲台，一个令天下学界为之震动，被后世广为流传并影响深远的"四大导师"阵营业已形成，清华国学研究院迎来了它的巅峰时代。

这年11月16日，清华学校教务长梅贻琦来到陈寅恪的住所商谈，欲聘请一位大字号"海龟"（海归）来校出任中国文史教授，以充实清华的文科阵容，壮大学校的整体实力，为即将改制的清华大学再加砝码。陈寅恪稍加思索，脱口说出了一个人的名字。这便是声名赫赫的五四运动学生领袖，当时仍在德国柏林大学研究院就读的他的同窗好友——傅斯年。

◎ 从北大到柏林

陈寅恪所荐举的傅斯年，字孟真，山东聊城人，1896年出生在一个儒学世家兼破落贵族家庭，其祖上傅以渐乃大清开国之后顺治朝第一位状元，后晋升为光禄大夫、少保兼太子太保、兵部尚书、武英殿大学士，掌宰相职，权倾一时，威震朝野。傅以渐之后，傅门一族家业兴旺，历代显赫，故聊城傅宅"状元及第"的金匾高悬于门额，在当地有"相府"之称。

　　傅以渐这位后世子孙——傅斯年，自幼聪颖好学，熟读儒学经典，号称"黄河流域第一才子"、继孔圣人之后两千年来又一位"傅圣人"。只是这位现代"圣人"与古代那位夫子不同，傅斯年生得肥头大耳，身材魁梧，虽不是梁山泊那一帮聚众闹事者的后代，却具有梁山好汉的相貌与血性，心高气傲，目空一切，待人接物具有泰山压顶般的磅礴气势。此人在出产小说《水浒》人物的地理环境中，经历了十余年家塾与官学修炼，于1913年十八岁时考入北京大学预科一类甲班就读，凭借其深厚的国学根基与聪颖头脑，每次考试均名列前茅。1916年秋，转入国学门继续深造。[11]1918年春夏之交，傅氏在进入北大第五个年头的历史性转折时刻，与同学好友罗家伦等人一道，以陈独秀、胡适等教授主编的《新青年》为样板，搞起了一个叫作《新潮》的刊物，学着《新青年》的样子开始鼓吹新思想与新文学。这一做法在得到许多具有新思想的年轻人与"愤青"欢呼追捧的同时，也遭到不少传统儒生的反对与抵制。当时的北大学生，后来曾在史学界呼风唤雨的顾颉刚曾说过，傅斯年们搞的那一套把戏，"最主要的目的，是想通过这个刊物把北大文学院的国粹派骂倒"[12]。这是顾氏与傅斯年大动干戈，彻底决裂之后的一家之言，未免有意气用事的味道。按傅斯年与同人们当时的理想与做派，不只是把"国粹派"骂倒了事，其中还夹杂着一种更具社会革命意义的构想，那就是"用手段高强的文学包括着'人'的思想，促动大家对于人生的自觉心，是我们的使命"。"未来的真正中华民国，还须借着革命的力量造成。"同时，"未来的真正的中华民国靠着新思想，新思想不能不夹在新文学里"等理想与具体的实践活动。[13]当时所谓的"国粹派"或"国故派"，指的是北大国学教授刘师培、黄侃（字季刚）、辜鸿铭等名重一时的国学大师。这一派系的文化思想和政治主张与陈独秀、李大钊、胡适等人相左。当时年轻的陈独秀、胡适之辈，正以《新青年》为阵地不断发表其政治文化主张，大张旗鼓地煽动全国大小知识分子与芸芸众生，放弃古文而改用白话文写作，欲在全国范围内掀起一场狂风暴雨式的新文学革命。

　　这个时候与胡氏同住在北京城内胡同的周豫才（鲁迅）、周作人兄弟，也双双加入这一倒孔反封的阵营中来，参与《新青年》编务，并成为这一阵营中冲锋陷阵的骁将。1918年5月，周豫才以鲁迅的笔名，在《新青年》发表了第一篇具有重大历史转折意义的现代白话小说《狂人日记》，发出了"铁屋子里的呐喊"。此后三年间，鲁迅陆续在《新青年》发表小说、白话诗、杂文、译文等50余篇，与胡适等人结成了同一战线的盟友，向"吃人"的封建礼教乱棍飞击，发出了"救救孩子"等呼声。在对待中西文化的态度上，胡适与鲁迅均在历史的大潮中奋力承载着启蒙主义者的历史使命，发

北大时代的傅斯年

早期的《新青年》杂志封面

出大海潮声："他们因为所信的主义，牺牲了别的一切，用骨肉碰钝了锋刃，血液浇灭了烟焰。在刀光火色衰微中，看出一种薄明的天色，便是新世纪的曙光。"[14]

陈、胡、鲁等一干人马如此激烈的主张和做法，惹恼了当世的"圣贤"大儒，遭到了北京大学"拖辫子复辟的辜鸿铭"、"筹安六君子"之一的刘师培和一位"两足书柜陈汉章"（罗家伦语）以及章太炎的及门弟子黄侃等名流大腕的强烈反对与回击。这些当世名儒谓陈独秀、胡适之辈搞的那一套是不折不扣的狂言乱语、歪理邪说。于是，北大校园内，传统国学派与新文化派展开了势如水火的激烈争斗。号称一代经学大师、"傲慢无比"（陶希圣语）、盛气凌人的黄侃老夫子曾当着北大许多教授的面，对年轻的胡适公开戏谑道："你口口声声要推广白话文，未必出于真心。"胡适不解其意，究其故。黄说："如果你身体力行的话，名字就不应该叫胡适，应该叫'往哪里去'才对。"[15]胡氏冷不丁经此一击，颇为尴尬，一时竟无言相对。

随着时间的推移与社会风潮汹涌奔流，传统国学派与新文化派的较量，在北大这个既封闭又开放的圈子里呈此起彼伏、愈演愈烈之势。每当新派的胡适鼓吹用白话文写文章"既明了又痛快"时，传统国学派的黄侃便对之曰："胡适之说做白话文痛快，世界上哪里有痛快的事，金圣叹说过世界上最痛的事，莫过于砍头，世界上最快的事，莫过于饮酒。胡适之如果要痛快，可以去喝了酒再仰起颈子来给人砍掉。"[16]为了证明文言文较白话文优秀，黄侃在课堂上公然讲道："胡适之口口声声说白话文好，我看未必，比如说胡适的老婆死了，要发电报通知胡博士回家奔丧，若用文言文，'妻丧速归'即可；若用白话文，就要写'你的太太死了，赶快回来呀！'十一个字，其电报费要比用文言文贵两倍多。既费钱又啰唆，多糟糕？"此言一出，引得哄堂大笑，黄老夫子以胜利者的姿态摇头晃脑得意起来。[17]如此接二连三地重拳出击，搞得胡适灰头土脸，颇栽脸面，不得不再度聚集兵将设法给予对方更猛烈的反击。于是，北大国学派与另类文化派越来越呈不把对方彻底打趴弄翻在地，决不收兵之态势。[18]

就在这样的背景下，傅斯年、罗家伦、汪敬熙、毛子水等20余名学生，自动组织起校内第一个响应另类文化运动的学生团体——新潮社，并创办《新潮》杂志，胡适应邀担任该杂志顾问。在胡适或明或暗的运作下，新潮社得到了北大每月400块大洋的公款资助。自此，以傅斯年为首的革命小将，公开为新文化派摇鼓助威，以达到把刘师培、辜鸿铭、黄侃等经学大师彻底骂倒，使之一个个倒在地上口吐白沫，眼珠乱翻，或干脆翘了辫子，令大家真正"痛快"一下的目的。国故派们眼见对方势力大增，不肯束手就擒，在黄侃亲自组织指挥下，学生张煊（南按：后来为张学良机要秘书）等人，很快弄出了一个称作《国故》的杂志，以维护传统文化为己任，与《新潮》对抗交锋。但《国故》始终处于劣势，难敌《新潮》巨浪冲击。未久，北大文科学生张国焘、易克嶷、许德珩辈又纠集一百余众，成立了一个名为"国民杂志社"的团体组织，创办《国民》杂志，由张国焘任发行人兼经理，摇摆于新旧两派之间。可惜这一鱼龙混杂、绿林草莽气味浓厚的团体，内部很快分化，产生了所谓的旧派、新派与走中间路线的调和派等乱七八糟、令人眼花缭乱的派别。一时间，北大校园内泥沙俱下，各种文化思潮如乌云滚动中爆裂的雷电，相互碰撞、激荡、交融。在一串串耀眼火花的闪亮蹦动中，终于引爆了 20 世纪黑暗中国的第一声惊雷。

　　1919 年 5 月 4 日，北京爆发了中国历史上最著名的大规模反帝爱国学潮。当此之时，整个北京高校校园与街头闾巷，风卷浪滚，豪杰并起，猛士如云。胡适麾下头号爱将傅斯年，尽管还没有成为满身散发着西洋气味的"海龟"，而只是一只"富于斗劲的蟋蟀"（罗家伦语），正是由于这个罕有的"斗劲"，才更加引人注目地在这股世纪大潮中鼓起翅膀呼风唤雨，兴风作浪。学潮爆发后，傅斯年作为北京学生游行队伍总指挥，肩扛上书"还我山东，还我青岛"等字样的大旗，挥动手臂，率部冲出校园，一路浩浩荡荡向京都政治中心天安门奔来。在广场集结并宣示口号声威后，大队人马又转赴东交民巷外国使馆交涉。在遭到帝国主义者蛮横阻止后，北京街头热切的呼唤顿时变成了声声怒吼。在傅斯年指挥引领下，游行队伍转赴赵家楼，以满腔的爱国热情与悲愤心境，痛殴了卖国汉奸曹汝霖，一把火烧了赵家楼，中国新民主主义革命运动由此揭开了光辉的一页。

　　赵家楼的冲天火光映红了古老的京都，朝野为之震动，社会各阶层纷纷起而仿效，并给予极大声援。惊恐中的北洋政府在调集大批军警镇压的同时，下了查封北大、惩办校长蔡元培的命令。蔡元培于危难之际沉着果敢地与政府官僚周旋，以减缓各方压力，安抚学生，劝其复课。同时联络组织平津地区的国立大学校长为营救被当局逮捕的学生奔走呼号。当被捕学生全部释放，被后世誉为"北大之父"的蔡元培为避其锋锐，于 5 月 8 日夜提交辞呈悄然离京，远走他乡。

　　蔡元培走了，学潮渐渐平息，北大

1919 年 5 月 4 日，北京大学示威游行队伍向天安门进发，前方手举大旗者为傅斯年

五四运动期间北京大学的学生在街头演讲

幸而保全。作为五四运动学生领袖的傅斯年，也于这年夏天毕业离校，怀着百感交集的心境回到家乡聊城休整。

这年秋季，山东省教育厅招考本省籍官费留学生，傅斯年赴省会济南应试，并以全省第二名的优异成绩入选。尽管如此，这位"黄河流域第一才子"并没被主考方放在眼里，反因他所显示的压倒性优势，坏了欲走后门安插亲信的好事而成为当权者的眼中钉、肉中刺。当权者以傅是五四运动中的"激烈分子，不是循规蹈矩的学生"【19】，且还是"凶恶多端的学生示威活动的头头""打砸抢烧的危险激进分子"等为由，拒绝录取。山东省教育厅官员奉命对外的解释是：假如傅斯年到了大英帝国或法兰西，一不开心，率领一帮梁山兄弟的后代（南按：傅的家乡聊城出过《水浒》中的武大、武松、潘金莲、西门庆等著名小说人物），再来一个三打祝家庄、火烧狮子楼或赵家楼之类的行动，把法兰西的罗浮宫、巴黎圣母院等洋人的宫殿，用粪叉子、二叉钩子或镰刀斧头加锤子，三下五除二给弄个底朝天；或哪一天像打虎的武二郎一样喝高了，借着酒劲儿，把大英帝国的白金汉宫一把火烧个精光，山东方面乃至整个中国政府将吃不了兜着走。为了消除隐患，斩断祸根，干脆来个"斩首"行动，断了傅斯年出洋的念头。如此这般，即便傅氏头上长角，身上长刺，也不过"土鳖"一只，再怎么闹腾，亦只能在他家乡黄河岸边那块黄土上翻跟头，难以蹦跶出山东父母官与各色小吏的手掌心，更不会跑到太平洋或大西洋去兴风作浪，扬风扎猛惹是生非了。

这个出乎意料的变数，使傅斯年如同挨了一记闷棍，顿感天旋地转。傅斯年以及部分正直官员皆表示不能接受这一怪诞的说辞，声言要诉诸法律。就在决定成为一只"海龟"还是"土鳖"这一重大人生命运的紧要关头，以行侠仗义著称的山东省教育厅一位叫陈雪南（名豫）的科长，出于对傅氏的同情和对贪官污吏的义愤，挺身而出，据理力争，坚持应以考试结果为准，力主傅斯年放洋，并言道："成绩这么优越的学生，而不让他留学，还办什么教育！"【20】眼看陈科长已不顾自身得失跳将出来与当权者叫起板来，一批具有文化良知的官员也借机出面为傅氏大鸣不平。另有一群见风使舵，欲走后门而最终落败者，也趁机煽风点火，四处鼓噪，给既得利益者施加压力。在四面楚歌的叫喊声中，当权者出于各种考虑，终于做出让步，把傅氏列入官费留学生名单。垂头丧气的傅斯年得此喜讯，当场喊了一声："我的娘！"差点昏厥过去。待喝下一碗清水，长吁一口气后，傅斯年打起精神，搓干手心中那湿漉漉的汗珠，收拾行李返回北大，于同年 12 月 26 日，晃动着小山包一样庞大肥硕的身躯，由北京起身去上海，乘轮船赴欧洲，开始了为期数年的留学生涯。

就在傅斯年即将踏出国门之时，上海资本家、著名纺织大王穆藕初表示将陆续捐出 10 万元巨款给北大，要求校方选送五位五四运动中的学生领袖出国留学。留学期间的费用，比一般官费学生略多。当时的官费生每人每月 90 美元，穆藕初开出的费用为每人每月 120 美元。在北大代理校长蒋梦麟和胡适等人的策划下，选出了段锡朋、罗家伦、周炳琳、康白情、汪敬熙等五人。因清朝末年政府曾派五位大员出国考察宪政，时称"五大臣出洋"，此次五位学子得此惠顾，被坊间戏称为北大"五大臣出洋"，一时为社会广泛瞩目。当时北大还有一位与"五大臣"势均力敌的学生孟寿椿，本在预选之内，因名额限制被叫停。"五大臣"怜惜同学手足之谊，颇感过意不去，乃相商每人自愿每月只要 100 美元，把多余的钱凑起来增加一个名额，孟寿椿得以好梦成真。穆氏捐款的受惠者实际上已是"六大臣"，只是"五大臣"的名声已经叫响，没有人再去计较是五还是六了。

且说傅斯年到达英国后，先入伦敦大学跟随史培曼（Spearman，今译斯皮尔曼）教授攻读实验心理学，后兼及生理学和数学、化学、统计学等。1923 年由英国至德国，入柏林大学研究院攻读比较语言学与史学。傅斯年之所以离英赴德，正如其北大同窗罗家伦所言，"一方面受柏林大学里当时两种学术空气的影响，一方面受在柏林的朋友们如陈寅恪、俞大维各位的影响"[21]。

正是为陈俞二人的才学、人格与声名所吸引，"目空一切"的傅斯年才弃英赴德走进了柏林大学校园。随着傅氏的到来，形成了 20 世纪上半叶中国近代史上政学两界名重一时的姻亲三角联盟，同时演绎了一段天才交会过往的历史因缘。

◎ 北京初会

傅斯年与陈寅恪初次谋面，是他在北京大学读书时，由同窗好友、陈寅恪的弟弟陈登恪介绍结识的。具体的时间已不可考，大约在 1915 年春夏之季，离著名的五四运动爆发还有四年。当此之时，二十岁的傅斯年正在北大预科就读。尽管傅氏胆识俱在，国学功底深厚，在北大校园的小圈子里牛气冲天，不把同学与一般教授放在眼里，走路总是鼻孔朝天，与同学说话大多扭着脖子哼哼唧唧，做不屑一顾状，但仍属于无名之辈。而二十六岁的陈寅恪已在日本、德国、瑞士、法国等地游学数载，肚里装载了不少东洋与西洋的墨水。二人在这样一种背景下相见，可以想象，傅斯年对陈寅恪的学问与见识

原北京大学主楼（红楼）（作者摄）

当是深表钦佩的。许多年后，他由英国赴德国柏林大学就读，正是这次会晤结下的因果。

陈、傅结交，除了傅对陈学问的敬佩，不能排除的另外一点是，由于陈登恪与傅氏友善，平日里双方对各自的家世门第已有所了解，并有气味相投之感。而这一点，对特别注重"门第"与"出身"的陈寅恪与傅斯年而言，又为柏林相见和二人的友好交往无形中起了作用。门第的高低，出身之贵贱，是人与人交往的基础，也是一根维系陈傅二人几十年关系的重要纽带。

傅斯年乃大清名门之后，陈寅恪亦非出身草根之家与燕雀之辈，祖上乃今江西德安县著名的"义门陈"家族。这个家族自唐代发达，至宋代达到鼎盛，合门 3000 余人。据研究者考证，截至北宋咸平四年（1001），陈氏一门科举及第在朝为官者竟达到 430 人之众，仅宋仁宗庆历四年（1044），也就是范仲淹在他的名篇《岳阳楼记》中所说的"庆历四年春，滕子京谪守巴陵郡"的那一年，"义门陈"一族有 403 人应举，后得中并在朝廷逐步升迁担任要职者有 18 人，另有 29 人担任各地的刺史、司马、参军、县令等职。直至宋仁宗嘉祐年间的半个多世纪，"义门陈"权倾朝野，声名远播，成为有宋以来罕有其匹的名门望族。为抑制陈门日渐庞大的家族势力，嘉祐七年（1062），在宋臣文彦博、包拯、范师道等出谋划策下，宋仁宗以教化四方百姓的名义诏令"义门陈"分庄天下。前后经半年的时间，盛极一时的"义门陈"十二行派被拆解为 291 个小庄迁往全国各地，其中以江西、湖南等地为多。陈寅恪祖上一支先是迁往福建宁化，继而流徙广东潮州，后又回迁福建上杭。

倏忽间，元、明两个朝代几百年过去了，直到清朝的乾隆年间，陈寅恪祖上又携家迁往江西义宁州竹塅村。在这个山环水抱、云烟氤氲、灵气缭绕的祥瑞之地，流徙日久的陈门子弟在历史的几番动荡中终于站稳了脚跟，开始置屋购地，兴学耕读。当宏大气派的"凤竹堂"在山水环抱的竹塅地界拔地而起时，历史的进程已到了乾隆末年，称雄一时的"康乾盛世"即将随风飘散，大清帝国已显疲惫之态。与之相反的是，竹塅陈氏却渐渐步入了青春焕发的盛年，有宋一代"义门陈氏"的家训与光荣，再度唤醒了陈氏子弟久远的记忆，蛰伏于心中的祖先血液如春风化雨在胸中涌动，建功立业、重振家风的辉煌梦想，于世局即将巨变的前夜就此形成。在这个久违的大梦诱导驱使下，陈氏子弟加紧勤读苦练，向着科举的道路奋力迈进。二十年之后，大清帝国的盛世不再，乱象已生，陈氏一门羽翼渐丰，开始了冲天一飞的蓄势运力。

1851年1月11日，一个叫洪秀全的乡村落第秀才约集万余教徒在广西金田村造反起事。延续13年之久的"太平天国"运动由此开始，大清帝国版图内陷入了长期内战与混乱，一个豪杰并起、群雄争霸的新时代业已来临。在刀光火色的闪耀中，曾国藩、曾国荃、左宗棠、胡林翼、罗泽南、李鸿章……于历史的星光照耀下先后登场，并以自己的雄才大略去试着改变历史进程。在波澜壮阔的时代洪流里，有一个历史无法绕开的关键性人物继之登场亮相，这便是陈寅恪的祖父陈宝箴。

据义宁史志载：就在洪秀全率众造反起事的这一年，即咸丰元年（1851）秋，陈宝箴（字右铭）恩科乡试中举，拣选知县。咸丰六年（1856），陈宝箴入京参加会试，不第留京，其间得以交结四方俊雅之士，识见大增。咸丰十年（1860）秋，英法联军陷天津，犯京师，咸丰皇帝北狩，时朝廷中枢深恐在南方起事造反的洪杨太平军乘机沿运河北犯，抢劫通州库存仓米。正无计可施间，陈宝箴献出奇策，条陈防守六事于枢府："设传驼更运，前明于忠肃成法也。"惊慌失措的枢府采用其计，旦夕之间将通州屯粮移至京师，宝箴一计而引起朝臣瞩目。[22] 未几，英法联军攻入北京，数千黄毛官兵操刀弄枪嗷嗷乱叫着扑向西郊圆明园，一番疯狂砍杀劫掠之后纵火焚烧，园中琼楼玉宇皆被殃及，一时浓烟弥漫，火势冲天。陈宝箴时在城内酒楼与友人交谈时势，遥见西天半壁红光，知这座世之罕见的"万园之园"与大批稀世国宝万劫不复，顿时情绪失控，欲跳楼自尽以醒世人，幸被友人拦腰抱住免于以身相殉。陈氏落座后乃捶案大哭，座人皆惊。

咸丰十一年（1861）春，陈宝箴南归省母，时由建立湘军起家的曾国藩以两江总督之职屯驻安庆，陈氏前往拜谒，曾氏引为上宾，惊其才学识见，誉为"海内奇士"，欲留于幕府视事。陈氏不愿为幕僚之客，欲亲临战场与洪杨太平军一较高下，遂辞谢，复归江西老家。未久参加湘军席宝田江西所部，筹划与敌战。席氏曾随刘坤一率部追击太平军石达开部入广西并攻取柳州，因功赏戴花翎。时席宝田与江西巡抚沈葆桢不和，而沈又与两江总督曾国藩不睦。面对错综复杂的政治时

位于今江西修水县义宁镇竹塅村的陈氏故居"凤竹堂"，建于乾隆五十八年（1793），至今完好。"义宁陈氏"家族复兴之梦从这里开始。1989年被修水县列为县级文物保护单位，并在屋前立一石碑，上书"陈宝箴、陈三立故居"

第一章　风云际会

局，陈氏经过深思熟虑，离江西入曾国藩幕府。曾氏见之惊喜交加，当即书有"半杯旨（厄？）酒待君温"等句以勉。同治三年（1864），湘军攻陷天京，太平天国幼主洪天贵福在李秀成、洪仁玕等臣僚将士的护佑下，与众宗室姻亲出逃。陈宝箴以一个杰出战略家的眼光与聪敏头脑审时度势，断定洪氏一行必逃亡瑞金，立即向席宝田献奇策：于广昌、石城间设伏，言幼主出逃，"奔逸数千里，日夜疾行，辎重妇女相随属，见无追军，怠甚，行必缓。我亟趋间道，要击广昌、石城间，寇可灭也"【23】。席依其计，果在道中俘获太平天国幼主洪天贵福及洪仁玕、黄文英、洪仁政等重要人物。陈宝箴由此名动公卿，声布朝野。

　　光绪元年（1875），陈宝箴受命署理湖南辰沅永靖兵备道，治凤凰厅（今凤凰县）。此处地瘠民贫，匪患猖獗，数十年犷悍嚣凌之气，历届官吏皆束手无策。据曾国藩岳麓书院的同学、晚清著名外交官郭嵩焘撰文称，陈氏得署凤凰后，以兵家战略"求得干才一二人，授方略，令各清其族，捕治数十人，不逾月而民气为之一变，至今帖然诵廉访（南按：明清对按察使的通称，宝箴后曾任此职）之遗爱也"【24】。此后，教民凿石通水，使行舟可运，又教山民种茶栽树，以薯刨丝晒干可久藏不坏，食之可掺大米蒸成饭，解决了缺粮之苦。

　　因治凤凰政绩卓越，陈宝箴仕途开始顺畅，相继出任浙江、湖北按察使等职。光绪二十年（1894），海外耀兵，陈宝箴自鄂调京师畿辅，出任直隶布政使。未久，中日甲

陈门一家。中坐者为陈宝箴，前立者为陈封可。后排左起：陈方恪、陈寅恪、陈覃恪、陈衡恪、陈隆恪（摘自陈小从《图说义宁陈氏》）

午海战爆发，号称装备优良的大清北洋水师顷刻间灰飞烟灭，一度轰轰烈烈的洋务运动毁于一旦，大清帝国像一个被掏空了的枯干泥足巨人，被日本小鬼子一招撂倒在地，再也没有爬起来。泱泱中华败于弹丸岛国，朝野惊慌，寰宇震动。翌年，李鸿章签订《马关条约》，割地赔款，国人深受刺激，陈宝箴闻之痛哭，呼曰："无以为国矣！"[25]其间，陈氏曾入京谒光绪皇帝，多所陈策。宝箴见光绪帝愁容满面，心力交瘁，乃提请皇帝日读圣祖康熙《御纂周易折中》，以期遇变而不失常。光绪闻之颇以为然，感念不忘。

甲午之战，是大清帝国彻底走向衰败的转折点，国际地位江河日下，面临被世界列强五马分尸、大卸八块之危境。此时朝廷支柱李鸿章持盈保泰，暮气已深，且因签订马关之耻辱条约被舆论所困。康有为、梁启超等进京赶考的举子借机闹起了学潮，于悲愤中千余人聚众上书，声言拒和、迁都、变法。一时间，社会激进之士纷纷跳将出来指点江山，激扬文字，欲粪土以醇亲王奕譞、李鸿章为首的"浊流派"朝廷命官。而以恭亲王奕䜣、李鸿藻、陈宝箴、张佩纶、沈葆桢、张之洞等为首的"清流派"趁机崛起得势。在政局激荡、社会秩序剧变的大混乱大动荡中，被誉为"清流派"中流砥柱的陈宝箴，受朝廷重臣、兵部尚书荣禄荐举，于光绪二十一年（1895）秋八月，以直隶布政使诏受湖南巡抚，一跃而成为独当一面的封疆大吏。陈宝箴在宦海生涯达到人生顶点的同时，也开始在湖南这溽热的地盘上大胆改革、锐意进取，展开了一系列匡时济世的政治活动。

湖南省三面环山，交通不便，近代以前几乎与外界呈隔绝状态。按照穷山恶水出刁民的世事规律，此时的湖南山民多暗塞悍直，刚劲率勇，同时也以刁钻野蛮霸横保守著称于世。长沙一带自古被视为南蛮卑湿之地，被贬谪者多迁于此，如屈原、贾谊、褚遂良、柳宗元、刘禹锡等。李白在《与史郎中钦听黄鹤楼上吹笛》中曾有"一为迁客去长沙，西望长安不见家"的诗句，道出了此地偏僻荒凉之情状。柳宗元在永贞革新失败后，被贬为永州司马，在湖湘度过了与屈原差不多的十年流放生活，留下了大量脍炙人口的诗文辞赋。刘禹锡与柳宗元因同样的原因同时被贬，为朗州司马。朗州即今常德，恰好是屈原当年被放逐的地方。在朗州，刘禹锡整理创作了大量的歌谣，因题材大多来自民间，与文人的创作风格大不一样，如《潇湘神二首》曰：

> 湘水流，湘水流，九疑云物至今愁。
> 君问二妃何处所？零陵香草露中秋。
> 斑竹枝，斑竹枝，泪痕点点寄相思。
> 楚客欲听瑶瑟怨，潇湘深夜月明时。

这些根据民间歌谣创作的诗歌，尽管增添了一种新鲜的格调与活力，与充满哀怨的流放者文学不可同日而语，但在自然清新中仍夹杂着作者淡淡的哀愁与忧伤。直到明清之际，湖南尚处在以中原为圆心的版图之边疆地带，历史上鲜有名士良将出现，仅三国蒋琬、唐代刘蜕、元朝欧阳玄、明人刘三吾等几位小字号名人而已。清中叶之前，能称得上一时才俊和名士者亦不过王夫之、贺长龄、陶澍、魏源等寥寥数人。

当历史进程走到晚清之时，情形为之剧变，随着湖南交通条件改观，商品流通与经济相继发生变化，政治、文化也随之大为改色。到了洪杨太平军起义于西南边地，以曾国藩、胡林翼、罗泽南为代表的湘军兴起时，湖南形势发生了翻天覆地的变革。三湘大地的各色人物，使出湖南人刁蛮霸横的强劲，沿着“修身齐家治国平天下”的传统大路，在大清国内忧外患的末日里横冲直撞，浴血搏击。随着天京陷落，太平天国崩溃，长毛归降流亡，曾国藩、曾国荃、左宗棠、彭玉麟等辈，终于弄出了叱咤风云的大名堂、大事功、大辉煌，一时为天下所重。湘军将领如同穿起的糖葫芦，一个连着一个，官运亨通，步步高升，直做到巡抚、总督等封疆大吏。一时间大清国几乎一半的督抚职位为湘军将领所占据。朝廷中枢更是不乏湘籍将领，湘籍官吏可谓声光四射，气熏朝野。比湘军稍后兴起的李鸿章之淮军，其营制、饷章尽仿湘军。而晚清兴起的“兵随将转，兵为将所有”的陈规陋俗，终于形成了尾大不掉、军事失控的变乱之局。到光绪末年，朝廷一兵、一卒、一饷、一糈，都不得不仰求于湘军与淮军等“勇营”升起的督抚大吏予以调拨。大清国几乎成为湘、淮军人的天下。同治八年（1869），撰《湘军志》的湖南大儒王闿运经过湘乡城，目击“将富兵横，矛戟森森”的情形，“如行芒刺中”，预言“恐中原复有五季之势，为之觵尯”，并“知乱不久矣”。[26]湘、淮军人造成的这种畸形政治格局，深深影响了中国近代史的进程。

陈宝箴诏受湖南巡抚之时，正值传统文化与新思想交锋对锐，浊流与清流两个政治派别撕咬搏击最为激烈之际，加之湖南又遭逢大旱，连绵二十余县受灾，赤地千里，饥民流离，盗匪蜂起，朝廷惊忧。陈宝箴以一个出色政治家的姿态由直隶南下，不声不响地取水道经湘水悄悄潜入长沙巡抚衙门，专电诸省大吏，请求援助，同时颁布严禁贩米出境令，违者格杀勿论。时岳州洞庭湖岸有逾千艘欲贩米于江西的舟船聚集，闻令后发生哗变，当地政府官吏纷纷出逃躲避。陈宝箴闻报，立遣总兵率军队持符节急趋岳州，采取以暴易暴、以野蛮对野蛮的战略战术，给肇事者以先发制人的打击。大军抵达洞庭，将几十名聚众变乱首领一一擒获，予以严刑惩治。血光过后，众皆惊恐，人心大定。

除了平暴安抚的战略识见与霸蛮之气，陈宝箴以罕见的政治家气度清醒地认识到，治湘“其要者在懂吏治，辟利源；其大者在变士习，开民智，饬军政，公官权”[27]。由是先从吏治入手，通过一段时间的明察暗访，将各府县刁钻蛮横又昏墨不职的朝廷命官就地革职查办，对罪大恶极者严惩不贷。时桃源县令贪赃枉法，横行乡里鱼肉百姓甚烈。陈宝箴侦知，令人拿入大牢，先是一顿老虎凳与辣椒汤伺候，而后上其罪而遣戍边。于此一招，群吏皆骇，纲纪凛然。当吏治行措在板子、老虎凳加辣椒汤的协助下被梳理一遍后，陈宝箴又开始大刀阔斧地厉行新政，创办洋火局、电报局、官钱局、铸钱局、铸洋圆局、蚕桑局、工商局、水利局、轮船公司，同时开设矿务总局，择铜、煤、铅、锑等较有把握之项，试行开采。此后下大力气创办武备学堂与发展文教事业。

陈三立像

有道是"打仗亲兄弟，上阵父子兵"，陈宝箴之子陈三立（号散原），见湖南的改革已呈如火如荼之势，也挽起袖子欲助乃父一臂之力，积极加入这一新兴的阵营中来。

陈三立于光绪八年（1882）乡试中举，光绪十二年（1886）进士及第，先后出任京师吏部行走、主事。此时朝廷内部乌烟瘴气，吏部弄权，小鬼当家，陈三立在派系倾轧中痛苦不堪，决定辞官随从父亲左右以助其力。同光年间，高官子弟习父兄余荫，多声色犬马，酒食征逐。时陈三立与湖北巡抚谭继洵之子谭嗣同、广东水师提督吴长庆之子吴保初、福建巡抚丁日昌之子丁惠康（一说陕甘总督陶模之子陶葆廉）合称"清末四公子"，社会精英、儒林名流与之交游频繁，时人谓之"义宁陈氏开名士行"[28]。与王孙公子、纨绔子弟截然不同的是，喜好交游的陈三立胸怀大志，以天下兴亡为己任，卓尔不群，一时声名鹊起，凡有志者，特别是青年才俊皆乐与之交往。当陈宝箴入主长沙巡抚衙门后，陈三立发挥与当世贤士名流交游的特长，襄助其父招贤纳士，讲文论学，声名顿起。此等情形正如吴宗慈在《陈三立传略》中所云："一时贤哲如朱昌琳、黄遵宪、张祖同、杨锐、刘光第辈，或试之以事，或荐之于朝。又延谭嗣同、熊希龄、梁启超等儒林名宿，创立时务学堂、算学堂、湘报馆、南学会之属，风气所激励，有志意者，莫不慨慷奋发，迭起相应和。于是湖南士习为之丕变，当时谈新政者，辄以湘为首倡，治称天下最。凡此为政求贤，皆先生所赞勤而罗致之者也。"[29]此段并非吴宗慈有意对陈氏父子阿谀奉承，仅从聘请的人物看，若无真正求贤的诚意和建功立业的志向，再加上政治环境的缘故，像当时已得大名的谭、熊、梁等心高志远的一代才俊，是不会舍弃京师与上海等大都市，而聚集到长沙一隅谋事效力的。仅此一点，足见所述事实并非虚妄，陈氏父子在天下士林公卿中的威望与非凡的治事能力据此得以确证。

光绪二十四年（1898，戊戌）四月二十三（6月11日），光绪皇帝颁《明定国是诏》，旗帜鲜明地接受康有为等辈的变法维新之策，百日内连下数十道新政诏令推行新政，设立农工商总局，废除八股，创办京师大学堂，翻译西书，选派留学生等。社会开明绅士、公卿大夫、志士仁人闻讯欢呼雀跃，如饮狂药。远在湖南的巡抚陈宝箴接诏，认为皇帝此举大有作为，前途无量，国运将因此而振兴，乃奋起响应。困守于紫禁城、孤独寂寞的光绪帝闻之大为感动，屡诏嘉勉。为感谢皇上的礼遇与知己之恩，挽狂澜于既倒，陈宝箴于热血沸腾中，举荐平生所知京外有才能的官吏与所属吏士20

昆共享
天秕億
载万年
乙丑震节
前三日为
七弟临
任公

梁启超及其墨迹

余人，上奏朝廷，备皇帝采择。于是在京的官吏杨锐、刘光第，外官恽祖祁辈被光绪帝选中，杨、刘与谭嗣同、林旭等儒生共授四品卿衔，充军机章京。陈宝箴见状，大喜，遂再接再厉，心怀一腔热血，上疏四章京虽有异才，然恐其资望轻而视事易，需得一资望深厚、办事稳健的朝廷重臣领之，遂力荐张之洞入主中枢统领群贤，为国效力。光绪帝信以为然，予以采纳。

然而，光绪帝与陈宝箴等维新者的好梦刚过百日，八月初五（9月20日），一直猫在颐和园暗中观察动向的慈禧老佛爷，从紫禁城飘来的雾影风声中感知将有祸及自身的兵变发生，乃采取先发制人的兵家策略，于月黑风高之际，神不知鬼不觉地潜回中南海，下令囚禁光绪帝，次日宣布训政，捕杀维新党人。时康有为、梁启超辈均在京师，闻变，康逃香港，梁逃日本避难，得以免死。而名噪一时的军机四章京杨锐、刘光第、谭嗣同、林旭，与在维新变法中摇旗呐喊、擂鼓助威者杨深秀、康广仁（康有为之弟）等"六君子"，俱被捕获，斩于京师菜市口。

据云，当变法失败后，谭嗣同本有机会像康有为、梁启超一样逃离京师，流亡海外，或到西方列强驻北京的使馆避难。然而谭氏却认定"中国的新旧两党非闹得流血遍地，国家才有希望"，故有"我以我血荐轩辕"之志，并号曰："各国变法，无不从流血而成，今日中国未闻有因变法而流血者，此国之所以不昌也。有之，请自嗣同始！"[30]当谭嗣同于菜市口走下囚车，受刑前一刻曾质问监斩官："革新变法有何罪过？为什么不审而斩？"监斩官刚毅答曰："我哪管得那么多。"扬手投去杀头的令箭，让刽子手持鬼头刀上前行刑。谭嗣同的头在被砍下的刹那，还在高呼口号："有心杀贼，无力回天；死得其所，快哉快哉！"

谭氏在戊戌政变前后的所作所为，特别是人头落地前歇斯底里的狂呼大叫，令后世研究者大感迷惑，并为此争论不休。许多年后，陈寅恪在成都燕京大学任教期间，曾对他的学生石泉谈到早年家住湖南巡抚衙门时与谭嗣同的一些交往，多少道出了一点玄机。陈谓谭嗣同幼年丧母，受继母虐待，常常跑到陈家去哭。谭后来热情奔放、易于激动甚至偏激的性格，恐与早年家庭环境有关。按陈寅恪的说法加以推断，谭氏在脑袋掉地之前歇斯底里的狂喊怪叫，当源于此。另据陈寅恪透露，"六君子"被斩于菜市口，只不过是以慈禧为首的后党与光绪的帝党矛盾总爆发的一个极端结果，其实就在戊戌政变前，慈禧的后党已是杀机四伏，危及光绪帝的党徒了。当年珍妃入宫前的老师文廷式（芸阁），乃有名的江西才子，榜眼出身，与陈家有同乡之谊，且过从甚密。在甲午前后政局动荡中，是一位上蹿下跳的活跃人物，堪称帝党中的一员干将。但随着珍妃受慈禧老佛爷的打击而失势，作为党羽的文氏亦被革职回籍。戊戌政变的前夜，慈禧的后党采取了一个"斩足"行动，对帝党中枢外围党徒先行密旨拿问。文廷式通过密布京城的好友与徒子徒孙得到消息，知大祸来临，连夜从家乡逃出，流窜至湖南长沙巡抚衙门躲避。陈宝箴深知事关重大，稍有不慎即招来砍头灭门之罪，但念及旧情故谊，还是收留了文氏。三天后，由陈宝箴秘密安排，并赠 300 两白银于文氏，送其潜往日本避难。文氏直到庚子年义和团事起后方返故土，此时朝廷已无力顾及他是有罪还是无罪，是帝党还是后党之徒，他算是躲过了一劫。[31]

文廷式侥幸活了下来，但当年搭救他的陈抚台却命归黄泉了。

随着中国近代史上著名的"百日维新"大幕的降落和杨锐、谭嗣同辈人头落地，陈氏家族的政治生命也走到了尽头。戊戌政变之后，因杨锐、刘光第、谭嗣同辈乃陈宝箴所荐，加之湖南为新政改革急先锋，宇内闻名，慈禧老佛爷盛怒中于八月二十一日下达诏谕："湖南巡抚陈宝箴，以封疆大吏，滥保匪人，实属有负委任。陈宝箴著即行革职，永不叙用。伊子吏部主事陈三立，招引奸邪，著一并革职。"[32]

悲愤交加的陈宝箴于无可奈何中卸去顶戴花翎，黯然走出长沙城那高大威严的巡抚衙门，携家带口返回江西南昌隐居。其时妻子黄夫人早于一年前病逝，停灵于长沙，宝箴扶柩就道抵达南昌，葬夫人于南昌府城西 40 里西山之下，于墓旁筑建居室，名曰崝庐。其宅前后各三楹，杂屋若干楹，楼上有游廊，可与墓地相望，环屋养鹤，澹荡游吟山水间。光绪二十六（1900）年六月二十日，陈宝箴忽以微疾神秘去世，享年七十岁。

关于陈宝箴之死因，坊间流传多种版本，按其子陈三立编《巡抚先府君行状》言，乃以"微疾"卒，正史多采用此说。另有一说称为慈禧老佛爷赐死。如近人宗九奇在《陈宝箴之死的真象》一文中云："据近人戴明震先父远传翁（字普之）《文录》手稿，有如下一段记载：'光绪二十六年（庚子）六月二十六日，先严千总公（名闳炯）率兵弁从巡抚松寿驰往西山'崝庐'宣太后密旨，赐陈宝箴自尽。宝箴北面匍伏受诏、即自缢。巡抚令取其喉骨，奏报太后。'"[33]此文刊出后，著述此类题材者多有引用，并添油加醋予以铺排，遂使"赐死"之说流传于世。据史家王子舟考证，宗氏所引记载的真实性有待确证，但陈宝箴去世后，陈三立常往来于南昌、南京之间，春秋总回西山扫墓，每有诗篇，皆烦冤茹憾，呼天泣血，父墓成其歌哭之地。以此"推诸迹象，赐死之说似不谬"[34]。

陈宝箴有子女各二人，长子陈三立，即陈寅恪生父，次子陈三畏，早卒。

◎ 槎浮海外

陈宝箴诏受湖南巡抚时，六岁的陈寅恪随父母、祖父母寓长沙巡抚衙内。陈三立前夫人罗氏生长子衡恪后不幸病逝，继室夫人俞氏生子隆恪、寅恪、方恪、登恪，女康晦、新午、安醴。寅恪出生时，祖母黄夫人以其在寅年，取名寅恪，恪字为兄弟间排行用字。寅恪在家族中排行第六，故晚侄辈又称其为"六叔"。

陈寅恪大约五六岁即进入家塾蒙馆就读，延聘之塾师已不可考，所学除四书五经之类，另有算学、地理等现代知识。陈宝箴神秘死去那一年，三立携家迁居金陵，除家塾外，还在家中创办了一个现代化的思益学堂，延师教读，时十一岁的陈寅恪进入思益学堂接受教育。据陈隆恪女儿陈小从记述："自祖父挈家寄寓金陵，延聘西席外，在家里又办了一所学堂。四书五经外还开有数学、英文、音乐绘画等课程，以及文、体设备。这所学堂除了方便自己家中子弟外，亲戚朋友家子弟也附学。（如茅以升、茅以南兄弟等。）六叔和几位叔叔都是在这种环境下，打下他们对国学的基础。另外，还具备良好的读书条件：祖父藏书很丰富，六叔在他十几岁以及后来自日本回国期间，他终日埋头于浩如烟海的古籍以及佛书等等，无不浏览。"[35]又说："我父和六叔在出国前那段启蒙教育都是延师在家教读，先后所延聘教师有王伯沆（名瀣）、柳翼谋（国学大师柳诒徵）、萧稚泉等。萧兼为画家，曾教过三位姑母学画。当教师初到时，祖父常和他们约：第一，不打学生，第二，不背书。这和当时一般教师规范大不相同。所以父亲和几位叔叔都是在这种轻松活泼比较自由的

陈氏兄弟。左起：陈隆恪、陈覃恪、陈衡恪、陈寅恪、陈方恪（引自陈小从《图说义宁陈氏》）

气氛中，度过他们的蒙馆生涯。"[36]陈小从所说的柳翼谋即后来在学界赫赫有名的国学大师柳诒徵，校长则是一代名儒陶逊（宾南），另有湘潭周大烈等宿儒为教席。学生除以上所列，另有俞氏舅家子弟、周馥之孙周叔弢、杭州朱子涵之子朱伯房、常熟宗白华等。其时学生们梳辫发，穿制服，一派新式模样。两江总督张之洞驻金陵时，对陈三立创办学堂深表赞许。继张氏之后出任两江总督的端方，慕其名声，曾亲到学堂视察，见学生们列队敬礼，神清气爽，模样俊秀可爱，欣喜之下每人特赠文房四宝一份予以嘉奖。

正是这种家学渊源与私门授业，使少年陈寅恪自幼熟习国学典籍，而新式学堂所传授之地理、算学、英文、音乐、图画等现代知识，又博其思想，增其见识，拓其视野，为日后放洋游学，接受东西洋现代文明洗礼打下了坚实的基础。据陈寅恪晚年在"文化大革命"中于中山大学第七次交代底稿说："小时在家塾读书，又从学于友人留日者学日文。"[37]自陈小从的回忆与陈氏本人的"交代"看，作为进士出身的文化名宿、同光体诗派的代表人物，陈三立对子女的教育是经过深思熟虑和做了现代科学规划的，宋代通儒张载的"为天地立心，为生民立命，为往圣继绝学，为万世开太平"，在陈三立的心中占据着重要位置，而为中国传统文化延续血脉，则是这位进士出身的吏部主事骨血里流淌不息的因子。在创办学堂的同时，陈三立已经萌发了送子赴日与欧美留学深造的构想。究其内情，陈寅恪在长大成人直至晚年，偶尔对相熟者提及，知之者甚少，而能对"义宁陈氏"一门文化渊源详加分析者更是凤毛麟角，只有梁启超、吴宓、俞大维、傅斯年等少数几人体会出个中况味。1945年，吴宓在撰写《读散原精舍诗笔记》时，曾言道：

> 先生一家三世，宓凤敬佩，尊之为中国近世之模范人家。盖右铭公受知于曾文正公，右铭公之家世经历，亦略同曾文正。为维新事业之前导及中心人物，而又湛深中国礼教，德行具有根本；故谋国施政，忠而不私，知通知变而不夸诬矜躁，为晚清大吏中之麟凤。先生父子，秉清纯之门风，学问识解，惟取其上，而无锦衣纨绔之习，所谓"文化之贵族"，非富贵人之骄奢荒淫。降及衡恪寅恪一辈，犹然如此。诚所谓君子之泽也。先生少为"四公子"之一，佐父首行维新改革于湘中，坐是黜废禁锢，而名益显，望益高。所与交游唱和者，广而众。又皆一世之名士学人高才硕彦。故义宁陈氏一门，实握世运之枢轴，含时代之消息，而为中国文化与学术德教所托命者也。寅恪自谓少未勤读，盖实成于家学，渊孕有自。而寅恪之能有如斯造诣，其故略如宓以上所言，非偶然者也。[38]

吴氏之说大体不差，陈寅恪正是怀揣中国文化学术德教之托命，放洋游学，开始了他寻求救世之道的漫长途程。

光绪二十八年（1902）春，留日风潮兴起，十三岁的陈寅恪随长兄衡恪离金陵赴上海，以自费留学生的身份踏上了驶往日本的轮船。行前在上海旅馆偶遇英国传教士李提摩太（Timothy Richard）。此人本一介传教之士，无职无权，却属中国老百姓常说的"能人"一类。其人除了脑子灵活，善于投机钻营，肚子里也确实有点儿干货。凭着他的识见和钻营机巧，在清末政坛上纵横捭阖，左右逢源。戊戌变法之年，几乎成了光绪皇帝的顾问，其译著《泰西新史揽要》一度风行中国，传诵一时，为知识界所广泛瞩目。李提摩太汉语甚好，见衡恪、寅恪兄弟欲赴东洋留学，遂用汉语与之交谈，并谓："君等世家子弟，能东游，甚善。"[39]

轮船鸣响着汽笛离开上海吴淞码头，大海苍茫，碧水蓝天，如此浩瀚壮阔的场景，是陈家兄弟生平第一次遭遇。为此，陈衡恪写下了"生平海波未寓目，乍疑一片水苍玉"[40]的壮丽诗句。身材瘦小、童气未脱的陈寅恪，从此开始了长达十余年的海外游学生涯。

陈家兄弟踏上日本国土，入东京弘文学院就读。该校是明治三十五年（1902）四月，由嘉纳治五郎为中国留学生开办的私立补习学校，受日本文部省委托，专门为中国留学生提供预备教育，主要讲授日语及普通科，如教育、心理、伦理、教授法、管理法等，修业年限由半年至三年不等，主要看学生各自的条件和造化。与陈家兄弟由上海同船赴日的留学生 120 余人（南按：时已在日本的中国留学生约 300 人），另有 40 人赴欧洲留学。在东京码头下船后，进入弘文学院就读的人数共 56 名，其中寄宿生 22 名。在这 22 名学生中，就有比陈寅恪年长九岁、虚岁二十二的绍兴小个子鲁迅。这一年，鲁迅于江南陆师学堂附设的矿路学堂毕业，和其他几位同学将被派往日本留学。3 月 24 日，在矿路学堂总办俞明震的亲自带领下，鲁迅等人乘日轮"大贞丸"由南京出发去日本。俞明震是个新派人物，鲁迅求学时对他的印象不坏，后来在《朝花夕拾·琐记》中对他有过这样一段描述："但第二年的总办是一个新党，他坐在马车上的时候大抵看着《时务报》，考汉文也自己出题目，和教员出的很不同。有一次是《华盛顿论》，汉文教员反而惴惴地来问我们道：'华盛顿是什么东西呀？……'"[41]这个新派的总办俞明震就是陈寅恪的舅父。

其时，陈寅恪与长兄陈衡恪作为自费留学生，于上海码头登上"大贞丸"，并在其舅父俞明震的护送下，与鲁迅等学生结伴同行。陈衡恪也是矿路学堂的学生，与鲁迅同学且交情甚好。到达日本进入弘文学院后，陈衡恪与鲁迅同住一舍，朝夕相处，过从甚密。1904 年春，鲁迅和陈衡恪等联名给国内的友好写信，由返国的弘文学院同学沈瓞民带回分别投寄，介绍日本军阀的侵略野心与弘文学院同学们的近况。据沈瓞民后来回忆说："我正要动身回国的时候，鲁迅和陈师曾（陈衡恪，美术家，当时也在弘文学院读书）二学长，邀我到东京日比谷公园啜茗吃果子……那时日俄战争开始，广濑武夫沉船封锁旅顺。日本政客中州进午提出'日本统治满洲说'；户水宽人又发出'天授日本'的谬论，认为'根据诸学理，应由日本占领满洲'；有贺长雄又发出'满洲委任统治权'的妄说；种种侵略谬论，在报纸上广为鼓吹。而我国有一小撮的留日学生，却还在同情日本、崇拜日本。鲁迅对日本的侵略野心，非常愤怒。他同时指出，蔡鹤卿（元培）和何阆仙（琪）在上海创办《俄事警闻》，竟也袒日而抑俄，这事太无远见。鲁迅说：日本军阀野心勃勃，包藏祸心，而且日本和俄国邻接，若沙俄失败后，日本独霸东亚，中国人受殃更毒。于是他向蔡、何提出三点意见：（一）持论不可祖日；（二）不可以'同文同种'、口是心非的论调，欺骗国人；（三）要劝国人对国际时事认真研究。原书没有抄录，大意是这样的。我到上海，即交给蔡、何两君。后来《俄事警闻》采纳鲁迅的意见，持论有所转变。求学时代的鲁迅，已认清沙俄和日本都是帝国主义，都是侵略中国的敌人；当时具有这样的卓见，是令人敬佩的。陈师曾受到鲁迅的鼓励，也写了六封信，其中一封给其父散原老人的，主要指出日本包藏祸心等语，由我分投；诸人阅后，皆有戚容，沉默不语。……当时国人，痛恨沙俄，但对日本帝国主义的看法，尚未能一致。像鲁迅这样抱有远见者，寥寥无几……"[42]

陈家兄弟，特别是年龄较大的陈衡恪当时确实意识到了鲁迅的"卓见"、爱国热情并受到鼓励，二人成为同道中人。民国后，鲁迅与陈衡恪同在教育部任职，来往更加频繁。鲁迅喜文史、艺术，陈衡恪擅长篆刻、书画，因而关系越来越密切。《鲁迅日记》对鲁迅与陈衡恪交往的记载多达70多笔，如果不是陈衡恪英年早逝，当会更多。不过，当时的陈衡恪和年少的陈寅恪两兄弟没有想到，这个在生活中不太吭声的小个子、嘴巴上刚刚露出毛茸茸黑须的绍兴"土老儿"（蒋梦麟语），会在后来以鲁迅的笔名一举成名，并把手中的笔当成投枪和匕首，终于成了"中国文化革命的主将""代表全民族的大多数，向着敌人冲锋陷阵的最正确、最坚决、最忠实、最热忱的空前的民族英雄"（毛泽东语）。不过日后的陈寅恪很少向外人道及与鲁迅的这段因缘际会。据他自己晚年透露，因为鲁迅的名气越来越大，最后以"民族魂"的大旗覆棺盖椁，继而成为"先知先觉"和"全知全觉"的圣人，他怕言及此事，被国人误认为自己像鲁迅所指斥的"无聊之徒，谬托知己"，"既以自炫，又以卖钱，连死尸也成了他们的沽名获利之具"。[43]因而，陈氏一生留下的诗文与回忆文章，几乎看不到他与鲁迅的交往经历，倒是在鲁迅的日记中可看到"赠陈寅恪《域外小说》第一、第二集，《炭画》各一册，齐寿山《炭画》一册"[44]等记载。这是陈寅恪的洞察事理与自尊之处。

光绪三十年（1904）夏，陈寅恪假期回国返南京。据当代史家王子舟说，陈氏归国之原因可能是在日费用见绌，因为当时留日者多富家子弟，有些日人借机刮其钱财。[45]留日学生进书店，图书加价；进商店，货品加价，乃至"房东揩他们的油；扒手、小偷虎视眈眈；下女替代买东西要一成半的小费；野妓打扮成女学生，以妖眼来诱惑；得病即为医生之饵"[46]等卑鄙行径司空见惯，中国学生深受盘剥欺骗之苦。当然，陈寅恪归国可能还有另外一个目的，就是争取官费的资助。因为归国未久，就与其五哥陈隆恪同时考取了官费留日生，并于这年晚秋再度赴日，同行者有李四光、林伯渠等人。陈三立有《十月二十七日江南派送日本留学生百二十人登海舶，隆寅两儿附焉，遂送至吴淞而别。其时派送泰西留学生四十人，亦联舟并发，怅然有作》诗，第二首云："游队分明杂两儿，扶桑初日照临之。送行余亦自涯返，海水浇胸吐与谁。"[47]此次赴日，寅恪重返东京弘文学院，其兄初入庆应大学，后转入东京帝大财商系就读。

陈寅恪二次赴日，正值日俄因争夺中国东北利益而大打出手之时。日本侵占中国的旅顺、大连、营口等地，而苟延残喘的清政府只能作为"局外中立者"，划辽河以东地区为两国交战地，辽河以西为中立区，眼睁睁地看着成群的狼熊在中国土地上疯狂撕咬嗷叫而束手无策。这一狼一熊撕咬的结果是：俄国熊伤势严重，渐感体力不支，不得不放弃在中国东北部分特权，拱手送给日本狼，并割库页岛南半部分以和，日本狼借此获得满洲南部特权。至此，世界各国的狼虫虎豹在中国的势力范围基本划定：德国占据山东半岛；法国拥有两广、云南、四川；俄国占据北满；日本获得南满、福建，并获得在东三省扩大通商、营建铁路、经营租界等项特权；英国以长江流域、云南、西藏为势力范围；美国的胃口更大，推行所谓的"门户开放"政策，要求全中国的门户全部无条件地向强大无敌的美利坚合众国开放。

光绪三十一年（1905）寒假，陈寅恪因患脚气病回国调养。至此，为期近四年的日本留学生活彻底画上了句号。病好后的陈寅恪没有再赴日继续深造，其缘由固然复杂，但在后世研究者看来不外乎有如下几个方面。

日本于日俄战争得手后，开始以世界列强的身份雄视东方，对中国人更是骄横跋扈，极尽丑化蔑视之能事，留日学生被蔑为"支那人""猪尾奴""清国奴"。鲁迅在《藤野先生》中已描述过仙台学医时那种椎心泣血的人生感受。[48]向来不善言辞的陈寅恪也曾多次表示过"对日本人印象不佳"[49]。面对日本举国上下毕现的种种骄狂之态与轻妄之举，不只有藤野先生那样"小而言之，是为中国""大而言之，是为学术"的教授为中国留学生鸣不平，当时日本有识之士也曾表示了他们的愤慨与忧虑。著名政治家、学者宫崎滔天在《关于中国留学生》一文中曾明确地警告日本当局与国民："我深为日本的威信而悲，为中日两国的将来而忧，更为中国留学生的处境而不禁流泪。……我要寄语我日本当局、政治家、教师、商人、房东、下女、扒手、小偷和妓女，你们旦夕欺侮、讥笑、榨取、剥削、诱惑的'清国奴'中国留学生，将是新中国的建设者。他们今日含垢忍受着你们的侮辱，你们心中没有一点慊焉之情吗？侮辱他们，势将受他们侮辱。互相侮辱必将以战争终始。"[50]未来的事实被宫崎滔天不幸言中，只是当时日本国民并没有把这位智者的忠告放在心上。

面对日人的骄横与轻视，鲁迅感到了切肤之痛，陈寅恪也自当不会例外。不过，当陈氏第二次去日本时，鲁迅已离开弘文学院在仙台医学专门学校就读，如鲁迅在自传中所说："这时正值日俄战争，我偶然在电影上看见一个中国人因做侦探而将被斩，因此又觉得在中国医好几个人也无用，还应该有较为广大的运动……先提倡新文艺。我便弃了学籍，再到东京，和几个朋友立了些小计划，但都陆续失败了。我又想往德国去，也失败了。"[51]鲁迅所说的小计划，其中之一是企图像当年的著名刺客荆轲一样，采取暗杀手段再加以群众暴动推翻清王朝。除了暗杀与暴动的宏图大愿，当时的中国留学生有相当一部分理想主义者，试着从文化上探寻救国之道，也就是要深究学术的精奥，解决形而上的问题，即胡适后来所倡导的"我们要救国，应该从思想学问入手，无论如何迂缓，总是逃不了的"[52]云云。而当时世界学术的前沿和最高殿堂在西洋而不在东洋，日本学术只是欧美学术的二手货，要想真正明了彻悟先进文化的奥秘和前进方向，就必须像当年唐僧玄奘一样，非到这一文化的发轫之地取经不可，否则近似扯淡。正因如此，鲁迅便有了出走欧洲到德国求学的打算，可惜未能成行。倒是相对年轻的陈寅恪把这一理想化成了现实，了却了平生夙愿。

许多年后，陈寅恪在给清华学生授课时曾经说过："日本旧谓其本国史为'国史'，'东洋史'以中国为中心。日本人常有小贡献，但不免累赘。东京帝大一派，西学略佳，中文太差；西京一派，看中国史料能力较佳。"[53]

日本东京帝大是明治十九年（1886）由东京大学改制而成，借助明治维新的契机，改制后的东京帝大仿德国现代化大学制度开科办学，并大量聘请外籍教师，尤以德国比例为重。当时德国柏林大学的史学大师兰克，门下有一叫利斯（Ludwig Riss）的弟子，被聘为东京帝大新创立的史学科教授。后来名噪一时，且与陈寅恪在学术上交过手的东洋史代表人物白鸟库吉，就是利斯指导的史学科第一届毕业生。由于白鸟库吉毕业后又游学德、匈等国，成名后参加过数届国际东方学者会议，故陈寅恪称东京帝大一派西学较佳。而以内藤虎次郎为开山鼻祖的京都大学东洋史研究学派，所承继的是日本汉学研究传统，中文根底较深，即陈寅恪所说的"看中国史料能力较佳"者。尽管陈氏说这话时是在离开日本30年后的1935年，但总体评价尚属公允，这除因陈氏本人后来与日本学者有所交流外，与他当年游学日本有密切关系。如同后来中国的考古学派一样，凡是倾向欧美学派与学术源流者，在新的文化进程中均得到发展壮大；凡承继所谓传统的学派如金石学者，逐渐没落。日本的东京帝大派最终战胜了西京学派而出尽风头，其原因也固如此。

已见过世面并成为青年才俊的陈寅恪病愈后，不愿再看日本小鬼子的脸色，也不满于日本的东洋史学，乃立下赴欧美游学，直接从现代学术源头寻找启迪的雄心大愿。为实现这一理想，在出国前，陈氏插班进入上海吴淞复旦公学就读，主攻英语、兼及德、法等语言。经过两年半的苦熬，于宣统元年（1909）夏毕业。是年秋，在亲友资助下自费赴德国柏林大学就读。宣统二年（1910）秋，远在万里之外的陈寅恪闻知日本吞并朝鲜的消息，想到了祖国与东方被压迫民族的命运，慨然作《庚戌柏林重九作》诗一首，内有"陶潜已去羲皇久，我生更在陶潜后。兴亡今古郁孤怀，一放悲歌仰天吼"[54]之句，抒发了忧国忧民的悲愤情怀。

宣统三年（1911）春，陈寅恪脚气病复发，不得已转地治疗，北游挪威，二旬而愈。这年秋，陈氏至瑞士，转入瑞士苏黎世大学读书。当他阅报得知国内发生了孙中山领导的辛亥革命的消息时，即去图书馆借阅德文原版《资本论》就读，以了解这场革命的内在理论体系。抗战期间，陈寅恪在成都病榻上与自己指导的燕京大学研究生石泉谈到共产主义与共产党时，曾涉及此事，陈说："其实我并不怕共产主义，也不怕共产党，我只是怕俄国人。辛亥革命那年，我正在瑞士。从外国报上看到这个消息后，我立刻就去图书馆借阅《资本论》。因为要谈革命，最要注意的还是马克思和共产主义，这在欧洲是很明显的。我去过世界许多国，欧美、日本都去过，唯独未去过俄国，只在欧美见过流亡的俄国人，还从书上看到不少描述俄国沙皇警探的，他们很厉害，很残暴，我觉得很可怕。"[55]

据史家考证，陈寅恪可能是中国人中第一个阅读德文原版《资本论》者。这一年，陈寅恪二十二岁。许多年后的1953年11月，原为陈寅恪研究生兼助手、时已成为中共党员的北大教员汪篯，受中国科学院院长郭沫若与副院长李四光派遣，赴广州中山大学敦促时任历史系教授的陈寅恪北返，就任刚刚成立的中科院历史研究所第二所（中古史所）所长。陈寅恪除了对汪篯这一不明事理和冒失举动大为反感外，在亲书的《对科学院的答复》中曾有这样一段耐人寻味的话："我决不反对现政权，在宣统三年时就在瑞士读过《资本论》原文。但我认为不能先存马列主义的见解，再研究学术。我要请的人，要带的徒弟都要有自由思想、独立精神。不是这样，即不是我的学生。你以前的看法是否和我相同我不知道，但现在不同了，你已不是我的学生了，所有周一良也好，王永兴也好，从我之说即是我的学生，否则即不是。将来我要带徒弟也是如此。"[56]对陈氏一贯提倡和坚守的"自由之思想，独立之精神"这一深层意义暂且不表，至少从信中可以看出，陈寅恪作为最早读过《资本论》原文的中国人之一，当不会做虚妄孟浪之谈。

1912年，也就是民国元年，陈寅恪脚气病复发，且经济拮据，营养不良，加之国内局势动荡，军阀纷争，城头上的大王旗一日三换，陈三立被迫携家避居上海，陈寅恪也不得不暂时归国。据陈寅恪的侄子陈封雄说，寅恪在游学欧洲期间两次回国，但"大部分时间都在家杂览经史古籍，对史学感到浓厚兴趣。他不但能背诵《十三经》，而且每字必求甚解，这也就奠定了他一生精考细推的治学方法"[57]。翌年春，陈氏脚气病痊愈，再次踏上西行的航船游学海外，先入法国巴黎高等政治学校就读，再游学伦敦。1914年8月，欧洲爆发了第一次世界大战，中国留法学生均遭经济困窘。这年秋天，江西省教育司司长符九铭电召陈寅恪，要其回南昌总览留德学生考卷，并许以补江西省留学官费，陈寅恪应召取道回归本土。此番游学欧洲，除期间回国短暂逗留外，前后凡四个年头。

1915年春，陈寅恪于阅卷空隙，赴北京看望长兄陈衡恪。此时陈衡恪已于日本学成归国，在教育部任编辑之职兼任北京高等师范学校与美专教师，成为名满天下的大画家，当时的美术界有"北陈南李"之誉。"北陈"指陈衡恪，"南李"指李叔同。

陈寅恪此次北上，在陈衡恪的引见下拜访了许多京都名流，并得以与同船

陈衡恪（师曾）绘的山水扇面

赴日留学的周豫才相会。这时的周豫才尚寂寂无闻,除了在教育部履行佥事的公职,多数时间在阴沉破旧的绍兴会馆抄写古碑,借此纾解心中的郁闷。那篇承托起他一世英名的白话小说《狂人日记》的发表,还要等到三年之后。周豫才送陈寅恪书、画一事,就是在这段时间。正是这次北上,陈寅恪结识了他人生中至关重要的挚友——傅斯年,并为二人在柏林的重逢埋下了伏笔。

注释:

【1】吴宓《清华开办研究院之旨趣及经过》,载《清华周刊》,第351期,1925年9月18日。

【2】蓝文徵《清华大学国学研究院始末》,载台北《清华校友通讯》,第三十二期,1970年4月。

【3】【9】《吴宓自编年谱》,吴宓著,吴学昭整理,北京三联书店1995年出版。

【4】《王静安先生年谱》,赵万里编,载《国学论丛》,第一卷第三号。据流传的一些史料记载,王国维是被溥仪召进宫,勒令应清华之聘,而溥仪是受胡适请托,才"下诏"的。这只是一方说辞。胡氏托溥仪说项的时候,溥仪还在紫禁城居住。而当吴宓接办之时,溥仪已被冯玉祥部队赶出紫禁城避居东交民巷日本公使馆。有些巧合的是,吴宓到王宅的这一天,溥仪乔装打扮,秘密潜往天津,在日租界张园设立"行在"。因而王国维为此事曾偷偷到天津面见过溥仪,所谓"下诏"也是这时的事。王氏此举,其因是清华为洋学堂,王心理上有顾虑。关于此点,陈哲三《陈寅恪先生轶事及其著作》一文有所提及。陈以他的老师蓝文徵(字孟博,1928年毕业于清华国学研究院)的口气记述道:"于是曹亲自拿聘书请王静安先生。王先生不答应,曹回来找胡,胡说有办法。原来当时王先生在清宫教溥仪,所谓'南书房行走',于是胡找溥仪,溥仪劝他,王先生仍然不愿去,因为清华为洋学堂,溥仪没法,只得下了一道'圣旨'——这圣旨我在王先生家看到了。很工整,红字。王先生没法,只得去了。梁先生也就了。王梁一就,章先生便不就……"(原载台北《传记文学》,第十六卷,第三期,1970年3月)

【5】《清华国学研究院史话》,孙敦恒编著,清华大学出版社2002年出版。

【6】吴宓《交待我的罪行(九):演讲〈红楼梦〉》,转引自《吴宓与陈寅恪》,吴学昭编,清华大学出版社1992年出版。

【7】【54】《陈寅恪集·诗集》,陈美延编,北京三联书店2001年出版。

【8】《吴宓日记》,第二册,吴学昭整理、注释,北京三联书店1998年出版。见1919年3月26日条。

【10】关于吴宓辞研究院主任之职与张彭春被挤出清华园一事,情形颇为复杂,但总体

而言是清华的吴宓一派与张彭春（字仲述）一派意见不合，相互倾轧所致。张彭春乃南开大学校长、著名的教育家张伯苓的胞弟。1910年，张彭春与赵元任、胡适等70人同期，以第10名的成绩考取庚款留学生二期放洋留美（赵元任名列第2，胡适列第55名），在克拉克大学获文学学士学位后转入哥伦比亚大学就读，研究文学、欧美现代戏剧。1915年他获哥伦比亚大学文学硕士及教育学硕士学位，为著名哲学家杜威的得意门生，此后在美国任中国留美学生联合会指导。1916年归国，任南开中学部主任兼南开新剧团副团长，开始话剧创作活动。后来成为名人的周恩来、万家宝（曹禺）等均为南开新剧团成员并得到张彭春的亲自栽培。1919年，张氏再度赴美国攻读哲学，1922年获哲学博士学位离美，赴英、法、德、丹麦等国考察。1923年任清华大学教授兼教务长。当时的张彭春与胡适、赵元任等庚款二届留美同学往来密切，与吴宓、梅光迪等学衡派成员（在南京以《学衡》杂志为根据地，鼓吹所谓的传统文化）或支持学衡派者不甚和睦。吴宓进清华，乃学校正急需人才之时，且是曹云祥校长一手促成，作为教务长的张彭春与"暴得大名"的胡适都不好直接面对面地从中作梗，吴宓趁此空隙得以顺利进入清华园。但自吴氏主持研究院日常事务后，情形逐渐变得复杂微妙起来。校长曹云祥行将出国考察时，荐张彭春以自代。因张与吴围绕校政施教方面的主张常有不同意见，终致彻底决裂，成为势不两立、你死我活的寇仇。由于这样的关系和派系成见，吴与胡适、赵元任的关系也越来越生硬，几乎成了冤家对头。但此时深受校长曹云祥器重的张彭春，正有青云直上、一飞冲天之势，并不把吴宓放在眼里。事实上，无论从哪方面俗务来看，张彭春都有理由在吴宓面前骄傲并采取俯视姿态。1916年，当张彭春作为一只硕士衔的"海龟"，自美国哥伦比亚大学回国时，吴宓刚从清华学校毕业，翌年才放洋留美。而张最终戴着一顶耀眼闪光的美国高等学府的博士帽子荣归故里，并顺利进入清华任教授兼教务长。而吴在美扑腾了几年，只弄了一张灰不溜秋的硕士文凭归国，这顶帽子在当时放洋的诸生看来并不足道。也就是说，无论是资历还是学历，吴氏比之张氏都差一个档次。尽管吴宓放洋时号称"哈佛三杰"之一，但类似这般称孤道寡的荣誉称号到了张彭春的耳朵里，可能只是被当作一个笑话嗤之以鼻罢了。

在张彭春的眼里，吴宓的为人为学皆不值一哂，并在人前人后对其表露出轻视意味，此点从吴宓日记中可以看出。1925年10月22日，吴宓初任研究院主任不久，正在志得意满之际，受邀为清华普通科学生做"文学研究法"的讲演。令他万没想到的是，演讲完毕，却被张彭春借机当场讽刺戏弄了一顿。为此，吴觉得自己"空疏虚浮，毫无预备，殊自愧惭。张仲述结束之词，颇含讥讪之意。宓深自悲苦。缘宓近兼理事务，大妨读书作文，学问日荒，实为大忧。即无外界之刺激，亦决当努力用功为学。勉之勉之。勿忘此日之苦痛也"。（见《吴宓日记》，吴学昭整理、注释，北京三联书店1998年出版）言辞中见出吴氏的书生本色，也透出其处境的尴尬与内心的痛苦。

不过，时间不长，张彭春便在严酷的派系倾轧中，因弄权施术威胁到曹云祥的个人利益，被曹抛弃，辞职离校回天津南开，帮助其兄治校去了。吴宓于1926年1月18日记云："此次张氏去职离校，如竟成事实，则实为权臣威加于主者之普通下场。各方反对虽烈，然已司空见惯，久已无足重轻。此次去张，纯由校长自决。而校长之为此，必自有不得已之原因。或缘大权旁落，恐驾驭为难；或张竟有图谋去校长而代之之举动，为所觉察，故而出此。"2月3日吴宓又记云："闻校长已与张仲述决裂，准张氏辞职。张氏今日方在寓宅收拾行李，即刻离校云。念及年来相处，及其中风潮，兔死狐悲，为之慨然。"（见《吴宓日记》，第三册）

张去职后，派系倾轧更趋严重，吴宓很快就遭到了张派嫡系的暗算。在中国现代学术史和教育史上留有光荣一页的清华国学研究院，是吴宓生前身后久被人赞誉的辉煌，但最后迫于各方压力，吴宓不得不向校长曹云祥递交了辞职书。出于复杂考虑的曹云祥很快批准了吴的请求，并于3月16日把布告张贴到研究院主任室门口，"以作宓去职之正式表示"。（《吴宓日记》）与此同时，曹云祥索性来了个斩草除根，将其调离研究院，弄到大学部外文系任教授，研究院事务暂由曹本人"兼理"。从吴宓留下的日记可知其心境之凄凉悲苦，同时也见出即使如学术重镇之堂堂清华学校乃至象牙塔之国学研究院，亦并非理想的圣洁之地。此时的吴宓在这种矛盾与相互倾轧的处境中被搞得晕头转向，悲不自胜，如自己所言："宓之不善自谋，到处悉然，可胜悲叹。"（见《吴宓日记》，第三册）

【11】通过检索大陆与台湾史语所保存的原始档案，结合傅乐成编《傅斯年先生年谱简编》（见《傅斯年全集》，第七卷，欧阳哲生主编，湖南教育出版社2003年出版），对傅在北大学习期间及留学欧洲考试时的分数加以梳理、统计，即可见到这位号称"黄河流域第一才子"超人的才气。

1913年12月，北大预科各班成绩表，傅斯年考试成绩为：

国文85分、历史80分、地理80分、英文95分、英文100分、英文93分、德文80分、德文95分（注：原成绩单如此）、外史96分，总计804分，平均89.3分，全班排名第一。

1914年，傅斯年成绩未找到，暂空。

1915年，据6月预科各班成绩表，傅的成绩为：

（各科略），总计1163分，总平均89.5分，旷课扣分15分，全班排名第二。

1916年，傅斯年卒业于北大预科，秋升入本科国学门。其毕业考试成绩为：

（各科略），总计1482分，总平均92.6分，旷课扣分加3分，实得95.6分，全班排名第一。

1917年，第一学年课业成绩，（各科略），总计755分，平均125.8分，扣分1分，实得124.8分，全班排名第一。

1918年，（各科略），总计320.5分，平均80.1分，全班排名第一。

1919年夏，傅卒业于北大文科国学门。其中第三学年成绩总计420.5分，平均84.1分，名次不详。

同年秋，傅斯年回家乡山东省参加官费留学生考试，名列第二。

正是傅斯年在北大历次考试中获得的骄人业绩，以及超强的组织办事能力，才使他一度心高气傲，不把一般师生和平庸之辈放在眼里吧。

【12】顾颉刚《回忆新潮社》，载《五四时期的社团》，第一册，张允侯、殷叙彝、洪清祥、王云开编著，北京三联书店 1979 年出版。

【13】《白话文学与心理的革命》，载《傅斯年全集》，第一卷，欧阳哲生主编，湖南教育出版社 2003 年出版。

【14】《热风·五十九"圣武"》，载《鲁迅全集》，第一卷，人民文学出版社 1981 年出版。

【15】【17】刘作忠《国学大师黄侃的妙闻趣事》，载《文史博览》(原《湖南文史》)，2003 年第 11 期。

【16】《蔡元培时代的北京大学与五四运动》，罗家伦口述，马星野记录，载台北《传记文学》，第五十四卷第五期，1989 年 5 月。

【18】据罗家伦回忆说："从《新青年》出来以后，学生方面，也有不少受到影响的，像傅斯年、顾颉刚等一些人，本来中国诗做得很好的，黄季刚等当年也很器重他们，但是后来都变了，所以黄季刚等因为他们倒旧派的戈，恨之入骨。最近朱家骅要请傅斯年做中央大学文学院长，黄季刚马上要辞职(南按：黄侃后来到南京中央大学任教)。当时我们除了读书以外实在有一种自由讨论的空气，在那时我们几个人读外国书的风气很盛，其中以傅斯年、汪敬熙和我三个人，尤其喜买外国书。"(见《蔡元培时代的北京大学与五四运动》，罗家伦口述，马星野记录，载台北《传记文学》，第五十四卷第五期，1989 年 5 月)

【19】屈万里《傅孟真先生轶事琐记》，载《傅故校长逝世纪念专刊》，台湾大学学生代表联合会学术部编，1950 年印行。

【20】屈万里《傅孟真先生轶事琐记》，载《傅故校长逝世纪念专刊》，台湾大学学生代表联合会学术部编，1950 年印行。关于傅斯年官费留学生考试成绩，据胡颂平《胡适之先生年谱长编初稿》一九五九年六月十五日条记载："今天蒋复璁带来民九、民十两年北政府教育部公报。这些公报上，对于当时有价值的论文或演讲稿，都收入'附录'里。"编者附记云："在附录里，有傅斯年当年考取出国的分数是八十二分，第二名。"(见第八册，台北联经公司 1990 年校订版)另据屈文说：为了这次官费考试，还有一个插曲，即许多考官因为傅斯年是激烈学生而不拟录取。当时山东省教育厅的科长陈雪南出面力争，认为成绩如此优秀的学生非取不可，终于定案。值得注意的是，此后陈雪南与傅氏保持相当友好关系，1948 年，傅在美国养病，竟被选为该届"立法委员"，傅氏不就，当局托陈雪南出面劝说，傅才接受，后因被任命为台大校长而辞职。

【21】罗家伦《元气淋漓的傅孟真》，载《傅故校长哀挽录》，台湾大学纪念傅故校长筹备委员会哀挽录编印小组编，台湾大学 1951 年 6 月 15 日印行。

【22】《花随人圣庵摭忆》，黄浚著，上海古籍书店 1983 年出版。于忠肃，即明朝名臣于谦，卒谥忠肃。

【23】《清代官员履历档案全编》，秦国经主编，华东师范大学出版社 1997 年出版。

【24】郭嵩焘《送陈右铭廉访序》，载《郭嵩焘诗文集》，卷十五，岳麓书社 1984 年出版。

【25】【27】《皇授光禄大夫头品顶戴花翎原任兵部侍郎都察院右副都御使湖南巡抚先府

君行状》，载《散原精舍诗文集》（下册），散原精舍文集卷五，陈三立著，李开军标点，上海古籍出版社 2003 年出版。

【26】《湘绮楼日记》，第一卷，［清］王闿运著，吴容甫点校，岳麓书社 1997 年出版。同治九年（1870）正月十六日条。

【28】陈小从《庭闻忆述》，载《纪念陈寅恪先生百年诞辰学术论文集》，王永兴编，江西教育出版社 1994 年出版。

【29】载《民国人物碑传集》，卷十，卞孝萱、唐文权编，团结出版社 1995 年出版。

【30】梁启超《戊戌政变记·谭嗣同传》，载《饮冰室合集》，第六册，《饮冰室专集》之一，中华书局 1989 年出版。

【31】石泉、李涵《追忆先师寅恪先生》，载《纪念陈寅恪教授国际学术讨论会文集》，中山大学出版社 1989 年出版。据陈小从所述，情节略有出入，其文曰："当时文廷式正隐藏长沙某处，密旨抵抚署，右铭公压下未发。先祖（南按：陈三立）密遣心腹，携银至文住处，劝其速逃。当时适有文之同里某候补知县，来抚署告密，并言：如去捉钦犯，彼可带路。先祖佯与应付，估计文已脱险，始虚张声势，派人扮演了一场捉拿钦犯的闹剧。"（见《庭闻忆述》，载《纪念陈寅恪先生百年诞辰学术论文集》，王永兴编，江西教育出版社 1994 年出版）

【32】《光绪朝东华录》，朱寿朋编，中华书局 1958 年 12 月出版。

【33】载《文史资料选辑》，第八十七辑，中国文史出版社 1983 年 4 月出版。

【34】【45】《陈寅恪》，王子舟著，湖北人民出版社 2002 年出版。

【35】《陈封怀回忆录》（未刊稿），转引自《陈寅恪先生编年事辑》（增订本），蒋天枢撰，上海古籍出版社 1997 年出版。

【36】《陈小从记录稿》，转引自《陈寅恪先生编年事辑》（增订本），蒋天枢撰，上海古籍出版社 1997 年出版。

【37】《陈寅恪先生编年事辑》（增订本），蒋天枢撰，上海古籍出版社 1997 年出版。

【38】载《国学研究》，第一卷，袁行霈主编，北京大学出版社 1993 年出版。该文为吴宓遗稿，由其女吴学昭提供刊布。初写于 1943 年 2 月 15 日。1945 年 8 月，在成都，吴宓托陈寅恪的助手程曦为陈朗读此稿，陈改正数处，其后吴宓悉以墨笔修改或旁注。

【39】《乙酉冬夜卧病英伦医院听人读熊式一君著英文小说名天桥者中述光绪戊戌李提摩太上书事忆壬寅春随先兄师曾等东游日本遇李教士于上海教士作华语曰君等世家子弟能东游甚善故诗中及之非敢以乌衣故事自况也》诗序，载《陈寅恪诗集》，陈美延、陈流求编，清华大学出版社 1993 年出版。

【40】《日本游》，载《陈师曾先生遗诗》，卷上，中华书局 1930 年石印本。转引自《陈寅恪先生编年事辑》（增订本），蒋天枢撰，上海古籍出版社 1997 年出版。

【41】【48】载《鲁迅全集》，第一卷，人民文学出版社 1981 年出版。

【42】沈瓞民《鲁迅早年的活动点滴》，载《上海文学》，1961 年第 10 期。

【43】《且介亭杂文·忆韦素园君》，载《鲁迅全集》，第六卷，人民文学出版社 1981 年出版。

【44】载《鲁迅日记》，载《鲁迅全集》，第十四卷，人民文学出版社 1981 年出版。

【46】【50】载《革命评论》，1906 年 9 月 5 日，中译文转引自《中国留学生的历史轨迹（1872—1949）》，王奇生著，湖北教育出版社 1992 年出版。

【47】《散原精舍诗文集》（上册），散原精舍诗卷五，陈三立著，李开军标点，上海古籍出版社 2003 年出版。

【49】李璜《忆陈寅恪登恪昆仲》，载香港《大成》，第四十九期，1977 年 12 月。

【51】《集外集拾遗补编·鲁迅自传》，载《鲁迅全集》，第八卷，人民文学出版社 1981 年出版。

【52】《欧游道中寄书》，载《胡适作品集》，第十一册，《治学的方法材料》，台北：远流出版社 1986 年出版。

【53】杨联陞《陈寅恪先生隋唐史第一讲笔记》，载台北《传记文学》，第十六卷第三期，1970 年 3 月。

【55】石泉、李涵《追忆先师寅恪先生》，载《纪念陈寅恪教授国际学术讨论会文集》，中山大学出版社 1989 年出版。

【56】《陈寅恪的最后二十年》，陆键东著，北京三联书店 1995 年出版。

【57】陈封雄《卌载都成断肠史——忆寅恪叔二三事》，载《战地》，1980 年第 5 期。

第二章　　江湖多风波

◎ 欧洲行旅

陈寅恪在京期间，除与鲁迅、傅斯年等大大小小的各色人物会晤外，还在北京担任过全国经界局局长秘书。这时的局长就是后来携一名叫小凤仙的绝色妓女逃出京城，在云南起兵讨伐袁世凯的蔡锷。后来，陈氏又受湖南省长兼督军谭延闿延聘，至湖南交涉使署任交涉股长一职，同事中有当年留日同学林伯渠等，林时任总务科长。由于此类职务和承办的差事，用鲁迅常说的一句话，属于"不值一哂"之类，与古代小说中描述的头罩布袋帽，肩搭白汗巾，整日穿堂嗷叫不止的店小二没有多少区别，因而在陈寅恪后来的岁月里，像不太提及与鲁迅同门一样，很少向外人说起这段当差的经历，偶尔提及，也是出于教学或向"组织"交代自己履历的需要。[1]

事实上，这类差事对陈寅恪而言，只是打发无聊的时间和增加一点人生阅历罢了，在一个学术大师的一生中，的确是不值一哂的小小插曲。

1918年7月，归国四年的陈寅恪终于获得了江西省官费资助，有了再次放洋求学的机会。按照陈氏的想法，此次放洋将重返德国柏林大学，但欧战硝烟未散，遂按照时在哈佛大学攻读的表弟俞大维建议，决定先赴美国，入哈佛大学学习梵文与印度哲学。冬10月，陈寅恪轻装乘轮入海，穿越太平洋，向美国本土进发，这一去就是八个年头。[2]

陈氏抵达哈佛后，跟随东方学大师兰曼教授学习梵文与巴利文，兼及印度哲学与佛学，一时如鱼得水，学业大进。也就在此时，与来自陕西泾阳的清华留学生吴宓相识了。据时在哈佛就读的吴宓晚年所撰《吴宓自编年谱》1919 年篇载："宓去秋到波城（Boston）后，得识初来之自费留学生俞大维（David Yule）君。俞君浙江省山阴县人，其叔父俞恪士先生（名明震）为有名诗人，有诗集《觚庵诗存》行世。辛亥革命时，任甘肃省提学使。民国四年，在北京任肃政使，与李孟符（名岳瑞）世丈为知友。曾弹劾甘肃将军张广建，对营救吾父事颇有助力。俞大维君，毕业于圣约翰大学，短小精悍，治学极聪明。其来美国为专习哲学。然到哈佛研究生院不足两月，已尽通当时哲学最新颖而为时趋（fashionable）之部门曰数理逻辑学。Lewis 教授亟称许之。然于哲学其他部门，亦精熟，考试成绩均优。故不久即得哈佛大学哲学博士（Ph.D.in Philosophy），并由哈佛大学给予奖学金（Scholarship）送往德国留学进修。哈佛大学本有梵文、印度哲学及佛学一系，且有卓出之教授 Lanman 先生等，然众多不知，中国留学生自大维君始探寻、发见而往受学焉。其后陈寅恪与汤用彤继之。……俞大维君识宓后，则多与宓谈中国文学。尝为宓口诵曾广钧所作之《庚子落叶词》十二首。吊珍妃也。"[3]

通过俞大维介绍，吴宓得识陈寅恪并对其人格学问终生服膺。陈寅恪的言行潜移默化地影响着吴宓，这种影响不只是人生学问的大命题，还反映到一点一滴的日常生活之中。如陈氏一到哈佛，就主张大购、多购、全购书籍。受其影响，也为了"我今学习世界史"这一志向，吴宓毫不犹豫地把英国剑桥出版的《剑桥近世史》十余巨册从书店搬回。后又续购《剑桥中古史》约十巨册，使成完璧。其手笔之大，堪称"豪华"级。[4]1919 年 8 月 18 日《吴宓日记》载："哈佛中国学生，读书最多者，当推陈君寅恪，及其表弟俞君大维。两君读书多，而购书亦多。到此不及半载，而新购之书籍，已充橱盈箧，得数百卷。陈君及梅君（南按：即梅光迪），皆屡劝宓购书。回国之后，西文书籍，杳乎难得，非自购不可。而此时不零星随机购置，则将来恐亦无力及此。故宓决以每月膳宿杂费之余资，并节省所得，不多为无益之事，而专用于购书，先购最精要之籍，以次类及。自本月起，即实行焉。"[5]

正是感于陈寅恪的购书之多，吴宓才心旌摇动，欲加以仿效，并真的从书店搬回许多书籍。只是有时未免学得太过，大有邯郸学步或东施效颦之态。据说因一时头脑冲动，也为了与陈寅恪、俞大维争胜，吴宓竟咬紧牙关，不惜血本花费 60 美元（时官费生每月 100 美元），把摆在书店连当地人都不敢问津的《莎士比亚全集》各家注释汇编本共 19 巨册拖出来，拂去上面的尘埃，一路喘着粗气扛回宿舍，放于床头当作镇室之宝。想不到归国之时，费心尽力将这套书运回国内，日后多年未用。随着抗日战争爆发，吴氏携带此书历尽千山万水，每次搬迁居所，既费力又费钱，同时又无合适的存放之地，竟成为一件劳心耗力的累赘。抗战胜利后的 1947 年，吴宓再也不堪此书的重负，索性再一咬牙，来个放血大甩卖，忍痛售与清华 1925 级毕业生孙大雨，算是去了一个累赘和一桩心事。

关于陈寅恪留学哈佛的行状，除好友吴宓外，尚有不少中国留学生留下了记录，同为留美学生的冯友兰晚年回忆说："我于1920年，到美国哥伦比亚大学毕业生院做研究生，同学中传言：哈佛大学的中国留学生中有一奇人陈寅恪，他性情孤僻，很少社交，所选功课大都是冷门，我心仪其人，但未之见。"[6]其实，陈寅恪的性格并不孤僻，他只是有自己的交友之道，特别讲究门第与家学渊源而已，对那些城市暴发户或农村土财主，他是不屑一顾的。就当时中国的情形而言，能出国留学者，自是有钱人家的子孙，而有钱者不见得来自书香门第，因而能入陈氏眼者寥寥无几。那些被冷落者要么不自知，要么肚里清楚，但怕如实道明会丢自己的面子，因而故作其说，以示错在对方，给不了解内情者留下陈寅恪性格孤僻的一个错觉。曾任教于燕京大学的名教授洪业（号煨莲），在回忆自己留学生活时，也曾提及一件小事，说的是1916年暑期到马萨诸塞州海滨度假，途经康桥，顺便到哈佛去一瞻留学生中的英雄豪杰。在哈佛校园中见一中国人衬衣整个都露在裤子外面。当时的美国人多把衬衣的下摆系于腰带以内，呈贵族状摇头摆尾，故作潇洒。此举自然被真鬼子和假洋鬼子看作一种不礼貌、非常可笑的行为。但对方不管周围投来的异样目光，仍"在维德宿舍前大声朗诵中国诗词，旁若无人。再过一会儿，这人激动地站起来，在树下踱着方步，后面拖着在初秋风中晃着的衬衫脚"。洪业觉得这人真是怪模怪样，不禁哑然失笑，友人陈宏振把他拉到一边，告诉他说"这是大家最钦佩的人。他留洋多年，精通多国语言，但不要学位"[7]。这个"怪模怪样"的人正是陈寅恪。洪业得知，不禁倒吸一口凉气，遂不再认为其"怪"，而是敬佩有加了。

1921年，欧战结束，硝烟散尽，各种秩序恢复正常。是年秋，陈寅恪与表弟俞大维离美结伴赴心向往之的德国柏林大学哲学系就读。陈寅恪师从吕德施教授（Prof. Heinrich Lüders）主修梵文、巴利文，时年三十二岁。

当时国外的留学生，普遍的读书趋向、治学风气，大都是"先博后专"。但有相当一部分注重国内外热门的工程、实业等专业，希望在短时间内博得一顶硕士、博士帽子戴在头上，以此作为进身之阶，归国后获得富贵荣华，过上安乐爽快的日子。另一部分则为学术而学术，也就是近似司马迁所说的"究天人之际，通古今之变"，以学问与精神为救国经世之最高追求和理想，至于硕士、博士帽子能否戴到头上则不太在意。时在柏林大学与陈寅恪友善的中国留学生，大多属于后者，其理想和心气都是为学问而学问，很少顾及帽子事宜和日后升官发财之途。据五四运动学生领袖之一、已由美国转入德国柏林大学研究院就读的罗家伦回忆：朋友中寅恪"从哲学、史学、文字学、佛经翻译，大致归宿到唐史与中亚西亚研究……供他参考运用的有十六七种语言文字，为由博到精最成功者；俞大维从数学、数理逻辑到西洋古典学术，又从历史、法理、音乐到弹道学、战略战术，天才横溢，触手成春；毛子水初学数学，在德研究科学地理，旋又爱上希腊文，后竟把利玛窦所译《几何原本》改译一遍；而傅斯年学过实验心理学、数学、理化学，闻听柏林大学近代物理学、语言文字比较考据学显赫一时，又到此处听相对论、比较语言学，偶尔书包里还夹厚厚一部地质学著作"[8]。

1920 年秋，北京大学赴美同学留影。左起：罗家伦、康白情、段锡朋、汪敬熙、周炳琳

如罗家伦所说，傅斯年是 1923 年 9 月，由英国伦敦大学转入德国柏林大学的。如果说当年由山东官费放洋是他人生命运的一个转折点，那么，自英转德则决定了他一生的学术方向。而使他做出这一重大人生抉择的关键人物就是陈寅恪。

傅斯年在欧洲求学七载，回国时只留下几本笔记，其余一概丢弃，致使后来的研究者很难掌握他在那七年间思想与学术历程的演进与变化。幸而傅氏有几封与朋友的通信和几篇报章文字保留下来，为研究者提供了一点线索，从而触摸到他在那个特定时期的思想脉动。

放洋海外，是傅斯年早在北京求学时就梦寐以求的理想，也是其使命所在，用他自己的话说，就是为了自己久积于心的无数困惑与探求真理的欲望而出国的。当他得知自己获取官费放洋的消息后，于山东聊城老家给北大同窗好友的信中说道："我向来胸中的问题多，答案少，这是你知道的。近二三年来，更蕴积和激出了许多问题。最近四五个月中，胸中的问题更大大加多，同时以前的一切囫囵吞枣答案一齐推翻。所以使得我求学的饥，饥得要死，恨不得在这一秒钟内，飞出中国去。"[9] 字里行间，除了透出傅氏直来直去的性格和迫切心情外，其远大的人生志向已有显露。

1919 年 12 月 16 日，傅斯年告别北大同窗好友和新潮社同人，由北京起程直奔上海。

抵达上海后，傅斯年与一同赴欧的同窗俞平伯等暂居新群旅馆，筹办登船事宜。正在苏州家中休假的北大同窗好友顾颉刚专程前来上海送行。1920 年 1 月 2 日，傅斯年、俞平伯乘船离开上海吴淞码头，向浩瀚的印度洋驶去。1 月 19 日晚，傅氏按捺不住心中情感的涌动，提笔给新潮社诸友写了一篇路途观感，叙述了离京的经过和对上海的印象，文中说：

> 在上海住的时间很暂，没得甚么益处。但见四马路一带的"野鸡"，不止可以骇然，简直可以痛哭一场。社会组织不良，才有这样的怪现状："如得其情，则哀矜而勿喜！"
>
> 我觉得上海有一股绝大的臭气，便是"好摹仿"。请看上海话里，一切名词多是摹仿的。不直陈其事，而曲为形容，拿甲来替代乙，拿丙来比喻丁，其结果无非

令人肉麻罢了。至于行动的摹仿，更不要说。从摹仿"仓圣"，以至于模仿"洋鬼子"，虽等差不同，要都是摹仿。良家妇女摹仿妓女的衣服，良家子弟再摹仿良家妇女的衣服，或竟直接摹仿妓女的衣服。

白情有句话很好，"上海人不管容受什么，都和流行病一般"。我想所以事事成流行病的缘故，有两层：了解不了，抵当不住。漂亮是误人的渊薮，因为他是油滑浮浅飘流的根原。我平日常想，漂亮是糊涂的别名，时髦是发昏的绰号。[10]

这是傅斯年走出北大校门后，第一篇触及社会生活的评论性文章，内中透出其独特的观察力与锋芒毕露的性格，也暗含着对民族精神的忧虑与伤感。此文在《新潮》1920年5月1日第二卷第四号发表后，曾引起上海人特别是上海籍男人的反感与抵制，认为傅丑化了上海人云云。而此时的傅斯年已顾不得这些是非非了。

经过四十几天的颠簸漂荡，轮船穿越地中海与直布罗陀海峡，终于抵达英国的利物浦码头。傅斯年与俞平伯下得船来，于次日乘车赶赴伦敦，入伦敦大学研究院就读。对于一路上所见到的海光山色，奇情异景，傅斯年在给好友徐彦之的一封信中不无得意地说道："沿路四十日间，把几个阶级的文化，几个最异样的自然现象都经过了；几千年的民族经历都温习了。那些'海上迂怪之士'所有的对象，也都有了。"[11]

在学校选择的问题上，傅斯年解释了自己选择伦敦大学而不是赫赫有名的牛津或剑桥的原因，主要是官费不甚充足，而伦敦大学在学费和花销上要比前两校便宜许多。让傅斯年意想不到的是，刚进校两个星期，一同前来的俞平伯便不辞而别。傅俞二人既是北大同窗，又是同一个宿舍的好友，俞是受了傅的鼓动而专程来英留学的，如今突然离去，令傅斯年惊慌失措，急忙外出寻找。听人说俞已赶往法国要乘船回国，傅斯年疑心俞氏得了精神病，急忙追至马赛拦截，果然在一艘轮船上找到了俞。一问方知，俞不是什么神经病，而是想家想得忍受不了，欲溜之乎也。傅斯年闻听大怒，心想此事甚为荒唐，乃强压怒气苦苦劝说，让其咬牙挺住，回英继续学习。无奈俞平伯去意已决，死不回头，傅斯年知道此为"天要下雨，娘要嫁人"之事理，无可挽回，乃长叹一声，黯然作罢。后来傅在致胡适的信中颇有些垂头丧气地说道："他到欧洲来，我实鼓吹之，竟成如此之结果，说不出如何难受呢！平伯人极诚重，性情最真挚，人又最聪明，偏偏一误于家庭，一成'大少爷'，

傅斯年出国前，蔡元培赠送的一副对联：山平水远苍茫外，地阔天开指顾中（来源：台湾"中研院"史语所傅斯年图书馆藏）

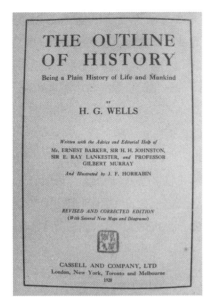

威尔斯（H.G.Wells）撰写《世界通史》（*The Outline of History*）书影。傅斯年到英国的第一年，曾帮助威尔斯撰写该书中有关中国中古史的部分。该书于 1920 年出版后，洛阳纸贵，12 年内卖出 150 万本之多（来源：台湾"中研院"史语所藏，王汎森解说）

便不得了了；又误于国文，一成'文人'，便脱离了这个真的世界而入一梦的世界。我自问我受国文的累已经不浅，把性情都变了些。如平伯者更可长叹。但望此后的青年学生，不再有这类现象就好了。"[12]

在这封信中，傅斯年告诉胡适"自己在大学时六年，一误于预科一部，再误于文科国学门，言之可叹"，从此下决心跟随伦敦大学著名教授史培曼学习研究实验心理学，同时选修化学、物理学、数学、医学等自然科学课程，做一种真学问，不像有些留学生一样求速效，急名利，欺世盗名，做回国升官发财之迷梦。对于这一取舍的最终结果如何，傅斯年心中并无清晰的把握，正如他给徐彦之等几位新潮社朋友的信中所言："如此迂远，成功上实在讲不定。但我宁可弄成一个大没结果，也不苟且就于一个假结果。"[13]这是傅斯年的决心，也是其性格的写照，通观傅氏一生，似乎都与这个最初的理想与信念有着密不可分的关联。

只是傅斯年没有想到，这一匡时济世的理想与做法，一度受到他心爱并尊崇的老师胡适的误解，并发出了"大失望"的慨叹。按照胡适的想法，留学放洋就要有一个结果，而最好、最明显的结果是取得一顶博士帽子戴在头上，否则便是失败的象征。从这一点上看，早年暴得大名的胡适，的确有些人未老而心已衰了。当时留德的罗家伦等一帮有志青年深知傅斯年用心之良苦，罗氏后来曾对傅这一选择解释说：他"进了伦敦大学研究院，从史培曼教授研究实验心理学。这看上去像是一件好奇怪的事，要明白他这种举动，就得要明白当新文化运动时代那一班人的学术的心理背景。那时候，大家对于自然科学，非常倾倒，除了想从自然科学里面得到所谓可靠的知识而外，而且想从那里面得到科学方法的训练。在本门以内固然可以应用，就是换了方向来治另一套学问，也可以应用。这是孟真要治实验心理学的原因"[14]。罗家伦所言，显然比胡适在这个问题上的识见要深远了一步，也更切中当时的现实要害，毕竟五四之前与之后，中国人的思想已大不相同了。五四时代的青年对自然科学兴趣大增，而心理学正是一个热门，如北大毕业生汪敬熙、吴康等出国留学后，专攻的方向就是心理学。傅斯年在伦敦大学选择心理学的另一个原因，罗家伦认为是早年受章士钊演讲詹姆士（William James）心理学的影响，并对弗洛伊德精神分析学说颇感兴趣。另据台湾史语所研究员王汎森在整理傅斯年藏书发现，他在留英时期曾购买了大量弗洛伊德（Freud）的著作，归国后傅氏本人曾不止一次对人说过当年他"醉心心理学"，后来章士钊曾说傅斯年是全中国最懂弗氏理论学说的人。[15]

正因为傅在这方面的成就与声名，当中央研究院创办时，他被聘为心理学所的筹备委员。

胡适不明就里，妄下论断，他哪里知道抵达英国的傅斯年，视野不仅限于自然科学，同时对英国的文学、历史、政治、哲学等著作也多有涉猎，对于萧伯纳的戏剧几乎是每部必看。正是怀揣这样一种超凡脱俗的理想与抱负，以及"先博后专"的宏阔视野与思想战略，傅氏在学术道路上蜿蜒前行，最终成就了一番辉煌事业并超越了他的老师胡适。

1923 年 9 月，傅斯年离开学习生活了三年多的伦敦大学，背着沉甸甸的收获与一堆同样沉甸甸的困惑，来到德国柏林大学研究院，开始了新的求学历程。

◎ 柏林日夜

傅斯年由英转德前后，除陈寅恪、俞大维几人，原在北大的同学罗家伦、毛子水、何思源等也先后从欧美各地转到柏林求学，同时还有金岳霖、姚从吾、段锡朋、周炳琳、宗白华、曾慕韩、徐志摩等会聚在柏林街头巷尾，形成了一个颇为壮观的中国留学生部落。这个群体中的人回国后，大多成为中国近现代学术史上耀眼的人物，所释放的能量，对中国近现代学术发展产生了巨大而深远的影响。

确切地说，傅斯年由英转德，主要原因还是柏林大学良好的学术环境与氛围。当时德国的近代物理学为世界所瞩目，如爱因斯坦的相对论、普朗克的量子力学，都是轰动一时的学说。而社会科学中的语言文字比较考据学，则是柏林大学传统的、久负盛名的学科。渴望在自然科学领域搞出点名堂的傅斯年，自是心向往之，欲亲身前往领教一番。另一个重要原因则与陈寅恪有关。此时，傅斯年与俞大维并不熟悉，即使见过面也没有多深的交往，因而罗家伦所说傅到柏林大学是受陈俞二人吸引并不准确。据可考的资料显示，傅对俞真正了解并与之密切交往，是他转入柏林大学之后的事，且是因了陈寅恪的关系才与俞大维逐渐密切交往并成为好友的。后来毛子水进入柏林大学就读，傅向这位北大同窗介绍情况时曾说过这样一句话："在柏林有两位中国留学生是我国最有希望的读书种子：一是陈寅恪；一是俞大维。"又据毛子水在台湾时回忆说："后来我的认识这两位，大概也是由孟真介绍的。……平日得益于这班直、谅、多闻的朋友不少。（赵元任夫妇游柏林时，寅恪也远在柏林。寅恪、元任、大维、孟真，都是我生平在学问上最心服的朋友，在国外能晤言一室，自是至乐！）"[16]

陈寅恪与傅斯年在柏林大学的重逢，有意或无意地改变了傅斯年的治学追求，并最终使傅的兴趣转到语言文字比较考据学这一学术领域。可惜的是，陈傅二人在这一时期留下的资料非常稀少，为他们作年谱或传记的作者，在记述二人交往史事时，往往一笔带过，从而为后世留下了一堆纠缠不清的谜团。

毕竟龙行有影，虎行有风，通过二人留下的点滴资料与他人的回忆，陈、傅在柏林的留学思想、生活与学术追求，还是给后世研究者提供了或明或暗的线索。

据台湾"中研院"史语所王汎森通过傅斯年藏书分析，尽管当时的柏林大学物理学与语言文字方面的比较考据学均名冠一时，但傅斯年初到柏林时主要兴趣是物理学，尤其是相对论与量子力学，同时对自然科学方面的其他门类仍保持浓厚的兴趣，对各种书籍也广泛涉猎。有一天，罗家伦和傅斯年、毛子水等人约定到柏林康德街二十四号中国餐馆吃晚饭，傅斯年来时，夹了一个很大的书包，众人不知其为何物，待翻出来一看，竟是一部三巨册的地质学方面的书。向来不善言辞，更不爱开玩笑的毛子水，破例幽了傅氏一默："这部书是'博而寡约'，傅孟真读它是'劳而无功'！"一句话说得傅斯年暴跳如雷。[17]

1922 年至 1924 年，在柏林的中国学子可谓人才荟萃，济济一堂，其间相互往来，访谈游玩，时而讲文论学，时而高谈国是。陈寅恪常与几个朋友下午相约去某同学寓所或到康德大道的咖啡馆把酒清谈，酒酣耳热时分，群露激昂之状。俞大维因醉心德国歌剧，常用竹筷频做指挥音乐状；陈寅恪则能讲到国家将来政治问题，对教育、民生等大纲细节一一涉及。如民主如何适合中国国情现状，教育须从普遍征兵制来训练乡愚大众，民生须尽量开发边地与建设新工业，等等。诸生闻听，大感分析透彻，鞭辟入里，对陈氏也更加刮目相看。

当此之时，与傅斯年友善的德国留学生，各自的想法与求学的兴趣、路数、门径虽有不同，但理想还是大体一致，确实有"修身齐家治国平天下"的雄心壮志。因了这些雄心壮志的诱惑，在德国乃至欧洲求学的中国学生，除了官费与自费，还有所谓勤工俭学等五花八门的方式。因而留学人员可谓是鱼龙混杂，各自不安分地在自由的欧洲大陆显着神通。抗战时期，执教于成都燕京大学的陈寅恪对他的研究生石泉说过一则留学时代的趣事：有一天晚上，陈寅恪走进柏林一家华侨开的饭馆，无意中和周恩来与曹谷冰等几人相遇，打过招呼，同在一桌吃饭，由于政见不同，彼此争论起来。周恩来颇为雄辩，曹氏等人都说不过他，遂恼羞成怒，放下面包，抡拳便打，顺便把陈寅恪也抡了几拳。周恩来自感力不能敌，与陈寅恪撒腿便跑，情急之中竟误入了老板娘的房间。多亏老板娘此时正在外面张罗客人的饭菜，未闹出更大的乱子。周与陈二人急忙把门关上，并用肩膀拼命抵住，任凭外面如何叫阵捶打，就是置之不理，直到曹氏等人自感无趣退走后方才出来。为此，陈寅恪曾笑着对石泉说道："没想到他们竟把我也当作了共产党。其实我那天什么也没有讲，只是听他们辩论。"[18]

此段逸闻，陈寅恪只是躺在病床上寂寞之时，当作一个笑话偶尔说起，未有炫耀之意。几年后，当国共两党在炮火中彻底易位，共产党胜利后，周恩来官至一国总理时，陈氏再也没有提起这件陈年旧事。其理与鲁迅的交往一样，怕被误认为"谬托知己"。不过对方似乎一直没有忘记陈氏的存在和当年结下的情谊，1954 年，周恩来在听取中国科学院在政务院所做报告，于总结时特别强调："……要团结一切爱国分子，如陈寅恪，要考虑科学家待遇。"[19] 而当"文化大革命"爆发，陈寅恪落难岭南之际，周恩来曾经对广州学生串联进京的造反派头目们说过"你们可请教中山大学陈寅恪先生"[20]，"陈寅恪教授是善于古为今用的学者"，[21] 意在对陈给予保护。此点除了周恩来"大而言之，是为学术"外，"小而言之"，不能不说与在德国期间二人的交往有些关系——尽管在饭桌上陈氏什么也没有说。

门第与家学渊源连同个人的才气志向，注定了陈寅恪与傅斯年在心灵上的沟通并渐渐成为同路人。来到德国的傅斯年非常崇拜大思想家伏尔泰（Voltaire）。1924 年，蔡元培赴欧考察路经德国，由傅斯年、罗家伦等原北大弟子陪同游览波茨坦（Potsdam）无忧宫（Schloss Sanssouci），宫中有一座大理石雕刻的伏尔泰像，非常精美，傅斯年见后，流连忘返，不忍离去，因此落在了众人的后边。罗家伦走至半道发现此情，只得折回去把傅氏叫回。罗对众人说道，只见傅斯年站在伏尔泰像前，深深鞠了一躬，口中念念有词地背起李义山（南按：应为温庭筠，罗氏误）的两句诗："词客有灵应识我，霸才无主实怜君。"[22] 罗家伦此语虽含调侃的意味，并引得傅氏暴跳如雷，但多少反映了当时傅氏的志向与心境。

到了归国前的最后一两年，傅斯年的注意力逐渐转向语言文字比较考据学，而这一学派的创始人就是 19 世纪被推崇为德国近代史学之父、西欧"科学的史学"的奠基者的利奥波德·冯·兰克（Leopold von Ranke）。按兰克的理论，一切历史著作都是不可靠的，要明白历史真相，只有穷本溯源，研究原始的资料。其历史观点的核心是：史料高于一切，要把历史学变成史料学。兰克在他 1824 年的不朽名著《1494 年至1514 年间罗马民族与日耳曼民族的历史》（*Geschichte der romanischen und germanischen Völker von 1494 bis 1514*）序言中写道："人们一向认为历史学的任务是判断过去并且为了将来的世代利益而教导现在，本著作不指望这样崇高的任务，它仅仅希望说明真正发生过的事情。"此书出版后轰动了整个欧洲，英国著名历史学家卡尔（E.H.Carr）对此评论说：兰克那句"并不怎么深刻的格言却得到惊人的成功。德国、英国甚至法国的三代的历史学家在走入战斗行列时，就是这样像念咒文似的高唱这个富有魔力的短句。"[23] 由于兰克强调"严谨的事实陈述——即使这事

在柏林大学就读时的傅斯年（台湾"中研院"史语所傅斯年图书馆藏）

实或许是偶然的枯燥无味的——也无疑是历史编纂学的最高法律"，后世史家又把兰克的理论与他创立的学派称为"实证主义"。这个学派在 19 世纪至 20 世纪早期风靡一时，几乎垄断了欧洲史学界。当傅斯年来到柏林大学时，兰克学派依然雄风不减。傅氏在求学的道路上经过几年的摇摆晃动，最终选择了兰克学派的实证主义史学，并作为重点研习对象和安身立命之托，与当时欧洲的学术大气候自然有着密切关系。这个时候的傅斯年没有想到，正是他的这一抉择，引发了一场对中国史学影响久远的辉煌的革命。

通过陈傅二人留下的笔记本及修课记录，可以看到二人由不同的河流渐渐汇入同一大海的历史脉络。许多年后，台湾"中研院"史语所所长、著名史家王汎森在受命清理"中研院"史语所保存的傅斯年档案时，发现了傅氏当年的手稿、笔记和他与民国学人来往的部分信件，其中有一藏文笔记本记录于柏林大学求学后期。把这一笔记本与大陆现存的陈寅恪藏文笔记本对照，竟发现二者授课的教授相同，从而可知二人上过同一教授的课程。已知的是陈寅恪对梵文大师吕德施极为推崇，而据傅斯年档案中所见，

傅斯年 1926 年 9 月间离开柏林大学的证明书。其中提到他于 1896 年 5 月 26 日出生于中国聊城（按：傅斯年正确的生日是 3 月 26 日），在柏林大学读到 1926 年夏季学期为止，是作为哲学系学生。其中提到傅先生修过，但在上课册中未被证明的课有人类学、梵文文法、普通语音学。梵文文法课的老师 Luders 是梵文泰斗，也是陈寅恪的老师。这份文件中注明普鲁士州教育部通知大学允许傅先生入大学的日期是 1923 年 3 月 10 日（来源：台湾"中研院"史语所傅斯年图书馆藏，王汎森解说）

在他离开柏林大学的证明书中也记载着上课但未正式获得学分的课程中有吕德施教授的梵文。此外，傅斯年笔记中有两份记载当时西方学者有关东方学的目录，而陈寅恪初到清华，授课内容便是"西人之东方学之目录学"。同在柏林的毛子水曾公开承认他是受了陈寅恪的影响而注意比较语言学的。王汎森根据这些材料，结合傅斯年藏书扉页所记的购书年代判断，认为傅斯年这一时期开始大量购买比较语言学方面的书籍，进一步"有点怀疑陈寅恪似曾在傅斯年留学生涯的最后阶段对他有过影响，使他转而重视比较语言学"[24]。王氏这一推断当是有一定道理的，这从后来陈傅二人的学术交往与思想沟通中亦可见出。

陈寅恪常谓"读书须先识字"[25]，要研究历史学特别是东方学，必须懂得东方的文字，包括历史上存在过如今已死去的文字，只有如此才能揭示历史的源流和本真。因而他在柏林专门对各种古代文字与考证下功夫。而傅斯年似乎也按此法加以研习，当时他在给罗家伦的一封信中曾披露道："这一个半月中，看来像是用了四十，但有百马克余之房钱，像前者，又有火炉子费，又交学费，故实是十分减省，每日吃饭在二马克与三

马克之间，未曾看戏一次。书是买了一部文法，一部梵文法，一部 Karlgren（南按：高本汉）的语言学（非其字典），上一是上课，下一是为写书用。"[26]

傅斯年最终决定转向实证主义史学，很快便显示了他过人的聪明才智，学业大进的程度出乎诸生意料。面对傅氏咄咄逼人的锐气，俞大维曾对人说："搞文史的当中出了个傅胖子，我们便永远没有出头之日了。"[27]五短身材却聪明绝顶的俞大维遂调整方向，把主要精力放在晚清太平天国史的研究中，避免了与傅胖子的直接对垒交锋。学成归国之后的俞大维于 1933 年再度重返德国，进入柏林工业大学，专门学习军事，包括兵器制造、战役分析和研究，尤其是对弹道学的学习研究更是精进，终成著名的兵工制造与弹道专家，回国后曾任国民党政府兵工署长、交通部长、"国防部长"等要职。

1924 年 5 月，任教于美国哈佛大学哲学系的赵元任，偕夫人杨步伟到柏林准备转道回国，此前在辞却哈佛大学教职时，特致函陈寅恪，希望陈氏重返哈佛代其职位。陈寅恪自感学业未成，复信婉辞曰："我不想再到哈佛，我对美国留恋的只是波士顿中国饭馆醉香楼的龙虾。"[28]虽为一句戏言，赵元任见信，深感其人志不在此，遂不再提及。

后来杨步伟写了一本叫作《杂记赵家》的书，这位妇产科出身的医生，在写作上尽管不是内行，但总算为后人留下了一点史料，多少弥补了行文中的缺憾。据杨氏回忆，她与赵元任到柏林的第一天，"就有一大些中国在德的留学生来看我们，也是现在很多的名人在内，我们多数是闻名没有见过面的，这些人以前是英美官费留学生，大战后因德国马克正低，这些书呆子就转到德国去，大买德国的各种书籍，有的终日连饭都不好好地吃，只想买书，傅斯年大约是其中的第一个。大家见面后越谈越高兴，有时间到中国饭馆去吃饭，看见有中国学生总是各付各的聚拢一道来吃。有时他们到我们住的地方来谈到半夜两三点钟才回去"。又说："那时还有一个风行的事，就是大家鼓励离婚，几个人无事干，帮这个离婚，帮那个离婚，首当其冲的是陈翰笙和他太太顾淑型及徐志摩和他太太张幼仪，张其时还正有孕呢。朱骝先夫妇已离开德国，以后在巴黎见到的。这些做鼓励人的说法，我一到就有所闻，并且还有一个很好玩的批评，说陈寅恪和傅斯年两个人是宁国府大门口的一对石狮子，是最干净的。有一天罗志希来说有人看见赵元任和他的母亲在街上走，我就回他你不要来挑拨，我的岁数，人人知道的。（志希！你还记得吗？我想你回想到那时真是你们的黄金时代。）"[29]

杨步伟所说的朱骝先，即后来出任过中华民国教育部长和中央研究院代院长、行政院副院长等高官的朱家骅；罗志希就是罗家伦。罗氏这位与傅斯年齐名的五四运动学生领袖，此时正与一位在欧洲的中国女人（名字不详）狗扯羊皮地来回折腾，并陪其自柏林到巴黎游览。据说在陪其看戏时，曾"看得她头昏目迷舌伸心跳——跳得隔两座尚可听得"[30]。号称宁国府"石狮子"的傅斯年闻之不爽并大起疑心，曾致信罗加以嘲讽说："心跳而能使隔座者闻之，绝无此理……想是使君之心与她之心心心相印，近在咫尺，故可得而闻焉。"又说："她自巴黎归，听说甚不喜巴黎，大维谓是你（罗）领他

（她）看博物院之过。我当时想起《聊斋》上一段故事。一位教官行时送其七品补服于其所识之妓，此一思想，甚若对不起朋友者，然当时此想油然而来，非由我召也。先生之志则大矣，先生择路则不可。"【31】

可能此时罗家伦被那位交际花式的风骚女人和傅斯年的嘲讽与批评弄得晕头转向，不辨牛马，才跑到赵杨夫妇下榻的旅馆说了这一番昏话。此时，自视出身名门，才貌超群，举世无双，完全可与西施、王昭君、貂蝉、杨玉环等古代四大美女有一拼的杨步伟，居然被众人当作赵元任的亲娘而不是太太来看待，其夫妇相貌与年龄在诸方面的反差之大可想而知。杨步伟闻听后的心情与腾起的怒火也就不言自明。若不是赵杨夫妇初来乍到，各方面还需拿捏客气一点，依杨步伟向来爱好教训别人和说一不二的火暴脾气，罗家伦此番不识轻重好歹地贸然透露事实真相，定被骂个狗血淋头，或者吃一记响亮的耳光也未可知。好在杨步伟没有这样做，这是罗家伦的幸运。

在谈到柏林大学中国留学生中最可堪造就和令众人服膺的"三巨头"时，杨步伟说："俞大维最难见到，因为他是日当夜，夜当日地过，你非半夜去找他是看不见他的，寅恪和孟真来得最多。（寅恪因其父陈三立先生与我祖父交情很深，他小时和哥哥还是弟弟也住过我们家一些时，并且他也是被约到清华研究院之一，以后在清华和我们同住同吃一年多，一直到他结婚后才搬开。）"又说："孟真和元任最谈得来，他走后元任总和我说此人不但学问广博，而办事才干和见解也深切得很，将来必有大用，所以以后凡有机会人家想到元任的，元任总推荐他，因元任自知不如也。可惜世事变迁，不幸促其早死，今也则亡矣。"【32】

傅斯年之才学，不只受到蔡元培、蒋梦麟、胡适等北大派名流的赏识，就连过往并不深的赵元任都深感其才高八斗，自愧弗如。或许这就是几年后赵元任甘愿以清华国学研究院导师的身价，屈尊于傅斯年手下做个史语所语言组组长的缘由吧。

对于傅斯年与陈寅恪、俞大维等人的日常生活，杨步伟曾有深切的体会，她说道："有一天大家想请我们吃茶点，但定的下午三点，我们刚吃完午饭，以为到那儿（是孟真的房东家）照例地一点点心和茶，岂知到了那儿一看，除点心外，满桌的冷肠子肉等等一大些，我们虽喜欢，没有能多吃，看他们大家狼吞虎咽地一下全吃完了。我说德国吃茶真讲究，这一大些东西，在美国吃茶只一点糕什么连三名（明）治都很少的（美西部比东部东西多）。孟真不愤地回我：赵太太！你知道这都是我们给中饭省下凑起来地请你们，你们不大吃所以我们大家现在才来吃午饭。"杨闻听此言，为这些书呆子的处境与精神感动得差点流下泪来。日后她回想此事，仍不免心痛地说："他们这一班人在德国有点钱都买了书了，有时常常地吃两个小干面包就算一顿饭，闻说俞大维夜里才起来也是为减省日里的开销，不知确不确？"【33】

一天，陈寅恪和俞大维两个人突然要请赵杨夫妇看一次德国的歌剧。戏名叫《自由射手》（*Der Freischütz*），是由韦伯（Carl Maria von Weber）作曲。陈俞二人把赵杨夫妇送到戏园门口就要走，杨步伟好奇地问："你们不看吗？"心中暗想这二人如此不懂规矩，对自己这样轻看，真是岂有此理。俞大维笑笑没有吭声，陈寅恪有点歉意地说道："我们两个人只有这点钱，不够再买自己的票了，若是自己也去看就要好几天吃干面包。"杨步伟在回忆中说："我们心里又感激又难受，若是我们说买票请他们又觉得我们太小气，不领他们这个情，所以只得我们自己进去看了。大维！不知你还记得这一回事吗？"[34]

赵元任与杨步伟结婚不久后合影

赵杨夫妇此次在德国逗留了40天，除了陈寅恪、傅斯年、俞大维、罗家伦等人到访外，童冠贤、毛子水、何思源、张幼仪等也多有交流。时徐志摩正为追求心中的圣女林徽因，不惜与他的结发之妻张幼仪在柏林大闹离婚。在张幼仪寻死觅活不愿离异之时，留德的中国学生在好事者的带领下，纷纷围将上来，拉着徐志摩要他到中国饭馆请客，以便献上锦囊妙计。深感走投无路，欲以头撞墙的徐氏信以为真，咬牙大放血，拿出一笔款子，请了七八人到饭馆大吃大喝一通。酒酣耳热之际，有一号称"鬼谷子"的留学生终于献出奇计，认为最可行的一条就是令徐志摩把张氏像捐麻袋一样捐献出来，移交给未婚的金岳霖为妻，众人闻听齐声喝彩。想不到此时金岳霖正在另一间用薄木板隔开的房中与朋友吃饭，听到一帮中国学生于酒瓶碗筷的碰撞声中大呼小叫地喊着自己的名字，忙走近听个究竟。待弄清事情原委，便轻轻地把屏风推开，站在他们的饭桌前面叫了一声："嘿！"[35]众人见状，大惊，徐志摩那白白的脸颊顿时红了半截。

由于老金不愿接受徐的捐赠，此事未能谈拢，张幼仪也免了像熟透的柿子一样在留学生圈子内被转来捏去，最后成为一堆令人厌恶的稀汤的羞辱与麻烦，但最终还是在好事的中国留学生与徐志摩本人的内外夹击下，同意离婚。金岳霖以见证人的角色在徐、张的离婚书上签字画押，以为凭证。徐、张的离婚风波，搞得鸡飞狗跳，四邻不安，身在异国他乡又身怀六甲的张幼仪，一时陷入凄苦无助的悲凉境地。赵杨夫妇准备离开柏林的那天晚上，罗家伦匆匆忙忙赶来，杨步伟原以为罗是专为送行前来探望，交谈中颇为客气，更不再为罗说自己是赵元任他娘之事计较。话谈到一半，罗家伦话题一转，吞吞吐吐地问杨步伟手边钱多不多，杨以为对方除了送行还要送钱，心中猛地泛起一股感激之情，为表客气，杨说不多可是够用了，刚要说不劳你们帮忙之类的客气话，想不到罗家伦猛地接话道："可不可以借几十元出来，我们大家欠张幼仪的家用，应到期的钱还没到，暂挪我们一点还账。"杨步伟一听，顿时冷了半截，沉着脸说手中的钱只够用到回法国，只要一到法国，由美国汇来的钱大约就可收到，意思是等自己回到法国再说吧。罗家伦知道只要眼前这两个小财神一离开柏林，便是黄鹤一去杳无消息了，于是死缠硬磨，与赵杨夫妇在旅馆打起了阵地守卫战。眼看快到深夜，赵、杨体力不支，表示缴械投降，掏出40元拱手交给对方。罗家伦钱一到手，立即打道回府杳无音信。杨步伟撰写回忆录的时候，对此情此景仍记忆颇深，并对罗氏借钱几十年不还的做法，含有调侃意味地再度提起："志希你还没还我们呢吧？"[36]此语表面上是提及40元钱，实则杨步伟仍对当年罗氏的冒失与不明事理地"喊娘"之事耿耿于怀。

又是多少年后，周作人对罗家伦曾做过一个小小评价，谓罗"虽是文化运动出身，可是很有点鄙陋，钱玄同见过他的西文名片，写作罗斯福罗，每相见的时候，常要叫这个名字"。又说："罗家伦不失为真小人，比起傅斯年的伪君子来，还要好一点。"[37]周说这话的时间是1950年6月，自己刚因汉奸罪从监狱放出来不久，傅罗二人皆随国民党退守台湾，大陆山河改色。且周作人与傅斯年素有个人恩怨，因而此评是否公允，只能看各人的理解了。但就傅、罗留学时期的总体情形看，似乎并不像周氏所说的那样鄙陋与龌龊，特别是在钱财的交往上，尽管有罗家伦借杨步伟债款几十年不还的情形，但在中国留学生之间，尚没有露出真小人与伪君子的做派，倒是有点同舟共济，"有钱大家花"的味道。

◎ 罗家伦信件披露的隐秘

1998年，罗家伦的女儿罗久芳将保存的傅斯年、罗家伦于1923年冬至1926年底留学欧洲时期的九封通信整理公布。此举令有关傅、罗及其同代留学生群体，甚至五四运动的研究者为之一振。1926年之前，有关两人的文字资料实在太少。就傅斯年而言，除了胡适保存的两封通信和几次在巴黎的谈话记录外，其他资料再未见到。罗家伦个人资料的流传情形类似，其他的如陈寅恪、俞大维、毛子水，包括金岳霖、何思源等，学习笔记类的资料倒有一些，但涉及个人生活的书信资料则凤毛麟角，难以寻觅。鉴于这一情形，后世研究者与传记作者在描述他们的留学生活时，不得不一笔带过。事隔七十多年，傅、罗通信突然现世，且是一连九封通信的公布，这对研究者来说，机会之难得、价值之珍贵是不言而喻的。

两人通信所涉内容大多都是些生活琐事，其间不少插科打诨、臧否人物的精彩段落。另有不少涉及留学生之间私生活，或曰性生活的敏感片段。据任教于美国大学的罗久芳说，因为这些信件是倾诉彼此间真情的私函，作者提笔时并未考虑到原件会长久存留或有朝一日会公之于众，所以写得酣畅淋漓，可谓无话不谈。但当情绪尽情倾泻之后，又往往理性地特别注明"切勿对任何人言之"的警示密语。正是因了这样的情形，保存者罗久芳左右为难，迟迟不肯公布。在秘藏了七十多年之后，因编辑出版《罗家伦先生文存》的需要，在众多前贤旧好与研究者的期盼呼吁声中，罗久芳才鼓起勇气，一咬牙提前把这九封私函公之于众，算是圆了期盼者的心愿。至于信中特别注明的一条条警示，无论在九泉之下的傅斯年同意与否，作为后辈也就顾不得那么多了，反正傅氏是绝不会再从地下那幽深黑暗的洞窟里蹦将出来，像当年一样嗷嗷怪叫着跟罗久芳这位侄女拼命的。

　　九封信有短有长，格式不一，且字迹潦草，有一部分用铅笔写在薄纸正反两面，但未经过修改。因有八封信未注明日期，只能据内容辨认顺序和时间，其中最初的两封是傅、罗同在柏林的两年间所写，以后的六封是罗家伦转赴法国巴黎大学时所书，当时罗与北大同学何思源合住巴黎一处公寓，傅在信中时常是罗、何并提。因未见到原件和影印件，已公布的信件内容是否被罗女士做过删节不得而知，但从总体上看，不太方便告人，或者公布之后会使信中的当事者感到脸红或不太好意思之处（假如傅、罗仍活在世上），占极少的比例。而绝大部分则是人人羡慕人人恨的金钱的问题。通过一件件关于英镑、马克或者法郎的爱恨情仇，世人透过历史烟尘，真切地领略到包括陈寅恪、俞大维等在内的留学生真实情形与令人心酸的往事。

　　第一封信内容就带有悲中含酸的情趣。说的是罗家伦于1923年冬日不慎遭窃，衣物尽失，几乎到了要"裸体归天"的悲惨境地。刚到德国近半年的傅斯年闻讯，以近似现代网络名的"山外魔生"写信与罗，有些调侃地劝慰道："昨晤姬公，闻真人道心时有不周，衣冠而往，裸体而归，天其欲使真人返乎真元耶！不然何夺之干净也。闻真人劫后不改笑貌，兴致一如恒日，故慕仰无极。进此儿，若戏谑，实出心肺之言。"又说："此事如在小生当死矣。失色犹可，尽失色则不提色。失书则从此不念书。若失去衣冠，将何以为中国之人，而度此严冬耶？是非投河不可矣。想当年精卫投海，亦但为失窃耳。今写此信，是告诉你，我有一外套，你此时如无解决之术，则请拿去。虽大，容或可对付一时。帽子，我也有一个，但恐太小耳。近闻学费限下星期交，为之大急。罗真人法览！"[38]

　　信中的罗真人，乃傅斯年为罗家伦起的绰号，同样相当于后世泛滥成灾的网名。未久，傅斯年又以 Damned Libraryman（受诅咒的书蠹）为笔名，致信罗家伦，道出了自己穷困潦倒的凄惨之相："星期一我在林中，未曾睡着，但失迎总抱歉的。星期一方知交费在即，一文无着，十分

1926年春，罗家伦于巴黎大学留影

第二章　江湖多风波

着急或者死去。"信中看出，傅氏的经费来源已有不祥之兆，且几乎到了《易经》卦辞所言"主大凶"的地步了。

1924年，可能因傅、罗皆在柏林大学研究院就读，而见面机会较多，这一时期没有信函往来。第三封通信的时间已是1925年，罗家伦已转入巴黎大学就读，这一时期的通信几乎全部围绕一个"钱"字与一个"愁"字，但事情又往往不是一个"愁"字了得的。

随着国内军阀混战不息，形势混乱不堪，山东政府方面的官费筹措已极困难，无法及时向海外留学生汇寄。这个时候国内的纺织大王穆氏企业因经营不善而倒闭，罗家伦的经济来源中断。为了继续在英法两国收集近代史资料，以便完成最后一年的研究计划，罗氏除了译书写稿挣点小钱补贴外，通过老校长蔡元培介绍，向商务印书馆监理张元济借得国币1500元。这笔款项于1925年下半年分两次汇至伦敦及巴黎，罗家伦得此巨款，除偿还债务外，手头还有部分余额。此事被傅斯年侦知，借这年秋到巴黎短期访学之机，向罗氏借了一笔小款以为急用。到了秋后算账时，手头已不宽裕的罗家伦致快信向傅"讨债"。已是穷困潦倒的傅斯年大窘，立即修书一封，叙述自己"挖东墙补西墙"的艰难处境，其中一段写道："弟在巴黎最后接到朱寄之二十，换了后，还债等已精光，末日只剩了三十佛朗，其手中之二十马克尚是从吾（南按：姚从吾）寄我者也。到了此地，幸员外尚有几文，故用到11月，过了初十，朱寄来二十镑，交了2月房钱去其过半，所余的月底还完员外怎么办呢？幸与老陈（南按：陈寅恪）定了一约，他先把二十镑之马克给我，我交了学费及他种零费，借给一位更穷的朋友三十马克，交了

1925年4月，陈寅恪在德国柏林大学

这月房钱，今天只剩了四个半马克，愁得这两天无以为计也。"又说："上星期初已即向朱要二十镑，大约此星期可寄来。但此是老陈的了，有约在。他即日走，先赴英国，故更无从通融起。那么怎么办呢？上星期一向朱写信时，说有二十方可过年节，当时尚未计算得清楚，信发觉'斯言之玷，不可为也'。始意觉得这月总可勉强到底，但陈走甚急，姚钱不来。前昨两日，整日思法子。昨天开了一个书单子，择其或有人要者于Hirschwald，未知下文如何？此时满想向朱再要，但如何措辞，且甚无效耳……要是老陈不走尚有法，而他即走。他的钱为郭才子陈津藻二位借了上路，故他也着急无对。此时柏林的环境中，比先更窄，故通融之国，更穷。几乎等于不能借分文之局面。这两月，子水、从吾、大维都是赖老陈维持。老陈大苦，老陈走后，更不了矣。"

因傅信均无日期，故无法判断确切时日，但从信

的内容推断，此信大约写于1925年秋冬时分。信中提及的"老朱"或朱某，乃中国驻英公使朱兆莘，欧洲留学生的经费一直由朱氏作为代理人具体操办。但此时国内政局混乱，经费汇不出，朱氏无能为力。为了应付不断前来"讨债"的书呆子，朱氏迫不得已，只好从公使馆的其他款项中转借几个小钱予以应付救急，傅斯年所得20英镑即是此例。

信中涉及有债务关系者多达八人，那个神秘的"员外"不知是指何人，但提及的"老陈"，是指即将归国的陈寅恪。言语中可以看出，这批留学生的钱财除了相互借来借去外，作为老大哥的"老陈"，于此间显示了举足轻重的分量，同时也透出他对众位难兄难弟的关切之情。

到了1926年初，傅斯年终于从朱氏处领到了10英镑的汇票，于是致信罗家伦说："本是想就此寄你四镑、寄仙槎（南按：何思源字）二镑的。但换现镑待了三天，此三天中又为人借去了几文，自己也实没办法了。现只寄你二镑，仙槎一镑。朱既许我下月设法，到时弟必再寄。月中穷不可言，特别糟者是今后全无办法，山东学费已全无望矣……"傅斯年写信时，国内军阀混战加剧，整个中国大地弹片横飞，血流遍野，大小官吏争相苟全性命，已无人再去管这批海外学子是死还是活的事了。傅氏与何思源属山东同乡，何思源来自水泊梁山的发源地菏泽，著名的郓城县、曹县等皆从属于菏泽地区，当地流传有"梁山一百单八将，七十二名出郓城"之语；傅来自梁山脚下的聊城，武松打虎的阳谷县属其辖地，因而二人既是北大同窗，又有小同乡之谊。眼看山东方面的官费没有希望，其他款项又无从进取，面临断炊的何思源，能得到傅斯年借予的一个英镑也算是不幸之中的万幸。此等情形很能令人想起当年刘备在贩卖草鞋的途中，饥饿难耐又无钱购买一个烧饼那"一文钱难倒英雄汉"的故事。十几年之后，归国的何思源在相继登上国民政府山东省主席与北平市市长宝座之后，不知对这一文大钱的艰难来历还记得否。

杨步伟说因为大战后德国的马克走低，物价便宜，中国的留学生们才纷纷从四面八方转到柏林，此说有点道理，但不能说全对。事实上，当时德国的物品并不比其他国家和地区更物美价廉，而专等这帮孔乙己的弟子门生前去占便宜。在傅斯年即将结束学业回国的前夕，生活更是到了无依无靠的绝境，他在致罗家伦与何思源的信中道："总之，去年我以领了下一月（款），我方能自巴黎归，今则倒欠下两月，此外无丝毫进款。德国生活程度贵得无比，此间熟人一致呼穷，故弟不欠此间任何一人、任何一文，而此间欠我小数者，积起来已经不少了。5月中旬连吃四日干面包，实在不免于夜间流涕。大维尚好，而毛、姚穷得出世涅槃……"

德国的生活程度傅斯年说得已很清楚，正是在如此生活环境与经济条件的高压之下，他才在致罗家伦的信中，发出了"心绪如焚""饮食不常，一切状态如疯如狂"的悲鸣。未久，傅斯年突然从《德国汇报》闻知驻英公使馆的老朱将要去职的消息，大惊，急忙写信致英使馆向老朱本人催要学费。本来老朱对此等事项早已厌烦不堪，如今奉命归国，正好顺水推舟，将这个棘手的皮球踢给了继任者。而继任者年轻气盛，根本不把傅斯年等留学生放在眼里，对连连上书催款视而不见，迟迟不做答复。眼看就要成丧家之犬状饿毙于柏林街头的傅斯年大怒，立即表示"老傅穷而不安，但亦尚有脾气"。按傅氏的推断，继任者如此对待留学生，一定是克扣和挪用了国内寄来的官费。而对方如此无理与霸道，正是留学生们"拼命之机会也"。于是，傅斯年怒从心头起，恶向胆边生，立即蹦将起来，欲像当年五四运动一样，发动并亲自统率整个欧洲中国留学生，肩扛大旗，挥拳弄棒再展示一回少年壮志，前往驻英公使馆门前示威游行，不惜与使馆人员开打宣战，然后来个火烧赵家楼的模拟演示，将公使馆一把火烧个精光。

正所谓此一时彼一时，过去的老皇历如今翻不得，对傅斯年而言，一呼百应的五四时代已经成为过去。接受新的文明洗礼并逐渐理性的罗家伦、何思源、俞大维、毛子水等人，认为以暴力的方式方法来处理此事万万不可。伦敦比不得当年的北京，若真的闹将起来，很可能被当作过街老鼠捉将起来关入大牢，成为天下笑柄。在众人劝说阻止下，傅斯年火气渐消，最终打消了一把火烧掉公使馆的念头。当然，驻英公使馆的官僚们并不知有此一幕险情发生，否则，应该早抱头鼠窜了——看来傅斯年当年考取官费留学生时，山东教育厅一帮官员的担心不是没有道理，尽管罗浮宫与白金汉宫没有被点燃，事实上中国驻英公使馆却差点葬身火海。

既然公使馆不能烧掉，日子还得设法苦撑下去，如同一位外国作家所说的那句名言："活下去，而且要记住。"留学生们除了围绕一个"钱"字与一个"愁"字来回打转、相互借债外，自然有苦中求乐的另一个侧面。而血气方刚、风华正茂的年轻游子，又少不了与过往的女人拉拉扯扯，生发出一些风流韵事。当时许多不为外人所知的小秘密，在傅斯年致罗家伦的信中有所披露。如在第八封信中，傅斯年对罗家伦说："听说你和Mlle Jemmes很好，不知仙槎吃醋否？一笑！"

Jemmes乃何思源找的法国女人，傅斯年在巴黎与其见面后，便在信中笑其"中文名字极俗，不知谁的大作"云云。未久，罗家伦为了筹措回国的川资，再次向张元济求援，张以私人名义慷慨借贷600元。一年前，当罗家伦首次通过蔡元培向国内寻求经济援助并找到张元济时，张正为女儿择婿，回信中同时拜托蔡在海外留学生中直接物色，并表示愿意资助未婚女婿的留学费用。蔡元培接信后曾向罗氏探询，但未全部挑明内情。罗家伦经过一番思考，写信向蔡表示："无论与何人订婚，皆愿于订婚前有半年以上之友谊。……最好于友谊发生时不必定有婚姻观念当先，以免反而拘束。"蔡元培意识到此事难成，便将原信有关部分剪下转给张元济。张氏当然不是糊涂人，见对方如此，并不强求，此桩"婚事"算是告吹，但借贷的事还照样进行。[39]想不到这次傅斯年闻听罗家伦又向张元济借贷，便以调侃的语气说道："听到你做了日礼服、晚礼服、夜礼服等。日服为利见大人，夜礼服为霓裳歌舞之用（话是听到的，典故是我加），恭喜恭喜。"傅所说的"为利见大人",即指张元济,因为张氏托蔡元培在海外为其女儿择婿之事,早已在留学生中传开,而罗家伦正是众人瞩目和议论的焦点。

在一顿调侃后,傅斯年又用诙谐的语言向罗家伦讲述了近期发生在自己身边的几件"大事":

> 说点笑话罢!(一)老陈回去,坐二等舱,带着俞大维那个生龙活虎一般的儿子,Just think of it。
>
> (二)万灿的 Braut(南按:未婚妻)听说甚有德行,万灿与她日日见,自然想干一回,而她拒绝(其理由不可得知)。故万灿更佩服她的德行。
>
> 此间朋友如常,毛子水连骂我三天都是 insinuations,最后大吵一回。员外此时也无不(?)买书。
>
> 你应来信劝大维去法国。他在此甚无意思。有次我向他房东云 Herr Dr. 明年去法国。她云:Ach, Nein, Herr Doktor wi nie von uns weggehn! …etc…(南按:"呵,不会的,博士先生不会离开我们的!……")
>
> 或者这房东为他保全令德不少,但他却是应该到法国享福去了。[40]

傅氏所说的这位万灿,与他未婚妻最后的结局如何,好事是干得成,还是没干成,或者介于二者之间,皆不得而知。而老陈带俞大维儿子一同归国之事,却含有一个不太为外人所知的故事。

许多年后的 1970 年,已进入古稀之年的俞大维在《怀念陈寅恪先生》一文中说:本人"与陈寅恪先生,在美国哈佛大学、德国柏林大学连续同学七年。寅恪先生的母亲是本人唯一嫡亲的姑母;寅恪先生的胞妹是我的内人。他的父亲陈三立(号散原)先生是晚清有名的诗人;他的祖父陈宝箴(号右铭)先生是戊戌湖南维新时期的巡抚。右铭先生有才气,有文名,在江西修水佐其父办团练时,即为曾国藩先生所器重,数次邀请加入他的幕府,并送右铭先生一副对联,以表仰慕。上联寅恪先生不复记忆,下联为:'半杯旨(卮?)酒待君温',其推重右铭先生如此。曾文正公又有与陈右铭(宝箴)太守论文书,此文收入王先谦的《续古文辞类纂》中。我的母亲是文正公的孙女,我的伯父俞明震(字恪士)先生、舅父曾广钧(字重伯)先生(均是前清翰林),与三位先生(陈氏父子祖孙)皆是好友。本人与寅恪先生可说是两代姻亲,三代世交,七年的同学了。"[41]

文中所说的三代世交是指俞的曾外祖父曾国藩一家与陈

在德国留学时期的俞大维

寅恪的祖父、湖南巡抚陈宝箴；俞的父辈俞明震与陈寅恪的父亲陈三立；俞本人与陈寅恪兄弟等三代的密切关系。两代姻亲是指俞陈两家与曾国藩一家都有至亲，而俞大维与陈寅恪既是姑表兄弟，又是郎舅之亲。俞大维的姑母是陈寅恪的母亲，俞的妻子陈新午又是陈寅恪的胞妹。七年同学则是指美国哈佛与德国柏林大学同窗共读的七年时光。

当然，俞大维说这话时，已随国民党退居台湾多年，在德国求学时代，这个格局尚未形成。俞大维是先有了一个"生龙活虎一般的儿子"之后，才与陈寅恪之妹陈新午缔结伉俪，借此与陈家成为"两代姻亲"的。

曾国藩的两个儿子纪泽、纪鸿皆是清代有名的人物。曾纪泽出任过清朝驻英、法、德、俄公使，为收复新疆伊犁，曾与"面冷词横"的沙俄大臣据理力争，算是一位对中华民族做出过贡献的外交家。曾纪鸿与夫人郭筠，生五子一女。分别是：广钧、广钊（殇）、广镕、广铨、广锺五子；女广珊。长子广钧乃"湖南四公子"之一，著有数学研究专著。女儿曾广珊，善于诗文，嫁给俞明颐，婚后生十三个儿女。除了三个早夭外，其余十人为：大维、大纶、大绂、大絜、大纲五子；大绹、大绚、大缜、大纲、大綵五女。按俞家大排行，俞明颐之兄明震、明观已先有三子，因而俞大维排行第四，成为这个家族的"四哥"。

俞大维在德国柏林留学期间，阴错阳差地与一位德国原装的钢琴女教师相爱，两位干柴烈火般的青年一不小心，那位德国美女便珠胎暗结，大喜即将来临。想不到对方那傲慢的父母却没把身材矮小、貌不出众的俞大维放在眼里，死活不允许女儿嫁给这个来自东方的中国青年。就在双方你来我往叫板的过程中，一个男娃从德国美女的母体里呱呱坠地，此为1923年间事。俞大维根据德文名字的发音，为孩子取名为扬和。又依照俞家家族辈分取名俞启德。其意是，一方面纪念他的德国母亲，一方面希望儿子德才兼

婚后的陈新午怀抱周岁儿子俞方济留影

备。扬和出生后，放在俞大维租住的房东家抚养。俞的房东是位闲居多年的寡妇，尽管徐娘半老，但风韵犹存，与俞大维友善。正当这位风流寡妇红颜渐衰，美人即将迟暮之际，见俞大维突然抱回家一个幼儿，自是欢喜，便主动承担了部分抚养义务。如此这般，迟暮的寡妇与俞大维也就有了进一步的情谊。——这就是傅斯年在致罗家伦的信中所说那位房东为俞大维"保全令德不少"的缘由。尽管如此，一个立志在学业上创造出一番成就的留学生，整日带一个哇哇乱叫的小儿自然不便。于是，即将回国的陈寅恪建议把扬和带回国内，交给自己的妹妹陈新午抚养。俞大维闻听自是求之不得，便有了傅斯年向罗家伦报告老陈坐船带俞大维儿子回国之事。本著开篇所述陈寅恪归国在马赛港登船携一幼儿，即俞扬和。

当陈寅恪辗转万里把孩子带回家乡后，以能干泼辣著称，在陈氏家族中最为漂亮聪明的小女子陈新午，对扬和极其喜欢，遂以未嫁之身毅然担负起抚养孩子的责任。后来俞大维归国，自是少不了到姑家探亲，一来二往，就水到渠成地娶了大自己三岁的表姐陈新午为妻。至此，俞陈两家才形成了俞大维所说"两代姻亲"的格局。因为是嫡亲表姐弟结婚，大维与新午生

蒋经国夫妇与女儿蒋孝章（左）在台北留影

的第一个儿子俞方济天生弱智，后来一直跟父亲俞大维一起生活。另一儿子俞小济智体尚好，长大后赴美国定居，虽已成家，却过着捉襟见肘的日子。曾历任国民党高官但两袖清风的俞大维，在晚年不得不变卖多枚勋章为这个小儿子补贴家用。

老陈从德国带回的混血小子俞扬和长大成人后，随着抗战爆发，先是考入国民党空军军官学校第十六期学员班受训，二十岁时赴美国鹿克战斗机飞行学校接受高级飞行训练，后回国参加中美联合飞行大队对日作战。战斗基地在湖南醴陵，俞扬和的英文尚好，给队友们的相互沟通带来很大方便。抗战后期，俞扬和在参加空战30多次后被敌机击落，跳伞受伤，为醴陵地区游击队抓获。游击队员一看俞扬和那相貌，以为是日本人雇用的外国飞行员，当即捆绑起来欲大刑伺候。俞扬和一看眼前的阵势，知道大事不好，灵机一动，与对方讲起湖南话来，说自己是被日军击落的国军飞行员，并大喊冤枉。游击队员闻听此言，似信非信，大眼瞪小眼地不知如何是好。俞扬和进一步解释说："难道有会讲湖南话的日本人，或其他外国鬼子吗？"待对方弄清他的真实身份，赶忙将其松绑，装入箩筐，抬到山外医院治疗。可惜扬和因伤残已不能继续服役，伤愈后不得不离开空军，转到民航任驾驶员。1948年底，俞扬和与不会说中文的华侨妻子离婚后独自赴美定居，未久又续娶一房太太。十年后与正在美国读书的蒋经国之女蒋孝章在华盛顿邂逅并一见钟情。1960年5月，离婚后的俞扬和与比自己小十几岁的蒋孝章在美国一个小教堂秘密举行婚礼，次年生有一子。俞大维按照俞家的辈分为孙子取名俞祖声，与俞大维侄子俞启威（后改名黄敬，1949年之后出任天津市市长）之子俞正声（第18届中共中央政治局常委）同为"声"字辈。尽管结婚之前，二人婚事在蒋家引起过轩然大波和世人的猜测议论，但俞祖声诞生后，不仅得到祖父母的欢心，也得到外祖父蒋经国、曾外祖父蒋介石的宠爱。台北中正纪念堂的墙上悬挂着一幅大照片，蒋介石端坐当中，怀里抱着的婴儿便是俞祖声。蒋俞两家就这样成了一代姻亲。当然，这是后话。

接着上文叙述。当傅斯年在信中兴致勃勃地向罗家伦讲述老陈与俞大维儿子俞扬和

陈寅恪家族世系简表及关系图示

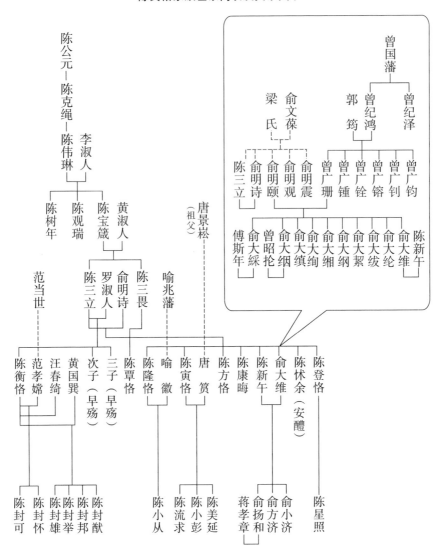

一同乘船归国的故事之时，他没有想到，一年之后，俞大维的妹妹俞大纲会重返曾家，与曾国藩的侄曾孙、著名化学家曾昭抡（1949年后曾出任高教部副部长）结婚。更没想到的是，几年之后，自己会娶俞大维最小的妹妹俞大綵为妻，与俞大维成为郎舅关系。从此，傅斯年与俞家、陈家、曾家结成了扯不断、理还乱的亲友圈。而这一姻缘，皆得益于德国柏林的风云际会。自此之后，傅斯年与陈、俞、曾三家世子名流风雨与共，共同度过了一段国破家亡、流离失所的艰难岁月，在20世纪中国学术史上写下了风云激荡、光辉灿烂的壮丽篇章。

1926年9月，傅斯年结束了留德生活，带着一肚子洋墨水和一堆待解的复杂难题，由马赛扬帆起程，穿越地中海的惊涛骇浪，向阔别七年的东方故国驶来。

◎ 傅斯年归国

与一年前陈寅恪归国大不同的是，直到轮船穿越了地中海与印度洋，以及海盗出没的马六甲海峡，即将到达东方故土时，傅斯年的前途仍像大海滚动的波涛，笼罩在浑浑茫茫的雾霭之中。

就在归国的两个多月前，傅斯年在给罗家伦的信中，以低沉的语调再次谈到了自己穷困潦倒的生活，同时哀婉地说道："北大事大约是散板了……至于回国做事，至今未定。"又说："我就北大的事是吹了。不知向何一方面去也。"[42]

此前，傅斯年是准备受聘北大的，而像他这样威风八面的才子受聘北大，也是顺理成章的事。1922年，北大教务长蒋梦麟到欧洲考察，与正就读于伦敦大学的傅斯年谋面并做了推心置腹的交谈。在傅出国之前，蒋并未与其深交，但通过这次交谈，傅的言行给蒋留下了极为深刻的印象。蒋视傅为世间少有的通才与天才，并发出了"孟真之学，是通学，其才则天才，古今为学，专学易，通学难，所谓通学就是古今所说之通才"的慨叹。蒋梦麟认为，正是由于傅斯年博古通今，求知兴趣广泛，故他于抒发议论的时候，如长江大河，滔滔不绝。"他于观察国内外大势，溯源别流，剖析因果，所以他的结论，往往能见人之所不能见，能道人之所不能道。"所以称"孟真真是中国的通才。但通才之源，出于天才，天才是天之赋，不可以侥幸而致"[43]云云。作为师辈人物，学界名流大腕，对一个正在茅庐中做功修炼的后生小子如此高规格评价，绝不是出于面子的需要和相互的利害关系，或政客的花言巧语与玩花枪之类的折子戏，实出于蒋氏之挚诚。

二人分别不久，蒋梦麟在德国接到傅的一封信，信中劝蒋此次考察不要无目的地在德、奥、法、意各国乱跑，有两个问题要特别注意：第一是比较各国大学行政制度，第二是观察各国大学学术的重心和学生的训练。蒋阅毕，不仅惊叹傅氏在学业上的精湛造诣，同时还发现他有极强的视事与处事能力，如果自己不是师辈人物，蒋极有可能要五体投地地折服跪倒在傅斯年面前，并高呼"吾师万岁"。1923年，北大校长蔡元培因不堪忍受军阀政府与教育部官僚的压迫愤然辞职，旋赴欧洲考察，北大校长一职由蒋梦麟代理。此时已转入德国柏林大学攻读的傅斯年，与北大的实力派人物蒋梦麟、胡适等书信往来不断。而作为胡适得意弟子的傅斯年一旦学成归国，到北大任教已成必然。

想不到世事难测，人算不如天算，傅斯年准备归国的这一年，正是北洋军阀执政最黑暗，也是即将全面崩溃的前夜。乱象丛生的中国乱上加乱，各路军阀纵横中原，开始了新一轮的相互倾轧与混战。

刘和珍

1926年3月18日，北京高校学生因为日本军队派军舰炮击天津大沽口，对中国公然侵略挑衅之行为，纷纷组织起来向段祺瑞执政府请愿。当浩浩荡荡的游行队伍来到执政府门口时，遭到枪击和暴力殴打，当场死伤数百人，其中北大、北京女师大死伤最多，后来鲁迅那篇著名的《记念刘和珍君》，记述的就是此次事件中遇难的年仅二十二岁的刘和珍与杨德群等女师大学生。[44]

惨案发生后，北洋军阀政府曾计划"扫除三个半学校"，分别是中俄大学、中法大学、北京女子师范大学、北京大学之一部，并拟定了一张通缉当时北京教育界、文学界包括鲁迅、李大钊等在内的50余人的名单。北京大学等几所高校处于风雨飘摇之中。就在这个时候，鲁迅被迫离京到厦门大学任教。北大教授如刘半农、马叙伦、周览、高一涵、陈翰笙、顾孟余、马寅初、王世杰等，先后离京另谋生路，留下者也多销声匿迹，深自韬晦。一时不能离京的教授大多考虑如何应变，或者转到形势较为平稳的清华、燕京；或者暂时蛰伏下来，不再伸头露面。整个北大从一院到三院呈现出前所未有的凋零景象。

1926年4月15日，奉系军阀张宗昌作为张作霖的马前卒，统率大军冲出山海关杀奔京城，段祺瑞执政府"嘎嘣"一下垮台断气，北京政权落入奉张集团之手。狼去虎来，而虎比狼还要威猛凶狠。按张作霖这只东北大字号老虎的意旨，张宗昌立即下令封闭报馆，钳制舆论，捕杀报人。一时间，北京城风声鹤唳，人人自危。《京报》主笔邵飘萍（振青）不幸被捕，于4月26日凌晨1时许，被"提至督战执法处，严刑讯问，胫骨为断"，同时被判处死刑，其"罪行"为："京报社长邵振青，勾结赤俄，宣传赤化，罪大恶极，实无可恕。着即执行枪决，以照炯戒。此令。"[45]当日4时20分，邵飘萍被押赴天桥东刑场枪击毙命，时年四十二岁。

就在邵飘萍被枪杀的当天晚上，北京政府前总理孙宝琦匆匆来到北大代理校长蒋梦麟寓所，密告蒋氏的名字已经上了张宗昌的黑名单，说不定今夜就要被捕砍头。蒋梦麟闻听大骇，惊恐与大不情愿中急寻出逃办法。恰在这时，有高官大员王宠惠来访，蒋梦麟一见如得救星，立即对王说："你闭嘴，一句话都不要讲，赶快拉我走，否则我的头就要掉了。"王氏心领神会，立即示意蒋爬上了自己那辆军警不会盘查的红牌汽车，直驶东交民巷使馆界的六国饭店。蒋梦麟下车后立即钻进饭店，屏息静气地猫了起来。第二天敞开门缝探头一打听，北大地质系教授兼德文系主任朱家骅等几位名流也为躲避奉军的缉捕，于昨夜通过各种渠道和门路悄悄溜进饭店中躲避。后来得知，凡进入六国饭店者皆保全了性命，而在奉军缉捕中，避入使馆界旧东清铁路办事处躲避的北大教授李大钊、女生张挹兰等人，后来被张作霖派兵捕去，处绞刑而死。

对于此段情形，被蒋梦麟称为"绍兴土老儿"和"一副绍兴师爷的态度"[46]的鲁迅，在他的《华盖集续编·无花的蔷薇之三》中说："于是连卫道的新闻记者，圆稳的大学校长也住进六国饭店，讲公理的大报也摘去招牌，学校的号房也不卖《现代评论》；大有'火炎昆冈，玉石俱焚'之概了。"[47]所谓"圆稳的大学校长"，即被鲁迅称作"贱相未脱而遽大摆其架子"的"暴发户"蒋梦麟。[48]

蒋氏与朱家骅等北大同人在"帝国主义怀抱"（蒋梦麟语）庇护中的六国饭店这座豪华的"监狱"里，悄无声息地像老鼠一样连续猫了四个月之久，直到8月底才化装打扮，躲过军警的耳目陆续逃出。蒋梦麟出逃后来到天津，在一艘前往上海的英国商船上又遇到了前几天才逃出来的朱家骅，二人在如此险恶的场合见面，自是百感交集，皆为北大前途忧心忡忡。船至上海，二人黯然作别。朱家骅转道广州进入了中山大学，未久即主持校务；蒋梦麟转道浙江老家隐居。未久，北伐军克杭州，蒋氏被任命为国民党浙江省政府教育厅厅长。

就在北京城血雨腥风，蒋梦麟、朱家骅、李大钊等北大名流纷纷出逃之时，胡适也感到了来自外界的威胁与压力，深感北大势如危卵，说不定哪一天就要散板完蛋，自己若不识时务，势必将落个鸟蛋碰刺刀——爆裂完命的悲惨下场，必须设法离开这块是非之地。经过一番密谋策划，终于谋到了一份英国庚款咨询委员会中国委员的差使，以此身份于7月17日匆忙离京赴英参加庚款咨询委员会会议，算是体面地躲过了一劫。北大最后一根重要支柱与"定海神针"——胡适的出走，昭示着这所"常与黑暗势力抗战的"（鲁迅语）大学，从此走向凋零暗淡。正如大洋那边翘首以待的傅斯年所估计的那样，旦夕间咔嚓一声"散板了"。

散板后的北大已没有人再顾及傅斯年的死活与归国后的去向了。有道是福人自有天相，1926年10月底，当傅斯年乘坐的轮船穿过汪洋大海，摇摇晃晃地抵达香港时，命运之神突然降临到他的面前，一封来自中山大学的聘书悄然出现在傅斯年下榻的旅馆，邀请者乃是两个月前才刚刚从北京六国饭店

自左至右：蒋梦麟、蔡元培、胡适、李大钊。1920年3月14日于北京西山卧佛寺留影

逃往广州的朱家骅。

朱家骅，字骝先，浙江吴兴人，出身于一个商人兼地主家庭。父母早亡，依靠胞兄朱祥生扶养。祥生在巨贾张静江创设的"两浙盐务公司"当账房，以此因缘，十六岁的朱家骅于1908年赴上海，在通运公司结识了国民党四大元老之一、蒋介石的拜把子大哥张静江。是年9月，考取同济德文医学堂。1910年，因受曹砺金、沈士远、沈尹默诸位学术界名流的影响，朱氏萌生了造反闹革命的念想。当他闻见报载汪兆铭（精卫）谋刺摄政王消息后，大受感动，反意更兴，乃于6月赴南京，欲谋刺两江总督张人骏，未果。第二年，闻知一批革命党人在黄花岗举事的消息，神情为之大振，立即与同学徐霁生等发起组织中国青年敢死团，准备暴动。10月，武昌起义，敢死团秘密筹备在沪举事，朱家骅怀着满腔热血，从校园跳将出来，参加了上海商团组织的暴乱行动，并亲率青年敢死团对江南制造局进行了攻击。当时张静江与国民党另一位大佬戴季陶以及陈英士等都在上海扯旗造反，大搞恐怖活动与斩首行动，四处抓捕朝廷命官进行斩首。一时间，整个上海滩刀光剑影，血气飘扬，人头乱滚。朱家骅在一连串的活动中所显示的才气、血气与组织能力，得到了戴季陶的赏识。时张静江为了配合南京政府誓师北伐，想组织一支能打善战的"青年军"投入战斗，朱得知后自告奋勇要为张效鞍马之劳，并很快聚集青年学生及年轻军官百余众严守待命。后因南北讲和，计划搁浅。尽管如此，朱家骅与张、戴之间由此建立了深厚的革命友谊。在以后的岁月里，朱氏凭借张静江与戴季陶等要人的关系步入仕途，一路攀升跳跃，飞黄腾达，官至中华民国的教育部长、省主席、中央组织部长、中央研究院代院长、中央调查统计局局长、"行政院"副院长等职，终成一代政治巨擘。这是后话，暂且不表。

却说于同济毕业后的朱家骅，在张静江的资助下，于1914年自费赴德国留学，攻读地质学专业。1917年初回国，任北京大学地质系教授兼德文系主任。1918年，教育部决定每年选派各大学、高等专门学校男女教授若干名赴欧美各国留学，当年选派刘复、朱家骅、邓萃英、杨荫榆等七人，于8月14日由沪乘船赴美，此举乃中国教授留学之始。与其同船的有李济、叶企孙、徐志摩等初出茅庐的留学生若干名。

朱家骅抵美后不久即转赴瑞士，后再赴德国柏林大学与工科大学深造，1924年获地质学博士学位归国，任北京大学地质系教授兼德文系主任。1925年因参加北京学生声援"五卅运动"等爱国运动，又参加国民党的翠花胡同派（与右派有所区别），遭北洋政府通缉。眼望革命形势陷入低潮，朱家骅采取韬晦之计，暂时不再吭声，默默教书，但暗中依然进行革命活动。直到奉系军阀张宗昌率部入京，被列入缉捕名单，才慌忙弃却北大教职，于月黑风高之夜潜往六国饭店避难。就在朱氏与蒋梦麟等人躲在六国饭店，经日密谋筹划如何逃脱的时候，中国历史上一件惊天动地的大事发生了。

1926年7月9日，蒋介石以国民革命军总司令的名义，在广州市东校场举行声势浩大的北伐誓师大会，中国现代史上具有深远影响和重大转折意义的北伐革命拉开了序幕。北伐大军走出广州，一路势如破竹，盘踞在南方的北洋军阀顿时呈山崩地陷状，从此踏上了万劫不复的毁灭之途。

朱家骅从六国饭店逃出后，与正在南方的张静江、戴季陶等人秘密取得了联系，时张、戴等人正在广东组织参与国民党北伐，而蒋介石正以戴季陶为主要幕僚，并视为心腹，而戴也正需要政治上的助手，以壮声威，戴乃秘密通知朱家骅前去任事，朱应召前往。戴季陶见朱家骅应邀前来，积极拉拢，并竭力为其步入仕途铺路搭桥。此前的1926年7月，原孙中山创立的广东大学正式改名为中山大学，以示对这位民国创建人的纪念。更名后的中山大学为国民党所操控，力主整顿改革，并改校长制为校务委员会负责制。在黄埔军校校长任上尝到甜头的蒋介石，深知办学的门道及其对党内势力扩充的重要性，任命他的铁哥们儿戴季陶为校务委员会委员长、顾孟余为副委员长。朱家骅到来后，在戴的荐举下，顺利入主中山大学，与徐谦、丁惟汾并列校务委员会委员，兼地质系主任、教授。因其他几位大佬皆在国民党内任要职，由朱主持日常校务工作。未久，朱家骅又奉蒋介石和国民政府之命改组学校，自此，朱家骅正式踏上了"风险与机遇共存"的仕途。

此时，朱傅二人相互间只闻其名，不见其人。

◎ 中山大学的暗流

朱家骅最初知道傅斯年的名字，是1917年的冬天，傅时为北大国文门二年级的一名学生。首次从德国留学归来并执教北大的朱家骅，偶尔听他的朋友、北大教授沈尹默谈起："傅孟真这个人才气非凡！"[49]这句话对朱家骅而言，如风过耳，一闪即过，并未放在心上。就当时的情形而言，北京大学有一个极其强大的浙江派或称为法日派群体，除了声名显赫的北大校长蔡元培，教务长马寅初，仅文科方面就有著名的"三沈二马加二周"，即沈士远、沈尹默、沈兼士兄弟，马裕藻、马衡兄弟，周豫才（鲁迅）、周作人兄弟等著名健将。在蔡元培之前，任职时间不长的校长胡任源是浙江吴兴人，蔡执掌北大后，取消了分科制，全校改设15个系，系主任有一多半是浙江同乡。如数学系主任冯祖荀，浙江杭县人；物理系主任夏元瑮，浙江杭县人；化学系主任俞同奎，浙江德清人；地质系主任王烈，浙江萧山人；哲学系主任陈大齐，浙江海盐人；德文系主任朱家骅，浙江吴兴人；等等。当然还有一代通儒、国学大师、浙江人章太炎的门下弟子，如黄侃、朱希祖、钱玄同、许寿裳、汪东、曾通、马宗芗、马宗霍，外加周氏兄弟、沈兼士、马裕藻等等，大多数为浙江人，整个北大几乎被浙江同乡所笼罩，外籍教授则戏称北大是个"浙江村"。其"村"人数众多，地盘广博，形成了一个势力庞大、声威赫赫的浙江集团。这个团体在北大渐渐达到了呼风唤雨、撒豆成兵、点石成金的盛况，充分向世人显示了江南浙江"多山多水多才子"的卓越地理人文优势。

当时在北大唯一能与浙江派或称法日派抗衡的，是以胡适、陈源等人为首的英美派，不过此派一直处于劣势，一旦双方冲突起来，英美派只有招架之功，几无还手之力。山东尽管有"一山一水一圣人"（南按：五岳之首——泰山，母亲河——黄河，万世师表——孔子）的美言，但近代以来，真正的文史大家，特别是具有科学头脑与知识的人才比之江南却要逊色得多。当时山东籍的北大教授和学生未成气候，基本属于各派系的末流，能稍显锋芒的便是以傅斯年为首的新潮社中汪敬熙等几个青年学生。

得西洋风气之先，以科学知识武装起来的朱家骅，对追随胡适等英美派的山东才俊傅斯年自然没有什么感觉，更不会为此感到倾心或惊讶。按他的说法：这年头，不要说像袁世凯、孙逸仙那样争夺总统大位的一代枭雄，只要是个人儿，就牛气冲天，自我感觉才气非凡。尤其是北大这种鱼龙混杂的地方，比当年的水泊梁山还热闹，只要进了这个门槛，哪一个不是气冲斗牛，指点江山？尤其令朱家骅反感的是，从城内八大胡同路过，遇到了一位湖南口音的妓女，为争夺客源，竟也在大喊大叫着"惟楚有材，于斯为盛"等口号，与一个浙江口音的妓女叫板。在朱家骅看来，当今这世道，仅仅自称或别人称"才气非凡"是不够的，是骡子是马，只有拉出去遛几圈方才真正知道。坐井观天

北大研究所国学门同人合影于三院工字楼前。前排左起：董作宾、陈垣、朱希祖、蒋梦麟、黄文弼；二排左起：孙伏园、顾颉刚、马衡、沈兼士、胡鸣盛；三排左起：常惠、胡适、徐炳昶、××、××；四排左起：××、李玄伯、王光玮

和自说自话的人，完全形同痴人说梦，更不值一哂。

在这种思维指导下，年轻气盛、踌躇满志的朱家骅，挟欧洲"海龟"之名望，对尚是"土鳖"一只的傅斯年同样不屑一顾。由此，朱傅二人失去了北大校园会面的机缘。当傅斯年海外求学，并于 1923 年 9 月由英国转入柏林大学攻读时，朱家骅已获博士学位离开德国柏林赴其他国家游历，尽管年底又返柏林做短暂停留，但他以"空谈误国"的理念和自律精神，一直不屑与学文科出身的傅斯年以及傅的众多好友如陈寅恪、毛子水、金岳霖、徐志摩、姚从吾等人来往。在朱氏看来，这些文科出身的知识分子，不是道貌岸然的色鬼就是坐而论道的神经病，没有一个正常人，因而朱傅二人虽近在咫尺，却如隔天涯，再次失去了相见的机会。

朱家骅

当朱家骅主持中山大学校务后，极富远见地预感到自己发迹的时代到来了，于是雄心大发，锐意整顿，大肆扩充院系规模，聘请有名望的教授到中大任教。为了充实即将改制的文学院师资，也顾不得以前对文科出身的知识分子的偏见和恶感了，极欲物色一位"对新文学有创造力，并对治新史学负有时名的学者来主持国文系和史学系"【50】。朱家骅正在苦苦寻觅之时，忽闻赵元任等海外归来的好友，连同蒋梦麟等北大同事都提及傅斯年，并谓此人在欧洲几年学业大长，尤其是文史之学，无论是内功还是外力，都修炼到了炉火纯青、出神入化的绝妙境界。尤其令人惊喜的是，傅氏即将归国一试身手，原想聘请的北大已经散板儿，傅氏去向不明。得知这一消息，朱家骅猛地想起当年沈尹默在北大校园对自己说过的话，认为傅氏以深厚的国学功底，海外求学七载，如能刻苦攻读，修成正果是可能的。在感慨了一番世事无常，确有可造化之人杰后，便向中大校委会委员长戴季陶、副委员顾孟余二元老做了汇报，拟聘傅到中大主持国文、历史两系事务。顾孟余早年留学德国柏林大学，回国后任北大教务长，是傅斯年的师辈人物，对傅有些了解，且大有好感，趁机在戴季陶面前帮朱家骅讲述了一通傅斯年才高过人之处。戴氏一听这位前大清王朝首位状元之后、"黄河流域第一才子"、五四运动学生领袖，现已在海外成了比"海龟"还要厉害的巨无霸式的头号"大鳄"，于是深表赞同，嘱朱尽快与对方联系，以免延误时机，让其他学术机构捷足先登，使这一难得的"大鳄"落入别人的网中而不得。

朱家骅得令，立即着手与傅斯年联系，当得知傅正在驶往国内的轮船上时，越发密切地关注着傅斯年的动静。于是，装了一肚子西洋墨水，今非昔比的傅斯年刚刚在香港岛晃晃悠悠地登陆，就收到了朱家骅亲自派人送来的聘书，此举令他深为感动。

傅氏在回国前已有耳闻，此时的广州得西洋风气之先，革命力量与反革命力量轮番

　　　　　　　　　第二章　江湖多风波

兴起，各色大旗不断变换。随着国民党北伐的节节胜利，作为国民政府的龙兴之地，看上去很有点生气与活力，是可以干一番事业的地方。接到聘书的傅斯年当场拍板，表示愿意应聘，但先要回山东老家拜望老母。待一切谈妥之后，傅斯年回山东聊城小住时日，于同年12月携胞弟傅斯严（孟博）来到广州中山大学出任文科学长（后改称文学院长）暨国文、史学两系主任。

这一年，傅斯年三十一岁，正是他放洋之初对北大新潮社同人所界定的过三十岁再服务于社会的年龄。

注释：

【1】据清华大学部第七级学生卞僧慧（字伯耕）回忆说："往者先生讲史，言档案之用，尝谓：曾在湖南交涉使署工作。初至时，终日披阅档册。对外交涉，不能仅凭条文，自逞臆断。必熟于案例，事来方能举措得体，不致贻笑或偾事。"（可见卞僧慧《怀念陈寅恪先生》[未刊稿]；引自蒋天枢《陈寅恪先生传》，载《陈寅恪先生编年事辑》[增订本]，蒋天枢撰，上海古籍出版社1997年出版）

【2】辽宁读者席斌先生阅毕《陈寅恪与傅斯年》，曾给作者来信，谓：中共建政后，陈寅恪先生曾向官方提出允其不以马列学说来指导其学术研究，并蒙周恩来批准。这一说法是由陈的一位再传弟子当面告诉我的，但我在你的书中并未发现相关说明，不知何故？

对此，南在回信中略谓：陈寅恪之表示不宗奉马列主义指导学术，实为避免失去学术自由，形成思想桎梏。这是陈氏在岭南中山大学寓所内对登门拜访的早年的学生汪篯讲的。汪把这份谈话记录整理好后，回京面呈中国科学院领导人。——陈寅恪拒马列的故事到此结束，至于说周恩来批示，或毛泽东、刘少奇表态，在目前可考的文件、资料中没有看到，因而不能贸然说周恩来做了批示。至于坊间流传，亦不能作为信史采用。

另，据席斌先生说，湖南《书屋》杂志2009年第10期有一篇《"好人"还是"好官"》的文章，文末交代，谭延闿在1917年被逼辞去湖南督军之前，曾专门拨出一笔专款资助林伯渠、熊知白和陈寅恪出国留学。为防止意外，谭将该款一次性交由当时的民国驻美大使保管。此说与《陈寅恪与傅斯年》一书中所说陈氏出国系由江西省官费资助，显然有异。

根据席先生提供的线索，南查到了这篇文章，作者秦燕春，在最后一个小标题"文终，要提醒读者另外一件专门属于谭延闿的'善举'"中谓："1917年8月，在北洋政府段祺瑞凌迫之下被迫离开长沙的谭延闿，专门从湖南教育基金拨出一笔专款，用于资助当时的总务厅长林伯渠、教育司长熊知白、交涉科长陈寅恪赴美留学，每人路费四百大洋，另加每月生活费一百四十大洋。为提防后任督军到任之后资助计划无法继续，细心的谭延闿特地预付一万五千大洋给当时的驻美大使保管，确保专款专用。今世追捧陈寅恪先生才高八斗的读者应当记住谭延闿这个圆滑官僚这一善举，正是这笔款子，基本保证了陈寅恪日后留学海外多年一个学位不拿而不至于发生经济危机。"

想来作者写此文当有历史根据，只是未见注释和资料来源说明，暂以此为一说，待日后详细考证再做专题叙述吧。

【3】《吴宓自编年谱》，吴宓著，吴学昭整理，北京三联书店 1995 年出版。

【4】《吴宓自编年谱》，吴宓著，吴学昭整理，北京三联书店 1995 年出版。吴宓又有按语云："陈君后专治梵文及波斯文、阿剌伯文，等，则购书只限于专门，少而精。不同以前之办法矣。"

【5】《吴宓日记》，第一册，吴学昭整理、注释，北京三联书店 1998 年出版。

【6】冯友兰《怀念陈寅恪先生》，载《纪念陈寅恪先生诞辰百年学术论文集》，北京大学出版社 1989 年出版。

【7】《洪业传》，〔美〕陈毓贤著，台北：联经出版公司 1996 年出版。

【8】【14】【17】【22】罗家伦《元气淋漓的傅孟真》，载《傅故校长哀挽录》，台湾大学 1951 年 6 月 15 日印行。

【9】《自然〈以书为序〉》，载《傅斯年全集》，第一卷，欧阳哲生主编，湖南教育出版社 2003 年出版。

【10】傅斯年《寄新潮社诸友》，载《新潮》，第二卷第四号，1920 年 5 月 1 日。白情，指傅斯年北大同窗康白情。

【11】【13】傅斯年《留英纪行》，载北京《晨报》，1920 年 8 月 6 日、7 日。该文由傅的北大同窗徐彦之推荐发表。

【12】《胡适来往书信选》，上册，中华书局 1979 年出版。

【15】《傅斯年文物资料选辑》，王汎森、杜正胜编，傅斯年先生百龄纪念筹备会 1995 年出版。

【16】毛子水《记陈寅恪先生》，载台北《传记文学》，第十七卷第二期，1970 年 8 月。

【18】石泉、李涵《追忆先师寅恪先生》，载《纪念陈寅恪教授国际学术讨论会文集》，中山大学出版社 1989 年出版。另，文中提到的曹谷冰（1895—1977），上海高行镇人。毕业于上海同济大学，后赴德国柏林大学学习政治经济。回国后在天津《大公报》工作，历任《大公报》驻北京、南京特派员，天津、上海、汉口、重庆各分馆编辑主任、总经理等。1931年以《大公报》特派员身份赴苏联考察，发表《苏俄视察记》，后汇编成单行本。新中国成立后，为第二、三、四届全国政协委员，北京文史馆馆员。中华人民共和国成立初期，曹曾两次上书国家主席毛泽东，就财政经济问题陈述意见，毛两次亲笔复信并充分肯定其意见。此公到了八十岁高龄时，仍在身体虚弱的情况下利用通晓德语之特长，全文校译《共产党宣言》。1977 年 2 月 4 日在上海病逝，终年八十二岁。

【19】《竺可桢日记》，第三册，竺可桢著，科学出版社 1989 年出版。1954 年 1 月 28 日条。

【20】《陈流求追记》(未刊稿)，载《陈寅恪先生编年事辑》(增订本)，蒋天枢撰，上海古籍出版社1997年出版。

【21】陈封雄《卌载都成断肠史——忆寅恪叔二三事》，载《战地》，1980年第5期。

【23】《傅斯年——大气磅礴的一代学人》，岳玉玺、李泉、马亮宽著，天津人民出版社，1994年出版。

【24】《中国近代思想学术的系谱》，王汎森著，河北教育出版社2001年出版。见附录《傅斯年与陈寅恪——介绍史语所收藏的一批书信》。

【25】【41】俞大维《怀念陈寅恪先生》，载台北《中央日报》副刊，1970年3月31日。

【26】【30】【31】【38】【40】【42】罗久芳《傅斯年留学时期的九封信——纪念先父罗家伦与傅斯年先生的友谊》，载台北《当代》，第一二七期，1998年3月。

【27】邓广铭《回忆我的老师傅斯年先生》，载《傅斯年》，山东人民出版社1991年出版。

【28】赵元任、杨步伟《忆寅恪》，载台北《清华校友通讯》，新卅二期，1970年4月。

【29】【32】【33】【34】【36】《杂记赵家》，杨步伟著，辽宁教育出版社1998年出版。

【35】罗家伦《忆志摩》，载《罗家伦与张维桢》，罗久芳著，百花文艺出版社2006年出版。

【37】周作人《新潮的泡沫》，载《亦报》，1950年6月14日。

【39】《罗家伦与张维桢——我的父亲母亲》，罗久芳著，百花文艺出版社2006年出版。

【43】蒋梦麟《忆孟真》，载台北《中央日报》，1950年12月30日。以下引文同。

【44】《华盖集续编·记念刘和珍君》，载《鲁迅全集》，第三卷，人民文学出版社1981年出版。

【45】《乱世飘萍——邵飘萍和他的时代》，散木著，南方日报出版社2006年出版。

【46】《新潮》，蒋梦麟著，台北：传记文学出版社1967年出版。

【47】载《鲁迅全集》，第三卷，人民文学出版社1981年出版。

【48】《致章廷谦》(1927年7月28日)，载《鲁迅全集》，第十一卷，人民文学出版社1981年出版。

【49】【50】朱家骅《悼亡友傅孟真先生》，载台北《中央日报》，1950年12月31日。

◎ 傅斯年与鲁迅、顾颉刚的冲突

就在傅斯年欲返国而不知身归何处，心绪如焚，处于"停杯投箸不能食，拔剑四顾心茫然"之际，曾致信已至清华园的陈寅恪求法问计，陈寅恪自是为之积极活动。1926年11月16日，当清华教务长梅贻琦主动到陈宅商讨聘请中国文学教授时，陈寅恪感到机会来临了，他当即对傅斯年加以推荐。因当时没有留下陈、梅此次谈话的详细记录，梅的态度已不可知，但通过吴宓的日记可寻出一点线索。吴在当天的日记中云："梅教务长来，向寅恪商请教授。校中必欲聘傅斯年等以授中国文史，而必不肯聘柳公（南按：即吴屡荐之柳诒徵，陈寅恪的私塾老师）。不得不为本校惜，且为世局哭也。"【1】内中可见，当时的梅贻琦对傅斯年是颇感兴趣且有可能"必欲聘"的，否则，吴宓不会满怀怨恨又无可奈何地为世局一哭。不过，无论此时梅贻琦做出何种决定，都已成为马后炮了。因为就在半个月之前，傅斯年踏上香港岛之时，在南国中山大学的朱家骅已经捷足先登，将傅氏这只学界大鳄紧紧地收入网中了。

自此，清华失去了傅斯年，傅斯年失去了与陈寅恪联袂登台的机缘，他们的相会与并肩协作，以及在中国近现代学术史上创造划时代的辉煌，还要等到两年之后。

来到中山大学的傅斯年，与朱家骅一见如故，在学术见解与治校方略上，二人一拍即合。傅视朱家骅为难得的知己，以他过人的胆识、才气与霸气，主动帮助朱氏筹划校务，处理各类繁杂事宜。而朱也视傅为铁杆兄弟，放开手脚让傅在中大校园内由着性子，尽情地翻着跟头折腾。用朱家骅的话说，"孟真为人，磊落轩昂，自负才气不可一世，执笔为文，雄辞宏辩，如骏马之奔驰，箕踞放谈，怪巧瑰琦，常目空天下士。因此，有人目他为狂，也有说他是狷。狂也好，狷也好，正是他过人之处"[2]。很快增聘了如吴梅、丁山、罗常培、顾颉刚、杨振声、何思源、汪敬熙、商承祚、珂罗掘伦（南按：即高本汉，Bernhard Karlgren，1889—1978，瑞典著名汉学家）、史禄国（南按：Sergei Mikhailovich Shirokogorov，俄国人类学家）等当时的学界名流与大牌"海龟"担任教授，中山大学由此声名鹊起，威望隆盛，令全国学界为之瞩目。令人扼腕叹息的是，这样的大好局面没有维持多久，由于人事纷争而很快走向衰微。

激烈的纷争首先在鲁迅与顾颉刚、傅斯年三人之间展开。

傅斯年到中山大学后不久，鲁迅也到该校任教务主任兼中文系主任。

此前，鲁迅在北京经历了著名的"女师大风潮"，并与陈源（西滢）、徐志摩等现代评论派展开了一场混战，夹在其间的胡适也被鲁迅视为敌人而遭到一番唾骂，自此二人关系宣告破裂并逐渐恶化。直至女师大学生刘和珍等数名师生被枪杀的"三一八"惨案发生，鲁迅遭到北洋政府缉捕，不得不设法离开北京赴南方暂避。1926年8月2日，鲁迅最后一次前往女师大领取薪水，自此告别了这座浸染着他满腔激情与血泪的学府，悄然隐去。不久，鲁迅离开北京赴厦门大学任教，在女师大任教期间结识的学生加恋人许广平女士同车南下，到广州的广东省立女子师范学校任训育主任。正是由于陈源、徐志摩以及后台老板胡适等英美派"海龟"与之交锋对垒，鲁迅对胡适等留学西洋的所谓"洋绅士"，以及胡氏的弟子顾颉刚之类热衷于在研究室内搞考据的学院派人物，连同一

"三一八"惨案前后，在北京师范大学演讲的鲁迅

些跟随胡与顾的小字号"土学者"都没有好感。当鲁迅在厦门大学时，顾颉刚也受时任文科主任兼国学研究院筹备主任的林语堂之邀，辞别北大编辑员之职，阴错阳差地来到厦大任国学研究院研究教授兼国文系名誉讲师。短兵相接，鲁顾二人矛盾加深，终于演化成势不两立的寇仇。

1927年1月18日，鲁迅为改变环境与其他一些政治原因，受邀到中大就职，出任中文系主任兼教务主任。上任后的鲁迅公开以五四运动时期的北大风气作为标准要求中大师生。在一次教务会议上，他主张让学生有研究、活动和组织的自由，并特地举出北京大学的事例作为榜样，以让中大师生学习效仿。

但此时的中大不是北大，戴季陶、朱家骅等人，已经成了国民党的要人、官场上的重量级人

物，自然不吃鲁迅那一套。朱家骅由最初的防御转为战略进攻，他以强硬的姿态反击道："这里是'党校'，凡在这里做事的人，都应服从党国的决定……"[3]自此，鲁迅及其背后的支持者，与以朱家骅为代表的校方当局，围绕政治是非问题或明或暗地较起劲来，直至闹得不可收拾。

此时的傅斯年与鲁迅虽无师生之情、朋友之谊，但傅在北大办《新潮》时，曾得到过鲁迅的爱护与支持。1918年5月，在五四新文学运动浪潮冲击下，一篇署名鲁迅的小说《狂人日记》于《新青年》月刊第四卷第五号发表，此为鲁迅这一伟大名字首次在沉闷的中国出现。八个月后，在1919年2月1日出版的《新潮》第一卷第二号上，出现了一篇署名记者的《书报介绍》，向广大读者推荐《新青年》杂志和登载的作品，称"《狂人日记》用写实笔法，达寄托的（Symboism）旨趣，诚然是中国第一篇好小说"。——这位记者就是傅斯年，他对《狂人日记》的推荐文字，无意间开启了现代小说的一扇评论之门，被后世学者"看作是中国鲁迅学史的发轫"。[4]后来，傅斯年又以北大学生兼《新潮》主编的身份写信与鲁，征求意见并请其指教。向来对青年人较爱护的鲁迅回信说了几句客气话，顺便提了几条小建议，内有"《新潮》里的《雪夜》，《这也是一个人》，《是爱情还是苦痛》（起首有点小毛病），都是好的。上海的小说家梦里也没有想到过。这样下去，创作很有点希望"[5]云云。傅把双方通信在《新潮》刊出，借此抬高《新潮》的身价与威望。同年，鲁迅在给许寿裳的信中说到了《新潮》，认为"颇强人意"，所刊文章"以傅斯年作为上，罗家伦亦不弱，皆学生"。[6]正是因了这段旧故，鲁、傅之间开始时尚能面和心不和地相互忍让与和平共处，但随着顾颉刚的到来，二人的矛盾终于引爆，炸开的裂痕再也没有弥合。

傅斯年来中大后，顾氏在厦门大学任教，傅念及同窗之谊，又急于招揽人才，便请顾颉刚来中大任教，其主要任务是"办中国东方语言历史科学研究所，并谓鲁迅在彼为文科进行之障碍"[7]。意在架空鲁迅，扫除障碍。尽管此时的鲁迅对中大校务已成为"一个大傀儡"（鲁迅自喻），但毕竟还是名义上的教务主任，必须与之打个招呼才算不失体统。按傅斯年的观点，本来打招呼已算是相当的抬举了，想不到鲁迅一听让顾颉刚来中大，顿时火冒三丈，疾言厉色地道："鼻来，我就走！"（南按："鼻"即指顾，相关典故见后。）此举令傅斯年深为尴尬与不快。

1913年，傅斯年与顾颉刚同时考入北京大学预科，同住北河沿译学馆旧址工字楼，二人开始相识。这一年傅十七岁，顾二十岁。1916年，二人均入北大本科，傅入国学门，顾入哲学门。次年秋，二人同住北大西斋丙字十二号宿舍。自此，"静心研究他的哲学和古史，对人非常谦恭"的顾颉刚，开始与"大气磅礴""高谈文学革命和新文化运动"[8]的傅斯年成为好友。1917年9月，由美国哥伦比亚大学学成归来、年仅二十七岁的胡适受蔡元培之聘，出任北京大学哲学门教授，主讲西洋哲学史、英国文学、中国哲学史三门课程。作为放洋七年，又是世界级哲学大师杜威高足的胡适，讲授洋学问自

　　　　　　　　　　　　　　　第三章　南北两校园

是得心应手，但讲授中国学问却有些不同。按北大传统，中国哲学史这门课，皆由国学根底深厚的年长者加名教授担任。在胡适登台之前，此门课程由号称"两足书柜"的陈汉章主讲。据说陈氏在台上引经据典，夸夸其谈，天上地下，云山雾罩地大谈伏羲、黄帝、神农、尧、舜、禹等史影里的人物与故事，一年下来，才讲到商朝的"洪范"。胡适接课后，不管以前的课业，重新编写讲义，以一种怀疑的眼光来看待中国远古历史和古代哲学家的遗著。他在《中国哲学史大纲》（卷上）中，采用"截断众流"的方法，摒弃远古"一半神话，一半正史"的记载，在开篇《中国哲学结胎的时代》一章中，用《诗经》做时代的说明材料，抛开三皇五帝、夏、商，直接从西周行将覆灭的最后一个阶段，也就是周宣王之后讲起。如此一改，原来号称五千年历史的中华民族史迹，被拦腰截去了一半，令听讲者大为惊骇，正如时在哲学门就读的顾颉刚所说："这一改，把我们一班人充满着'三皇''五帝'的脑筋骤然作一个重大的打击，骇得一堂中舌挢而不能下。"[9]遭受了重大打击却仍自视甚高的学生们并没有就此服膺或向胡适屈从，他们认为这是大逆不道的"胡说"，于是有几个激烈分子开始鼓动闹事，琢磨如何把这位"胡说"的年轻教授赶出北大校园，让其回安徽老家找他的那个小脚太太江冬秀去。顾颉刚有些与众不同，"觉得他讲的虽是哲学，不啻讲的史学，更不啻讲的是治史学的方法。他用实验主义的态度讲学问，处处是出我意外，入我意中"——这个话是顾颉刚在几年之后说的，就当时的情形而言，恐怕他还不知所谓的"实验主义"为何物，只是后来胡适暴得大名，评论家们开始评头论足并与胡的洋老师对号入座之时，顾才晓得大洋彼岸有个叫杜威的哲学大师弄了一套号称"实验主义"的学说，于是也跟着谈起了所谓的实验主义。不过，顾颉刚当时对胡适的学说与做法感到新鲜，对其处境产生了同情之心却是实实在在的事情。

正当学生中间的激烈分子即将集众闹事，向胡适"反攻倒算"的关键时刻，满怀同情又焦急不安的顾颉刚，猛地想起了在学生中颇有领袖威望的同舍好友傅斯年，希望他能出面拉胡老师一把。于是在大体讲述了胡适讲课风格后，顾力劝傅氏前往听课，以挽狂澜于既倒。傅斯年开始以自己不是哲学系学生推托，但顾颉刚却咬住不放，并说道："你虽不是哲学系学生，又何妨去听一听呢？"傅终于接受了顾的建议，专门听了胡适的几堂课。因是有备而来，傅在课堂上曾几次以请教为名向胡发难，胡一一作答，傅斯年则步步紧逼，最后逼得胡适额头上的汗珠都滴了下来。绝顶聪明的胡适知道自己遇到了行内高手，于是咬紧牙关，拼全力挺住，始终以他那特有的微笑予以应对。胡适毕竟不是等闲之辈，面对傅斯年与一班不怀好意者的围攻，一路过关斩将，突出重围，总算是渡过了难关。

年轻的胡适在北大讲坛上站稳了脚跟并长吁一口气的同时，对台下这批学生也有了更深的了解和认识。认为这批学生尽管"年轻但是却相当成熟，而对传统学术又颇有训练"，有"几个学生的学问比我强"，其中就包括"傅斯年、顾颉刚、罗家伦等人"。[10]几十年后，胡适在自传中谈到了这场关乎他人生命运的考验，并再次深情地回忆说："那时北大中国哲学系的学生都感觉一个新的留学生叫做胡适之的，居然大胆地想纹断中国的哲学史；因为原来讲哲学史的先生们，讲了两年才讲到商朝，而胡适之一来就把商朝以前的割断，从西周晚年东周说起。这一班学生们都说这是思想造反；这样的人怎么配来讲授呢？那时候，孟真在学校中已经是一个力量。那些学生们就请他去听听我的课，看看是不是应该赶走。他听了几天以后，就告诉同学们说：'这个人书虽然读得不多，但他走的这一条路是对的。你们不能闹。'我这个二十几岁的留学生，在北京大学教书，面对着一般思想成熟的学生，没有引起风波；过了十几年以后，才晓得是孟真暗地里做了我的保护人。"【11】

傅斯年不仅做了胡适的保护人，自此之后，同顾颉刚一样，对胡氏的治学路数与学术思想由认可渐渐变为倾慕佩服。未过一年，傅不惜背叛要传他衣钵的指导老师黄侃，毅然决然地转向了胡适，投入到新文化阵营中来，和胡适等人一起与黄侃等传统派展开了决战。如顾颉刚所说："料想不到我竟把傅斯年引进了胡适的路子上去，后来竟办起《新潮》来，成为《新青年》的得力助手。"【12】

北大毕业后，傅斯年留学欧洲，顾颉刚则留在北大一边从胡适治学，一边在沈兼士把持的北大研究所国学门任编辑员，同时开始了古史辨伪工作。这项工作很快取得了超乎寻常的成功，傅斯年在来信中，有顾氏在古史研究领域"称王了"的赞誉。【13】几年后，由柏林归国并在中山大学得势的傅斯年，念及旧情，想拉同窗好友顾颉刚加入自己的圈子，本属人之常情，想不到中间猛地杀出了一个程咬金式的重量级人物——鲁迅，横在二人的面前，使其进退不得，大感为难。【14】

五四运动之后，胡适因提倡白话文暴得大名，为北大浙江派所深忌。而顾颉刚又唯胡适马首是瞻，且甘愿鞍前马后地为之辅佐，为胡适考证《红楼梦》觅得许多文字资料，助长其气焰，自此引起了鲁迅的不快。当然，若事情仅限于此，仍不能成为恨之入骨的寇仇。鲁迅之所以对顾颉刚表现出极度强烈的憎恶，除了其跟随胡适等"洋绅士"鞍前马后地效劳外，还有一个致命的情结就是著名的"盐谷一案"。当鲁迅、胡适、顾颉刚等人皆在北京时，有人揭露说鲁迅著的《中国小说史略》是"窃取日本学者盐谷温的《支那文学概论讲话》"，顾颉刚亦持此观点，并与北大西语系教授陈源谈及此事。原本就与浙江派对立，对鲁迅不感冒的陈氏一听，立感奇货可居，正是攻击鲁迅的炮弹，于是迅速写就揭发信一封，由同一阵营的徐志摩编辑发表于1926年1月30日《晨报副刊》。按学术界的规矩，若某人被公开指责"抄袭"或"剽窃"别人的学术成果，可谓奇耻大辱，比夜进民宅抢劫盗窃还要令人不屑与愤慨。假若事情成真，此人立马斯文扫地，成为人人喊打的过街老鼠，事业前途皆无希望。（南按：21世纪初，北大王铭铭"剽窃"事件即其一显例。）因而，疑心甚重又疾恶如仇的鲁迅看到陈源的公开信后，反应异常激烈，立即写了《不是信》的长文予以反驳。【15】围绕这一"疑案"，鲁、陈之间再度展开了一场论战。就在这场论战中，鲁迅对陈源、徐志摩，还有躲在背后撑腰的胡适（南按：鲁迅这样认为）怀恨在心，同时与他认为的"阴谋家"顾颉刚也结下了不共戴天之仇。因顾颉刚的鼻头微红，鲁迅在书信中便以"鼻"相代称，内含讽谑蔑视之意。面对鲁迅的态度，同样尊胡适为导师并深受胡适喜爱的傅斯年，此时对鲁迅的看法也早已今非昔比了。就在傅斯年准备由柏林归国时，在与罗家伦的通信中，谈到陈源（字通伯，笔名西滢）主编的《现代评论》时，曾说过这样一段话："通伯与两个周实有共同处。盖尖酸刻薄四字，通伯得其尖薄（轻薄尖利），大周二周得其酸刻，二人之酸可无待言。启明亦刻，二人皆山中千家村之学究（吴学究之义），非你们 damned 绍兴人莫办也。仆虽不才，尚是中原人物，于此辈吴侬，实甚不敬之。他们有些才是不消说的。"[16] 信中的大周指鲁迅，二周与启明皆指周作人，傅斯年明确表示了自己不再敬佩周氏兄弟并有些鄙视的意味。这个与《新潮》时代大不同的转变，说明鲁迅在他的眼中已不再是五四时期的鲁迅了。

因而，在劝说无效的情况下，傅斯年火气大发，索性将鲁迅晾在一边。同时傅斯年说服朱家骅和顾孟余并得到支持，于1927年3月不顾鲁迅的强烈反对，硬是把顾颉刚请进了中山大学校园。鲁迅一看这情形，顿觉失了面子，同时深感自己在中山大学真的是大势已去，于是立即向校方提出辞职并移居白云楼以示要挟。傅斯年一看鲁迅果真以大腕的姿态摆起谱来，甚为恼怒，心想人人言说江南多才子，但不要忘记天下所有的才子都是孔家老二的徒子徒孙，自己不但"尚是中原人物"，还是齐鲁人氏，当是正宗的圣人之后。面对江南才子或曰"绍兴师爷"如此撒娇施横，身为圣人之后的梁山好汉又何惧哉？于是，傅斯年也"以其人之道"当场向朱家骅提出撂挑子甩手走人，中大的事从此不再过问。顾颉刚面对这般险恶的局势，自然不能不有所表示，同样宣布辞职走人，不再于这堆烂泥里插杠子搅和。校方见事情纷乱，左右为难，索性来个和稀泥的办法，让学生开会自行选择，哪一位该走该留，全由学生决断。想不到学生们开会后认为三人均是不可多得的重量级学界大腕儿，一个都不能少。眼见和稀泥的策略落空，主持校务的朱家骅只好硬着头皮出面调停并表示"挽留"，同时想出调和的办法，委派顾颉刚到江浙一带为学校图书馆购置图书以示让步。鲁迅仍然火气十足，不依不饶，声言鲁、顾决不两立，非此即彼，无半点调和的余地。在写给友人的信中，鲁迅愤愤地道："我到此只三月，竟做了一个大傀儡。傅斯年我初见，先前竟想不到是这样人。当红鼻到此时，我便走了；而傅大写其信，给我，说他已有补救法，即使鼻赴京买书，不在校。现在他们还在挽留我，当然无效，我是不走回头路的。"[17]

双方经过一番混战，鲁迅去意已决，1927年7月，鲁迅辞去中山大学的教职，在白云楼整理旧稿件，许广平也入住该楼，协助鲁迅工作。同年9月27日，鲁迅偕恋人身份的许广平离开广州，10月3日抵达上海，寓共和旅馆。10月8日，移入横滨路景云里二十三号，自此二人开始了公开的同居生活。

鲁迅满含悲愤地走了，顾颉刚最终留了下来。

1927 年 10 月，顾氏结束了出外购书的工作重返中山大学，出任历史系教授、主任，兼任图书馆中文部主任，主持整理他新近购回的 12 万册图书，一时大有虎啸山林、龙潜深渊之感。顾氏"念鲁迅攻击我时他们帮助的好意"[18]，与朱家骅、傅斯年配合默契，一面教学一面继续做自己的研究，同时开辟了民俗学研究等新领域。不久，傅斯年与顾颉刚在中山大学共同创建语言历史研究所，出版研究所周刊，购置图书资料，招收研究生，确定了研究宗旨。按傅斯年的说法，现代的历史学、语言学与传统的学术有根本的区别，如果使用新方法，研究新材料，就可以把语言历史学建设得如同生物学、地质学一样，成为一门新的学科。

1927 年 9 月 11 日，中山大学任教的鲁迅与许广平（中）、中山大学图书管理员蒋径三（右）于广州艳芳照相馆留影

在此前的 5 月 9 日，国民党中央政治会议决定设立中央研究院筹备处，隶属于中华民国大学院。其时蔡元培已从欧洲考察归国，正式辞去北大校长职，此后出任国民政府大学院院长。在蔡氏和中央研究院筹备处总干事杨杏佛的筹划下，聘请了筹备委员 30 余人，傅斯年、顾颉刚均在其内。但这时的中央研究院只设了与国计民生有直接紧迫关系的理化实业、社会科学、地质、观象台等四个研究所。聘请的筹备委员有胡适（社科）、李济（地质）、傅斯年（心理学）等，当时既无历史学、语言学或考古学的研究所，更无"历史语言研究所"的立项打算。但霸气十足，"目空天下士"的傅斯年经过一番权衡认为，既然是中央研究院，就应该有文史方面的学科加入，否则将有失偏颇，于是开始召集"一部分热心文史学的先进"，以"历史语言研究的特别重要""现代的历史学与语言学科是科学"等说辞，凭着北大时代与蔡元培校长结下的良好关系，对蔡氏与杨杏佛等几位决策人物展开游说攻势，[19]声称可"借用在广州语言历史研究所已成就及将建设者，以成中央研究院之语言历史研究所"云云。[20]傅斯年毕竟是傅斯年，以他特殊的魅力和超人的智能加霸气，终于迫使蔡元培与杨杏佛就范，"无中生有"[21]地又繁衍出一个社会科学方面的研究所。正如傅自己所言："这一努力显然是很快地成功了。"[22]

1928 年 3 月底，中央研究院筹备委员会一致通过，"因历史语言研究之重要，决设历史语言研究所于广州，委任傅斯年与顾颉刚、杨振声为常务筹备委员"[23]，以傅斯年为掌门人。如此顺利地取得成功，令神通广大的胡适都感到有些意外，因而戏称傅氏

蔡元培任国立中央研究院院长特任状

"狡兔二窟"。[24]

1928 年 4 月，国民政府决定改中华民国大学院中央研究院为国立中央研究院，成一独立学术机关，任命蔡元培为中央研究院院长，杨杏佛任总干事。下设各研究所及首任所长如下：地质所李四光，天文所高鲁，气象所竺可桢，物理所丁燮林（后改名丁西林），化学所王进，工程所周仁，社会科学所杨端六。

1928 年 10 月 22 日，中央研究院历史语言研究所正式宣告成立，所址设在广州东山柏园。与此同时，傅斯年辞去中山大学教职，应聘出任历史语言研究所所长，从此迎来了"开辟史学新天地"的伟大时代。

也就在这个时候，傅斯年与顾颉刚的缘分已尽，二人关系开始出现裂痕。

◎ 由同窗到寇仇

傅顾二人的矛盾表面上没有特殊的标志性事件供后人评断，据顾颉刚的女儿顾潮说，主要原因是两人的性格、志向不同。顾与傅在北大同窗时，谈及各人的理想与志向，顾谓最强乃知识欲，傅谓最强者乃政治欲。两人都有刚强的性格，傅斯年博学多才，极具办事才干，甚欲在学术界成为领袖人物，做出一番轰轰烈烈的大事业。但他脾气暴躁，霸气十足，在各个方面想把顾氏压服，听命自己的调遣。而顾颉刚则倾心自己的学问，生性倔强，不吃傅斯年那一套，曾声言"只能做自己愿意做的事情而不能听从任何人的指挥的"[25]。于是二人关系越来越僵，终于酿成了不能合作之局。按台湾学者杜正胜的说法，傅与顾的最终决裂，可能有个性因素，可能也有"瑜亮情结"，但更重要的恐怕还是两人对学术发展方向的歧异。[26]傅斯年之所以在柏林留学的最后阶段决定"弄史学"，就是深受顾颉刚搞《古史辨》并暴得大名的刺激。此前罗家伦、姚从吾曾对傅戏言道："以他（南按：指顾颉刚）所据的地位在中央的原故，终不能不臣于他。"[27]正是傅不愿向顾"称臣"，遂下决心要跳出"顾氏王国"的阴影，"动手动脚找材料"，以新的科学研究方法"开辟史学的新天地"。这个想法早在他乘船归国，于大洋中漂行时便形成了。对此，顾颉刚也有些察觉，并谓："傅在欧日久，甚欲步法国汉学之后，且与之决胜，故其旨在提高。"[28]顾氏的感觉是符合傅斯年当时的内心和实际情形的。

当傅氏从欧洲归国时，他自许自己的学术境界已超越了顾颉刚，对于传统学术更不在话下。此时的傅斯年心中只有一个目标要克服和超越，那就是欧洲的"汉学"。正如1928年傅给胡适信中报告史语所"业已筹备"时所说："实斯年等实现理想之奋斗，为中国而豪外国，必黾勉匍匐而赴之。现在不吹，我等自信两年之后，必有可观。"【29】如此高远的理想与志向，自然就注定了傅斯年与顾颉刚的联合是暂时的，而决裂与开打才是二人不可避免的宿命。

1928年春，心情郁闷的顾颉刚正好收到了燕京大学的聘书，便以学问做不下去，想换个环境为由，向中山大学校方提出辞职，要到别处去寻找一个"把所有的时间供我从容地研究"【30】的地方。傅斯年一看这番阵势，认为顾颉刚不识抬举，故意拆自己的台，给自己难堪，盛怒之下竟扬起自己特有的"大炮"性格，责备顾颉刚"忘恩负义"【31】，放出了"你若脱离中大，我便到处毁坏你，使得你无处去"【32】之类失态和伤感情的话语炮弹。顾颉刚闻听，既愤怒又伤心，心想你傅斯年虽是一学界大鳄，具有呼风唤雨的超凡天才，但霸气再大，能力再强，毕竟不能一手遮天。傅氏不是如来佛，自己也不是孙悟空，你越叫喊着让我无处可去，我偏一个跟头跳出你的手掌心，找个去处给你看看。顾颉刚想到此处，遂坚定了离去的决心，并深信"如果能构成我理想中之作品，一定抵得过种种毁坏的损失"【33】。恰在此时，顾收到了中央研究院寄来的聘书，请他与傅斯年、杨振声共同筹备历史语言研究所。顾认为在研究所可做些自己乐意做的学问，乃辞掉燕大之聘，暂时留下以待后续。但这时的顾颉刚产生了一个错觉，他认为既然自己成为筹备中央研究院历史语言研究所三名委员之一，或许能控制该所的方向与命运，一旦自己掌控了这个研究所的前途，自然是不屑与傅斯年这个"二杆子"式人物共事的，但看在傅氏为此奔波忙碌，整日拖着肥胖的身子气喘吁吁、大汗淋漓的分儿上，索性划分一块地盘让其独自经营，以示报答，而史语所的大本营则由自己，另外再拉上一个胡适共同掌控。

胡适自从1926年7月以英庚款咨询委员会委员的身份赴欧洲考察后，于第二年5月方从美国、日本转道回上海定居，直到三年半之后，即1930年11月28日才重返北伐成功后的北平，重执北大教鞭。

顾颉刚把自己心中的计划向时在上海的胡适做了透露，"最好，北伐成功，中央研究院的语言历史学研究所搬到北京，由先生和我经营其事，孟真则在广州设一研究分所，南北相呼应"【34】，等等。此信正如台北研究者杜正胜所说：顾颉刚"对傅斯年的规划似乎一无概念，对胡适在傅斯年的学术中的地位也相当模糊"【35】。不仅如此，无论从哪方面看，顾颉刚做如此构想都是一个大忌，或者说是点燃了一枚危险的炸弹，此事显然已背离了为人处世光明磊落的基本原则。顾颉刚没有明白，或曰糊涂中揣着明白，这个"无中生有"的研究所，主要是凭借傅斯年的霸气与才气加天才的办事能力，才迫使老校长蔡元培批准并鸣锣开张的，这里面更多包含着蔡元培对傅斯年而不是对顾颉刚的信任。确切地说，这块研究所的牌子是傅斯年从中央研究院费心尽力地扛到广州的。顾氏所为，假如让傅得知，其情形自可预料。顾颉刚当然也深知其中的利害得失，所以特地叮嘱胡适不要把信的内容透露给对方。但出乎意料的是，此时的胡适在感情与学术认同上，已由原来偏向于顾氏转向了傅斯年，并对顾公开说过"我不疑古了，要信古了"【36】的话。这是一个非常明显的信号，顾颉刚虽感到"惊骇"，但没有想到胡适竟转变得如此之快和彻底。此时的胡适对顾出此策略内心是何种感受，外界不得而知，所知的是傅斯年借出差的机会到上海胡家拜访，向来以和稀泥、捣糨糊之法处理人际关系的胡老师，竟不顾当事人顾颉刚的再三叮嘱，径自把信的内容透露给了傅斯年。傅闻讯大怒，咬牙切齿地把顾颉刚视为寇仇，二人在感情上彻底决裂。接下来，带有火药味的肉搏也就不可避免了。

据顾颉刚女儿顾潮说，当傅、顾、杨三人在中山大学某室商量筹备中央研究院史语所时，"傅斯年与父亲两人各有一番设想：傅氏在欧洲 7 年，甚欲步法国汉学之后尘，且与之争胜，故其旨在提高。父亲以为欲与人争胜，非一二人独特之钻研可成，必先培育一批人，积叠无数材料加以整理，然后此一二人者方有所凭借。两人意见不同，而傅氏脾气暴躁，不免有家长作风，父亲亦生性倔强，不能受其压服，于是两人始破口相骂，幸赖杨振声等人劝解而止"【37】。

面对这一恶劣情形，顾颉刚在给胡适的信中抱怨道："孟真对于我的裂痕已无法弥缝，差不多看我似叛党似的。"【38】到了这个时候，胡适只好以导师兼朋友的双重身份出面为二人调停，并劝顾颉刚不要因骄傲树敌。而顾氏可能已感觉到胡适此前并未践守为自己保守秘密的诺言，遂心生怨恨，不再听这位导师的啰唆，胡适的和稀泥调解宣告失败。顾颉刚在 1928 年 8 月 20 日给胡适的信中说道："我自己觉得傲则有之，骄则未也。……所以这两年来树的敌虽多，但我自己心无愧怍，则亦听之而已。（我树的敌人可以分作两种，一种是妒忌我，一种是想征服我，这两种都是没法避免的。我不能求悦人而自暴自弃，迁就了别人的标准。我自己不愿压迫人家，也不愿人家来压迫我。如有人想要压迫，当然反抗。此其所以结怨而心无愧怍也。）"【39】此处所说的"征服"与"压迫"，自然是指傅斯年的所作所为。而傅斯年越想征服，顾颉刚越竭力反抗，并坚定地表示："我决不愿把身子卖给任何人。我决不能为了同党的缘故而把自己的前程牺牲了。"【40】

到了此时，顾颉刚还未明白，由于他在太岁头上动土的轻举妄动，满身霸气的傅斯年不是"差不多"，而是确切地把他视作乱臣叛党了。顾氏提出的先培育一批人再由一二学者研究的主张，固然与傅斯年原有的设想不合，但敏感的傅斯年同时也有了顾氏想借此培植私人势力的警惕，言语相激中才有了双方开骂、几欲肉搏的场面。在傅斯年的心中，顾颉刚总在想方设法地把史语所变成他的独立地盘，以实现全权掌控、做山大王的野心。1928年10月6日，傅斯年在致清华大学冯友兰、罗家伦、杨振声等三人的信中道：

> 金甫竟这样恼了吗？一去一字不来。如果是我骂的，不知"其词若有憾，其实乃心喜之"也！报上看见诸兄弘谟，不知清华何修得此？岭表孤臣，不尽倾慕！
>
> 我们（你们都在内，北平话'咱们的'inclusive）的研究所，以我暑假在此之拼命，经费、设备、接洽工作等，俱有成就了。北平未去，实不敢去也。怕得自己未组织好，辛辛苦苦的为人吞了也。如果人是肯工作的，不把些不相干的大大小小满安着，奉送之不暇，何用此怕？此实为事业怕耳！幸元任、寅恪、半农，皆亟欲晤者，均于此快晤之矣！[41]

此时，杨振声因感到与傅的性格和顾颉刚的做学问理念有异，同时又觉得两姑之间难为妇，已弃广州到清华任教。傅信中"其词若有憾"，显然是有道歉之意，二人后来一直作为朋友相处。但后面所说的怕"为人吞了"，当是指顾颉刚无疑。所谓"满着"等语，自然包括顾给胡适密信中所说的要在北平办所之隐情，可见傅对顾的忌恨之情一直萦绕于心头。既然双方都有了如此之异心，只有分道扬镳的结局。顾决定退出史语所，把挑子扔给傅斯年。当中研院史语所正式宣告成立时，顾颉刚没有出席成立大会。这次事件，宣告了傅、顾之间同窗之谊与十几年密友关系的破裂。

1929年2月，顾颉刚趁戴季陶、朱家骅不在校之机，携眷悄然离开广州返回北平。同年7月28日，顾分别致信戴朱二人，正式辞却中山大学教职，谓："在薪金上，在地位上，我在燕大所居都比中大为低，但是我本不计较这些，我所计较者只在生活上安定与学问进步。燕大既在北平乡间，甚为僻静，又一星期只有三小时功课，不担任事务，我可以依我六年前所定的计划，将应读的书读着，应研究的学问研究着。我无所爱于燕京大学，我所爱的是自己的学业。"[42]同年9月，顾终于应燕京大学之聘，出任历史系教授、国学研究所导师及学术会议委员。1930年10月13日，顾颉刚致书中山大学文史两系同学，表达其恋恋不舍之情。同时对广东人"有信仰、肯干、肯吃苦"的精神给予了高度赞扬，认为："这是无论做什么事情的基本要件，而不幸长江、

顾颉刚在书房工作

黄河两流域的人都缺少了它，使得具有这种精神的我在这敷衍因循的社会中成了一个特殊的人，旁人都笑我，而我则以之自傲。但到了广东以后，我就觉得此道不孤，我明白广东人的势力所以远被的缘故，我祝颂广东能成为将来的文化中心。"信中，顾颉刚对自己离开广东另择燕大做了诚挚的解释："这个学校固然是教会立的，但因设在北平，吸着文化中心的空气，故思想比较自由。他们与哈佛大学合办的国学研究所，经费更为稳固。又有前辈先生主持，用不着我去担负事务的责任。"【43】自此，顾颉刚彻底脱离了中大，中大失去了顾颉刚。而傅顾二人天南地北，时聚时散，却是咫尺天涯，互不提携，终生再也没有一起共事。后来，傅斯年接替胡适在北大办文科研究所，曾想与顾颉刚重续旧缘，聘顾氏为北大研究所教授，但顾表示坚决不重做冯妇，再为傅氏驱使，以免遭到压迫与征服的耻辱。傅斯年因失了面子甚觉恼火，再度暴跳起来，并写信挖苦顾颉刚："燕京有何可恋，岂先为亡国之准备乎？"顾颉刚阅信后则漠然置之，在日记上反讽曰："我入燕京为功为罪，百年之后自有公评，不必辩也。中国学校聘外国教员亦多，岂此外国教员亦为作亡国之准备乎？"【44】

顾颉刚出走后，作为中央研究院史语所所长的傅斯年，开始以他的霸气与超人的办事才能，四处网罗人才，并把目光投向了清华国学研究院陈寅恪、赵元任两位导师身上。

◎ 陈寅恪进清华的背后隐秘

当傅斯年敏锐的目光投向北方的时候，清华研究院"四大导师"中的王国维已跳湖自尽，梁启超的生命之灯即将熄灭，赵元任正张罗着出国讲学，只有陈寅恪独木苦撑，研究院已成风雨飘摇、大厦将倾之势。

1925年6月15日，清华校长曹云祥正式宣布研究院教职员名单：

> 教授王国维、梁启超、赵元任、陈寅恪；
> 讲师李济；
> 助教陆维钊（同年9月辞职，由赵万里接任）、梁廷灿、章昭煌；
> 主任吴宓；
> 事务员卫士生，助理员周光午。

如此精简干练的教职员阵营，颇为校内外同人称赞，向来木讷寡言的王国维更感欣喜，谓正合他早年关于治校之论述："一校之中实行教授之人多，而名为管理之人少，则一校之成绩必可观矣。"【45】可惜的是，王氏此言，在日后的清华乃至全国教育界被视为歪理邪说而无情地抛之于九霄云外，代之而起的是掌控校园的官僚与管理服务人员多于教授几倍的混乱局面。在这样的局面之下，其教育质量与人才的培养也就可想而知了。或许这也就是大师之后再无大师的根本原因吧。

关于清华园横空出世的"四大教授"或"四大导师"的称号最先由谁呼起，后来的研究者已难考证，据赵元任的夫人杨步伟回忆道："上次刘寿民先生来还笑我说四大教授的名称，但是这个称呼不是我们自诩的，这实在是张找元任时信上如此说，第一次见面也如此说，而校长曹云祥开会时也如此称呼的，刘先生或忘了，或没听见过。其实正式的名称是四位导师，其余的都是讲师或助教……"【46】杨氏的回忆应当是可信的，她所说的张，即张仲述，也就是时任清华教务长的张彭春。"四大"的名称当是清华校内高层首先呼出，而后逐渐为社会所接纳默认的。

不过，在"四大"之中，只有赵元任一人怀揣美国哈佛大学博士学位证书，而王、梁、陈等三位，均无博士、硕士头衔，甚至连学士学位也未拿到。梁启超的"文学博士"称号，则是他到了清华国学研究院任教之后由美国耶鲁大学赠予的。尽管头上没有金光闪闪的博士帽子，但三位学贯中西，思想、学问博大精深，堪称当之无愧的学术大师。陈寅恪放洋十六载，于哈佛、柏林等美国、欧洲名校转过一遍，终未能揣一张博士文凭回来，完全是为求知而读书。清华校方为聘请"四大导师"来校任教，可谓不遗余力，其中一个被后世广为称道的鲜明特点是，重视真才实学，不慕虚名，不轻信文凭云云。后来有对大学制度不满者，总好拿此例说事儿，以此证明当年的清华领导人是何等伟大英明，高瞻远瞩。其实外界多有不知，陈寅恪进入清华的内情显然没有如此简单，真相比流传的美妙故事要曲折复杂和艰难得多。

1925年，清华国学研究院教师合影，时陈寅恪尚未到校。前排左起：讲师李济，教授王国维、梁启超、赵元任；后排左起：章昭煌、陆维钊、梁廷灿（摘自《清华年刊》，1925年第26期）

从《吴宓日记》中可以看到，陈寅恪到清华国学研究院出任导师，首先得益于时为筹备处主任的吴宓推荐。在得到允许后，1925年2月16日，吴以曹云祥校长的名义致电柏林。陈寅恪接电后有过迟疑，后决定就聘，但言不能即刻到校。据《吴宓日记》4月27日载："陈寅恪复信来。（一）须多购书。（二）家务，不即就聘。"为此，吴宓曾感慨道："介绍陈来，费尽力气，而犹迟惑。难哉！"于是，吴再致电陈寅恪加以劝说。此后，吴、陈之间电报频传，往复协商。6月25日，吴在日记中又出现了"晨接陈寅恪函，就本校之聘，但明春到校"之语。同年8月14日，吴宓再记道："陈寅恪有函来，购书殊多且难。"[47]面对陈提出的种种困难，吴宓几次面谒校长曹云祥，请求设法予以资助，最后曹校长总算同意预支薪金数千元，兑成美金汇至柏林。陈寅恪得款并料理一切事务后，才于同年12月18日携俞大维的宝贝儿子俞扬和由马赛起程回国，直到次年7月8日方到清华园。

据云，除陈寅恪外，吴宓还向曹云祥荐介了柳诒徵、张尔田两位前辈和汤用彤、楼光来等几位哈佛同学，几人皆学界名流俊杰。但作为研究院主任的吴宓，并无人事决定权，因校长曹云祥这一关未能通过，其结果便皆成梦中之花，不了了之。

为什么荐陈寅恪来清华令吴氏深感"费尽力气"与"难哉"？其中最根本的一个原因就是陈寅恪放洋十数载而未得到一顶硕士或博士帽子。正是缺少了这几顶象征学问层次阶梯的高帽，才让好友吴宓"费尽力气"。假如陈氏有一顶博士帽子戴在头上，清华聘请之事就顺得多，至少无须举荐者多费口舌与力气。王国维与梁启超二人由于其本身的资历与在学术界光照日月的声名，另当别论。而与陈几乎同时就聘的导师赵元任和讲师李济都是极好的例子。由于赵李二人皆为美国哈佛大学博士，且在国内学术界有了一定的名声，故曹云祥很快拍板定案，荐举者仿佛是异乎寻常的轻松。为什么吴宓在"费尽力气"之后终于让陈寅恪走进了清华园，而同时荐举的其他几位学界大腕却名落孙山？这就涉及王国维与梁启超同心协力的相助了。

据清华研究院第三届学生蓝文徵回忆说，梁启超曾亲自向校长曹云祥面荐过陈寅恪，当时的情形是"曹说：'他是哪一国博士？'梁答：'他不是学士，也不是博士。'曹又问：'他有没有著作？'梁答：'也没有著作。'曹说：'既不是博士，又没有著作，这就难了！'梁先生气了，说：'我梁某也没有博士学位，著作算是等身了，但总共还不如陈先生寥寥数百字有价值，好吧！你不请，就让他在国外吧！'接着梁先生提出了柏林大学、巴黎大学几位名教授对陈先生的推誉。曹一听，既然外国人都推崇，就请。"[48]——这就是当年令天下学界为之震动，被后世广为流传并影响深远的清华国学研究院"四大导师"之一陈寅恪的入校经过。

这段妙趣横生的"梁曹对"，是蓝的再传弟子陈哲三记录的，内中是否添加了枝节不得而知，但蓝文徵本人曾在《清华大学国学研究院始末》文中言及："梁先生以陈寅恪先生于欧洲诸国语文及梵文、巴利文、蒙、藏、满文等修养极深，提请校方聘为导师，时陈先生正在欧洲，明年五月始到校。"【49】结合吴宓的日记看，这话大体是不差的。

得益于陈寅恪家族在晚清社会的特殊背景与影响，清华国学研究院的王、梁、赵等三大导师，都与陈家有着一段交往渊源。江苏阳湖的赵元任家族虽与陈家无直接瓜葛，但赵的夫人杨步伟家族却与陈家属于旧识；而王国维与梁启超皆陈家旧识并私谊甚笃。王国维与陈寅恪均受过晚清大学者沈曾植（1850—1922）的指导与影响。沈是浙江嘉兴人，光绪六年（1880）进士，历任刑部主事、郎中，江西广信知府，总理衙门章京，安徽提学使、署布政使。光绪二十一年，沈与康有为等开强学会于京师，主张维新，曾受湖广总督张之洞聘主讲两湖书院，清亡后为遗老，寓居上海。此人学识渊博，智知超群，早年通汉宋儒学、文字音韵，中年治刑律，治辽金元史、西北南洋地理，研究佛学。同时又探研明心经世之学，提倡学习西欧科学知识，以利中国维新事业，曾有《蒙古源流笺证》《元秘史笺注》等学术著作几十种传世。1915年，王国维经古文字学家罗振玉引识沈曾植，后二人情谊甚笃。沈氏为陈寅恪父执，与陈三立酬唱密契，吟诗作赋，为儒林称道，二人共为"同光体"诗派领袖。作为晚辈的陈寅恪对沈氏学问、人格极为崇敬，在国内的几年，不时向其求教问难。陈寅恪后来从事梵文、西北史地、蒙古史研究，并取得卓越成果，与沈氏的影响颇有关系。正是通过一代大儒沈曾植的引荐，王国维与陈家父子两代相识相交并成为好友。陈寅恪游学巴黎时，曾专程拜访过法国著名汉学家伯希和（Paul Pelliot），其引介之人就是王国维。【50】

梁启超不仅是陈家旧识，且与陈寅恪祖父宝箴、父亲三立、长兄衡恪祖孙三代交谊笃厚。前文已述，光绪二十三年（1897），也就是戊戌（1898）变法的前一年，已有才名的梁启超受湖南巡抚陈宝箴与助手陈三立之聘，出任长沙时务学堂中文总教习。从此，梁氏与陈家结交，并有机会对祖籍义宁陈氏的家学有所了解并深为推崇。1924年，梁启超夫人李蕙仙去世，葬于北京香山卧佛寺东面小山，梁启超曾想让陈三立为之书写墓碑碑文，后因故作罢。

正因为陈寅恪与王梁二人有如此渊源和交情，才有了二人助陈寅恪来清华国学研究院任教的一段奇缘佳话。

据陈寅恪的侄子陈封怀（南按：陈衡恪次子）回忆说："那时，我正在金陵大学农学院就读，他（南按：指寅恪）送了我一册原文本的《莎士比亚集》，据说是他以前在英国读过的。里面每个剧本后面都写有他的评语。在那时，我们叔侄二人

梁启超丁酉（1897）赠陈宝箴扇面，题款"同客上海"。此为梁、陈友谊的见证（摘自陈小从《图说义宁陈氏》）

经常谈论欧洲各国的历史及文学等。他在欧洲，特别是对英、德、法语言文字学术，有了深入的理解。他在这三个国家得了三个学士学位。"[51]陈封怀此说恐怕不确，至今没有证据说明陈寅恪曾得到过三个学位。而梁启超所言当是不虚，陈寅恪留洋十几载，的确既不是学士，也不是博士。但著作等身的梁任公又凭什么说自己所有的著述加起来不如陈氏寥寥数百字有价值呢？除了客套与自谦外，总要有一点凭证，否则就成为胡言乱语，曹云祥也不会轻易相信。那么梁启超说的这几百字到底是指什么呢？这便是陈寅恪于1923年在柏林求学期间，写给其妹的一封书信。信中云：

> 我前见中国报纸告白，商务印书馆重印日本刻大藏经出售，其预约券价约四五百圆。他日恐不易得，即有，恐价亦更贵。不知何处能代我筹借一笔款，为购此书。因我现必需之书甚多，总价约万金。最要者即西藏文正续藏两部，及日本印中文正续大藏，其他零星字典及西洋类书百种而已……我今学藏文甚有兴趣，因藏文与中文，系同一系文字。如梵文之与希腊、拉丁及英、俄、德、法等之同属一系。以此之故，音韵训诂上，大有发明。因藏文数千年已用梵音字母拼写，其变迁源流，较中文为明显。如以西洋语言科学之法，为中藏文比较之学，则成效当较乾嘉诸老更上一层。然此非我注意也。我所注意者有二：一历史（唐史西夏），西藏即吐蕃，藏文之关系不待言。一佛教，大乘经典，印度极少，新疆出土者亦零碎。及小乘律之类，与佛教史有关者多。中国所译，又颇难解。我偶取《金刚经》对勘一过，其注解自晋唐起至俞曲园止，其间数十百家，误解不知其数。我以为除印度西域外国人外，中国人则晋朝唐朝和尚能通梵文，当能得正确之解，其余多是望文生义，不足道也。隋智者大师天台宗之祖师，其解悉檀二字，错得可笑（见《法华玄义》）。好在台宗乃儒家五经正义二疏之体，说佛经，与禅宗之自成一派，与印度无关者相同，亦不要紧也。（禅宗自谓由迦叶传心，系据护法因缘传。现此书已证明为伪造，达摩之说我甚疑之。）旧藏文即一时不能得，中国大藏，吾颇不欲失此机会，惟无可如何耳。又蒙古满洲回文书，我皆欲得。可寄此函至北京，如北京有满蒙回藏文书，价廉者，请大哥五哥代我收购，久后恐益难得矣。[52]

很显然，这封书信除了要求购书外，更多是在谈论学术，所涉内容之深奥广博，若不专门研习此项学问者，难知其所言与所以言。这封书信被当时主持《学衡》杂志的吴宓得知，于这年8月的第二十期以《与妹书》为题刊载，梁启超就是通过《学衡》看到了这封信，并为陈氏之博学倾倒，于是便有了一年之后清华园著名的"梁曹对"。正是由于这次对话，加之王国维从旁助力，没有片纸学位和一项学历帽子的陈寅恪才以导师的资格踏进了风景秀丽的水木清华，开始了悠悠四十载传道、授业、解惑的"师者"生涯。

没有博士帽子而以导师的身份从容登上清华讲坛的陈寅恪，立即引起了学界的广泛瞩目，坊间多有羡慕、赞颂、追捧者，不明就里的后辈学人也多有"以古观今"，论及大学门槛之难进，当权者只看学历证书而不观受聘者本人之学问如何者。据陈寅恪的侄子陈封雄（南按：陈衡恪三子）说，抗日战争后期，已迁往成都的燕京大学请陈寅恪担任历史系教授，他护送六叔一家由重庆前往成都就职。到校后，叔侄二人谈起欧美教育来。封雄好奇又不解地问："您在国外留学十几年，为什么没有得个博士学位？"陈答："考博士并不难，但两三年内被一个专题束缚住，就没有时间学其他知识了。只要能学到知识，有无学位并不重要。"后来，陈封雄半信半疑地向自己的姑夫俞大维提起此事，俞说："他的想法是对的，所以是大学问家。我在哈佛得了博士学位，但我的学问不如他。"【53】从俞大维的话中可以看出，陈寅恪放洋的目的真的是为知识而不为世俗名利，为学术而不为学位。或许，这就是鲁迅描写的藤野先生那"小而言之，是为中国""大而言之，是为学术"的精神的具体实践吧。

由于陈寅恪在学界如雷贯耳的名声，其学位问题波及后来者既深且众。1948年曾当选中央研究院首届院士的著名人文学者萧公权，于许多年后谈到学位与学问时曾放言："其实学位只能表示一个学生按部就班修完了'最高学府'规定的某种课程，而未必表示他的真实学问。我知道若干中国学者在欧美大学中研读多年，只求学问，不受学位。史学名家陈寅恪先生是其中最特殊的一位。真有学问的人绝对不需要硕士、博士头衔去装点门面。不幸（的）是，有些留学生过于重视学位而意图巧取。他们选择学校、院系、课程，以至论文题目，多数在避难就易。他们得着了学位，但所得的学问却打了折扣。更不幸的是，另有一些人在国外混了几年，回国后自称曾由某大学授予某学位。他们凭着假学位做幌子，居然在国内教育界或其他事业中混迹。"【54】

萧氏之言不能说没有道理，打着"克莱登大学"毕业生的牌子混迹于社会各界者不乏其人，陈寅恪的确为学术界人士做出了不读博士拿学位，一心读书向学的成功范例。但此事正如胡适的"收山小门生"唐德刚教授所言：这个世界上许多事是"阎王可做，小鬼不能做，也不必做"【55】。也就是说，专为读书而读书，为学问而学问，不求硕士博士帽子，名门出身、具有强大人脉背景和人际交往资源的陈寅恪做得，一般的人特别是偏远地区贫苦劳动人民的孩子（当然是很少留洋）就做不得了。1935年，当清华毕业的夏鼐考取公费留学生准备出国时，就前往国度、学校、专业、学位等问题，请教老一辈留学生，曾任清华国学研究院

1940年，夏鼐于伦敦大学考古学院获得博士学位后，在埃及开罗博物馆工作时留影

讲师，时已名满天下的李济。李济表示："学位不关重要，可有可无。惟社会上做事，有学位者似稍占便宜耳。"[56]这里说的稍占便宜，当然包括像陈寅恪迈进清华门槛之类的事。李氏是哈佛博士，从后来他入清华研究院看，显然比陈寅恪轻松和自然得多。

从当年清华国学研究院筹备处主任吴宓推荐陈寅恪之际，同时推荐当时在学术界已是名流俊杰的柳诒徵、汤用彤等人情形看，决定谁进门谁出局命运的终裁权，是捏在校长曹云祥一人手中的。曹氏毕竟也算个知识分子或读书人，早年就读于上海圣约翰大学，后留学美国哈佛，获商业管理硕士学位。归国后任北洋政府外交部参事，1922年任清华学校校长，几年后有了与陈寅恪相遇的机会。只是，在陈寅恪能否迈入清华大门的问题上，曹一开始还不明就里，甚至有些傻乎乎地向吴宓、梁启超等问这问那，关注被荐者的学位与学问之高低大小。但随着事态的进展，曹氏才幡然醒悟，发现此事已与这些身外之物没有多大关系了，真正的"关系"是"以人为本"，是一种人际利害关系。正是这种人际关系令陈寅恪较为顺利地跨进了清华园的大门。事实告诉世人的是，就陈、柳、汤三人而言，其学问各有所长，柳乃陈寅恪启蒙时代的老师，汤在哈佛时与陈吴二人不相上下，并称"哈佛三杰"。以此经历，当时的清华校长曹云祥从三人中选其任何一人都是合情又合理的，但人们看到的却是陈寅恪这位当时在国内学术界和主事者眼中无名望、无著作、无学位的"三无"学人，健步走入清华园时那挺起的胸膛，柳、汤从朦胧的荷塘月色中黯然消失的背影。

需要继续补充的是，吴宓尽管号称"哈佛三杰"之一，但他当时在清华校长曹云祥眼中的地位并不足道，而王梁二人的赫赫声名却有点"功高盖主"的意味，令曹不得不小心伺候。从梁在曹面前所说的那句"好吧！你不请，就让他在国外吧"来看，当时的梁任公一定是绷紧了面容，甚至是声色俱厉的。在梁、王可能还有赵元任的合力围攻夹击下，已不是这位曹校长是否答应陈寅恪进清华的问题，而是转变成——假如曹云祥"牙崩半个说不字"，他自己能否在清华校长那把椅子上坐稳的问题了。在这样一种"夹道跑马不能回马"的严迫情形中，曹云祥最明智也是唯一的选择就是无条件地请陈寅恪入主清华园——尽管可能心中还有点不太情愿，以至让具体张罗的吴宓"费尽力气"。

当然，此时的曹云祥可能没有想到，吴宓与梁、陈等人，竟成为他的掘墓人，并在短短的一年之后就合力为他敲响了前途的丧钟。在以梁、陈为首的反对声浪中，曹云祥只得宣布辞职，卷起铺盖灰头土脸地离开了清华园。这是后话了。[57]

◎ 独为神州惜大儒

在清华研究院成立至曹云祥辞职溜走的这个短暂的黄金时期，事实证明吴宓、梁启超在举荐陈寅恪时，对曹云祥所说的那些话并非妄言。陈氏一到清华园，很快就展示了作为一代史学大师的盖世风采。

按清华国学研究院的规定，每期学员满一年即可毕业，发给学历证明。若有想留校继续研究者，叫提出申请留校继续学习、研究。当陈寅恪到清华园时，第一期学员已经毕业，但仍有刘盼遂、吴其昌、姚名达等7人留校继续攻读。1926年9月8日，陈寅恪参加了第二学年，又称为第二期的开学典礼。此届招生如谢国桢、刘节、陆侃如、戴家祥、吴金鼎、卫聚贤、王力、姜亮夫等29名，加上第一届留下的7人，共有学员36名。在开学典礼上，各位导师做了热情洋溢的讲话。当然，最为慷慨激昂，令听者为之热血沸腾，几欲挥拳仰天大吼者乃梁任公——这项特殊本领与才华是其他几位导师特别是王国维所不能匹敌的。

这一学年，诸位导师均使出看家本领为学生开课，陈寅恪亮出的绝活是主讲"西人之东方学之目录学"与"梵文—《金刚经》之研究"两门。指导学生专题研究的学科为：

> 一、年历学（中国古代闰朔日月食之类），二、古代碑志与外族有关系者之比较研究，三、摩尼教经典与回纥文译本之研究，四、佛教经典各种文字译本之比较研究（梵文、巴利文、藏文、回纥文及中亚细亚文诸文字译本与中文译本之比较研究），五、蒙古、满洲之书籍碑志与历史有关系者之研究。

这一连串的列目，足令人为之眩晕，也可看出陈寅恪在古文字学的造诣已经到了何种广博精深的程度。

由于陈寅恪学问如渊似海，外人根本无法得知内在详情。加之陈氏一生对自己的品学极为谦虚慎重，从未炫耀于他人，他到底懂多少种语言文字，直到他去世后都未有定论，世间没有一个人能说得清楚，即使他的师友、家属与弟子也莫不如此。

据陈寅恪晚年弟子、中山大学教授胡守为回忆，陈氏在任教中山大学期间，"在他填写的履历表上，'懂何种外语'一栏，只写着'德语'二字"【58】。显然，这是他的自谦。陈氏的受业弟子、后在北京大学任教的王永兴言其"具备阅读藏、蒙、满、日、梵、巴利、波斯、阿拉伯、英、法、德、拉丁、希腊等十三种文字的阅读能力"[59]。据陈寅恪侄子陈封雄回忆说："寅恪叔学习外国文字的惊人能力并不是由于他有异于常人的头脑，而是凭他坚韧不拔的求知毅力。例如，1919 年他在哈佛大学开始学习梵文，他的表弟俞大维同时也选修这门课，但是学了半年便畏难而退了（这是俞大维亲口对我说的），先叔却一直继续学了二十多年，当他在清华大学任教授时，仍经常到东交民巷向精通梵文的德国教授钢和泰求教。我幼时见过他在书房内朗诵梵文经典拓片。使我亲聆了'梵音'，并问他在念什么咒语，引起他大笑。"[60]有一次，陈寅恪随便翻了一下陈封雄中学所用的世界史教科书，此书是根据当时美国出版的教科书编译的，图文并茂，而图片尤为精致。其中一张图片的注释是"刻有巴比伦文的出土碑碣"。陈寅恪见到后立即来了精神，待仔细一看摇头道："这不是巴比伦文，是突厥文。写书的人用错了图片。"[61]对于此次指出的错误，陈封雄多少年后还能清晰地忆起这位六叔当时那哭笑不得的表情。

尽管陈寅恪的子侄辈受这位六叔教诲多多，但对其学问仍有窥无涯沧海，无边无沿之感。陈封雄曾当问过他的研究者说："寅恪叔到底学了多少种文字，我也不清楚。一般说来，他能读懂十四种文字，能说四五国语言，能听懂七八种语言，是大致不差的。这些成绩基本上是在他三十六岁以前取得的。"[62]

根据陈寅恪一生治史之"无证不立"的严慎态度，仅凭家属、亲友、弟子的回忆是靠不住的，必须有确实的证据才能令人信服。尽管此类证据难寻，但也绝非一点线索没有。一个直接的证据是，"文化大革命"中被红卫兵抄走的陈寅恪当年在国外学习时期的一批珍贵资料，在陈氏去世后被陆续归还，其中就有当年的学习笔记若干册。透过那早已发黄的粗劣纸张和纸张上密密麻麻的记载，可以窥知笔记主人在学术征途上历尽的艰难困苦与丰硕收获。曾毕业于清华大学、留学德国十年，后任教于北京大学的季羡林在广州一次会上说："陈寅恪先生 20 年代留学德国时写了许多学习笔记，现存六十四

季羡林

本之多，门类繁多，计有藏文、蒙古文、突厥回鹘文、吐火罗文、西夏文、满文、朝鲜文、梵文、巴利文、印地文、俄文等二十一类。从中可以看出先生治学钻研之深，其中最引人注目的是各门学科的文献目录，衡之以 20 年代全世界研究水平，这些目录是十分齐备的。"[63]季羡林同时讲道，东方古代语言的掌握，主要以比较语言学方法，即用一种文字之佛教经本与其译本相比照，进而探究不同语言之规律与变化。陈寅恪之语言学习与文献阅读是相关联的。例如学梵文，寅恪就专听过梵文《金刚经》研究课程。正是有了如此渊博的学识，他才敢于在大师如林的清华园开讲"西人之东方学之目录学"与"梵文—《金刚经》之研

究"两门大课。据说，俄国人在蒙古发掘到三个突厥石碑，但对碑文一直搞不清楚，学者们莫衷一是，后来请陈寅恪翻译解释，各国学者竟毫无异词，同声赞同。

清华国学院时代的陈寅恪冬季装束，帽子俗称三块瓦

陈寅恪尝谓自己是"平生为不古不今之学，思想囿于咸丰、同治之世"[64]。到底是咸同（咸丰、同治）还是光宣（光绪、宣统），是自谦还是自贬，世人有不同的看法。但他放洋十六载，依旧是乡音未改，装扮如故，与大多数归国留学生如罗家伦等辈一派西装革履，油头粉面，如戏台上女扮男装的小生打扮大相径庭。陈氏夏秋总是一身长衫布履，冬春则棉袍加马褂。数九寒冬，就在脖间缠一条五尺围巾，头戴厚绒帽（"三块瓦"皮帽），裤脚扎一根布带，脚穿厚棉鞋。戴上近视镜，一副土老儿模样。1934年清华大学出版的《清华周刊·欢迎新同学专号·教授印象记》中，曾有一段对陈寅恪的描写：

> 清华园内有趣人物真多，但其中最有趣的，要算陈寅恪先生了。你们中谁有好奇心的，可以在秋末冬初的一天，先找一找功课表上有《唐诗校释》或《佛经翻译文学》等科目的钟点，然后站在三院教室前的过道上，等一等，上课铃响后，你们将看见一位里面穿着皮袍，外面罩以蓝布大褂青布马褂，头上戴着一顶两旁有遮耳的皮帽，腿上盖着棉裤，足下蹬着棉鞋，右手抱着一个蓝布大包袱，走路一高一下，相貌稀奇古怪的纯粹国货式的老先生从对面行而来，这就是陈寅恪先生了。[65]

仅从外观上很难令人想到此人乃学贯中西、开一代学术风气的大师，因而在生活中经常闹出一些令人啼笑皆非的"怪事"。

陈寅恪初至清华园任教，他的侄子陈封怀已二十六岁，正在清华读书，得以经常与这位做了导师的叔父见面，星期天侄二人常到城中的商铺、书铺等地转转。陈寅恪由于长期伏案工作，极度缺少运动，因而体质很弱，其薪金一多半用来购书，一部分买药。陈氏只相信西医，常到药房买各国治疗肠胃病和心脏病的药物。据陈封怀说：一次到西单一家药店去买胃药，"当时西药店的药品绝大部分是洋货，店员取出几种胃药，其中有德国货、美国货和日本货，没有中文说明书。他把每个药瓶上的说明书以及盒内的说明书都仔细看过，然后选购了一种。店员以为他是精神病患者，我在旁边连忙解释说'他懂各国洋文'，使所有在场的人立即向他投以'奇怪'的眼光"。[66]

日常生活如此，登上讲堂也颇有点"怪招"。在清华园内的课堂上，陈寅恪一上课即提出所讲之专题，然后逐层展开，每至入神之处，便闭目而谈，滔滔不绝，有时下课铃响起，依然沉浸在学海之中尽情地讲解。每堂课均以新资料印证旧闻，或于平常人人所见的史籍中发现新见解，以示后学。对于西洋学者之卓见，亦逐次引证。有时引用外文语种众多，学生不易弄懂辨明，陈氏便在黑板上把引证材料一一写出，读其音，释其义，堂下弟子方知何为梵文，何为俄文等语言文字。因陈氏每次讲课不落俗套，每次必有新阐发，故学生听得津津有味，陈寅恪的名声越来越大，一些大学教授与外校师生也专程前来听讲。据陈寅恪的受业弟子蓝文徵对台湾学者，即陈氏的再传弟子陈哲三说："陈先生演讲，同学显得程度很不够。他所会业已死了的文字，拉丁文不必讲，如梵文、巴利文、满文、蒙文、藏文、突厥文、西夏文及中古波斯文非常之多，至于英、法、德、俄、日、希腊诸国文更不用说，甚至于连匈牙利的马扎儿文也懂。上课时，我们常常听不懂，他一写，哦！才知哪是德文，哪是梵文，但要问其音叩其义方始完全了解。吴宓、朱自清都常来听讲。他的书房中各国各类书都有，处处是书，我们进去要先搬搬挪挪才能坐下。"又说："（陈寅恪）平日讲书，字字是精金美玉，听讲之际，自恨自己语文修养太差，不配当他的学生。每到他家，身上总带几本小册子，佣人送上茶果，有时先生也教我们喝葡萄酒，我们便问其来历，他于是把葡萄原产何处，原名什么，最早出现何处，何时又传到何处，一变成为何名，如此这般，从各国文字演变之迹，看它传播之路径。这些话我们都记在小册子里，日久之后，积了不少小册，可惜九一八之变起，我只身入关，那些小册和藏书便全部沦陷了，至今想起都感到无限痛惜。"[67]

"读书必先识字"是陈寅恪的至理名言，也是经验之谈。自在家塾念书起，到第一次由德、法留学回国止，在这一段时间内，陈氏除研究一般欧洲文字外，关于国学方面，幼年即对于《说文》与高邮王氏父子训诂之学都曾下过一番苦功。研究的重点是历史，但并不是为研究而研究，其目的是"在史中求史识"，也就是"在历史中寻求历史的教训"。在陈寅恪看来，中国历代兴亡的原因，历史上的中国与边疆民族的关系，历代典章制度的嬗变，社会风俗、国计民生与一般经济变动的互为因果，及中国的文化能存在这么久远，原因何在，这些都可在历史中找到脉络。正是陈氏所下的硬功夫，才成就了他的名山大业。与陈寅恪同时代的学子，不过能背诵"四书"、

清华国学院教学办公楼（作者摄）

《诗经》、《左传》等书，但陈氏却技高一筹，对"十三经"不但大部分流利背诵，而且对每字必求正解。因此《皇清经解》及《续皇清经解》就成为其经常诵读之书。[68]据陈氏弟子蒋天枢说，陈寅恪在国外时，曾携有两部《经解》石印小字本，其中一部《续经解》直到陈氏去世后尚存于遗物中。[69]另据俞大维透露，陈寅恪对于史书读得格外用力，特别注重各史中的志书，如《史记》的《天官书》《货殖列传》，《汉书·艺文志》，《晋书》的《天文志》《刑法志》，《隋书》的《天文志》《经籍志》，《新唐书·地理志》，等等，同时也相当重视各种会要，还有三通（南按：《通典》《通志》《文献通考》），并大量阅读其他杂史。因为注重史实，他很钦佩刘知几与章学诚，尤其推崇司马光《资治通鉴》的见解。对于诸子，陈寅恪很喜欢庄子的文章，也很重视荀子，认荀子是儒家正统。对于古文，最推崇韩愈、欧阳修、王安石、归有光、姚鼐、曾国藩诸大家。而对于古代诗词，陈氏佩服陶渊明、杜甫，虽好李白及李商隐诗，但不认为是上品，他特别喜好平民化的诗，故最推崇白居易。除几首宋人词外，他对于清代词人经常提及龚自珍、朱祖谋及王国维三大家。陈氏本人作诗不多，但都很精美，吴宓颇为叹服，并经常向其请益。而陈氏一生的诗文中，当属吊王国维的长诗与纪念碑文最被世人推重。[70]

陈寅恪到清华时，吴宓因受张彭春和国学研究院学生吴其昌等辈的挤压、胁迫，已辞去研究院主任之职，调至外文系任教。因而在清华国学研究院中，与陈氏最能谈得来且引为知己者首推王国维，其次才是梁启超，而王国维与陈寅恪在心灵上的沟通要远比梁更为深刻悠远。与陈氏七载同学的俞大维在晚年回忆时曾这样说过："到了中、晚年，对他（陈寅恪）早年的观念，稍有修正。主要原因，是受了两位大学者的影响：（1）瑞典汉学大家高本汉先生。高氏对古人入声字的说法，与假借字的用法，给他极大的影响；（2）是海宁王国维先生。王氏对寅恪先生的影响，是相得益彰的；对于殷墟文字，他受王氏的影响；对梵文及西域文字，则王氏也受他的影响。"[71]

当时王国维居住在清华西院，陈寅恪经常到王氏住处论古话旧，说到伤心动情处相对而泣，几不能语。当王国维自沉后，陈氏的挽诗"回思寒夜话明昌，相对南冠泣数行"[72]，即指此段情谊。

当然，陈、王相对话旧或陈氏独处，并不是整日没完没了地哭哭啼啼，也有阳光灿烂的日子。陈氏的清华弟子蓝文徵曾说过一个颇似笑话的故事——陈寅恪极其幽默，有天几位学生在他家问学，陈兴致上来，对众弟子说我有个对联送给你们："南海圣人再传弟子，大清皇帝同学少年。"[73]众人闻听，先是一愣，待解其意，哄堂大笑。南海圣人特指出身南海的康有为，梁启超自称是康氏的弟子。王国维当过末代皇帝溥仪的老师，因而清华国学研究院的学生便成了"再传弟子"与"同学少年"。只是，随着王国维的沉湖，这些大清皇帝的"同学少年"们再也不能向这位誉满神州的一代大儒请教了。

◎ 王国维沉湖

　　"四大导师"之一的王国维在清华国学研究院执教的两年中，尽管生活趋于平静，学问越发精进，但仍"时时以津园为念"，每年春节都要去天津觐见"皇上"，还常为"有君无臣"而忧虑。1927 年 5 月间，听说以蒋介石为总司令的国民党北伐军，一路势如破竹，攻城略地打到了河南，即将北渡黄河，扫荡华北，入主京师。又听说湖南的叶德辉、湖北的王葆心等一代名儒被北伐军抓起来砍了头，王氏甚为恐惧，常与吴宓、陈寅恪等人议论应变之事。6 月 1 日，清华国学研究院第二届学生毕业，典礼过后，下午举行"师生叙别会"。梁启超、王国维、陈寅恪、赵元任四位教授各入一席，李济、梅贻琦等在座，师生畅谈别情。据当时在场的研究生柏生回忆："座中（王国维）先生为吾侪言蒙古杂事甚畅，其雍容淡雅之态，感人至深。"宴席将散，梁启超起立致辞，历述同学们之研究成绩，而谓："吾院苟继续努力，必成国学重镇无疑。"众皆聆听，王国维亦点头表示同意此论。席散，王国维与众师生作别如平时，而后随陈寅恪至南院陈宅，二人畅谈至傍晚。[74] 是日晚，王氏在自家宅中会见谢国桢等同学，依旧是谈笑和怡。送走谢国桢等人后，又回到书房批阅完试卷（第三届研究生招考），乃写遗书一封藏于怀中，像平常一样安睡了。

　　6 月 2 日晨，王国维餐毕，八时至研究院办公，料理事务如常，并与同人谈及下学期招生事宜。随后王离奇地向事务员侯厚培借了五元钱，独自悄无声息地走出清华园，在校门雇一辆洋车径赴只有几里地的颐和园，花六角钱买了一张门票，让车夫在原地等候，约十时步入园内，徘徊于长廊之间，后踱步至园内鱼藻轩前的昆明湖畔独立沉思，尽纸烟一支，约十一时左右，怀揣剩余的四元四角和一纸写有"五十之年，只欠一死，经

清华西院 32 号，王国维先生故居（作者摄）

此世变，义无再辱。我死后当草草棺殓，即行藁葬于清华茔地"等字样的简短遗书，纵身一跃，沉入湖底。虽有园丁"忽闻有落水声，争往援起"，但王的头颅已插入淤泥，前后不过两分钟即气绝身亡。[75]一代国学大师由此告别了凡尘滚滚，充满血腥、苦痛与悲伤的世界，时年五十一岁。

王国维沉湖而死，引起了清华师生的巨大悲痛，全国学界为之哗然。清华国学研究院"四大导师"之一陈寅恪怀着极度的悲伤与哀痛，以他深厚的学术造诣与犀利的洞世眼光，挥毫写下了哀婉凄绝的挽联：

　　　　十七年家国久魂消，犹余剩水残山，留于累臣供一死；
　　　　五千卷牙签新手触，待检玄文奇字，谬承遗命倍伤神。[76]

陈寅恪诗文向以隐晦难解著称，此联算是较为浅白的一个例外，但对个别字词的理解也曾引起学界不休的争论。王国维在遗书中曾有"书籍可托陈、吴二先生处理"[77]之语，陈诗中所谓"谬承遗命"当指王氏遗书所言。显然，王国维是把陈寅恪、吴宓视作他的知己的。面对知己，陈氏于"倍伤神"中又发出了"敢将私谊哭斯人，文化神州丧一身"[78]"风义生平师友间，招魂哀愤满人寰"[79]的深切悲鸣。

王国维的死之所以引起陈寅恪如此悲伤，自是与二人过往岁月结下的深厚友谊，及对天命人事在心灵深处产生共鸣有极大的关联。

面对王氏离奇的跳湖自尽，学术界产生强烈震动的同时，坊间对其死因也产生了种种猜测议论，致使有多种说法流传于世，如"殉清"说，"殉文化"说，"悲观哀时"说，罗振玉"逼债致死"说，王国维"妻妾出轨受辱"说，等等，一时甚嚣尘上，莫衷一是。王氏之死遂成为一个言人人殊的谜团。[80]

王国维的遗体入葬后，陈寅恪在《王观堂先生挽词并序》中，对其死因做了解释和评价，其说成为众说纷纭中最有说服力的论断，为天下士林广为瞩目和重视。在陈寅恪的眼中，王国维是亦师亦友的人物，也是极少可以引为知己者，王的自杀绝非世人所说的起于个人恩怨，或后来溥仪所说是经济方面的索债等，而是殉文化而死，是不忍见到即将衰亡的中国文化那令人心酸的悲剧结局，也是对混乱无序的时局和世风日下的现实之抗争。陈寅恪以他对师友的深切理解与同情，在挽词中云："凡一种文化值衰落之时，为此文化所化之人，必感苦痛，其表现此文化之程量愈宏，则其受之苦痛亦愈甚；迨既达极深之度，殆非出于自杀无以求一己之心安而义尽也。"又说："盖今日之赤县神州值数千年未有之钜劫奇变；劫尽变穷，则此文化精神所凝聚之人，安得不与之共命而同尽，此观堂先生所以不得不死，遂为天下后世所极哀而深惜者也。至于流俗恩怨荣辱委琐龌龊之说，皆不足置辨，故亦不之及云。"[81]

此挽词一出，时人纷纷赞之，王国维的好友兼亲家、著名甲骨文学者罗振玉更是赞誉有加，谓："辞理并茂，为哀挽诸作之冠，足与观堂集中《颐和园词》《蜀道难》诸篇比美；忠悫（南按：逊帝溥仪赐给王氏的谥号）以后学术所寄，端在吾公矣。"[82]

显然，陈氏之说较之世人流传或溥仪道听途说，更接近事情本质和王氏内心之痛楚。作为死者的知己，陈寅恪对其深剖追思至此，王国维九泉之下自当颔首，并深为此而庆幸吧。

> 是大诗人，是大学人，是更大哲人，四昭炯心光，岂谓微言绝今日。
> 为家孝子，为国纯臣，为世界先觉，一哀感知己，要为天下哭先生。

这是 1922 年，王国维的知己，也是陈寅恪的师辈人物，清末著名诗人与学者沈曾植去世时，王国维为其撰写的挽联，其悲恸之情溢于言表。当王国维纪念碑在清华园落成后，陈寅恪再以悲天悯人的大情怀、大心愿，以明晰的哲理与深邃的思想，为其书写了光照千秋、永垂不朽的碑文：

> 士之读书治学，盖将以脱心志于俗谛之桎梏，真理因得以发扬。思想而不自由，毋宁死耳。斯古今仁圣所同殉之精义，夫岂庸鄙之敢望。先生以一死见其独立自由之意志，非所论于一人之恩怨，一姓之兴亡。呜呼！树兹石于讲舍，系哀思而不忘。表哲人之奇节，诉真宰之茫茫。来世不可知者也，先生之著述，或有时而不章。先生之学说，或有时而可商。惟此独立之精神，自由之思想，历千万祀，与天壤而同久，共三光而永光。[83]

陈寅恪借碑文而抒发出的"独立之精神，自由之思想"，如天光突裂，地火迸喷，再次展现了内在的文化精髓与人性光辉，于苍茫的天地间扬波激浪，振聋发聩。此文一出，世人莫不为之动容。只是数十年后，当陈寅恪自己在残酷的政治桎梏中含恨告别纷乱的世界时，赤县神州再也没有人为其撰写悼念文章了，只有远在美国的赵元任闻讯，写了一篇小文，但鉴于当时的政治形势，又不能直抒心中悲愤感伤之情，也只能是"而已"而已。

王国维奇特、诡异、神秘地离去，在给世界留下一串谜团的同时，也昭示了一个不祥的预兆，清华国学研究院"四大"支柱轰然断裂一根，另外一根也岌岌可危，马上就要崩坍，这便是学界中号称泰山北斗，被陈寅恪誉为"清华学院多英杰，其间新会称耆哲"[84]的梁启超。而盛极一时的清华国学研究院也渐显颓势，大有唇亡齿寒、风雨飘摇之势。

早在 1926 年初，梁启超因尿血症久治不愈，他不顾朋友们的反对，毅然住进北京协和医院，并于 3 月 16 日做了肾脏切除手术。极其不幸的是，手术中却被"美帝国主义派出的医生"、协和医院院长刘瑞恒与其助手，误切掉了那个健全的"好肾"（右肾），虚弱的生命之泉只靠残留的一只"坏肾"（左肾）来维持供给。事后，梁的友人、著名医学家伍连德"已证明手术是协和孟浪错误了"，"割掉的右肾，他已看过，并没有丝毫病态，他很责备协和粗忽，以人命为儿戏，协和已自承认了"。据伍氏的诊断，"这病根本是内科，不是外科"，"乃是一种轻微肾炎，西医并不是不能医，但很难求速效"，协和"从外科方面研究，实是误入歧途"。[85]

此时西医在中国立足未稳，大受质疑，而手术主要操刀者乃是毕业于美国哈佛大学的医学博士、协和医院院长刘瑞恒。刘的副手则是纯种的美国人，声名赫赫的外科医生。为了维护西医的社会声誉，以便使这门科学在中国落地生根，对于这一"以人命为儿戏"的医疗事故，身为受害者，梁启超不但没有状告院方，反而在他的学生陈源、徐志摩等人以"白丢腰子"之语通过媒介向协和医院进行口诛笔伐、兴师问罪之时，仍把西医看作是科学的代表，认为维护西医的形象就是维护科学，维护人类文明的进步事业。他禁止徐志摩等人上诉法庭，不求任何赔偿，不要任何道歉，并艰难地支撑着病体亲自著文为协和医院开脱。在《我的病与协和医院》一文中，梁启超对做了错事的协和医院"带半辩护的性质"。[86]文章的最后极为诚恳地讲道："我盼望社会上，别要借我这回病为口实，生出一种反动的怪论，为中国医学前途进步之障碍。——这是我发表这篇短文章的微意。"[87]

梁启超默默承受着内心的煎熬与苦痛，维护着他笃信的科学与进步事业，而代价是他的整个生命。与其说梁启超"白丢腰子"是被他所"笃信的科学"所害，不如说是他为科学所做出的牺牲更具理性和人道。

1928年5月底，梁任公将学生论文评阅完毕，身体不支，即辞职回天津养病。6月8日，北伐军击溃奉系军阀，攻占京师，北洋政府宣告覆灭，旋改北京为北平。清华学校由梅贻琦"暂代校务"，听候接管。8月17日，南京国民政府议决，清华学校改为国立清华大学，任命曾留学欧美的"海龟"罗家伦为校长，清华学校由此进入了大学时代。

9月底，梁启超无意中得《信州府志》等书，不胜狂喜，遂在天津家中扶病连续笔耕七日。此时死神已开始嘭嘭地叩击梁府大门上那个怪兽状的铜环，梁任公的生命之火已是油干薪尽，回天乏术，只能听从死神的召唤了。

1929年1月19日，梁启超与世长辞，享年五十七岁。噩耗传出，学界政坛天下同悲，清华同人抚棺恸哭。

泰山崩塌，梁柱摧折，哲人已去。尚在人间的生者在巨大的悲痛中发出了"痛斯人之难再，嗟举世之皆暗"的天丧斯文的哀叹。

1929年7月，盛极一时的清华国学研究院宣告解体，清华园中三位著名"海龟"的命运，就此与南国的傅斯年紧紧维系在了一起。

注释：

【1】【47】《吴宓日记》，第三册，吴学昭整理、注释，北京三联书店 1998 年出版。

【2】朱家骅《悼亡友傅孟真先生》，载台北《中央日报》，1950 年 12 月 31 日。

【3】转引自《鲁迅与他"骂"过的人》，房向东著，上海书店出版社 2002 年出版。

【4】张梦阳《中国鲁迅学的历史及其国际影响》，载《文艺报》，2010 年 9 月 22 日。

【5】《对于〈新潮〉一部分的意见·鲁迅来信》，载《傅斯年全集》，第一卷，欧阳哲生主编，湖南教育出版社 2003 年出版。

【6】《致许寿裳》(1919 年 1 月 16 日)，载《鲁迅全集》，第十一卷，人民文学出版社 1981 年出版。

【7】【44】《顾颉刚日记》，第二卷，台北：联经出版公司 2007 年出版。分见 1927 年 3 月 1 日、1931 年 6 月 12 日条。

【8】罗家伦《元气淋漓的傅孟真》，载《傅故校长哀挽录》，台湾大学 1951 年 6 月 15 日印行。

【9】【25】顾颉刚《古史辨第一册·自序》，载《我与〈古史辨〉》，顾颉刚著，上海文艺出版社 2001 年出版。以下引文同。

【10】《胡适口述自传》，胡适口述，唐德刚整理、翻译，安徽教育出版社 1999 年出版。

【11】胡适《傅孟真先生的思想》，载《胡适作品集》，第二十五册，《胡适演讲集（二）》，台北，远流出版公司 1986 年出版。

【12】顾颉刚《我是怎样编写〈古史辨〉的？》，载《我与〈古史辨〉》，顾颉刚著，上海文艺出版社 2001 年出版。

【13】【27】傅斯年《与顾颉刚论古史书》，载《傅斯年全集》，第一卷，欧阳哲生主编，湖南教育出版社 2003 年出版。

【14】1922 年，顾颉刚在北京大学整理古籍，把《诗》、《书》和《论语》三部书中所载的上古史中传说整理出来，加以比较，发现"禹是西周时就有的，尧、舜是到春秋末年才起来的。越是起得后，越是排在前面。等到有了伏羲神农之后，尧舜又成了晚辈，更不必说禹了"。于是他建立了一个假设："古史是层累地造成的，发生的次序和排列的系统恰是一个反背。"也就是说，古籍中所讲的古史是由不同时代的神话传说一层一层地积累起来而造成的，神话传说发生的时代，其先后次序和古书中所讲的排列系统恰恰相反——这便是 20 世纪上半叶在中国史学界影响重大和深远的顾颉刚学术精髓——所谓的"层累地造成的中国古史"观。

　　顾氏理论一出，胡适大为激赏，并誉为"真是今日史学界的一大贡献"，"是用历史演进的见解来观察历史上的传说","他这个根本观念是颠扑不破的，他这个根本方法是越用越见功效的"云云。（见胡适《古史讨论的读后感》，载《古史辨》，第一册，顾颉刚等编著，上海书店 1992 年出版）当然，学术界亦有与顾颉刚持不同观点者，并纷纷撰文与顾氏争辩。从 1926 年开始，顾颉刚把古史论战中双方所有文章以及后来继续讨论的文章、信件汇集在一起，编成《古史辨》第一册，并写了一篇十几万字的长序，阐发自己的思想观点。胡适在介绍此书时说："这是中国史学界的一部革命的书，又是一部讨论史学方法的书。此书可以解放人的思想，可以指示做学问的途径，可以提倡那'深切猛烈的真实'的精神。"又说："顾颉刚的'层累地造成的中国古史'，一个中心学说已替中国史学界开了一个新纪元了。"（见胡适《介绍几部新出的史学书》，载《古史辨》，第二册，顾颉刚等编著，上海书店 1992 年出版）

《古史辨》一册一经问世，立即风靡学界，一年之内重印近 20 版次。到 1941 年，《古史辨》共出七册。一个以顾颉刚为核心的"古史辨派"覆盖了中国史学界，极大地震荡了人们的思想与史学观，如当时在北大任教的资深教授钱玄同，不但对顾氏理论击节叫好，称赞"层累地造成的中国古史"观"真是精当绝伦"，而且索性将自己的钱姓废掉，改名"疑古玄同"，以示对顾颉刚的呼应和自己疑古到底的决心。钱氏之神经病式的妄举，一度受到鲁迅的嘲讽。

据沈尹默说，1929 年 5 月，鲁迅由上海北上省亲，钱玄同偶然去孔德学校，正好碰见鲁迅在室中端坐。此时二人已从往昔的亲密同学加战友变成相互厌恶的对象。玄同既已跨进室内，不好立即退出，一边尴尬地和鲁迅打招呼，一边寻找转移话题，恰好看见桌上放着一张印有周树人三个字的名片，便回头对鲁迅道："你现在又用三个字的名片了？"鲁迅闻听，板着脸无好气地答道："我从来不用四个字的名字。"此言一出，在场者都明白这是讽刺钱玄同主张废姓，改为"疑古玄同"，同时又与胡适派或者"古史辨派"搅在一起，为鲁迅所忌之故。钱玄同闻之，神色陡变，一言不发，摇着头做不屑一顾状，溜之乎也。（见沈尹默《鲁迅生活中的一节》，载《文艺月刊》，1956 年 10 月号）另据马幼渔说，就是这次北上省亲，鲁迅到马幼渔家看望旧友，又与不睦的胡适相遇。胡从外面一进门，看到客厅中的鲁迅，略做惊讶，打趣道："你又卷土重来了！"鲁迅瞟了胡适一眼，立即回敬道："你不要害怕，我还要卷土重去，决不抢你的饭碗！"胡适颇为尴尬，搭讪道："看你还是那个脾气。"鲁迅仍板着脸冷冷地答："这叫江山易改，禀性难移。"二人再无话，胡适打着哈哈转身悻悻而去。（见王廷林《鲁迅不抢胡适"饭碗"》，载《纵横》，2004 年 9 期）

胡适到了台湾以后，1958 年 5 月在台北"中国文艺协会"做了一次题为《中国文艺复兴运动》的演讲。他肯定鲁迅在《新青年》时代"是个健将，是个大将"，并认为鲁迅、周作人翻译的《域外小说集》"翻得实在比林琴南的小说集翻得好，是古文翻小说中最了不得的好"。胡适在铺垫一番之后，接着骂了鲁迅："但是，鲁迅先生不到晚年——鲁迅先生的毛病喜欢人家捧他，我们这般'新青年'没有了，不行了；他要去赶热闹，慢慢走上变质的路子。"什么叫作"变质"呢？就是和共产党搞在一起，参加了"左联"。胡适认为，鲁迅加入了"左联"，也是不自由的。"那时共产党尽量欢迎这批作家进去，但是共产党又不放心，因为共产党不许文艺作家有创作自由。所以那时候监视他们的人即左翼作家的监视者，就是周起应，现在叫周扬，他就是在上海监视鲁迅这批作家的。"（见《胡适作品集》，第二十四册，《胡适演讲集〔一〕》，台北，远流出版公司1986年出版）

【15】《华盖集续编·不是信》，载《鲁迅全集》，第三卷，人民文学出版社1981年出版。

【16】罗久芳《傅斯年留学时期的九封信——纪念先父罗家伦与傅斯年先生的友谊》，载台北《当代》，第一二七期，1998年3月1日。

【17】《致章廷谦》（1927年5月15日），载《鲁迅全集》，第十一卷，人民文学出版社1981年出版。

【18】【30】【31】【32】【33】【38】【39】【40】《顾颉刚致胡适》，载《胡适来往书信选》，上册，中华书局1979年出版。

【19】【22】李济《傅孟真先生领导的历史语言研究所——几个基本观念及几件重要工作的回顾》，见台北"中央研究院"历史语言研究所1951年有关傅斯年的纪念特刊。

【20】《傅斯年致蔡元培》（1928年1月28日），转引自杜正胜《无中生有的志业》，载《新学术之路——中央研究院历史语言研究所七十周年纪念文集》，上册，杜正胜、王汎森主编，台北："中央研究院"历史语言研究所1998年出版。

【21】《傅斯年致陈寅恪》1928年11月14日，台北"中央研究院"史语所《傅斯年档案》。信中说："此研究所本是无中生有，凡办一事，先骑上虎背，自然成功。"

【23】蔡元培《国立中央研究院工作报告》（1929年3月15日），收入《国立中央研究院历史语言研究所十七年度总报告》，台北"中央研究院"历史语言研究所藏。

【24】【29】《致胡适》，载《傅斯年全集》，第七卷，欧阳哲生主编，湖南教育出版社2003年出版。

【26】【35】杜正胜《无中生有的志业》，载《新学术之路》，上册，杜正胜、王汎森主编，台北："中央研究院"历史语言研究所1998年出版。

【28】《顾颉刚日记》，第二卷，台北：联经出版公司2007年出版。见1928年4月篇末之《记本月二十九日晚事》。是日晚上，顾颉刚偕容肇祖到傅斯年住处，讨论研究所事，顾傅二人意见相左，爆发口角。1973年7月，顾始补记当时双方冲突之原委。

【34】《胡适遗稿及秘藏书信》，第四十二册，耿云志主编，黄山书社1994年出版。

【36】顾颉刚《我是怎样编写〈古史辨〉的？》，载《我与〈古史辨〉》，顾颉刚著，上海文艺出版社2001年出版。事在1929年3月14日，顾颉刚脱离了中山大学，到宁、沪数日，当时胡适是上海中国公学的校长，顾在沪时顺道访胡。（《顾颉刚年谱》，顾潮编著，中国社会科学出版社1993年出版）

【37】【42】【43】《历劫终教志不灰——我的父亲顾颉刚》，顾潮著，华东师范大学出版社1997年出版。

【41】《致冯友兰、罗家伦、杨振声》，载《傅斯年全集》，第七卷，欧阳哲生主编，湖南教育出版社2003年出版。原信未署年代，编者据函中内容推断为民国十八年（1929）不确，

应为 1928 年。信中涉李济、杨振声等人。李于 1929 年春已赴安阳发掘，杨于 1929 年夏，作为国立青岛大学筹备委员会委员，到青岛参加筹备会议并筹建青岛大学，不在清华。

【45】【74】《清华国学研究院史话》，孙敦恒编著，清华大学出版社 2002 年出版。

【46】杨步伟《四年的清华园》，载台北《传记文学》，第七卷第四期；第八卷第一期（1965 年 10 月；1966 年 1 月）。

【48】【67】【73】陈哲三《陈寅恪先生轶事及其著作》，载台北《传记文学》，第十六卷第三期，1970 年 3 月。

【49】载《谈陈寅恪》，俞大维等著，台北：传记文学出版社 1970 年出版。

【50】此前，伯希和前来中国西部考察，曾把敦煌藏经洞的经卷运出国外，引起了中国人的愤怒。但作为汉学家的他在中国期间，仍受学术界人士尊敬，曾在傅斯年的帮助下，于 1935 年到河南安阳殷墟发掘现场等地做过考察。

【51】《陈封怀回忆录》（未刊稿），转引自《陈寅恪先生编年事辑》（增订本），蒋天枢撰，上海古籍出版社 1997 年出版。此回忆录由陈封怀口述，陈小从笔录于 1980 年春初。

【52】陈寅恪《与妹书》（节录），转引自《陈寅恪集·金明馆丛稿二编》，陈美延编，北京三联书店 2001 年出版。俞曲园，即清末国学大师俞樾，字荫甫，因在苏州造了个园宅叫曲园，故号曲园。俞樾的曾孙即红学家俞平伯。

【53】智效民《陈寅恪是否获得过博士学位？》，载《往事知多少》，智效民著，云南人民出版社 2004 年出版。

【54】《问学谏往录》，萧公权著，台北：传记文学出版社 1972 年出版。

【55】《胡适杂忆》，唐德刚著，广西师范大学出版社 2005 年出版。

【56】王世民《傅斯年与夏鼐》，载《傅斯年与中国文化》，布占祥、马亮宽主编，天津古籍出版社 2006 年出版。

【57】据金岳霖晚年回忆："寅恪先生不只是学问渊博而已，而且也是坚持正义勇于斗争的人。清华那时有一个研究院，研究中国古史。院里主要人有王国维、梁启超、陈寅恪。也有一位年轻人，李济之。前些时他还在台湾，现在是否也已作古，我不知道。看来当时校长曹云祥对梁启超有不正确的看法或想法，或不久要执行的办法。陈寅恪知道了。在一次教授会上，陈先生表示了他站在梁启超一边，反对曹云祥。他当面要求曹云祥辞职。曹不久也辞职了。好像外交部派校长的办法不久也改了。"（见《金岳霖的回忆与回忆金岳霖》，刘培育主编，四川教育出版社 1995 年出版）

又据《陈寅恪先生编年事辑》（增订本）民国十六年丁卯（一九二七）条载："十一月，研究院发生风潮。起因为：外交部聘梁任公先生为庚款董事会董事。按章程规定，校长由董事中互选。曹云祥恐梁先生将代之为校长，暗中运动教职员反对，教育系教授朱君毅独甘为奔走，嗾研究生王省上书云'研究院教员旷职（时任公先生因病返津），请求易人'。曹将信油印寄与任公，欲迫令去职。全院同学闻之大愤，质问王省，尽吐实情。于是同学们一方面赴津，请求梁先生勿辞，一方面请求外交部，撤换曹云祥及朱某。结果王省被开除，朱君毅辞职，曹旋亦去任。"

另据毕业于东南大学外文系、受吴宓举荐前往清华国学研究院任陈寅恪助手的浦江清于1928年1月14日记载："旧校长曹云祥氏向外交部提出辞职，外交部已派严鹤龄氏暂代清华学校校长职。严氏于今日到校。清华学校系根据美国庚子赔款而设立。故向隶外交部。主其事者均外交系中人，官派与洋派兼而有之，曾不知教育为何事，学术为何事也。陈寅恪先生尝云祸中国最大者有二事，一为袁世凯之北洋练兵，二为派送留美官费生。"（见《清华园日记·西行日记》〔增补本〕，浦江清著，北京三联书店1999年出版）由浦的日记可见，早期的清华学校屡换校长，主要是教育系统的学者与外交系统官僚斗争的结果，至于浦氏随后在日记中说"今曹氏为研究院教授学生所攻击，又因账目糊涂"之"账目"问题，倒是次要的。

【58】胡守为《学识、品格、生活情趣——陈寅恪先生往事杂忆》，载《历史大观园》，1988年第5期。

【59】王永兴《陈寅恪》，载《中国史研究动态》，1979年第8期。

【60】陈封雄《史学界缅怀一代宗师陈寅恪——参加纪念先叔陈寅恪国际学术讨论会的感想》，载《人民日报》（海外版），1988年6月21日。

【61】【62】陈封雄《卅载都成断肠史——忆寅恪叔二三事》，载《战地》，1980年第5期。

【63】陈封雄《史学界缅怀一代宗师陈寅恪——参加纪念先叔陈寅恪国际学术讨论会的感想》，载《人民日报》（海外版），1988年6月21日。笔记门类数目，陈封雄误记为二十二，今据季羡林原文改之。（见《从学习笔记本看陈寅恪先生的治学范围和途径》，载《纪念陈寅恪教授国际学术讨论会文集》，中山大学出版社1989年出版）

【64】《冯友兰中国哲学史下册审查报告》，载《陈寅恪集·金明馆丛稿二编》，陈美延编，北京三联书店2001年出版。

【65】黄延复《文史大师——陈寅恪》，载《人物》，1983年第4期。

【66】陈封怀《"怪"教授》，载《人物》，1983年第4期。

【68】【70】【71】俞大维《怀念陈寅恪先生》，载台北《中央日报》副刊，1970年3月31日。

【69】《陈寅恪先生编年事辑》（增订本），蒋天枢撰，上海古籍出版社1997年出版。

【72】【79】【81】【84】《王观堂先生挽词并序》，载《陈寅恪集·诗集》，陈美延，北京三联书店2001年出版。

【75】吴宓《王国维在颐和园投河自尽之详情》，载《顺天时报》，1927年6月6日。转引自《吴宓日记》，第三册，吴学昭整理注释，北京三联书店1998年出版。另参见《王静安先生年谱》，赵万里编，载《国学论丛》，第一卷第三号，1928年4月。

【76】《王观堂先生挽联》，载《陈寅恪诗集》，陈美延、陈流求编，清华大学出版社1993年出版。

【77】《王静安先生年谱》，赵万里编，载《国学论丛》，第一卷第三号，1928年4月。

【78】《挽王静安先生》，载《陈寅恪诗集》，陈美延、陈流求编，清华大学出版社1993年出版。

【80】关于王国维为何自沉昆明湖之说法，最具特色者应是商承祚认为王国维妻妾有外遇，王氏不愿受辱而一死了之说。此说由于为尊者讳，罕有见于文字者。罗振玉之孙罗继祖主编《王国维之死》一书，所引商承祚之说语焉不详，只有"中不可道"一句，罗继祖理解为亲戚之间的矛盾，似不符合商氏本意。常任侠1940年1月12日记载："晨，商锡永（南按：即商承祚）来，留其在舍午餐，杂谈男女琐事，商云王静安以妇有外遇，故愤而自杀，未知信否也。"（见《战云纪事》，常任侠著，海天出版社1999年出版，232页）

王国维的亲家兼师友罗振玉认为王乃殉清而死，而清逊帝溥仪却认为是被罗振玉逼迫而死。在溥仪所著《我的前半生》（中华书局1977年出版）第四章中，溥仪在一个注释中说道："我在特赦后，听到一个传说，因已无印象，故附记于此，聊备参考。据说绍英（南按：溥仪宫内务府大臣）曾托王国维替我卖一点字画，罗振玉知道了，从王手里要了去，说是他可以办。罗振玉卖完字画，把所得的款项（一千多元）作为王国维归还他的债款，全部扣下。王国维向他索要，他反而算起旧账，王国维还要补给他不足之数。王国维气愤已极，对绍英的催促无法答复，因此跳水自尽。据说王遗书上'义无再辱'四字即指此而言。"溥仪此说，后被郭沫若著文加以肯定并传播，影响颇大，遂成为王氏之死诸说中的主流观点并为时人广泛采信。

【82】《王观堂先生挽词并序·随罗雪堂先生致陈寅恪书》，载《国学论丛》，第一卷第三号，1928年4月。

【83】《清华大学王观堂先生纪念碑铭》，载《陈寅恪集·金明馆丛稿二编》，陈美延编，北京三联书店2001年出版。

【85】《给孩子们书》（1926年9月14日），载《梁启超年谱长编》，丁文江、赵丰田编，上海人民出版社1983年出版。

【86】《与顺儿书》（1926年6月5日），载《梁启超年谱长编》，丁文江、赵丰田编，上海人民出版社1983年出版。

【87】梁启超《我的病与协和医院》，载北京《晨报副刊》，1926年6月2日。该文原是一份英文声明，交协和医院存入医案，后经人译成中文，刊诸报端。

◎ 元和新脚未成军

当罗家伦佩戴国民党少将军衔意气风发地踏入清华园，出任新改制的清华大学校长后，梅贻琦辞去教务长之职，赴美任清华留学生监督处监督，此前由他所"兼管"的国学研究院，校方再未指派他人前来主持。此时研究院已是强弩之末，最后一届只招收了王璧如一名学生，加上原留院的学生共有 16 人继续攻读。研究院衰落得如此之速，不禁令人生出"其兴也勃焉，其亡也忽焉"的感慨。面对零落的学生与半空的宿舍，使人备感落寞凄凉。雪上加霜的是，此时导师中的梁任公即将撒手归天，赵元任常去外地调查方言，讲师李济除到外地做考古发掘，还经常赴欧美参加考古学术会议，研究院事务只靠陈寅恪一人勉力支撑。据蓝文徵在《清华大学国学研究院始末》一文中云："寅恪先生为发展研究院计，遂请校方聘章炳麟、罗振玉、陈垣三氏为导师，马叔平（衡）为特别讲师，校方一一致聘，章、罗二氏均不就，陈氏自以'不足以继梁、王二先生之后'为词，再三恳辞，唯马先生应聘。"[1] 故到了研究院末期，所有指导研究生，指挥助教办事，联系离校同学或函复其请教诸教授问题，事无巨细，悉由陈寅恪一人处理，辛劳忙碌，自不待言。

就在研究院风雨飘摇、大厦将倾的最后时刻，已出任中央研究院历史语言研究所所长的傅斯年闻风而动，不失时机地向陈寅恪、赵元任二位导师抛出了橄榄枝。陈赵二人鉴于清华国学研究院前途的预势，兼有对历史语言研究事业的挚爱与对未来的憧憬，很快做出回应，表示愿意接受傅氏之请，分别出任中央研究院史语所下设的历史组和语言组主任。

历史没有记下正在南国羊城的傅斯年得知这一回音后的表情，可以想象的是，当他得到陈赵两位大师的回函，一定感到很爽，并为之深深地嘘了一口气。1928 年 11 月 14 日，也就是历史语言研究所成立后三个星期，傅斯年曾致信陈寅恪说："此研究所本是无中生有，凡办一事，先骑上虎背，自然成功。"[2] 字里行间，见出傅斯年沾沾自喜与偷着乐的神态意兴。

待搞定"二大"之后，像清华研究院成立之初，胡适没敢忽视王国维、梁启超这两座文化昆仑并世存在一样，心中窃喜的傅斯年，同样没敢忽视另一个人的存在，这便是清华国学研究院讲师李济。

1896 年 6 月 2 日生于湖北钟祥县的李济，字济之，四岁入蒙馆。1907 年，随时为小京官的父亲赴京，进入北京两个著名中学之一——位于南城的五城中学堂（北师大附中前身）读书，十四岁考入清华学堂就读。1918 年，以官费生的身份，与同班 50 多名同学连同徐志摩等自费生，悄然无声地去了美利坚合众国，开始了"放洋"生涯。

这年的 9 月 14 日，船抵美国旧金山，李济和诸友分手，与徐志摩等几人进入马萨诸塞州伍斯特市（Worcester）克拉克大学就读。1920 年，李济获硕士学位，同年转入哈佛大学攻读人类学专业，成为当时哈佛大学人类学研究院唯一的外国留学生，同时也是该院创建以来最早到校的唯一的研究生。哈佛三年，李济跟随具有国际威望的人类学大师胡顿（E.A.Hooton）、罗兰·B.狄克森（Roland B.Dixon）等教授，"利用民族学的一个观点，也就是中国历史上所指的中国与夷狄的说法，把中国的历史材料作一种分析"，欲进一步弄清整个中国民族是怎么形成及移动的，这"不但是中国历史上最现实的两件事，而且是一直到现在还在活跃表现中的事实"。[3]

1923 年，李济以他那凝聚了三年心血的《中国民族的形成——一个人类学的研究》

（*The Formation of the People of the Middle Kingdom：An Anthropological Inquiry*）论文获得哈佛大学哲学（人类学）博士学位，此为第一位中国人获此殊荣。这一年，李济二十七岁。

斩获博士学位的李济旋即收拾行装，告别了风景秀丽的查尔斯河畔与浸润着自己三年青春汗水的哈佛校园，踏上了归国途程。一只鲜活亮丽的"海龟"就这样穿过波涌浪滚的浩瀚大洋，挟西学文化新风锐气，精神抖擞、豪气飞扬地爬上了黄土凝成、板结干裂的远东大陆，回到了曾赋予他青春和梦想的故都北京。未久，受早年在克拉克大学接触并友善的学长、时为南开学校大学部主任的凌冰荐举，应校长张伯苓之聘，入主南开担任人类学、社会学兼及矿科教授，第二年兼任文科主任。

留学哈佛大学时的李济

其间，由于矿科专业的关系，结识了当时中国著名的矿物学家、地质学家翁文灏，并通过翁再度结识了在李济人生旅途上具有重要转折意义的国际级地质学大师丁文江（字在君）。丁氏作为在欧洲剑桥、格拉斯哥等大学求学七载，并于 1911 年辛亥革命爆发前归国的老"海龟"，此时已取得了中国地质学界的领袖地位，甚为学界同人推崇敬仰。[4]

1924 年，美国华盛顿史密森研究院弗利尔美术馆（Smithsonian Institution, the Freer Gallery of Art），派毕士博（Carl Whiting Bishop）率领一个代表团到中国进行考古发掘和研究，鉴于李济此前已到新郑做过田野考古发掘，毕士博邀请李济加入他们在北京的考古工作队。在丁文江的支持下，李济决定与对方合作，遂辞去南开教职，于 1925 年初，加入毕士博等人的行列。此举开创了"既维护主权，又公平合作"，利用外资搞科研的先河，为后来著名的殷墟第二、三次发掘的资金问题的解决打下了基础。

就在李济加入毕士博考古工作队之际，清华国学研究院也正在紧锣密鼓地筹备并四处招兵买马。时任清华大学筹备处顾问的丁文江建议李济去研究院，一边任教一边做研究工作，并把情况介绍给老朋友梁启超，二人共同出面向清华校长曹云祥推荐，曹一听李乃哈佛归国的博士，当场表示聘请。于是，时年二十九岁的李济，继"四大"之后，以特别讲师的身份出任清华国学研究院导师。

此时的李济虽有大师的身价，并且是研究院的五位导师之一，但后世士林却没有把他与王、梁、陈、赵"四大导师"并列而成为"五大"，究其原因，表面上看是他没有前"四大"的教授头衔，其实并不尽然。由于李济当时正和美国弗利尔美术馆合作组织考古发掘事宜，在时间分配上，考古发掘占相当比重，因而大部分薪水由美方拨发，每月 300 元，清华每月发 100 元，二者合在一起，正好和梁、王、陈、赵"四大"教授的薪水持平。[5]因清华支付的 100 元并不是教授的薪水，故只能给个特别讲师的帽子戴在头上，以兼职的身份支取酬金。想不到这"教授"与"讲师"两顶帽子的不同，造成了儒林士子多年的疑惑与不解。

据清华档案馆所藏《研究院纪事》称，1927 年 6 月，清华学校评议会在讨论李济函询其下年度待遇问题时，议决："如毕士博方面仍续约，则本校继续聘李济为研究院讲师；如毕士博方面不续约，则本校聘李济为大学部教授。结果毕士博继续聘李济与之一同进行考古发掘，李济下年度仍任研究院讲师。"[6]这就是李济没有被后世誉为"五大"之一，而只称"五位"之一的缘故。

清华学校国学研究院毕业证书，此为李济作为五位导师之一的"铁证"

第四章　史语所的第一桶金

1926 年 2 月 5 日，李济与地质学家袁复礼同赴山西，沿汾河流域到晋南做考古调查。其间发现了几处新石器时代的彩陶遗址，并取得了一些标本。在初步确定几个可供发掘的地点后，于 3 月底返回清华园。同年 10 月，在李济的直接协调洽谈下，由清华研究院和美国弗利尔美术馆共同组织，对方出大部分经费，李济、袁复礼主持，赴山西夏县西阴村进行田野考古发掘（南按：按照双方协议，发掘古物永久留在中国）。这是中国人自己主持的第一次正式的近现代科学考古发掘尝试，李袁二人在山西工作了两个多月，直到 12 月 30 日方结束。此次发掘收获颇丰，共采集了 76 箱出土器物，分装 9 大车，于同年年底，历尽数次艰险磨难和几个昼夜的风餐露宿，总算安全无损地押运到清华研究院。山西夏县西阴村遗址的成功发掘，真正揭开了中国现代考古学序幕，标志着现代考古技术在远东这块古老大地上生根发芽。作为人类学家的李济也由这次发掘而正式转到考古学领域的探索与实践中，从而奠定了他在中国现代考古学发展史上开一代先河的大师地位。

1928 年 10 月底，李济以清华研究院导师的身份赴美讲学后归国，路经香港，就在这个短暂的停留空隙，李济顺便到中山大学访友。想不到一进校园，就与即将在中国政坛与学界掀起滔天巨浪的重量级人物——傅斯年相识了。

傅斯年当然知道李济的分量，因而二人一见面，傅氏就像对待老朋友一样谈起中央研究院办历史语言研究所之事。按傅斯年的说法，原来聘请的基本都是本土学者，现在全部或大部分要改为欧美派，目前已聘请了陈寅恪与赵元任，希望李济能加盟入伙，并出任第三组——考古组主任。经过一番交谈，李济的心被说动了，他决定辞去清华和弗利尔美术馆的职位，加盟史语所这个新升起的山头，并集中全力主持考古组工作。自此，清华研究院残存的三位导师尽数归入傅斯年亲手树起的大旗之下，史语所也顺利完成了由西方欧美派"海龟"取代东方"土学者"的成功转型。

这一年，傅斯年三十三岁，李济三十三岁，赵元任三十七岁，陈寅恪三十九岁。

对于这一决定史语所未来发展方向和命运的划时代成果，傅斯年自是兴奋异常，他极力挽留李济在中大多住几日，与自己好好聊聊日后的事业如何像写文章一样，起承转合，有板有眼，有始有终地做下去，并放出异彩灵光。兴之所至，傅斯年找出陈寅恪写给他的诗文略带炫耀地让李济观赏，也暗含坚定对方信念之玄机。陈诗作于 1927 年 7 月 6 日，诗曰：

> 不伤春去不论文，北海南溟对夕曛。
> 正始遗音真绝响，元和新脚未成军。
> 今生事业余田舍，天下英雄独使君。
> 解识玉珰缄札意，梅花亭畔吊朝云。[7]

文中所谓"北海南溟"，当指陈寅恪视傅为可以共同唱和呼应的知己。"正始遗音"，则指此前投昆明湖自尽的王国维。"元和新脚"可解释为包括陈氏自己在内的青壮年学者。全诗为后世学者争议最大者乃"天下英雄"一句。按美籍华裔学者余英时的说法，此句应看作陈氏"其立场与傅有别"，且互为欣赏，大有"唯使君与操耳"之意。[8] 台湾学者杜正胜认为余说有误，其理正好相反，陈与傅的立场不但未"有别"，且互为欣赏，大有"唯使君与操耳"之意。按杜氏的诠释，诗中"未成军"者，不一定仅指傅斯年正在筹备的中央研究院史语所，应涵盖更广博的深意。当时无论是中山大学的语言历史研究所转变为中研院史语所，还是中山大学本土派学者被欧美派"海龟"所取而代之，甚至包括盛极一时的清华研究院，只有陈、赵、李等几个不足四十岁的"元和新脚"予以掌舵，支撑整个中国新学术阵营的"宏大架构"尚未成军，还需加以组织训练。这便是陈寅恪诗中的本意。

1927年傅斯年与胞弟傅斯严（中）、何思源（右）于广州中山大学合影。后来何思源累官至山东省教育厅长、省主席，北平特别市市长

李济到中山大学之时，离陈寅恪作此诗文又过了近一年半的时光，也是傅斯年单独拉起杆子，积极招兵买马，扩编队伍，欲使"元和新脚"成为一股强大生力军的关键时刻。因而李济的态度令傅斯年神情亢奋，激动不已。

李济走后，傅斯年感觉底气倍增，有了陈、赵、李三员大将，如同当年刘备得到了关羽、张飞、赵云三位英雄豪杰，中央研究院史语所可以与清华或清华之外的任何一家院校、学术机构抗衡叫板儿，甚至恃强斗勇地开打了。于是，他在给罗家伦、冯友兰、杨振声等几位清华名流大腕的信中，以卖弄加显摆的姿态表露道："现在寅恪、元任两兄，及李济之，我们的研究所均不免与之发生关系。这不是我们要与清华斗富，也不是要与清华决赛，虽不量力，亦不至此！亦不是要扯（拆）清华的台，有诸公在，义士如我，何至如此！乃是思欲狼狈为善（狼狈分工合作本至善），各得其所！"

紧接着，傅斯年以沾沾自喜外加几分自负的心情，向三人剖析了史语所与清华的优劣与合作的前景：

一、清华到底是个学校，此则是一纯粹研究机关。

二、清华到底在一处（北平），此则无所不在。

三、清华各种关系太多，此则究竟是个小小自己的园地。

所以在清华不便派人长期在外时，可由我们任之。我们有应请请不起，而清华也要请的人时，则由清华请之。有可合作的事时，则合办之。诸如此类，研究的结果是公物，我们决不与任何机关争名。故我们感觉担负（独力）不起者，愿与诸兄商量而合办；清华有感觉不便者，我们成之，如此而已！

最后，傅斯年申明了他办研究所的学术理念和宗旨：

> 一、到处找新材料。二、用新方法（科学付给之工具）整理材料。其事业：一、助有志此项研究之学者；二、继续已动手之工作之进行（有他处已动手，而力不足遂止者）；三、自己创始几件合众力方可成功的工作；四、训练若干有新观点、用新方法之少年工作者（我们都算在老年列里）；五、为全国同趣之人创一个刊印研究结果，并奖励机关。此必我兄所赞同也。[9]

从这几项简短的表述中，可见傅氏气魄之大和不同于常人的学术眼界。这一宏阔的构想，在史语所成立之初，傅斯年就已在心中酝酿成熟并以他惯有的"大炮"风格，向外界放出了一连串闪耀着最新思想火花与科学光芒的响亮口号：

> （一）凡能直接研究材料，便进步，凡间接的研究前人所研究或前人所创造之系统，而不繁丰细密的参照所包含的事实，便退步。
>
> （二）凡一种学问能扩张他所研究的材料便进步，不能的便退步。
>
> （三）凡一种学问能扩充他作研究时应用的工具的，则进步，不能的，则退步。[10]

这就是傅斯年亲手拟定的、对后世中国田野考古学产生了巨大影响并具有里程碑意义的《历史语言研究所工作之旨趣》一文的核心宗旨。傅斯年以西方先进的科学理念观照中国自先秦以来的治史方法，在电光石火交撞中新的思想之门被开启，随之跃出的是一个具有重大开创性意义的研究思路和方法。在傅氏心中，现代历史学上的若干问题必须得益于自然科学的帮助才能解决，否则无从下手。对此，傅举例说："譬如春秋经是不是终于获麟，左氏经后一段是不是刘歆所造补，我们正可以算算哀公十四年之日食是不是对的，如不对，自然是伪作，如对了，自然是和获麟前春秋文同出史所记。又譬如我们要掘地去，没有科学资助的人一铲子下去，损坏了无数古事物，且正不知掘准了没有，如果先有几种必要科学的训练，可以一层一层的自然发现，不特得宝，并且得知当年入土之踪迹，这每每比所得物更是重大的智识。所以古史学在现在之需要用测量本领及地质气象常识，并不少于航海家。"为利用现代科学的资助打开新的古史研究局面，傅特别强调："一分材料出一分货，十分材料出十分货，没有材料便不出货。""我们不是读书的人，我们只是上穷碧落下黄泉，动手动脚找东西！"在《旨趣》的最后，傅斯年以当年在北京街头游行叫喊的激情与豪气振臂高呼：

一、把些传统的或自造的"仁义礼智"和其他主观，同历史学和语言学混在一起的人，绝对不是我们的同志！

二、要把历史学、语言学建设得和生物学、地质学等同样，乃是我们的同志！

三、我们要科学的东方学之正统在中国！[11]

李济在后来的回忆中写道："以历史语言研究所为大本营在中国建筑'科学的东方学正统'，这一号召是具有高度的鼓舞性的，举起这面大旗领首向前进的第一人，是年富力强的傅斯年；那时他的年龄恰过三十不久，意气丰盛，精神饱满，浑身都是活力；不但具有雄厚的国学根底，对于欧洲近代发展的历史学、语言学、心理学、哲学以及科学都有彻底的认识。他是这一运动理想的领导人；他唤醒了中国学者最高的民族意识；在很短的时间内聚集了不少的运用现代学术工具的中年及少年学者。"只是，极富理性与科学眼界的李济没有因为傅斯年的大呼小叫而陶醉，反而为之担心并提出警告："口号是喊响了，热忱是鼓起来了，如何实行？若是这进一步的问题不能圆满地解决，口号将止于口号，热忱终要消散的。"[12]

傅斯年毕竟非等闲之辈，他同样意识到了这一点，因而在处理各项事务时，较之中山大学时代更加谨慎、务实和富有远见。经过一年的筹备及各方面的反复磨合，1929年6月，傅斯年在主持的所务会议上，正式决定把全所的工作范围由原来预设的九个组，压缩为历史、语言、考古三个组，通称一组、二组、三组。主持各组工作的分别是陈寅恪、赵元任、李济"三大主任"。后又增设第四组——人类学组，由留美的"海龟"吴定良博士主持工作。这一体制，直到史语所迁往台湾都未变更。

万事俱备，只欠东风，历史语言研究所就要鸣锣开张了。当三个组的人员各就各位后，傅斯年以非凡的处事能力与人脉关系，很快为第一组找到了内阁大库档案予以研究，这是史语所创建以来掘到的第一桶金，也是傅、陈等人在学术界声威大震的转折点。史语所正是凭借这一学术研究资本迅疾崛起、声名远播的。

◎ 内阁大档的"发见"

与赵元任、李济二人略有不同的是，由于陈寅恪不舍得丢掉清华园这个与自己建立了血肉情感的学术阵地，此前虽答应傅斯年出任史语所历史组主任兼研究员，但并未前往广州赴任。当盛极一时的清华国学研究院解体之后，陈氏转为清华大学中文、历史两系合聘教授，史语所一组的职务实际属遥领性质，除人员聘请与研究课题等方面亲自操劳外，其他事宜并不过问。这样的格局未过多久，发生了一件对中国新史学创建具有划时代意义的大事。正是这件大事，促使陈寅恪不得不拿出相当大的精力出面予以周旋办理，这便是中国学术史上著名的号称8000麻袋15万斤清宫内阁大库档案的"发现"。

档案资料是记录国家史实的重要文件，属于国家高级机密。因此，各国历朝历代都极其重视档案的收藏与管理，并设有专门管理机构。如同世界上所有的文明国家一样，号称世界四大文明古国之一的中国，对文献资料特别重视，其收藏和管理也更为用心，无论是商周还是秦汉唐宋元明，莫不如此。当历史长河流淌到清王朝时，当朝的统治者同样按照国家惯例制定了严格的管理制度，把国家档案分为内阁大库档案、军机处（亦叫方略大库）档案、内务府档案、宗人府档案、国史馆档案、宫中各处档案和各部院衙门档案等不同类别加以保存收藏。其中，除大部分为汉文，还有满文老档以及英、法、德等文字的外交档案。

清王朝自他们的祖先走出白山黑水，催动铁骑撞开山海关那斑驳苍老的大门入主中原后，出于多方面的考虑，下令焚毁了大量明代档案和许多入关以前形成的对清朝不利的老档。后来根据政治形势的需要，又不断进行篡档、改档。越是如此，当朝的统治者就越担心档案泄密，也越发重视其收藏管理。对于各类国家档案，当朝统治者规定，任何人都不得随便阅览，以至清内阁大库档案出现了"九卿翰林部员，有终身不得窥见一字者"【13】的情形。

史载，有清以来的内阁大库，设在"旧内阁衙门之东，临东华门内通路，素为典籍厅所掌。其所藏，书籍居十之三，档案居十之七。书籍多明文渊阁之遗，其档案则有历朝政府所奉之朱谕、臣工缴进之敕谕、批折、黄本、题本、奏本、外藩属国之表章、历科殿试之大卷"【14】等。当时仅管理这批档案者就达200余众，足见朝廷对此之重视。

清嘉庆年间，紫禁城中发生大火，导致清宫档案部分损毁。后来，由于档案设施的限制，国家内忧外患日趋频繁，加之朝政失修混乱，统治者已无力、无心顾及档案之事，致使一些档案遭受雨淋、水淹而霉烂，虫咬鼠噬的情况也日趋严重。而保存于内阁大库的档案，随着年复一年不断增加，库房渐渐不能容纳。到了同治、光绪年间，因洪、杨率领太平军在南方造反起事，神州大地战火连绵，烽烟不绝，当朝统治者更是无心过问档案管理事宜，就连库房年久失修几近崩塌，各部署衙门也相互推诿，敷衍塞责，没人愿意出面承担相关的责任了。

光绪三年（1877），内阁大库开始渗漏，负责管理的官员多次催促具体管理的内务府派人修缮，但内务府从大臣到太监，都采取背着手撒尿——不予理睬的姿态拖延下来。

光绪十二年（1886），内阁大库已严重损坏，眼看就要倾塌崩毁，内务府一帮臣僚仍置若罔闻，不管不顾。

光绪二十五年（1899），清廷执掌此事的官员眼见内阁大库破败不堪，已成风雨飘摇之势，认为整个大清王朝已千疮百孔，即将崩溃，这些既不能吃亦不能喝的破烂档案已无任何可用之处，遂下令将内存朱批红本 4500 余捆，约 30 万件清理出库，拉到京城郊外一把火烧了个精光。据说此前主事的官员们议定只焚烧副本之霉烂者，但到了具体办事人员移档时，因正副本交相混杂，且正本也多有残缺不全者，故不分正副本，凡稍有霉烂者都被一网打尽，葬身火海。这批被焚毁的档案除明朝遗留的旧书、旧档外，还有清朝自入关以来 200 多年的清档，如此之巨的历史文化财富，在世事纷乱、王朝动荡的大格局中全部化为灰烬。此后，主理档案事的清廷官员又颁发一道明令，各存档机构可以将"实在无用者，悉行焚毁"。自此，焚烧档案在晚清帝国遂成为一道合法程序和处理方式在各衙门兴行开来。

到了末代娃娃皇帝溥仪登台亮相、醇亲王载沣摄政时期，整个朝廷混乱不堪，大清国即将全面崩溃，各种礼仪规矩已无章可循，为重整朝纲，挽狂澜于既倒，醇亲王下令内阁大臣寻出立国之初摄政典礼的旧档案以便参考。执事者得令后往大库中搜寻，因库内极端混乱而不能觅，便回奏载沣曰："内阁大库无用之旧档太多，着实已无保存之必要，应加以焚毁以减轻库存的容量。"头脑昏昏不明的载沣认为此言有理，便下达了一道即刻焚毁的命令。于是，从宣统元年（1909）八月初一开始，一批官员加帮工每天都从大库内向外挑拣"无用旧档"。至八月底，共挑出乾隆至同治朝红本 16062 捆，全部露天堆置在内阁大库外的庭院中，只等某位高官大员一声令下就要焚成火灰。

当此之时，号称清王朝最后一根支柱的内阁大学士、一代名臣张之洞正兼管学部事务。见此情景，颇为痛心，遂以一个杰出政治家的眼光和气度，上疏奏请设京师图书馆，以保存内阁大库的图书典籍。张的奏请很快得到批准，时在学部任参事的著名甲骨学者罗振玉，正好被派往内阁大库接收图书典籍，罗氏在库外堆放的档案中随手抽出几份阅看，见里面有许多珍贵的文献，惊诧不已，建议张之洞立即上疏停止焚档，并请求将这批档案全部归入学部管理。张之洞深以为然，上下奔走，终使 200 多万件档案和部分试卷免于劫难，被陆续运至学部，而后分存于学部大堂后楼与国子监南学内。

宣统三年（1911），辛亥革命爆发，风雨飘摇的清王朝于次年 2 月倒台，宣统皇帝退位，历史进入了更加繁杂乱的民国时代。也就在这一年，民国政府在国子监成立了"国立历史博物馆筹备处"，原清廷学部所藏档案与试卷全部归入历史博物馆筹备处，暂存于敬一亭中，总数约 8000 麻袋（南按：王国维说 9000）。这批数量庞大、内容神秘的"货物"，令当时的博物馆筹备处主任胡玉缙甚为担忧，日夜提防工役们放火焚烧。因为他发现堆在敬一亭中的麻袋在不断地减少，作案者便是那些雇来的工役打杂者，这些人多目不识丁，往往为了一己私

晚年的罗振玉

利，把麻袋中盛装的档案倒在地上，只偷偷裹挟着麻袋皮到外面铺子里卖些小钱换酒来喝。胡氏其人老于世故，不但深研旧学，且博识前朝掌故。当年故宫武英殿里曾藏过一副铜活字，后来太监们争相偷盗，偷得"不亦乐乎"。待到王爷与主事的大臣要来考察的时候，深感不妙的太监就放了一把火，不但铜活字不见了踪影，连武英殿也一同烧了个精光。胡氏想到这个掌故旧闻，先自惊出一身冷汗，假如麻袋被偷盗过多，敬一亭也很可能重蹈当年武英殿的覆辙，一把火而变成"没有"。于是，胡氏于惊恐忧虑中找自己的顶头上司——教育部商议一个或迁移或整理或销毁的办法。谁知专管这项事务的教育部社会教育司司长夏曾佑，比胡玉缙更懂得前朝旧故和"国学"奥秘，听罢当即摇头拒绝。关于此事的经过和具体细节，曾在教育部任金事的周豫才（鲁迅）专门做过一篇《谈所谓"大内档案"》的文章叙述其事。按鲁迅的说法，这个夏曾佑"是知道中国的一切事万不可'办'的；即如档案罢，任其自然，烂掉，霉掉，蛀掉，偷掉，甚而至于烧掉，倒是天下太平；倘一加人为，一'办'，那就舆论沸腾，不可开交了。结果是办事的人成为众矢之的，谣言和诽谤，百口也分不清。所以他的主张是'这个东西万万动不得'"。[15]在这一"国学"秘诀的处事思想指导下，这批"货物"再也没有人敢来操心或做什么主张了。

好在工役们的偷盗行为尚有节制，迟迟未见火光闪现，麻袋们在敬一亭静静地躺了几年之后，教育部主事者突然心血来潮，派出几十名部员，与历史博物馆员工、夫役合兵一处，对8000麻袋内阁档案给予整理。时在教育部社会教育司担任第一科科长的鲁迅被差遣前来共同操作。鲁迅说：这批档案之所以在被冷落了十几年之后，复重新被人忆起并成为热门，起因是当时所谓"藏书和考古名人"的教育部F总长[16]，听说从中发现了宋版书及"海内孤本"。这个时候的历史博物馆筹备处已经从国子监迁到故宫午门大殿办公，胡玉缙主任也早已退职，另接了一个"京腔说得极漂亮，文字从来不谈"但又"忽然变成考古家"的所谓旗人顶替其职。[17]按当时的整理方法，档案分为"有用"和"无用"两部分，几十个部员连同夫役在尘埃和破纸堆中出没了几十天，总算告一段落。据鲁迅的记载："保存的一部分，后来给北京大学又分了一大部分去。其余的仍藏在博物馆。不要的呢，当时是散放在午门的门楼上。"不久，随着F总长的"下野"，这批档案复又落到以前的结局，没有人再提起了。为此，鲁迅曾感慨曰："中国公共的东西，实在不容易保存。如果当局者是外行，他便将东西糟完；倘是内行，他便将东西偷完。"内阁档案的命运，就是在此种境况下度过了它曲折艰难的一段历程。

随着民国时局动荡加剧，隶属于教育部的历史博物馆筹备处渐渐成了无娘的孩子，资金短缺，无人过问，处于半死不活的状态。1921年，博物馆筹备处那位"满口漂亮京腔"的旗人主任和他的几位同僚，忽然鬼魂附身一样天目洞开，从糨糊瓶状的脑壳里，蹦出了一个求生存图发展的"奇计"，将馆内贮存的8000麻袋、总重量为"十五万斤"的明清档案，在月黑风高之夜，神不知鬼不觉地悄悄运出，当作废纸卖给了北京同懋增纸店，得银4000元。

　　档案变卖后，一直不为外界所知。次年2月，已成为前朝遗老、客居天津的著名古物学家、古文字学家、甲骨学大师罗振玉，因事进京，于偶然之际在市肆中发现了洪承畴揭帖和朝鲜国王贡物表等明代档案。学识渊博、眼光敏锐的罗振玉，立即意识到此物定出自清内阁大库，大吃一惊，急忙寻踪觅迹，调查此物的来龙去脉。经过一番周折，最后找到同懋增纸店并弄清了事情真相。

　　此时的同懋增纸店已经把档案当作废纸转卖出了约计1000麻袋，其余部分则被老板差人运到了定兴与唐山两地的纸厂，准备化成纸浆，制造"还魂钱"。

　　罗振玉听罢，心急如焚，当场与纸店老板交涉，表示愿将这批"废纸"全部收购。庸俗不堪又自以为是的老板并没有把这位遗老放在眼里，更不肯费时耗力去运回那堆废纸，一口回绝。罗振玉意识到事情的紧迫和严重，如稍有拖延，后果不堪设想。他当即表示可以高价收购，以弥补对方的损失。纸店老板一听有利

罗振玉甲骨文书法

可图，立即改变态度，答应以1.3万元的高价转售给罗振玉。罗氏咬牙答应下来。为筹到这笔巨款，罗振玉回到天津后，不惜倾家荡产、债台高筑，总算在规定的日期内凑齐了所定款项，把剩余的档案全部购回，并分藏在北京和天津两地，总算使其摆脱了被毁灭的厄运。此后，罗氏与他的朋友兼亲家王国维，一起组织人力对所购档案进行整理，并汇编成《史料丛刊初编》十册陆续印行。这批研究成果甫一问世，立即在国内外学术界引起了强烈震动，很快传遍天下儒林。

　　1925年7月，王国维受清华学生会之邀做暑期学术演讲，在《最近二三十年中国新发现之学问》一题中，王氏对这批档案收集、整理、取得的成果，以及所显现的辉煌前景，做如下叙述："自汉以来，中国学问上之最大发见者有三：一为孔子壁中书；二为汲冢书；三则今之殷墟甲骨文字，敦煌塞上及西域各处之汉晋木简，敦煌千佛洞之六朝及唐人写本书卷，内阁大库之元明以来书籍档册。此四者之一已足当孔壁、汲冢所出，而各地零星发见之金石书籍，于学术有大关系者，尚不与焉。故今日之时代可谓之'发见时代'，自来未能有比者也。"【18】

　　此时，王国维已在甲骨文字、流沙坠简及敦煌千佛洞写本书卷的研究中，取得了巨大成就，内阁档案的"发见"，无疑将于这座文化昆仑的高山之巅再添新的巨石，使之更加巍峨壮观。遗憾的是，这位"老实得像火腿一般"的国学大师，在两年之后"便在水里将遗老生活结束"（鲁迅语）了。而此前，失去经济来源的另一位遗老罗振玉，已无力支撑此项整理重任，无奈中，只好忍痛割爱，为内阁档案寻找新的主人。此举很快被日本人知晓，欲以伪满洲国的名义出高价购藏，罗振玉甚是欢喜，很快谈妥并雇人打

包准备转运。就在这个节骨眼上，消息传出，以著名金石学家、北大研究所国学门教授马衡为首的北京学术界立即群起攻之，借助新闻媒体口诛笔伐，并上书国民政府，坚决阻止将这批民族文化瑰宝运出京津。国民政府闻讯，立即派出农矿部参事李宗侗（字玄伯）等一干人马前往查办。罗振玉见事情闹大，难以成行，只好黯然作罢，表示另选合适买主。此时客居天津的大收藏家李盛铎（号木斋）得此信息，认为奇货可居，主动上门接洽。罗振玉顺水推舟，将藏在北京的大部分约 7000 麻袋档案以 1.6 万元的价格转让给了李盛铎。另一小部分被北大国学研究所购得。存天津的一小部分，后来被罗振玉偷偷运到了旅顺，归属伪满洲国收藏，1936 年又移交给了奉天图书馆。

◎ 陈寅恪与内阁大档

李盛铎满心欢喜地将档案弄到手后，本以为得了个宝贝疙瘩，想不到很快成了烫手的山芋。由于时局动荡，军阀混战不息，手中财力很快出了问题。李盛铎深感自己能力有限，根本无力对这批浩如烟海的文献进行系统整理研究，逐渐萌生脱身之意。北大教授马衡得到消息，于 1928 年春写信给中山大学的傅斯年相商购买办法，但因款项过大，傅斯年深感自己心有余而力不足，只好暂时放弃，静观待变。

因内阁档案"发现"在中外学术界引起广泛瞩目并在坊间引发轰动效应，许多学术机构得知李盛铎转卖消息后，蠢蠢欲动，纷纷设法筹款准备收购，其间风头最健者当属以美国教会为背景的燕京大学。对此，北大、清华、故宫博物院等机构的硕学名儒，纷纷表示这批档案文献万不可落入美帝国主义的代言人——司徒雷登所实际操纵的燕京大学手中。而对这批"货物"关注日久，居住在清华园内的陈寅恪对此亦深以为然，他在给傅斯年的信中明确表示："现燕京与哈佛之中国学院经费颇充裕，若此项档案归于一外国教会之手，国史之责托于洋人，以旧式感情言之，国之耻也。"[19]

因事涉明清重要国史资料，作为史家的陈寅恪为此倾注极大热情，当是情理中事。陈氏力主把这批珍贵的历史文献留于纯粹的中国研究机构之手，或北大、或清华、或故宫博物院、或中央研究院史语所等。其中，陈寅恪寄予最大希望的还是中央研究院。就当时的情形而论，无论是北大还是清华又或故宫博物院，都很难拿出一大笔款项，购买这批在当权者看来并无多少价值，但在学术界看来却是奇珍异宝的内阁档案。于是，借傅斯年由广州来北京办事之际，胡适与陈寅恪皆主张由傅氏出面向中央研究院院长蔡元培请拨款项，以求购这批"国之瑰宝"。

此时，傅斯年操作的中央研究院历史语言研究所刚刚成立，除聘请了陈寅恪、赵元任等几位学贯中西的大字号"海龟"，并以此对外自豪地加以宣扬外，就学术资料的占有和成果论，并无更多的看家本钱，甚至连压箱底的本钱也一无所有，无论是北大还是清华，"元和新脚未成军"的史语所均不能与之抗衡。听了胡适与陈寅恪的鼓动，傅斯年掐指一算，如果将这批大内档案弄到手中，不但填补了家业之不足，还可在业内一炮打响，令史语所一夜间名震天下。想到此处，傅氏神情大振，立即鼓起翅膀行动起来，并于1928年9月11日上书蔡元培，曰：

子民先生左右：

　　午间与适之先生及陈寅恪兄餐，谈及七千袋明清档案事。此七千麻袋档案，本是马邻翼时代[20]由历史博物馆卖出，北大所得，乃一甚小部分，其大部分即此七千袋。李盛铎以八千元（按：实为一万六千元）自罗振玉手中买回，[21]月出三十元租一房以储之。其中无尽宝藏，明清历史、私家记载，究竟见闻有限；官书则历朝改换，全靠不住。政治实情，全在此档案中也。且明末清初，言多忌讳，官书不信，私人揣测失实。而神、光诸宗时代，御虏诸政，《明史》均阙。此后《明史》改修，《清史》编纂，此为第一种有价值之材料。罗振玉稍整理了两册，刊于东方学会，即为日本、法国学者所深美，其价值重大可想也。

　　去年冬，满铁公司将此件订好买约，以马叔平诸先生之大闹而未出境，现仍在京。李盛铎切欲即卖，且租房漏雨，麻袋受影响，如不再买来保存，恐归损失。今春叔平先生函斯年设法，斯年遂与季、骝两公商之，云买，而付不出款，遂又有燕京买去之议。昨日适之、寅恪两先生谈，坚谓此事如任其失落，实文化学术上之大损失，明史、清史，恐因而搁笔，且亦国家甚不荣誉之事也。拟请先生设法，以大学院名义买下，送赠中央研究院，为一种之Donation，然后由中央研究院责成历史语言研究所整理之。如此，则（一）此一段文物不致失败（散），于国有荣。（二）明清历史得而整理。（三）历史语言研究所有此一得，声光顿起，必可吸引学者来合作，及增加社会上（外国亦然）对之之观念，此实非一浪费不急之事也。先生虽辞去大学院，然大学院结束事务，尚由杏佛先生负责，容可布置出此款项，以成此大善事，望先生与杏佛先生切实商之。此举关系至深且巨也。至费用，因李盛铎索原价一万八千元，加以房租，共在二万以内，至多如此。叔平先生前云可减，容可办到耳。专此，敬颂
道安！

　　杏佛先生同此！

　　学生　斯年谨呈。九月十一日[22]

蔡元培接信后，鉴于傅斯年一片至诚和超人的组织能力，同时出于对傅的信任，未

敢忽视，立即与留在大学院处理后事的杨杏佛协商，表示依傅斯年之说而行。傅氏听罢，大为高兴，立即电告在北京代表政府主此事的农矿部参事李宗侗与清华的陈寅恪，请其立即与李盛铎联系收购事宜。李盛铎本乃商人收藏家，见中央研究院确有诚意，想到燕京大学方面即将谈成，此局已成鹬蚌相争之势，立即拿出"无商不奸"的祖宗家训和无赖气概，表示非三万元莫谈，以此收到渔翁之利。李宗侗一看对方露出如此丑恶嘴脸，甚为恼火，当即想以政府之特殊权力强迫收买，让其奸计落空。但又"恐李木斋（盛铎）怀恨在心，暗中扣留或毁损，且须在国府通过一条议案，极麻烦费事"【23】，遂强压怒气，开始向对方晓以民族大义，讨价还价。此后，经陈寅恪与李宗侗共同出面几次与李盛铎协商周旋，总算于1929年3月将此事敲定，7000麻袋均由中央研究院前来收购。

　　内阁档案的交易，是陈寅恪加盟中央研究院以来，为史语所具体承办的第一件大事和实事。从后世留存的陈傅二人通信看，自1928年至1929年春、夏的一年多时间里，有相当大的一部分内容是商讨内阁档案的收购事宜。如陈寅恪在1929年3月1日致傅斯年信中云："前日送交李木斋一万，既已收款，即已购定矣。"又说："已付李公一万元，乞告杏佛先生，彼已书一收条，俟再付一万后，将与二次之收条一同寄院存案。李藏档案，天津有一部分，非特别请铁路局拨车运不可，此事弟已转托古物保管委员会北平分会，即马叔平，俟付清二万及房屋定后，才能进行，目前亦空空预备以待而已。"【24】心性孤傲，从不愿出面求人办事的陈寅恪，此次竟放下国学大师的架子，赤膊上阵，亲自与自己向来极端讨厌的商人在价格、钱款等事务上斡旋游说、筹划操办。从双方来往

中央研究院成立后，院长蔡元培与同人合影。前排左起：2汪敬熙、3蔡元培、4丁西林、5周仁、6王家楫；后排左起：2竺可桢、3赵元任、8李济、9傅斯年、10陶孟和

的言行中，充分显示了陈氏对这批档案的重视与早日得到而后快的急迫心情。

1929年8月，在陈寅恪等人的积极努力下，李盛铎转让的档案全部运往北平北海静心斋，合计约6万公斤，其中破烂不堪者约2.5万公斤——这是史语所自成立以来所获得的第一笔宝贵史料和学术研究资源。

内阁档案的易主，被傅斯年有幸言中，中央研究院历史语言研究所"有此一得，声光顿起"，达到了一鸣惊人、为天下学界所重的奇效。而稍后随着安阳和城子崖遗址考古发掘的持续进展与巨大成功，史语所再度声威大震，其担负的历史研究与中华文明探索的前驱性使命和辉煌成果，令学界同人为之艳羡。再后来，居延烽燧等遗址出土的大批书写文字的汉简在胡适从中周旋调和下，最终落入北大文科研究所手中。太平洋战争爆发后，出于安全考虑，这批汉简被运往美国保存，史语所历史组的劳榦等人根据所掌握的照片副本，在四川李庄继续进行整理研究。当年王国维所称道的20世纪最伟大的"四大发见"，有三大发现的实物资料或摹本已操控在史语所囊中。由此，原本在中央研究院八个研究所排行第七，倒数第二，"按说它不算是吃香的一个所，可是因为它的所长傅斯年是一个大手大脚的人，于是它在中央研究院中逐渐膨胀（像傅斯年的肚皮一样）"[25]，一跃成为龙头老大。其出类拔萃的人才阵容和庞大、珍稀的学术研究资源，不但令北大、清华的文学院相形见绌，即使是排在中央研究院前六名的各研究所也无力与其抗衡，史语所当之无愧地成为光芒四射、傲视群雄的学术重镇。正如董作宾后来在《历史语言研究所在学术上的贡献》一文中所言：到了1948年，中央研究院已有13个研究所，史语所排行第九，"该是一位小弟弟，其实他一向在研究院中被推居老大哥的第一把交椅上"。史语所其人员多达84人，比其他的所多1—9倍。而"那些兄弟所们，在敬、畏、妒，复杂情绪之下，不能不共尊他是老大哥，称之曰'大所'"[26]。

就在内阁档案易主之前的1929年春末，中央研究院史语所已由广州迁往北平北海静心斋办公。渐成"大所"之长的傅斯年自搬来北平，如潜龙出渊，除了统率史语所本部人马外，还跃马挺枪杀回北大，于雾色苍茫中争占地盘，以再展当年学生领袖的风采与辉煌。傅入主北大公开的名号是北大文学院历史系兼职教授，暗中的打算是借授课之机，发现读书种子和有希望的学术研究苗子加以栽培笼络，以便等其毕业后拉入史语所，继续扩大"大所"的阵营和声势。想不到傅之行动，引起了所内人员的高度关注与羡慕。几位资深研究员想到走南闯北，奔波努力，到头来还是穷书生一个，家中上有老下有小，靠自己的薪水难以维持体面的生活，倘在高校兼课，自可挣一笔薪金以补贴家用，于是跟风而上，纷纷在北大、清华和其他几所高校兼起课来。眼见所内主力干将如李济、董作宾、梁思永等都跑到大学校园设坛授徒，那些副研究员以下的诸位小喽啰因无资格跑到大学兼课捞外快，便在迷蒙的京华烟云与外部精彩的物欲诱惑中，开始胡思乱想，渐渐驰心旁骛、涣散放纵起来，整个史语所乱象丛生。傅斯年一看这等情形，深感大事不好，立即召开所务会，鸣锣收兵，规定凡史语所专职研究员，

1936年1月28日,傅斯年移家南京,告别北平北海静心斋时所摄。左二为傅斯年,左三为陈寅恪

必须在所里办公,不得在外面兼课,此项规定作为一项制度报中央研究院总办事处备案,任何时候、任何人都不得以任何理由相违背。这时的陈寅恪仍住在清华园并兼任清华中文、历史两系教授,面对傅斯年弄出的这个"霸王条款",陈寅恪表示拥护但不服从,搞得傅斯年颇为尴尬与恼火。二组组长赵元任一看陈氏不从,也拿出当年清华"四大"的派头,尾随陈寅恪之后对其不予理睬。傅斯年气急败坏,心有不甘又无计可施。据史语所研究员李方桂回忆说:当规定施行时,陈寅恪与赵元任都在清华担任了长期的课程,不便中途辞却,二人一定要在清华授课。"他(傅斯年)不得已,为了请到这两位杰出的人才,只好退让一步。说,好!只有你们两位可以在外兼课,别人都不许!为了顾及某些特殊人才的特殊情况,他也只好不坚持他的原则了。"【27】

不过傅斯年毕竟不是吃素的,尽管此时已被两位重量级选手逼到了死角,没有翻盘的余地,但他仍保持虎死不落架的高傲态势,用自己山中霸主的威严,要求已在北平郊外清华园定居的陈寅恪立即"改住北平,至少可以在北平每周住数日,以便从事上列(内阁档案)工作"【28】。

傅斯年于两难中制订了陈赵二人在所外兼课的特例,令两位大师很有些过意不去,感激之情油然而生。作为投桃报李,陈赵二人也想方设法为史语所事业尽自己最大努力,以无愧于人,同时也给傅斯年留一点颜面。赵元任原来家住城内,到史语所办公还算方便。陈寅恪在清华授课的同时,仍担任史语所历史组研究员、主任。按傅斯年让其"改住北平"的要求和安排,陈氏除保留清华园新西院三十六号的寓所外,另在北平城内西四牌楼姚家胡同三号租赁了一处宽敞舒适的四合院,并把其父陈三立,连同本家大嫂从南京接来居住。有了城里城外的两处住房,且两处住宅房间墙上都安装了当时极为稀有的电话,陈寅恪开始比较从容地奔波于两地之间,除在清华授课外,大部分时间都在城里北海静心斋带领史语所历史组人员如劳榦、徐中舒、李光涛等人整理内阁档案。这年9月,傅斯年与陈寅恪筹划成立了"历史语言研究所明清史料编刊会",除傅陈二人外,另聘史学大家朱希祖、陈垣以及年轻的学术中坚徐中舒为编刊委员,拟列了一个庞大的出版计划,历史组人员一边进行整理、分类、编目,一边刊布印行,将珍贵史料公之于世，取名为《明清史料》。这是陈寅恪一生在生活上最舒心，精神上最得意，学术上最有创见的极盛时期。1934年，傅斯年在致胡适的信中特别提到："若以寅恪事为例，则寅恪之职务，大事仍由其主持，小事则我代其办理。"又说："且寅恪能在清华闭门，故文章源源而至（其文章数目在所中一切同人之上）。"[29]

可惜好景不长，1931年"九一八"事变之后，日本占据东三省，中国的政治、文化中心逐渐南移。1933年4月，遵照中央研究院总办事处指令，史语所拔寨起程，由北平迁往上海曹家渡小万柳堂办公，除少部分人员与内阁档案留守北平外，其他人员全部南迁。陈寅恪不忍舍弃清华园的生活环境与学术氛围，没有随所迁移，仍留校任教，同时改任史语所"专任研究员暂支兼任薪"（南按：意为史语所只给一点薪金补贴，全部薪水由清华支付）。这是陈寅恪与他所统领的史语所历史组共同相处了四年之后首次分别，此时陈氏与历史组同人没有想到，这一别竟有了特殊的历史况味，当双方再次相聚的时候，已经不是在繁华的北平或上海，而是五年之后在硝烟弥漫、弹片横飞的西南边陲昆明城了。

注释：

【1】蓝文徵《清华大学国学研究院始末》，载台北《清华大学校友通讯》，新三十二期，1970年4月29日。

【2】《傅斯年档案》，台北"中央研究院"历史语言研究所藏。转引自杜正胜《无中生有的志业》，载《新学术之路》，上册，杜正胜、王汎森主编，台北"中央研究院"历史语言研究所1998年出版。

【3】李济《我在美国的大学生活》，载台北《传记文学》，第一卷第五、六期，1962年10、11月。

【4】丁文江（1887—1936），江苏泰兴人，1911年5月离开英国格拉斯哥大学返国，在滇、黔等省调查地质矿产。1916年与章鸿钊、翁文灏一起组建农商部地质调查所并担任所长。1917年，丁文江随梁启超赴欧洲考察，并列席巴黎和会，其间曾向北京大学校长蔡元培建议聘请美国地质学家葛利普及当时在英留学的李四光到该校任教。1921年，丁文江辞去地质调查所所长职务，兼任名誉所长，担任北票煤矿总经理。其间参与发起中国地质学会，任副会长，主编《中国古生物志》。1923年发表《玄学与科学》论文，与张君劢展开了关于"科学与人生观"的论战，否定"科学对人生哲学无所作为"的论点。1925年，丁任淞沪商埠督办公署总办，经过谈判，于1926年8月1日代表江苏省政府与外国驻上海领团签订《收回上海会审公廨暂行章程》。1931年出任北京大学地质系教授。1933年与翁文灏、曾世英合编《中华民国新地图》以及《中国分省新图》并出版，此举对中国近代边疆研究做出了不可磨灭的贡献。1934年6月，丁文江受蔡元培举荐担任中央研究院总干事，主持

院内日常事务。1936 年，在湖南勘探煤矿时煤气中毒，1 月 5 日在长沙湘雅医院逝世，年四十九岁。消息传来，知识界为之震动。随着抗战爆发，丁氏身后无论事功还是名声，皆一片冷寂。除胡适在 20 世纪 50 年代匆匆写就《丁文江的传记》以慰追思之情，以及傅斯年等几人偶有几篇零星文章外，丁文江的名字几乎被世人彻底遗忘。

按照亡者生前的遗愿，丁文江被葬在长沙岳麓山西麓半山腰，墓呈一圆形馒头状，隆起的部位很小，墓之四周爬满了野草与青苔，与岳麓前山的黄兴、蔡锷等当年造反起事的将军墓相比，更衬托出这位科学巨人身后的落寞与悲凉。据李济回忆说，他与丁文江交往的渊源，可追溯到在美国留学时期。一次，李翻阅一本由纽约自然历史博物馆主办的馆刊，扉页竟是一位中国地质学家的半身照片。那"锐利的目光与侧出的两钩胡尖"，给李留下了"鲜明的印象"，这位地质学家就是丁文江。"我在美国当留学生的时候，就对丁先生非常崇拜；不但我崇拜他，美国学术界许多人士，对丁文江先生也非常景仰。"（见《李济与清华》，李光谟编，清华大学出版社，1994 年出版）从李济的这段话可知，丁文江至少在李济求学时代已经闻名于西方学术界了。

在地质学家翁文灏的穿针引线下，李济怀着景仰崇拜之情与丁文江相会于天津。颇为年轻又具有远大抱负的李济，自从和这位"风采翩翩，而且学问渊博，见解超人"，"性格爽朗，直率，做事很有决断"的"丁大哥"做了一番交谈后，从"非常投机"很快转化为"更加佩服。同时还发现，丁文江先生有许多意见，实在与我自己的意见有很多相符合的地方"，"他的恢宏的见解，更提高了我对于中国学术的希望"，大有相见恨晚之感。正是这种志同道合的血性与因缘，使两人结成终生挚友。后来，李济再度受"丁大哥"的鼓励和支持，回到清华母校国学研究院以讲师的身份担任导师，加入了王国维、梁启超、陈寅恪、赵元任等大师的行列。

【5】参见戴家祥《致李光谟》，载《李济与清华》，李光谟编，清华大学出版社 1994 年出版。戴是 1926 年考入清华研究院的第二届研究生，据戴氏云：当时的清华研究院有王、梁、陈、赵等教授四人，各有工作室一间、助教一名。李济同样得到了一间工作室、一名助教的待遇，其助教是第一届毕业生王庸（字以中）。根据院方安排，研究生可以直接找导师谈话。

【6】《清华国学研究院史话》，孙敦恒编著，清华大学出版社 2002 年出版。

【7】《寄傅斯年》，载《陈寅恪诗集》，陈美延、陈流求编，清华大学出版社 1993 年出版。

【8】杜正胜《无中生有的志业》，载《新学术之路》，上册，杜正胜、王汎森主编，台北"中央研究院"历史语言研究所 1998 年出版。

【9】《致冯友兰、罗家伦、杨振声》，载《傅斯年全集》，第七卷，欧阳哲生主编，湖南教育出版社 2003 年出版。

【10】【11】《历史语言研究所工作之旨趣》，载《国立中央研究院历史语言研究所集刊》，第一本第一份，1928 年 10 月印制。另，傅文中提到的"春秋经是不是终于获麟"句，其典为孔子西狩获麟事，大意是：鲁哀公十四年（前 481），鲁人在大野（今山东菏泽巨野县北，当时属鲁，在曲阜城西）猎获一麒麟，孔子感念于此，遂停止了《春秋》写作。《孔丛子》说：

季孙氏猎获麒麟，因不认识扔在五父之衢。冉有告诉了孔子，孔子前去观看，哭泣着说："这是麒麟啊，麒麟是仁义之兽，一出现就死了，我就像那麒麟，我的大道是行不通了。"从此绝笔。这年孔子七十一岁，两年后与世长辞。

《史记·孔子世家》曰："鲁哀公十四年春，狩大野。叔孙氏车子钅且商获兽，以为不祥。仲尼视之，曰：'麟也。'取之。曰：'河不出图，洛不出书，吾已矣夫！'颜渊死，孔子曰：'天丧予！'及西狩见麟，曰：'吾道穷矣！'"

《春秋》乃孔子据鲁史修订而成，上起鲁隐公元年，下讫鲁哀公十四年（后人续至十六年），载 12 代君王、242 年之周王朝、鲁国及其他诸侯国史事。《史记》曰："《春秋》之义行，则天下乱臣贼子惧焉。"

【12】李济《傅孟真先生领导的历史语言研究所——几个基本观念及几件重要工作的回顾》，见台北"中央研究院"历史语言研究所 1951 年有关傅斯年的纪念特刊。

【13】《茶余客话》，卷一，〔清〕阮葵生著，中华书局 1959 年出版。

【14】【18】王国维《最近二三十年中国新发见之学问》，载《清华周刊》，第三五〇期，1925 年 9 月 11 日。转引自《学衡》，第四十五期，1925 年 9 月。另，当罗振玉购得大档后，此一消息被北大教授朱希祖得知，朱立即与马衡、陈垣、沈兼士等教授联合向教育部力争，将历史博物馆筹备处残存的一千余麻袋档案，始拨归北大研究所国学门。后北大设立"明清史料整理会"，拟定详细科学的整理办法，朱希祖带领史学系学生整理研究。整理就绪者，即置诸陈列室中展览，并于北大日刊公布其事由。

【15】《而已集·谈所谓"大内档案"》，载《鲁迅全集》，第三卷，人民文学出版社 1981年出版。以下引文同。

【16】F 总长指傅增湘，字叔和，号沅叔，四川江安人，光绪二十四（1898）年进士，历任贵州学政、教育总长、故宫博物院图书馆馆长等。傅氏工书，善文，精鉴赏，富收藏。以藏书为大宗，世所闻名，与江阴缪荃孙并称海内。其藏书有宋刊本一百八十多部，元刊本《资治通鉴音注》等，明刊及抄校本三万余卷，以及旧藏共约十万卷。著述有《藏园群书题记》《双鉴楼善本书目》《藏园群书经眼录》等。

【17】这个旗人主任，即彦德，字明允，满洲正黄旗人，曾任清学部总务司郎中、京师学务局长等职。

【19】【23】【24】《致傅斯年》，载《陈寅恪集·书信集》，陈美延编，北京三联书店 2001 年出版。

【20】1920 年 8 月 11 日至翌年 5 月 14 日，马邻翼曾代理教育总长。

【21】实为一万六千元，傅斯年情报有误。

【22】转引自王戎笙《傅斯年与明清档案》，载《台大历史学报》，第二十期，1996 年11 月。马叔平，即马衡；季、骝两公，指中山大学负责人戴季陶、朱家骅。

【25】李敖《一个学阀的悲剧》，载《一个学阀的悲剧》，李敖著，台北：远流出版公司1986 年出版。

【26】董作宾《历史语言研究所在学术上的贡献——为纪念创办人终身所长傅斯年先生而作》，载台北《大陆杂志》，第二卷第一期，1951 年 1 月 15 日。董所说的 13 个研究所，分别是数学、天文、物理、化学、地质、动物、植物、气象、历史语言、社会科学、医学、工学、心理研究所。

【27】李方桂《让你做你想要做的事》，载台北《传记文学》，第二十八卷第一期，1976 年 1 月。

【28】《致陈寅恪》，载《傅斯年全集》，第七卷，欧阳哲生主编，湖南教育出版社 2003 年出版。

【29】《致胡适》，载《傅斯年全集》，第七卷，欧阳哲生主编，湖南教育出版社 2003 年出版。

◎ 卢沟桥事变

1937 年 7 月 7 日，日本军队经过长期密谋策划，终于开始了占领平津，继而征服整个华北和中国的侵略行动。是日夜，早已占领北平城郊宛平与长辛店一带的日本军队，突然向卢沟桥龙王庙的中国守军发起进攻，炮轰宛平城。中国守军第二十九军何基沣一一○旅吉星文团奋起抵抗，震惊中外的"卢沟桥事变"爆发，日本全面侵华战争由此开始，中国军民八年全面抗战的悲壮序幕随之拉开。

时在庐山的蒋介石，除接二连三地向宋哲元、秦德纯等二十九军将领拍发"固守勿退"的电令[1]，分别邀请各界人士火速赶往庐山牯岭，频频举行谈话会及国防参议会，共商救国图存大计。北京大学校长蒋梦麟、文学院院长胡适，清华大学校长梅贻琦，天津南开大学校长张伯苓、教务长何廉，中央研究院史语所所长傅斯年等一大批学界要人也应邀参加会议。

此时，平津两地各高校正逢暑期，被邀请到庐山参加会议的各大学校长、院长与著名教授，以及部分在外地的教职员工，由于远离平津，对战事进展消息难辨真伪，而混乱的时局伴着恐怖的谣言，如同风中野火在中国大地上四处流窜飞腾。面对来自四面八方的消息，在庐山的蒋、梅、张等三校校长忧心如焚，坐卧不安，其情状正如梅贻琦所言："实属肠一回而九折。"[2] 为此，三校校长与学术界资深人士纷纷陈情，渴盼中央政府尽快做出决断，以挽救平津，挽救在水火中苦苦挣扎的高校和学界同人。

日军开进北平城

7月25日，日军已完成军事部署，大规模攻击平津的战争前奏——廊坊之战打响。二十九军所部爱国将士奋起反击，敌我双方伤亡惨重。

7月28日夜，秦德纯、冯治安等二十九军将领，以及北平城防司令张维藩等高官大员，率部仓皇南撤。身后，甩下了一座正在沦陷的千年古城和沉浸在惊恐迷惘中的芸芸众生。

7月29日，北平沦陷。

就在北平陷落的同时，天津守军张自忠部接到命令，开始退却，日军趁机展开全面进攻。地处城西的天津南开大学突遭日军炮火猛烈轰炸，校园内的木斋图书馆、秀山堂、思源堂和教师宿舍区均被日军炮弹击中，顿时楼塌屋倒，几十万册宝贵图书资料灰飞烟灭。紧接着，日军派大股骑兵和数辆汽车满载煤油闯入校园，四处投弹，纵火焚烧。这所由著名教育家张伯苓等人创办，靠各界人士赞助，经过千辛万苦发展起来的中国当时最杰出的私立大学，在战火中顷刻化为灰烬。时已转往南京的张伯苓闻讯，当场昏厥，而后老泪纵横，悲怆不能自制。

当天下午，张伯苓强忍剧痛，以悲壮的语调和不屈的精神对《中央日报》记者发表谈话："敌人此次轰炸南开，被毁者为南开之物质，而南开之精神，将因此挫折而愈益奋励。"【3】

7月31日，也就是天津陷落，华北大部落入敌手之时，蒋介石约见张伯苓，以同样的悲壮与坚毅之情表示："南开为中国而牺牲，有中国即有南开。"【4】

蒋介石与张伯苓的谈话，给茫然四顾的平津教育界注入了一针强心剂，由此增添了一份慷慨悲歌之气。此时的日本人十分清楚，要彻底击垮一个民族，除动用武力在政治、经济、军事诸方面摧毁，更重要的是精神上的彻底征服。但"自沈阳之变，我国家之威权逐渐南移，惟以文化力量，与日本争持于平津，此三校实为其中坚"【5】。因此，日本军国主义者决不会轻易放过平津高校和高校中的民族文化精英。事变前就把平津等地高校作为重要征服目标而虎视眈眈的日本军队，口口声声要打断中国人的脊梁骨，让中国人彻底以日本人的意志为意志。在这种骄横癫狂的意念中，日本军队终于将南开大学置于炮火之中，开始了精神上的征服。

在民族生死存亡之际，保护和抢救平津地区教育、文化界知识分子与民族精英，越来越显得重要和迫在眉睫。由庐山转入南京继续参与国事讨论的北大、清华、南开三校校长及胡适、傅斯年等学界名流，日夜奔走呼号，与国民政府反复商讨如何安全撤出和安置各校师生。一时间，南京与平津高校间密电频传，共同为之出谋划策。

8月中旬，傅斯年以中央研究院史语所所长兼北京大学文科研究所副所长的身份，同北大、清华、南开等三所大学校长及学界名流反复商讨、权衡后，力主将三校师生撤出平津，在相对安全的湖南长沙组建临时大学，这一决定得到了南京国民政府的同意。9月10日，国民政府教育部发出第16696号令，宣布由北大、清华、南开三校校长蒋梦麟、梅贻琦、张伯苓等三人为长沙临时大学筹备委员会常务委员，教育部代表杨振声为筹委会主任秘书（代表教育部次长周炳琳），筹委会成员每校委派一人，北大胡适，清华顾毓琇，南开何廉，此外另有学界大腕傅斯年、湖南教育厅厅长朱经农、湖南大学校长皮宗石等，筹委会主席由教育部部长王世杰亲自担任。

9月28日，开始启用国立长沙临时大学关防，校务由三校校长及主任秘书所组织的常务委员会负责。

在此之前，由教育部发出的撤退命令已在平津三校师生中用书信和电报秘密传达。早已心力交瘁、翘首以盼的北大、清华、南开三校教职员工和学生们接到通知，纷纷设法夺路出城，尽快逃

被轰炸后的南开大学惨状

离沦于敌手的平津两地，辗转赶赴湖南长沙——中国现代历史上最为悲壮的一次知识分子大撤退开始了。由于这一决定是在时局激变的紧急情况下仓促做出的，因而，此次撤退实际上是一次毫无组织和秩序可言的慌乱大逃亡。

建校历史最为悠久的北大校园内，由于校长蒋梦麟、文学院院长胡适等名流均赴庐山参加政府会议，各项善后工作落在了北大秘书长、中文系教授郑天挺身上。此时，一些骨气与民族气节都呈"五短身材"状的文人、学者纷纷"下水"，开始与日寇狼狈为奸，企图阻止师生南下，局势异常严峻。面对危局，郑天挺不顾夫人新丧，子女年幼，全部身心用于保护校产和组织师生安全转移中来。

11月17日，郑天挺与罗常培、陈雪屏、罗膺中、魏

南开大学校长张伯苓

建功、王霖之、周濯生、包尹辅等北大教授，最后一批离开沦陷的北平，向南方奔去。正如罗常培所说："北大残局就这样暂时结束了！"[6]

在北大师生逃难的同时，清华、南开师生也展开了大规模的流亡。南开师生直接自天津码头乘船南下，但清华、北大师生就没有如此幸运了。由于唯一的一条南下通道——津浦路被日军截断，必须乘火车由北平转天津再设法乘船沿海路南下。陈寅恪与大部分师生，正是沿这条线路开始了九年的流亡生活。

◎ 流亡途中

时为清华大学历史、中文两系合聘教授的陈寅恪，仍兼任中央研究院史语所历史组主任。在此之前的七八年间，陈氏在学术研究上著述颇丰，教学上业绩辉煌，深得中央研究院蔡元培、朱家骅、傅斯年，以及清华大学梅贻琦、叶企孙、冯友兰、朱自清、刘文典等双方大大小小主事者的赞誉和尊敬，亦深受学生们尊崇与敬爱。由于陈寅恪的名声越来越大，不仅清华本校教授如朱自清、吴宓、刘文典与各系高年级的学生经常前来听课，远在城内的北大学生和年轻教员，也成群结队，走出古城，穿越西直门，跑到离城几十里的西北郊外清华园"偷听"陈寅恪讲课。据听过陈氏课的学生回忆，从北平城内到清华园，宛如一次短途旅行，颇费一番周折。沿途几十里全是一片接一片的农田，秋天青纱帐起，尚有绿林人士拦路抢劫，甚至不惜铤而走险，杀人越货。前往听课的师生曾几次遇到拦路劫财的强盗，多亏每次都靠人多势众，手里又各自拎着木棍铁器等防身家伙，使对方不敢轻举妄动。即使如此，北大师生也愿冒险出城，亲自聆听陈寅恪上课时那如同从天幕传来的梵音绝唱。相对城内北大的遥远，近在燕京大学的学生与教员，则得天时地利之便，一溜小跑即可到达清华讲堂，先是喘着粗气，接下来屏息静气，美美地享受一顿免费大餐。人云天下没有免费的午餐，但在陈寅恪这里却是例外。当然，这套大餐是文化的、学术的、思想的、精神的，并非由"孔方兄"为主体组成的一团物质混沌。据1930年入学清华，后留德十年，归国后由陈寅恪举荐于傅斯年而进入北大东方语言文学系任教，许多年后头戴"国学大师""学界泰斗""国宝"[7]等三项桂冠的季羡林回忆说：在清华读书的时候，"我旁听了寅恪先生的'佛经翻译文学'。参考书用的是《六祖坛经》，我曾到城里一个大庙里去买过此书。寅恪师讲课，同他写文章一样，先把必要的材料写在黑板上，然后再根据材料进行解释、考证、分析、综合，对地名和人名更是特别注意。他的分析细入毫发，如剥蕉叶，愈剥愈细，愈剥愈深，一种实事求是的精神，不武断，不夸大，不歪曲，不断章取义。他仿佛引导我们走在山阴道上，盘旋曲折，山重水复，柳暗花明，最终豁然开朗，把我们引上阳关大道。读他的文章，听他的课，简直是一种享受，无法比拟的享受。在中外众多学者中，能给我这种享受的，国外只有亨利希·吕德施，在国内只有陈师一人。他被海内外学人公推为考证大师，是完全应该的。"又说："这种学风，同后来滋害流毒的'以论代史'的学风，相差不可以道里计。然而，茫茫士林，难得解人，一些鼓其如簧之舌惑学人的所谓'学者'，骄纵跋扈，不禁令人浩叹矣。寅恪师这种学风，影响了我的一生。"[8]

就在季羡林听课的这一时期，根据清华大学规定，教授月薪最高以400元为限，对所在学科有特殊贡献者，可超过此限，其人数不得超过全体教授总数的五分之一。作为两系合聘教授的陈寅恪，属当之无愧的"特殊贡献者"，因而得以连年加薪。到1937年上半年，月薪已达480元，为清华教授中薪水最高者。一家人生活稳定，无忧无虑。最令陈寅恪得意的是，他的父亲三立老人得以从南京迁到北平城内和儿孙辈家人经常见面，不再孤独。平时城内与清华园两面家务都有仆人打理，省心省力，大事小事均可通过家中电话随时联络。陈寅恪讲课、读书、会客、散步，皆感舒心惬意，如处桃花源中，真正过上了俗世中所说的"幸福像花儿一样"的美满生活。[9]想不到卢沟桥一声炮响，将世外桃源之梦击得粉碎。

据《吴宓日记》载，7月6日晚7时，陈吴二人来到校内西园散步，"坐体育馆后球场，观晚霞"[10]。觉大自然之美妙，人生之苦短。忽陈寅恪心中若有所失，默坐了一会儿，二人又谈起时局变化，感日本之汹汹，叹中国之落后，不禁黯然神伤。意想不到的是，第二天夜里卢沟桥畔就响起了枪声。自此，西天的云霓霞光被腾起的炮火硝烟所笼罩。

7月28日，北平西部一带战事激烈，当晚，二十九军溃败后被迫撤退。此时清华园不断传出可怕的消息，风闻日军已进入清华园火车站，于是人心惶惶，众皆逃避。仍在清华园的陈寅恪与吴宓、叶企孙等紧急商量后，携家带口乘人力车急入北平城内西四牌楼姚家胡同三号寓所暂避。

正应了"福无双至，祸不单行"的古话，此时住在城内八十五岁高龄的陈三立老人已重病在身。当卢沟桥事变发生后，面对山河破碎，生灵涂炭，日本军队咄咄逼人的凶妄气焰，三立老人忧愤不已，情绪低沉。无论家人如何劝慰，总是忧愤难平。卧床期间，每有亲朋故旧前来探视，老人则艰难撑起病体，以低沉沙哑的声调问道："时局究竟如何，国军能胜否？"外传马厂国军大捷，老人特向来访亲友询问消息是否确凿。当中国军队败退，有悲观者言称中国非日本人之对手，必弃平津而亡全国时，三立老人于病榻上圆睁二目，怒斥曰："中国人岂狗彘不若，将终帖然任人屠割耶？"[11]言毕遂不再服药进食，欲以死明志。从来访者得知平津沦陷后，老人伤心欲绝，大放悲声，曰："苍天何以如此对中国耶！"延至9月14日，一代诗文宗师溘然长逝。

炮火连天中，老父的不幸弃世，对陈家可谓雪上加霜。时陈寅恪几个兄弟均在南方，因交通阻隔，一时难以赶赴北平奔丧，陈寅恪只得先行主办丧事。9月23日，吴宓自清华园至城内姚家胡同陈宅参加三立老人祭吊。此时，北平早已沦陷，日军已进清华园，清华师生多数已躲避逃亡。在陈宅，吴宓与陈寅恪商量逃难办法。吴宓不愿南下，欲留北平暂避读书，寅恪表示赞成，唯谓"春间日人曾函邀赴宴于使馆，倘今后日人径来逼迫，为全节概而免祸累，则寅恪与宓等，亦各不得不微服去此他适矣"[12]。也就是说，要想不当汉奸，做有辱人格与民族气节之事，就必须离开北平，远走他乡。国恨、家愁交叠而来，陈寅恪急火攻心，导致视力急剧下降，不得已到同仁医院检查，诊断为右眼视网膜剥离，医生叮嘱及时入院手术治疗，不可延误。陈氏听罢，犹豫不决。据陈寅恪女儿流求回忆："记得那天晚上祖父灵前亲友离去后，父亲仍久久斜卧在走廊的藤躺椅上，表情严峻，一言不发。"[13]又说："考虑到当时接受手术治疗，右眼视力恢复虽有希望，但需费时日长久。而更重要的是父亲绝不肯在沦陷区教书，若在已陷入敌手的北平久留，会遭到种种不测。当年，美延刚出生，流求八岁（南按：应为九岁）。侧听父母严肃交谈反复商量，从大人的语句中感觉出父母作出决定很慎重，也极艰难。父亲终于决定放弃手术治疗眼疾，准备迅速赶赴清华大学内迁之校址。此时父辈四兄弟均已抵达，共议祖父身后事，在祖父逝世后刚满'七七'尚未出殡时，于11月3日父亲隐瞒了教授身份，携妻带女，离开北平，决心用唯一的左眼继续工作。"[14]

陈寅恪常年漂泊海外求学，无心婚配，直到1928年三十九岁时才与唐筼结婚。唐筼，字晓莹，生于1898年（小陈寅恪八岁），广西灌阳人，其祖父为清廷台湾巡抚唐景崧。甲午海战一役，中国战败。1895年4月17日，清廷代表李鸿章与日本签订《马关条约》，割让台湾给日本。台湾官吏与士绅闻讯，激昂悲愤，联合上书唐景崧，谓"万民誓不服倭，割亦死，拒亦死，宁先死于乱民之手，不愿死于倭人手"，力主唐氏抗日守台。同年5月23日，唐景崧发表《台湾民主国独立宣言》，宣称"台湾同胞誓不服倭，与其事敌宁愿战死"云云。5月25日，台湾民主国成立，唐景崧被推选为总统，年号"永清"，开始组织军队与招募义勇抗击日本侵台之敌。关于这段事实，从零星的资料中可以看出一个大体轮廓。台湾淡江大学历史系教授林呈蓉主编的《台北县史料汇编·淡水篇》"独立纪"条，有如下记载：

清光绪廿年（甲午）
八月，（略）；提督李本清统七营驻沪尾，嗣以廖得胜代之；（略）。
清光绪廿一年（乙未）
二十一年（日本睦仁天皇明治廿八年）春正月，景崧奏曰："（略）。而基隆、沪尾尤为台北之门户。臣与提臣杨岐珍每事会商，鼓舞士气，固结人心，以整防务。

青年时代的唐筼

伏思台北港口纷岐，防营虽多，分布尚弱。又以财力有限，不能远图。（略）"（略）。

当是时，全台之兵，土、客、新、旧为数三百数十营，每营三十六十人。（略），总兵陈永隆驻沪尾，（略）。以同知黎景嵩为台湾知府，（略），凌汝曾知淡水，（略）。然自军兴以来，糈饷浩大，旋奉部拨五十万两，南洋大臣张之洞奏请续拨壹百万两，划交驻沪援台转运局，以资接济。（略）。

烟台换约之后，日廷以海军大将桦山资纪为台湾总督；而清廷亦以李经芳为委员，至台授受。闻独立，不敢登。（略）。当是时，日廷以近卫师团长能久亲王率师伐台，次中城湾；以少将东乡平八郎为海军司令官，大佐福岛安正为陆军参谋，率浪速、高千穗两舰赴淡水，就英舰询台事。炮台击之，乃驶去，游弋基隆。

唐景崧

清光绪二十一年

十三日，日军以一大队迫狮球岭，台人请景崧驻八堵，为死守计。不从。营官李文魁驰入署，大呼曰："狮球岭亡在旦夕，非大帅督战，诸将不用命。"景崧见其来，悚然立，举案上令架掷地曰："军令俱在，好自为之。"文魁侧其首以拾，则景崧已不见矣。景崧既入，携巡抚印，奔沪

日本随军画家所绘，台湾抗日军藏在竹林内以长矛刺杀日军，日军则放火烧村（徐宗懋《日本统治台湾之始》，来源《20世纪台湾》，2013年3月）

尾，乘德商轮船逃；将出口，炮台开炮击之。适德兵舰泊附近，以其击己船也，亦开炮击。（略）。十五日，川村景明入台北，以骑兵略淡水。[15]

唐景崧率一帮亲信悄然乘船逃往厦门后，台籍士绅、新上任的义勇统领丘逢甲亦不再抗日，于混乱中携带公款十万元逃往广东嘉应州。此后，整个台岛人心惶惶，溃兵散勇与当地流氓四处抢掠，台北藩库存银被抢劫一空，继之仓库失火，秩序大乱，总统府亦遭捣毁焚烧。延至6月7日，强悍的日军占领台北，昙花一现的台湾民主国宣告覆亡。所谓覆巢之下，安有完卵？逃到大陆的唐景崧被清廷以抗命罢黜，1903年卒于家中，有《请缨日记》等传世。[16]

台湾布政使司衙门原为台湾巡抚唐景崧办公处所，在遭日军占领之后，成为日军临时最高指挥所（徐宗懋《日本统治台湾之始》，来源《20 世纪台湾》，2013 年 3 月）

在唐氏出任台湾巡抚之时，陈寅恪的舅公，即俞大维的伯父俞明震曾入台襄助唐氏策划防务并出任民主国内务大臣。而胡适的父亲胡传（字铁花）曾以台湾直隶州知州兼（军事）统领的职务，助唐景崧、刘永福守台，后于 1895 年退出台湾病死于厦门。[17] 胡适五岁之前曾在台湾随父居住。许多年后，胡适赴台出任"中央研究院"院长职，曾专门寻找过儿时的旧居。因了这一历史的渊源，唐氏家族与俞家、胡家、陈家皆有交情。陈寅恪在海外学成归国并出任清华研究院导师期间，不愿独住工字厅单身宿舍，时赵元任夫妇住清华南院一、二号两栋中西合璧的连体小洋房，经协商，赵元任将二号让一半给陈寅恪居住，陈吃饭也在赵家搭伙。1927 年秋，清华教员郝更生与高仰乔恋爱，高有义姊唐女士尚待字闺中，赵夫人听说，力促陈寅恪至高处探个究竟。据陈寅恪晚年回忆："同事中偶语及：见一女教师壁悬一诗幅，末署'南注生'。寅恪惊曰：'此人必灌阳唐公景崧之孙女也。'盖寅恪曾读唐公《请缨日记》。又亲友当马关中日和约割台湾予日本时，多在台佐唐公独立，故其家世，知之尤谂。因冒昧造访。未几，遂定偕老之约。"[18]

灌阳名门望族的唐家，至唐景崧由台内渡后已开始衰败，儿女辈更显其速。作为唐公景崧孙女的唐筼从小丧父，随母移居天津，读书于天津北洋女子师范学校，其母在另一女校任教。后唐筼由女师保送上海体专进修，毕业后又回到母校任体育老师。未久，转任北京女子文理学院体育教师。因了这段家世渊源与风云际会，陈寅恪遇到唐筼犹如干柴烈火，二人越谈越投机，很快订了终身。

1928 年夏，陈寅恪与唐筼喜结连理，7 月 15 日中午借赵元任宅设喜筵招待好友。吴宓特易新衣往贺，并作诗一首，以红笺写赠陈寅恪：

贺陈寅恪新婚

廿载行踪遍五洲，今朝萧史到琼楼。

斯文自有千秋业，韵事能消万种愁。

横海雄图传裔女，望门耆德媲前修。

蓬莱合住神仙眷，胜绝人间第一流。【19】

席间众人饮酒颇多，陈寅恪以吴宓贺诗传示来宾，众皆欢喜，意趣浓浓。以后的若干岁月，陈氏夫妇相濡以沫，荣辱与共，手拉肩扶地走过了悲欣交集的人生旅程。

陈寅恪、唐筼夫妇共育三女：长女流求，其名为台湾古称；次女小彭，意指澎湖列岛，两个名字皆是陈寅恪夫妇为纪念唐景崧与台海列岛所取；三女取名美延。

苍昊沉沉忽霁颜，春光依旧媚湖山。

补天万手忙如许，莲荡楼台镇日间。

盈箱缣素偶然开，任手涂鸦负麝煤。

一管书生无用笔，旧曾投去又收回。

为人作书，口占二绝。冬阴已久，立春忽晴，亦快事也。南注生。【20】

此为光绪二十一年，台湾陷落日寇之手，曾任台湾民主国总统的唐景崧内渡后，于戊戌变法前夕所作，亦即唐筼为纪念先祖在京租赁房屋悬壁之诗幅。近四十个春秋匆匆过去，日本吞亡中国的野心越来越大，直至在沈阳搞出了震惊中外的"九一八"事变，东北四省沦陷，几千万人民流离失所。出于对时局和当权者的义愤，陈寅恪于事变的第二天请胡适为唐景崧此诗题词，借古论今，以浇心中之块垒。胡适以《题唐景崧先生遗墨》为题回赠诗一首：

南天民主国，回首一伤神，

黑虎今何在？黄龙亦已陈。

几枝无用笔，半打有心人。

毕竟天难补，滔滔四十春。【21】

陈寅恪对胡适题诗心领神会，专致谢函一封：

适之先生讲席：

昨归自清华。读赐题唐公墨迹诗，感谢感谢！以四十春悠久之岁月，至今日仅赢得"不抵抗主义"，诵尊作现竟不知涕泗之何从也。

专敬叩

著安

弟寅恪顿首 九月二十三日【22】

1930年陈寅恪夫妇与长女流求于清华园

令陈寅恪与胡适越加悲愤痛楚的是，离"九一八"事变仅是几年的时间，卢沟桥枪声再起，继之平津沦陷，上海、南京摇晃，整个华北、华东大部燃起了熊熊战火，而沦陷区的知识分子，将别无选择地根据国民政府的指示，离开平津，踏上流亡西南的旅程。此时，陈寅恪四十八岁，流求九岁，小彭七岁，美延出生仅四个多月。

陈寅恪将父亲灵柩暂奉某处之事委托从外地陆续赶来的几个兄弟料理，自己于1937年11月3日携全家连同用人忠良与照顾美延的王妈妈，踏上了奔赴长沙的逃亡之旅。此时日军已在平津地区稳住了阵脚，整个局面已完全被日伪政权控制，对出逃的中国人而言，平津局势更加严峻凶恶。为防止平津文化、教育界人士逃走南下与抗日力量会合，日伪军在车站、码头及沿途重要关口设卡堵截。在出逃之前，陈家就听说清华教授高崇熙逃出北平后，在天津火车站一下车，即被日伪军识破身份，当场按倒在地一顿拳脚揍了个鼻青脸肿，然后一根绳子拴住手脚倒吊着扣押起来。为防不测，陈寅恪扮成生意人，又叫孩子们熟背沿途及目的地等有关地址及人名，以便在走失后设法寻找亲人或故旧。

这个时候，深秋已降临中国北方辽阔大地，在寒风的肆虐中，树叶凋零，草木枯萎，天地萧瑟。清晨，北平城内霜气阵阵，冷风袭人，越发令人感到凄苦悲凉。陈寅恪一家与北大毛子水等几位教授结伴，在凄冷、惨淡的星光映照下，于微明的夜色中踏着晨霜，悄然告别北平相依相恋的家园，由前门乘火车向天津进发。所幸的是，由于逃难人潮如黄河之水奔腾四溢，无论是火车之内还是沿途停靠的车站，如同一锅煮烂的饺子，人声鼎沸，身影幢幢，混乱不堪，使日伪军的辨别能力受到限制。陈寅恪等几名教授趁着混乱，引领家人小孩在慌乱的人群中穿行。孩子们则一个接一个牵着父母的衣角，越过了日军和伪警察设置的盘查关卡，提心吊胆走出了天津火车站，在租界暂时躲了起来。次日，陈家又与毛子水等转道塘沽，登上"济南"号英国邮轮向青岛驶去。跟随陈氏一家服务十年之久的用人忠良，因家事不能前行，把陈家老小送上轮船后，含泪作别，依依不舍地离去。

轮船在大海中一路颠簸动荡总算到了青岛，乘客登岸时已过午夜，陈家与毛子水等不敢停留，急忙购好长沙联票，连夜挤上去济南的火车。行至济南，火车停开，班次皆无。此处风声更紧，人争相传说日军即到，逃难者如同被火烧着屁股的蚂蚁，挤成一堆，滚成一团，又各自向心中的目标挣扎冲撞。火车站每有火车南开，人潮如江海巨涛，轰然而上。陈寅恪一家被裹挟在涌动的大潮中，于茫茫人海不知身归何处。幸亏苍天有情，一班列车停在车站未动，被挤撞得热汗淋漓的毛子水突然从一个窗口中发现清华教授刘清扬眷属已先在车内。这一发现，如同大海迷途的航船突然看到了暗夜的灯火，众人拼尽力气挤上前来求援。刘清扬等见车门已不能通行，索性把陈寅恪家人连拖带拉从窗口一一拽进车厢，毛子水等也借机钻了进去。车厢内如同一个被封了盖的热锅，拥挤不堪的人群如同热锅上爆炒的蚂蚁，在一片大呼小叫、哭爹喊娘中四处冲撞游动，难以找到尺寸落脚之地。不懂世事的美延突见如此混乱情景，连惊带吓大哭不停，弄得陈氏一家情绪低落，叫苦不迭。此时，北风呼啸，阴雨连绵，敌机不断在沿线轰炸，济南车站时闻炸弹在附近爆炸的声音，并有炸起的碎石尘土落入站台之上，车内车外惊恐凄苦之状令人心碎。所幸的是，陈家乘坐的火车没有遭炸弹掀翻，未久即驶出济南站，一路狂奔向南疾驶。至徐州后下车，转陇海线至郑州，旋又转车抵汉口。在汉口旅店休息半日，即搭粤汉车于11月20日夜终至长沙。同来的大小知识分子各寻住处，陈氏一家无处觅房，暂时在一位亲戚家借住。自北平至长沙，整个行程5000余里，历时18天，一家人备尝乱离迁苦，总算擦干汗水，落下脚来。[23]

◎ 再别长沙

就在北大、清华、南开等校师生向长沙逃亡之时，傅斯年已随一批党国大员回到南京，整日大汗淋漓地主持中央研究院总办事处日常工作。

史语所自北平迁入上海后，未久即转迁南京北极阁史语所大厦，与中央研究院总办事处驻在一处，算是落地生根，安顿下来。

1936年春，继杨杏佛之后担任中央研究院总干事的丁文江因煤气中毒不幸在长沙去世，蔡元培与傅斯年共同邀请朱家骅接任总干事。是年冬，朱家骅被国民政府任命为浙江省主席，成为威震一方的封疆大吏。不久，卢沟桥事变爆发，日军即有进攻上海、迫近南京之势，华东陷入全面危急，朱家骅已无法继续兼顾中研院事务，只好请傅斯年出面代理。而这个时候，中央研究院已由最初的几个所，发展到十个研究所，开始步入历史上的鼎盛时期。从庐山回到南京的傅斯年，开始以事实上的总干事身份处理中央研究院各项事务，史语所只是他掌控大局中的一个组成部分。

就在傅斯年上下奔波，忙得焦头烂额之时，淞沪抗战爆发。

1937年8月13日，驻上海日军与中国张治中部第九集团军因虹口机场的"大山勇夫事件"发生摩擦并交火，日军乘势向江湾、闸北中国驻军发起进攻，中国军队奋起抵

日军占领上海

抗，举世瞩目的淞沪抗战拉开了序幕。

8月15日，日本政府紧急动员两个师团开往中国，并拟成立作战大本营，中日战争机器全面开动，就此踏上了不是鱼死就是网破，不分胜负决不罢兵的不归路。

8月17日，国防最高会议国防参议会在南京召开，胡适、傅斯年、蒋梦麟、梅贻琦、张伯苓等学界要人出席了会议。在这次会议上，傅斯年力主中央研究院各研究所以及平津重点大学，内迁长沙与南昌一带城市暂避。这个请求得到了多数与会者的响应与支持，并很快形成了政府决议。蒋介石受全民抗日激情的影响，下定决心与日本一战，同时又希望在外交上能得到英美等国的同情和支持。当天的会议决定派胡适出使美国，蒋百里出使德国，孙科出使苏联，争取国际援助，压制日本的嚣张气焰。此时的胡适已完全抛弃了过去坚持与日本和谈的梦想，发出了"和比战难百倍"清醒而符合时代大势的呼声。未久，胡适从香港乘飞机抵达旧金山，开始了被他自己誉为"过河卒子"的外交生涯。

8月23日，日军将领松井石根率领第三、第十一师团在吴淞登陆，日军实力大增。9月11日，日军第九、第十三、第一〇一等三个精锐师团抵达上海，与先前部队兵合一处向中国军队发动全线攻击，中国守军拼死抵抗。蕴藻浜、苏州河之战，双方死亡惨重，成堆的死尸阻断了航道，血流成河，浜水皆赤。

上海战事正酣，南京国民政府开始设法动用运输力量，把国家珍宝、工业设施、战略物资和科研设备，经长江、陇海铁路和各条公路悄悄运往内地，以保存实力，准备长期抗战。与此同时，根据国民政府命令，中央研究院各研究所也开始向长沙与南昌一带迁徙。

决策既定，傅斯年立即指示中央研究院各所捆扎物资仪器，打点行装，准备起程。同时满怀豪情地写下了岑参《轮台歌奉送封大夫出师西征》诗，以此鞭策自己，激励同事："轮台城头夜吹角，轮台城北旄头落。羽书昨夜过渠黎，单于已在金山西。戍楼西望烟尘黑，汉军屯在轮台北。……古来青史谁不见，今见功名胜古人。"

早在淞沪战事爆发之前，中央研究院史语所考古组已根据战争形势，在富有远见和责任心的李济指挥下，开始对历次发掘器物和各种器材进行打包装箱，准备内迁。据史语所《大事记》民国二十六年（1937）七月条载："本所随本院西迁，先选装最珍贵中西文图书、杂志及善本书共六十箱，首批运往南昌农学院，其余一千三百三十三箱分批运长沙。但部分殷墟出土的人骨、兽骨及陶片等，限于运输工具，暂留原址。"八月条："本院组织长沙工作站筹备委员会，本所迁入长沙圣经学院，所长傅斯年仍留南京，派梁思永为筹备会常务委员。"[24]

《大事记》所说的殷墟出土物，为史语所三组人员在安阳小屯发掘的古物。早在史语所正式成立之前，富有学术远见和办事才干的傅斯年就指派时任中山大学副教授、史语所通信员的董作宾，悄悄赶往安阳殷墟，对甲骨出土地进行调查并收集甲骨了。此时距光绪二十五年（1899）秋，甲骨文被时任国子监祭酒的山东烟台福山人王懿荣发现，已有三十多年。傅斯年决定派三十四岁的河南南阳人董作宾前往甲骨文出土地——安阳调查的时候，曾遭到不少学者的反对，以罗振玉为首的大部分金石学家和古器物学家认为安阳之地"宝藏一空矣"，没有发掘的价值。但董作宾到达安阳后，通过实地调查得知，小屯地下埋藏的有字甲骨，并不像罗振玉等人所说的那样已被挖尽，他从当地农民盗掘甲骨留下的坑痕做出判断，殷墟规模庞大，地下遗物十分丰富，且遗址破坏严重，有组织的科学发掘已到了刻不容缓的紧要关头。董作宾在向傅斯年报告中颇为焦虑地宣称："迟之一日，即有一日之损失，是则由国家学术机关以科学方法发掘之，实为刻不容缓之图。"[25]

傅斯年得知安阳殷墟情形，惊喜交加，马上筹措经费，购置设备，调配人员，在中

1930年殷墟发掘现场（台湾"中研院"史语所提供）

　　　　　　　　　　　　　　　　　　第五章　望断天涯路

央研究院蔡元培院长的大力支持下，组成了由李济、董作宾等为首的殷墟科学发掘团，开赴安阳进行发掘，从此揭开了殷墟发掘的序幕。这是史语所继内阁档案之后，找到的又一丰富的研究资源，通过对殷墟的科学考古发掘，湮没了3000多年的殷商历史大门轰然洞开，传说中的古代灿烂王朝终于露出了它的真容。

1934年秋到1935年秋，由史语所三组考古学家、梁启超之子梁思永主持的第10、11、12次殷墟发掘，对已发现的王陵迹象紧追不舍。此时，参加发掘的专业人员达到了鼎盛之势，除总指挥梁思永外，另有董作宾、石璋如、刘燿（尹达）、祁延霈、李光宇、王湘、胡福林、尹焕章、马元材、徐中舒、滕固、黄文弼、李景聃、高去寻、潘悫、王建勋、李春岩、丁维汾、刘守忠、王献唐、富占魁、夏鼐（实习）、吴金鼎（访问）、傅斯年、李济（视察），以及法国汉学家伯希和（访问），河南大学、清华大学等部分师生。一时间，在几十平方公里的殷墟发掘工地上，大师云集，将星闪耀，气势如虹。胸有成竹的梁思永充分表现出一个战略家的宏大气魄，规划周密，指挥若定，每天用工达到500人以上，遗址得以大面积发现，连续发掘了10座王陵，以及王陵周围1200多座小墓和祭祀坑。所发现的商代墓葬规模巨大，雄伟壮观，虽经盗掘，成千上万件的精美铜器、玉器、骨器等出土文物仍令举世震惊。

1936年春、夏，继郭宝钧主持的第13次发掘，在寻求甲骨方面也取得了突破性进展。在第13次发掘中，在著名的编号为YH127号商代灰坑，一次发现带字甲骨17096片，其中有300多块是未破损的整版甲骨且刻有卜辞。更为重要的是，这些甲骨出于同

中央研究院史语所于抗战前发掘安阳殷墟大墓（台湾"中研院"史语所提供）

一坑中，说明相互之间有某种内在的联系，比之零星出土的传世甲骨残片，其学术价值更高一筹。这一重大发现令学者们欣喜若狂。同年秋冬，由梁思永主持的第14次发掘，于小屯村北部两区开掘探方60个，面积3950平方米，发现版筑基址26处，灰坑122个，墓葬132座以及多条水沟等，一批精致的青铜礼器、玉石器及大量陶器、青铜武器随之出土。而其间由高去寻主持发掘的大司空村，开挖探坑63个，面积达1100平方米，发现殷代窖穴29个，殷代与战国墓葬91座，出土了一批重要文物。

1937年春，由石璋如主持的第15次更大规模的殷墟发掘再度展开。此次发掘从3月16日开始，一直延续至6月。此时，华北已是战云密布，局势一日紧似一日，日本人磨刀霍霍，即将血溅中原。面对一触即发的中日大战，为防不测，殷墟发掘不得不于6月19日匆匆结束——这是抗日战争全面爆发之前最后一次发掘。

至此，从1928年开始的殷墟发掘共进行了九年15次，出土有字甲骨24918片，另有大量头骨、陶器、玉器、青铜器等器物出土。其发掘规模之大，牵涉人员之多，收获之丰，前所未有，世所罕见。这一创世纪的伟大成就，正如后来著名考古学家、美国哈佛大学人类学教授张光直所言："在规模上与重要性上只有周口店的研究可以与之相比。但殷墟在中国历史研究上的重要性是无匹的。"[26]

殷墟出土的甲骨（龟甲）

发掘人员于匆忙中将出土器物整理装箱，风尘仆仆押运到南京钦天山北极阁中央研究院史语所大厦，喘息未定，额头的汗水尚未抹去，震惊中外的卢沟桥事变与淞沪会战相继爆发，史语所人员被迫对这些发掘物进行处理和转运。

此次行动，按照史语所研究人员石璋如的说法，首先选择重要的文物装箱，"像骨头就选人骨，其他部分就留下，这也是一种决定"。[27]根据不同的情况，傅斯年与李济、梁思永商定，已捆装完毕的60箱最珍贵中西文图书及善本书等，由李济亲自负责押运到南昌农学院保存，其他1300多箱出土器物，陆续运到南京下关码头装船，分批运往长沙，由梁思永总负其责，组织雇用船只、运输和安置。经过一个多月的忙碌，史语所物资、人员陆续抵达长沙圣经学院。

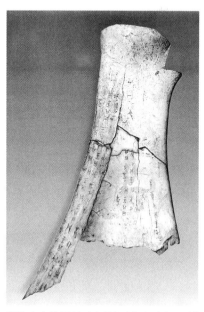

殷墟出土的甲骨（牛骨）（台湾"中研院"史语所提供）

日军攻陷南京中山门时情形

就在北大、清华、南开三校和中央研究院下属的几个研究所，在长沙圣经学院空旷的校区安顿下来之时，从后方退出的大批机关单位、知识分子、工人、商人、难民、乞丐、流氓无产者等各色人物，潮水一样纷纷向长沙涌来，整座城市已呈人满为患、混乱不堪之势。而每一股难民潮的涌入，都标志着前线战场国军溃退以及大片国土的丧失。

11月12日，远东最大的海港城市上海失陷，日军转而围攻国民政府首都南京，中华民族到了最危急的紧要关口。

12月5日，日军开始围攻南京，中国10万守军在司令官唐生智的总指挥下拼死抵抗，伤亡惨重但未能阻止日军的凌厉攻势。

12月13日，日军攻占了南京，这座散发着浓重的脂粉与墨香气味的六朝古都，顿时淹没在鲜血、呻吟与绝望的哀号之中。放下武器的中国官兵被集体屠杀，30余万手无寸铁的无辜市民遭到杀戮，日本天皇的军队像出笼的野兽一样在大街小巷疯狂强暴泪尽滴血的中国妇女。连续40余日的屠城，横七竖八的尸骨满目皆是，扬子江成为一条流动的血河，整个南京笼罩在"天雨粟，鬼夜哭"的阴霾恐怖之中。消息传出，举世震动。大海那边的日本国民按捺不住心中的狂喜，纷纷叫喊着拥上东京街头，燃放焰火，提灯游行，欢呼着"战争就要结束，中国已被无往不胜的大日本皇军全面征服"等口号。整个日本四岛大街小巷灯火闪耀，人潮涌动，许多人拥抱在一起，喜极而泣。此时，全世界每一个关注中国命运的人，都感受到了1937年隆冬那来自远东地区强烈的震撼与滴血的呼喊。

紧接着，杭州、济南等重量级省会城市于12月下旬陷落。

由于平汉铁路沿线的保定、石家庄、新乡等军事重镇相继失守，长江沿岸的上海、南京、芜湖等地区陷落，骄狂的日军开始集结精锐部队，沿长江一线大规模向西南方向推进，地处两条干线交会处的军事要道武汉三镇，立即成为中日双方注目的焦点和即将进行生死一搏的主战场。

12月14日，蒋介石由江西抵达武昌，紧急布置军事防务。国民政府最高统帅部加紧了武汉大会战的策划和兵力集结。

大战在即，而长沙与武汉只有300公里之距，一旦武汉失守，长沙势难独撑。面对危局，无论是刚组建不久的临时大学，还是中央研究院在长沙的几个研究所，又一次面临迁徙流亡的历史抉择。

注释：

【1】《蒋介石年谱》，李勇、张仲田编，中共党史出版社 1995 年出版。

【2】《梅贻琦日记（1941—1946）》，黄延复、王小宁整理，清华大学出版社 2001 年出版。

【3】《张伯苓谈绝不气馁》，载南京《中央日报》，1937 年 7 月 31 日。

【4】《南开大学大事记》，载《南开大学校史·大事年表（1919—1949)》，南开大学校史编写组编，南开大学出版社 1989 年出版。

【5】冯友兰《国立西南联大纪念碑碑文》，转引自《冯友兰自述》，冯友兰著，中国人民大学出版社 2004 年出版。

【6】罗常培《七七事变后北大的残局》，载《北大旧事》，陈平原、夏晓虹编，北京三联书店 1998 年出版。

【7】季羡林在《病榻杂记》（新世界出版社 1997 年出版）中，以《辞"国学大师"》《辞"学界泰斗"》《辞"国宝"》三节的内容，昭告天下，表示要把这三顶别人加在自己脑袋上的桂冠通通摘下来。并说："三顶桂冠一摘，还了我一个自由自在身。身上的泡沫洗掉了，露出了真面目，皆大欢喜。"对季氏的说法，有媒体称"三顶桂冠"皆是民间给加封的，季氏如此不识抬举，岂不是要违背"民意"，凌驾于普天之下百姓之上，置自己于不仁不义之境地云云。但季氏坚持不论是民意还是官意，通通辞掉，一个不留。此言一出，学界呼应叫好者众，但中国社会科学院考古研究所资深研究员王世民等学者认为，季羡林弄的那一套学问，主要是中亚文字与印度佛教，这些东西确实不是国学，因而季氏自然不是所谓的"国学大师"。至于其他几顶帽子也颇为荒唐。

【8】《回忆陈寅恪先生》，载《怀旧集》，季羡林著，北京大学出版社 1996 年出版。

【9】自 1931 年梅贻琦出任校长后，为招聘贤能，清华大学颁布规定：教授月薪 300—500 元，每位教授可拥有一栋新式住宅。1933 年春，清华西院住有陈寅恪、吴宓、闻一多、顾毓琇、周培源、雷海宗、吴有训、杨武之（杨振宁之父）等近 50 家。1935 年初，闻一多、俞平伯、吴有训、周培源、陈岱孙等教授又迁入清华新南院，这是 30 栋新建的西式砖房，每位教授一栋，其条件比西院更好，除有一个花木葱茏的小院子外，内有书房、卧室、餐厅、会客室、浴室、储藏室等大小 14 间，附设的电话、热水等生活用具一应俱全。时清华学生的学费每学期 10 元，不收寄宿费，共有学生 1200 余人。

【10】【12】《吴宓日记》，第六册，吴学昭整理、注释，北京三联书店 1998 年出版。

【11】吴宗慈《陈三立传》，载《民国人物碑传集》，卞孝萱、唐文权编，团结出版社 1995 年出版。

【13】陈流求《回忆我家逃难前后》，载《纪念陈寅恪先生百年诞辰学术论文集》，王永

兴编，江西教育出版社1994年出版。

【14】陈流求、陈美延《先父陈寅恪失明的过程》，载《永远的清华园——清华子弟眼中的父辈》，宗璞、熊秉明主编，杨振宁等著，北京出版社2000年出版。

【15】《台北县史料汇编·淡水篇》，林呈蓉主编，宜兰佛光人文社会学院编译出版中心2001年出版。

【16】关于唐景崧守台与逃走之事，因资料缺乏，仍有许多细节处在扑朔迷离之中，现引《台北县史料汇编·淡水篇》所辑几条史料，管窥当年情形。

"唐景崧、刘永福列传"条下载：

清光绪二十一年

初六日，日军登鼎底澳，越三貂岭。景崧檄诸军援战不利，基隆遂失，迫狮球岭。台人请驻八堵，为死守计，不从。李文魁驰入抚署请见……（南按：本段与正文记载同，略）。炮台击之，不中。文魁亦踵景崧后至厦门，谋刺之。事泄，为清吏所捕，戮于市。

又，据"清光绪朝中日交涉史料"条载：

大学士李鸿章来电（五月十三日到）

沪局电："洋报传单，今晨接台北电：此处大为震动，抚台已逃走。衙门并邻近之房屋均被毁，兵与民四处劫掠；西人幸尚无恙。沪尾亦乱云。"鸿。元戌。

"张文襄公选集"条载：

边制台来电（五月十五日戌刻到）

唐招勇数万，一旦不支，只身脱去；叠据沪尾各将领电禀，兵士环泣，惨不忍睹。闽省无船、无饷，从何收拾！

大学士李鸿章来电（五月二十一日到）

沪局电："洋报接香港午后来电：'驾时'已到厦门，该船身有弹子所穿之洞。当台抚乘该船离淡水时，有兵十名被炮台击死，其尸俱载至厦。该船在淡水，系德兵船'伊尔地士'送出海。该船上有乱兵一千五百名要去广州，不肯回厦上岸。台北基隆、沪尾营兵只五百人踞守；台北灾害甚大，日人施救甚勇云。"顷杨提督岐珍来电："溃勇来厦六、七千，一无所有；闽给遗赀一元，鸠形鹄面，悽惨已极！"核与洋报大略相同云。鸿。马。

（以上史料均转引自《台北县史料汇编·淡水篇》，林呈蓉主编，宜兰佛光人文社会学院编译出版中心2001年出版）

【17】江泽涵对张德旺谈到胡适的父亲时说：胡适父亲胡铁花怎么死的？原来说法是从台湾回大陆病死的，最近有人告诉我，"文化大革命"红卫兵造反把胡父的墓掘开，发现尸体没有头。有人说胡父是跟刘永福在台湾参加抗日，违背了朝廷旨意，被处斩了，没头。当时认为是家族的耻辱，所以瞒了下来。如果真是这样，胡适的父亲就是烈士。

【18】【20】《寒柳堂记梦未定稿（补）》，石泉整理，载《纪念陈寅恪先生百年诞辰学术论文集》，江西教育出版社 1994 年出版。

【19】《吴宓日记》，第四册，第 89 页，吴学昭整理、注释，北京三联书店 1998 年出版。

【21】胡颂平编《胡适之先生年谱长编初稿》，第 3 册，第 994 页，台北：联经出版事业公司 1984 年出版。

【22】《纪念陈寅恪先生百年诞辰学术论文集》，王永兴编，前附手书信札影印图片。

【23】据冯友兰回忆，自北平沦陷之后，一直到清华师生南迁，这段时间清华园完全成了一片真空。冯说："我们参加校务会议的这几个人，还住在清华，说的是要保护学校。我在图书馆内对图书馆的工作人员说，中国一定会回来，要是等中国回来，这些书都散失了，那就不好，只要我人在清华一天，我们就要保护一天。有一次，夜里我和吴有训在学校里走，一轮皓月当空，四周一点声音都没有，吴有训说：'可怕，可怕，静得怕人！'"冯友兰猛地想起了黄仲则的两句诗："似此星辰非昨夜，为谁风露立中宵。"几近潸然泪下。

冯又说："后来日本军队正式进入北京，日本人到处接管，我们就觉得，在政权已经失了以后，保管是没有意义的，事实上是替日本保管，等它来接收。这就决定南迁。""决定以后，南迁的人和留守的人，都痛哭而别。"

当时冯友兰与吴有训二人一起离平南下，到达郑州时，冯建议上馆子吃一顿黄河鲤鱼。冯说："不知道什么时候才能回来，有机会先吃一顿。"正在这时，意外碰到了清华的同事熊佛西，于是三人一同去馆子吃了一顿黄河鲤鱼，算是了了一桩心愿。当时熊佛西喜欢养狗，他对冯吴二人说："北平有许多人都离开了，狗没法带，只好抛弃了。那些狗，虽然被抛弃了，可是仍守在门口，不肯他去。"冯听罢，满目凄然道："这就是所谓丧家之狗，我们都是丧家之狗呵！"（见《冯友兰自述》，冯友兰著，中国人民大学出版社 2004 年出版）

【24】《中央研究院历史语言研究所七十年大事记（1928—1998)》，台北"中央研究院"历史语言研究所大事记编辑小组编，1998 年出版。

【25】《洛都石经殷墟甲骨调查报告暨发掘计划书》（未刊稿本），董作宾撰，1928 年 8 月，台北"中央研究院"历史语言研究所藏。

【26】张光直《李济考古学论文选集编者后记》，载《李济考古学论文选集》，张光直、李光谟编，文物出版社 1990 年出版。

【27】《石璋如先生访问纪录》，陈存恭、陈仲玉、任育德访问，任育德记录，台北："中央研究院"近代史研究所 2002 年出版。

◎ 暂住蒙自

1937 年 12 月，根据国民政府指令，设在长沙的临时大学撤往昆明，另行组建国立西南联合大学。学校当局得令，立即开始撤退行动，师生们分成三路赶赴昆明。第一批从广州、香港坐海船至越南海防，再坐火车到昆明；第二批沿长沙经贵阳至昆明的公路徒步行军；第三路从长沙出发后，经桂林、柳州、南宁，取道镇南关（今友谊关）进入越南，由河内转乘滇越铁路火车，奔赴昆明。

几乎与此同时，中研院总办事处于重庆发出指示，电令在长沙的史语所与社会科学所、天文所等几个研究所设法向昆明转移。1938 年春，中央研究院史语所人员奉命押送300 余箱器物，先乘船至桂林，经越南海防转道抵达昆明，暂租赁云南大学隔壁青云街靛花巷三号一处楼房居住。

长沙临时大学师生迁往昆明的三条路线中，陈寅恪一家选择了水路。南下之前，陈寅恪将清华园抢运出的一批私人书籍另行打包邮寄长沙，但直到要离开此地时，邮寄的书籍因交通阻隔尚未收到。眼看师生已走大半，陈氏已顾不得许多，只好携家眷起程。据流求回忆："我们离长沙时已经霜冻，经衡阳搭乘长途汽车，途中抛锚，走走停停，夜宿零陵县，入夜米糖开水的叫卖声，提醒我们逃难的路程已由辽阔的华北平原到达祖国富饶的南方……"[1]接着乘汽车到广西桂林市。广西是唐筼的故乡，其父母早已去世，有些亲属还在桂林工作和居住。这是一座看上去较北方安静的古城，买卖货物使用的是"桂币"，物价尚平稳。陈家住进靠近湖畔的一家旅馆，一面做继续上路的准备，一面在城中拜访唐氏的本家或亲戚。就在这短暂停留的时刻，胡适的爱徒，时为中央研究院社会科学研究所助理研究员，后为著名太平天国史研究专家的罗尔纲与陈寅恪意外相遇了。许多年后，罗尔纲回忆：当时中研院社会科学研究所与史语所以及北大、清华等高校相继南迁，群集于湖南长沙圣经学院。在"圣经学院辽阔的广场上，每天都是人山人海地站在路旁无聊地观望"。在这样的环境氛围中，一代史学大师陈寅恪瘦削的身影出现在广场。罗尔纲说：

> 一天，在我旁边忽然有人急促地叫道："这是陈寅恪！这是陈寅恪！"我还没有见过陈先生的风采，听闻叫声正打算追去看，忽然想到这是没有礼貌的，停止了。
>
> 过了两个月，社会科学研究所派我回广西接洽迁桂林，住在环湖酒店。这是个寒冬之夜，约在十九时半左右，听有人叩房门。开了门，原来是陈寅恪先生！陈寅恪先生光临我这个小小的助理研究员的住所，真是天外飞来的喜讯！
>
> 我恭迎陈先生进来坐定。他说今夜到旅馆访友，见住客牌知我住在这里，就来看望，不访朋友了。
>
> 陈先生一坐下来，就说看过我许多考证，接着一篇篇加以评论。他一直坐到二十三时，旅馆要关门，服务员来通知，我送他出旅馆门口，他才依依不舍告别。这件事距今五十七年，如在眼前。我深感惭愧，也极感惊奇。陈先生是研究教导隋唐史和撰著文学考证的。我研究的太平天国史和他距离那么远，我又不是他的学生，他为什么这样关心我的著作呢？
>
> 今天回想起来，使我豁然感到陈寅恪先生胸怀的旷达，润物无边。[2]

可以想象的是，在这个异地他乡寒冷的冬夜，一代国学大师陈寅恪与青年才俊罗尔纲的一席交谈，对后者的影响是重大的。罗尔纲后来之所以在学术上能取得令人瞩目的成就，除了胡适耳提面命、不辞辛苦的栽培扶植，与陈寅恪等前辈大师这种礼贤下士的指导与鼓励自有关联。罗尔纲又说："我一生最着力的苦作是八十年代末以后十年对《水浒传》原本和著者的研究。我的《水浒传原本和著者研究》一书出版时，使我想如果陈寅恪先生在世时我能写出，那将是多好的事啊！"[3]遗憾的是，陈寅恪没能活到这个时候。

在桂林的日子很快过去，陈寅恪一家又要急着赶路。在蒙蒙细雨中，一家人登上长途汽车，经平乐到达广西梧州市。当

1940年，罗尔纲在昆明落索坡前

时广西大学就设在这里，李运华校长原是清华教授，得知陈氏一家来到此地，亲自到车站迎接，热情招待一家人吃饭。因不能在此过久停留，晚间，李校长与夫人一道踏着沿江灯火，亲送陈家老小登上内河轮船，茫茫夜色中，轮船沿江而下。陈寅恪一家经虎门抵达香港，此时已是1937年阴历岁末了。

初到香港，陈夫人唐筼因旅途劳累过度，心脏病突发，三女美延又身染百日咳，高烧发热，昼夜尖叫，咳嗽不止，全家不能再行，只好在陈寅恪的好友、香港大学中文系主任许地山的帮助下，租赁了一间房屋暂住下来。

陈家在极其窘迫、落魄的生活境遇中于香港度过了逃难以来的第一个春节。据流求回忆，大年之夜，幽暗的灯光映照下的餐桌上，唐筼悄悄叮嘱女儿："王妈妈和我们奔波半年，过旧历年总要让她多吃几块肉。"意思是让尚不太懂事的流求、小彭主动克制、谦让一些，尽量让王妈妈多尝到一点儿难得的美味。王妈妈从旁侧闻听，感动得泪流满面。

春节过后，陈寅恪必须赶往西南联大授课，唐筼心脏病未愈，体力不支，不能随行。陈氏只好告别家人，独自一人先行上路，自香港取道安南海防市抵达云南蒙自西南联大文学院（南按：时联大文学院、法商学院暂安置在云南蒙自，对外称联大分校）。赴滇之时，陈寅恪把自己随身携带的文稿、拓本、照片、古代东方书籍，以及经年批注的多册《蒙古源流注》《世说新语》等，连同部分文献资料，装入两个木箱交于铁路部门托运——这是他几十年心血凝聚而成并视为生命的珍贵财富。万没想到的是，待陈寅恪赶到蒙自，雇人力车夫将运来的木箱拉到宿舍，兴冲冲地打开验看时，却发现箱内只有砖头数块，书籍等物踪迹全无。面对如此凄绝惨状，陈氏当场昏厥。后据同事分析，箱内之物在路途中被铁路内部的不法分子窃走，为防盗事过早暴露，另易砖头数块装入箱内充数。在悲愤、痛惜与伤感中，陈寅恪身染沉疴，一病不起。祸不单行，此前由北平邮寄的书籍在陈寅恪一家走后陆续到达长沙并由一位亲戚暂时收藏。想不到1938年11月日军攻占岳阳逼近长沙，国军为实施"坚壁清野"战略于12日夜间放火烧城，毁房5万余栋，死伤市民2万余人，长沙一片火海，数十万人无家可归，陈氏寄存的书籍也在大火中化作灰烬。面对这场突如其来的灭顶之灾，陈寅恪痛心疾首，再度潸然泪下。

尽管在蒙自这偏僻之地暂时稳住了阵脚，但流亡而来的师生心情依然沉重。从后方不同路线辗转传来的消息令人心焦。同样从长沙赶到蒙自任教的吴宓在日记中披露道：青山环绕的云南蒙自"阴雨连绵，人心已多悲戚，而战事消息复不佳。5月19日徐州失陷，外传中国大兵四十万被围，甚危云云。于是陈寅恪先生有《残春》（一）（二）之作，而宓和之"[4]。其中《残春》（一）曰：

> 无端来此送残春，一角湖楼独怆神。
> 读史早知今日事，对花还忆去年人。

过江愍度饥难救，弃世君平俗更亲。

解识蛮山留我意，赤榴如火绿榕新。

稍后，陈寅恪又有《蓝霞》一诗：

天际蓝霞总不收，蓝霞极目隔神州。

楼高雁断怀人远，国破花开溅泪流。

甘卖卢龙无善价，警传戏马有新愁。

辨亡欲论何人会，此恨绵绵死未休。[5]

1938年夏，因柳州中央航空学校要迁蒙自，需占用联大分校校舍，西南联大文学院与法商学院等师生奉命陆续迁至昆明联大校本部。6月17日，陈寅恪在给中央研究院史语所历史组的劳榦（字贞一）、陈述（字玉书）二人的信中说道：

贞一、玉书两兄同鉴：

　　大作均收到，容细读再奉还。弟于七八月间必到昆明，如两兄不急于索还，则俟弟亲带至昆明面还。如急需，即乞示知，当由邮局寄上也。

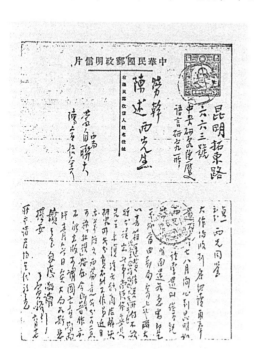

联大以书箱运费系其所付，不欲将书提出。现尚未开箱，故联大无书可看。此事尚须俟孟真先生来滇后方能商洽解决。研究所无书，实不能工作。弟近日亦草短文两篇，竟无书可查，可称"杜撰"，好在今日即有著作，亦不能出版，可谓国亡有期而汗青无日矣。大局如斯，悲愤之至。匆复，敬请

撰安

　　　　　　弟 寅恪顿首 六月十七日
所中诸君均乞代致意。[6]

许多年后，陈氏弟子蒋天枢在《师门往事杂录》一文中录此信时，曾注云："……借见先生彼时情怀。世之读上录函件者，其亦省识先生当日感愤之深欤？"[7]

陈寅恪于蒙自寄给劳榦、陈述的信函（引自《陈寅恪集·书信集》）

◎ 迁往昆明

　　1938年秋，陈寅恪与吴宓等教授离开蒙自抵达昆明。陈氏住进了中央研究院史语所租赁的靛花巷青园学舍楼上——这是他自北平与史语所同人分别五年多来再次相聚。一年后，史语所全体人员搬到郊外，此楼成了北大文科研究所的大本营。陈寅恪到昆明不久，即兼任北大文科研究所历史组导师，一直在此居住。

　　西南联大的教室位于昆明文林街，靛花巷青园学舍临近昆明城北门，每逢上课，陈寅恪都需步行一里多路到校。尽管处于战时，陈氏仍像在清华园一样，每次上课都是用一块花布或黑布，包着一大包书向教室匆匆走来，至时满头是汗，但从不迟到。有同学不忍见身患眼疾，且一只眼睛已盲的史学大师如此辛苦劳累，主动提议前去迎接，并帮助拿书，未允。许多上过课的学生若干年后还记得，陈寅恪上课一丝不苟，多数时候先抄了满满两黑板资料，然后再闭上眼睛讲，进入自我营造的学术语境或历史语境中，似乎把世事都忘得一干二净。据听过陈氏课的联大学生宗良玘回忆："陈师开了一门'两晋南北朝史'全年四学分的课程，每星期授课两小时。……陈师常衣狐裘、戴风帽、手提花布包袱，走入教室。某日，第一只脚甫踏入门，距离黑板尚远，陈师即开始讲述，谓上次讲的……随即走近桌旁，放置包书之包袱，就坐于面对黑板、背朝学生之扶手椅上。讲述久之，似发觉座位方向不对，始站起身搬转坐椅，面对生徒，而做微笑状。有时瞑目闭眼而讲，滔滔不绝。"[8]

　　陈寅恪居住的靛花巷青园学舍小楼共分3层18间，师生的分配情形，据当年就读的学生周法高回忆："研究生住在三楼两间大房里面，另外两小间，一间住的是陈寅恪先生，一间住的是汤用彤先生。罗常培先生是住在二楼。另外还有助教邓广铭先生和事务员郁泰然先生（郁是刘半农的亲戚，江阴人）。此外还有英文导师叶公超先生。"又说："靛花巷的房子大概先是由中央研究院历史语言研究所租来作办

国立西南联合大学校门

公用的，后来才让给北京大学来办文科研究所的，所以蒋天枢的《陈寅恪先生编年事辑》一直认为陈先生住在靛花巷历史语言研究所的楼上，而不知道后来已经改成北大文科研究所了。"周法高认为："他（陈寅恪）本来是清华的教授，可能因为他是傅斯年先生的亲戚和好友的关系，又住在靛花巷的楼上，就担任研究所史学组的导师了。不过他的脾气也真不小，可能由于健康不佳的关系吧！我们和他同住在三楼，彼此从不交谈。有一次大概他午睡的时候，有一个客人慕名来看他，他一直打恭作揖把那个人赶下楼去。又有一次，二楼罗常培先生的房里研究生满座，闹烘烘的，那时大概九十点钟吧！听到楼上陈先生用手杖重重地把楼板敲了几下，罗先生吓得赶快偃旗息鼓。"【9】

从周法高的回忆中可以看出，陈寅恪初来昆明时，尽管身兼数门功课，颇为忙碌，但还能安然居住、授课，并能有机会睡个午觉。可惜这样的安稳日子未过多久，凶悍的日军飞机又带着一肚子爆炸物找上门来了。

1938年9月28日，日军以堵截和破坏滇越铁路和滇缅公路为终极战略意义的昆明大轰炸开始了。由9架日机组成的航空队从南海一线突然飞临昆明上空，首次展开对昆明的轰炸，当场炸死190人，重伤173人，轻伤60余人。

首次轰炸，就造成了如此大的伤亡，而昆明几乎无一点儿防空能力。于是日军放开胆子继续更大规模地对昆明实施狂轰滥炸。许多人都目睹了这样的景象：只见飞机在空中从容变换队形，一架接着一架俯冲投弹，整个城市浓烟四起，烈焰升腾，而后才是炸弹的呼啸和爆炸声，有时甚至可以清楚地看到一枚枚炸弹如何从飞机肚子里钻出来，带着"嗖嗖"声向城市各个角落飞去。

因有了"九二八"这一血的教训，"跑警报"成了昆明城不分男女老少、贫富贵贱共同的一种生活方式。由于敌机经常前来轰炸，几乎每天都要跑警报。时在西南联大就读的学生汪曾祺撰写的回忆文章《跑警报》【10】中，以他特有的幽默风趣举例说，西南联大有一位历史系的教授，听说是雷海宗先生，他开的一门课因为讲授多年，已经背得很熟，上课前无须准备。下课了，讲到哪里算哪里，他自己也不记得。每回上课，都要先问学生："我上次讲到哪里了？"然后就滔滔不绝地接着讲下去。班上有个女同学，笔记记得最详细，一句不落。雷先生有一次问她："我上一课最后说的是什么？"这位女同学打开笔记夹，看了看："您上次最后说：'现在已经有空袭警报，我们下课。'"

1938年，正在轰炸昆明的日本飞机

频繁的警报搞得人心惶惶，鸡犬不宁，无论是学者还是学校师生，大好时光白白流逝。鉴于这种痛苦不安的情形，云南省政府开始通知驻昆学校及科研院所尽量疏散乡下，以便减少损伤，同时也可腾出时间工作。西南联大人多势众，要选个合适的地方极其不易，一时不能搬动，但有些教授还是自愿住到了乡下比较偏僻的地方。中央研究院史语所为保存所携古物、资料及书籍不受损毁，决定立即

1938 年至 1940 年间中央研究院史语所所址：昆明龙泉镇龙头村响应寺（台湾"中研院"史语所提供）

搬家，搬到一个既安静又不用跑警报的地方去。此前，史语所的石璋如到过城外十几里地的黑龙潭旁一个叫龙泉镇的龙头村做过民间工艺调查，并结识了龙泉镇棕皮营村村长赵崇义，棕皮营有个响应寺，石认为此处条件不错，便引领李济、梁思永等人前去察看。待看过之后，经赵崇义与镇长商量并得到许可，史语所决定迁往此地。正在这个节骨眼上，傅斯年来到了昆明。

　　淞沪抗战爆发后，傅斯年托史语所一位陈姓职员护送自己的老母前往安徽，暂住陈家，继而让妻子俞大綵携幼子傅仁轨投奔江西庐山牯岭岳父家避难，自己只身一人留在危机四伏的南京城，具体组织、指挥中央研究院总办事处和各所内迁重庆、长沙等地的事务。

　　傅氏在总办事处度过了最后的留守岁月，于南京沦陷前夜，奉命撤离，同年冬到达江西牯岭，见到爱妻幼子，随即挈妇将雏乘船经汉口抵达重庆中央研究院总办事处。1938 年初夏，蔡元培终于同意朱家骅辞去总干事之职，本想请傅斯年继任，但傅氏坚辞，说对昆明的弟兄放心不下，急于到昆明主持史语所工作，蔡只好请中央研究院化学研究所所长、原科学社的创办人、著名科学家任鸿隽（字叔永）任总干事。

　　傅与任交接了总办事处的工作，携妻带子来到昆明，与史语所同人相会于昆明靛花巷三号一楼，继之迁往龙泉镇龙头村。未久，中央博物院筹备处也从重庆迁往昆明，并在离史语所不远的龙泉镇起凤庵暂住下来。尽管生存环境艰苦，毕竟在炸弹纷飞中又安下了一张书桌，众研究人员心情渐渐平静的同时，又在各自的专业领域忙碌起来。

◎ 炸弹下的陈寅恪与傅斯年

傅斯年初到昆明，为照料北大文科研究所事务，在靛花巷三号的青园学舍一楼住过一段时日。此时日机对昆明轰炸正酣，为了躲避轰炸，傅氏命人在楼前挖了一个大土坑，上盖木板以做防空洞之用。但坑里经常水深盈尺，住在三楼的陈寅恪，不惜带着椅子坐在水里面，一直等到警报解除。对此，陈氏专门作过一副带有调侃意味的对联："闻机而坐，入土为安。"每次警报一鸣，众人皆争先恐后向防空洞奔跑，以尽快"入土为安"。这个时候，身体虚弱的陈寅恪不但右眼失明，左眼也已患疾，视力模糊，行动极其不便。陈氏本人有睡早觉和午觉的习惯，傅斯年怕陈寅恪听不到警报，或听到警报因视力不济遭遇危险，每当警报响起，众人大呼小叫地纷纷向楼下冲去，傅斯年却摇晃着肥胖的身躯，不顾自己极其严重的高血压和心脏病，喘着粗气，大汗淋漓地向楼上急奔，待跑到三楼把陈寅恪小心翼翼地搀扶下来，送进防空洞"入土"，才算了却一件心事。满身霸气，整日仰头挺胸，鼻孔朝天，头颅左右乱转，不把任何人放在眼里的傅斯年，竟对陈寅恪如此敬重呵护，一时在昆明学界传为佳话。[11]后来，傅斯年搬到了龙头村，只是进城时在此小居，不能扶陈寅恪"入土"了。陈氏的日常生活则由好友吴宓等其他师生予以照应。

1937年，冯友兰由长沙经越南转昆明时护照上的照片

西南联大为三校合办，学界巨子与怪人名士呈鱼龙混杂状，云集西南一隅这座临时搭建的校园。陈寅恪的学问人格，不仅得到了傅斯年等学界大腕的尊重，即是当年同在清华大学任教的冯友兰、朱自清等人也对其倍加敬重。1934年，清华大学出版的《清华暑期周刊·欢迎新同学专号·教授印象记》中，曾有一段对陈寅恪的描写：哲学大家冯友兰的学问可谓不小了，从1928年进校起，秘书长、文学院院长，以至代理校长，都曾做过，在清华可称为上乘人物了。但是有人观察到，每回上"中国哲学史"课的时候，总看冯先生恭敬地——"好像徒弟对着师傅那样的恭敬"，跟着陈寅恪从教员休息室出来，一边走路一边听陈的讲话，直至教室门口，才相对地打个大躬，然后分开。"这个现象固然很使我

们感到冯先生的谦虚有礼，但同时也令我们感觉到陈先生的实在伟大。"

西南联大时的刘文典

从这个记载可以看出，陈寅恪的威望和名声在他步入清华园不久，即凭着他的才学与人格力量，在清华园的空气里无声地飘荡流动，深入到师生的肺腑并得到同人的普遍尊敬。所谓风气，即此也。时为清华国文系主任的刘文典（字叔雅，1889—1958），年龄比陈寅恪大一岁，既是一位才高学广的"博雅之士"，又是一位恃才自傲的"狷介"之人。早在1907年芜湖安徽公学读书时就加入同盟会。1909年留学日本早稻田大学，学习日、英、德等国文字、语言，曾一度担任孙中山秘书处秘书，积极主张以刺杀、撞车或引爆自制炸弹等恐怖活动，来打击、推翻袁世凯集团的统治。老袁一命呜呼后，国内革命形势发生丕变，刘氏遂不再过问政事。1917年，刘文典受陈独秀之聘出任北京大学文科教授，并担任《新青年》英文编辑和翻译，积极鼓吹另类文化在中国的传播，同时选定古籍校勘学为终身之业，主攻秦汉诸子，并以《淮南子》为突破口加以研究。经过数载苦钻精研，终以皇皇大著《淮南鸿烈集解》六卷本震动文坛，为天下儒林所重。再后来，又以《庄子补正》十卷本令学界叹为观止。刘氏因此两部巨著一跃成为中国近现代史上最杰出的文史大家之一，影响所及，已超出学界而步入政坛，一度被蒋介石抬举为"国宝"。[12]

成了"国宝"的刘文典并不买蒋介石的抬举之账，后来在安徽大学校长任上为学潮一事曾当面顶撞蒋介石，并呼对方"新军阀"，结果被盛怒之下的蒋当场扇了两个耳光，又下令关押了七天。鲁迅在他的《知难行难》一文中曾有"安徽大学校长刘文典教授，因为不称主席而关了好多天，好容易才交保出来"[13]云云。据说蒋介石扇刘耳光时，刘文典也不甘示弱，飞起一脚踢中了蒋的小腹，蒋大呼一声弯腰低头捂着肚子秋蚕一样蜷缩起来，痛得脸上汗珠直滚，这才有了把刘氏关进监狱之举。此事曾轰动一时，风传学界，刘文典被视为敢作敢为的民族英雄，声震天下儒林。刘氏出狱后，根据蒋介石"必须滚出安徽"的释放条件，受罗家伦之聘来到清华出任国文系教授、主任，成了陈寅恪的同事兼上司，也成为在国学领域唯一可与陈寅恪过招并有一拼的重量级大师。尽管如此，刘文典对陈寅恪却极为尊崇，不敢有半点造次，公然坦承自己的学问不及陈氏之万一，并多次向他的学生们云：自己对陈氏的人格学问不是十分敬佩，而是"十二万分的敬佩"。

当然，挨过蒋介石耳光，也曾踢中蒋主席小腹的刘文典，是并不肯轻易对他人心悦诚服的，陈寅恪算是一个少有的例外。此后的若干岁月，刘氏那恃才傲物的"狷介"性格并未有所收敛。他公开宣称整个中国真懂《庄子》者共两个半人，一个是庄子本人，一个是自己，另半个是指马叙伦或冯友兰，因当时马冯二人皆从哲学的角度讲《庄子》。另有一说是指日本某学者，意思是指在中国真正懂《庄子》者乃自己一人而已。刘文典如此自夸，并不是信口开河或真的"精神不正常"，的的确确有绝招。来到西南联大后，每当刘氏开讲，吴宓等几位重量级教授便前往听讲。经常的情况是，刘文典见了并不打招呼，旁若无人地闭目演讲，当讲到自己认为出彩的节骨眼上，戛然而止，抬头张目望着教室最后排的吴宓，慢条斯理地问道："雨僧兄以为如何啊？"吴宓闻听立即起立，恭恭敬敬地一面点头一面回答："高见甚是，高见甚是！"

于恃才傲物、不可一世的同时，刘氏对搞新文学创作的学者分外轻视，并放言"文学创作的能力不能代替真正的学问"。有一次警报响起，他夹着一个破布包，从屋里蹿出来往郊外山野方向逃窜，路上正遇上联大文学院副教授、著名小说家沈从文夺路而奔。刘文典顿时火起，停住脚步侧过身对沈从文大声骂道："我跑是为了保存国粹，为学生讲《庄子》；学生跑是为了保存文化，可你这个该死的，跟着跑什么跑啊！"[14]

沈从文出身穷乡僻壤的湘西，也就是陈寅恪祖父陈宝箴当年曾署理的凤凰县农村，仅念过小学，及长大后又以当兵谋生，属于自学成才的"土包子"学者和作家，没有西洋与东洋"海龟"的神气，在校中颇为东西洋大小"海龟"所轻视，沈氏在文章中也不断地称自己为"乡下人"。在昆明时的沈从文由于辈分较低，加之生性腼腆，不太轻易与人较劲儿。此时见瘟神一样的东洋"海龟"兼"国宝"刘文典气势汹汹地向自己逼来，未敢计较，索性来了个逃之夭夭。刘氏仍不知趣，望着沈从文的背影继续嘟囔叫骂不止。此时敌机已飞临头顶，刘文典忽见炸弹落下，乃立即闭了嘴巴，夹着破包袱放开脚步

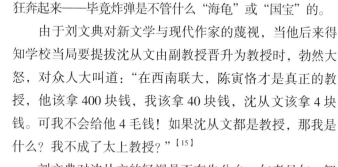

狂奔起来——毕竟炸弹是不管什么"海龟"或"国宝"的。

由于刘文典对新文学与现代作家的蔑视，当他后来得知学校当局要提拔沈从文由副教授晋升为教授时，勃然大怒，对众人大叫道："在西南联大，陈寅恪才是真正的教授，他该拿400块钱，我该拿40块钱，沈从文该拿4块钱。可我不会给他4毛钱！如果沈从文都是教授，那我是什么？我不成了太上教授？"[15]

刘文典对沈从文的轻视是否有失公允，仁者见仁，智者见智，但他对陈寅恪的评价大致是不差的。吴宓自在哈佛大学时起，对陈寅恪的中西政治、社会之学的独到眼光与精辟论述就深为折服。透过吴宓当初的日记，可以看到他对陈寅恪的崇拜程度绝不亚于刘文典那"十二万分"的佩服境界。在离开哈佛15年之后的1934年夏季，吴宓在一篇关于陈寅恪《王观堂先生挽词》的"诗话"中，再次

西南联大时的沈从文

以真挚的情感抒发了对陈氏学问的敬仰，以及自己受益良多的感念之情。吴曰：

> 始宓于民国八年，在美国哈佛大学，得识陈寅恪。当时即惊其博学，而服其卓识。驰书国内诸友，谓"合中西新旧各种学问而统论之，吾必以寅恪为全中国最博学之人"。今时阅十五六载，行历三洲，广交当世之士，吾仍坚持此言。且喜众之同于吾言。寅恪虽系吾友而实吾师。即于诗一道，历年所以启迪者良多，不能悉记。其《与刘文典教授论国文试题书》及近作《四声三问》一文，似为治中国文学者所不可不读者也。[16]

据吴宓的女儿吴学昭说，上述这段话，吴曾向她重复过多次，因而在脑海中留下了很深的印象。1948年吴学昭在武汉大学就读，暑假时，"他（吴宓）同学文姐和我谈做学问，又以寅恪伯父为范例讲到这段话的意思"。[17]由此可见吴氏所言"驰书国内诸友""且喜众之同于吾言"等，的确是掏心窝子的话，并非一时兴起的妄语或胡吹海捧的醉话。为此，大名鼎鼎的金岳霖曾不无感慨地说道："寅恪的学问我不懂，看来确实渊博得很。有一天我到他那里去，有一个学生来找他，问一个材料。他说：你到图书馆去借某一本书，翻到某一页，那一页的页底有一个注，注里把所有你需要的材料都列举出来了。你把它抄下，按照线索去找其余的材料。寅恪先生记忆力之强，确实少见。"[18]

正是陈寅恪的博学与卓识，加上傅斯年超凡的霸气与管理才能，当然还有其他同事、学生的密切合作与共同努力，才使一个并不为时人所重的历史语言研究所，一跃成为中国史学研究的重镇，开一代史学研究之风气。曾一直追随陈寅恪治学的史语所历史组研究员、著名汉简研究专家劳榦在多少年后，在台湾孤岛上回忆往事的时候曾这样说道："二十年来的历史研究，国内几个好的大学及研究机关，虽然都有他们的贡献，但孟真主持的中央研究院历史语言研究所以及北京大学文科研究所，的确能做到中心地位。尤其历史语言研究所的有关历史部分在陈寅恪先生以历史学先进、谨严而渊博的方法领导之下，影响尤深。"[19]

战事连绵、人心惶惶、世事纷乱的艰难环境中，在昆明的陈寅恪除了应付史语所历史组、西南联大、北大文科研究所等职责内的各项事务，还强拖病体，靠一只即将失明的眼睛，硬是完成了奠定其世界级学术大师地位的不朽名篇——《隋唐制度渊源略论稿》的著述。

1939年春，陈寅恪被英国皇家学会授予研究员职称，并收到牛津大学汉学教授聘书，请其赴牛津主讲汉学。对方已安排该校汉学家休斯副教授充任其副手。这是牛津大学创办三百余年来首次聘请一位中国学者为专职教授。面对如此极具荣誉的礼聘，陈寅恪曾两度辞谢，后考虑一直住在港岛的夫人唐筼患严重心脏病，不能携家抵昆团聚，同时借赴英机会可治疗眼疾，遂答应就聘。在得到西南联大主持校务的梅贻琦同

第六章　南渡记

西南联大简陋的校舍

意后，陈寅恪乘车由安南转往香港做赴英的准备。整个欧洲的汉学家风闻陈寅恪即将赴英，皆云集于奥格司佛城，静坐以待。时在重庆的史家、文学家陈衡哲得此消息后说道："欧美任何汉学家，除伯希和、斯文·赫定（Sven Hedin，地理考古）、沙畹（Edouard Chavannes）等极少数外，鲜有能听得懂寅恪先生之讲者。不过寅公接受牛津特别讲座之荣誉聘请，至少可以使今日欧美认识汉学有多么个深度，亦大有益于世界学术界也。"【20】

意想不到的是，陈寅恪抵港未久，欧洲战火突起，地中海不能通航，何时能够起程，杳无可知。陈氏茫然四顾，不知如何是好，他在写给傅斯年的信中说："天意、人事、家愁、国难俱如此，真令人忧闷不任，不知兄何以教我？"【21】

此时的傅斯年亦无法可想，无奈中的陈寅恪只好由香港重返昆明西南联大，等待可行的机会。就在这时，噩耗传来，蔡元培于香港撒手归天。

注释：

【1】陈流求《回忆我家逃难前后》，载《纪念陈寅恪先生百年诞辰学术论文集》，王永兴编，江西教育出版社 1994 年出版。

【2】【3】罗尔纲《深宵感怀录》，载《社会科学战线》，1995 年第 2 期。

【4】《吴宓日记》，第六册，吴学昭整理、注释，北京三联书店 1998 年出版。见 1938 年 5 月条。时吴宓、冯友兰、朱自清等均已抵达蒙自开课。

【5】《陈寅恪集·诗集》，陈美延编，北京三联书店 2001 年出版。据吴宓云："因忧共产党与国民政府不能圆满合作，故宓诗中有'异志同仇'之语。而寅恪又有《蓝霞》一诗。'蓝霞'二字出吴文英《莺啼序》末段，而寅恪用之则指蓝衫社党（通称蓝衣社）及红军。寅恪之意，吾能识之。吾爱国并不后人，而极不慊今日上下之注重'革命'等观念，而忽略中国历史文化之基本精神（日本俘虏亦有能言此者，见报），此则二十余年来学术思想界所谓'领

袖'所造之罪孽，及今而未已也。……"（见《吴宓日记》，第六册，吴学昭整理、注释，北京三联书店 1998 年出版）

【6】《致劳榦、陈述》，载《陈寅恪集·书信集》，陈美延编，北京三联书店 2001 年出版。

【7】蒋天枢《师门往事杂录》，载《纪念陈寅恪先生诞辰百年学术论文集》，北京大学出版社 1989 年出版。

【8】宗良坘《记陈寅恪先生》，载台北《清华校友通讯》，新三十二期，1970 年 4 月。

【9】周法高《记昆明北大文科研究所》，载《我与北大》，王世儒、闻笛编，北京大学出版社 1998 年出版。关于陈寅恪睡早觉和午觉的习惯，陈氏于 1942 年 8 月 30 日在给傅斯年的信中有所披露和诠释，信曰："弟之生性非得安眠饱食（弟患不消化病，能饱而消化亦是难事）不能作文，非是既富且乐，不能作诗。平生偶有安眠饱食之时，故偶可为文。而一生从无既富且乐之日，故总做不好诗。古人云诗穷而后工，此精神胜过物质之说，弟有志而未逮者也。"（见《陈寅恪集·书信集》，陈美延编，北京三联书店 2001 年出版）

此信是陈寅恪在桂林时，出于家累与身体原因不能速返蜀地李庄史语所，而专门向傅斯年做出的解释，后文详述其情。但从这几句解释中可知陈氏之睡早觉、午觉甚或感情冲动、爱发火等是确有缘由的。

另据傅斯年 1942 年 8 月 31 日致中央研究院总干事叶企孙信中言："其实彼（指陈寅恪）在任何一处一样，即是自己念书，而不肯指导人。"又，傅斯年以开玩笑的口气说："本所几个老年助理，他还肯说说，因此辈常受他派查书，亦交换方便也。一笑。"（见《傅斯年全集》，第七卷，欧阳哲生主编，湖南教育出版社 2003 年出版）从傅斯年这几句推断，此时的陈氏不理睬周法高辈，是合乎其性格和处事方式的。

【10】《跑警报》，载《人间草木》，汪曾祺著，江苏文艺出版社 2005 年出版。

【11】那廉君《傅孟真先生轶事》，载台北《传记文学》，第十五卷第六期，1969 年 12 月。

【12】【14】【15】《刘文典传闻轶事》，刘平章主编，云南美术出版社 2003 年出版。下同。

【13】1922 年 5 月，前清逊帝溥仪召见胡适。胡氏在不久所作《宣统与胡适》一文中，记载了这次被召见的经过，其中有"在养心殿见着清帝，我对他进行了鞠躬礼，他请我坐，我就坐了……他称我'先生'，我称他'皇上'"之语。

1929 年 6 月，胡适发表了《知难，行亦不易》一文，对孙中山提倡的"知难行易"学说加以"批评"，同时提出了一个新的"专家政治"的主张，要求蒋介石政府"充分请教专家"，明确指出"知难行易"的学说"不修正"，"专家政治决不会实现"云云。1931 年 10 月，蒋介石在南京会见丁文江与胡适，"对大局有所垂询"，各报转载了消息。同年 12 月 11 日，《十字街头》第一期刊发了鲁迅（署名佩韦）的《知难行难》一文，后编入作者的《二心集》。

鲁迅在文中对胡适等人进行了嘲讽："现在没有人问他怎样称呼。为什么呢？因为是知道的，这回是'我称他主席……'安徽大学校长刘文典教授，因为不称'主席'而关了好多天，好容易才交保出外，老同乡，旧同事，博士当然是知道的，所以'我称他主席！'也没有人问他'垂询'些什么。为什么呢？因为这也是知道的，是'大局'。而且这'大局'也并无'国民党专政'和'英国式自由'的争论的麻烦,也没有'知难行易'和'知易行难'的争论的麻烦,所以,博士就出来了。"

【16】《空轩诗话(十二)陈寅恪〈王观堂先生挽词〉》,载《吴宓诗话》,吴宓著,吴学昭整理,商务印书馆 2005 年出版。

【17】《吴宓与陈寅恪》,吴学昭编著,清华大学出版社 1992 年出版。

【18】《金岳霖的回忆与回忆金岳霖》,刘培育主编,四川教育出版社 1995 年出版。

【19】劳榦《傅孟真先生与近二十年来中国历史学的发展》,载台北《大陆杂志》,第一卷第一期,1951 年 1 月 15 日。

【20】今圣叹《国宝云亡——敬悼陈公寅恪先生》,载《谈陈寅恪》,俞大维等著,台北:传记文学出版社 1970 年出版。今圣叹,为台湾作家程靖宇的笔名。该文又云:"此评不为时人知,余战后在上海中研院办事处后住宅中,亲闻于衡哲女士者。"

【21】《陈寅恪集·书信集》,陈美延编,北京三联书店 2001 年出版。

◎ 八方风雨会重庆

　　蔡元培在香港去世的消息传到昆明，中央研究院各研究所、中央博物院筹备处与西南联大同人无不同声悲泣。傅斯年在龙头村旁边山中的弥陀殿主殿外，专门组织召开追悼会，除史语所与中央博物院筹备处人员，同在龙头村的梁思成、林徽因夫妇及中国营造学社同人也前往参加。傅氏作为主持人，在讲述恩师蔡元培的生平，特别是上海沦陷前后一段经历时，泪如雨下。

　　卢沟桥事变发生时，蔡元培正在上海。此时，中央研究院理、化、工等三个研究所仍留在上海租界内开展工作。淞沪抗战爆发，作为院长的蔡元培强撑病体，亲自组织、指挥三个所向内地撤退。就在上海城陷之际，中央研究院总办事处已由朱家骅和傅斯年共同组织撤往重庆，蔡元培满怀悲愤与忧伤，乘一艘外国邮轮独自一人从上海赶往香港，准备转赴重庆与傅斯年等人会合。一路颠簸漂荡，年高体衰的蔡元培抵达香港后身体不支，被迫滞留在港岛疗养休整，暂居跑马地崇正会馆。次年2月，一家老小逃出沦陷的上海乘船抵港。蔡元培携家迁往尖沙咀柯士甸道（Austin Road），化名"周子余"隐居下来，平时谢绝一切应酬，但仍遥领中央研究院事务，通过各种渠道密切关注着中研院的命运，为本院未来的生存与发展计谋筹划。1938年2月，在他的精心策划和组织下，于香港主持召开了中央研究院自上海、南京沦陷以来首次院务会议。浙江省主席兼中研院总干事朱家骅，以及所属的丁西林、李四光、竺可桢、傅斯年、陶孟和等十位所

蔡元培晚年在香港寓所

长如期赴约，共商御侮图存大计。面对众人慷慨悲歌之气，蔡元培精神为之一振。就在这次会议上，确定了战时院务工作的许多重大策略与生存、发展方针。

1938年5月20日，蔡元培应宋庆龄邀请，同港督罗富国爵士（Sir Geoffry Alexander Stafford Northcote）等人一道，出席由"保卫中国大同盟"及"香港国防医药筹赈会"于圣约翰大礼堂举行的美术展览会并发表演说。这是蔡元培在港期间唯一的公开演讲，其意本为公开话别，离港前往昆明或重庆，奈何因身体孱弱不堪，未能成行。

1940年早春，七十三岁的蔡元培步入了贫病交加的人生暮年，生命之火即将熄灭。而此时，偏又遭逢爱女蔡威廉死于难产的致命一击。蔡威廉这位留洋归国的艺术家，自和林文铮结婚后，一直致力于杭州美专的艺术教学工作，满腹才华和理想尚未来得及施展和实现，就在昆明撒手人寰。她死得很惨，在咽下最后一口气之前还用手在墙上反复疾书"国难，家难"，其撕心裂肺之状令天地为之动容。白发人送走了黑发人，而白发人也将循着女儿的背影飘然而去。

1940年3月3日晨，蔡元培起床后刚走到浴室，忽然口吐鲜血跌倒在地，继之昏厥过去。两天后，医治无效，溘然长逝。

巨星陨落，天下震惊。中国军政要人不分政治派别均表深切哀悼。国民党在重庆举行公祭，由党总裁蒋介石亲自主持，接着举行追悼大会以表达对死者的追念与哀思。远在延安窑洞里的中共领袖毛泽东闻讯，也向这位当年促成自己进北大谋到图书登记员差使并有知遇之恩的故校长发去了"孑民先生，学界泰斗，人世楷模"的唁电，同时发动延安各界举行追悼大会，发表悼念文章以示尊崇与纪念。一代名流许崇智和廖承志分别受国共两党委托，亲赴香港致祭，香港各界为之执绋者5000多人。蔡氏遗体于7日下午在香港湾仔摩理臣山道福禄寿殡仪馆入殓，10日举殡，香港各学校及商号均下半旗志哀。蔡元培灵柩初移厝于东华义庄七号殡房，以待运回故乡浙江绍兴安葬，因战事迭起，炮火连绵，未能成行，遂移葬于香港华人永远坟场。这位"五四元老""中国新文化运动之父""学界泰斗"，就此长眠于香江之岸。

此时抗战转入低潮，日军攻势凌厉，中国东部最精华的国土尽失，国际社会无一援手。国民政府几乎陷入了外无救兵、内无粮草的绝境。蔡元培的去世，使迁往昆明的中央研究院各研究所同人心头蒙上了一层挥之不去的阴影。在一次交谈中，傅斯年与李济均流露出"树倒猢狲散"的悲情。当时在座的郑天挺事后颇为感慨地说："孟真、济之皆目前国内一流的学者，尚且如此，真是国家学术机构之不幸。"[1]

作为不幸之中的幸存者，当然不会真的因蔡元培这棵大树的倒掉而四散湮灭，化作历史风尘随风飘逝。每一个具有血性的中华儿女都深知，在如此严峻的历史转折关头，只有一条路可供选择，那就是必须咬紧牙关，积蓄力量，实现战略反攻，赢得抗战的最后胜利。为使中央研究院各个系统不致因它的缔造者蔡元培去世而在战火中瘫痪，院长继任人选很快被提到了议事日程。这个时候，中央研究院还没有后来的院士制度，成立之初，在蔡元培、杨杏佛、傅斯年等人的努力下，至丁文江出任中研院总干事时，创立了一个评议会作为全国最高学术评审机构。[2]这一机构除负责联络国内各研究机关，决定学术研究方针，促进国内外学术研究合作互助外，还握有推举院长候补人的权力。评议会以院长为议长，设秘书一人，负责日常事务。评议会的评议员以中央研究院各研究所所长和重量级的研究员为主，另有部分大学教授和教育、科学界杰出人士——这便是后来院士制度的雏形。

按既定章程，中央研究院院长的产生实行"提名制"，即由该院评议会通过聘请的评议员投票的方式，选出三位候选人呈报国民政府，由政府最高领袖从三位被提名的候选人中圈定一人，有幸被圈定者就是合法的中央研究院院长。

1940 年 3 月中旬，评议会秘书翁文灏与中央研究院总干事任鸿隽、前总干事朱家骅、教育部长王世杰等人沟通后，呈报国民政府批准，召集散落在全国各地的评议员赴重庆开会，选举新一届院长。

在昆明学术、教育界的蒋梦麟、傅斯年、陈寅恪、陶孟和、李济、竺可桢、李四光、丁西林，以及西南联大教授周炳琳等接到通知，纷纷来到国民政府陪都重庆，每个评议员都渴望自己看好的对象能够当选。鉴于复杂的政治人事关系，由谁来坐第一把交椅，皆心中无数。即使神通广大、霸气十足，具有国民政府参议员头衔的傅斯年，对此次选举前景究竟如何，也是雾中看花，不甚明了。其中有人主张既然蔡元培是由北大校长转为大学院和中研院院长，那么现任北大校长、西南联大常委蒋梦麟就应该名正言顺地继任，拥蒋的陶孟和曾对郑天挺试探性地说："看来这次梦麟先生应当出来了。"[3]郑天挺深知事情远没有如此简单，不置可否。

果不其然，到达重庆后，有相当一部分评议员并未把蒋梦麟放在眼里，反而"谈到此事，都说（胡适）先生一票不可少"[4]。且同为评议员的重量级学者陈寅恪还公开放言：本人不远千里来重庆，只为了投胡适一票。一时间，正担任驻美大使的胡适博得了头彩。只是，同当时中国所有地方的官场一样，由于各方面的明争暗斗，选举事项横生枝节，顿起波澜。

推选程序尚未开始，整个氛围已如浓雾弥漫的山城重庆，令初来乍到者晕头转向，拿捏不稳。大幕遮掩下的评议行动，首先是翁文灏、朱家骅、王世杰、任鸿隽等在民国政坛儒林星河中最明亮、庞大的四只"海龟"暗中较起劲儿来。

在相互较劲儿的四人中，朱家骅最为年轻，学术资历亦相对较浅，但官职以及在国

翁文灏

民党内部的威望却不在另外三人之下，甚至有后来者居上的健劲势头，此时他正身居国民党权力中枢的中央常委、组织部长高位。

在普通百姓或部分学者看来，以上四人均是位高权重的党国大员，可谓高官厚禄，前程似锦，实在没必要再来争抢这个清水衙门的总管。如傅斯年所言，"中研院长闲曹尔"[5]，没什么权力可弄、油水可捞。但并不是所有的人都做如是想。翁、王、任、朱等四人当然另有算盘可打，一个显然的情结是，国民党部长大员的高位可以方便捞钱获利，但并不为天下儒林所重，相反地，中研院院长不能捞钱弄权，却可以赚取部分名声，特别是作为学者从政的一族，骨子里或多或少地残存着读书人情结，渴望天下人把自己看作一位大贤者、大儒式的高官，而不是以一只土鳖、老粗或满腿泥水兼烟袋油子味儿的军阀面目出现。面对这个国家最高研究机关的掌门人职位，几位儒生出身的高官自然不能不为之心动。按他们的想法，只要能坐上这把盟主的交椅，便可名动天下儒林公卿，达到鱼与熊掌兼得、名利双收之奇效。于是，一场明争暗斗的大角逐在警报声声的雾都重庆拉开了序幕。

当众评议员从全国各地抵达重庆，即将进入正式选举程序时，出乎所有人的意料，作为中央研究院评议会秘书（南按：相当于后来的秘书长）的翁文灏，突于3月16日接到一封蒋介石侍从室二处主任陈布雷给他的信函，内称蒋委员长"盼以顾孟余为中研院院长"[6]。第二天，翁文灏、王世杰、朱家骅在与傅斯年、李四光等几位中研院健将会面时，转达了陈布雷信中的内容。众人一听，"颇表愤慨"。向来有"大炮"之称的傅斯年在震怒中本想当场发作，但又感到此乃"介公下的条子"，而顾孟余又是前辈学人，同时也是自己当年在北大时的师辈与中山大学时的上司，甚觉不便，遂强按怒火答道："我个人觉得孟余不错，但除非北大出身或任教者，教界多不识他，恐怕举不出来。"随后，傅斯年又对在场的汪敬熙道："我可以举他一票，你呢？"

汪敬熙听罢将嘴一撇，颇为不屑地答曰："我决不投他票，他只是politician（政客）。"

傅斯年又对翁文灏、王世杰说道："你看如何？"面对此情，翁王二人无言以对。

盛怒中的傅斯年仍余气未消，转身又对同时在场的段锡朋说道："书诒（段锡朋字），你算一下看，老顾能得多少票？"

汪敬熙、段锡朋二人皆是五四运动时期与傅斯年在北大同时"举事"的一代名将，他们所看重的只有自己的老师胡适，其他人均不放在眼里。而顾孟余虽曾出任过北大教务长，但后来离开北大转向国民党内部中枢，从事政治活动，并与国民党高官大员甚至蒋介石本人，有着扯不断、理还乱的关系，与学术界人士的关系早已疏远冷淡。顾氏不再把这些儒生寒士放在心中，而这些认死理的书呆子也以牙还牙，同样对他视而不见，如弃敝屣一样将其抛到烂泥坑中去了。段锡朋与在场的朱家骅根据顾孟余的名望和人缘儿，粗算了一下，最多只能得8票，而这票数几乎囊括了所有北大出身的评议员，甚至连汪敬熙也计算在内，而汪则表示坚决反对。面对这个不祥的结果，翁、王、朱等几人均沉默不语。

这个插曲只是小范围内的非正式公布与商议，假如就此打住，各自相安，倒也无事。但这"下条子"一说不知被谁捅了出去，辗转传闻，立即引起众评议员的盛怒。此种做法不但违反了中研院的选举条例，同时也是对学者们自由思想和独立精神的侮辱，一时群情激昂，怒气顿生。此前，傅斯年曾经与王世杰、段锡朋谈到要给胡适投一票的事，他们都说"要把孟余选出，适之也必须选出，给他们看看"云云。尽管顾与朱都是自己在中山大学时的上司，翁王二人与自己也颇有交情，但此时的傅斯年和陈寅恪一样，倾向于推举胡适，其理由如傅后来在致胡适信中所言："我辈友人，以为蔡先生之继承者，当然是我公，又以为从学院之身份上说，举先生最适宜，无非表示学界之正气、理想、不屈等义……"[7]

按照翁文灏的说法，当他将众人的意见反馈到陈布雷处时，陈氏急忙做了解释，说介公只是在与他和张岳军（群）谈及此事时，提到中研院应归行政院管辖，院长不宜由评议会选举，但也"未言决即更改"，"对院长人选，曾提及吴稚晖、戴季陶、钮铁（惕）生等，嗣又提及顾孟余"云云。既然介公本人也只是非正式地提及，并没有一个断然的决定，翁文灏除向陈布雷说明"盼能依法办理"，希望不致破坏法律条例外，也就没有再做更多的表示。随后，翁特意又走访了陈布雷和介公在表述时另一位在场者张群，也没有探听到与陈布雷不一致的说法。下午，翁文灏、傅斯年、任鸿隽、李四光、汪敬熙等一起，又与王世杰专门讨论选举院长事。据翁文灏日记载，当时王世杰只是表示，关于此事，他本人"有两个consciences（良心）"[8]。两个什么consciences？翁的日记没记，王世杰具体说没说也不得而知。

除翁文灏的一面之词，另有一条消息在评议员间传开，谓王世杰最不愿意胡适此时回国，用王的话说，虽然胡适算不上一流的外交家，美国的外交政策也不容易因他国外交官转变的。他认为，美国外交政策中那些可以设法转变的，胡博士去做就比其他人有效，因此极力反对让胡适回国当院长云云。而蒋介石之所以敢冒得罪天下儒生的骂名，让陈布雷"下条子"推举顾孟余，就是王世杰的移花接木之计，没想到弄巧成拙，遭到了学者们的强烈反对，并对王大为不满。翁朱二人一看众评议员的激愤之态，才知道这一班学者与纯粹的官场中人大不相同，"实在没法运动，如取运动法，必为所笑，于事无补"[9]。在这种情况下，翁、王、任、朱四人撇开顾孟余，又开始为争抢这把交椅暗中钩心斗角起来。

21日晚上，翁文灏、任鸿隽联名出面请客，赴宴者30人。席间有任鸿隽的夫人、

任鸿隽、陈衡哲订婚日与胡适（右）的合影（1920年8月22日于东南大学）

著名的女"海龟"，并有"莎菲女士"之称的一代女诗人、教授陈衡哲作陪压阵。翁、任联盟表面上不动声色，内心却自有打算。意想不到的是，前来参加的傅斯年、陈寅恪等人仍不买账。为了这次评议会，陈寅恪带病专程从昆明赶来参加，曾几次对众人表示"来重庆就为投胡先生一票"[10]。陈寅恪对于社会生活态度，最看重的就是独立精神、自由思想，也就是他为王国维撰写的纪念碑碑文中所倡导的"士之读书治学，盖将以脱心志于俗谛之桎梏，真理乃得以发扬。思想而不自由，毋宁死耳"。在这次宴席上，陈寅恪同样大谈其academic freedom（学术自由）理论，并言称中研院院长"必须在外国学界有声望，如学院之外国会员"云云。[11]陈氏此语，显然是向在座者宣示，只有胡适才有资格来坐这把天下儒林盟主的交椅。而这个时候，尽管国内有不少党国要人对胡适在驻美大使的位子上，"只好个人名誉事，到处领学位"之行径颇为不满，尤其是孔祥熙、宋子文等政治集团大为不快，恨不得立即将胡氏抓将起来投进监狱，甚至连同傅斯年等一帮前呼后拥的喽啰一并逮捕法办，以达到斩草除根之目的。但远在美国的胡适仍是照领不误，直到中研院院长选举之时，国人并不清楚他以中国驻美大使的身份，在国外受领了多少个学位和院士帽子。不过从胡适一生在国外共弄了35顶博士帽子来看，这个时候恐怕已有30多顶博士或相关的名誉博士帽子戴在头上了。除此之外，弄到的"外国会员"头衔更是不计其数。这个能量，如同三国时代虎牢关前的吕布，是翁文灏与任鸿隽加上陈衡哲三位男女英豪合在一起都无法匹敌的。故陈寅恪之说，得到了大多数入席者称许，翁、任、陈三位一时颇为尴尬。

眼看自己的酒钱就要打水漂，满腹心事与梦想也即将付之东流，任鸿隽力图扭转颓局，强调道："在国外者，任要职者，皆不能来，可以不选。"[12]

陈寅恪与傅斯年听罢，均表示对此不敢苟同，谓"挑去一法，恐挑到后来，不存三四人，且若与政府太无关系，亦圈不上，办不下去"[13]。

陈寅恪当然明白翁文灏与任鸿隽的意中人在自己而不在胡适，遂表示坚决反对。此前他曾公开表示过自己的意见："如果找一个搞文科的人继任，则应为胡适之。"陈认为："胡适之对于中国的几部古典小说的研究和考证的文章，在国外的学术界是很有影响的。

如果找一个搞理科的，则应找李四光，因为，李在地质学理论方面的造诣，在中国无人能比……"[14]翁文灏尽管是地质学界权威性的老字号"海龟"，但其成就主要体现在地质与矿产资源的调查方面，缺乏像新生代"海龟"李四光所具备的那样一种宏大的视野与学术理论构建。而这种差别不是靠听师傅讲解，或自己躲在一间四面封闭的小黑屋里，像汉代的孙敬一样把头用一根绳子拴住悬在梁上，或像战国时代的纵横术士苏秦一般，弄一根铁锥，专等深夜读书迷糊时往大腿上乱刺一通，甚或不吃不喝，一门心思读书、思考，在恨铁不成钢时拿头往墙上撞就可以弥补的。这是一种世间难得一见的天才的事业，只有天纵之才方可达到这种境界。当然，不能说翁文灏就不是天才，他与李的差别，其实就是天才大小的差异。二者相较，李四光为大，翁为小。至于任鸿隽本人，就不足道哉了。若干年后的事实也证明了陈寅恪的眼力与识见，新中国成立后，李四光在地质学界发挥了开天辟地的重大作用，无论是在理论还是在实际操作中，都做出了任何同时代人无法企及的巨大贡献。当年与其争锋者皆被他那科学巨人的身影笼罩得不辨牛马。而同样留在大陆的任鸿隽则籍籍无名，除了弄了个灰头土脸，没有什么值得一提的造诣和贡献。也只能感慨时运不济，徒叹奈何，奈何了！

只是，此时的胡适与李四光皆属于不被国民党高层真正欢迎之人，陈寅恪之说，也是一时的宣泄怨愤而已，可谓明知不可为而为之。

饭后，依胡先骕提议，进行了一次民意测验性质的非正式投票。结果是：翁文灏得23 票，胡适得 21 票，朱家骅得 19 票，王世杰仅得 1 票，任鸿隽 0 票。

王世杰一看自己仅此一票，顿觉失了面子，众人也大感诧异。王在窘迫中把这个悲惨结局归罪于傅斯年，认为傅对众评议员传播他在背后鼓动蒋介石，要举顾孟余并下条子事，才引起了众怒，导致了这场难堪的败局。为此，王世杰对傅大为恼火。傅斯年见此情形，大喊冤枉，并对外声明，自己从未说过王鼓动介公下条子之事，在致胡适的信中，傅斯年说："雪艇（王世杰字）也决不会做此事，可是有些理想，与布雷谈及，无意中出此枝节，容或有之。要之，亦是为研究院。"此时外部传言已呈覆水难收之势，傅斯年这个替自己洗刷又替对方开脱的声明，王世杰并不领情，仍是余怒未消，且对傅斯年耿耿于怀，"总不释然"[15]。

宴席在沉闷、争吵的气氛中不欢而散。回到住处，陈寅恪把手杖往墙角重重地一扔，对傅斯年愤愤地说道："我们总不能单举几个蒋先生的秘书吧。"[16]陈氏所说的"几个秘书"则是指暗中角逐较劲儿的翁、王、朱、任等人。

王世杰

　　　　　　　　　　第七章　中研院院长争夺战

◎ 来渝只为胡先生

第二天晚上，不知由谁出面，居然把蒋介石请出来参加评议员的集体宴会，蒋氏说了一些冠冕堂皇的官话，并未言及人选之事。此次宴会是陈寅恪首次与蒋谋面，由于前几日众评议员风闻蒋亲自下条子，陈寅恪心存不满，对蒋极为看轻。宴罢之后赋诗一首：

庚辰暮春重庆夜宴归作

自笑平生畏蜀游，无端乘兴到渝州。

千年故垒英雄尽，万里长江日夜流。

食蛤那知天下事，看花愁近最高楼。

行都灯火春寒夕，一梦迷离更白头。[17]

此诗陈寅恪曾亲抄一份赠给西南联大教授吴宓品评，吴宓心领神会，将诗收入《吴宓诗集续集》稿中，诗后写有附注："寅恪赴渝，出席中央研究院会议，寓俞大维妹丈宅。已而蒋公宴请中央研究院到会诸先生。寅恪于座中初次见蒋公，深觉其人不足有为，有负厥职。故有此诗第六句。"[18]按照吴宓的诠释，陈诗中的"食蛤"指蒋介石。[19]

第二天，中央研究院第一届评议会第五次年会终于在重庆蒙蒙细雨中开幕，评议员对院长候选人正式进行无记名方式投票，选出三名候选人。据统计，到场者共30人，由王世杰担任会议主席，为避嫌，王放弃投票。其结果是：翁朱二人旗鼓相当，各得24票，胡适得20票，李四光6票，王世杰与任鸿隽各4票，任的支持者全是他在美国留学时创办的"科学社"的几个铁杆弟兄。介公举荐的顾孟余仅得1票。按照选举条例，评议会将得票最多的翁、朱、胡三人名单呈报国民政府审批。

这一选举结果令陈寅恪等众评议员还算满意，感觉"自有公道"，一方面，学者们顶住了上面的"条子"，显示了自由之思想、独立之精神的正气；另一方面，似乎"上面"没有再强行施压，或节外生枝故意制造麻烦。而学者们选出的翁、朱、胡三人，也并不出当局意外，只是任鸿隽的太太陈衡哲见中研院的人都不投其夫君的票，甚为恼怒，大骂傅斯年等人不是东西。傅斯年有苦难言，干瞪着眼说不出话来，只有到了这时才真正领悟那天酒席上"叔永演说之旨何在"。大势去矣，既然这个时候陈衡哲连与自己暧昧的人——胡适（南按：胡与陈衡哲在美国留学时就建立了暧昧关系并长久地保持下来）都弃之不顾，傅斯年又岂能不通人性事理地去关照与自己无亲无故的任鸿隽？一场竞选大战下来，纵有一代女杰陈衡哲为其夫君呐喊助威，亦无法扭转乾坤，使地球倒转。

胡适作为学术界的一种象征和符号，尽管在傅斯年、陈寅恪等人的共同努力下入围中枢，但就评议员们而言，也只是一种情绪的表达与释放而已。正如傅斯年在给胡适的信中所说："举先生者之心理，

胡适大使（中）向美国总统罗斯福（坐者）说明中国人民万人签名的文件

盖大多数以为只是投一废票，作一个 Demonstration，从未料到政府要圈您也。"[20]对这一判断，同是评议员的陈源（西滢）深有同感，4 月 21 日，他在致胡适的信中说："我认为中央研究院院长，最适当的人选当然是你，但是你现在在美国的使命太重要，不能回来也是事实。我与一部分朋友至今仍认为你是蔡先生唯一的继任人，但又不愿意你在此时离开美国，所以不知道自己希望的是那一样。"[21]

此时，以傅斯年为首的儒生们未免把问题看得过于简单了。选举的第二天，王世杰向蒋介石报告选举成果，当说到顾孟余没有被选中时，"介公笑了一下。次日语孔（祥熙）云，'他们既然要适之，就打电给他回来罢'"。[22]这一招令傅斯年始料不及。也正是这一枝节的突现，使傅斯年对选举中的"条子事件"有了新的更合乎逻辑的分析推断。

按傅的推理：翁文灏此前所言有诈，陈布雷是明确接受了蒋介石的旨意，而翁文灏与朱家骅二人又接受了陈的指示，"派他们设法举顾出来的"。但只是由于陈寅恪等众评议员们的强烈抵制"而未办到"。介公交代的事没有办到，本已是严重失职，无颜禀报。但翁朱二人见此情形，私心顿起，反意萌生，在关键时刻弃顾孟余而"偏举上自己"，公然"忤旨"。[23]这就让最高领袖蒋介石产生了一种愤怒与厌恶之感，而这种愤怒与厌恶又不好当场发作，因而蒋在得知选举结果后，只好当着王世杰的面"笑了一下"。这一笑含着极度复杂的成分，除了以上的情绪，还有对"人不为己，天诛地灭"等人生信条的感叹，也有对翁朱二人人格的嘲讽，更有对评议员们所谓"自由、民主"等的无可奈何。这种愤怒、感叹、嘲讽与无可奈何的交织，便化作了尴尬的一丝苦笑和让胡适回国的口谕。

蒋介石这个颇有些意气用事的口谕，立即得到了时任行政院副院长孔祥熙的热烈响应，欲趁机把胡适的大使搞掉——这是他多年来就梦寐以求并多次操作过的事情。据说孔一口气就向蒋推荐了四个人选，用情之急、之烈实属罕见。

形势急转直下，大洋那边，胡适端坐的那把大使椅子开始摇晃，并发出了"咔嚓咔嚓"的声响。危急时刻，傅斯年意识到当初鼓动众儒生合力推选胡适是个"大失策"。群儒之意并非真正要让胡适回来做这个"闲曹"院长，而是"愿先生留在美任"，继续行使中国驻美大使的职责。"而其选举乃纯是为的'学院主义'、'民主主义'，（如今）闹到此地步，真是哭不得笑不得耳！"【24】——这是傅斯年见情势危急，怕胡适因此事件翻船之后，自己成了三国时盗书的蒋干，两边无功，反而有过，受恩师的埋怨而专门向胡做出的特别书信解释。人谓傅斯年在政治生活中只是一门不会拐弯的直筒子"大炮"，谬也！从此次事件中可看出他的聪明之处。

已回过味儿来的傅斯年不只是向胡适写信为自己解脱，同时以一个战略家的姿态积极组织人力进行绝地反击，以阻止孔祥熙等人的强势进攻。他开始联系王世杰等人"加入运动先生留在美任之友人中，曾为此事数访（张）岳军，并请万不得已时，先设法发表一代理人，最好是翁，以便大使改任一事停顿着……"。【25】

箭在弦上。

7月22日，胡适致函王世杰，对外间盛传其将被免职一事表示不快，且有请辞试探之意。胡适在当天的日记中写道："今天发愤写航空信给王雪艇，说我若不做大使，决不就中央研究院院长。……大使是'战时征调，我不敢辞避。'中研院长一类的官不是'战时征调'可比。"【26】王世杰接函后，先后找到傅斯年、陈布雷、张群、翁文灏等商议对策，又将信送呈蒋介石，并趁机进言不让胡适回国。蒋介石面对各门各派明争暗斗的激烈角逐，迟迟未做表态，经过再三权衡，终于做出决定：胡适继续任大使不变，外交部公开否认外电所传胡适辞职谣言。

7月27日，王世杰致电胡适："外传调兄返国，均由中央研究院问题引起，政府觉美使职务重于中研院，迄无调兄返国决定。"【27】至此，胡适与傅斯年、陈寅恪等当初力挺胡氏的一干人马，悬着的心才算落地。

既然胡适不能返国，中央研究院院长的人选就只有在翁文灏与朱家骅之间选择。因有了顾孟余事件的阴影，蒋介石对翁朱二人皆不满意，故左右摇摆，举棋不定，直到蔡元培死后半年有余的9月18日，蒋才最后下定决心弃翁而圈朱，不过在圈定之后又加了个"代"字，朱氏遂以中央研究院代理院长的名分被公示天下。

朱家骅本是合法的三位院长候补人之一，结果阴错阳差地以暂代之名来充当天下儒林共主，心中颇为不快，又无力改变这一尴尬局面。经过他一番明察暗访，认为导致这一局面的原因，除了顾孟余事件给介公留下了恶劣印象外，与王世杰背后捣鬼大有关系。王不想让胡适此时离任回国，但又觉得胡适因此失去中研院院长牺牲太大，既然自已得不到，也不能让朱轻而易举地占了便宜，于是欲留院长之位以待胡适，并以此说动介公，抛弃最具竞争力的翁文灏，让资历较浅的朱家骅暂代。蒋介石心想，既然翁被抛弃，单举朱家骅来做院长也有些不便，于是顺水推舟，在朱的院长前轻轻加了个"代"字，以示平衡，蒋氏此举煞是费了一番苦心。

事已至此，朱家骅虽心中不快，但回天无术，只好屈就。不过随着国内外政治风云的变幻和时间的推移，王世杰的设想也成为泡影。胡适从朱家骅手中接掌"中央研究院"院长，已是17年之后台湾孤岛上的事了。

朱家骅以险胜暂时坐上了中央研究院第一把交椅，傅斯年暗中长嘘了一口气。尽管傅在选举院长问题上明显偏重于胡，但对朱也没有暗中下绊儿或在背后鼓噪捣乱，总体上亦属拥护之类。鉴于傅在中央研究院非同寻常的号召力和办事才干，朱家骅上任之始便弃任鸿隽而请傅斯年出任总干事一职，是谓一朝天子一朝臣也。可怜的任鸿隽不但竞选院长未果，连总干事的帽子也丢掉了，只好仰天长叹，徒叹奈何！傅斯年此时正身患高血压，并深受其累，不想戴这顶"闲曹"手下总干事的帽子，鉴于朱家骅真诚相邀，感念当年朱在中山大学时对自己有知遇之恩，遂"为了朋友，欣然地答应下来"【28】。不过傅斯年还是有言在先，认为自己既然已担任了史语所所长，不能再兼职，只是以暂时代理的身份出任总干事一职。在正式上任之前，傅斯年要先回昆明处理史语所的事务，然后回重庆就任。而这个时候，昆明的局势则又进一步恶化了。

◎ 扬子江头流亡客

自1940年7月起，为彻底切断中国仅存的一条国际通道，日本人利用欧洲战场上德国人胜利的有利时机，直接出兵强行占领了法属印度支那的越南，不仅切断了滇越铁路，而且由于距离缩短，使得飞机对滇缅公路和终点站——昆明的轰炸更加频繁起来。到了8月底9月初，日机对昆明的轰炸更加猛烈，轰炸范围已扩大到昆明郊区，日军开始组织精锐部队向云南境内进犯，形势日趋危急。住在昆明郊外龙泉镇的史语所与中央博物院筹备处的人员，每天都在警报的鸣响中惶恐度日，其悲苦愤懑之情无以言表。

这样的生活显然难以继续支撑下去，根据重庆国民政府的指示，西南联合大学，同济大学，中央研究院史语所、社会学所，中央博物院筹备处等驻昆学校和科研机构，全部向大后方转移，并指出最合适的地方是三峡以西的四川辖境。因蜀地既有千山万壑的阻隔，又有长江或岷江、金沙江、嘉陵江等支流和国民政府战时首都重庆相通，是一个可进可守的天然避难场所与积蓄力量待机反攻的后方战场。中国历史上许多王朝在大难临头之际都逃亡四川避难，天宝年间的安史之乱，在长安城陷之际，唐玄宗携带部分文臣武将出逃四川剑南，使李唐王朝在天崩地裂的摇晃震荡中又重新站了起来。鉴于这样的天然条件，驻昆的机关、工厂及各教育单位与学术机构，纷纷派人入川考察，以尽快撤离昆明这座战火熊熊的城市。

当年10月，赴四川考察的西南联大人员已在泸州南部的叙永找到了落脚点，准备先在此地建一分校，以待将来形势演变再做全部搬迁的抉择。而史语所派出的副研究员芮逸夫，与同济大学的王葆仁、周召南一起，也在宜宾下游李庄找到了一个可供安置书桌的地点。回到昆明后，芮逸夫将赴川考察、洽谈情况向傅斯年做了详细汇报，傅闻知，与李济、梁思永、董作宾、李方桂等人交换了意见。最后决定，在没有更好的地方和去处的情况下，只能选择此处暂时落脚。于是，中央研究院在昆明的几个所，连同相关的中央博物院筹备处等学术机构，与同济大学一道，又开始了一次大规模迁徙，目标是一个"在地图上找不到的地方"——四川南溪李庄镇。

芮逸夫等人找到的李庄，是位于宜宾市下游19公里处长江南岸，下距南溪县城24公里的一个不大的古镇。在相当长的一段历史时期，此处曾是川南的政治、经济、军事、文化中心。建郡后，历代朝廷曾在此戍兵防边，屏障戎州东南。随着人口猛增和清朝历史上著名的"康乾盛世"的来临，李庄出现了历史上最为鼎盛的经济繁荣期，与之相配套的会馆、佛寺、道观开始复修兴建，仅乾隆年间就先后修建了文武宫、桓侯宫、南华宫、文昌宫等四座宫殿，以及佛光寺、万寿寺、玄坛庙、永寿寺、关圣殿、伏虎寺、常君阁、天宫庙等8座规模庞大的庙宇楼阁。后陆续修建禹王宫（初称湖广会馆）、东岳庙、观音堂等建筑群，至咸丰朝末年，李庄镇内外已形成了9座宫殿18座

长江边上的李庄古镇一角（王荣全摄）

庙宇——号称九宫十八庙、二座教堂的辉煌建筑格局，其势力之大，气派之兴，威震川南，远播巴蜀，为一时所重。

除散落镇内外的宫殿庙宇，在李庄镇上游约五公里的长江边上，有一座状如犀牛的小山，山上有一株数百年的板栗树，故名板栗坳，又称栗峰山庄。自乾隆年间始，板栗坳一支张姓家族，在此处打造宅院，历经数辈人的辛勤积累，前后耗白银两万多两，用工不计其数，最终形成了由七处院落组成又相互联系贯通的栗峰山庄。其雄伟的建筑，宏大的气派，加上张氏族群辉煌的基业，栗峰山庄如同一个百足俱全的独立王国，傲然耸立在川南的栗峰山上，俯视大江南北。

正是由于镇区内外有了九宫十八庙和板栗坳这样庞大规模的山庄可以租用，这才使同济大学和中研院在昆明的几个研究所共一万余人，全部搬来成为可能。在李庄乡绅与国民党李庄镇党部书记罗南陔等人的积极赞成支持后，一场对中国文化具有深远影响的行动悄然开始了。

根据国民政府教育部和中央研究院总办事处的指示，中央博物院筹备处，中研院在昆明的历史语言研究所、社会科学研究所，也是中研院从事人文科研机构的全部力量，于1940年秋冬时节，分期分批迁往李庄。与此同时，同济大学也开始做全校大迁徙的准备，西南联大也在四川叙永找到了地点，准备将当年招收的新生迁往该地上课。

此时的傅斯年已先行回到重庆，赵元任赴美讲学，李济、董作宾、梁思永各有一摊子业务须亲自料理，中研院史语所的搬迁事宜由语言学组的研究员李方桂主持办理，石璋如作为总提调予以协助。在中研院最为鼎盛时期的十几个研究所中，史语所的物资之多是最著名的，甲骨、青铜器、陶器等出土器物，连同从各方陆续送来的共20多万册珍贵书籍，共有600余箱之巨。面对这份国宝级的庞大物资，李方桂从利国公司雇了20多辆汽车，每三辆为一组，分批行动。

当一切安排妥当，由三辆车组成的第一批车队于1940年10月初开始出发。

从昆明到李庄，须经滇黔公路入川，中途要翻越沟壑纵横、坡陡路险的乌蒙山脉，并须渡过著名的赤水等几十条水流湍急、险象环生的河流方能到达泸州。

当车队历尽艰险抵达泸州后，停在长江南岸的蓝田坝卸货，由史语所先遣人员潘悫、王文林负责接货，通过当地的转运站转送到大吨位轮船，再沿长江水道运往宜宾，最后从宜宾再返运到李庄码头上岸。根据傅斯年的指示，先遣人员潘悫、王文林等人与长江航线赫赫有名的民生公司联系，负责具体的转送航运事宜。经过一番艰苦跋涉，至1941年1月13日，史语所的大队人马和携带物资安全运达李庄。傅斯年闻讯，由重庆乘船，沿长江一线匆匆赶往李庄，主持安置事宜。

当傅氏前往李庄之时，同济大学师生也陆续翻越乌蒙山脉，渡过赤水河，溯江而来。当时人口只有三千之众的李庄古镇，突然要安置上万之众的"下江人"，尽管当地士绅和民众早有心理准备，但当一队队人群扛着箱子，背着背包，提着行李，潮水

李庄禹王宫，抗战时期为同济大学校本部（作者摄）

李庄东岳庙，抗战时期为同济大学工学院（作者摄）

一样涌来时，还是感到震惊。在国难当头、民族危急之际，李庄士绅和民众敞开了博大胸怀，表示要克服一切困难，来者不拒，尽数接纳。同济大学凭着自己最早与李庄接洽所具有的开山鼻祖地位，在租赁房产问题上自然博得了头彩，凡李庄镇内最适合外来人员办公、学习场所，如九宫十八庙及"湖广填四川"的各种会馆、祠堂等，均为其所占。同济师生在这座千年古镇找到了一片绿荫与栖息之地。

与同济大学相比，中研院来李庄的两个研究所和跟随而来的以梁思成、刘敦桢、林徽因等人为骨干的中国营造学社，则相对逊色了许多，好在史语所抢先一步，占据了离镇四公里张氏家族最庞大的居住地——板栗坳（栗峰山庄）。

当史语所迁李庄时，因西南联大几乎没有图书可借阅，而史语所藏书丰厚，于是，同中国营造学社梁思成等人的情况一样，北大文科研究所多数研究生不得不随史语所迁往李庄，以便查阅图书资料完成学业。据当时的档案显示，研究生中的马学良、刘念和、逯钦立、任继愈、杨志玖、阎文儒、张政烺等都随史语所而来。作为助教的邓广铭和他在北大的同班同学、进所不久的助理研究员、傅斯年的侄子傅乐焕等，也相继迁来李庄。既然史语所所长傅斯年兼任北大文科研究所代理所长，在李庄为学生们适当安置一个读书的环境当是义不容辞的责任。况且，傅斯年办这个研究所的主要目的，就是把毕业生招到史语所留用，北大文科研究所实际上成了中央研究院史语所的一个预备培训班。研究生们到达李庄后，全部被安排在板栗坳与史语所同人一起居住、生活，平时则各人在图书馆看书学习，着手撰写论文。为了显示这股力量的存在，傅斯年还专门让研究生在居住的门口挂起了一块"北大文科研究所办事处"的牌子，作为一个相对独立的单位彰显于世。若干年之后，当地政府在统计李庄外来学术机构时，北大文科研究所也理所当然地被列入其中了。

比史语所稍晚些时候到达李庄的，是以陶孟和为所长的社会科学研究所，因陶氏此前并未派人前往李庄探路，当所中人员仓促到来时，迟迟找不到合适的办公居住地点。经过近半年的折腾，直到1941年5月中旬，总算在距李庄镇五里地的石崖湾与门官田（又称闷官田，以夏日酷热、不透风而闻名）两个地方找到了落脚地。尽管两处相隔四五里路程，生活、研究等极其不便，且门官田的办公室隔壁就是牛棚，中间仅有一道竹"墙"分离，整日牛喊驴鸣，臭气熏天，真可谓实实在在地入了牛马圈，但毕竟安下了一张平静的书桌，有了自己的栖身之处。在陶孟和的亲自指挥下，社科所人员分批迁入居住地和办公处。

至此，李庄的外来人员达到了1.1万之众，这些"下江人"在抗战烽火中，随着他们就读和服务的学校与学术机构，在这块陌生的土地上生根发芽，各自揭开了生命的另一篇章。

傅斯年因兼任中研院代理总干事，不便在李庄久留，待把板栗坳的房子分配之后，便急如星火地赶回重庆中研院总办事处，协助上任不久的代理院长朱家骅处理各种烦琐事务，史语所的日常工作由清华出身、后留学美国的李方桂代为主持。

1937年上海淞沪抗战爆发前，李方桂与赵元任先后赴美国耶鲁大学和夏威夷大学讲学。1939年，李氏回国，此时史语所已迁往昆明，赵元任在昆明小住，不久即再度赴美到耶鲁大学接替了李方桂留下的空缺职位。归国途中的李方桂则从香港、越南一路辗转来到昆明龙头村史语所大本营，重新进入语言组行列。因中研院史语所语言组主任一职出缺，见李方桂归队，傅斯年萌生了让其代理赵氏职务的打算。后来随着搬迁开始，傅斯年要到重庆，而所里其他人员又不太愿意管事，傅想一并请李方桂代理史语所所长，因事出仓促，想不到竟碰了一鼻子灰。

因当年父亲入仕为官和中年隐退的经历，给李方桂这位出生于山西省昔阳县大寨村的杰出学者（南按：后来李在美国常自称与官至中国国务院副总理的原大寨大队党支部书记陈永贵大叔是邻居）幼小心灵里留下了不愉快的印象。自入清华学校之后，李方桂就对参政为官之人产生了厌恶之感，并立志以学术研究为自己的毕生事业。当他自美返国后，在抗战前八年的中研院研究生活中，对傅斯年平时显现的霸气与牛气的劲头越来越看不顺眼，更对其整天晃动着笨重的身子，满头大汗地跑来跑去，为国民政府出谋划策、指手画脚的举动感到不快，甚至从内心深处产生了憎恶之情。如今见傅氏找上门来让自己出任一组之长（主任）的小官，加封了一

李方桂与夫人徐樱在清华园

顶所长的官帽还是暂代（戴），久积于心中的块垒经此触动，如同一根细小的引线点燃了火药，枪管中的弹丸受到火力的助推，"唰"的一声穿膛而出，朝着傅斯年发射而来。

李方桂冷冷地说道："在我看来，研究人员是一等人才，教学人员是二等人才，当所长做官的是三等人才。"

傅斯年闻听此言，顿时面红耳赤，张口结舌说不出话。待回过神来，额头上已是汗珠点点，他掏出手巾一边擦汗一边眨巴着眼睛看了看李方桂，然后颇为知趣地躬身作了一个长揖，退出说："谢谢先生，我是三等人才！"

傅斯年懵懵懂懂地挨了一记闷棍狼狈地溜走后，李方桂静心一想，觉得自己刚才的言语有些过火，遂有几分悔意。在以后的日子，李氏自动低调处理与傅斯年的关系，当傅离昆赴重庆后，李方桂便默许了代理所长的职务并负起责任来了。当史语所迁往李庄板栗坳，傅斯年分配完房子回重庆后，史语所的工作仍由李方桂以代理所长的身份出面主持。

此时，被架到代理所长椅子上的李方桂，与傅斯年的个人关系，仍然只是"表面的朋友"而已，二人很难倾心相交。正如多少年后李方桂在美国加利福尼亚州莱伍德市他的别墅中，对自己的口述记录者所言："除了普通的学术上联系外，我们很少有共同的话题，因为我们的研究领域不同。当然作为朋友，又另当别论……当然啦，首先他是研究所所长，位置高高在上，再者……"【29】

也许是出于为尊者讳的考虑，向以处事谨慎、不善张扬著称的李方桂，没有向他的记录者透露这个"再者"之后的省略号中隐含着什么具体内容，甚至对他的夫人、民国段祺瑞执政时代名将徐树铮之女徐樱都讳莫如深。而这位李夫人也曾带着不解对外界披露道："傅斯年从未成为他（李方桂）的知心朋友，也不知道是为什么。"对此，李方桂的解释是："傅斯年人挺好。在政治方面他颇是个人物。他是研究所所长，他一

李庄板栗坳牌坊头墙一角

度曾是叫什么参政员之类的政界人物……因此他太忙，而我这个人又对政界没兴趣，自然我就同他无话可谈喽。"【30】仍然是遮遮掩掩，犹抱琵琶半遮面，不肯竹筒倒豆子。但从李氏晚年的言谈语气中可以看出，他对傅斯年在政治上的所作所为，是颇有些轻视鄙薄意味的。

自昆明时代起当了代理所长的李方桂，对参政与当官真的没有多大兴趣，当史语所的工作在李庄板栗坳重新鸣锣开张后，李氏对各种行政事务依然比较淡漠，正如当年的亲历者、史语所研究员石璋如所言："李方桂先生从昆明搬家起就开始管事，可是他不愿意出名，要跟他商量事情，就是他叫你做什么，他不动就是了。"面对这种状况，董作宾就忍不住对同人说起了笑话："朱家骅先生是代理院长，傅斯年先生是代理总干事，李方桂先生是代理所长，我们这一群人就是三代以下的人民啊！"【31】

不久之后，李方桂辞职离开李庄，到以美钞做后盾的成都燕京大学任教，甘做美金照耀中的"二流人才"，史语所所长乃由董作宾代理。而这时的董氏再也不提什么"三代以下的人民"之事了。

注释：

【1】【3】郑克晟《中研院史语所与北大文科研究所——兼忆傅斯年、郑天挺先生》，载《傅斯年与中国文化》，布占祥、马亮宽主编，天津古籍出版社 2006 年出版。

【2】丁文江在担任中央研究院总干事期间，充分显示了他的政治抱负和出色的行政才干，受到院内外知识分子普遍尊重，蔡元培自不待言，胡适、傅斯年、王敬轩、罗家伦等一干五四运动领袖人物同样尊敬有加。当然，由于时代大潮进展太快，在历史画面快速展开之时，不见得为每个人所把握，而丁文江在个人仕途的选择上，曾有把持不稳以致差点落水之处，比如他的"好人政府"的实践，以及出任孙传芳主持的上海淞沪商埠督办公署总办，都落得灰头土脸，以致被时人和后人诟病，而上海的政客生涯竟引起国内外爱国之士的愤慨，丁氏本人也差点落个被傅斯年刺杀的结果。

关于傅斯年欲刺杀丁文江之事，在当时和之后的知识界知者甚多，但真正知道缘起者并不多。此事的来龙去脉说来也并不复杂，大略如下：20 世纪 20 年代初期，胡适、丁文江等学界知名人士，面对国内政治黑暗，曾联合 16 名大牌知识分子签名，发表了《我们的政治主张》宣言，想依靠军阀组成一个"宪政的""公开的"和"有计划的""好政府"，也就是由所谓的几个"好人"知识分子出来做官掌权，改良中国政治。胡适、丁文江等号称只要好人起来了，而且奋斗了，政治清明就有希望了云云。胡适还放言道：所谓"好人"标准有两条，一是"人格上的可靠"，二是"才具上可以作为"。进可以有益于国，退可以无愧于人，等等。在一片鼓噪与吵嚷声中，军阀们终于做出了让步，表示可以让这一事件中闹得最凶、跳得最高的王宠惠、罗文干、汤尔和等三位干将组织内阁，并分别出任总理、财政总长与教育总长之职，世称"好人内阁"，或曰"好人政府"。

丁文江、胡适等人见此情形大喜过望，以为是中国历史上知识分子取得了一次最为重大的胜利，遂以"太上内阁总掌柜"的身份，在几个"好人"背后吆五喝六、指手画脚地指导起来。意想不到的是，几个"好人"儒生自上台那天就被所谓的"坏人"架空，成了直系军阀吴佩孚及其大小军阀的掌上玩偶。两个月零六天，"好人内阁"的椅子便被军阀们一阵号子掀翻在地，几个"好人"被摔得鼻青脸肿，老鼠一样灰头土脸地溜出圈外，一时成为笑柄。

面对这一尴尬局面，"太上内阁总掌柜"之一胡适在《一年半的回顾》一文中，沮丧地总结了这次政治改革的梦想与失败，并云"我们谈政治的人，到此地步，真可谓止了壁了"，从此对这种"好人内阁"梦想大为灰心。但自视甚高，尝以诸葛孔明和"治世之能臣"自居的丁文江心有不甘，几经活动之后，终于得到了一个"入朝"的机会。1926年5月4日，号称五省联军总司令的孙传芳正式就任淞沪商埠第二任督办，聘请丁文江"充任总办之职，襄助办理"。文江得此机会，大喜，欲展满腹才华于上海滩。想不到就任之后，竟稀里糊涂地站在了进步力量的对立面。国民党北伐军占领上海前夕，文江深感大事不好，乃辞去职务，鞋底抹油，悄悄溜到北京和大连躲了起来。尽管如此，北伐军还是把他作为一名政治逃犯，下令通缉捉拿。由风光八面的"总办"到被通缉的"罪犯"，从5月到12月，其间不过八个月的时间。人生、命运之难测，尽显其中。

根据后来在国民政府担任中央组织部长等要职的朱家骅所说，虽然丁文江任淞沪商埠总办的"动机是完全出于热诚爱国"，但这一段事迹也是丁"最受批评的地方，也可以说是他生平的耻辱"（见《丁文江年谱》，王仰之编）。当时亦有不少评论者认为，民国时期号称一代人杰的丁文江、翁文灏等人，从他们后来的从政生涯看，充其量算是一"行政人才"，或是一个优秀的技术官僚，而非政治家，更谈不上胸纳四海、气吞八荒的大政治家。尽管丁文江甚至包括他的老搭档翁文灏以"治世之能臣"的政治家自诩，仍无法逃脱这一宿命，最后沦落为"不懂兵而喜言兵"的"乱世之饭桶"。

尽管如此，胡适等人还是想法替这位"丁大哥"洗刷不白之冤，认为丁氏确有其抱负和实绩。胡适后来曾专门为丁写过一本传记，并评价说：回看过去，丁文江任内有两件事值得记载，"第一是他建立了'大上海'的规模，那个'大上海'，从吴淞到龙华，从浦东到沪西，在他的总办任内才第一次有统一的市行政、统一的财政、现代化的公共卫生"；"第二是他从外国人手里为国家争回许多重大的权利"，而"收回公共租界的会审公堂当然是他最大的成功"。（见《丁文江传》，第93页，海南出版社1993年出版）无论胡适如何为其开脱，书生丁文江毕竟没有看清大势，随着军阀孙传芳的轰然倒地，他这个商埠总办的政绩也随之烟消云散了。据丁的好友，著名史家、外交家蒋廷黻回忆，丁曾多次揶揄地说："中国的问题要想解决，非得书生与流氓配合起来不可。"（见《我所记得的丁在君》，载《丁文江印象》，第42—43页，雷启立编，学林出版社1997年出版）这是丁文江之沮丧与失望的话，也是他八个月宦海生涯得出的教训和经验。

1926年下半年，胡适取道西伯利亚赴英国出席中英庚款委员会议，经莫斯科直至巴黎小住，途中查阅研读藏于大英博物馆的敦煌卷子。时留学欧洲，极富才气、霸气与水泊梁山英雄之气概的傅斯年，于9月1日专程来巴黎看胡。二人到一家名叫万花楼的中国餐馆吃饭。进门之前，忽见有人散发传单，说胡适是"孙传芳的走狗"云云。胡适当时就意识到这可能与他的好友丁文江被臭名昭著的孙传芳委任为淞沪商埠总办有关，事实证明确实如此。傅斯年在饭桌上也谈到丁文江，对其行为表现出极大愤慨，谓丁氏毫无知识分子骨气，为中国的读书人丢尽了脸面云云。席间，傅斯年曾三次对胡适说自己回国后第一件事就是刺杀丁文江，取其头颅以谢天下——这就是傅斯年要杀丁文江事件的经过。

后来胡适将捡到的几份传单寄给北大政治学教授张慰慈，张在感到不可思议的同时，又为胡适的安全担心。他回信说："巴黎与柏林的学生本来是最胡闹的，'走狗'这名称怎样会加到你头上，这真是莫明其妙的笑话。……不过无论如何，你得要非常小心才好，这般捣乱分子是无理可讲的，吃了他们眼前的亏，实在犯不着。最好巴黎、柏林地方少住为是。"（见《胡适来往书信选》[上卷]，第406页，江苏人民出版社1989年出版）胡适见信，看看四周一片杀气腾腾的样子，深觉此地不可久留，不几日即悄然离开巴黎赴英国伦敦去了。

傅斯年学成归国后，虽以创办史语所与专抓蒋公介石的胯下老二（孔祥熙、宋子文）名震天下，但当他真的与丁文江遭遇后就大不一样了。在一个聚会上，胡适把丁文江介绍给他，曰："这就是你一直要杀掉的丁在君先生。"傅斯年开始还有点"愤青"的气概，随着二人交谈深入，面对丁文江的博学多才，及其所显现的人格魅力与人性光辉，傅斯年像泄了气的皮球，对丁氏敬佩有加，激赏称赞。自这次相见，丁傅二人成为莫逆之交。

1936年初，时任中央研究院总干事的丁文江在长沙因煤气中毒不治而亡。当病危的消息传出，傅斯年第一个从北京赶去看护。丁文江去世后，傅斯年在他撰写的《我所认识的丁文江》纪念文章中，坚决地认为丁"是新时代最良善最有用的中国人之代表"，"是欧化中国过程中产生的最高的菁华"，"是用科学知识作燃料的大马力机器"，"是抹杀主观，为学术为社会为国家服务者"，"这样的一个人格，应当在国人心中留个深刻的印象"。文章的最后，傅氏还对自己当年为什么要杀丁文江之事做了解释，文中说："记得'九一八'之前半年间，有一天，我请几个朋友在我家吃饭。座上有在君，有适之先生等。我议论一个人，适之先生以为不公允，说：'你这偏见反正是会改变的。你记得在巴黎时，你向我说过三遍，回国后第一件事是杀丁文江。现在丁文江在你旁边，你干吗不杀他？'后来我怨适之先生恶作剧，他说：'在君必高兴，他能将你这杀人犯变作朋友，岂不可以自豪？'"傅又说："我开始大佩服在君在我读科学玄学战时，那时我在英国。以为如此才人，何为任于钱镠之朝，又与吕惠卿辈来往，所以才有'杀'之一说，其中实不免有点如朱子所说，其词若有憾，其实不尽然也。乃民国十八年初夏相见之后，不久即成朋友，一年后成好朋友，最近几年中竟成极好的朋友。在其病重时，心中自思，如我死，国家之损失小得多。这个变迁应该有个缘故吧。所以我说他好，比胡适先生说他好更有要求读者注意之理由吧？"（傅斯年《我所认识的丁文江》，载《独立评论》，第188期）

【4】《傅斯年致胡适》，载《傅斯年全集》，第七卷，欧阳哲生主编，湖南教育出版社2003年出版。傅在信中云："如寅恪，矢言重庆之行，只为投你一票。"

【5】【7】【9】【10】【11】【12】【13】【15】【16】【22】【23】【24】【25】【28】《傅斯年致胡适》，载《傅斯年全集》，第七卷，欧阳哲生主编，湖南教育出版社2003年出版。

【6】【8】《翁文灏日记》，转引自李学通《一九四○年中央研究院院长的选举》，载《万象》，2002 年第 4 期。

【14】邓广铭《在纪念陈寅恪教授国际学术讨论会闭幕式上的发言》，载《纪念陈寅恪教授国际学术讨论会文集》，中山大学出版社 1989 年出版。

【17】《陈寅恪集·诗集》，陈美延编，北京三联书店 2001 年出版。据竺可桢 1940 年 3 月 22 日的日记载："……七点半至中四路 103 号官邸应蒋介石先生之邀晚膳，出席评议员除仲揆（南按：李四光）、戢哉（南按：应作缉齐，即汪敬熙）、雪艇（南按：王世杰）及林可胜四人以外，余均到。蒋对于未见过诸人一一问询……九点回。"（见《竺可桢日记》，第一册，人民出版社 1984 年出版）则陈氏初见蒋介石并作此诗，即在此日晚间。

【18】《吴宓与陈寅恪》，吴学昭编著，清华大学出版社 1992 年出版。

【19】宋代笔记《萍洲可谈》卷二云："闽浙人食蛙，湖湘人食蛤蚧，大蛙也。"蛤蚧是爬虫纲有鳞目，长四五寸，头似癞蛤蟆，背呈绿色，与蜥蜴同类异种。"食蛤"，射一介字，对应下句的"最高楼"，暗喻蒋介石。

【20】《傅斯年致胡适》，载《傅斯年全集》，第七卷，欧阳哲生主编，湖南教育出版社 2003 年出版。Demonstration，即"表演"。

【21】《陈源致胡适》，载《胡适来往书信选》，中册，中华书局 1979 年出版。

【26】《胡适日记全编》，第七册，曹伯言整理，安徽教育出版社 2001 年出版。

【27】转引自李学通《一九四○年中央研究院院长的选举》，载《万象》，2002 年第 4 期。

【29】【30】《李方桂先生口述史》，李方桂著，王启龙、邓小咏译，李林德校订，清华大学出版社 2003 年出版。

【31】《石璋如先生访问纪录》，陈存恭、陈仲玉、任育德访问，任育德记录，台北"中央研究院"近代史所 2002 年出版。

◎ 傅斯年家世情缘

1941 年底，傅斯年决定离开重庆返李庄视事。此次李庄之行，除史语所的事务放心不下，主要原因是身体状况已糟糕得不容许他再行代理中央研究院总干事一职了。傅氏身体垮得如此之快，除因自己原有的病根儿与终日的忙碌外，与他遭逢老母突然病故有很大关系。

傅氏家族在聊城崛起与飞黄腾达，肇始于傅斯年七世祖傅以渐。出生于明万历己酉年（1609）的傅以渐，幼值明末大乱，七岁入塾馆受"四书"，稍长则攻《诗经》《易经》，习举子业。虽家境贫寒，然聪颖好学，夜读无灯照明，则焚香以代。为求得功名利禄，曾投师于当地名儒孙兴。但直到三十五岁，头上依然光亮如秃，未博得毫寸功名。1644 年，满族铁骑跃出白山黑水，穿越山海关入主北京，气脉已竭的大明王朝覆亡。为了笼络知识分子，求得汉族地主阶级的合作与支持，清廷于入关后的第二年（1645）开科纳士，招揽圣贤。三十七岁的傅以渐以老童生的身份打起精神再度投身科场，结果乡试中举，得登贤榜。1646 年入京会试，得中贡士，殿试对策时又被擢为一甲第一名，成为大清开国顺治朝第一位状元，授内弘文院修撰，1654 年累迁至内秘书院大学士。次年，加太子太保衔，改为内国史院大学士。1658 年，傅以渐被加少保衔。同年阴历九月，顺治帝改内三院为内阁，授傅以渐以武英殿大学士、兵部尚书职衔，晋阶光禄大夫，傅氏成为事实上的宰相。与此同时，顺治帝又颁发诰命，追赠傅以渐的曾祖父

《国朝耆献类征初编》中《傅以渐传》

傅谕、祖父天荣、父亲思敬为光禄大夫、少保兼太子太保、内翰林国史院大学士加一级之勋号。自此，聊城傅氏一族荣冠当世，泽及后代，一跃成为黄河流域最为显赫的名门望族。

尽管傅以渐权倾朝野，富贵天下，但因出身卑寒，深知民众疾苦，时时克俭自律，名声光鲜，颇为后人尊敬。《聊城县志》称其："居相位，食不重味，衣皆再汗，与寒素无异。"又说："每闻百姓疾苦，若切于身；闾里有义举，必赞成之。汲奖后进，唯恐不及。"[1]不过，作为后世子孙的傅斯年，从不向别人提及他这位"宰相"祖公，更不引以为荣。在傅斯年看来，傅以渐在明清两代易鼎之际，为了自己博取功名富贵与清朝统治者合作，是有损民族大义、气节和读书人之人格精神的。如此不顾名节的所作所为，应得到痛斥和唾骂，而不能当作一种荣光，不知香臭地四处显摆，这是傅斯年和祖上的思想与人生观之大不同处。

但在聊城的乡党间巷也有一种传说，谓傅以渐身居相位，却并不甘心为清王朝效力。在顺治朝后期，傅以渐曾与身在云南的平西王吴三桂暗中多有往来，并有借吴的力量图谋推翻大清恢复明室之志。只是清廷有所察觉，与吴三桂交往密切的僚属被秘密逮捕，后以罪充军发配，傅以渐见时机不成熟，又觉吴氏不足以成事，未敢轻举妄动。康熙四年（1665），傅以渐病逝。临终前，傅氏以清圣祖康熙帝师傅之尊，嘱其家人不得请谥请恤，与他早年的图谋不无关系。[2]

继傅以渐之后，傅氏家族在整个清王朝二百多年的历史中，科场得意者不乏其人，在朝为郎官者有之，出任巡抚为封疆大吏者有之，任布政使、知府、知县者更是如蚂蚁做窝，数目繁多。傅氏一门的势力，由黄河流域扩大到全国各地，为天下所重。有道是，君子之泽，五世而斩，像许多历史小说、通俗戏曲讲述的豪门兴衰故事一样，到了傅斯年的祖父傅淦这一代，豪门家业便开始衰萎、窘迫了。

傅淦虽博通经史书画，兼备文武，为聊城生员中之佼佼者，但就在他发愤图强的十五岁那年，父亲突然去世，生母张氏迫于社会和家族压力，不得不绝食殉节，与夫共赴黄泉，留下兄弟七人相依为命。傅淦在兄弟之中排行第三，两个哥哥已独立成家，四个弟弟皆在幼冲之年，两个哥哥又在其妻的挤压胁迫下，不肯或不敢出面热情照料年幼的弟弟。万般无奈中，生性孤傲豪爽、具有侠义气概的傅淦主动割舍学业，全力持家，抚育诸弟长大成人。到了与弟弟们分家之时，傅淦谦恭退让，主动把12座楼房全部让给诸位兄弟，自己一家只要了一座马厩整修后居住，勉强度日。傅淦的性格和为人处世的态度，对后来傅斯年性格的形成产生了极其重要的影响。

就在十九岁那年，傅淦娶山东潍县人、后官至江西巡抚的陈阡之女陈梅为妻。尽管陈氏给女儿的陪嫁之物甚丰，但傅淦持家理财不是内行，家业渐衰。傅淦二十二岁那年，得长子旭安，接着次子、三子又相继出生。人增物耗，家财自减，渐趋贫困。为了一家老小的生计，傅淦不得不设法寻觅一个养家糊口的职业。傅淦的父亲傅继勋曾在安徽为官二十余年，后升为布政使，名重一时的李鸿章、丁宝桢等巨宦皆出其门下。1883年7月，李鸿章继曾国藩晋升直隶总督兼北洋通商事务大臣，曾专程捎信让傅淦赴天津，准备为其安排一个肥缺。傅淦接信后立即前往。想不到在天津等了几天，李鸿章因忙于公务，未能及时接见。生性孤傲的傅淦认为这是李氏一贯玩弄的与洋人"捣糨糊"的外交伎俩与布袋戏，是对自己的怠慢和大不敬。盛怒之下，傅淦拍案而起，不辞而别，自此安居家乡以教塾馆维持生计，有时靠卖字画换些银两贴补家用。几年后，傅淦渐趋衰老，无力维系一家人的生活，只好靠变卖夫人陈氏的嫁妆贴补度日。陈夫人的陪嫁之物虽多，有道是"万丈布裹不住常裂"（南按：山东诸城贾悦土语）。傅家是世家豪门，根据中国特有的"虎死不落架"，死要面子活受罪的处世哲学，尽管家道急剧衰落，傅淦仍然要装点门面，像一个被荠菜头敲打着的气歪子（南按：山东境内生长的土种小蛤蟆）——硬撑。每日的花销如流水，不几年便把家中值钱的物件典当一空。

傅斯年的父亲傅旭安，自幼勤奋好学，攻举子业，光绪甲午（1894）乡试中举，但未能步入仕途。随着家境日窘，为全家生活计，傅旭安于1899年离开家乡，到山东东平县龙山书院教书，并以举人的身份出任山长，靠学生们供给的学费维系一家人的生活。傅旭安在东平执教六年，诲教殊勤，颇得学生和家长的尊敬，社会声誉日隆。不意突染重疾，1904年死于任所，年仅三十九岁。其时，傅斯年只有九岁，其弟傅斯严刚出生七个月。而这个时候，傅斯年的祖父傅淦已入花甲之秋，家庭重荷全落在傅斯年之母李夫人肩上。丧事过后，亲友们念其一家老小生活无依无着，相与馈赠一些钱财，托

周祖澜、范玉波二乡绅为之代存生息，供其一家人支用。傅旭安生前龙山书院的弟子深怀恩师教诲之情，每年旧历年前，总要派一人为代表前来聊城，给师母送来春节所需食物用品。尽管此时傅宅依然如昔日那般宏阔，大门上方昭示着昔日荣光的"相府"及"状元府第"两块金字匾额依然高悬，二重门上

位于聊城东关街路北,建于清代的傅氏宗祠（来源:台湾"中研院"史语所藏）

"圣朝元老"的横书金匾及楹柱上浮雕精刻的金字对联"传胪姓名无双士，开代文章第一家"，在夕阳余晖的残照中闪着斑驳的亮色，但衰败的气象随着疯长的野草在傅氏家族弥漫开来，大门外那立于天地之间，最具华夏子民梦想与光荣的旗杆已经腐朽倒掉，院内的楼房瓦舍在岁月的磨洗中残旧破损，枝头的喜鹊也似乎失了往日的欢笑，不时发出几声凄凉的哀鸣。一切迹象表明，傅氏家族的好年景过去了。

李夫人奉老抚孤，尽管持家勤俭，终因全家人无生财之道，生活仍难以维持。如有急事用钱，不得不忍心含泪命人从颓垣断壁上拆一些砖瓦变卖。自己的住房破损，因无钱修理，每逢风雨来临，屋顶漏水，李夫人只好怀中抱着幼子孟博，头上撑一把布伞遮风挡雨。傅斯年外婆一家在聊城县城西南的贺海村，斯年小时，经常随母亲去外祖母家小住，使他得以目睹当时鲁西农民的生产、生活情形，粗略地了解了乡间习俗、风尚及思想状况。许多年之后，傅斯年于北大求学时，写出了著名的《山东底一部分的农民状况大略记》一文[3]，此文与他少时的生活体验有极大关联。

正值盛年的父亲撒手归天，年幼的傅斯年与弟弟傅斯严只有靠祖父与母亲抚养教育。傅淦虽淡泊功名，不求仕进，却不愿把自己不入世的思想传染给他的长孙斯年。像晚明遗老、明末四公子之一的冒辟疆晚年仍渴望他的孙子入仕清朝一样，经过新朝政治文化的洗脑与现实生活的胁迫，把自己的命运与大清政权视为兴衰相连的傅淦，同样希望自己的孙子刻苦攻读，担负起知识分子"修身齐家治国平天下"的重任，重振傅氏门庭伟业，光宗耀祖。于是，晚年的傅淦把课教孙子视为生活与精神的全部寄托。而傅斯年天生聪慧敏捷，是难得的少年才俊，老人为此感到极大的欣慰。自此，这一老一少开始了重振傅门雄风的攻读生活。据傅斯年的同乡加同学聂湘溪晚年回忆："孟真四岁即和其祖父同床共寝，每天破晓，尚未起床，便口授以历史故事。从盘古开天辟地系统地讲到明朝，历时四年，一部二十四史就口授完毕了。在他幼小的心灵里就埋下了研究历史的兴趣，其后能成为历史学家，委以历史研究所所长的职务而有所成就，是与其家学渊源分不开的。"[4]

1901年春，傅斯年尚未度过五周岁生日，祖父便迫不及待地将他送入私塾上学。在塾师与祖父的"内外夹击"下，傅斯年刚满十岁，便熟读"十三经"，许多段落能背诵。未久，进入东昌府立小学读书，学业大进，其刻苦攻读的情景，作为佳话一直在聊城坊间流传，并成为激励后学长久不衰的精神力量。

1908年冬，十三岁的傅斯年被他父亲的一位高足、得中进士的侯延爽带到天津进洋学堂学习。第二年春，傅斯年考入天津府立中学堂就读，其间备尝人间艰辛。许多年后，当史语所的助理研究员何兹全问傅斯年何以懂得那么多人情世故时，傅不无感慨地引用孔子的话答道："吾少也贱，故多能鄙事。"[5]一语道出了自己的辛酸经历与内心的悲凉。1913年夏，傅斯年考入北京大学预科。从此，这个从鲁西土地走出来的破落户子弟，伴着迷蒙的京华烟云，开始了生命中"牧野鹰扬唱大风"的求学搏击时代。

1929 年，脱离中山大学专职教书生涯的傅斯年率史语所由广州迁往北平北海静心斋，在继续担任史语所所长职务的同时，开始兼任北京大学历史系教授。念及家中族人之辛苦，陆续把他的侄子傅乐成、傅乐德，以及堂侄傅乐焕、侄女傅乐淑等接到北平，或直接送进学堂读书，或令其半工半读，在生活上给予接济照料。后来傅乐焕、傅乐成、傅乐淑等兄弟姐妹，相继考取北京大学和西南联大，学有所成，皆为著名历史学家。

傅斯年父亲早逝，他身为长子，十六岁在天津读中学时，由祖父和母亲做主，把聊城县绅士丁理臣之女丁馥萃姑娘一顶花轿抬到家中拜堂成亲。丁家为聊城当地名门望族，明代聊城第一位进士丁志方为其先祖。丁理臣从事盐务有年，此时家境日衰，但瘦死的骆驼比马大，仍能算得上小康之家。年轻的丁姑娘虽略通文墨，号称聊城第一美女兼才女，但由于长期生活在高墙大院之中的商人之家，处世态度和生活方式与自幼争强好胜、性格刚烈又脾气暴躁的傅斯年反差极大，二人一经接触，就搞得这位聊城傅少脚轻头大，心中颇为不快。因一时难以摆脱家庭伦理观念的制约，只好像胡适与鲁迅等人一样听之任之，随这位婆姨打狗或打鸡，或是上墙爬屋皆视而不见。随着年龄的增长和系统接受与中国传统教育不同的另类教育，傅斯年对自己的婚姻越来越感到不快，他在抨击此类家庭时，对传统的"父母之命，媒妁之言"的婚姻形式深恶痛绝，他说：

> 中国人是为他儿子的缘故造就他儿子吗？我答道，不是的，他还是为他自己。胡适之先生曾有句很妙的形容语，说"我不是我，我是我爹的儿子"。我前年也对一位朋友说过一句发笑的话："中国做父母的给儿子娶亲，并不是为子娶妇，是为自己娶儿媳妇儿。"这虽然近于滑稽，却是中国家庭实在情形。咳！这样的奴隶生活，还有什么埋没不了的？[6]

傅斯年与丁氏媳妇长期分居，既已失了共同的志趣，感情更是无从谈起。他为此悲愤满腔，想摆脱这种困境，又如同老虎吃天无处下口，转来转去总不得要领，苦恼之极，遂愤然道："我们现在已经掉在网里了，没法办了。想个不得已的办法，只有力减家庭的负累，尽力发挥个性。不管父母、兄弟、妻子的责难，总是得一意孤行，服从良心上的支配。其余都可不顾虑，并且可以牺牲的。"[7]

这是傅斯年当时对社会家庭的认识，也是他个人内心的表白。当他留学欧洲归来，以一只全身散发着海腥味的学术"大鳄"重新爬上远东之岸时，情况就大不相同了。他挟西洋之学以自重，再也不管中国社会瘟疫一样繁衍盛行的那一套乱七八糟的"吃人"礼教了，遂下定决心要与母亲娶的那位"儿媳妇儿"一刀两断。于是，在 1934 年那个酷热的夏季，傅斯年擦着满头大汗，咬牙掏出了一笔"青春损失费"，总算与丁氏媳妇在济南协议离婚。同年 8 月 5 日，与俞大维之小妹俞大綵在北平共结百年之好。

傅斯年与妻子俞大綵（左）、母亲李夫人、侄子傅乐成摄于北平（来源：山东聊城傅斯年陈列馆）

出身名门官宦之家的俞大綵，幼冲之年即受新式教育，及长，求学于上海沪江大学，长于文学，尤善英文，且写得一笔好字，做得一手绝妙的小品文章。得益于傅斯年留德同学俞大维从中牵线搭桥，傅氏与比自己年轻近十岁的俞大綵缔结连理。1935 年 9 月，儿子傅仁轨出生，傅斯年把在老家聊城的母亲接到北平与自己一起生活。傅斯年平时对母亲十分孝顺，虽已成为学界、政界呼风唤雨的人物，且霸气十足，不把任何人放在眼里，但偶遇母亲发脾气，乃立即长跪不起，听任母亲斥责，直到老太太发完脾气，让他起来方才站起，或是对母亲解释，或是好言安慰。因傅的母亲患高血压病，忌吃猪肉，作为儿媳的俞大綵为照顾婆母身体，不敢给她食肉，而傅母却偏喜好这一口，且极爱好吃肥肉，于是矛盾不可避免。晚年的俞大綵曾回忆说：

孟真侍母至孝，对子侄辈，也无不爱护备至。太夫人体胖，因患高血压症，不宜吃肥肉。记得有几次因我不敢进肥肉触怒阿姑，太夫人发怒时，孟真辄长跪不起。他窃语我云："以后你给母亲吃少许肥肉好了。你要知道，对患高血压症的人，控制情绪，比忌饮食更重要，母亲年纪大了，别无嗜好，只爱吃肉，让她吃少许，不比惹她生气好么？我不是责备你，但念及母亲，茹苦含辛，抚育我兄弟二人，我只是想让老人家高兴，尽孝道而已。"[8]

抗日战争全面爆发后，南京空袭日频，危在旦夕。傅斯年由于领导中央研究院各所搬迁事宜，无暇顾及家庭，更无力陪侍老太太避难同行，特委托一位下属和两个侄儿负责保护母亲转移至安徽和县暂住。南京沦陷，傅氏辗转来到重庆后不久，两个侄儿来见，傅斯年以为家人顺利脱险，十分高兴，当侄儿述说祖母没有逃出来时，傅斯年大怒，当场打了侄儿两个耳光，又各自踹了两脚。随后，他千方百计令人把母亲于战祸连绵的安徽接了出来，辗转 20 余天由陆路逃至汉口，最后抵达长沙。斯时老太太年已七十余岁高龄，傅斯年每言及老母逃难事，总怀歉疚之情，他曾对同事说："老母幸能平安至后方，否则将何以面对祖先？"[9]殷殷孝心苍天可鉴。后来，史语所由长沙迁昆明，傅斯年把母亲接到重庆，安置在歌乐山下一个较为安全的地方，与弟弟傅斯严（孟博）一起生活，费用全部由傅斯年负担。

傅氏老母体胖，加之为躲避战火长年奔走劳累，一旦安定反生病恙，时好时重。到了 1941 年春，傅斯年又一病不起，此病缘于他身体过于肥胖，又患有高血压症，整日奔波操劳，遂使病情加重，不得不住进重庆中央医院救治。傅斯年患病的消息传出，远在美国的胡适曾专门致函表达了真挚的关切之情：

> 昨晚得你四月三十日的飞邮，才知道你病了，我真十分担心，因为你是病不得的，你的"公权"是"剥夺"不得的！你是天才最高，又挑得起担子的领袖人才，国家在这时候最少你不得。故我读你病了的消息，比我自己前年生病时还更担心。……你的病也必须休息静养。若能如来书所云，"六个月内绝对休息"，我可以包你恢复健康。但不可忧虑气恼，也不可贪吃肥肉！你的兴致好，和我一样，我想你一定可以恢复健康的。[10]

不管是"天才"还是"领袖"，或者是真龙天子，作为人难免是要生病的，上帝不会单独照顾这位"黄河流域第一才子"。胡适的手足之情，还是在傅氏精神上给予一些慰藉，使他增加了同病魔抗争的信心和勇气。几个月后，傅斯年终于出院，回到重庆郊外的家中休养。意想不到的是，傅斯年出院了，他的老母却死在了医院。

关于其母去世的情形，傅斯年在给胡适的信中以极其伤感的心情做了如下禀报：

> 先报告先生一件大事：家母在去年（1941）10 月 21 日在重庆中央医院去世矣！七十五岁，不为不寿，但照她的身体，应当活到八十五乃至九十以上。她去世前两个星期还与小孩们玩，每日做饭做衣，非此不乐。……过双十节，疟子又犯，以寓在卫生署左近，请了金署长找的卫生署之医生，先上来甚好，忽然沉重，送入中央医院（未早入者，因此院亦简陋，脏甚），即不起矣。致死之病状难定，遍身发黄，医断为 obstructive jaundice，于是作一小 autopsy，则十二指肠上之通管为一大块石头所塞住。然则在南京时已闹起之"急性胃炎"，实即此事之误断也……设若不是我去年至今这一场大病，也或者早到医院去也。[11]

傅斯年在给好友罗家伦的信中，再次提及老母病逝之经过：

> 家母之逝世，直是怪事！其体质之佳，理必登大耋者，乃突然而病，遂尔不起，盖一块胆石杜大管 common duct，一向皆认为胃病者也。在南京误诊，然彼时未必有此石，在仁济医院误诊，设非弟病，抑或不至于此。此则至今念之，倍觉罪恶者也。弟之一病，除此事外，皆有益处。例如借病逃院会，在此读书不休，然有此一事，一切荡尽矣！七十五之高年，不为不寿，然以其体质论之，固当达期颐耳。[12]

据一直在病房服侍的傅门故旧朱仲辉说，傅家老太太病逝后，傅斯年因不知病情，医院方面的专家又拿不出一个确切的结论，为此双方吵吵嚷嚷，争论不休，最后院方提出解剖，以验证病症之要害。傅斯年犹豫再三，最后同意解剖，其结果确为胆结石所致。由此可见当时中国头号医院医药设备及医疗技术是怎样的落后与糟糕，亦知傅斯年之心情是如何的悲愤交集又徒感哀伤了。

◎ 辞别重庆

傅母去世后，傅斯年得到了许多亲朋故旧及同事的关怀慰问。正在香港的陈寅恪通过中央研究院总办事处得到消息，当即发来唁函，以真挚的情感劝慰正处于悲痛中的傅斯年。函中说道：

孟真吾兄苦次：

顷得毅侯先生函，惊悉堂上于本月廿一日病逝，曷胜悲悼。伏念姻伯母大人一世慈勤，六亲景式，训子获通学之称，弄孙有含饴之乐，优游晚岁，足慰生平。不幸国难遽兴，崎岖转徙，未竟期颐之养，不无微憾之遗，然值此神州之巨劫，亿兆莫能免于牺牲，斯实时运为之，未可奈何者也。

吾兄孝思纯挚，怆怀家国，大病之后将何以堪，务恳节哀行事，庶几旧恙不致复发，区区下悃，至希鉴纳是幸。专此奉唁，敬请

礼安

寅恪 顿首 十月廿六日

怀妹均此，令弟处恕未另函。[13]

陈傅二人缘于姻亲关系，陈寅恪才在信中称傅母为"姻伯母大人"。而今斯人已去，作为孝子的傅斯年能够做的就是尽其所能料理后事。国难当头，丧事又须从简。傅斯年身体尚在休养阶段，不能为此奔波操劳，只好由妻子俞大綵出面请其兄、时任国民政府兵工署署长的俞大维派人料理安葬事宜。墓地选在歌乐山附近中研院数学所办公处旁的一个小山顶上，由兵工署人员在岩石中钻一洞穴，下葬时用吊车将棺木放入，用水泥制成七八寸厚预制板三块，用吊车吊起盖在墓穴上方，整体看上去如同一个应用于战争的碉堡，极为坚固。为此，傅斯年致信胡适说："家母葬于歌乐山风景绝佳处，作成一水泥之圹，甚坚，欲移亦可，未开吊，未发讣，事后登报耳。"[14] 短短几言，透出傅斯年

得意与宽慰之情。

　　却说傅斯年安葬了老母，怀着哀痛与悲壮的双重心境，拖着病体，坚持出席了11月中旬在重庆召开的国民参政会，仅出席了一半议程就因体力不支回到家中继续养病。此时的傅斯年心灰意冷，无意再参政议政，搞什么治国平天下的宏图大计，只想尽快找个地方躲起来"修身齐家"，过几天安静的日子。他艰难地支撑病体参加会议，对所谓的"参政"已没了兴趣，主要是因为他的老对头孔祥熙，在前一段时间曾到处散布流言，谓："听说傅斯年病得要不行了！"言外之意是马上就要断气死掉。傅斯年闻知后怒不可遏，大骂孔氏混账王八蛋，等等。这次出场亮相，完全是为了反击幸灾乐祸的孔祥熙，正如他在给胡适的信中所言："盖证明我未死也。"【15】

　　傅斯年确实有点儿撑不下去了，对于他的生活与身体状况，俞大綵曾有过一段回忆：

　　　　孟真屡年来，因为公务奔波劳碌，感时忧国，多年的血压高症暴发，头昏眩，眼底血管破裂，情形严重。不得已，在（重庆）郊区山中，借屋暂居，借以养病。那时，他奄奄在床，濒临危境，悲身忧世，心境极坏，看不见他常挂在嘴角的笑容了。

　　　　那是一段穷困悲愁的日子。孟真重病在身，幼儿食不果腹。晴时，天空常有成群的敌机，投下无数的炸弹。廊外偶尔细雨纷飞，又怕看远树含烟，愁云惨淡，我不敢独自凭栏。

　　　　记得有一次，三五好友，不顾路途遥远，上山探疾。孟真嘱我留客便餐，但厨房中除存半缸米外，只有一把空心菜。我急忙下楼，向水利会韩先生借到一百元，沽肴待客（我与韩君，素不相识，只知他曾在北京大学与孟真同学，但不熟）。那是我生平唯一的一次向人借钱。

　　　　事隔一月，我已还清债务，漫不经心地将此事当笑话说与孟真听。不料他长叹一声，苦笑着说："这真所谓贫贱夫妻百事哀了。等我病愈，要拼命写文章，多赚些稿费，决不让你再腼颜向人借钱了。我好惭愧！"我很后悔失言，不料一句戏言，竟引起他的感慨万千，因为他常为国家多难而担忧，但他于个人生活事，从不措意！

　　　　孟真病稍愈，我们即迁李庄。【16】

傅斯年夫妇与儿子傅仁轨于李庄合影（来源：山东聊城傅斯年陈列馆）

　　　　　　　　　　　　　　　　　　第八章　纵横天涯马

1941 年 12 月 3 日，已辞去中央研究院代理总干事之职的傅斯年，携家眷乘长丰轮船沿长江赶赴李庄。

就在傅斯年一家乘船溯江而上，艰难前行之时，美国西部时间 12 月 7 日凌晨，庞大的日本舰队已悄然抵达夏威夷群岛，并进入预定作战位置。1 时 16 分，漆黑冰冷的太平洋瓦胡岛海底，随着"咔嚓"一声轻微响动，牵缚 5 艘日本潜水母舰的固定带迅速断开，随着暗流巨涛骤然滚动，5 艘特种潜水母舰如脱缰野马，向位于夏威夷群岛的美国太平洋舰队基地——珍珠港驶去。

夏威夷时间 7 日早 6 时 15 分，从 6 艘航空母舰甲板上起飞的 183 架日机，在黎明的夜空中编好队形，组成了第一轮冲击波，发疯般向珍珠港扑去，偷袭珍珠港的军事行动正式打响。

日本轰炸机群对珍珠港先后实施两轮攻击后迅速撤离，总计炸沉、炸坏美太平洋舰队各种舰船 40 余艘，炸毁、炸坏美飞机 450 架，有 4500 多名美军官兵伤亡。美国太平洋舰队几乎全军覆没。

美国时间 12 月 8 日，罗斯福总统身披深蓝色海军斗篷，登上国会大厦讲坛，发表了令全世界为之震撼并注定要流传后世的演说。罗斯福同时要求国会宣布："自 12 月 7 日星期天无端发动这场卑鄙的进攻之时起，美国和日本帝国之间处于战争状态！"

在罗斯福总统发表讲话的同一天，中国政府对德、意、日等三国宣战！

随后，英国、加拿大、澳大利亚、荷兰、新西兰、自由法国、波兰等 20 多个国家，相继对德、意、日宣战。惊心动魄的第二次世界大战全面爆发，世界反法西斯联盟业已形成，危机四伏的中国战局随之发生了根本性转变。

◎ 营救陈寅恪

1941 年 12 月 7 日，傅斯年一家抵达李庄，爬过 500 级台阶，住进了板栗坳一个叫桂花坳的院落。

因冬季上水行船，行驶缓慢，连续五天的颠簸，傅斯年到达李庄板栗坳之后，头晕目眩，全身无力，几不能步行。一量血压，水银柱忽忽上蹿，竟打破了先前的一切纪录，高血压症再度复发，傅只得大把吃药，迷迷糊糊地昏睡。三天之后，当傅斯年在昏睡中得知日本偷袭了珍珠港，战火已在太平洋燃起，第二次世界大战全面爆发的消息后，他立即意识到被困在香港的陈寅恪一家性命堪忧，必须立即设法促其离港，于是强撑病体，接连拍发了三封加急电报。

（款）重庆杭立武兄：

务盼设法助陈寅恪兄来渝，电复宜宾转李庄。

斯年　灰
三十年十二月十日

重庆王毅侯兄：

祈电丁巽甫兄，设法助寅恪离港，先垫款，弟负责料理此事，并陈院长。再此间无存款，前说四千元，均为同人垫借，乞速汇。

斯年　灰

香港九龙太子道三六九号三楼陈寅恪：

已电杭及丁巽甫助兄，速飞渝。

斯年　灰[17]

1940年暑假，听说欧洲方面战况稍有好转，陈寅恪由昆明西南联大再返香港等候赴英讲学的机会。其理由如致傅斯年函中所言："英国如能去，则弟必须去，因弟复牛津函言去，故必须践约也。"[18]想不到这次又出了差错，刚到香港不久，忽得中国驻英大使郭复初发来电报，谓因时局关系，赴英之事需延期一年。心灰意冷的陈寅恪欲再次孤身一人返回西南联大，恰在此时，日军为切断广西与越南之间的国际交通线，出兵攻占南宁，陷落昆仑关，滇越交通中断，致使陈寅恪无法回昆，而夫人唐筼除心脏病外又患子宫病，陈氏走投无路，一面写信请傅斯年"如本所及联大有迁地之消息，乞速示知"[19]，一面做携家眷迁川之打算，并通过许地山在香港大学暂时谋得一客座教授职位，以换取微薄的薪金维持生计。

1941年初，中央研究院史语所已迁往四川南溪李庄，傅斯年致信陈寅恪，告之消息，并云西南联大也即将迁川，其时已在四川叙永建分校，如在香港不能支撑，可携家眷由香港转赴四川李庄，专任史语所研究员兼历史组主任一职。但此时陈家已一贫如洗，根本无资迁川，处在两难中的陈氏在走与留问题上摇摆不定，"盖居港地，进退谷"。1941年2月12日晚，几近陷入绝境的陈寅恪在答傅斯年的信中写道：

现除飞机外，尚有由广州湾至桂林一道勉强可通（亦须经过无穷苦难）。内人及小孩等不计其生死存亡，令其迁至广西居住，通计载运人身及搬运行李，据最近车船夫轿之价，约近四五千元国币，若此能设法筹出，或者于五六月，敝眷及弟全部可由港至广西，弟一人赴川而置家于广西，以免多费川资及免再跋涉之苦。但又不知彼时此道能通与否耳！总之，于今年暑假将届时，即五月间，能设法为弟借贷国币五千元或英金百磅（与朱、杭诸公商之如何）以为移家至内地之费，则弟或不致愁忧而死，否则恐与兄无见之机矣！

又近六月来，内子与弟无日不病，只得轮班诊治服药，以二人不能同时治病也，因此病又时发，未能全恢复健康也。所幸近已努力作成《唐代政治史略》一部，约七八万言，又考证唐人小说二篇（《会真记》、《东城老父传》）约一二万言，现因无人誊抄故，尚未能一时写清寄上求教，约暑假前总可誊清也。[20]

2月28日，陈寅恪再致函傅斯年，作为前封信的补充。

……迁内地既决定，则广州湾亦有制限行李之事，衣被不能多带，故乘天气尚寒时，将皮袍棉袍尽量穿在身上带渝，以为过冬御寒及当作被盖之用。（四）如有暇则赴李庄一看情形，以为迁居之预备。大约昆明地太高，心脏不能堪。如不能去李庄，叙永不知如何？叙永情形在渝可详问杨金甫兄一切也。

广州湾现尚有人去，须乘轿数日始有公路车，且广西广东边界有匪，不论广州湾上岸之检查限制也。（因是唯一较廉且可略带衣被之路，其余只余航空鸟道矣。）……[21]

陈寅恪在信中专门叮嘱傅斯年，"此函请并交大维一阅，因到渝须住其家，恐须预备被盖等，此行不带被也"。

傅斯年接信后，知道陈氏赴川的决心已定，便想方设法为其筹集川资，但来回奔波几圈，几无所获，最后不得不与西南联大的杨振声（金甫）协商，先从北大文科研究所借支3000元以解燃眉之急。款尚未寄至香港，通往桂林的路又被日军截断，陈寅恪欲转上海等处，又深感不妥。恰在此时，一直关怀着陈家生活的许地山又不幸去世，陈寅恪失去了在香港唯一的依靠，情形越发令人心焦，他于8月26日在致傅斯年的信中解释说："上海即一间房亦须顶费，且未觅得亦不能去，近更不妥故也，几于无地可去，而香港只余一月粮，不能久住。飞机则港渝票六百四十元港币，港昆票八百二十元港币，故即得北大三千元之助，亦须取道公路，作一月余之旅行。总此诸端，其难可想。无怪三舅母、大纲、若农又徐森玉及诸亲友之为弟焦急也。近因许地山逝世，其所遗之中国历史课二门（共八点钟）由弟暂代，其余行政事务一概不管，大约月可得港币四百元，以近一年港地物价计（每月渐涨），想可敷衍（近一年来每月约费三百六十元上下），惟求其不生大病，则大幸矣。"[22]

任凭陈寅恪捶胸顿足，仰天大呼自己身家性命如此之苦，但苍天却板着面

孔，未有半点儿怜悯之意，陈氏一家只
有在水深火热中备受煎熬而无法自拔。
在给史语所助理研究员邓广铭并转呈傅
斯年的信中，陈寅恪再次强调道："弟
居港下半年，即六月以后便无办法，行
止两难，进退维谷，颇如待决之死囚，
故半年来白发又添无数茎矣！"同时明
确表示："弟一人至川，而将家眷由广州
湾赴广西居住，因路短费省，且可略带
行李（运费极昂）。"最后，陈寅恪特地
嘱邓广铭说："弟到李庄之可能甚多，便
中乞告以地方情形，即何物最须带，何
物不必带之类，以便有所预备也。"[23]

当陈寅恪在势如牢笼的港岛左冲右撞，
总是突不出重围之时，震惊世界的珍珠港事
件爆发了。

就在珍珠港事件爆发的同日上午 8
时 30 分，日军空袭英军守卫的香港并以
第三十八师团数万人之兵力进攻港岛。13
日，九龙半岛沦陷，25 日港岛失守。英国

1941 年夏，陈寅恪夫妇与三个女儿摄于香港九龙太子道
三六九号楼下（摘自《陈寅恪集》，陈美延编，北京三联
书店 2009 年出版）

守军仅经 18 天抵抗便告崩溃，香港总督杨慕琦打着白旗亲到九龙半岛酒店向日军司令酒
井隆投降，15000 名驻港英军被俘，整个港岛为日军占领。随后，日本在香港设立了大
本营直辖的占领地总督部，以陆军中将矶谷廉介为"港督"，受日本"中国派遣军"总
司令节制。

当身处李庄的傅斯年为陈寅恪一家的命运忧心忡忡，焦虑不安，并拖着病体连续拍
发电报，请求中英庚款负责人杭立武等人设法营救之时，鉴于港岛已被日军团团围住且
即将沦陷的危局，重庆国民政府火速派出飞机抵达香港，接应、抢运在战前滞留在香港
的政府要员与文化教育界著名人士。12 月 18 日，国民政府派出的最后一架飞机抵达香
港机场，此时英港督杨慕琦已经通过广播公开宣布向日本投降。整个港岛事实上已在日
军的控制之下，那些尚未来得及离港的政府要员和文化名人，已是大难临头，到了生死
攸关的最后一刻。

按照国民政府教育部和中央研究院的提议，被傅斯年誉为"近三百年来一人而已"
的"教授的教授"、国学大师陈寅恪，当之无愧地被排在了"抢运"之列。此前中央研
究院代院长朱家骅已拍发密电通知陈寅恪，令其做好准备，万勿错过这最后一线生机。

1941 年 12 月 12 日，北平《晨报》报道

1941 年 12 月 14 日，北平《晨报》报道

但当陈寅恪于兵荒马乱中携家带口匆忙赶到机场时，却被无情地挡在了圈外。与陈寅恪一道被挡在圈外的还有国民党元老廖仲恺的夫人何香凝，国民政府监察院副院长许崇智，著名文化人士郭沫若、茅盾，同时还有中央研究院故院长蔡元培的夫人等。阻挡者乃是蒋介石的姻亲、时任国民政府行政院副院长兼财政部长孔祥熙的夫人宋霭龄、女儿、随从和豢养的一大批保镖。

当时素有"南天王"之称的国民党中央常委、陆军一级上将陈济棠，已抢先一步登上飞机。然而，孔家的二小姐、时常装扮成半男不女模样的孔令俊，竟把自己的一条宠物狗放在座位上，以阻止陈济棠入座。昔日不可一世的粤军统帅、"南天王"陈济棠见对方如此无理，竟不把自己这位党国大员、陆军一级上将放在眼里，怒不可遏，当场对孔二小姐的无耻行径大加痛斥。想不到孔二小姐仗着孔家随从人多势众，几十名保镖如狼似虎，比这位一级上将更加凶悍骄狂。

只见孔二小姐从腰间嗖地拔出精制的左轮手枪，敲点着陈济棠的额头，喝令对方立即滚下机舱，否则就地枪决。陈济棠所带的一个卫兵眼看主子命悬一线，立即掏枪护卫。于是双方保镖在机舱内持枪对峙，各不相让。无奈陈济棠一方人单势孤，根本无力与孔家保镖争雄斗勇，陈夫人一看眼前凶恶的局势，怕丈夫遭到不测，不明不白地吃了孔二小姐赠送的"花生米"，乃流着眼泪示意身边人员服软认输。最后的结果是，陈氏的卫兵全被孔二小姐下令强行缴械，连同陈济棠与夫人一起被轰下了飞机舷梯。可怜这位昔日手握重兵、纵横疆场、称霸一方的"南天王"，竟因少带了几个保镖而遭此奇耻大辱，还差点儿把老命送掉。

重量级军阀陈济棠尚且如此，其他几十位党国大员、文化名流，面对如此骄悍的孔家主奴，更是无力登上飞机舷梯。所有的人只能两眼冒火，情绪激昂，高声疾呼"国法何在，党纪何在，公道何在，天理何在"等口号以示抗议。

此时，从天空落下的炸弹已在机场四周爆炸，溅起的尘土直扑机身，滚滚浓烟伴着火星笼罩了整个机场，所有的人都明白，这是逃离港岛的最后一刻了。此时只知有四大家族、蒋家王朝，不知有党纪国法的孔二小姐，从容地指挥她的随从保镖把自家大大小小的家私、洋狗，甚至私人用过的马桶全部装入机舱，强行下令开拔。飞机挪动笨重的躯体缓缓滑过跑道，在众人的痛骂与呼叫声中腾空而起，直插烟雾弥漫的天空。身后，甩下了一群站在圈外，于凄雨寒风中悲愤交加、捶胸顿足，徒叹"奈何！奈何！"的党国大员与文化学术界名流。

被孔家强占的飞机刚起飞两个小时，日军便进驻了这座当时香港唯一可堪使用的机场。颇具讽刺意味的是，就在孔家"恶少"把持的飞机抵达重庆机场时，国民党中央正在召开五届九中全会，为了抑制党内日甚一日的腐败行为，迎接世界性的反法西斯战争并早日取得对日作战的胜利，会议通过了一个名为《增进行政效能，厉行法制制度以修明政治》的决议案。听到赴香港飞机返回的消息，参加会议的党国要员按捺不住心中兴奋，纷纷赶往机场迎接。然而，从飞机舷梯走下来的不是国民党中央常委"南天王"陈济棠，也不是许崇智、何香凝，更不是陈寅恪、郭沫若或蔡元培的夫人，而是孔祥熙家的恶少连同携带的老妈子与洋狗、马桶和香料床板。见此情景，接机者一个个目瞪口呆。

◎ "杀孔祥熙以谢天下"

当年著名的五四运动爆发时，北洋军阀及其一帮御用策士于盛怒中，曾指斥新兴的士风为"洪水猛兽"。对此，"北大之父"蔡元培曾专门著文反击道："不错，今日之士风，可以算是洪水，而今日之军阀，正是猛兽，即非用洪水淹此猛兽不可。"傅斯年进一步著文补充道："洪水过了，留下些好的肥土，猛兽却不见了。"[24] 此时，正躺在李庄板栗坳泥屋土炕上，强撑病体遥望西南云天的傅斯年没有想到，距当年掀起的那场洪水巨浪早已有许多年，而猛兽与猛兽的徒子徒孙们却依然如故地在大地上兴风作浪。假使死在港岛的蔡元培地下有知，面对孤苦伶仃沦落于港岛的夫人与陈寅恪等文化大师们，不知做何感想。[25]

1941年12月22日，重庆《大公报》发表《拥护修明政治案》社评，借题发挥，巧妙地披露香港沦陷之际，"逃难的飞机竟装来了箱笼、老妈与洋狗"的孔氏家族丑闻，同时揭开了外交部长郭泰祺国难当头竟以巨额公款买私人豪宅的黑幕。内中说道："最要紧的一点，就是肃官箴，儆官邪。譬如最近太平洋战事爆发，逃难的飞机竟装来了箱笼、老妈与洋狗，而多少应该内渡的人尚危悬海外。善于持盈保泰者，本应该敛锋谦退，现竟这样不识大体。又如某部长在重庆已有几处住宅，最近竟用65万元公款买了一所公馆。国家升平时代，为壮观瞻，原不妨为一部之长置备漂亮的宿舍，现当国家如此艰难之时，他的衙门还是箕踞办公，而个人如此排场享受，于心怎安？……"

社评一经发表，舆论大哗，各地报纸相继转载，社会各界正义之士纷纷谴责孔氏家族的飞机装洋狗行径。12月24日，昆明的《朝报》以《从修明政治说到飞机运洋狗》为标题，转载了《大公报》社评并对孔家的劣迹给予了尖锐抨击，文中指出："香港战事爆发，有人把飞机装运沙发和洋狗到重庆，大公报前几天以社论原题为《拥护修明政治案》，痛砭此事，今将原文介绍如下……"《大公报》社评的转载，立即引起了西南联大与昆明各校师生的义愤，校园内外立即沸腾起来。当西南联大师生们得知教育部与中央研究院圈定的陈寅恪本该在"抢运"之列，而由于"飞狗院长"家中的主子与奴才从中作梗而未返回时，悲愤交加。许多师生都以为陈寅恪此次在劫难逃，已经在乱枪流弹中死去了。于是几位历史系学生在一个名叫《论坛》的壁报上，发表了一篇题为《悼陈师寅恪》的文章，以哀惋、悲愤的语调追怀香港沦陷后生死与下落皆不明的陈寅恪教授及其家人，文中以悲怆的语气说道："著名的史学教授陈寅恪导师，不能乘政府派去香港的飞机离港，命运似不如一条洋狗……"【26】

文章刊出，整个西南联大师生沉浸在莫大的悲痛与激愤中，积压在心中的怒火如电石碰撞，瞬间爆发。时在西南联大任教的吴晗在课堂上对学生们说："南宋亡国前有个蟋蟀宰相（南按：指贾似道），今天又出了一个飞狗院长，真是无独有偶呵！"他力主师生起来反抗。【27】激于义愤，联大学生邹文靖等26人立即用毛笔大字起草了"讨孔宣言"，张贴在校门口的墙壁上。宣言云：

"国家之败，多由官邪。……今日，我国贪污官吏有如恒河沙数，而其罪大恶极者莫如国贼孔祥熙。孔贼贪污中饱，骄奢恣睢，已为国人所共愤，为法理所难容，而此次风闻由香港以飞机运狗者，又系孔贼之妇！致使抗战物资、国家硕老，困于港九，沦于敌手而不得救。嗟夫！铜臭冲天，阿堵通神，用全一己之私，足贻举国之害。此贼不除，贻害无穷；国事危急，奚容缄默！……

"呼吁我校学生自治会立即召开全校同学大会，群策群力，共商大计，并通电全国，同声诛讨。通过学运，掀起高潮，期树讨贼之大纛，倡除奸之首义。剪彼凶顽，以维国本。是为国民之天职，尤为我辈之责。"【28】

宣言贴出，在学生自治会的组织下，全校师生立即响应，于校本部广场组成了声势浩大的"讨孔"队伍。队伍的前锋是一幅用床单制成、上画脖颈上套一巨大铜钱作枷的孔祥熙头像。学生们在短暂集会后，高呼"打倒孔祥熙，铲除贪官污吏"的口号，浩浩荡荡地走出校园示威游行。沿途有云南大学、昆华师范学校、南菁中学等十多所大中学校师生陆续加入，汇合成数千人的游行队伍。西南联大当时在校主持日常事务的蒋梦麟、梅贻琦二常委出于对孔氏一家恶行的义愤，不但对学生的义举未予劝阻，还暗中准备了应变措施，并乘车尾随游行队伍之后，以备万一学生与军警发生冲突，好及时出面加以调解。

游行过后，联大与昆明市众多大中学校学生纷纷宣布罢课，并向全国各地高校拍发"讨孔"通电，以期通过这一运动，给国民党政府和孔祥熙之流的贪官污吏予以警告和惩戒。

西南联大的通电发出，远在李庄的同济大学师生立即响应，相机而动，高举旗帜和标语，涌向大街小巷，高喊"打倒孔祥熙"的口号，并在中央博物院筹备处借住的张家祠门前、史语所居住的板栗坳、中国营造学社所在的上坝月亮田等地，背诵诗词，以悼念被"'飞狗院长'孔祥熙的狗儿女害死的陈寅恪教授"。在李庄的陶孟和、李济、董作宾、梁思成、林徽因及其所属机构的同事，听到陈寅恪"死去"的消息，大为震惊，纷纷向傅斯年询问详情。傅斯年闻听更是惊恐万状，立即急电重庆中央研究院总办事处，探询实情。重庆方面的回电称同样听到了如此不幸的消息，却无法确定真伪。于是，整个李庄的科研人员与同济大学师生，沉浸在一片巨大的激愤与忧伤之中。盛怒中的傅斯年暴跳如雷，直呼要"杀'飞狗院长'孔祥熙以谢天下"。

此时的陈寅恪并没有死去。就在国内群情激愤，四处声讨"飞狗院长"之时，他与家人已顾不得"国法"与"公理"何在的是非之争了。在整个港岛大混乱、大失控的枪炮与硝烟之中，他需要尽快设法找到一条逃亡之路。但此时，香港与内地之间，无论是陆地、海上还是空中，所有的交通、书信、电传、票汇等全部断绝。香港大库的存粮全部被日军封存，以供军需。伴随而来的是学校停课，商店关门，粮荒四起，大街小巷散落着满地的垃圾和在寒风中飘舞的废旧报纸。昔日港岛歌舞升平的繁荣景象，似乎在一夜之间全面崩溃，霎时笼罩在一片萧条破败之中，整个香港已成为一座坟墓式的孤城。在这种混乱危局中，要想在短时间内逃出孤岛，几无可能。无奈中的陈寅恪一家老小，只有伴随着这座孤城和孤城中几近绝望的人群，开始在日军的铁蹄下痛苦地呻吟。陈氏的弟子蒋天枢后来在记述这段"事辑"的按语中写道："如非日本挑起太平洋战争，（陈寅恪）赴英伦之举或终能成行。先生离北平时，右眼视网膜已发现剥离现象，若得至英伦，眼疾当可医治痊复，

日军占领香港机场

日军全面占领、封锁香港

不致终于失明。"走笔至此,蒋氏慨叹曰:"天欤,际遇之不幸欤?"【29】

陷入港岛的陈寅恪确是遭到了天命与际遇双重的不幸。由于学校关门,粮库封锁,钱粮来源皆已断绝,只靠一点儿存粮维持一家人的生命。陈氏困坐家中,惶惶不可终日。为节省口粮,唐篔开始强行控制家人进食,孩子们吃到红薯根、皮,竟觉得味美无穷。忽一日,日军又要征用陈寅恪家所租住的楼房作为军营,勒令所有住户限期搬出。然而街上交通封闭,日军在路口架设铁丝网,动辄开枪杀人,常有过路者无故中弹倒地而亡。闻知将遭驱逐的消息,全楼人惊惶失措,皆感大祸临头又莫知如何应对。陈家女儿流求清楚地记得:"那天早晨母亲含着眼泪,拿一块淡色布,用毛笔写上家长及孩子的姓名,出生年月日及亲友住址,缝在四岁的小妹美延罩衫大襟上,怕万一被迫出走后失散,盼望有好心人把她收留。如此情景,不仅全家人眼眶湿润,连正要告辞返乡的保姆也哭了。"【30】危难之中,陈寅恪决定不再顾及个人安危,豁出性命与日军一搏,遂毅然下楼与凶悍的日军交涉,终使对方同意延长时日,以留出居民搬迁的空隙。后因这支军队突然奉命开往新的战场,全楼才得以幸免。陈家那位原本有些牛气的房东自此对这位在日军面前大义凛然,且能用日语交涉的穷教授刮目相看,尊礼有加。

刚刚躲过被驱逐的厄运,夜幕沉沉中,对面楼上忽又传来阵阵凄惨的哭叫声与厮打声,睡梦中的陈家惊恐而起,紧张地听着外面的动静,直到天将大亮哭叫声才渐渐平息。次日有邻居转告,说是昨夜前方楼上一家五个女孩遭到日本大兵的强奸侮辱。此时陈家大女儿流求已上初中,母亲唐篔听罢打了个寒战,立即从身旁摸过剪刀,一把拉过流求,不由分说,把她头上的长发剪掉,又找出陈寅恪的旧衣让其穿上,女扮男装,以躲避可能的不测。恰在此时,又传来蔡元培的夫人家中遭劫的消息,陈寅恪急忙跑去一看,蔡家钱物被洗劫一空,据说是当地一伙不法之徒趁乱所为。蔡夫人悲恸不已,几次昏死,陈寅恪欲助其难,但已是泥菩萨过河——自身不保,只好空言劝慰,以减轻对方精神之苦痛。

春节过后,有位自称陈寅恪旧日学生的人来访,谓奉命请其到沦陷区广州或上海任教,并拨一笔巨款让陈寅恪筹建文化学院。陈氏辞却对方,意识到自己有被日伪汉奸强行利用的危险，想要不与狼共舞，就必须冒死逃离港岛。于是，经过一番苦心孤诣的秘密筹划，终于在 1942 年 5 月 5 日突出重围，携家登船离开了坟墓般的孤岛，取道广州湾（即湛江）返回内地，一路艰苦跋涉，终于同年 6 月抵达桂林。

关于逃难经过与颠沛流离之苦，陈寅恪在 1942 年 6 月 19 日致傅斯年信中有一段泣泪滴血的叙述，信中道：

> 此次九死一生，携家返国，其艰苦不可一言尽也，可略述一二，便能推想，即有二个月之久未脱鞋睡觉，因日兵叩门索"花姑娘"之故，又被兵迫迁四次；至于数月食不饱，已不肉食者，历数月之久，得一鸭蛋五人分食，视为奇珍。此犹物质上之痛苦也，至精神上之苦，则有汪伪之诱迫，陈璧君之凶恶，北平"北京大学"之以伪币千元月薪来饵，倭督及汉奸以二十万军票（港币四十万），托办东亚文化会及审查教科书等，虽均已拒绝，而无旅费可以离港，甚为可忧，当时内地书问断绝，沪及广州湾亦不能通汇，几陷入绝境，忽于四月底始得意外之助，借到数百港元，遂买舟至广州湾，但尚有必须偿还之债务，至以衣鞋抵值始能上船，上船行李皆须自携，弟与内子俱久患心脏病，三女皆幼小亦均不能持重物，其苦又可想见矣，幸冒险将二年来在港大讲稿携出，将来整理或可作一纪念也。[31]

同一日，陈寅恪在致朱家骅、叶企孙、王毅侯和傅斯年四人的信中补充写道："弟于疾病劳顿九死一生之余，始于六月十八日携眷安抵桂林。"又说："当时实已食粥不饱，卧床难起……其苦闷之情不言可知，至四月底忽奉骝公密电，如死复生，感奋至极。"[32]

脱离虎口流亡到桂林后，陈寅恪的心情如同久霾的天空忽然晴朗，正如给好友刘永济的信中所言："扶病就道，一时脱离沦陷区域，获返故国，精神兴奋，勉强尚能成行。"[33] 远在乐山武汉大学任教的其兄陈隆恪得知陈寅恪尚活在人间，并摆脱了倭督及汪伪汉奸的纠缠，携家安全脱险的消息后，在《闻六弟携眷自香港脱险至桂林》诗中，有"辛苦识君来""正气吞狂贼"两句，[34] 以示对这位富有民族气节的胞弟及其家人的称赞与嘉赏。

注释：

【1】【2】白万祥《傅斯年先生对国家的贡献》，载《傅斯年与中国文化》，布占祥、马亮宽主编，天津古籍出版社 2006 年出版。

【3】《傅斯年全集》，第一卷，欧阳哲生主编，湖南教育出版社 2003 年出版。该文原载《新青年》，第七卷第二号，1920 年 1 月 1 日。

【4】李裕桓《聂湘溪谈傅斯年》，载台北《联合周报》，第三版，1990 年 11 月 24 日。

【5】何兹全《忆傅孟真师》，载台北《传记文学》，第六十卷第二期，1992 年 2 月。

【6】【7】《万恶之源》（一），载《傅斯年全集》，第一卷，欧阳哲生主编，湖南教育出版社 2003 年出版。

【8】【16】俞大綵《忆孟真》，载台北《联合报》副刊，1977 年 3 月 26、27 日。

【9】朱仲辉《怀念傅故校长孟真先生》，载《傅斯年》，聊城师范学院历史系编，山东人民出版社 1991 年出版。

【10】王汎森《史语所藏胡适与傅斯年来往函札》，载台北《大陆杂志》，第九十三卷第三期，1996 年 9 月 15 日。

【11】《傅斯年全集》，第七卷，欧阳哲生主编，湖南教育出版社 2003 年出版。金署长，指金宝善，中国近代卫生事业的奠基者之一。obstructive jaundice，即"梗阻性黄疸"；autopsy，即"解剖"。

【12】《傅斯年致罗家伦函》，载《罗家伦先生文存附编》（师友函札），"中国国民党中央委员会"党史委员会编辑，台北："中国国民党中央委员会"党史委员会 1996 年出版。

【13】《致傅斯年》，载《陈寅恪集·书信集》，陈美延编，北京三联书店 2001 年出版。纯洁，或有人解为纯挚。俞大綵，字怀细。怀妹，即指俞大綵。

【14】【15】《傅斯年致胡适》，载《胡适来往书信选》，中册，中华书局 1979 年出版。

【17】《致杭立武》《致王毅侯》《致陈寅恪、王毅侯、杭立武》，载《傅斯年全集》，第七卷，欧阳哲生主编，湖南教育出版社 2003 年出版。杭立武，时任行政院中英庚款董事会总干事；王毅侯，即中研院会计室主任王敬礼，字毅侯；丁巽甫，即中研院物理所所长丁西林（燮林），字巽甫，日军侵华时避居香港。"灰"是十日的常用电报代码。

【18】【19】【23】《曾致傅斯年》，载《陈寅恪集·书信集》，陈美延编，北京三联书店 2001 年出版。

【20】《致傅斯年》，载《陈寅恪集·书信集》，陈美延编，北京三联书店 2001 年出版。朱，指朱家骅；杭，指杭立武。陈寅恪赴英即由中英庚款董事会垫付旅费，时陈家已将杭立武寄

来的 300 英镑全部花掉，正为无力偿还而痛苦不堪，但要举家迁往内地，又不得不硬着头皮再行请傅斯年借款。《唐代政治史略》一书，后易名为《唐代政治史述论稿》。

【21】《致傅斯年》，载《陈寅恪集·书信集》，陈美延编，北京三联书店 2001 年出版。杨金甫，即西南联大教授杨振声，字金甫。

【22】《致傅斯年》，载《陈寅恪集·书信集》，陈美延编，北京三联书店 2001 年出版。据编者注释：大纲，即俞大纲；三舅母，即大纲母；若农，指曾约农。三人皆是陈氏亲戚。徐森玉，即著名版本学家和文物鉴定家徐鸿宝，字森玉，日军侵华时曾避居香港。

【24】傅斯年《"五四"偶谈》，载《傅斯年全集》，第五册，台北：联经出版公司 1980 年出版。

【25】当时傅斯年尚不知道朱家骅夫人也在香港没能逃出来，而他自己的许多亲友亦陷于港岛无可奈何。1941 年 12 月 29 日，傅斯年在给朱家骅的信中说道："香港沦陷，嫂夫人闻未出来，至以为念，火炎昆岗，一切付之无可奈何耳，诸希节抑劳思，为国努力耳。弟亲友沦陷者，不可胜计，日前大以为戚，今亦只有不想耳。"（载《傅斯年致朱家骅》，王汎森、潘光哲、吴政上主编，台湾"中央研究院"史语所 2011 年 10 月出版）

【26】2007 年 4 月 8 日，作者在北师大寓所采访何兹全记录，何当年听联大学生对其讲过此事。另据何兆武说："这一新闻不胫而走，引起大哗。次日上午，西南联大的墙上就张贴了许多大字报揭发此事。而且大家都知道陈先生此时身陷敌中，尚未脱险。这就更加给群情愤慨的火上加油：难道我们的国宝还不如贵妇人的一条狗？当天下午校园里就有人高喊上街去示威游行，打倒孔祥熙。"（见何兆武《与陈寅恪先生相关的两件事》，载《万象》，第五卷第十、十一期合刊，2003 年 10、11 月）

【27】王煊城《吴晗在昆明》，载《浙江文史集粹·文化艺术卷》（六），浙江省政协文史资料委员会编，浙江人民出版社 1996 年出版。

【28】邹文靖《国家之败，多由官邪——回忆西南联大的"讨孔"运动》，载《云南文史资料选辑》，第三十四辑，云南人民出版社 1988 年出版。

【29】《陈寅恪先生编年事辑》（增订本），蒋天枢撰，上海古籍出版社 1997 年出版。

【30】陈流求《回忆我家逃难前后》，载《纪念陈寅恪先生百年诞辰学术论文集》，王永兴编，江西教育出版社 1994 年出版。

【31】《致傅斯年》，载《陈寅恪集·书信集》，陈美延编，北京三联书店 2001 年出版。时朱家骅密电告知陈寅恪已派人携款至澳门和广州等候，并与其联系，安排了相应的计划，请陈寅恪携家眷设法出逃。被派去的人由澳门赴香港五次送信接头，由于日军盘查甚严，均未达到目的。后陈氏携家逃离港岛抵达澳门后，才得以与对方谋面。此后收到接应人员送来的中央研究院和中英庚款共 19000 元，以做逃亡的川资。陈寅恪得款后，始能携家继续上路，直至抵达桂林。

【32】《致傅斯年》，载《陈寅恪集·书信集》，陈美延编，北京三联书店 2001 年出版。此信由台湾学者王汎森在傅斯年档案中获取，整理此信时，王氏发现傅斯年在空白处批曰：

"信中所说陈逆璧君凶妄事，在陷落之初，该女贼（或其代表，原报告不详）与伪'中山大学''校长'前往，请其出来。寅恪在床上，云生病，不能动，该贼即加以恫吓，而伪'校长'反云不要为难病人，遂去。所谓伪'北京大学'事，系钱逆稻孙所为。钱曾受寅恪推荐，彼此次乃以欲拖之下水以报德，所有寅恪信中所谈此事，骝先先生知之颇详，但事关各方面，不便以书信分告诸友也。斯年附白。"

信中提到的钱稻孙，原为清华大学教授、图书馆馆长。时为沦陷区日伪"北京大学"校长兼文学院、农学院院长。陈璧君，乃汪精卫的夫人，此时已随其夫汪逆精卫叛国降日，成为中国头号汉奸。陈璧君时任汪伪中央政治委员会委员。

【33】《致刘永济》，载《陈寅恪集·书信集》，陈美延编，北京三联书店2001年出版。

【34】《闻六弟携眷自香港脱险至桂林》，载《同照阁诗集》，卷十，陈隆恪著，张求会整理，中华书局2007年出版。"正气吞狂贼"一句下，有诗注云："闻寇馈米二袋，拒不受。"

◎ 骑上虎背的叶企孙

陈寅恪一家抵达桂林后，最初落脚于中央研究院物理研究所。1938 年初，长沙临时大学与中研院史语所、社会科学研究所等机构撤离长沙迁往昆明时，物理所、地质所、心理所三个研究所随之撤离。鉴于各方面原因，三个研究所抵达桂林后不再前行，并索性在离桂林市 20 公里外的良丰镇郊外山脚下安营扎寨住了下来。陈寅恪一家到达桂林，根据朱家骅电示，中研院物理研究所所长丁西林专程派车把陈氏一家接到所内暂住。历尽千险万难，死里逃生的陈家，对这一历史性的会面，自是百感交集，怆然难忘。许多年后，流求深情地回忆道："抵达物理所时，天色已全黑，丁伯伯（西林）让我们住进他的宿舍里，紧接着研究所的伯伯、伯母们来热情问候，真像回到老家一样。环顾宿舍，虽是茅草房顶，竹篱夹墙，但是人情温暖，父母眉头也舒展开了。"[1]

按照流求的说法，"父亲原打算继续上路赴四川李庄历史语言研究所"，而史语所的同人也翘首以待，渴盼着大师的到来，为这座万里长江第一古镇增添新的活力与砝码。遗憾的是，陈寅恪夫妇的身体状况均不允许继续前行，导致这一计划随着岁月流逝而渐渐偏离了轨道，终致大师的身影与李庄擦肩而过。

1942 年 8 月 1 日，陈寅恪在给傅斯年的信中道出了自己当时不能继续前行的详情。尽管陈氏发出了"重返故国，精神一振，扶病就道，直抵桂林"的慷慨之词，但信中又不无消沉地接着说道："然二月之久，舟车劳顿，旅舍喧呼，俟到山中，稍获休息。岂知久劳之后，少息之余，忽觉疲倦不堪，旧病如心跳不眠之症，渐次复发。盖神经兴奋既已平静，大病又将到而尚未到矣，此时必须再长期休息，方可渐复健康。若短期内再旅行，重受舟车劳顿之苦（旅费亦将无所出，此姑不论），必到目的地，恐将一病不起矣！前上一书言，欲与中英庚款会商量，设一讲座于广西大学，即是此旨，想蒙谅解。"信中可见，身心俱疲的陈寅恪很有些打退堂鼓的意思，并极想在桂林这个山清水秀的古城小憩一阵，等身体复原后再做他图。

此前，陈寅恪已致信中英庚款董事会负责人杭立武，商量设讲座事，已蒙同意，所聘薪金由中英庚款董事会与广西大学合出，为两家合聘之局，每星期开课三小时，只是"月薪则不多"。但虑及"半年或数月之内，弟个人及全家皆不能旅行，又不可无收入以维持日食，授课之时既少，可整理年来在港大讲授旧稿，借此暂为休息过渡之计，作渐次内迁之预备，似亦无不可"。[2]

陈氏对自己面临的窘境和日后的打算说得极为清楚，但此信尚未发出，重庆方面的中央研究院总干事叶企孙，已命人于前一日将聘书匆匆发往桂林，请陈寅恪出任"中央研究院历史语言研究所专任研究员"。对这一切，正在李庄主持工作的史语所所长傅斯年却被蒙在鼓里。当得知叶企孙竟瞒着锅台上了炕，置自己这位史语所掌门人于不顾，胆大妄为，擅自聘陈寅恪为"专职"之后，傅斯年怒火顿起，立即以笔当炮讨伐起叶企孙来。

叶企孙，1898年出身于上海一个知识分子家庭。据叶后来自述："父亲是科举出身，研究古书的经史部分。"又说："吾从十几岁起，读了相当多的古书，例如曾读完《诗经》、《礼记》和《左传》。这些古书使吾有正统思想。1913年入清华学校，又学了一些欧美资产阶级思想。"[3] 1918年自清华学校毕业后，叶企孙入美国芝加哥大学物理系就读。1920年获硕士学位，转赴哈佛大学研究院攻读实验物理，1923年获哲学博士学位，旋即旅游考察欧洲各国著名大学，与国际一流大师交流。1924年回国，应东南大学之聘担任物理学副教授一职。1925年8月应清华学校之聘，担任物理学副教授并开始了理学方面的毕生创业。1929年后出任清华大学理学院院长，曾任校务委员会主席兼代理校长。抗战爆发后随校南迁，出任西南联合大学物理系教授、清华大学特种研究所委员会主席、校务委员。

叶企孙

叶氏作为一位优秀的物理学教授，突然转行出任中央研究院总干事，主持烦琐的院务，主要是朱家骅的盛意。按照叶企孙后来的说法："据吾推测，中研院要吾担任总干事的理由，是因为吾对各门科学略知门径，且对于学者间的纠纷，尚能公平处理，使能各展所长。"[4] 在中央研究院甚至整个抗战期间，没有人特别关心朱叶二人的关系，学术界的知识分子也普遍认为，叶氏加盟中央研究院，属于正常的工作调动，没有任何特殊的背景和政治色彩。想不到20多个春秋后的1968年，这个工作调动已变得不再普通和寻常了，叶企孙被当作暗藏的国民党CC系特务分子，由中共中央军委办公厅逮捕关押，他与朱家骅的关系，由此成为决定他能否保住人头的焦点所在。[5]

1934年，叶企孙与中央研究院部分人员在南京合影。左起第一排：××、王毅侯、王家楫；第二排：丁西林、汪敬熙、×××；第三排：叶企孙、陶孟和；第四排：傅斯年（台湾"中研院"史语所提供）

梅贻琦与叶企孙的学生、后来担任清华大学中层领导的某君于1968年的揭发材料显示：梅贻琦与叶企孙均是朱家骅手下的国民党"中统"特务，且"中统"在清华的主要负责人就是校长梅贻琦。某君进一步揭发道："叶企孙是理学院长，一向梅贻琦因事外出，总是由叶企孙代行校长职务，即在抗日战争前后都是这样做的。直到建国后，还是沿袭过去惯例由叶担任过一个时期的校务委员会主席。当时伪教育部长朱家骅是反动组织'中统'头子陈立夫手下的第一名打手，与叶的关系相同于梅与朱的关系。因此，我认为朱家骅不可能不拉叶参加这个反动组织。"[6]

因这位"高足"的揭发交代，朱家骅、叶企孙二人的关系变得严重复杂起来。在中央军委办公厅提审人员冷峻、凌厉目光的逼视下，叶于1968年1月22日，向中央军委专案组就自己与朱家骅的相识与共事经过做了如下交代："1918年8月，我同朱家骅同船赴美国留学。那时吾同朱并不熟识。朱不是清华公费生。到美后，吾同朱并不同学，也不通信。朱留美不久，即转往德国留学。"又说："在同类地质学家中，吾同丁文江、翁文灏和李四光相熟在前，同朱相熟在后……朱就任院长时，总干事为任鸿隽，不久辞职。1941年春，朱来信要吾担任总干事。吾应允了，但须秋间方能到职。"[7]

这个交代与叶企孙本人在同年9月7日的说法略有不同，在专案组人员的威逼利诱下，叶氏更加详细地说道："我从1918年同朱家骅认识的，是一同去美国的。1918年8月在南京号轮船上认识的。朱到纽约，我到芝加哥。1924年3月（我）回国在南京东南大学任物理系副教授。1933年在南京中央研究院开评议会时同朱家骅见面。他是地质组，我是评议员，议长是蔡元培，物理组组长是丁燮林（现叫丁西林）或李书华。1941年开始同朱家骅往来多了。1941年春夏时期，我在昆明受（收）到朱家骅的来信，叫我到国民党政府中央研究院工作担任总干事。当时朱家骅是该院院长，又是国民党党内的反动特务，是中央组织部部长。我应允朱家骅的邀请到了重庆做了中研院的总干事。我管计划、预算、审查著作、聘请人、筹备开会等事。"[8]

由于在前述中叶提及了翁文灏等三人，专案组人员立即找到在国民党统治后期曾出任行政院院长，名头最大最响的翁文灏，让其写"揭发"材料。在一份由他人代笔，翁文灏本人阅后签字的材料中说："叶在清华大学，做物理学系主任。我也在那里教过书。解放以前，听人家说，那时是伪中央研究院，朱家骅想请叶当总干事。权力第一是院长，第二就是总干事。叶去过一下，时间很短，没有做下去，很快就离开了……朱家骅做过交通部长，北洋军阀时期朱是北大教授，后来做过很多国民党的工作。朱与叶一定认识，否则，朱请不动叶到中央研究院当总干事。"[9]

听翁文灏的口气，似乎国民党在重庆期间，他没有同朱家骅争夺过中央研究院院长的位子，也不是大权在握的中研院评议会的秘书，更不知朱与叶此前是否相识，只是"听人家说"，那时有个伪中央研究院的机构。翁氏真不愧是宦海名宿，从官场名臣李鸿章那里学来的"捣糨糊"的回旋术，可谓至绝至妙矣！

事实上，叶企孙离开清华专任中研院总干事一职，翁文灏在中间起了相当关键的作用。

当朱家骅经过激烈角逐如愿以偿登上中央研究院代院长的宝座后，由于傅斯年身体状况实在太差，体力渐渐不支，朱家骅不得不重新考虑找人担任总干事一职。经过与翁文灏、傅斯年反复商量权衡，最后决定请叶企孙出山。

从叶企孙的人生经历和后来他的"高足"与同事们"揭露"的材料看，朱与叶同事之前，仅是熟悉而已，并不像后来清华名宿冯友兰"揭发"材料中所说"关系相当密切"。朱家骅之所以瞄上了叶企孙，除了叶自己所说的受到"正统思想"和"欧美资产阶级思想"的双重教育，一个重要原因就是叶的学术地位和组织处事能力非一般人可比。当时中央研究院各所的主要支柱，基本都是清华或与清华相关的欧美系统出身，而叶企孙在这个系统的地位之高之重是有目共睹的。正如1968年叶企孙被捕后，冯友兰亲笔向中共中央军委专案组提供的"揭发"材料所言："叶企孙，按解放前北京教育界的派系说，是清华派的第二号人物（第一号人物是梅贻琦），在清华几次代理校务，当过理学院长，负责清华的几个研究所的工作，在清华有很大的影响。"[10]冯友兰此话大致不差，正是缘于这种其他人无法企及的影响力，叶企孙才能做到"对于学者间的纠纷，尚能公平处理"。加之叶是一个无党派人士，性格温和，以此面目出现，对于各政治派别和学术利益集团的平衡，更有一种无形的亲和力与说服力——这便是朱家骅请其出山的根本动机。

据资料显示，朱家骅最初实施这个计划是在1940年夏，当时梅贻琦因公赴渝与朱家骅相见，朱向梅表示，有意聘叶企孙接替身体欠佳的傅斯年担任中央研究院总干事一职，此前朱家骅和翁文灏、傅斯年已与叶单独做过沟通谈及此事，叶表示："亦未尝不可尽其绵力，逐渐使该院之研究事业更上轨道。"但又说要看梅的态度再商定。梅听罢朱家骅的要求，颇感为难，表示清华方面的事务很难离开叶。当时西南联大的情况如冯友兰所言："除了联大的总部外，三校各有其自己的办事处，自己设立一些机构，与联大无干。清华的办事处最大，自己设立的机构也比较多，主要的是那些原来办的研究所，有农业、航空、无线电、金属和国情普查等研究所，这些所都不招学生，与联大毫无关系。清华还有研究院，招收研究生，他们虽然也往联大听课，可是不算联大的学生。北大办有文科研究所，招收研究生，也与联大无关。"又说："当时的联大，好像是一个旧社会中的大家庭，上边有老爷爷、老奶奶作为家长，下边又分成几个房头。每个房头都有自己的'私房'。他们的一般生活靠大家庭，但各房又各有自己的经营的事业。'官中'、'私房'，并行不悖，互不干涉，各不相妨，真是像《中庸》所说的'小德川流，大德敦化，此天地之所以为大也'。"【11】

当时清华办理的所谓"特种研究事业"，是指清华在战前办的农业、航空工业、无线电三个研究所，以及到昆明之后增办的金属学及国情普查两个研究所。为便于统筹管理，清华方面把五个所组成一个"特种研究事业委员会"，叶企孙为主任，主持全面工作。为了不驳朱家骅的面子，梅贻琦最后答应如果中研院非要叶出山赴重庆就任，叶本人最好不脱离清华而两边兼顾。这一条件朱家骅未置可否，表示与同人商量后再做决定。

到了这年的 9 月 29 日，朱家骅致信梅贻琦，说已同翁文灏与傅斯年二人商量，不同意叶企孙两边兼顾，只能放弃清华而专任中研院总干事职。其理由是按中研院章程规定，凡院内专任人员不能兼职。为使问题更加清楚明了，在朱家骅授意下，1940 年 10 月 15 日，翁文灏以中研院评议会秘书的名义致信梅贻琦："叶企孙兄至渝后接理中央研究院各事，朱骝先及傅孟真诸君均热诚匡助，可以顺利进行。惟有一事窃愿以友谊奉商者：兄前次至渝时，曾经谈及企孙兄于短时间内暂兼清华教务名义，但可以随时商停。此事固仅为一名义问题，但事实上亦有若干影响。中研院总干事一职向为专任，丁在君兄初受院聘时，方任北京大学教授，当经商定，俟功课教毕，完全离开北大（教授名义亦辞卸），然后方至院任事。企孙兄最好能免兼大学教授（但如聘为名誉教授则似尚可行）。此事弟与企孙兄面谈时亦经提及，并以奉陈，敬希察照酌采，至为企幸。"【12】

梅贻琦接信后，对这种"霸王条款"表示不能接受，遂置之不理，坐看朱、翁等人如何处理。

1941 年 5 月 16 日，梅贻琦因公再赴重庆，想起几个月来朱翁二人书信不断，为叶企孙事纠缠不休，便想借此机会就此事来个彻底了结。据梅贻琦日记载：5 月 21 日"（下午）六点半至牛角沱资源委员会访翁咏霓（南按：翁文灏字），谈企孙就中央（研）院总干事问题"。22 日"（下午）五点往巴中组织部访朱骝先部长谈企孙问题"。5 月 31 日"（上午）十点一刻至中央医院门前，往返园中一刻许，寻得傅孟真所住病室，渠于前日曾割扁桃腺一半，说话不便，未敢与之多谈"。【13】

此时傅斯年重病在身，中研院总办事处急需人料理，在朱、翁、傅等人的恳切要求

　　　　　　　　　　　　　　第九章　与李庄擦肩而过

南京，中央研究院旧址（作者摄）

下，梅贻琦终于同意叶企孙以请假的名义离开清华，专任中央研究院总干事职。朱、翁、傅等人听罢，各自都长出了一口气。

此前朱家骅和翁文灏、傅斯年已与叶单独做过沟通谈及此事，9月3日，叶致信校长梅贻琦，表示："经考虑之后，虽自恐才难胜任，然因该院之发展与全国学术前途之关系甚大，亦未尝不可尽其绵力，逐渐使该院之研究事业更上轨道。"【14】

1941年9月11日，梅贻琦致信叶企孙："足下之去中研院，在清华为一重大损失，在琦个人尤感怅怅，但为顾及国内一重要学术机关之发展起见，不应自吝，乃不得不允君请假，暂就该院职务。"【15】9月底，叶企孙离开昆明飞赴重庆，正式接替傅斯年出任中央研究院总干事职。傅则于同年12月初，携妻带子离开重庆，迁往李庄。

令叶企孙没有想到的是，半年之后，因陈寅恪聘任一事，竟惹得傅斯年暴跳起来。

◎ 傅斯年与叶企孙之争

叶企孙与陈寅恪在北平清华园时期就来往密切，堪称挚友。卢沟桥事变前后，叶与陈曾就战争局势与南迁之事多有商谈，可谓患难与共，直到迁往长沙、昆明仍保持深厚的交情。当陈氏携家由港抵达桂林的消息报到中央研究院总办事处时，叶企孙遥望东南，以极大的热情和爱心关注着这位三百年才出一人的国学大师的命运。未等陈寅恪伏案作书报告详情经过，叶以上海人特有的细腻与精明，开始为陈氏未来的生活打起了算盘。1942年6月9日，叶致书李庄的傅斯年，大意说：陈寅恪已到桂林，史语所是否有聘其为专任研究员的打算？月薪多少？又说："以寅恪夫妇之身体论，住昆明及李庄均非所宜，最好办法，似为请彼专任所职，而允许其在桂林工作，不知尊意如何？亦请示及。"【16】

傅斯年接信看罢，心想这个叶企孙在杂事纷繁中还惦念着陈寅恪的工作和生计，其心可感，其情可嘉，实乃寅恪不幸之中的大幸。但有一点是傅斯年断然不能同意的，这便是专职与兼职之区别，他在随后复叶企孙的信中说：陈寅恪来史语所任专职，则是傅氏本人及全所同人渴望日久之事，但由于中央研究院和本所有严格的制度和服务规程，故陈寅恪不能常住在桂林而遥领本所专任研究员之薪水，必须来李庄住在史语所租赁的房中办公，才可以拿专任之薪。若陈果能来李庄，其薪金自应为600元又临时加薪40元。否则，不能为之。

　　傅斯年进一步解释说："弟平日办此所事，于人情之可以通融者无不竭力，如梁思永兄此次生病，弄得医务室完全破产。寅恪兄自港返，弟主张本院应竭力努力，弟固以为应该，然于章制之有限制者，则丝毫不通融。盖凡事一有例外，即有援例者也。"[17]此信写罢，傅斯年似觉仍有话没有解释清楚，又在信笺上端一空白处特地注明寅恪何以历来称为"专任研究员暂支兼任薪"云云。

　　叶企孙接信后，觉得傅斯年所言有理，于是在6月30日回信中说："关于寅恪事，尊见甚是，请兄电彼征询其意见，倘彼决定在李庄工作，清华方面谅可容许其续假也。寅恪身体太弱，李庄昆明两地中究以何处为宜，应由彼自定。"[18]

　　傅斯年接信，没有按叶企孙所言去做，理由是"以前此已两函与之商榷此事，而电文又不能明也。然寅恪来信，未提及弟信，来信嘱弟托杭立武兄设法在广西大学为彼设一讲座"[19]云云。

　　按傅斯年的意思，既然我两次写信问陈寅恪来不来李庄，何时来李庄，并把李庄的地域特点、风土人情都做了详细介绍，但陈氏回信除了说自己"正在著作，九月可完"外，"绝未谈及到李庄事"。这让傅斯年深感不解又有点窝火，心想你到底是来还是不来，总该有个说法，如此装聋作哑是何道理？在此种心情驱使下，傅斯年索性把叶信扔到一边不再搭理。

　　既然傅斯年不乐意再蹚这道充满了疑惑与不解的浑水，而陈寅恪又明确表示要在广西大学当客座教授，等过一段时间再做迁川的打算，事情似应告一段落，无须别人再强行插手，节外生枝，以致徒添烦恼。想不到叶企孙对此种变局却视而不见，热情不减，一根筋走到底，坚持聘陈寅恪为史语所专职研究员而后快。按他的想法，既然在李庄的傅斯年不再理会，那自己就以总干事的身份和名义做主。傅斯年常以他家乡阳谷县打虎的武松自居，且自以为是，曾多次在人前人后宣称"凡办一事，先骑上虎背，自然成功"[20]。按叶企孙的想法，既然傅氏以武二郎自居，自己当然也不是武大，不妨先骑在傅斯年这只老虎的背上操作一把试试，于是提笔轻而易举地签发了聘书。

　　想不到自小在上海这个花花世界长大的叶企孙，对在山地奔走与丛林争斗缺乏应有的经验，此次没能骑上虎背，却猛地撞到了傅斯年的屁股上。民间有云，老虎屁股摸不得，这一撞不是不要紧，而是要紧得很，一下使得草木惊悚，蹲在山坳里守望待机的傅

　　　　　　　　　　　　　　　　　第九章　与李庄擦肩而过

斯年发出了冲天怒吼。

7月下旬，中央研究院总办事处办事员刘次萧在致傅斯年的信中附一消息说："叶先生函商院长聘陈寅恪先生为专任研究员，月薪六百元外加暂加薪四十元，院长已批准照办。俟叶先生将起薪月日函复核，聘书即当寄贵所转寄桂林也。"[21]

这一突然而至的消息，令傅斯年"甚为诧异"，心想自己并没有收到陈寅恪马上来李庄的信函，又没有变更此前的意见，"何以忽然有此？"尽管傅心中不甚痛快，但想到信中有"寄贵所转寄桂林"一语，稍感释然。按傅的打算，待聘书一到李庄，即将其压下，而后再修书与叶企孙理论不迟。大出傅氏意料的是，7月31日又突然接到中研院办事处职员王毅侯信，告之曰："发寅恪兄聘书已办好，企孙兄函嘱径寄桂林，免得转递之烦。并云1月至5月领薪由院保留作抵消旅费之一部，弟本日寄寅恪一函，征其同意（函稿另纸抄奉）。"[22]

傅斯年看罢此信，如同凭空挨了一记闷棍，当场把信摔在地上，大喊一声："他凭什么！"他跳将起来，晃动小山包一样的躯体在室内来回转圈，其状甚似一只刚刚被关进笼子的老虎，威中带怒，又呈无可奈何状。此前傅氏已说得非常明确，陈寅恪如任史语所专职，就必须来李庄，但陈氏尚未表态，自己亦未强行令其来川，两边当事者皆静观其变，以待形势的发展，作为一个远在重庆的中研院"闲曹"院长手下的总干事，每天要处理的事务如此之多，何以迫不及待地跳将出来，踏着鼻子上脸，旁若无人地发号施令？如此不把自己这位"黄河流域第一才子""孔子之后第一人""学界大鳄"放在眼里，这不是故意找练吗？傅某不仅是史语所所长，而且还是前中研院总干事，按照历代王朝的章制法典，与叶企孙比起来，自己当属太上皇级的高官大员，至少也是个"太上总干事"。[23]有道是虎去山还在，山在虎还来，尽管自己大病在身，但还没有行将就木，或者真的像孔祥熙之流期盼的那样"快不行了"，说不定哪一天会百病俱痊，返老还童，再度蹿出深山老林，笑傲江湖，号令中研院各路诸侯以威天下。如今，叶企孙竟公然蔑视自己这只卧虎的存在，岂不是佛头抹粪，犯上作乱？想到此处，傅斯年满怀悲愤之情，提起如椽大笔，于8月6日向叶企孙发出了一阵连珠炮式的"声明"：

一、弟绝不承认领专任薪者可在所外工作。在寅恪未表示到李庄之前，遽发聘书，而6月份薪起，即由寅恪自用，无异许其在桂林住而领专任薪。此与兄复弟之信大相背谬。

二、自杏佛、在君以来，总干事未曾略过所长直接处理一所之事。所长不好，尽可免之；其意见不对，理当驳之。若商量不同意，最后自当以总干事之意见为正。但不可跳过，直接处理。在寅恪未表示到李庄之前，固不应发专任聘书，即发亦不应直接寄去（以未得弟同意也），此乃违反本院十余年来一个良好 Tradition（传统）之举也。

三、为弥补寅恪旅费，为寅恪之著作给奖（或日后有之，彼云即有著作寄来），院方无法报销，以专任薪为名，弟可承认。在此以外，即为住桂林领专任薪，弟不能承认。

此事幸寅恪为明白之人，否则无异使人为"作梗之人"。尊处如此办法，恐所长甚难做矣。弟近日深感力有不逮，为思永病费，已受同人责言。今如再添一个破坏组织通则第十条之例，援例者起，何以应付。此弟至感惶恐者也。【24】

信中提及的杏佛和在君，是指中央研究院最早的两位总干事杨杏佛与丁文江。

如此言辞激烈的战斗檄文做完后，傅斯年仍觉尚有千头万绪的复杂言语没有尽情说出，于是继续挥动大笔，以家长对孩子、老师对学生、长辈对晚生的口气教训、指导起来：

即令弟同意此事，手续上亦须先经本所所务会议通过，本所提请总处核办。总处照章则（人事会议及预算）办理。亦一长手续也。又及与此事有关章各条文：
组织通则第十条"专任研究员及专任副研究员应在川研究所从事研究"；
组织通则第二条"本院各处所及事务人员之服务均须遵守本通则之规定"。
此外，间接有关者尚多，故领专任研究员薪而在所外工作，大悖院章也。【25】

傅斯年将一连串的"炮弹"倾泻而出，愤懑之情渐渐缓解，心中生出了一股莫名的快感。他站起身，像一只征战归来的虎之胜者，背着手在屋子里转了几圈，突然觉得应该以最快的速度打消陈寅恪的念头，否则将出现不必要的麻烦。于是傅再次坐到桌前，写下了"总处所发聘书，乃假定兄到李庄者"【26】的电文，请管理图书的助理员兼事务秘书那廉君连同信件一同发了出去。

8月14日，傅斯年的激愤心情已趋平和，经过理智思考，怕陈寅恪接到电报后产生误会，"此固以寅恪就广西大学之聘已解决，然或有得罪寅恪太太之可能"。于是又即刻修书一封，先是促陈寅恪尽速迁川，"瞻念前途，广西似非我兄久居之地"，"若不早作决意，则将来更困难矣"。然后对自己不满叶企孙发聘书之事，又向陈寅恪做了详细说明和解释："此事在生人，或可以为系弟作梗。盖兄以本院薪住桂，原甚便也。但兄向为重视法规之人，企孙所提办法在本所之办不通，兄知之必详。本所诸君子皆自命为大贤，一有例外，即为常例矣。如思永大病一事，医费甚多，弟初亦料不到，舆论之不谓弟然也。此事兄必洞达此中情况。今此事以兄就广西大学之聘而过去，然此事原委就不可不说也。"【27】

陈寅恪接信后，于8月30日复信道："弟尚未得尊电之前，已接到总办事处寄来专任研究员聘书，即于两小时内冒暑下山，将其寄回。当时不知何故，亦不知叶企孙兄有此提议。（此事今日得尊函始知之也，企孙只有一书致弟，言到重庆晤谈而已。）弟当时之意，虽欲暂留桂，而不愿在桂遥领专任之职。院章有专任驻所之规定，弟所夙知，岂有故违之理？今日我辈尚不守法，何人更肯守法耶？此点正与兄同意也……以大局趋势、个人兴趣言之，迟早必须入蜀，惟恐在半年以后也。总之，平生学道，垂死无闻，而周妻何肉，世累尤重，致负并世亲朋之厚意，唏已。"[28]

在信的附言中，陈寅恪补充道："所中诸友乞均道念，如欲知弟近况者，即求以此函与之一阅可也。中山、贵大、武大皆致聘书，而中央大学已辞了，而又送来并代为请假（怪极）。弟于此可见教书一行，今成末路，盖已不能为生，皆半年纷纷改行，致空位如此之多，从未见银行或税关之急急求人也。庾子山诗云：'何处觅泉刀，求为洛阳贾。'此暮年之句也。"[29]

陈氏不愧是傅斯年的莫逆之交，他已从傅信中解读出"本所诸君子皆自命为大贤"的个中况味，为了不致引起诸位"大贤"的误会，陈寅恪特以这种一切尽在不言中的方式，为傅斯年不动声色地予以解困。陈氏出身家业正值兴旺的名门望族，没有破落大户傅斯年那种自喻为"吾少也贱"的人生背景和复杂经历，有人云："陈寅恪只是一位两耳不闻窗外事的书呆子式大师尔！"但通过此次对自己洁身自律，对世事的洞达明晰，以及为傅斯年巧妙解脱同人可能产生误会所献的移花接木之术，可见此言大谬矣！

陈寅恪这边已得到安抚，重庆方面的叶企孙迫于压力，亦来信向傅斯年做了道歉式解释，其理由大致是：梅贻琦在得知陈寅恪抵达桂林后，欲出川资召回这位史学大师继续服务于联大，以保存实际上的清华实力。叶企孙得知这一消息，既为中央研究院总干事，自然要为中研院的兴亡出谋划策，为抢在清华之前抓住陈寅恪，才与朱家骅紧急协商，在得到朱的同意后，顾不得繁杂的典章制度，于匆忙中直接从重庆向陈寅恪发出了聘书。

叶的动机已经明了，傅斯年的"暴怒"之火却未完全消解，他对叶的所作所为表示"盛意可感"之后，没有就此打住，而是在复信中不厌其烦地大谈清华、北大与中研院发聘书的不同，谓"此次清华发聘，系继续旧办法；本院发聘，是更改旧办法"。言外之意是中研院的办法要比你们那个清华大学先进和高明得多，你作为现任中研院的总干事何以不明二者之高下？又谓"若当时兄嘱毅侯兄去信时，末了写上一笔'盼大驾早来李庄，为荷'，弟亦不至着急矣"。言语中似乎仍是抓住不放，且不依不饶。最后，傅斯年表示"为国家保存此一读书种子"，还是要聘请陈寅恪就任史语所职，并以长者或老子辈对待孙子的架势，指令叶企孙再给陈寅恪发一聘书，傅在信中亲自列出了聘书的文字格式：

专任研究员暂适用兼任研究员之待遇

月薪一百元外　暂加薪四十元

注：此为十年相沿之公式（最初"为适用特约待遇"）。有换文，两方轮转，后来不转了。如改此式，恐须先在本所所务会议中一谈，弟觉此式似可不必改也。

有此暂加薪否，由兄决定（彼接了广大之聘而言，薪水甚少）。[30]

　　叶企孙接到傅斯年的指令，甚感不快，回想自己在清华的地位与势力，曾几度出任代理校长，掌管清华一切事务，就连德高望重的梅贻琦也让着几分。而今身为中央研究院一人之下的总干事，居然连发个兼职人员聘书这种小事也要由"太上总干事"亲自授命，真是莫大的耻辱。想到此处，叶企孙脸呈紫红色，愤怒地当着总办事处工作人员的面大声说道："傅斯年此人太过于 high-handed（霸道）了！"[31]遂把傅信弃之一边不再理会。尽管傅斯年"气魄大，要钱、花钱，都有本领"，且在别人看来"历来的总干事，都敬重他而又多怕他"（董作宾语），但叶企孙却不吃这一套。他敬傅而不惧傅，心中有自己的主张，见傅斯年来势凶猛，大有不依不饶之势，于心灰意冷中理智地采取了敌进我退，惹不起躲得起的战略战术，萌生了挂起乌纱帽一走了之的打算。尽管在傅斯年的遥控、指挥、施压下，叶企孙最终还是给陈寅恪寄发了"兼任"的聘书，但从此不再过问此事，至于陈寅恪是走是留，是死是活，一切都与他无关了。

　　1943 年 1 月 16 日，借梅贻琦赴重庆办理公务之机，叶企孙与之进行了密谈，二人商定叶可于夏秋离渝返昆，重操旧业。当天的梅氏日记有"午饭后与企孙久谈"，"特种研究所将来并入各系。企孙明秋可返校"之语。[32]当然，这些谈话都是背着朱家骅与翁文灏等人，秘密进行并达成协议的。同年 8 月，叶企孙不顾朱家骅再三挽留，坚决辞去中央研究院总干事职，返昆任教。叶辞职的公开理由是自己"觉得长期脱离教书，不合适"，"当初离开昆明时，是向联大请的假，按当时规定不能超过两年"云云。但据叶的家人（侄女）说，其叔父在中研院的同事曾向她透露，最主要的一个原因则是"跟傅斯年合不来"。[33]许多年后，叶在中研院的助手何成钧证实了这一说法，并谓："叶企孙有东南大学（后并为中央大学）、清华大学与美国学术机构的人脉背景，当时的中央研究院十几个研究所，人员大多都是这个系统的。叶人缘好，处事公道，很得这些所长与研究人员的欢心。而傅斯年是北大与欧洲系统的人物，这个系统在中研院的人数并不多，傅之所以能在此立脚，还有些作为，就是靠他性格中具有的山东响马与水泊梁山好汉们那股敢打硬冲的狠

清华大学物理系教授何成钧，在清华园寓所向作者讲述叶企孙与傅斯年当年的恩怨与离开中研院的内情（作者摄）

劲。但他那一套不是很受人欢迎，叶先生就曾亲自跟我讲过傅斯年太过于 high-handed（霸道），不能跟他共事等话。据说傅斯年到了台湾也还是很 high-handed，这是他本人性格决定的，是没办法改变的事。叶辞职后，由留法博士、生物物理学家李书华继任。1945 年，李辞职，朱家骅聘请著名物理学家萨本栋出任中研院总干事兼物理研究所所长。"[34]

◎ 李庄不复见

对叶企孙流露的不满情绪和消极的工作态度，时在李庄的傅斯年有所风闻但并未放在心上。他在板栗坳山中那几间土木结构的屋子里，全力经营史语所并继续遥控中央研究院各项事务的同时，仍没有忘记陈寅恪的存在，多次去信劝其离桂迁川，速到李庄共襄大业。此时的陈寅恪夫妇则是贫病交加，难以成行。在傅的一再催促下，陈寅恪于1943 年 1 月 20 日致信傅斯年道："弟所患为穷病，须服补品，非有钱不能愈也。奈何奈何！"次日凌晨，陈氏继续前一日因病情未能写完的信，再道："若如来示所云，弟到李庄薪津约月千七百元，不识（知）何以了之也。弟明知如此非了局，然身体关系，省则病或死，未知如正式薪水之外，有何收入可以补贴日用（弟今则卖衣物为生，可卖者将卖尽矣，因怕冷不能卖皮衣棉被，皮鞋则早卖矣）。因无一解决之法，遂不得不采取拖延之法。"[35]

写这封信的时候，陈寅恪尚不知，就在他为了生计不得不卖掉脚上穿的一双皮鞋时，在李庄的傅斯年也开始了卖书生涯。据时在史语所工作的屈万里与傅斯年的侄子傅乐成等人回忆，在生活最困难的时候，傅斯年每餐只能吃一盘"藤藤菜"，有时只喝稀饭，实在接济不上，就卖书度日。傅斯年嗜藏书，平日之积蓄，几乎全部用在了买书上，可以想象，不到万不得已的时候，他是不肯卖书的。而每当傅忍痛卖书换来粮食，除解决自家的燃眉之急，还要救济史语所的下属朋友。史语所董作宾家庭人口最多，迁往李庄后，生活几无保证，傅斯年便拿卖书的钱给予接济。面对全所人员越来越艰难的生活和生存条件，向来不可一世、"目空天下士"的傅斯年，也不得不低下高傲的头颅，忍辱负重，与当地政府饱暖终日的官僚交涉周旋，有时不惜打躬作揖，以求援手。据傅斯年留下的遗物显示，在李庄期间，他曾用当地出产的竹纸，亲笔给驻宜宾的四川第六区行政督察专员兼保安司令王梦熊写过一封求助的长信，信曰：

请您不要忘记我们在山坳里尚有一些以研究为职业的朋友们，期待着食米。……

敝院在此之三机关（历史研究所、社会科学研究所、人类学研究所）约（需米）一百石，外有中央研究院三十石，两项共约一百三十石，拟供之数如此。……凤仰吾兄关怀民物，饥溺为心，而于我辈豆腐先生，尤为同情（其实我辈今日并吃不起豆腐，上次在南溪陪兄之宴，到此腹泻一周，亦笑柄也），故敢求之于父母官者……[36]

此种穷愁、繁忙的工作环境和生存压力，使傅斯年的高血压病再度发作，白发剧增。他曾无限感慨地对史语所青年学者们说："我没有经过中年，由少年就跳到老年了！"[37]而这个时候的陈寅恪在致傅斯年的信中，似也不甘落后地道："弟近日顶发一丛忽大变白，此忧愁所致，他日相见，与公之白发可互兢（竞？）矣！"[38]陈氏的言谈尽管包含了中国文人依靠精神的力量，舐血疗伤、化解悲情的自谑气度，但仍令人为之心酸。

正是鉴于这样的生活困局，傅斯年才于1942年的8月力劝陈寅恪迁川，并毫不客气地指出："兄昔之住港，及今之停桂，皆是一'拖'字。然而，一误不容再误也。目下由桂迁眷到川，其用费即等于去年由港经广湾到川，或尚不止，再过些时，更贵矣。目下钱不值钱，而有钱人对钱之观念，随之以变，然我辈之收入以及我们的机关之收入，尚未倍之，至多未三之也。"[39]傅斯年所言不虚，战前每月支350元之教授，战后按当时生活指数折合，只相当于13.60元，而越往后其指数越少，几乎形同一堆废纸。这个变数陈寅恪当然清楚，早在西南联大时，他就有"淮南米价惊心问，中统钱钞入手空"[40]的诗句，以形容当时的窘境。

面对钱已经不再值钱，物价一日三涨，"中统钱钞入手空"的残酷现实，在傅斯年等人的提议下，中央研究院总办事处决定不再发放废纸一样的钱钞，而

傅斯年在李庄板栗坳的故居（作者摄）

傅斯年在李庄的故居。傅氏一家当年的生活用具尚有少部分被保留下来。这幢房子现为当地张姓人家居住，女主人手提傅斯年一家当年使用的油壶向作者展示（作者摄）

董作宾夫妇与孩子们在李庄板栗坳牌坊头合影（董玉京提供）

是直接发放实物。1943 年 3 月 1 日，史语所每个职员都接到了一张由会计室送达的表函，上书"顷接总办事处函，关于教职人员及工役食米，拟依据需要发给实物，前规定表式，即请尽速填寄处"[41]。想不到通行了几千年的货币制度，如同滚滚流动的江河之水，终于在战乱和社会剧烈动荡的双重挤压下宣告枯竭，干枯的河床再度翻起了漫天泥沙，社会流通机制又无可奈何地回到了远古以物易物的原始时代。只是史语所同人远没有原始的先民幸运，以殚精竭虑的研究成果换来的物质，只是一点儿少得可怜的散发着霉烂气味的大米。

既然史语所的研究人员与家眷维持性命的只是一点儿霉烂大米，后果可想而知。很快，越来越多的人染上了疾病，竟至一病不起，甚至登上了阎王殿的鬼录。经常与傅斯年唇枪舌剑并总占上风的史语所"第一勇士"董同龢，当年结婚时的皮鞋、西装早已卖掉，只穿裤衩和一双自制的草鞋度日。1943 年 6 月 2 日，他致书傅斯年曰："同龢之子及妻先后患痢，适值本所医师离所，闻本年曾订有临时辅助法，兹同龢之情形未悉仍能适用否，恳请设法予以救济。"[42]

救济之说无从谈起，董的请求也自然成了废纸一张。1943 年 9 月 23 日，在所内主持工作的董作宾向在重庆参加会议的傅斯年拍发了急电："（汪）和宗夫人产一女，夏作民（南按：作铭，即夏鼐）先生病，陈文水君之小孩已夭折。"[43]一个月之后的 11 月 11 日，史语所人类学组主任吴定良再次致电傅斯年："弟目前经济处于绝境，小女之医药费拟向红十字会辅助研究院经费中申请，恳请吾兄予以惠助。"[44]董与吴的电报，皆在恳请傅斯年尽快设法改换医生和购买药品，以扼制病魔的大规模侵袭。身在重庆焦虑不安、坐卧不宁的傅氏尚未想出解决办法，史语所研究员劳榦的母亲又去世了。

据李庄板栗坳一李姓姑娘在许多年后对前往采访的作家岱峻回忆："劳榦的妈妈劳婆婆是个小脚女人，从外地投奔儿子来李庄板栗坳时还看不出有多老，只是每走路颤颤巍巍的，嗜辣，讲一口不好懂的湖南话，来李庄没几年就死了，是死于水肿。劳婆婆先是吃不下，肚子鼓一样地胀。因他们的那个医务室没得什么药，医生只让喝开水，开水喝进去，肚子就更胀得不行，白受罪。没得法，就找我们给他扯草药。一篮篮的夏枯草、车前草、金银花，用来煎水喝。喝进去又拉肚，没得几天，一张脸全是绿阴阴的，瘦得僵尸样儿，可怜得很，他的儿子劳榦又着急又没得法。没几天老婆婆就躺在劳榦的怀里咽了气。看着人把老婆婆装棺抬走，劳榦站在板栗坳口上哭哑了喉咙。那个可怜，

连当地人看了也跟着流下了泪……"【45】

在这种穷困哀苦的境况中，傅斯年已被眼前的惨状折腾得精疲力竭，哪里还有精力顾及陈寅恪的补助。他在致陈寅恪的信中明言，如到李庄只有分内薪金，无法保证能取得分外补贴。鉴于"无一解决之法"，陈寅恪只好表示"不得不采取拖延之法"，继续留在桂林。

1943年夏，日军为歼灭国民党中央军主力，由湖北向常德进攻，战火逼近长沙，桂林吃紧。迫于形势，陈寅恪只好再度携家踏上艰难而漫长的逃亡之路，向四川境内进发。一路经宜山、金城江进入贵州境，再过独山到都匀。原本就有病的唐筼不幸又染上了痢疾，艰难支撑到贵阳后，病情更加严重，腹泻脓血，经月余调养，复重新上路。此时陈寅恪又身染沉疴，只得咬着牙关继续奔波，一家人沿川黔公路又经过一个多月的跋涉，总算于11月底到达重庆，住进了姻亲俞大维、陈新午夫妇家中。原清华研究院毕业生蒋天枢、蓝文徵当时正在重庆夏坝复旦大学任教，听说陈寅恪一家至渝，相约前往拜谒。陈氏夫妇皆重病在身，卧床不起，见弟子到来，强撑身体倚被而坐。蓝文徵来时在街上仅买到三罐奶粉，陈寅恪见后爱不释手，叹曰："我就是缺乏这个，才会病成这个样子啊！"【46】

由于李庄地处偏僻，缺医少药，生活艰苦异常，对患病在身、双目即将全部失明的陈寅恪而言，几乎无法生存。此前陈寅恪已接到燕京大学的聘书，在同俞大维一家商量后，陈氏决定赴条件稍好的成都燕京大学任教。于是，在1943年岁暮，身体稍有好转的陈寅恪夫妇，携家离开重庆，乘汽车沿川渝公路赶赴成都。车至内江城夜宿，陈寅恪不顾旅途疲劳，让女儿流求带自己来到流经内江城外的沱江江边。此时已进入枯水期，江面平静无波，望着夜色朦胧中的江水，陈寅恪向当地一位渔民打扮的老人打听，自内江到南溪还有多远的路程。老人说，共有一百多公里，这沱江直通泸州，泸州往西一拐就是南溪，两座城都在长江边上，走水路三四个小时可达，若走公路，只需两个多小时

江水环绕的李庄古镇远眺（王荣全摄）

第九章　与李庄擦肩而过

就可直接到达南溪。陈寅恪听罢点点头，望着雾气缥缈的江水沉默了许久，最后，似是自言自语地道了一句话："李庄，一切都是缘分啊！"言毕，长叹一声，悄然返回下榻的旅舍。

陈寅恪的江边之行，当是为思念史语所的朋友和同人所为。此时，他的书箱等物品仍在李庄史语所保存（南按：自昆明撤离时与史语所物资一起运往李庄）。或许傅斯年正秉烛疾书，催他尽快到李庄与朋友们会面，共述别离之苦，相思之情。如今近在咫尺，却若隔天涯，李庄将永远留在自己的梦中了。

第二天，陈寅恪一家人乘车离开内江，直奔成都而去。

许多年后，据李济之子李光谟说："后来陈寅恪之女陈流求在一封信中告诉我，寅恪先生全家由香港返回内地时，他原打算回到史语所工作，后因得知李济两个爱女不幸夭折，说明当地医疗条件很差，环境也不尽如人意，这个情况此前陈寅恪是不知道的，可能傅斯年没有告诉他。陈先生得知此情后，担心自己和家人身体无法适应，特别是陈夫人唐篔心脏病很厉害，陈先生不愿到李庄冒生命危险，就决定应燕京大学之聘去了成都。"【47】

陈寅恪原是奔李庄而来，最终却舍李庄而去。自此，一代史学大师失去了李庄，李庄失去了这位三百年才得一见的大师。李庄与大师之间的缘分，如滚滚东流的长江之水，一去不返。内江有大师一生留下的距李庄最近的足迹。

陈寅恪像一只受伤而失群的孤雁，在苦寒的夜空中留下了一声哀鸣，瘦削的身影掠过大地山河独自远去。自此，李庄不复见矣！

注释：

【1】陈流求《回忆我家逃难前后》，载《纪念陈寅恪先生百年诞辰学术论文集》，王永兴编，江西教育出版社 1994 年出版。

【2】【28】【35】【38】《致傅斯年》，载《陈寅恪集·书信集》，陈美延编，北京三联书店 2001 年出版。

【3】【4】【7】【8】《叶企孙"交代材料"》，载《中国科技的基石——叶企孙和科学大师们》，虞昊、黄延复著，复旦大学出版社 2000 年出版。该书导言及末章，皆引录了叶氏在"文化大革命"中的种种口供、笔供及书面交代。

【5】1943 年 8 月，叶企孙辞去中央研究院总干事职，重回西南联大，于 1945 年出任联大理学院院长，在梅贻琦离校期间，曾几度主持校务。1948 年底，梅贻琦南飞时曾邀请叶一起离平，叶未从，仍留在清华园观望。1949 年春，北平解放，5 月，任命清华校务委

员会为学校的最高管理机构，叶企孙以很高的威望和资历，出任清华大学校务委员会主席。1952年全国高校调整，叶随清华物理系一起调到北京大学。因叶的观点与现实大政方针相左，从此，便"淡出"中国科技、教育界核心圈。1955年，中科院成立，叶当选为学部委员与中科院数理化学部常委。"文化大革命"开始后，叶作为"反动学术权威"受到批判。1967年6月，被北大红卫兵以"反革命分子"揪出，关押，抄家，停发工资，送往"黑帮劳改队"改造。1968年，叶企孙作为国民党CC特务被中央军委"吕正操专案组"逮捕关押。

　　叶的祸因来自一位叫熊大缜的学生。熊就读清华期间，深得叶的赏识，毕业后留校任助教并担任叶的助手。"七七事变"爆发后，叶企孙与熊大缜等一起离平准备到长沙临时大学，至天津，叶得到梅贻琦电报，令其在津照料一切南下的清华人员，叶在天津留守。其间，一位早期投奔中共冀中军区的原清华毕业生孙鲁，奉命赴平津秘密招揽能制造炸药的青年专家共赴冀中进行抗日活动。孙与熊原是清华同学，于是首先找到了熊。毫无准备的熊大缜最终被孙说服，决定投奔冀中军区。当其与叶企孙说明后，叶并不赞成这一贸然行动，"但因事关抗日，无法竭力劝阻，也没有什么理由可以阻止他"（叶企孙交代材料）。师徒二人就此分手。熊随孙鲁等人赴以吕正操为司令员的冀中军区，先任印刷所所长，后提升为军区供给部部长，着手筹建技术研究社，展开对烈性炸药、地雷和雷管等的研制工作。同时研究制造短波通信工具，以便对日作战。几个月后，叶企孙离津赴昆明西南联合大学任教。1938年9月，熊大缜等技术研究社成员带领战士在平汉铁路保定方顺桥附近埋设电动控制的氯酸钾地雷，成功地炸翻了日军机车车头，在中日双方引起震动，熊大缜等为此受到前来视察的晋察冀军区聂荣臻司令员的接见。1939年春，晋察冀军区除奸部瞒着聂荣臻，擅自将熊大缜秘密逮捕，同时被捕的还有其技研社的同人与从平津赴冀中参加抗日的数百名知识分子，其罪名是"钻入革命队伍的汉奸特务"。在押送途中，熊大缜被除奸队人员秘密拉入一个沟渠用石头活活砸死。几个月后公开宣布熊为国民党特务，是死有余辜的民族败类。"文化大革命"爆发后，曾任张学良副官的吕正操受到中央军委专案组关押审查，熊大缜之事再度浮出水面，叶企孙被当作熊大缜加入国民党特务组织的介绍人而逮捕关押。在押期间，叶受过八次连续提审，写过多次"笔供"，人格和尊严受尽凌辱。同时专案组还展开内查外调，诸如冯友兰、翁文灏等原清华同事，皆成为调查审问的对象。有落井下石者出于复杂的动机借机诬陷，使案情几度反复，迟迟得不出一个合理、正确的结论。

　　1970年初，叶在无结论的情况下被从监狱放出，由北大红卫兵继续对其"隔离审查"。此时叶已病重，前列腺肥大，小便失禁，两腿

学生时代的熊大缜赠送给恩师叶企孙的照片

第九章　与李庄擦肩而过

红肿，难以站立，偶尔走动，腰弯成 90 度角，似一根弯曲的枯木在风雨中摇晃。再后来，叶患精神分裂症，成了一个胡言乱语的疯子。

自出狱始，叶企孙每月领 50 元工资，吃饭穿衣皆不能足。因已精神错乱，红卫兵遂不再把他作为重要的"反革命分子、特务"看待，当看管稍微放松之时，叶总是从北大南门溜出来在中关村一带的小摊儿上讨吃讨喝，嘴里不住地嘟囔着别人很难听懂的话语。当时中科院下属研究所的不少人在海淀中关村一带见到了这一惨不忍睹的情景：叶企孙头发花白，弓着背，整个身子呈 90 度直角状，穿着一双破棉鞋，踯躅街头，间或踽踽前行。有时来到一家店铺小摊儿，叶或买或向摊主伸手索要两个明显带有虫咬疤痕的小苹果，边走边津津有味地啃着，碰到教授模样或学生打扮的人，便伸出一只枯干的手，说："你有钱给我几个。"所求不过三五元而已！见者无不为之潸然。

1975 年，叶企孙被解除隔离。1977 年 1 月 13 日，他于凄苦中死去。叶企孙一生未婚，没有儿女。

1986 年，熊大缜的冤案得到平反。1987 年 2 月 26 日，《人民日报》发表《深切怀念叶企孙教授》一文，算是正式为其恢复名誉。

叶企孙在清华大学物理系、理学院主政和任教期间培养的著名学生如下：

王淦昌，一九二九届，核物理学家，中国科学院院士。

赵九章，一九三三届，地球物理和空间物理学家，1955 年被选聘为中国科学院学部委员（院士）。

张宗燧，一九三四届，政治家张东荪次子，理论物理学家，1957 年被选聘为中国科学院数理化部学部委员（院士）。

彭桓武，一九三五届，理论物理学家，1948 年被选为皇家爱尔兰科学院院士，1955 年六月被选聘为中国科学院学部委员（院士）。

钱三强，一九三六届，语言文字学家钱玄同之子，核物理学家，中国科学院院士。

王大珩，一九三六届，光学专家，中国科学院院士。

胡宁，一九三八届，理论物理学家，中国科学院院士。

陈芳允，一九三八届，无线电电子专家，中国科学院院士。

屠守锷，一九四〇届，清华航空系（后并入西南联大）毕业，火箭技术专家，中国科学院院士。

邓稼先，一九四五届，西南联大毕业，核物理学家，中国科学院院士。

朱光亚，一九四五届，西南联大毕业，核物理学家，中国科学院院士。

叶企孙学生之学生：

周光召、程开甲、于敏（三人均为中国科学院院士）钱骥（地球物理和空间物理学家，1999 年被中国政府追认为"两弹一星"功勋奖章获得者）。

【6】【9】【10】《叶企孙案"揭发交代材料"》，载《中国科技的基石——叶企孙和科学大师们》，虞昊、黄延复著，复旦大学出版社 2000 年出版。该书末章引录几位与叶企孙相

关者的揭发、交代、证词。

【11】《冯友兰自述》，冯友兰著，中国人民大学出版社 2004 年出版。

【12】《梅贻琦 1937—1940 来往函电选》，黄延复整理，载《近代史资料》，第 102 号，李学通主编，中国社会科学出版社 2002 年出版。

【13】《梅贻琦日记（1941—1946）》，黄延复、王小宁整理，清华大学出版社 2001 年出版。

【14】《叶企孙函梅校长》，载《清华大学史料选编》，第三卷上，清华大学校史研究室编，清华大学出版社 1994 年出版。见《关于中央研究院借聘叶企孙的信函往来》一节。

【15】《梅校长覆叶企孙》，载《清华大学史料选编》，第三卷上，清华大学校史研究室编，清华大学出版社 1994 年出版。

【16】【17】【18】【19】【21】【22】【25】【30】《致叶企孙》，载《傅斯年全集》，第七卷，欧阳哲生主编，湖南教育出版社 2003 年出版。

【20】杜正胜《无中生有的志业——傅斯年的史学革命与史语所的创立》，载《新学术之路——"中央研究院"历史语言研究所七十周年纪念文集》（上），台北："中央研究院"史语所 1998 年出版。

【23】1945 年 9 月 20 日，教育善后复员会议在重庆举行，傅斯年在会中发言极多，引起国内教育界不满，曾出任国民政府行政院政务处长的原清华大学历史系教授、主任蒋廷黻，综合傅的发言后，以讥讽的口气谓傅是"太上教育部长、太上中央研究院总干事、太上北大校长"。（见《傅孟真先生年谱》，傅乐成撰，载《傅斯年全集》，第七册，台北：联经出版公司 1980 年出版）傅斯年去世后，据董作宾言："因为孟真先生的学问渊博，对于自然人文科学门门都通，一直是蔡先生的重要助手，他名义上是史语所的所长，实际上等于一个义务总干事，他对于全院工作，赞襄策划的劳绩很多，同时他也代过几次总干事。历来的总干事，都敬重他而又多怕他，这是实情。因为他的气魄大，要钱、花钱，都有本领，他的一个所包括四组，等于四个研究所，今天发掘，明天调查，后天又买书添仪器，尽量去'扩充材料，扩充工具'，当然需要多花钱。"（见董作宾《历史语言研究所在学术上的贡献——为纪念创办人终身所长傅斯年先生而作》，载台北《大陆杂志》，第二卷第一期，1951 年 1 月 15 日）

【24】《致叶企孙》，载《傅斯年全集》，第七卷，欧阳哲生主编，湖南教育出版社 2003 年出版。第二点声明上方空白处，另有附语："历年聘书皆由所转发，其中时有错误，每须校后退还改正。"

【26】【27】【39】《致陈寅恪》，载《傅斯年全集》，第七卷，欧阳哲生主编，湖南教育出版社 2003 年出版。

【29】庾子山，即南北朝文学家庾信，字子山。此二句出自《对酒歌》，"泉刀"，另写作"钱刀"。

【31】【34】2004 年 4 月 28 日，作者在清华大学采访何成钧记录。何是清华出身，曾

任叶企孙的助手，后为清华大学物理系教授。

【32】《梅贻琦日记（1941—1946）》，黄延复、王小宁整理，清华大学出版社 2001 年出版。此处的"明秋"是指阴历。

【33】《中国科技的基石——叶企孙和科学大师们》，虞昊、黄延复著，复旦大学出版社 2000 年出版。

【36】那廉君《追忆傅孟真先生的几件事》《傅孟真先生轶事》，载台北《传记文学》，第十四卷第六期，1968 年 6 月；第十五卷第六期，1969 年 12 月。

【37】《慕庐忆往——王叔岷回忆录》，王叔岷著，中华书局 2007 年出版。

【40】陈寅恪《庚辰元夕作时旅居昆明》，载《陈寅恪集·诗集》，陈美延编，北京三联书店 2001 年出版。陈氏寄赠吴宓此诗，"银钞"写作"钱钞"。

【41】【42】【43】【44】台北"中央研究院"历史语言研究所《傅斯年档案》。

【45】《发现李庄》，岱峻著，四川出版集团四川文艺出版社 2004 年出版。劳榦，字贞一，1907 年生，湖南长沙人，出生于陕西省商县，1930 年北京大学毕业。历任中央研究院历史语言研究所研究员、台湾大学教授、美国加州大学洛杉矶分校教授，1958 年当选台湾"中央研究院"院士。撰有《居延汉简考释》等著作。

【46】陈哲三《陈寅恪先生轶事及其著作》，载台北《传记文学》，第十六卷第三期，1970 年 3 月。

【47】2009 年 8 月 2 日采访李光谟记录。陈流求和李光谟所说得到了一份材料的支持，这就是陈寅恪于 1942 年 9 月 23 日给时在乐山的武汉大学文学院院长刘永济的一封信。当时刘欲聘陈到武大任教，陈氏婉拒后在信中解释了不能应聘的理由，内中说道："弟之暂留桂林，其原因非面谈不能详。除病体不耐旅行为兄所深悉外，尚有其他种种。若此行遽入川而不至李庄，必招致人事上之纷纭。（因其他气候及环境甚不宜，弟已详知，而主其事［者］深讳言之。）当此世界国家危乱之际，惹此无谓之争执，殊不值得，故必避免之，此其一。内子自到桂林后，心脏有衰弱之兆，时发热寒噤，弟不欲使之再历途程（伊极愿即入蜀，与孟真油印之函所言适相反。不欲遽入蜀者，弟一人之主张也），又不忍舍之于桂，一人独行，此其二。"（见《致刘永济》，载《陈寅恪集·书信集》，陈美延编，北京三联书店 2001 年出版）从这封信可以看出，"主其事者"指的应是傅斯年，陈对傅不据实告知李庄之环境和生活条件有些不满。而傅此前给陈去信用了不礼貌的公文式的油印函，或许为了上报中央研究院总办事处备案而一次性印刷几份也未可知。据陈信推测，傅在这封油印函中误认为是陈夫人唐篔不愿赴蜀，这让陈寅恪又增加了对傅斯年的反感，可见这对难兄难弟、不世出的学术大师也有心存芥蒂的时候。尽管如此，陈傅二人非同寻常的朋友之谊还是一直维持了下去。

◎ 乱世策士梦

陈寅恪与李庄失之交臂，标志着中央研究院史语所由盛转衰。当年史语所的主将赵元任，早在昆明时期就弃所而去，跑到美国任教于夏威夷大学，后转耶鲁与哈佛大学任教，终加入美国国籍，从此与东方大陆绝缘，开始了新的人生。抗战结束后的1946年，时任国民政府教育部部长的朱家骅致电赵元任，请其回国出任南京中央大学校长，赵元任只回了短短五个字的电文："干不了。谢谢！"

此时史语所在李庄的另外几员大将如梁思永已重病在身，只能躺在病榻上做一点工作，李济的主要精力放在中央博物院筹备处，李方桂早已离开李庄到成都燕京大学任教，凌纯声不久即到重庆教育部蒙藏司做了司长，只有董作宾、吴定良、芮逸夫、石璋如等几位元老还在李庄板栗坳苦苦支撑。面对渐渐冷清且有些悲凉的境况，如石璋如所说："留下的几个人不管如何，依旧规矩工作。"[1]

所幸的是，随着国际形势的变化，中国的抗战已由战略防御转入战略反攻，大道小道的各种消息水陆并进向扬子江尽头这个古老的小镇传来。

1943年11月22日，蒋介石以中国国家元首和世界级政治巨头的身份（南按：原主席林森已于这年8月1日去世，蒋氏从这时起才算名正言顺的国家元首），出席了开罗中、美、英三国首脑会议，蒋介石本人与中国的国际地位大大提升。

就在抗战曙光照亮东方地平线并向浩瀚辽阔的天际放射之时，风云突变，即将全面

长沙三次会战前,蒋介石在南岳召开军事会议(来源:台北"国史馆")

常德会战现场,国民党军队拼命抵御日军大举进攻,整个城市建筑物被摧毁大半,变成一片瓦砾(来源:台北"国史馆")

崩盘的日军作战大本营,决定用尽最后一点儿力气拼死一搏,死里求生。日军大本营制订了以主力部队全线出击,进行一场贯通中国南北、联络南洋和摧毁美国空军基地的大规模战役计划,即抗战后期著名的"一号作战计划"。

根据这一计划,在全面崩盘之前已经杀红了眼的日军,于1944年4月在中国南北一线发动攻势,先后发起豫中战役、长衡战役、桂柳战役等大规模战役。日军的死打硬拼,立即取得了相应的战果,国民党军队在各个战场虽进行了顽强抵抗,却连连败绩。仅几个月的时间,中原失守,战略中心衡阳陷落,湖湘一线的国民党军全面崩溃,导致广西失去了重要屏障。日军趁机迅速调集优势兵力,与西南战区的日军遥相呼应,南北夹击,在很短的时间内,南线军事重镇桂林、柳州、南宁,以及广东、福建部分军事要塞相继失陷,中国军队损失兵力60余万。此后不久,日本中国派遣军和驻东南亚的南方军,在广西南部胜利会师,从而打通了中国内地通往越南的大陆交通运输动脉,完成了日军大本营拟定的"一号作战计划"。这一战略计划的成功,极大地鼓舞了日军的士气和野心,舆论认为:"一号作战的显赫成果,可以说是使当时陷于凄惨不利战局中的日本,微微见到一线光明。"[2]

就在柳州沦陷之时,骄悍的日军一部北进贵州,进攻黔南重镇独山,威胁贵阳,震动重庆,世界各方的焦点都骤然投向远东战场上的核心——中国大陆西南地区,中华民族又一次面临覆亡的危险。凶讯传出,举国皆惊,一时人心惶惶,感到又一次大难临头。国民政府召开紧急会议,商讨放弃重庆,迁都西昌或大西北的计划。

在中华民族生死存亡的紧要关头,许多有识之士以民族大义为重,强烈要求国民党从西北地区撤回胡宗南部,解除对延安和共产党部队的包围与封锁。希望双方不要干戈相向，砍头斩腰地瞎折腾，应像抗战初期一样，捐弃前嫌，精诚合作，团结一致抗击日军，否则国民党将全面崩盘，死无葬身之地。在各色人物的奔走呼号下，1944 年 9 月 15 日，国民参政会第三届十四次大会主席团正式提议："请大会决议组织延安视察团，赴延安视察，并于返渝后，向政府提出关于加强全国统一团结之建议；兹推荐冷参政员遹，胡参政员霖，王参政员云五，傅参政员斯年，陶参政员孟和，为该视察团团员。"[3] 尽管大会代表对此"咸报以热烈掌声"，但被提名的几人似乎对此没什么兴趣，陶孟和在开完会后便躲到李庄社会学所不再露面，只有傅斯年在进退中犹豫不决，似乎有某种期待，并把此计划写信告诉了远在成都的陈寅恪。陈氏于 10 月 3 日回函傅斯年：

孟真兄左右：

奉九月廿七日手书，知将有西北之行。此函达渝，未识已启程否？此行虽无陆贾之功，亦无郦生之能，可视为多九公、林之洋海外之游耳。闻彼处有新刊中国史数种，希为弟致之，或竟向林、范诸人索取可乎？"求之与抑与之与"。纵有误读，亦有邢子才误书思之，亦是一适之妙也。匆此奉复，顺颂

行祺

弟寅恪顿首　十月三日

守和已寄款来，感荷感荷。然不久即告罄，何以支此许久之时日耶。[4]

信中的林、范，指林伯渠与范文澜，傅斯年到达延安后曾与二人见面交谈。而视察团的西北之行也确如陈寅恪所言，既无"陆贾之功"，也没有显示出"郦生之能"，可谓无功而返。不过，1944 年这个纷乱的秋天，视察团并未成行，傅斯年一行真正抵达延安，已是第二年的事了。

1945 年 5 月，随着盟军打垮并占领了德国，取得了欧洲战场上的决定性胜利，国际形势急转直下，日本面临着全面崩溃的结局。与此同时，在老大中华这块地盘上，关于联合政府的国共之争，也到了不是鱼死就是网破，或者鱼网俱沉，总之是要彻底摊牌的最后关头了。

在国共两党各不相让且剑拔弩张的历史转折关头，第三党——即在抗战后期组建的中国民主同盟登场了。此同盟成员大多是散落于社会各界的儒生、策士，首领如章伯钧、罗隆基、黄炎培、左舜生等，皆为一时较有名头的知识分子与不肯安于现状的谋僚策士。在这一充满机遇的大动荡、大变革、大整合的历史性时刻，此辈儒生策士产生了一种幻觉，认为战国争雄的苏秦、张仪时代再度来临，凭辩士们的三寸不烂之舌，施展揣摩、捭阖、钩钳、合纵、连横、转丸等"阴道阳取"的游说权变之术，即可令各方诸侯俯首听命，实现国家和平。

民盟的策士们同时认为，既然天下格局如今已成三分之势，抗战胜利后应由三方共

同执政。按照这一思维方式，黄炎培、章伯钧、罗隆基等人，均认为当前的机会瞬息万变，稍纵即逝，一旦失之交臂，永不可复得！于是，诸儒生的兴奋点很快集中在"怎样把握住这千载一时的机会，实现中国的民主"[5]，也就是要尽力促成由各党各派共同参与、掌控的联合政府这一现实行动中来。在民盟主要干将黄炎培的提议策动下，几位重要人物决定仿照战国时著名的苏秦、张仪等策士辩才，拉上几个无党派的国民参政会参政员，以"中间人"的面目施展捭阖、钩钳之术，合纵连横，为中断的国共和谈予以"转圜"。

1945 年 6 月 2 日，褚辅成、黄炎培、冷遹、王云五、傅斯年、左舜生、章伯钧七位国民参政会参政员联名致电毛泽东、周恩来，提出访问延安，电报说："团结问题之政治解决，久为国人所渴望。自商谈停顿，参政会同仁深为焦虑。月前经辅成等一度集商，一致希望继续商谈。先请王若飞先生电闻，计达左右。现同仁鉴于国际国内一般情形，惟有从速完成团结，俾抗战胜利早临，即建国新奠实基。于此敬掬公意，伫候明教！"[6]

当此之时，中共中央正在举行第七次全国代表大会，对此来电未予理睬。直到 6 月 18 日，毛泽东、周恩来才复电在重庆的中共负责人王若飞，让其转告七位参政员，欢迎彼到延安一叙，还说："估计蒋得此消息后，不一定要他们来，如仍许其来，即使无具体内容，只来参观，亦应欢迎之，并争取你陪他们同来。"[7]

电文由国民参政会秘书长邵力子亲手交给黄炎培，黄看罢极度兴奋，立即与左舜生、傅斯年、章伯钧等人商定了三条合纵连横的计划。当黄炎培兴冲冲地准备把电文递交蒋介石批复时，却遭到了国民党方面与中共谈判代表王世杰的当头棒喝。王声称这个样子的建议"如送领袖，必大遭拂怒"。众儒生听罢，大感灰心，提出干脆散摊儿，不要再做这些无用之功云云。几人中唯黄炎培颇不甘心，道："撞壁须撞到壁，今壁尚未见，仅凭旁人预测势将撞壁，便放手了，岂为合理？"[8] 在他的一再坚持下，七位参政员于 27 日下午鼓起勇气与蒋介石相见，当面陈述了自己的想法和建议。蒋介石不动声色地认真听毕，环视众位，突然满面带笑地说道："余无成见，国家的事，只须于国有益，都可以商谈的。"停顿片刻，又说："中间人，公道话，原来最难讨得双方的喜欢。"当黄炎培等领命告辞时，蒋介石和颜悦色地拱手道："辛苦！辛苦！"[9] 蒋介石背着手在室内来回踱步，面无表情哼了一声，对侍从室二处主任陈布雷说道："就让他们几个折腾去吧！"言毕，嘴角露出了一丝略带嘲讽的冷笑。

◎ 傅斯年与毛泽东窑洞相会

1945 年 7 月 1 日，褚辅成、黄炎培、左舜生、章伯钧、傅斯年、冷遹一行六人，乘专机到达延安（南按：王云五知事不可为，以患病发高烧推托未随行），毛泽东、朱德、周恩来等中共领导人亲自到机场迎接。

7 月 2 日下午，毛泽东、朱德、刘少奇、周恩来在延安杨家岭会见六位参政员，共商国共合作事宜。晚上，毛泽东专门设宴款待。餐桌上，面对毛泽东的谈笑风生，几位参政员在应承的同时，各自又有一番不同的心境。

此次重组访问团的六人中，黄、章、左、冷皆属于民主同盟或与之有密切关系的成员；褚辅成是老国民党员，素以老实的读书人著称；傅斯年属于无党派人士，学界重量级大腕。很明显，褚与傅加入这个班子，是受到黄炎培等人极力鼓动与拉拢方加入的，主要目的是给外界制造一种多党派、多团体的民主气氛和色彩。对此，罗家伦暗地里曾略带讽刺地劝说过傅斯年，让其"不要和蟋蟀一样，被人一引就鼓起

六位参政员飞抵延安时，中共领导人前往迎接。右起：毛泽东、黄炎培、褚辅成、章伯钧、冷遹、傅斯年、左舜生、朱德、周恩来、王若飞（来源：山东聊城傅斯年陈列馆）

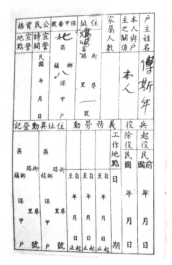

傅斯年的参政员证。1937 年七七事变起，南京政府成立了国防参议会，傅斯年应邀参与。次年 7 月起，开始担任国民参政会参政员，直到抗战胜利止（来源：台湾"中研院"史语所傅斯年图书馆）

219

第十章　西北望

翅膀来"[10]。意思是不要跟着黄炎培、章伯钧等一班人闹腾，天下事不是靠黄、章等几名策士就可以捭阖得了的。且苏秦、张仪用舌头定乾坤的时代早已跟着秦始皇他老爷爷一同变为粪土湮没于历史烟尘之中了。眼前正是枪杆子里面出政权的新社会，哪里还有靠几位儒生的三寸不烂之舌就轻易摆平天下的好事？如此做法无疑是在飞机里做梦——空想。但此时尚心存侥幸与幻想的傅斯年已听不进朋友之劝，竟跟着黄炎培等人匆匆上了飞机，开始了他的梦想之旅。

就当时的情形论，在六位参政员中，当属左舜生与傅斯年心境最为复杂。

舜生者，湖南长沙人也，与毛泽东同庚。早年与毛同系少年中国学会会员，20世纪20年代赴法国留学。后来提倡国家主义，反对共产主义。1925年，左舜生成为中国青年党首领之一。1930年与陈启天在上海创办《铲共》半月刊，以铲除消灭共产党为宗旨。1941年中国民主政团同盟成立时，他出任中央常务委员和总书记，积极倡导反共。此次来到延安，仍不忘鼓吹他的那一套反共灭共的歪理邪说。7月3日上午，左与毛泽东单独交谈时，颇不识趣地说道："我认为，一个国家的政党可以有多个，军队却不能个个政党都有。否则，就要发生内乱，国家就不太平。"

毛泽东听罢没有作声。左舜生见对方没有接话，以为被自己击中要害，遂开始施展苏秦、张仪的捭阖之术，继续鼓噪道："我们青年党就主张走议会道路，不办武装，成为国家真正的参政党，对国民政府没有任何威胁。"

话音刚落，毛泽东忍不住问道："你的意思是要我们也向你们青年党学习？"

舜生答："谈不上学习，我觉得我们青年党的这种做法是对的。"

"怎么对呢？"毛泽东颇不以为然地问道。

"和平议政，对政府没有威胁，也有利于各党派的团结嘛！"

毛泽东听出左舜生的弦外之音，他冷静地说道："我也主张一个国家只有一支军队，但要看军队掌握在谁的手里，为谁服务。要知道，一个没有武装的政党是没有力量的，被蒋介石视为土匪乱党的人，若没有一点儿自己的武力，根本无法生

六参政员访延安时中共宴请照片，左一为毛泽东，毛的旁边、侧背对镜头者为傅斯年（来源：山东聊城傅斯年陈列馆）

存，更不用说有发言权和改造社会了。老庚呀（南按：湖南人对同年出生者的俗称），你这个青年党的'军事爷'，怎么连这个道理也不懂呀！"[11]

时年五十二岁的左舜生碰了个软钉子，仍不知趣，突然又用钩钳实为勾缠之术，提出一个令毛泽东颇为尴尬的问题。左氏要与他一直崇拜的梦中情人、毛泽东新任夫人、原上海著名影星蓝苹见上一面。毛当即沉下脸来，以"我不认识蓝苹"，后又改为"她生病了"为由予以拒绝，自此再也不肯理睬这位无聊、蹩脚加浅薄的策士之徒了。后有人引用明代宋濂评鬼谷子的话论左氏曰："舜生所言之捭阖、钩钳、揣摩之术，皆小夫蛇鼠之智。用之于家，则亡家；用之于国，则偾国；用之于天下，则失天下。"然也。

对于左舜生的为人处世与不识好歹的轻妄之举，不但毛泽东反感，即便是同来的傅斯年亦颇为轻视。早在1937年10月11日，傅致刚到美国不久的胡适的信中，在提及国内情形时曾说："所谓参议会又添了些无聊分子，徐谦、罗钧任、甘介侯、左舜生等。罗毫无见识，殊大失望。此人乃官僚、酒徒之混合，因其为酒徒，故有时似勇，绝不该称之曰'忠节'也。此一鸟会常有荒谬绝伦、匪伊（夷）所思之提案，亦常为我骂散，大有我是此会之'清心丸'之感！可叹可叹。有好些人运动为此参议官，或成（如左）或不成（如罗隆基），若再这样下去，我也只好走了。"[12]

今次延安之行，左舜生还是按重庆的老套路数，懵懵懂懂地提出如此"荒谬绝伦，匪夷所思"的问题，惹得同乡毛泽东深恶痛绝。

相对左氏施展的捭阖、钩钳等无聊之术，傅斯年不愧是胡适所说的"人间一个最稀有的天才"[13]和学界大鳄。同为毛泽东的旧识，却没有像左氏一样稀里糊涂地让人家放下手中的枪杆子，或专盯着人家的花姑娘纠缠不休。傅氏深知相互之间的关系与各自的地位，与往昔大为不同了，所谓此一时彼一时也。

毛泽东是1918年夏天从湖南乡村走进北大校园的，就在这期间，他和大名鼎鼎的胡适以及北大学生领袖傅斯年遭遇了。许多年后，毛在延安那口黄土凝成的简陋窑洞里，于寂静的夜晚伴着青灯向美国记者埃德加·斯诺（Edgar Snow）回忆了这段使他刻骨铭心的经历："我自己在北平的生活是十分困苦的。我住在一个叫三眼井的地方，和另外7个人合住一个小房间，我们全体挤在炕上，连呼吸的地方都没有。每逢我翻身都得预先警告身旁的人。"[14]"对于我，北平好像花费太大了；我是从朋友们借了钱来北平的，来了以后，马上就必须寻找职业。杨昌济——我从前在师范学校的伦理教员，这时是国立北京大学的教授。我请他帮助我找寻一个职业，他就把我介绍给北大的图书馆主任。这主任就是李大钊，他不久成了中国共产党的创立者，后来被张作霖枪杀了。李大钊给我找到工作，当图书馆的助理员，每月给我一笔不算少的数目——8块钱。"又说："我的地位这样地低下，以至于人们都躲避我。我担任的工作是登记图书馆读报纸的人们的名字，可是大多数人，都不把我当人类看待。在这些来看报的人们当中，我认识了许多有名的新文化运动领袖们

民国初年早春，北京市民在结冰的湖上滑冰、玩自行车。背景是钟鼓楼

的名字。像傅斯年、罗家伦，和一些别的人，对于他们我是特别感兴趣的。我打算去和他们开始交谈政治和文化问题，可是他们都是忙人。他们没时间去倾听一个图书馆助理员说南方土话。"【15】

这段回忆不但令毛泽东感到悲伤，亦令后来的天下读者备感心酸，或许没有人想到，一个后来推翻"三座大山"的世界级巨人，居然还有这样一段卑微的伤心史。从这段不愉快的回忆中可以看出，当年在北大一呼百应、叱咤风云、"不可一世"的傅斯年，的确是"目空天下士"的。同当时所有的人一样，傅没有想到毛日后会成为比他还要不可一世和充满霸气与豪气的伟人，当然更不会想到许多年后有延安相会这一段插曲。倘傅氏有先见之明，以他的聪明与世故，想来是会"有时间"去好好聆听一下这个图书馆助理员说几句"南方土话"的。不过当时一直处于人微言轻之尴尬地位的毛泽东，对傅斯年等人扬风扎猛的做派，也由最早的崇拜渐渐转为失望。据傅斯年的侄子傅乐成说："毛在北大写信给朋友，说他被孟真先生和罗家伦等人欺骗了。因为他们不像他在长沙耳闻的那么优秀。"【16】这就是说，后来的毛泽东以他的磅礴之气与对世事的深刻洞见，已不把傅斯年、罗家伦之辈放在眼里了。因为毛在穷困潦倒中，于这座帝王之都的公园和故宫的旧址看到了新的希望，如同毛自己所说：在灰蒙蒙的天空中，我"看到了北国的早春，在坚冰还盖着北海的时候，我看到了怒放的梅花……"【17】——这个时候，没有人意识到，一个辉煌的大梦已在毛泽东心中萌生，并等待着在一个风和日丽的早春破茧而出，一飞冲天，于古老的天安门城楼上投下巨影。

而傅斯年这边，对后来跑到偏远山林河谷与黄土高原拉杆子闹革命，以毛泽东为首的中共人物，在很长一段时间里同样未放在眼里。1932年9月18日，傅斯年在《独立评论》发表的《"九一八"一年了！》的政论文章中，谈到中国政治的出路问题，他认为国民党自身已腐化堕落，弄得天怒人怨，国势濒危。尽管如此，中国还没有任何其他的政治力量可取而代之。傅氏打比方说，这就好比明朝亡国的时候，南京北京的姓朱的都不高明一般。对有人提出共产党是否可取而代之的疑问，傅的回答是："共产党自身的力量也正有限，以我前者同共产党共事的经验论，不能不觉得他们也是感情的发泄，而并无建国之能力，所做的工作很多还是洋八股。"[18]

令傅斯年深感汗颜的是，仅仅十几年的时间，已是斗转星移、物是人非了。倏忽间，二人穿过历史的隧道，竟跑到陕北的窑洞里再叙短长，纵论天下大势。只是当年那位北大图书馆助理员已作为一颗政治巨星于这块风清月高的黄土高原腾空而起，中国的命运也将由于这个人的一举一动而重新改写。相对当年气壮山河的高大身躯，傅氏今日只是作为一可有可无的策士、辩才，或媒婆一样的"中间人"出现在光芒四射的超级巨星面前，并被笼罩在毛泽东的巨大光环之下了。世事轮回，阴阳转换，三十年河东，三十年河西，二人的政治地位发生了强烈逆转，各自内心的感慨之情自是不足为外人道也。有人云，傅斯年一生"误在多读了书，沾染上知识分子的缺点、弱点，不然，他是一位雄才大略的创业人物"[19]。这话也许不差，但历史正是由一个个失误与成功对接而成的，世人最终没有看到傅毛二人像当年刘、项一样争天下的局面，更没看到傅斯年建国立号的功业，所看到的只是一位策士与一位政治巨人在昏黄的窑洞中相对而坐的背影。一位西方哲人说过："如果人不是从一岁活到八十岁，而是从八十岁活到一岁，大多数人都可能成为上帝。"斯年之悲剧，或许渊源即在此不可逆转的铁律和宿命吧。

然而，傅斯年毕竟是傅斯年，尽管此时与他对坐者在政治气势上今非昔比，但他仍保持着自己的独立人格，神态举止不卑不亢又不失大体，只是说话的口气较之当年识时务一点儿罢了。

因了北大的这段因缘，毛泽东单独拿出一个晚上与傅斯年进行交谈，其中最著名的一个细节是，毛没有忘记北大时代令他百感交集的情结。当谈及傅曾在"五四"中大出风头，并为反封建与新文化运动做出过贡献，进而谈到当时在政学两界流传的傅氏本人"尝自负为'喑呜叱咤，千人皆废'之西楚霸王"[20]时，傅斯年狡猾而又识趣地回应道："我们

毛泽东在延安枣园居住的窑洞

不过是陈胜、吴广，你们才是项羽、刘邦。"【21】

与对左舜生的糊涂极度反感形成鲜明对比的是，毛泽东听罢如此得体又使双方皆不失面子的话，心中大为舒畅。

毛傅二人的延安谈话，成为研究中国近代史上这两位重要人物交往的关键内容之一。傅斯年在返回重庆之前，没有像左氏那样没出息地一味惦记着那位往昔的影星蓝苹，而是以土大夫传统、儒雅的交际方式，请毛泽东题字留念，对方慨然允之。有关这方面的真实资料，在台湾"中央研究院"历史语言研究所于1995年为纪念傅斯年百岁诞辰而出版的一部《傅斯年文物资料选辑》中有所收录。这部大书所收资料全部为影印，书中第115页收录了毛泽东给傅斯年的一封短笺和所写条幅，另有给王世英的一个便条。便笺曰：

> 孟真先生：
> 　　遵嘱写了数字，不像样子，聊作纪念。今日闻陈胜、吴广之说，未免过谦，故述唐人诗以广之。敬颂
> 旅安！
>
> 毛泽东上
七月五日

毛的条幅这样写道：

> 竹帛烟销帝业虚，关河空锁祖龙居。坑灰未烬山东乱，刘项原来不读书。
> 　唐人咏史一首　书呈孟真先生
>
> 毛泽东

此诗为晚唐诗人章碣的《焚书坑》，章碣此人生卒年月不详，一生落拓，后流落毗

毛泽东手书傅斯年的条幅及便笺（台湾"中研院"史语所傅斯年图书馆提供）

陵等地。该诗以当年秦始皇帝焚书坑儒的典故引出，这中国第一位皇帝想出的治国之术是杀那些不听话的儒生，希望能一劳永逸，江山万世相传。没想到十几年后揭竿而起、敛财称兵、颠覆社稷的首要人物并不是儒生，而是一群在百姓看来不识几个扯郎爪子（方言，即汉字），如陈胜、吴广、流氓之祖兼小混混儿刘邦，外加一个文盲兼莽汉项羽等辈。这一历史镜头实在是对号称"千古一帝"的秦始皇的嘲弄。毛泽东以此诗赠傅斯年，自然是经过一番思考的，诗中"刘项原来不读书"一句，当是毛泽东自况，或含有自谦没有傅斯年读的书多，或者还有更深刻的内涵和用意，或者什么意思也没有，外人只是自作多情地瞎猜妄想而已。但这短笺和条幅至少可以说明当时的具体情况，对外界盛传的傅斯年与毛泽东所说的"我们不过是陈胜、吴广，你们才是项羽、刘邦"之语，是一个佐证。毛的另外一张便笺，由延安交际处王世英转交给傅斯年，上写有"早上送交际处王世英同志交傅孟真先生　毛缄"字样。傅、毛延安相会最精彩的故事，以这几幅墨迹做了见证。

◎ 延安归来

结束了与毛泽东的长谈与直接交往，7月4日，傅斯年又在延安中共中央机关所在地，寻找早些时候陈寅恪所托的林伯渠与范文澜二人，顺便看望了久别的弟子刘燿（尹达）。刘氏是抗战前史语所发掘殷墟时自河南大学招收的毕业生，与石璋如、尹焕章等一同进入史语所参加殷墟发掘，算是傅斯年学生辈人物。抗战军兴，刘燿随史语所抵达长沙不久，离所径自奔赴延安，化名尹达投入了共产党阵营，先后进入陕北公学、马列学院学习，后进入老范（文澜）领导的马列学院历史研究室从事马列学说的研究，1941年到延安方面设立的中央出版局任出版科长。傅是在出版局所属的一口窑洞里见到这位尹科长的。

尽管政治立场各有不同，但就傅、尹师生而言，此时相见，确有他乡遇故知之感，一幕幕往事涌上心头。遥想战前的殷墟发掘，那是何等壮观气派，令人心旌摇荡。随着抗日战争爆发和国共对立摩擦，导师与弟子天南地北，一别数载不得相见，每忆及前尘往事，各自唏嘘不已。傅斯年看了尹达的工作环境和工作成绩，甚不满意，忘了眼前的形势和各自所处的环境与政治地位，一时感情冲动，竟有些糊涂和一厢情愿地动员尹达随自己一道回四川李庄史语所，重操旧业，接着续写尹达此前已完成大半的《山东日照两城镇史前遗址发掘报告》。这一提议，"对已经选择了革命道路的尹达来说，当然是不可能的事情"【22】。其结果是，尹达颇感惊慌，傅更是讨了个没趣。后来，尹达曾致信傅斯年，内有"延安一晤，至以为快。知诸师友均在努力写作，自愧

傅斯年与周恩来延安交谈（来源：台湾"中研院"史语所傅斯年图书馆）

为学术工作尽力甚微，思之怅怅"等语。并表示"所中所出有关考古之书，可否致送一份？盼甚。愚未完成之书，仍愿续作。今后交通方便，大局安定，望能捎致北方大学，当设法完成之"。[23]此事只是尹达一说而已，真正的用意是向傅斯年示好，并替傅挽回一点儿丢失在黄土高原上的面子罢了。

由于尹达的关系，傅斯年参观了延安的中央研究院、马列主义学院等学术机关，见到了马列学院的副院长兼历史研究室主任范文澜。老范是傅斯年的学长，于1917年毕业于北京大学国学门。在校期间受业于黄侃、陈汉章、刘师培等"乾嘉老辈"，或曰"乾嘉余孽"，因而他"没有感觉到《新青年》所提倡的新思潮，是一条真出路"[24]。范毕业后在中学、大学做了近20年的教书匠，于1939年10月辞却教职索性跑到延安并很快受到重用，开始以头号马列主义历史学家的身份撰写《中国通史简编》。据说该大作出版并经《新华日报》连载后，曾轰动一时。《简编》中的"商朝事迹"部分，老范引用了中央研究院史语所在安阳殷墟考古发掘的许多资料，同时对史语所及发掘人员的工作业绩给予了赞赏性介绍。其中在《商代的生产方式》一节中写道：

商代生产工具，已经不是石头工具而是金属工具。殷墟发掘专家李济说："大多数石器都非平常用的东西，有的是一种艺术的创造，有的是一种宗教的寄托，这些东西，在周朝多用玉琢，如璧琮一类的礼器，在殷墟所见仍为石制。"又殷墟中发现许多铜器，有矢镞，有勾兵，有矛，有刀与削，有斧与锛，有觚，有爵，有各种铜范。李济在论殷墟五种铜器说："殷墟铜器，以矢镞为最多，金属原料，只有到了最便宜时，才能用作箭镞，实际上在青铜时代用作箭镞的仍是骨与燧石，这就是说用铜的时代，并不一定用铜做矢镞，矢镞是一次就消耗了的，不是铜的价值低廉，社会经济决不允许这种质料如此消耗。且矢镞的形制也完全一致，范铜技术，确已臻至纯熟境界，铸铜业正在全盛时代，没有长期的培养，决不会达到此境界的。……"[25]

傅斯年来延安之前，与住在李庄的李济、董作宾、梁思永等学界中人已看到了这部著作，但具体做何评价一直不为外界所知，从一贯提倡"新思潮"的"海龟"傅斯年对"乾嘉余孽"一派土学者的反对与鄙视来看，恐怕难有好的评价——尽管老范早已"古为今用"地改用马克思主义世界观来写此书了。

此次二人延安相逢，老范正在编写一部中国政治史，并打算本着马列主义实事求是、求真务实的精神，重新改写《中国通史简编》。傅得知此情，对这种治学态度表示赞赏，二人由此握手言欢，彼此增加了信任。至于傅是否从范文澜处要到了陈寅恪所请之书，不得而知，想来这点事还是不难办到的吧。令傅想不到的是，1950年后，范重新改写的《中国通史简编》，在叙述到商代历史和殷墟发掘的葬坑与出土器物时，只剩了一句"解放前有人做过发掘"的话。再后来，连"有人"二字也被老范的如椽大笔给一下勾销了，只剩了草草六个字的"地下发掘证明"【26】。自此，无论是傅斯年、李济，还是董作宾、梁思永的名字，都与安阳殷墟考古发掘无缘了。

访问团共在延安逗留四天，从傅斯年留下的笔记看，他顺利地见到了林伯渠与范文澜，至于是否索取到了陈寅恪所托的"新刊中国史数种"，因缺乏资料，不得而知。在六位参政员与中共领导人的相互会见中，黄炎培谈了对国际、国内局势的看法，认为国内各党

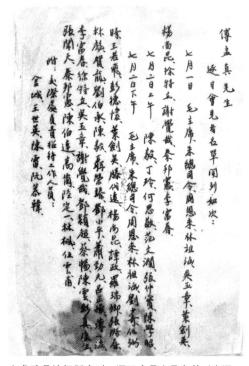

六参政员访问延安时，逐日会见人员名单（来源：台湾"中研院"史语所傅斯年图书馆）

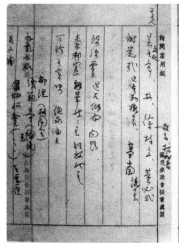

傅斯年访延安时随手笔记，所会人员名单中，吴玉章下面的"林"，应是林伯渠。另，王实味的大名也出现在此单中，令人眼睛一亮

各派的团结有绝对的必要，并指出国共两党都有恢复谈判的表示。黄氏还谈了所谓一人、一家、一地方，乃至一国，"其兴也勃焉，其亡也忽焉"，最后是"政怠宦成""人亡政息"等所谓"兴亡周期率"，颇得毛的好感，对方表示："我们已经找到新路，我们能跳

出这周期率。这条新路，就是民主。只有让人民来监督政府，政府才不敢松懈。只有人人起来负责，才不会人亡政息"云云。[27]

在访问的后期，当参政员们提到对大局的看法，并说到"双方商谈之门，并没有关闭"时，毛泽东表示同意，接着说："只为了门外有一块绊脚石，就是国民大会问题。"[28]对于这个敏感问题，重庆来的策士们不知如何回答。双方经过多次会谈，最后总算形成了一个《中共代表与褚辅成、黄炎培等六参政员延安会谈记录》文件，可视为几天来会谈的总成果。

7月5日早餐后，访问团成员匆匆赶往机场，毛泽东、朱德、周恩来等中共领导人亲自到机场送行。最后握别时，毛泽东特地叮嘱六位参政员到重庆后务必向蒋委员长致谢，并称："有诸位到延安，使我们听受到许多平时不易听到的话，增加了不少了解。并祝蒋委员长健康。"[29]同时，毛还托傅斯年转达自己对胡适老师的问候——尽管胡适与傅斯年一样，当年甚是不把这位图书馆助理员放在眼里。

六位参政员风尘仆仆回到重庆，除向国民参政会和蒋委员长递交了《会谈记录》外，各人根据自己的所见所闻，撰写了报章文字或发表了谈话。此次访问团的盟主黄炎培于兴奋之中点灯熬油，苦干了几天几夜，草草写成了《延安归来》一书出版发行，内中对延安的人和事极具赞赏，文中说："在延安的几天里，随处可以见到，这是事事有组织、人人有训练的缘故。我们应该知道中共政治作风已变了。不是变向别的，而是变向平凡。"又说："个个人得投书街头的意见箱，也个个人得上书建议于主席毛泽东。"最后的结论是，自己的延安之行"如坐春风中"。[30]

与黄炎培不同的是，左舜生则写了《记民主同盟政团延安之游》一文，内中念念不忘他的梦中情人——蓝苹，左氏说："我本来向毛泽东提议，要见见他的蓝苹的，但毛说她生病，不能见客。七月五日那天，我们离开延安的时候，毛带着他们一个七八岁的女儿（南按：即李讷，时五岁）来送我们，两只美秀活泼的眼睛，看样子似乎和我在战前见过一次的蓝苹有点像，可是蓝苹本人依然没有来。'曲终人不见，江上数峰青'，当我们的飞机起飞以后，我还是感到这是此行的一个遗憾。"[31]

到了这个时候，舜生还不明白，毛泽东托词对方生病不让相见，显然是不愿让其回重庆后四处宣扬他和江青的婚姻关系，也可能是中共政治局做出的硬性规定，不让在国统区名声不佳又极爱出风头的蓝苹在此种场合抛头露面，以免节外生枝。舜生只是枉费心机、自作聪明地破解了"江青"之名的典故（南按："江青"之名典出唐朝诗人钱起于公元751年的应试诗《省试湘灵鼓瑟》名句"曲终人不见，江上数峰青"。毛正是依据这两句唐诗为蓝苹命名的）。左舜生劳神了半天，最终还是弄了个"曲终人不见"的悲凉局面。此憾未得弥补，想来左氏当是死不瞑目的吧。

与黄左二人大不同的是，傅斯年对延安之行，却有自己独特的观感与政治洞见。据罗家伦说："他（傅）在重庆被国民参政会推举为访问延安的代表团的五（六）代表之一，他回来以后，和我谈过几次。他认为当时延安的作风纯粹是专制愚民的作风，也就是反自由、反民主的作风。他和毛泽东因为旧曾相识的关系，单独聊了一夜。上天入地的谈开了，谈到中国的小说，他发现毛泽东对于坊间各种小说，连低级兴趣的小说在内，都看得非常之熟。

1947 年 4 月，国民党胡宗南部占领延安后，军政人员在延安中央大礼堂前

毛泽东从这些材料里去研究民众心理，去利用民众心理的弱点，所以至多不过宋江一流。毛泽东和他漫步到礼堂里，看见密密层层的锦旗，各处向毛献的。孟真讽刺地赞道：'堂哉皇哉！'毛泽东有点感觉到。他痛恨同去的人没有出息。他说，章伯钧是由第三党去归宗，最无耻的是黄炎培等，把毛泽东送他们的土织毛毯，珍如拱璧，视同皇帝钦赐饰终大典的陀罗经被一样。孟真对他们说：'你们把他看作护身符，想借此得保首领以没吗？'"[32]

罗家伦这段回忆难免有政治偏见及主观成分，但所说的许多内容与史料相吻合，说明并不是空穴来风。傅罗谈话，较为透彻地反映了傅氏的内心世界和人生观。傅斯年对中共与苏联皆无好感，并公开表示反对。他在 1932 年发表的《中国现在要有政府》一文中，就公开宣称共产党"大体上是祖传的流寇，不过以前的流寇但由凶年失政造成，今之共产党乃由凶年失政以外，更加以国民经济之整个崩溃而已"。[33]除了反共，傅同样反苏，并宣称"因为民族主义与人道主义，所以反共反苏。我不能用共产党的方法反对共产党，因为若先向共产党拜了老师，用他那一套不讲事理不重人性的办法，则自身先站不住，反共之结果，只有替共产党扩张势力耳"[34]。在傅斯年的眼里，中共与苏共是连带的，不可分割的。按他的说法，中共紧随苏联其后，学斯大林那一套，搞的不是民主而是专制，有一套不讲事理不重人性的办法，所以一旦共产党掌权，社会秩序就将大乱，甚至人民的自由也会被剥夺，文化会变成荒漠，等等。在赴延安访问前，傅斯年曾手写一份演讲大纲，似为出席某地或某个场合的演讲之备。在手稿中，傅斯年尖锐地批评社会主义，检讨自由主义，并讨论中国民族、民权、民生方面的历史传统。其中特别提及"十九世纪自由主义之紊乱状态"，并说社会主义"目的对，方法大有问题"。[35]

正是因了这样的政治观念，傅斯年与毛泽东的关系，和后来的梁漱溟与毛泽东的关系极其相似。各自的性格与政治倾向不同，是傅斯年不可能对毛泽东产生崇拜的根本原因之一，也是他回到重庆后口出此言的一个不难理解的缘由。后来，当傅斯年看到很多青年人逐渐演变成为激烈的左派分子时，如芒在背，一次闲聊时他对李济说："我要是十七八岁的青年，我也许对共产党发生兴趣。"接着又说："但我自从与共产党接触以后，绝对不会当共产党！"【36】简短几言透出了他内心对左派青年的不满与对共产党决绝的态度。后来，随着形势的发展，傅斯年在对国民党官僚及其腐败体制越来越绝望和厌恶的同时，仍不忘捎上共产党。在致胡适的一封信中，傅氏明确表示："我目下主意是，责备政府，不可忘共党暴行，责共党不可忘政府失政，此谓左右开弓，焉得尽此两极败类而坑之哉？"【37】这一态度直到他"归骨于田横之岛"都没有改变，真可谓是一个"带着花岗岩脑袋去见上帝"的典型人物了。

注释：

【1】《石璋如先生访问纪录》，陈存恭、陈仲玉、任育德访问，任育德记录，台北："中央研究院"近代史研究所2002年出版。

【2】《一号作战之二：湖南会战》，下册，日本防卫厅防卫研究所战史室著，天津市政协编译委员会译，中华书局1984年出版。

【3】《国民参政会资料》，四川大学马列教研室编，四川人民出版社1984年出版。

【4】《致傅斯年》，载《陈寅恪集·书信集》，陈美延编，北京三联书店2001年出版。信末附言中提及的守和，即袁同礼。据此著凡例，凡"（具体时间）能确定者，在该函署名后月日之上用括号注明年份，大致估计者，注约某年，不能确定者，只注月日"。这封信按第二种情况处理，注为"约一九二九年"。页下编者注：

（一）陆贾，汉初楚人，从高祖刘邦定天下。使说南越尉佗，佗称臣。帝令著秦汉所以兴亡之故，因著新语十二篇，帝称善。

（二）郦生指北魏郦道元，范阳涿县人。为吏威猛为治。道元好学博览，访渎搜集，撰水经注四十卷，本志十三篇，皆行于世。

（三）（多九公、林之洋）事见《镜花缘》。

（四）（"求之与抑与之与"）第三、七两与字读欤。此句出自论语学而篇。

（五）邢邵，字子才，北齐人，雅有才思，日诵万言，有书甚多，不甚雠校，尝谓："误书思之，更是一适。"

以上注释，有两处不确。

第一，此信并非写于1929年，而是写于1944年。1929年，傅斯年没有西北之行的任何计划，从他一生的行踪看，也找不到任何文字与事实上的印痕。而只有放在1944年这个时间段，方可解释全文旨意。信中说到"闻彼处有新刊中国史数种"，这个"彼处"就是延安。"竟向林、范诸人索取"一句的林，指的是林伯渠，其人是陈寅恪 1904 年考取官费生第二次留日时的同学，又是 1916 年至 1917 年间在湖南省长公署任职时的同事。1934 年，林氏参加红军长征，到延安后历任中共要职。抗战时期，国共合作，成立国民参政会作为国家最高咨询机关，林伯渠是中共七位参政员之一。范，当指范文澜，其时属延安知识分子首领之一，所著《中国通史简编》已经行世，并引起全国学术界的注意。范氏在 1964 年人民出版社出版的《简编》修订本第一编"绪言"中，曾回忆此书初版的写作经过："1940 年我去延安，组织上要我编写一本十几万字的中国通史，为某些干部补习文化之用。我当时就同马列学院历史研究室的几位同志分工写作，由我总编。由于缺乏集体写作的经验，对如何编法没有一致的意见，稿子是齐了，有的太详，有的太略，不甚合用。组织上叫我索性从头写起。一九四〇年八月至第二年四五月完成了上册（五代十国以前），至年底完成中册（下册原拟写近代史部分）。校完全书我就转入整风运动中去，不再接触这个工作了。"既然范文澜 1940 年才到延安，1941 年底才完成古代史部分书稿，则陈寅恪的信不可能写于 1942 年之前。另据蒋天枢《陈寅恪先生编年事辑》（增订本）云，1942 年 6 月，陈寅恪抵桂林，任教广西大学，1943 年 8 月起程北行，12 月底至成都，任教燕京大学。这段时间，傅斯年主要在李庄与重庆之间穿梭，同样没有要赴西北的计划，因而此信只有写于 1944 年延安视察团即将起行前。

第二，信中的"郦生"非指郦道元而是西汉的郦食其。据《史记》载，郦生初识刘邦，便请命游说陈留令，使刘邦轻而易举地控制了号称"天下之冲，四通五达之郊"的陈留。后又游说齐王田广，计成，"伏轼下齐七十余城"。只是未等齐王献城投降，韩信便听从谋僚之计，举大兵攻打齐国，令齐王大为恼火，认为是郦食其欺骗了自己，遂将其捕来投入油锅当作人肉麻花一烹之。因陆贾与郦生皆刘邦时代有名的说客，司马迁乃把陆郦并举，记于史册。《太史公自序》述其作意云："结言通使，约怀诸侯；诸侯咸亲，归汉为藩辅。作《郦生陆贾列传》。"

又，陈寅恪信中的"陆贾之功"与"郦生之能"，喻古代朝廷使者劝说地方势力归附中央政府的功绩和才能，而当时傅斯年的"西北之行"是负有类似使命的。在这样一个背景下，陈氏凭借一个伟大历史学家的洞察力和对时局的非凡卓见，加之与傅斯年的特殊关系，他没有用"未必"之类的含糊措辞，而是非常肯定地预言傅斯年的"西北之行"，在当时的政治格局之下不可能达到目的，只能是"无陆贾之功，亦无郦生之能"，权作多九公、林之洋的海外之游罢了。这种对未来历史走向的洞见，在他的诗文以及与友人、学生的谈话中多有反映。所以说，信中的郦生非指郦道元而实指郦食其也。

至于"纵有误读"之句的含义，则是陈氏虽不喜欢"先存马列主义见解，再研究学术"，但这并不妨碍他像当年在瑞士读《资本论》原文一样，了解一下号称延安头号马列主义学者的范文澜的史著。读与不读是一回事，信与不信又是一回事，两者之区别就看每个人的识见与思想信仰了。

【5】【9】《无穷的困惑——黄炎培、张君劢与现代中国》，许纪霖著，上海三联书店1998 年出版。

【6】《致毛泽东、周恩来》(电),载《解放日报》,1945年6月30日。

【7】《毛泽东年谱(1893—1949)》,中册,逢先知主编,中央文献出版社2002年出版。

【8】《黄炎培日记摘录》,中国社会科学院近代史研究所中华民国史研究室编,中华书局1979年出版。

【10】【32】罗家伦《元气淋漓的傅孟真》,载《傅故校长哀挽录》,台湾大学1951年6月15日印行。

【11】汪幸福《毛泽东冷对左舜生》,载《共鸣》,2002年第4期。

【12】《致胡适》,载《傅斯年全集》,第七卷,欧阳哲生主编,湖南教育出版社2003年出版。

【13】胡适《〈傅孟真先生集〉序》,载《傅孟真先生集》,第一册,傅斯年撰,傅孟真先生遗著委员会编,台湾大学1952年印行。

【14】【17】《毛泽东自传》,〔美〕斯诺录,汪衡译,解放军文艺出版社2001年出版。

【15】《西行漫记》,〔美〕埃德加·斯诺著,北京三联书店1979年出版。

【16】傅乐成《傅孟真先生与五四运动》,载台北《联合报》副刊,1968年4月23日。

【18】《傅斯年全集》,第四卷,欧阳哲生主编,湖南教育出版社2003年出版。

【19】何兹全《忆傅孟真师》,载台北《传记文学》,第六十卷第二期,1992年2月。

【20】容庚《与北京大学代理校长傅斯年先生一封公开信》,北平《正报》,1945年11月7日。此话是容庚攻击傅斯年时所引用。抗战胜利后,傅斯年作为北大代理校长奉命接收北大校产,并发表谈话,表示南迁学校复员后坚决不用伪北大教员。时正任教于伪北大的容庚属于被驱逐之列,对傅的讲话和做法表示不能理解,于是有了这封辩驳性质的公开信。其中写道:"公之被命代理校长,全校方翘首跂足,望公之来如望岁焉,于今两月矣。诚不测公所以姗姗来迟之故。意者以汉奸走狗,不堪下刀欲其渐灭于无形乎。公尝自负为'喑呜叱咤,千人皆废'之西楚霸王。庚辱知交十余年,未尝不冀公能变化气质,为'豁达大度,善于将将'之汉高祖。故敢为公借前箸筹之。"(南按:下章有详述。)

【21】《傅斯年——大气磅礴的一代学人》,岳玉玺、李泉、马亮宽著,天津人民出版社1994年出版。对于这句话,有研究者认为傅斯年"将毛泽东比作雄才大略的项羽、刘邦,并将不堪大任的国军比作功败垂成的陈胜、吴广"(《龙山春秋》,石舒波著,大象出版社2008年出版)。此说恐怕有误。当时的"国军"正配合盟军进入对日本军队的全面反攻阶段,达到了自抗战以来如日中天、最为辉煌的鼎盛时期,何以用来与两个自喻为鸿鹄实为燕雀而究不能成大器的草莽英雄陈胜、吴广之辈比之。傅其言,实乃以项刘比作国共两党,具体言之,乃以项刘比作蒋介石与毛泽东。陈胜、吴广是对自己以及五四时代的学生领袖罗家伦等辈无可奈何的自嘲与自谑。从傅的话中还可看出,此时的他依然没有把所谓的第三党——民主同盟放在眼里,更没有产生黄炎培、章伯钧、罗隆基辈认为的"苍茫大地",须由民盟来力主沉浮的幻觉。因而,这也注定了傅在延安的观察与感受,与黄、章等人的大不同。又,据山东聊城有关文献史料记载:解放战争时期,聊城被围,毛泽东严令攻城部队保护傅斯年

祖宅。冀鲁豫前线记者团十二月三十日电，八路军某政治机关为保护聊城国有文化免于战争损害，在我军入城前发布三项命令：（一）向抗日英雄范筑先墓立正敬礼；（二）保护中国四大书库之一海源阁藏书楼；（三）保护中国史学家傅斯年先生在聊城北街的住宅。

前两项自是体现了中共党人对抗日英雄与民族历史文化的敬意，而傅氏之祖宅被明令保护，除了缘于对文物古迹的敬畏和保护意识，或许与毛泽东、傅斯年二人过往的一段情谊和当时的政治大背景有些关联。

【22】《学术大师治学录》，中国社科院科研局编，中国社会科学出版社1999年出版。另，关于尹达撰写《报告》一事，中科院编的《治学录》做了如下叙述：

> 1936年春，尹达（1906—1983）从殷墟被抽调到山东日照两城镇参加龙山文化遗址考古，由梁思永带队。这次发掘是为进一步探讨新石器时代龙山文化的面貌，共发掘50多个龙山文化时期的墓葬。发现最多的是陶器，墓中的头骨已经腐朽，经多方努力，收取了30多个。发掘所得于秋天运到南京。写发掘报告的重担落在尹达肩上。他一面参加清理标本的工作，一面着手整理记录，编写考古报告。报告的主体部分写好后，还没有来得及写结论，日本帝国主义的铁蹄已经长驱直入，南京告急！1937年秋，尹达随史语所匆忙迁往长沙，敌机很快就对长沙开始轰炸。国难当头，尹达决心忍痛放弃即将完成的研究项目，毅然离开个人收入优厚、工作条件令人羡慕的学术机构，投身到民族革命战争的伟大洪流中。他和几位同事相约结伴，投奔延安参加抗日。1937年的年终这一天，尹达到达延安。
>
> 关于《山东日照两城镇史前遗址发掘报告》稿，考古学家梁思永在其1939年以《龙山文化》为主题所发表的论文中说："这个报告将成为对于山东沿海的龙山文化的标准著作，是研究龙山陶器不可缺少的参考书。"最近从台湾传来的消息说，"中央研究院"史语所将用尹达的原名刘燿，出版这部尘封了半个多世纪的考古报告的未完稿。这份由史语所带到台湾去的考古报告稿，经过60多年的世事沧桑，终于获得了问世的机会，可惜报告的执笔人却无法看到自己的心血结晶了。

中华人民共和国成立后，尹达先后担任中国科学院历史研究所副所长，考古研究所副所长、所长等职务，1983年病逝于北京。

【23】台北，"中央研究院"历史语言研究所藏《傅斯年档案》，转引自《傅斯年文物资料选辑》，王汎森、杜正胜编，傅斯年先生百龄纪念筹备会1995年出版。

【24】朱瑞熙、徐曰彪《范文澜》，载《当代中国社会科学名家》，刘启林主编，社会科学文献出版社1989年出版。

【25】《中国通史简编》，中国历史学会编辑，范文澜主编，上海：新知书局1947年出版。

【26】《中国通史》，范文澜著，人民出版社1994年出版。

【27】《八十年来——黄炎培自述》，黄炎培著，文汇出版社2000年出版。黄炎培的《延

安归来》在重庆出版发行后，对扭转国统区人民对中共的恶劣印象起到了重大作用。作为投桃报李的酬谢，在共产党即将全面翻盘的前夜，即1949年3月，黄炎培在中共地下党的秘密协助下，由上海经香港辗转潜入北平。当天晚上，刚进驻北平西郊未久的毛泽东设宴款待黄等20多位知名民主人士。第二天，毛泽东又单独设晚宴招待黄炎培，两人畅谈时局，纵论天下大势至口鸡三号。如此殊荣令黄氏心潮澎湃，激动得不能自制。若不是在漆黑的深夜，他将立即奋臂高呼点什么。两天之后，新任北平市市长叶剑英在国民大戏院开欢迎会时，黄炎培再度想起毛对自己的隆恩礼遇，遂不顾正在讲话的叶剑英，突然站起来，情不自禁地振臂高呼口号："人民革命万岁！中国共产党万岁！毛主席万岁！"

因了这次高呼，黄氏被认定是八个民主党派中，第一个喊出"毛主席万岁！"口号的人。而中共内部第一个高呼此口号者则是彭真。

【28】黄炎培《延安归来》，载《八十年来——黄炎培自述》，黄炎培著，文汇出版社2000年出版。

【29】【30】《八十年来——黄炎培自述》，黄炎培著，文汇出版社2000年出版。

【31】《近三十年见闻杂记》，左舜生撰，香港：自由出版社1950年出版。

【33】《傅斯年全集》，第五册，台北：联经出版公司1980年出版。

【34】《傅斯年校长的声明》，载《傅斯年全集》，第六册，台北：联经出版公司1980年出版。该声明原刊于台北《民族报》，1949年7月14日。傅氏另有《自由与平等》《苏联究竟是一个什么国家？》《我们为什么要抗俄反共？》《共产党的吸引力》等数篇专论，收入此著第五册。

【35】载《傅斯年文物资料选辑》，王汎森、杜正胜编，傅斯年先生百龄纪念筹备会印行，1995年12月出版。

【36】李济《创办史语所与支持安阳考古工作的贡献》，载台北《传记文学》，第二十八卷第一期，1976年1月。

【37】《傅斯年致胡适》(1947年2月20日)，载《胡适遗稿及秘藏书信》，第37册，耿云志主编，黄山书社1994年出版。

第十一章 | 千秋耻，终当雪

◎ 初闻涕泪满衣裳

视察团延安之行被陈寅恪不幸而言中，以黄炎培为首的策士班子尽管使出了浑身解数，但没有达到目的。蒋介石把双方的《会谈记录》翻了几下，就冷冷地撇在一边不再顾及，仍坚持一党专制的思想处理当前的政治问题。这一做法令延安方面大为不快，认为自己又被国民党涮了一把。

在黄炎培等人回到重庆的第五天，也就是 7 月 10 日，已通过表面和地下渠道得知蒋介石真正想法的毛泽东，盛怒之下决定实施反制，于延安发表了著名的《赫尔利和蒋介石的双簧已经破产》战斗檄文，对国民党及美国前往中国调解国共摩擦的代理人赫尔利大加讨伐。此文一出，生存在一厢情愿和幻觉中的民盟第三党，不但没有达到当年苏秦、张仪合纵连横的奇效，反而弄得猪八戒照镜子——里外不是人，最终落了个蒋介石、毛泽东两巨头一怒而自己惧，最后归宗无着，两条船都没搭上，空落得在浪潮汹涌的浑水中瞎扑腾的尴尬结局。好在此时世界性的反法西斯战争已取得了惊人的进展，中国民众的兴奋点再度被掉转到东、西方两大战场上去，国共两党的摩擦暂时被搁置下来。

1945 年 7 月 26 日，中、美、英三国联合发表了促令日本投降的《波茨坦公告》。日本政府在军部强硬分子的操纵下，宣布"绝对置之不理""把战争进行到底"。[1]

8 月 6 日，被激怒的美国在日本广岛投下了第一颗原子弹。

8月8日，苏联根据雅尔塔会议决定对日宣战。次日，苏联红军迅速进入中国东北地区，并向朝鲜北部和库页岛进军，一举歼灭近百万日本关东军。蒋介石闻讯，以中国政府主席的名义致电斯大林，谓："贵国对日宣战，使全体中国人民奋起。"又说："本人相信由于贵国压倒性的力量加入，日本的抵抗必会迅速崩溃。"[2]

8月9日，怒气未消的美国在日本长崎投下第二颗原子弹，整座城市化为一片废墟。当晚，已被打得急红了眼的日本天皇在御前会议上不顾军部强硬分子的阻挠与蛊惑，最后裁决：以不变更天皇地位为条件，向中、美、英三国为首的盟军投降。

8月10日下午7时许，日本政府决定接受中、美、英《波茨坦公告》，无条件投降，正式照会已托瑞士及瑞典政府转致中、美、英、苏四国。稍后，消息由重庆美军总部传出，重庆中央广播电台受命紧急插播了这一振奋人心的消息。在这具有重大历史意义的非凡时刻，播音员热血澎湃，感情激荡，已没有了平日圆熟的素养与技巧，任由情感喷涌。广播结束时，播音员呜咽着说："诸君，请听陪都欢愉之声！"

是时，收音机中传出了响亮的爆竹声、锣鼓声以及外国盟友"顶好""顶好"的欢呼声。紧接着，"日本小鬼投降了！""抗战胜利了！""中华民国万岁！"的欢呼声如春雷般炸响开来，整个重庆形成了一片欢腾的人海。

是时，傅斯年仍在重庆，当胜利的消息猝然降临时，先是目瞪口呆，接着方寸大乱，欣喜若狂。平时滴酒不敢沾的他从一个墙角抓起一瓶不知什么时候存放的泸州大曲，摇晃着高大肥胖的身躯冲出门外，加入奔跑欢跳扬臂高呼的人流之中。许多年后，同在重庆的罗家伦还记得这幕经典场景。罗在回忆文章中第一句话就是——"孟真疯了"。接下来说道："从他聚兴村的住所里，拿了一瓶酒，到街上大喝；拿了一根手杖，挑了一顶帽子，到街上乱舞。结果帽子飞掉了，棍子脱手了，他和民众和盟军还大闹了好一会。等到叫不动了，才回到原处睡觉。第二天下午我去看他，他还爬不起来，连说：'国家出头了，我的帽子掉了，棍子也没有了，买又买不起。哎！'"[3]

是啊，这口气整整憋了八年，八年的苦难、辛酸、屈辱、悲愤、忍耐，直至抗争与浴血奋战，生死一搏。一旦胜利到来，被压抑了八年之久的神经需要痛快地舒展，人们的情绪如同被地壳挤压得太久而终于火山一样轰然爆发，拘谨的变得放纵，沉郁的变得豪迈。辛酸而艰苦的日子总算没有白过，庆祝活动通宵达旦。

遥想当年，在那个寒风凛冽的严冬，中国军队在一片混乱中弃守南京，日本军队用超乎想象的野蛮，惨绝人寰地屠杀放下武器的战俘和中国平民，疯狂强奸无辜的妇女。与兽性大发的日军遥相呼应的日本市民，纷纷拥向东京街头，提灯游行，庆祝狂欢。想不到事隔七年，扬子江涌动的血水渐渐湮退之后这个夏天的夜晚，提灯游行、庆祝狂欢的人群已换了人间。

"谁会笑，谁最后笑。"——这是南京沦陷、日本东京狂欢之时，一位名叫鲁道源的滇军师长在奉命率部驰援东南战区的军事集结中，说出的一句暗含机锋的话。

这是一个隐喻，也是一种宿命，它预示了中国人民在经历九九八十一难之后，最终将修成正果，迎来胜利的欢笑；它暗合了中华民族必将在这场震天撼地的战争中，凤凰涅槃、浴火重生的玄机奥秘——这一切，都随着重庆街头那炸响的爆竹和狂欢的人潮而得到了历史性验证。八年抗战，如果自"九一八"算起，则是十四年的苦难与抗争，死者无声的托付，生者的吁求，都遥遥羁系在这片风雨迷蒙中升浮而起的圣地之上。

日本正式宣布投降后，重庆首次举行大规模胜利游行。队伍由在渝美军骑摩托车担任前导，后面车上高举中美英法苏五国国旗和领袖肖像，场面壮观、热烈

—— 重庆不眠，中国不眠，整个中华民族将伴随着这个不眠之夜开始新的历史纪元。

《日本在密苏里号上投降》，徐纯如绘

1945 年 8 月 15 日，日本时间中午 12 时，重庆上午 11 时，日本裕仁天皇对全世界广播了"停战诏书"，正式宣布 330 万垂死挣扎的日军放下武器无条件投降。同日，蒋介石以中华民国政府主席的名义，在重庆中央广播电台发表了抗战胜利对全国军民及全世界人民的广播演说，指出："我们的抗战，在今天获得了胜利。正义战胜强权，在这里得到了最后的证明。"[4]

9 月 2 日，在泊于东京湾的美国"密苏里号"战列舰上，正式举行了日本投降签字仪式。美联社在这一天向全球播发的电文称："第二次世界大战，历史上最惨烈的死亡与毁灭的汇集，今天随着日本的正式无条件投降而告终。"[5]

第十一章　千秋耻，终当雪

◎ 代理北大校长

就在裕仁天皇正式宣布投降的第二天，即 8 月 16 日，国民政府教育部长兼中央研究院代院长朱家骅找傅斯年谈话，让其出任北京大学校长，即刻做复员北平的准备。同时承诺傅斯年赖以起家并作为根据地与大本营的中研院史语所，仍由傅本人牢牢地攥在手心，他人不得染指。朱家骅最后强调，此次任命不仅是教育部的意见，也是介公的旨意。

早在抗战胜利前夕的 1945 年 5 月，国民政府行政院改组，宋子文当选为行政院长，翁文灏为副院长，受命组阁。由于宋子文与时任西南联大常委、北京大学校长蒋梦麟皆为留美派系的首要人物，且二人关系密切，便拉蒋梦麟做了行政院秘书长。蒋梦麟在翁文灏的帮腔与自己妻子陶曾谷的支持、蛊惑下欣然同意，并于 6 月就职。

当时蒋梦麟正在美国考察教育，北大教授们曾希望他在美国能洽商采购一些仪器、图书，并物色一批新教授，以为即将胜利复员的北大重建有所裨益。想不到图书仪器没有见着，自己却弃北大当起官僚来了。此事不但事前未与北大同人商量，事后也不致信北大教授们解释，更离谱的是，蒋自美国回国经过昆明也未下机到联大看一眼，径飞重庆。直到 6 月末，蒋梦麟才给北大历史系教授兼秘书长郑天挺写了一封信，说明自己到行政院当官的事儿，并有自己"仍可兼任北大校长。西南联大常委事拟请周炳琳先生代理。北大事务拟请你偏劳"等语，[6] 从而引起北大教授极大不满。法学院院长周炳琳对此事尤为愤慨，感情异常冲动，为此同人们"吵起来了"。[7] 郑天挺气愤地对周说道：若"果有此事，未免辱人太甚，不惟（蒋梦麟）个人之耻，抑亦学校之耻"。又说："（梦麟）师果允之，则一生在教育界之地位全丧失无遗矣！"[8]

在郑天挺等教授们的眼里，蒋梦麟是天下士林罕有其匹的重量级甚至宗师级人物，这样的人物在抗战胜利之际却弃北京大学，做一个宋氏门下的帮闲者，实在令人费解和感到悲哀。按郑天挺的说法，若说为了贪图功名，早在十几年前蒋就出任过政府教育部长，算得上是高官大员了，现已届花甲之年，北大校长的社会地位和影响也不算低，何必躬身屈就一个国人皆恨的国之巨奸院长的幕僚？面对蒋氏如此糊涂的抉择，郑坚持认为"为师计，殊不宜"[9]，并把此意特地向蒋的妻子陶曾谷做了陈述，让其转告其夫不要置名节荣辱于不顾，关键时刻还须以北大前途与自己的名节为重。但由蒋梦麟办公室一名微不足道的秘书兼小三，半道插足而终于击败对手，促蒋梦麟与原配离婚从而被扶为正室夫人的陶曾谷，并不把郑氏等人的话放在心上，认为行政院秘书长的官衔比北大校长大得多，发财的门路更多、更广、更易，乃与蒋串通一气，坚持己见，一意孤行。在此种情形下，北大同人共举傅斯年以公私两重友谊向蒋梦麟进言，做最后努力。想不到傅氏同样回天乏力，蒋梦麟并未给他面子。不仅如此，对方既已决定入主宋氏内阁，却又不向国民政府辞却北大校长之职。傅斯年见对方如此不识抬举，盛怒之下遂不再顾及个人感情，开始鼓动朱家骅干脆来个一不做二不休，索性让蒋梦麟交出北大的印把子，立即革掉他的北大校长之职。按教育部制定的《大学组织法》，校长不得兼任政府其他官职。当然，最好是让蒋氏自己知趣地请辞。在朱家骅与傅斯年的合力夹击围堵下，深知鱼肉与熊掌不可兼得的蒋梦麟只好忍痛割爱，与北大一刀两断，公开辞去西南联大常委及北京大学校长等本兼各职，义无反顾地加入了宋子文内阁。[10]至于西南联大解体之后北大何去何从，是有希望还是"无希望"，是死是活，他就顾不得这许多了。

在学界一片惋惜、困惑甚至怨怒声中，国民政府于同年8月免去蒋梦麟北大校长职。经蒋介石授意，决策者欲任命有"大炮"之声誉的傅斯年为北大校长，以维持局面。

身处乱离之世的傅斯年被委以重任，他的头脑尚属冷静，深知北大在天下儒林中的分量，更深知此时还有一个重量级的学界领袖胡适在美国蹲着。当年清华研究院成立之初，胡适没敢忽视王国维、梁启超的存在，此时轮到傅斯年不敢忽视胡适这个高大身影的存在了。只要胡老师一息尚存，自己是万万不能瞒着锅台上炕，窥视北大第一把交椅的。于是，傅颇明事理地向朱家骅建议，让德高望重的胡适回国主持北大事务，自己可做胡氏大旗下的一个大字号喽啰，专管摇旗呐喊与擂鼓助威，或者是做个像梁山好汉李逵那样挥动板斧开路的先锋。朱闻听此言，颇感为难，推说此举是秉承党国最高领袖介公的旨意，不好擅自更改云云。如果坚辞不就，傅可径自奏明介公，与教育部和朱氏本人无涉。傅斯年听罢，深知朱家骅与胡适有一个或明或暗的"瑜亮情结"，不愿看到胡适重返教育界执掌权柄与自己争雄，但又不好公然挑明，遂把这个皮球踢给了自己。此时傅氏是铁了心要把胡适推向聚义厅头把交椅的位置上，遂于8月17日上书蒋介石，动之以情、晓之以理，为自己不敢承袭如此名誉和重担开脱。一番有板有眼、声情并茂的陈述终于打动了蒋介石，蒋氏遂决定任命胡适为北大校长。因胡氏尚在美国，归国之前，国民政府任命傅为北大代理校长，并聘为西南联大常务委员。在这种情形下，傅"不得不勉强答应"[11]。

远在美国的胡适对蒋梦麟的选择从一开始就持冷静的观望态度，在傅斯年、郑天挺、周炳琳等满含悲愤口诛笔伐之时，他以和事佬的身份不温不火地为蒋开脱，并强调梦麟此举实乃是"为政府征调，只是暂局"云云，以此消融北大诸教授的怨愤。在得知自己被任命为北大校长后，胡适在给朋友的信中，极富理性、得体地说道："将来弟归国，若不得已，亦愿与孟真分劳，暂代一时，以待孟邻兄之归……"[12]胡适此言，是否出于真心不得而知，或只是为保持朋友间的友谊与共同的情面故意摆出的姿

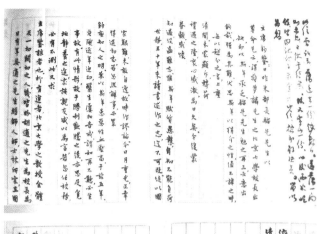
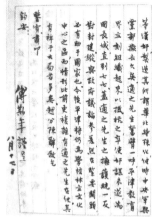
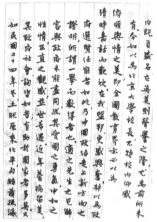

态与客气话，或真有暂代一时之意。只是蒋梦麟此次一别竟成永诀，再也没有机会回到他付出过心血，充溢着光荣与梦想的北京大学校园了。

1945年9月20日，傅斯年以北京大学代理校长的身份参加了在重庆召开的全国教育善后复员会议。会议就内迁教育机关的复员以及教育秩序整顿等问题进行了讨论和议决，参加者有朱家骅、翁文灏、李石曾、蒋廷黻等学界大腕。傅氏在会上极其活跃与情绪化地指手画脚，并公开为朱家骅出谋划策，其出格的形态立即引起了相当一部分与会者的反感。原清华大学历史系主任、国民政府行政院政务处长，时为善后救济总署署长的蒋廷黻对傅氏张牙舞爪的做法更是深恶痛绝，当场不无讽刺地谓傅斯年是"太上教育部长、太上中央研究院总干事、太上北大校长"。傅

傅斯年给蒋介石信影印件，信首有傅斯年自注：此信曾托道藩送去一份，越数日，道藩一问则未见，只说无结果。故又写此一份。以后两次吃饭，皆因说他事未拿出此信，旋即解决矣。留以为稿（台湾"中研院"史语所傅斯年档案馆"傅档"）

听罢反唇相讥，说自己只做"太上善后救济总署署长"。蒋廷黻见傅氏脸呈猪肝色动起怒来，怕引起对方心脏病复发，遂不再攻击。事后，傅斯年在给妻子俞大綵的信中道出了自己的委屈："事实是骝先好与我商量，而（他）十之七八不听，然而外人不知也，以为他的一切由我负责。"[13]通过这次会议，傅斯年更加认清了局面的复杂与派系争斗的险恶，他在给北大法学院院长周炳琳的信中不无忧虑地说道："弟贸然代理，半年之后，必遭天殃，有不得不与兄等约者，弟固跳火坑矣，而公等亦不当立于高峰之上，搬请以为乐也，除非大家努力，齐一步骤，此局不易维持也。北大之敌人多矣，随时可来算账，且此时不攘外即无以自立，此尤使弟斗志奋发，而又不得不戒惧者也。"[14]傅氏在忧虑与恐惧的同时，也立下了不惜抡拳开打的决心和斗志。

重庆会议之后，傅斯年即委派北大教授陈雪屏与郑天挺由昆明赶往北平，接收北大校产，为学校复员做准备。当陈、郑抵达北平后，首先遇到的颇感头痛的麻烦就是伪

"北大"教员问题。1937年卢沟桥事变之后，北京大学教职员工与学生根据政府的指令仓皇南下，占领北平的日军利用原校舍和来不及迁运的图书设备，又成立了一个伪"北京大学"，招生开课，对中国青年进行奴化教育。当时仍留在北平并渐渐堕落为汉奸的汤尔和、钱稻孙、鲍鉴清等人先后出任伪北大"总监督"和"校长"等职，周作人和著名古器物与古文字学家容庚等没有南迁的原北大、燕京大学教授也相继下水。周氏出任伪北大教授兼文学院院长，容氏出任文学院教授。此次陈雪屏在北上途中已接到国民政府教育部的命令，令其接收北平日伪各校的学生，办理北平临时大学补习班。傅斯年向来最痛恨不讲民族气节的儒生文士，对他的先祖傅以渐当年没有参加抗清复明运动，并且还参加了清朝入关后首次科举考试并得中，一直耿耿于怀，并深以为耻。如今对与自己同一时代，在民族危亡的紧要关头，不顾名节和民族大义，甘愿为日本小鬼驱使的大小知识分子更是深恶痛绝，恨不得立即将其擒获推出辕门斩首而后快。傅一接手北大事宜，即在报上发表声明，拒绝汉奸进入复员后的北大。

10月底，傅斯年由重庆飞往北平，陈雪屏等人到机场迎接。傅走下飞机第一句话就问陈与伪北大教员有无交往，陈回答说仅限一些必要的场合。傅闻听大怒道："汉贼不两立，连握手都不应该！"[15]当场表示伪校教职员坚决不予录用，全部都要屎壳郎搬家——滚蛋。同时傅表示要请司法部门将罪大恶极的儒林败类捉拿归案，打入囚车木笼，来个"斩立决"或"枭首示"，等等。

11月28日，傅斯年于《大公报》再度发表公开声明，斩钉截铁地提出："北大将来复校时，决不延聘任何伪北大之教职员……至于伪北大之学生，应以其学业为重，现已开始补习，俟补习期满，教育部发给证书后，可以转入北京大学各系科相当年级，学校将予以收容。"

蜗居在北平的伪大学教员们一看傅斯年摆出秋风扫落叶一样的无情架势，既惊又怕又怒又恨，特别是按照陆军总部"征调"伪敌人员服务办法进入补习班任教的伪北大教授，更是恼羞成怒，不仅四处鼓噪，还企图浑水摸鱼，负隅顽抗。伪教授们经过一番密谋，暗中联合起来以罢课相要挟，不承认自己按伪敌人员被"征调"，而是国立北京大学永久的合法教授，或者说"我们就是国立北京大学"。与此同时，伪教授们联合起来向时任北平行营主任的李宗仁请愿，强烈要求入主复员后的北大，继续担当传道授业解惑、万世不朽的人类灵魂工程师。为此，伪北大教授、古器物学家容庚还于11月7日在北平《正报》发表了答傅斯年书，以示抗议和为自己的行为辩护。书曰：

孟真足下：

卢沟桥事变正当庚南归过汉之时。在粤逗留四月，北平已陷，南京岌岌。庚以燕大职责，乃复北归，黾勉四年，成《重订金文编》《商周彝器通考》数书。教育部授以二等奖状。中央研究院史语所继续聘为通信研究员，不虞之誉诚非所堪，差幸不见弃于国。太平洋事变，燕大教务长司徒雷登先生握手告余曰："吾辈希望之日至矣。"庚自念吾国百年积弱，庶几奋发为雄乎！燕大复校于成都，同仁多西去，八妹媛亦从之而西。而庚独恋于北平者，亦自有故：日寇必败，无劳跋涉，一也。喜整理而拙玄想，舍书本不能写作，二也。二十年来搜集之书籍彝器，世所希有，未忍舍弃，三也。"不曰坚乎，磨而不磷；不曰白乎，涅而不缁。"素性倔强，将以一试余之坚白，四也。沦陷区之人民，势不能尽室以内迁；政府军队，仓皇撤退，亦未与人民以内迁之机会。荼毒蹂躏，被日寇之害为独深；大旱云霓，望政府之来为独切。我有子女，待教于人；人有子女，亦待教于我。则出而任教，余之责也。策日寇之必败，鼓励学生以最后胜利终属于我者，亦余之责也。……日寇之不得呈志于教育界，自沦陷以迄于今。教员之苦，至近两年而极。教授最高之月俸，曾不足以购百斤之米，或一吨之煤。故破衣恶食，斥卖书籍家具以为生者比比皆是。兼任讲师，受苦尤甚。至有步行往返四小时于道路而授课二小时者。其所得远不如卖烟拉车之辈为优。坚［艰］苦卓绝，极人世悲惨之境，果为何乎？固知吾国之不亡，教育之不当停顿，故忍受而无悔也。汉奸乎？汉忠乎？事实俱在，非巧言所能蒙蔽者，固愿受政府之检举裁判而无所逃避。在日寇则视吾辈为反动，在政府则视吾辈为汉奸，啼笑皆非，所谓真理，固如是乎？天乎？尚何言哉！

……

容庚白[16]

对容氏这种汉奸还是汉忠、之乎者也的巧言诡辩，傅斯年嗤之以鼻，毫不妥协，向北平的特派记者发表了爱憎分明的谈话。1945 年 12 月 2 日，北平《世界日报》披露了谈话内容：

北大代理校长傅斯年，已由昆明返渝，准备赴平，顷对记者谈："伪北大之教职员均系伪组织之公职人员，应在附逆之列，将来不可担任教职。至于伪北大之学生，应以其学业为重，已开始补习，俟补习期满，教育部发给证书后，可以转入北京大学各系科相当年级，学校将予以收容。"傅行期未定，校长胡适，传明春或返国。

就在傅的声明刊出之时，伪北大文学院院长周作人正猫在北平八道湾的"苦茶庵"，一边饮着苦茶，一边悠闲地写着叫作《石板路》的散文小品。文中极具感情色彩地回忆了他的故乡绍兴石板路与石桥的优美。文章在结尾处写道：

"冥冥风雨宵，孤灯一红揭。荧光散空虚，灿逾田烛设。夜间归人稀，隔林自明灭。"这所说是杭州的事，但大体也是一样。在民国以前，属于慈善性的社会事业，由民间有志者主办，到后来恐怕已经消灭了吧。其实就是在那时候，天灯的用处大半也只是一种装点，夜间走路的人除了夜行人外，总须得自携灯笼，单靠天灯是决不够的。拿了"便行"灯笼走着，忽见前面低空有一点微光，预告这里有一座石桥了，这当然也是有益的，同时也是有趣味的事。

三十四年十二月二日记，时正闻驴鸣[17]

文末所谓的"驴鸣"，是对傅斯年发表声明的回应。周作人在当天的日记中写道："见报载傅斯年谈话，又闻巷中驴鸣，正是恰好，因记入文末。"[18]

1937年北平沦陷后，学术文化界人士纷纷南下，周作人却坚持不肯离去。他当时幻想在北平隐居下来，脱于红尘之外，以教书、写作、翻译为生，继续过那恬淡平静的"苦茶庵"生活。这年9月，他在致《宇宙风》编辑的公开信中，以汉代的苏武自况，明确告知"关心我们的人"，"请勿视留北诸人为李陵，却当作苏武看为宜"云云。[19]

1939年元旦，周作人在家中遇刺，因子弹打在纽扣上而幸免于难，他误认为是日本人向其施加压力，给以颜色。周遂于枪杀事件发生未久，怀着惊恐之心接受了伪北京大学图书馆馆长一职，随后又接受了伪北京大学教授兼文学院院长等职，一只脚落入"水中"。1940年12月，他再次"荣升"为"华北教育督办"、南京汪伪政府"国府委员"、日伪"华北综合调查所副理事"等职，整个身子已全部泡到污泥浊水里去了。

鲁迅在1932年曾说过这样一句话：自《新青年》团体散掉之后，"有的高升，有的退隐，有的前进"[20]。这说的是与他自己有关的小团体。而论到革命者与革命军的时候，也说过类似的话："因为终极目的的不同，在行进时，也时时有人退伍，有人落荒，有人颓唐，有人叛变。"[21]鲁迅不厌其烦说这些话的时候可能还没有料到，他的弟弟竟位列其内——很不幸，属于最让人不齿的"叛变"一类。

周作人的下水固然有很多原因，但存留于他脑海中的亚洲主义思想、"亡国论"思想、历史循环思想，以及他对日本民族的感情等，都起了举足轻重的作用。而自1927年以来，他追求所谓的"得体地活着"，以及自誉为修炼得大彻大悟，超越了人间是是非非，进入超凡脱俗的活佛与神仙境界，因而任何庸俗的举动也就无伤大雅，甚至可以化俗为雅等论调，都是促其"下水"的引子。

当然，这个"引子"有一定的时代背景与思想基础，非一朝一夕即能形成。"九一八"事变之后，周作人的投降主

出任伪北大文学院院长时的周作人

义渐露端倪，在《关于英雄崇拜》一文中，居然嘲讽起文天祥的殉国，谓"文天祥等人的唯一好处是气节，国亡了肯死，这是一件很可佩服的事，我们对于他应当表钦敬，但是这个我们不必去学他，也不能算是我们的模范。第一，要学他必须国先亡了，否则怎么死得像呢？我们要有气节，须得平时使用才好，若是必以亡国时为期，那未免牺牲得太大了。第二，这种死于国家社会别无益处。我们的目的在于保存国家，不做这个工作而等候国亡了去死，就是死了许多文天祥也何补于事呢。我不希望中国再出文天祥，自然这并不是说还是出张弘范或吴三桂好，乃是希望中国另外出些人才，是积极的，成功的，而不是消极的，失败的，以一死了事的英雄。"【22】全国军民抗战前夕，周作人又写过《岳飞与秦桧》之类的文章，公然为秦桧翻案，否定了主战的岳飞为忠义之臣、秦桧主和为奸相的历史论断。他于1936年7月写的《再谈油炸鬼》一文中说："秦桧原不是好人，但他只是一个权奸，与严嵩一样，（还不及魏忠贤罢？）而世间特别骂他构和，这却不是他的大罪。""秦桧主和，保留得半壁江山，总比做金人的奴皇帝的刘豫张邦昌为佳，而世人独骂秦桧，则因其杀岳飞也。""关于秦始皇王莽王安石的案，秦桧的案，我以为都该翻一下。"又说："这里边秦案恐怕最难办，盖如我的朋友（未得同意暂不举名）所说，和比战难，战败仍不失为民族英雄（古时自己要牺牲性命，现在还有地方可逃），和成则是万世罪人，故主和实在更需要有政治的定见与道德的毅力也。"【23】此等说辞，似是为他自己落水成为汉奸找到了论据。

1946年，蒋介石赴北平与傅斯年协商伪北大教员处置问题，特到文天祥祠合影，以示对傅斯年的支持（来源：台湾"中研院"史语所傅斯年图书馆）

当傅斯年初次发表对伪北大教职人员处理办法的谈话后，周作人自视为傅斯年师辈人物，又同属"新文化运动"阵营中的盟友，遂以老前辈的姿态致信傅斯年，信中不但对自己下水做日人走狗的历史罪过无丝毫忏悔之情，反而口气蛮横强硬，理直气壮地令傅把自己作为特殊人物予以照顾，口出狂言连带警告性地说道"你今日以我为伪，安知今后不有人以你为伪"等语，满纸透着一股茅房的石头——又臭又硬的恶劣气味。傅斯年当即挥毫泼墨，痛斥道："今后即使真有以我为伪的，那也是属于国内党派斗争的问题，却决不会说我做汉奸；而你周作人之为大汉奸，却是已经刻在耻辱柱上，永世无法改变了。"【24】

令周作人没有想到的是，当饮罢最后一杯苦茶，写毕《石板路》的小品文后的第四天，即1945年12月6日，他就因汉奸罪被捕入狱，这篇短文与"闻巷中驴鸣"，也就成了他汉奸生涯的一曲绝响。

许多年后的 1971 年 5 月 9 日，台北《中国时报》副刊发表了南宫搏《于〈知堂回想录〉而回想》一文，其中一段说："我曾写过一篇题为《先生，学生不伪！》，不留余地地指斥学界名人傅斯年。当时自重庆到沦陷区的接收大员，趾高气扬的不乏其人，傅斯年即为其中之一。我们总以为学界的人应该和一般官吏有所不同，不料以清流自命的傅斯年在北平接收时，也有那一副可憎的面目，连'伪学生'也说得出口！——他说'伪教授'其实也可恕了。要知政府兵败，弃土地人民而退，要每一个人都亡命到后方去，那是不可能的。在敌伪统治下，为谋生而做一些事，岂能皆以汉奸目之。'饿死事小，失节事大'，说说容易，真正做起来，却并不是叫口号之易也。何况，平常做做小事而谋生，遽加汉奸帽子，在情在理，都是不合的。"

此文刊出后，许多人不以为然，曾被鲁迅指斥为"丧家的，资本家的乏走狗"的著名学者、教授梁实秋就曾出面回应道："南宫搏先生的话自有他的一面的道理，不过周作人先生无论如何不是'做做小事而谋生'，所以我们对于他的晚节不终只有惋惜，无法辩解。"【25】

就在周作人与傅斯年叫板儿对阵之时，傅斯年于重庆再度对记者发表长篇谈话，就伪北大教职人员去留问题发表了四点严正声明。12 月 8 日，北平《世界日报》做了如下报道：

（本报重庆特约航讯）北大代理校长傅斯年先生，对伪北大教职员，好像抱有一种义愤填膺，不共戴天的愤怒。除在十月三十日，我已将他赌咒发誓不肯录用伪北大教职员的谈话，专电报告外。今天，我于前两日参加教育部朱部长的记者招待会之后，我一早冒着迷濛的细雨，再去访问他。对这位患着血压过高而又爱国狂热的傅先生，我想更详尽地听听他的意见。在傅先生的寓所里，开门见山。

傅斯年向记者提出了四点重要声明：

一、专科以上学校，必须要在礼义廉耻四字上，做一个不折不扣的榜样，给学生们，下一代的青年们看看！北大原先是请全体教员内迁的，事实上除开周作人等一二人之外，没有内迁的少数教员也转入辅仁、燕京任教。伪北大创办人钱稻孙，则原来就不是北大的教授。所以现在伪北大的教授，与北大根本毫无关系。二、朱部长向我说过，伪北大教员绝无全体由补习班聘请任教之事，而系按照陆军总部征调伪敌人员服务办法，征调其中一部服务，不发聘书，与北大亦无关系。三、北大有绝对自由，不聘请任何伪校伪组织之人任教。四、在大的观点上说，如本校前任校长蒋梦麟先生，如明春返国的胡适校长，北大教授团体及渝昆两地同学会和我的意见是完全一致的。无论现在将来，北大都不容伪校伪组织的人插足其间。

当记者提到青年学生时，傅慨然说道："青年何辜，现在二十岁的大学生，抗战爆发时还不过是十二岁的孩子，我是主张善为待之，予以就学便利……据我所知，伪北大文理法三院教授的标准，就学问说，也不及现在北大教授的十分之一。很快地北大明夏就要复迁返北平了，以北大资格之老，加上胡适校长的名望，一定能够聘到许多第一流的教授。所以伪校教员不用，对学生是绝对有利的。这一点朱部长也再三表示支持，相信北平的青年学生，也不会轻易受人欺骗。"

当记者谈到北平的文化汉奸，傅幽默地说他们的"等类不同"，有一种是消极而不能自拔的，如周作人，原来享有声望，如今甘心附逆，自不可恕；另一类是钱稻孙型，那才是积极性的汉奸，在北平沦陷之前，钱稻孙就做了许多令人怀疑的事儿，当时有人问他中国会不会亡国，他答以"亡国倒是万幸"。问的人很惊诧，再问如何才是不幸，他竟说："不幸的是还要灭种！"而且那时候北大教授准备内迁时，他曾多方企图阻挠，也是尽人皆知的事儿。

最后记者问对周作人、钱稻孙之类的汉奸如何惩办，傅斯年用爽朗的山东口音说："我不管办汉奸的事，我的职务是叫我想尽一切办法让北大保持一个干干净净的身子！正是非，辨忠奸。"最后，傅斯年特别强调："这个话就是打死我也是要说的。"

这个声明发表之时，周作人已入狱两天，无法继续与之叫板对骂了，而一直猫在北平小胡同中的伪北大教授容庚见傅斯年一意孤行，毫无通融的余地，便以中央研究院通信研究员的身份，尾随傅从北平至重庆继续纠缠。

容庚出身于清末广东一个书宦之家，自小受到家风的熏陶，对古文字古物情有独钟。1924年于北京大学研究所国学门毕业，留校任教一年后转于燕京大学任教。1928年8月，傅斯年在广州筹备史语所时，打报告向蔡元培、杨杏佛请求礼聘的23名特约研究员中，排在李济之后，名列第11位的就是正在燕京大学任教的容庚。而盛极一时的徐炳昶、袁复礼、罗家伦、杨振声、罗常培、丁山等均位列其后，由此可见傅对容的看重。郭沫若亡命日本时，所撰写的几部与考古学、古文字学有关的著作，包括著名的《卜辞通纂》《两周金文辞大系》，有相当一部分材料是容氏为之搜集提供的。后来郭沫若曾说："若是没有容庚的帮助，我走上研究金文的道路，恐怕也是不可能的。"[26]后来容氏立下宏心大愿，以八年的时间，专门从事商周青铜器的综合研究，终于在1941年完成了《商周彝器通考》这部开创性的巨著。此书的出版在学术界受到广泛赞誉，许多年后，仍有学者认为是一座不可超越的学术高峰，谓此著"标志青铜器研究由旧式金石学进入近代考古学的里程碑。具有划时代的意义。半个多世纪以来，至今还没有一部研究青铜器的同类著作能够像它这样全面和系统，充分显示它具有无与伦比的科学价值"[27]。不过，容氏撰写这部大作之时，已转到伪北大任教了。尽管学术事业有成，但抗战八年也是彰显民族大义与个人名节的分水岭与试金石，在这道分水岭上，许多人成了学术与人格的分裂者。在大是大非面前，原本的朋友已变成了敌人，正如古人所言"汉贼不两立"是也。

当容庚风尘仆仆地由北平来到重庆中央研究院总办事处找到傅斯年欲当面理论时，傅拍案而起，摇晃着肥胖的身子指着容氏的鼻子破口大骂："你这个民族败类，无耻汉奸，快滚，快滚，不用见我！"当场命人将容氏按倒在地架了出去，扔到了泥泞遍布的马路上。第二天，《新民报》登载此事，标题：《傅孟真拍案大骂文化汉奸，声震屋瓦》。[28] 后来，容氏得到高人指点，重新换了衣服，洗掉满身的污泥，再度登门拜访，表示要谢罪改过，重新做人云云。傅斯年思虑半天，才勉强接见，但仍不允其到北大任教。灰头土脸的容庚只好托李宗仁的关系准备到广西大学教书，后未成行，转聘于岭南大学，终其一生，再也没能迈进北京大学的门槛。

◎ 重返平津

经过近一年的吵闹叫骂、阴谋与阳谋的交锋对垒，位于昆明的西南联大各色人等，随着学潮此起彼伏，在风雨潇潇、鲜血激荡中，翘首以待的三校复员之日终于到来了。[29]

1946 年 5 月 4 日，西南联大师生与特邀来宾在校图书馆前的广场上，举办了校史上最后一次结业典礼。唯一在昆明统揽全局的联大常委梅贻琦做了具有历史纪念意义的报告，北大、清华、南开三校代表汤用彤、叶企孙、蔡维藩相继致辞。会后，全体师生来到校舍后面的小山，树起了代表联大师生情感与精神寄托的纪念碑。按照传统的款式，纪念碑署名分别是："文学院院长冯友兰撰文，中国文学系教授闻一多篆额，中国文学系主任罗庸书丹。"碑的背面刻着西南联大自抗战以来 834 名参军入伍学生的名单。

当冯友兰朗诵完纪念碑碑文后，揭幕仪式开始。历经八年的联大生活就此宣告结束。除师范学院继续留在昆明改称国立昆明师范学院（南按：即后来的云南师范大学），其他师生分批北返平津，当天即有 90 多人乘卡车北上。

"千秋耻，终当雪。中兴业，须人杰。便一成三户，壮怀难折……"校歌响起，汽笛声声。师生们整日在校园相聚时，尚不觉得有什么，而一旦分别，才蓦然感到各自的灵魂紧紧地连在了一起，剪不断，理还乱，是离愁，别是一番滋味在心头。教授与学生对望无语，相拥而泣，恋恋不舍地离开了春城与脚下那块水乳交融的红土地。

就在联大学生北返平津一个月后的 6 月 5 日，远在美国的胡适昂头挺胸，精神抖擞

第十一章　千秋耻，终当雪

地健步登上客轮甲板，在太平洋激荡的清风绿浪中，离开纽约回归祖国。他在当天的日记中写道：

> 下午三点半开船。
> 此次留美国，凡八年八个月（Sept. 26，1937 到 June 5，1946）。
> 别了，美国！别了，纽约！[30]

富有意味的是，当胡适乘坐的轮船在太平洋行驶30天，终于在7月5日靠近上海这离别近九年的城市与故土时，迎接他的不是鲜花彩虹，而是狂风暴雨和如血的残阳。——这是一个"主大凶"的预兆，只是被雨水浇晕了头的胡适当时并没有真正意识到这个预兆对他来说意味着什么。

胡适一到北平，傅斯年践行了当初的承诺，主动把自己坐得温热的交椅用毛巾擦了擦，搬到胡老师屁股下连扶加抬地把他请了上去。笑逐颜开的胡适尽管有点儿不好意思，还是打着哈哈当仁不让地坐了上去。傅斯年不但要把胡老师扶上北大第一把交椅，还要按中国"扶上马，送一程"的老规矩，再送夫子一程，至少在一段时间内仍留在北平，把一切敌对势力和半敌对势力荡平铲除之后方可卸职。

此前，傅斯年在给夫人俞大綵的信中说道："大批伪教职员进来，这是暑假后北大开办的大障碍，但我决心扫荡之，决不为北大留此劣根。"又说："在这样的局面下，胡先生办远不如我，我在这几个月给他打平天下，他好办下去。"[31]正是由于这样的决心和实际行动，伪北大教职员与部分相关人员，才称傅斯年是胡适手下的一名好勇斗狠的恶劣打手，而傅却自称是一名"斗士"。

此时的胡适与1937年去美国前的北大教授兼文学院院长大不同了，他在美国大使任上的成就和攒聚的国际声望，尤其是一手把日本拖入太平洋战争的空前杰作，使他顿时声光四射，为世界瞩目。[32]

胡适一旦回国并踏入北大校园，如同潜龙出渊，虎入深山，再度啸傲士林，俯瞰政坛。历史的风云际会把胡氏推向了一个新的高度，世俗地位和声名也随之达到了登峰造极的境界。胡适的巨大影响使他不但成为中华大地上教育、文化、学

1946年8月，傅斯年（左）、李宗仁（右）在北平机场欢迎胡适归来

术界的"帅"字号人物，而且一举成为政坛上象征性的盟主——尽管虚幻多于实际。在"帅"旗飘扬中，同样沉浸在虚幻迷惘中的各色人等从四面八方云集而来，于乱世苍茫中企图求得一方良药，以壮行色。而此时的胡适一扫九年来在美国受的委屈，特别是孔宋集团的窝囊之气，野心顿发，开始摇动令旗呼风唤雨。按当时出任北大校长室秘书的邓广铭的说法，头顶五彩光环、身佩盟主"帅印"的胡适，不但"立志要把北大办好，也不但以华北地区教育界的重镇自任，而是放眼于全中国的高等教育事业，是以振兴中国的高等教育为己任的"【33】——如此强劲的势头与做法，令许多人为之侧目，无怪乎当初傅斯年荐其出任北大校长时，作为教育部长的朱家骅漠然处之。

但书呆子气仍未完全脱尽的胡氏，没有意识到斗转星移，更没有想到，这一"宏大叙事"式的光辉蓝图，很快就像自己归国时遭遇的西天彩虹，瞬间化为泡影。

此时的北平已不再是1937年前的北平，而此时的北大也自然不再是当年的北大了。在急剧动荡的大时代，政治腐败，经济崩溃，教授与学生皆陷入生存困境难以自拔。四顾茫然中，中共地下组织趁机发动学潮，展开与国民党政权的斗争。如果说抗战前中共潜伏于各大学的地下组织尚属零散、隐蔽，如今几乎已是公开的大规模的运动了。在"动地走雷霆"（郭沫若诗句）的滚滚学潮涌动中，胡适的大旗很快就淹没在一片浩瀚激荡的洪流赤水之中。

此前的5月4日，傅斯年由重庆抵平，正式筹备北大复校事宜。21日，针对西南联大学潮吵闹不息与联大教授闻一多、吴晗等人的嚷嚷不止，傅氏极为愤慨地发表公开宣言，谓："关于学生运动，今日学生水准，不够为未来之建国人才，甚望能安心读书，专门做学问，学术绝对自由，惟不可作为政治斗争之工具。"【34】这年7月底，复员的清华、北大、南开三校联合招考先修班学生，考生被录取后可自由选择学校与专业，根据国内情形，共分七个考区，分别为上海、北平、昆明、广州、重庆、武汉及天津。成绩公布后，七区成绩以上海考生为最佳，昆明考生最差。对此，傅斯年对记者发表谈话，颇为感慨地说："昆明区成绩最差，因高中学生从事政治活动，而疏忽功课所致。"因此"奉劝昆明同学今后为自己前途着想，努力学业，何必替人家做垫脚石。"【35】

同年8月4日，精疲力竭的傅斯年在北平《经世日报》发表《漫谈办学》一文，提请政府与学校当局负起应有的责任。面对啼饥号寒的师生，政府必须提高其待遇，"不要视之如草芥，这道理尤其应该请行政院院长宋公明白……我们北京大学的教授，自国民政府成立以来，从来没有为闹待遇而罢课、而发宣言，这是我们的自尊处。但若宋公或他人以为这样便算无事，可就全不了解政治意义了"。傅斯年明确表示，在风起云涌的社会大动荡中，各校皆是面黄肌瘦的教员与衣食无着的学生，形同难民丐帮，希望他们不闹事生非，实在是不近情理的事儿。但就校长与教授一方，必须打起精神，拿出为青年、为人类的赤胆忠心。如其不然，学校是假的，不如不办，免得误人子弟云云。

傅氏以教育界大佬的身份，为维护风雨飘摇的国民政府做最后努力。他以严肃的态度和鲜明的政治立场指出："学校必须有合理的纪律。这些年来，学校纪律荡然，不知多少青年为其所误，风潮闹到极小的事，学生成了学校的统治者。这样的学校，只可以关门，因为学校本来是教育青年的，不是毁坏青年的。大凡学生闹事可分两类，一、非政治性的，非政治的风潮，每最为无聊，北大向无此风。二、政治性的风潮，政治性的必须要问是内动的或外动的。去年年底我到昆明去处理学潮，在最紧张中，老友冯芝生笑对我说：'请看剃头者，人亦剃其头。'这因为我是五四运动之一人，现在请人不闹风潮，故芝生以为可笑也。当时我对朋友说，五四与今天的学潮大不同。五四全是自动的，五四的那天，上午我做主席，下午扛着大旗，直赴赵家楼，所以我深知其中的内幕，那内幕便是无内幕。现在可就不然了，某处（南按：指延安）广播一下，说要求美军撤退，过了几天，学生便要求美军撤退，请问这是'为谁辛苦为谁忙？'这样的学生运动，我是很不愿意它和五四相提并论的。我们不当禁止青年作政治运动，但学校应该是个学校，应该有书可读。若弄得成了政治斗争的工具，岂不失了学校存在的意义？青年人多是不成年的人，利用他们，岂不是等于用童工？教员有他的职业的本分，就是好好教书。若果志不在此，别有所图，岂不是骗人？骗人者不可为人师。受骗者，应该先开导他，开导不成，必须绳之以纪律。今人皆知五四赵家楼之一幕，而忘了护校之一幕，甚为可惜。"

最后，傅斯年以总结性的口吻说道："我这几个月负北京大学的责任，实在一无贡献，所做都是些杂务的事，只是一条颇堪自负的，便是'分别泾渭'，为北京大学保持一个干净的纪录。为这事，我曾对人说，'要命有命，要更改这办法决不可能'，所以如此，正是为北大将来的学风着想。"[36]

这是傅斯年首次坦率直白地向社会各界公开自己的政治观点，也是正式抽身北大的告别演说，内中不无对这所风雨急骤的著名学府未来的焦心与忧虑。当然，日后的北大校园是江水滔滔，还是洪流滚滚，或者在汹涌澎湃的学潮与社会鼓荡中走向复兴还是衰落，他这位被蒋廷黻所讥讽的"太上校长"就顾不得许多了。此时他的大本营兼老巢——四川李庄郊外山顶上的板栗坳，蛰居于山野草莽中的史语所同人，已连连拍发电报催其火速回返，以处理日积月累的复杂事务、人际关系与回迁等一连串棘手事宜。代理所长董作宾在电报中称："同济大学已开始回迁上海，所内人心浮动，惶惶不安，皆盼早日返京。请兄务于百忙之中回所视事，以定具体复员计划，稳定局面。"[37]

对于李庄方面急切的呼唤与期盼，傅斯年不能听而不闻而留在北平继续拖延下去，手心手背皆是自己的肉，且李庄的老巢远胜过北大的临时帐篷——史语所才是自己名正言顺的职责所在，也是立身处世的最大本钱。于是，满头大汗的傅斯年不得不撂下协助胡适"复兴北大"的挑子，搓搓双手，卷起那张一直随身携带的狗皮褥子，摇晃着肥胖的身躯离开故都北平，气喘吁吁地登上飞机舷梯匆匆向南飞去。只是，他要落脚的地点不是离李庄相对较近的重庆或成都，而是南京。——因为，令他一直挂怀于心的陈寅恪，此时已从美国返国并携家居住于南京俞大维公馆，傅斯年此行要做的第一件事，就是探访老友陈寅恪。

注释：

【1】《第二次世界大战简史》，孟庆瑞著，中国地质大学出版社1997年出版。

【2】【4】《蒋介石年谱》，李勇、张仲田编，中共党史出版社1995年出版。

【3】罗家伦《元气淋漓的傅孟真》，载台北《中央日报》，1950年12月31日。

【5】王作化、王晋阳《第一个报道日本正式签字投降的中国记者》，载《纵横》，2005年第9期。

【6】郑天挺《南迁岁月——我在联大的八年》，载《联大岁月与边疆人文》，南开大学校史研究室编，南开大学出版社2004年出版。

【7】《致胡适》，载《傅斯年全集》，第七卷，欧阳哲生主编，湖南教育出版社2003年出版。

【8】【9】郑克扬《北大复校时期的傅斯年与郑天挺》，载《文史精华》，1999年第7期。

【10】1945年8月8日，西南联大教授江泽涵在给胡适的信中写道："昨天蒋（梦麟）校长在昆明请北大教授茶会。他说骝先、孟真两先生劝他辞北大校长，因为他兼任北大校长，违反他手定的大学组织法。他说他从前未想到此点，故打算兼任，现在他觉得必须辞职了。"（见《江泽涵致胡适》，载《胡适来往书信选》，下册，中华书局1980年出版）最后蒋梦麟被迫辞去北大校长一职。

【11】朱家骅《悼亡友傅孟真先生》，载台北《中央日报》，1950年12月31日。

【12】《胡适致朱家骅、蒋梦麟、傅斯年》，载《胡适来往书信选》，下册，中华书局1980年出版。孟邻，蒋梦麟号。

【13】【31】《傅孟真先生年谱》，傅乐成撰，载《傅斯年全集》，第七册，台北：联经出版公司1980年出版。

【14】《致周枚荪》，载《傅斯年全集》，第七卷，欧阳哲生主编，湖南教育出版社2003年出版。

【15】陈雪屏《北大与台大的两段往事》，载台北《传记文学》，第二十八卷第一期，1976年1月。

【16】容庚《与北京大学代理校长傅斯年先生一封公开信》，载《正报》，1945年11月7日。

【17】《过去的工作·石板路》，载《周作人集》（上），止庵编注，花城出版社2004年出版。

【18】《周作人日记》，第三册，周作人著，大象出版社1996年出版。

【19】《与陶亢德书五通》，载《周作人集外文》（下），陈子善、张铁荣编，海南国际新闻出版中心 1995 年出版。

【20】《南腔北调集·自选集自序》，载《鲁迅全集》，第四卷，人民文学出版社 1981 年出版。

【21】《二心集·非革命的急进革命论者》，载《鲁迅全集》，第四卷，人民文学出版社 1981 年出版。

【22】《关于英雄崇拜》，载《苦茶随笔》，周作人著，上海北新书局 1935 年出版。

【23】《瓜豆集·再谈油炸鬼》，载《周作人集》（上），止庵编注，花城出版社 2004 年出版。文中所说那位鼓吹"和比战难"的"朋友"，即指北大文学院院长胡适。

【24】邓广铭《怀念我的恩师傅斯年先生》，载《台大历史学报》，第二十期，1996 年 11 月。

【25】梁实秋《忆周作人先生》，载《梁实秋散文》，第三集，中国广播电视出版社 1989 年出版。

【26】《古文字大师容庚助郭沫若步入金文研究》，载《新快报》，2004 年 11 月 12 日。

【27】曾宪通《容庚先生的生平和学术贡献》，载《容庚文集》，曾宪通编，中山大学出版社 2004 年出版。

【28】傅振伦《我所知道的傅斯年》，载《傅斯年》，聊城师范学院历史系等篇，山东人民出版社 1991 年出版。

【29】1945 年底，昆明爆发学潮，继蒋梦麟之后出任西南联大常委的傅斯年奉命前往处理。事情的经过与傅氏对此事的态度，从次年 1 月 5 日傅致俞大綵信可略知大概。信中说："昆明学潮之起源，校内情形复杂，固为一因，但当局措施荒谬，极为重要。十一月廿五日晚上，学生有会，地方当局（关麟征、李宗黄、邱清泉）禁止，学生仍开，遂在校外大放枪炮，幸未伤人，次日罢课。学校当局一面向地方当局抗议，一面劝令学生复课。乃李宗黄（代理主席）所组成之'联合行动委员会'，竟于十二月一日派大队人分五次打入联大，两次云大。其中一次有人在师范学院放炸弹，死者四人，锯去大腿者一人，还有一人可成残废，此外重轻伤十余人。此等惨案，有政治作用者岂有不充分利用之理？四个棺材一条腿，真奇货可居，全昆明市闹得不亦乐乎。我就是在此情况下到昆明的（四日）。我对于李宗黄等之愤慨，不减他人，同时也希望学校能复常轨。我的办法，真正敢作 [做] 敢为，彼时大家汹汹，居然能做到不出新事件。到了十一、二日，我本有可以结束之希望，忽知其不易（以有党派鼓动），随又转变一种办法，即加压力于学生也。此时梅已返校（南按：梅时正在北平办理清华复校事务），我们二人请辞职，教授决议，如学生不复课，即总辞职。有此压力，有的上课，而学生会亦渐渐下台。我走时，此局已定，有尾巴，我不赞成再让步，由梅料理，故我先走。大致说，廿日上课者约十分之一，廿四日上课者约十分之二，廿六日全上课。我于廿四日返渝。"（见《傅斯年全集》，第七卷，欧阳哲生主编，湖南教育出版社 2003 年出版。部分文字、标点，另据傅乐成油印本《傅孟真先生年谱》引文校正之）是时，李宗黄代理云

南省政府主席，关麟征为云南警备总司令，邱清泉乃驻昆第五军军长。

【30】《胡适日记全编》，第七册，曹伯言整理，安徽教育出版社 2001 年出版。

【32】美国著名史学家、哥伦比亚大学教授毕尔德（Charles Austin Beard）在他的名著《一九四一年，罗斯福总统与大战之序幕——现象与事实之研究》(*President Roosevelt and the Coming of the War, 1941 : A Study in Appearances and Realities*) 一书中，视胡适为日军偷袭珍珠港的罪魁祸首。毕尔德在书中所说的大意是：美日之战本来是可以避免的，而罗斯福总统为了维护美国资本家在亚洲的利益，不幸地上了那位颇为干练的中国大使胡适的圈套，才惹起日军前来偷袭珍珠港，最终把美国拖入了可怕的世界大战。

毕尔德所言虽不免过于夸张，但也透出了一个内在的事实，即胡适当年之所以接受使美职务，便是为此一"大事因缘"而来："胡适在大使任内，运用一切方式和力量推动美、日交恶，是众所周知的。他一心一意要把美国带进太平洋大战，使中国可以有'翻身'的机会。"（见《重寻胡适历程——胡适生平与思想再认识》，余英时著，广西师范大学出版社 2004 年出版）而随着美、英等国正式对日宣战，第二次世界大战全面爆发，胡适的"大事因缘"也就此了结。这个时候的胡适再也不能忍受宋子文、孔祥熙等"皇亲国戚"政治集团的挤压与羞辱，毅然决定挂冠而去。在美国闲居了几年后，总算以北京大学校长的身份体面地归国。

【33】邓广铭《漫谈我和胡适之先生的关系》，载《回忆胡适之先生文集》，第二集，李又宁主编，纽约：天外出版社 1997 年出版。

【34】《傅斯年谈北大复校》，载《申报》，1946 年 5 月 21 日。

【35】郑芳《随笔而书》，载《中央日报》（昆明），1946 年 12 月 3 日，第 6 版《新天地》栏目。

【36】载《傅斯年全集》，第六册，台北：联经出版公司 1980 年出版。

【37】台北"中央研究院"历史语言研究所藏《傅斯年档案》。

第十二章 魂返关塞黑

◎ 燕大讲台上的背影

陈寅恪自在内江与近在咫尺的李庄擦肩而过，于次日抵达成都燕京大学校园，开始了又一段悲欣交集的教书生涯与伤感怆怀的生命旅程。

据流求笔记载：到成都后，"父亲在燕京任课，我家与李方桂教授家同住在学校租赁的民房内。这期间成都灯光昏暗，物价飞涨，间或要躲警报，而父亲在生活那样困难的时候，用他高度近视的唯一左眼，紧张地从事学术研究和一丝不苟地备课"[1]。

燕京大学是美国教会在中国创办的高等学校之一，由北通州协和大学、北京汇文大学、华北女子协和大学合组而成，校址在北京西郊海淀（现北京大学校园）。第一任校长为美国人司徒雷登（John Leighton Stuart），其父母皆为基督教在华传教士，司徒雷登本人生于杭州并在中国长大，1905 年开始继承父业在中国传教，对中国文化有颇多了解和领悟。因了这一天时地利的关系，自 1919 年起，司徒雷登出任燕京大学校长。学校经费原由各基督教团体协助，并有驻美托事部为筹划及管理该校财政的机关。美国普林斯顿大学驻华委员会、罗氏基金会等也给予一定补助，从而加深了美国垄断资本和教会对该校的控制。1929 年燕大在中国注册，按国民政府教育部规定，凡在中国注册的学校，校长必须由中国人担任，燕大高层只得采取中国特色的"变通"之术，把燕大教授、信奉基督的晚清名士吴雷川抬出来做校长（Chancellor），司徒雷登改任校务长（President），但学校的实际权力仍握在司徒雷登之手。后来被称为"国贼"的孔祥熙一

司徒雷登校长（左二）与师生在燕大校园合影

时任美国驻华大使的司徒雷登在使馆办公室内

度担任该校董事会主席。

燕京大学凭借雄厚的美元资助，很快成为一所世界著名的教会大学，在中国本土成为可与北大、清华抗衡的高等学校。一批大牌教授陆续云集燕大校园，如著名学者陆志韦、洪业（煨莲）、邓之诚、郭绍虞、郑振铎、许地山、顾颉刚，外籍学者高厚德（Howard Spilman Galt）、班维廉（William Band）、林迈克（Michael Francis Morris Lindsay）、夏仁德（Randolph C. Sailer）、赖朴吾（Ralph Lapwood），作家斯诺等先后在该校任教。1928 年，美国加州大学对亚洲高等院校的学术水平进行调查统计，燕大被列为甲级的两所基督教大学之一，其毕业生拥有直接进入美国大学研究生院的资格。

1935 年，在日本与中国国民政府签订《何梅协定》之时，司徒雷登就已预见平津不保，开始考虑燕大的去留问题。经过反复权衡，最后选择留守原处，静观待变之策。卢沟桥事变后，中国政府和教育、文化机构纷纷内迁，燕大依仗美国势力撑腰，做出了留在沦陷区的抉择。为保护学校免遭日寇骚扰，司徒雷登重新担任校长，并让学校悬挂美国国旗。此举一度令许多学者不得其解，并批评指责司徒雷登的留守策略，认为这违背了中国政府关于阻止日本势力在中国生根的战略原则，日伪政权将利用此事鼓吹中日友好，从而葬送燕大美名云云。此后，美国政府发出了在华人员迅速撤离的通告。直到 1938 年 6 月，司徒雷登仍在撤与留之间摇摆不定，并怀疑留守之策是否得当。据司徒本人晚年的回忆录《在华五十年》（*Fifty Years in China : the Memoirs of John Leighton Stuart, Missionary and Ambassador*）透露，他的朋友燕大教授高厚德一席话打动了他。高厚德说，燕大的最高理想是为中国人民服务，而不是单纯为某个政治势力或某个政府服务，"在人类生活中有许多基本的关系，政治关系只是其中的一种"。所以燕大必须在沦陷区坚持下来，为沦陷区人民提供受教育的机会。高氏举例说，当年耶稣并没有设法逃出古罗马人的统治区，而是在压迫中继续他的事业和使命。

司徒雷登听罢深以为然，不但消除了心理负担，反而增添了一种使命感与光荣感，遂坚定了留下来的信心。燕大的坚守，确为其他部分未能南迁的高校师生提供了一个新的通道和避难场所，避免了被迫进入日伪控制的学校接受奴化教育的痛楚。这也就是傅斯年在北大复校时所说的"事实上除开周作人等一二人之外，没有内迁的少数教员也转入辅仁、燕京任教"。辅仁与燕大同为外国在华的教会学校，当时的燕大为了最大限度地满足沦陷区学子的求知要求，招生规模急剧扩大，从以前奉行精英教育，每年招生不足百人，到 1938 年 7 月录取新生 605 人，为历年之最。到 1941 年，燕大学生的注册人数达到了创纪录的 1128 人。

1941 年 12 月 8 日晨，珍珠港事件发生不到半小时，驻平日本宪兵队包围了整个燕大校园，并于当日强行接收，一批资深教职员和 11 名学生被逮捕，所有英美籍教职员被作为战俘押送到了山东潍县集中营。全体学生被赶出校园，美丽的燕园沦入日人之手并充作伤兵医院。当时刚从天津演讲返北平、入协和医院看病的司徒雷登也遭到逮捕监禁，直到 1945 年 8 月 17 日才获释出狱。当时燕大校园只有林迈克夫妇和班维廉夫妇因为早晨一听到广播就当机立断，驾车直奔西山投奔了解放区而免遭此难。[2]

日军的暴行并没有斩断燕大的血脉，一批逃离沦陷区的燕大师生历经千辛万苦，先后到达抗战后方四川，在各界人士的热心支持下，借用成都华西协合大学校园继续办学。1942 年 10 月 1 日，成都燕京大学正式开学，原北平燕大教务长梅贻宝被推举为代理校长。司徒雷登虽然身陷囹圄，仍被宣布为校务长。梅贻宝乃清华大学校长梅贻琦胞弟，小梅贻琦十一岁，在家中排行第五，早年毕业于清华学校，后留美攻读哲学，先后获柏林大学学士学位、芝加哥大学博士学位，其博士论文为《墨子哲学研究》，同时将《墨子》一书译成英文。归国后任燕京大学教授、教务长及文学院院长等职，具有"小梅校长"之誉。

燕大在成都稳住阵脚，立即进行招生，成渝两地学子闻讯纷纷投考，人数达三千之众。但限于当时的办学条件，只能招 150 名，加上从北平辗转奔来的原燕大学生，共 364 人。因南下的原燕大 30 余名教员无法满足教学需要，在梅贻宝的主持下，于全国各地进行招聘。正是在这样一个背景和条件下，中研院史语所的李方桂、陈寅恪才相继来到了成都燕大校园，分别充任汉语语言学和历史学教授。

燕京大学的学生在校园中

燕京大学师生在博雅塔前集会（1952年院系调整后，燕大撤消，北大由沙滩红楼迁入燕大校园。从此，博雅塔又成为北大的象征）

陈寅恪携家初到成都时，居住在燕大租赁的一排民房的二楼，同住的还有其他燕大教授。陈氏之所以舍李庄史语所而奔燕大，主要原因是认为成都和燕大的条件要比李庄为好，对自己及家人，特别是患有心脏病的夫人唐篔的身体有益处。想不到一到成都才知此处条件比想象的要糟糕得多。当时李方桂住在楼下，流求等几个孩子从自家的地板缝里，就可清楚地看到李家炒菜做饭的情景，由此可见其房舍的寒陋。

1944年1月25日（农历大年初一），陈寅恪致函傅斯年，谓："到此一月，尚未授课，因所居闹吵，夜间不能安眠，倦极苦极。身体仍未恢复，家人大半以御寒之具不足生病。所谓'饥寒'之'寒'，其滋味今领略到矣。到此安置一新家，数万元一瞬便完，大约每月非过万之收入，无以生存。燕大所付不足尚多，以后不知以何术设法弥补？思之愁闷，古人谓著述穷而后工，徒欺人耳。拙著《隋唐制度论稿》已付誊写否？"[3]

这个时候的陈寅恪或许尚未意识到，对于他与他的家人，新一轮的苦难才刚刚开始。自从卢沟桥事变举家南下，苦难就一直与他形影不离，且随着时间的推移愈演愈烈，大有将其置于死地，直至送进幽深邈远的坟墓的势头。正如法国早期工人运动的杰出领袖、空想社会主义者布朗基（Louis-Auguste Blanqui）所言："说到幸福，我只得面向过去，或者面向对我来说，除了坟墓以外没有任何希望的将来。"

对于这种境遇，陈寅恪有过一些认识，并有自知之明和立世之志。1919年，就读于哈佛大学的陈氏就曾对好友吴宓道出了自己的胸臆："孔子尝为委吏乘田，而其事均治，抱关击柝者流，孟子亦盛称之。又如顾亭林，生平极善经商，以致富。凡此皆谋生之正道。我侪虽事学问，而决不可倚学问以谋生，道德尤不济饥寒。要当于学问道德以外，另求谋生之地。经商最妙，Honest means of living。"又说："若作官以及作教员等，决不能用我所学，只能随人敷衍，自侪于高等流氓，误己误人，问心不安。至若弄权窃柄，敛财称兵，或妄倡邪说，徒言破坏，煽惑众志，教猱升木，卒至颠危宗社，贻害邦家，是更有人心者，所不忍为矣！"[4]

学问既不可倚为谋生之道，又立志从事学问之事业，这看上去似是一个悖论，但又寓于情理之中，其凸显的内核则是自由知识分子的道德精神与文化良知，只有"脱心志于俗谛之桎梏"，真理乃得以发扬。可以说，从立志献身于学术那一天起，陈寅恪就注定要面对和担当个人的不幸，只是后来的不幸超出他的想象罢了。而今面对战火连天的赤县神州，陈寅恪唯一的出路，就是于不幸中咬紧牙关，同无尽的苦难抗争，以求不幸之中的侥幸，其他则别无选择。后人看到的一幕景象是，在如此艰难困苦的环境中，陈寅恪依然向世界展示着一个自由知识分子的风骨和一个传统士大夫式的学者立德、立功、立言的终极理想与信念。也正是这一燃烧于心中的永恒火光，映照着他后半生坎坷不平的途程，虽九死而不悔，在无涯的苦海与茫茫天际中奋然前行。

陈寅恪在致傅斯年的信中所提及的论稿，是指后来在中国史学研究史上光照日月的盖世名篇《隋唐制度渊源略论稿》。此稿作于1939年昆明西南联大时期，时年陈寅恪50岁。据蒋天枢在《陈寅恪先生编年事辑》（增订本）民国二十八年己卯（1939）条下按："本年春初在昆明曾生病。师曾语枢云：'本年在昆明病中作《隋唐制度渊源略论稿》，寄上海商务印书馆印行，但此稿遗失。（闻商务香港印刷所在付印前为日寇烧毁。）后史语所友人将旧稿凑成，交重庆商务重印，恐多误。'"

按陈寅恪的说法，既然是朋友弟子将旧稿凑成印出，难免会有很多错误。但无论如何，这部多灾多难的书稿总算面世，实乃陈氏本人与中华民族学术界一大幸事。1941年8月26日，陈寅恪在香港九龙太子道三六九号住处给傅斯年信中曾提及此稿事："弟近将所作之《唐代政治史略》修改完毕，中论士大夫政治党派问题，或有司马君实所未备言者。将如何出版，尚乞便中示知（尊病未愈，不欲管此琐事亦可不复，因弟亦不急于决定也）。去年付印之《隋唐制度论》，则商务书馆毫无消息。因现在上海工人罢工，香港则专印钞票、邮票，交去亦不能印，虽谆托王云五、李伯嘉亦无益也。"[5]

接信的傅斯年答应查询详情，但陈寅恪方面却迟迟未得到消息。于是，到了1942年8月1日，已逃离香港来到桂林的陈寅恪再次致信傅斯年询问："集刊及本所专刊有无新出者？弟前年交与商务之《隋唐制度论》，商务坚执要在沪印，故至今未出版，亦不知其原稿下落如何？"又说："弟近日忙于誊清拙著《唐代政治史略》，意颇欲在内地付印，以免盖棺有期，杀青无日之苦。尊意如何？乞示。"[6]从这两封信中可以看出，陈寅恪是把自己的学术成果视同生命来看待的，而作为一个以学术立足的学者也当如此。只是出乎他与傅斯年的意料，这部书稿早已在战乱中像著名的"北京人"头盖骨一样下落不明了。

1942年，在南溪李庄的傅斯年向中央研究院提交过一份《本所刊物沦陷港沪情形及今后出版计划》，明确提到了陈寅恪这部著作的命运。傅在报告中说：

本所各项刊物，原来自刊自售，以后堆积如山，购者更感不便，遂于民国二十三年六月改委商务印书馆出版。抗战以后，情势转变，然内地无法精印，而本所刊物图版最多，兼以印费有限，迫不得已仍托该馆办理。惟三四年来该馆工潮时起，印刷迟缓，虽本所曾经派员往沪就近督印一次，所生效力亦仅一年而已。以后各项稿件，均不能迅速印出。三十年度中尚有若干已成之长篇文稿，均以太平洋情势紧张，未继续送去。其最不可解者，常有市上已有售本，而本所尚未见样本，此真该馆办事奇怪之征……去冬港沪情势变后，本所历年交付该馆之稿件及已印成之书，全部不知下落！自抗战以来，本所虽力图出版刊物之量与质不减于往日，终以印刷迟缓之故，未能如愿。此次沦陷港沪书稿之多，尤为本所之重大挫折。[7]

按照傅斯年所列沦陷之书稿数目，共有专刊、单刊、集刊（八开本，每册约 150 页）、人类学集刊（开本、册页与前同）、中国考古报告集、史料丛书、其他共 7 项 21 种，60 类，总计在 300 万字以上。目录分为：

1. 尚未付排者；
2. 正在排印者；
3. 排校已完，但出版与否情形不明者；
4. 已出版而样书迄未寄到者。

在这四类遗失书稿中，陈寅恪的《隋唐制度渊源略论稿》属于第二类"正在排印者"之列。——历史就是如此地巧合与无情。

不幸之中的侥幸是，由于陈寅恪右眼失明，视力不济，他的书稿脱手后寄给史语所，由傅斯年安排年轻的专业研究人员抄写誊清后才送印书馆排印。而由年轻的研究人员或学生代抄手稿，史语所支付誊抄费，这一程序几乎成为惯例，从 1945 年 5 月 16 日陈寅恪致傅斯年的信中可以清晰地看到类似的操作方式。陈在信中说："弟未病时，已草成《元白诗笺证》一书，尚待抄正。兄前有函云，史语所可以付抄写费用；今弟欲于一二月后，令燕大国文系高级生，由弟指导抄写及查对原文，以了此公案。不知史语所每月能付抄写费若干？及由何时付起，均请示知，以便办理。"[8] 正是因为这一不成文的惯例，才有了陈氏书稿下落不明之后，史语所同人"将旧稿凑成，交重庆商务重印"的补救措施。也多亏了这一补救措施的成功，这一伟大巨著没有在战火中零落，并于 1944 年秋在重庆印出。此是陈寅恪之幸，亦是中国乃至世界文化史上的一大幸事。

◎ 名山事业，流水人琴

陈寅恪既受燕大之聘，当然要授徒开课。在他看来，一旦接受了大学教学机构的聘约，就应认真对待，信守约定，且要不断研究出新的成果予以讲授，若无独到的研究与创获，就不能开课。过去一些旧式的家庭塾师或大学的国学教授，像寺院和尚念经一样，把一本东拼西凑、杂糅而成的讲义念来念去竟混了一辈子。对这种误人子弟的方法，陈氏深恶痛绝，决心改变这种腐朽的现状，潜心学术研究，继绝扶衰，传文化香火于"来者"。

纵观陈寅恪一生的学术历程，可分为战前、战时和 1948 年之后，也就是他生命的最后二十年等三个阶段，或称早、中、晚三个时期。每个时期研究的兴趣与路向不同，各有偏重，但就取得的成果和达到的学术高峰而言，抗战八年的丰硕收获则更为显著和令人钦佩。

查考陈寅恪一生学术简历可知，早期发表的论文有近 40 篇是围绕佛经翻译与边疆民族史内容写就，用陈氏自谦的话说，即"塞外之史，殊族之文"[9]。这些论文发表于 1927 年至 1934 年任教于清华初期，其中《大乘稻芊经随听疏跋》是可考的自欧洲回国后发表的第一篇学术论文。陈氏利用自己掌握的蒙、藏、梵语，考证出《大乘稻芊经随听疏》的翻译者、唐代吐蕃沙门法成的名字。这个名字出于蒙文，然则蒙文又依梵文（藏文）而来，依次查考，最后确定其为吐蕃大德法成。这部经卷是从汉转藏，汉文本湮失，唯藏文本独存。在蒙文里写作"答哩麻悉谛"，在梵文里，应该写作"Dharma Siddhi"，在藏文里，应该是"Chos grub"。"法成"则是他的中文意译之名。在陈氏看来，这个法成和唐代的玄奘一样，在中外交通史上应当有很高的地位。"夫成公之于吐蕃，亦犹慈恩之于震旦；今天下莫不知有玄奘，法成则名字湮没且千载，迄至今日，钩索故籍，仅乃得之。同为沟通东西学术，一代文化所托命之人"[10]，但法成在中国文化史和民间的名声，显然无法与玄奘同日而语，陈寅恪乃有"而其后世声闻之显晦，殊异若此，殆有幸有不幸欤？"的感慨。同一年，陈寅恪还发表了《童受喻鬘论梵文残本跋》一文。在这篇《跋》

覃思妙想，希踪古贤；博識宏文，嘉惠来学。名山事业，流水人琴。

寅恪先生文集傅世

一九七九年三月俞平伯敬题

俞平伯手书

里，他把马鸣菩萨《大庄严论》的鸠摩罗什译本，拿来和吕德施整理的原梵文残本相比照，核对二者不同与讹误，赞扬鸠摩罗什在翻译史上的成就，称其功绩"数千年间，仅玄奘可以与之抗席。然今日中土佛经译本，举世所流行者，如金刚心经法华之类，莫不出自其手。故以言普及，虽慈恩犹不能及。"[11]对西域僧人鸠摩罗什的学术业绩做如此之高的评价和颂扬，在中国文化史上尚属首次。

自1920年起，供职于教育部的鲁迅以特聘讲师的身份在北京大学讲授中国小说史，认为六朝之鬼神志怪小说兴盛与佛教影响有关："中国本来信鬼神的，而鬼神与人乃是隔离的，因欲人与鬼神交通，于是乎就有巫出来。巫到后来又分为两派：一为方士；一仍为巫。巫多说鬼，方士多谈炼金及求仙。秦汉以来，其风日盛，到六朝并没有息，所以志怪之书特多……"又说："此外还有一种助六朝人志怪思想发达的，便是印度思想之输入。因为晋、宋、齐、梁四朝，佛教大行，当时所译的佛经很多，而同时鬼神奇异之谈也杂出，所以当时合中、印两国底鬼怪到小说里，使它更加发达起来，如阳羡鹅笼的故事……此种思想，不是中国所故有的，乃完全受了印度思想的影响。就此也可知六朝的志怪小说，和印度怎样相关的大概了。"[12]鲁迅对六朝小说的研究可谓起了拓荒的作用，然而鲁迅并不精通佛教，更不懂梵文与中亚其他地域的文字，因而受到局限就不可避免。

在中国近代史上，真正把魏晋南北朝佛教与文学的关系引向深入，"发前人未发之覆"并做出巨大贡献的，当是陈寅恪。陈氏通过对佛经的研究，先后发表过《忏悔灭罪金光明经冥报传跋》《敦煌本十诵比丘尼波罗提木叉跋》等论文，开始涉及佛教与小说史及文字学领域。1930年，陈氏在《清华学报》六卷一期刊发了《三国志曹冲华佗传与佛教故事》论文，首次指出《三国志》中的《曹冲传》和《华佗传》，已经有佛教故事辗转因袭、杂糅附会在其间，其有二例可以说明：一个是"曹冲称象"的故事；另一个是神医华佗医术高超的故事。而这两个例证，"或亦审查古代史料真伪者之一助也"。[13]

陈寅恪研究发现，"曹冲称象"这个在中国民间被人津津乐道、妇孺皆知的少年天才故事，原是附会北魏《杂宝藏经》里的佛经而来。为证实这一推断，陈氏先引《三国志·魏志》和叶适《习学记言》，肯定"曹冲称象"实有其事的正面记载，然后据清人何焯、劲晋涵等人著述，辨定上述史料之不可信，再引北魏《杂宝藏经》所载"称象"故事，考辨此经撰作时代、背景及适用范围问题。最后论证出"称象"故事原出佛经，而后流播中土。尽管陈寅恪已注意到《杂宝藏经》的汉译比《三国志》记载的时间要晚，但他仍认为并不妨碍这个故事本身早已传到了中土"附会为仓舒之事"的可能性。除此之外，陈氏还通过象之存在地域和曹冲死亡的年代等旁证，以佐证"称象"之事不可能发生在年幼的曹冲身上。

对于华佗其人与故事的考证。陈寅恪认为"夫华佗之为历史上真实人物，自不容不信"。然且站在科学的角度观察，所谓"断肠破腹，数日即差。揆以学术进化之史迹，当时恐难臻此"。[14]"华佗"原为五天外国之音，古音即天竺语agada，是所谓"药"的意思，旧译为"阿伽陀"或"阿羯陀"，为内典中所习见之语。《三国志·魏志》卷二十九《华佗传》所述华佗的多种神乎其神的医术，都是民间比附着印度的神话故事敷衍而来。陈氏据此认为此一故事"其有神话色彩，似无可疑"。陈寅恪虽是传统的旧学出身，但毕竟受过西方科学思维和方法的训练，在科学上的独具慧眼与史学上的缜密考证自有独到之处，因而在论证两例故事的过程中则显得从容不迫，卓识超人。正如早年听过陈氏课业、后为中研院史语所研究员的劳榦所言：这个论断，"虽然有点惊人，却是非常合理"。[15]

继这篇引起学界广泛关注的论文之后，陈寅恪又陆续发表了一系列阐发佛经故事对中国古代文学构成影响的论文，如在《有相夫人生天因缘曲跋》一文中，提出弹词这种文体是从佛经故事演变而成，西北中古民间盛行之有相夫人生天故事、歌曲、图画可资凭证。今之《西游记》唐僧、孙行者、猪八戒等，皆脱胎于佛经故事。此外，陈寅恪还在蒙藏、突厥、敦煌文献研究中，利用其掌握的多门语言利器以考证、校正碑文，纠正史误。如对《蒙古源流》一书的考证，通过汉、藏、蒙文献相互比对，认为该书基本观念和编撰体裁乃取自八思巴的《彰所知论》，属于蒙古史料的另一系统，即在追加的史层上又增建天竺、吐蕃二重建筑，糅合数民族神话以为一民族之历史。而《蒙古源流》汉译本出于满文本，满文本又译自成衮扎布的蒙文本，从此疏清了各种版本的渊源与传继关系，使学界同人大开眼界，顿见新境，为蒙古史的近现代科学研究奠定了坚实的基础。

这一时期陈寅恪的学术思想与研究方向，显然与19世纪后半叶欧洲学术界"东方学"的兴起有关。适时西方势力正如火如荼地想方设法向中亚扩张，大批地下文物出土并被掠往欧洲。借了这些世之罕见的出土文物与世人难得一见的珍贵文献，欧洲学术界东方学迅猛发展，成就巨丰。时就读于柏林大学的陈寅恪自然受到这股学术之风的影响，而中国境内的学者深受西北地区出土文物与欧洲兴起的"东方学"之刺激，也开始关注中亚历史并着手进行西北史地的考察研究。在这样一种学术历史背景下，陈寅恪学成归国进入清华园，可谓适逢其时，很快入流其中，并融汇中西学术大显身手。数年之内，文章迭出，其学术成果令国内外学界瞩目。此时的陈寅恪与国内一流学者王国维等人一样，把精力倾注于西北史地领域，除了学术本身的兴趣，其中亦蕴藏着深厚的民族主义情感。这种情感夹杂了如"敦煌者，吾国学术之伤心史也"[16]的悲鸣。只是，后人多记住了他的这句痛彻肺腑的名言警句，包括现在的敦煌研究院在藏经洞陈列馆前竖立的石碑上，镌刻的也是该句伤心之语，岂不知陈寅恪还有后面一段话，即"综合并世所存敦煌写本，取质量二者相与互较，而平均通计之，则吾国有之八千余轴，比于异国及私家之所藏，又何多让焉"。通过列举这一数字，陈寅恪提醒国人，在风云激荡的国际大势面前，不畏惧、不退缩、不服输，哪怕是如敦煌劫余的残物余烬，同样值得国人

敦煌藏经洞陈列馆前的石碑，上刻陈寅恪名言：敦煌者吾国学者之伤心史也

珍惜厚爱。若从中提炼出新材料，研究出新成果，完全可与外国人抗席争胜。而"今后斯录既出，国人获兹凭借，宜益能取用材料以研求问题，勉作敦煌学之预流。庶几内可以不负此历劫仅存之国宝，外有以襄进世界之学术于将来，斯则寅恪受命缀词所不胜大愿者也"[17]。这个"大愿"，与当时的国内大气候，以及傅斯年所倡言的"要科学的东方学之正统在中国"的民族精神与学术追求是一致的。

自 20 世纪 30 年代中期开始，陈寅恪主动放弃了早些时候与西欧东方学派遥相呼应的西北史地及佛经、中亚古文字研究等学问的精研与教授，转而进入中国中古以降的历史领域，所涉范围有政治、宗教、社会、学术等各个方面，至 1948 年底基本告一段落。这一时期，可视为陈氏学术研究生涯一个巨大而突进的转捩点。对于这一嬗变的根由，后世研究者众说纷纭，有美籍华人余英时者，认为与陈氏本人尝怀"通古今之变"之抱负，以及与王国维之死造成学术上的失落感有关，当然还与陈寅恪自己不满 20 世纪 20 年代末学术界整理国故与唯物史观两股史学思潮有关，等等。

余氏之说自有其合理的一面，1942 年，陈寅恪在桂林所作《朱延丰突厥通考序》中有言："寅恪平生治学，不甘逐队随人，而为牛后。年来自审所知，实限于禹域以内，故仅守老氏损之又损之义，捐弃故技。凡塞表殊族之史事，不复敢上下议论于其间。"[18]这个序言所显现的思想理念，可看作支撑余英时之说的一根支柱。但细加思究，陈寅恪其说除了读书治学不甘逐队随人而为牛后的"小我"外，更多的还是民族大义与学术使命的召唤，即吴宓所说的"为中国文化与学术德教所托命者也"。

陈寅恪的门生、后来的助手王永兴对余英时之说明确表示不敢苟同，认为其师转变的真正原因与中华民族濒临危急，面临亡国灭种有着重大关系。出身传统士大夫家庭的陈寅恪，修齐治平的理想抱负一直蛰伏在他的心底，而传统文化中如忠孝节义等"春秋大义"的浸淫，在他的心灵深处当比普通民众更为剧烈，一旦遭遇实际社会情形，则其反应也更为激进。[19]

王永兴的解析显然比余氏要深刻合理得多，也更接近事情的内在本质。这一点从 1931 年 5 月陈寅恪于《国立清华大学二十周年纪念特刊》发表的《吾国学术之现状及清华之职责》一文中，即可见出端倪。陈氏曾云："吾国大学之职责，在求本国学术之独立，此今日之公论也。……近年中国古代及近代史料发见虽多，而具有统系与不涉传会之整理，犹待今后之努力。今日全国大学未必有人焉，能授本国通史，或一代专史，而胜任愉快者。东洲邻国以三十年来学术锐进之故，其关于吾国历史之著作，非复国人所能追步。昔元裕之、危太朴、钱受之、万季野诸人，其品格之隆汙，学术之歧异，不可以一概论；然其心意中有一共同观念，即国可亡，而史不可灭。今日国虽幸存，而国史久已失其正统，若起先民于地下，其感慨如何？"又说："夫吾国学术之现状如此，全国大学皆有责焉，而清华为全国所最属望，以谓大可有为之大学，故其职责尤独重，因于其二十周年纪念时，直质不讳，拈出此重公案，实系吾民族精神上生死一大事者，与清华及全国学术有关诸君试一参究之。以为如何？"[20]此时日本关东军已盘踞东北，即将发动著名的"九一八"事变，中华民族到了空前的危急时刻。国亡然能有史，殷鉴不远，从善去恶，国可再建；如无史，何所鉴戒，何所取法，华夏民族无从因袭，将不复存在矣。

陈寅恪此时所指的"史"，当然不仅仅是指历史本身，应含更广泛宏大的学术文化整体脉络之意。未久，陈氏坚称："吾民族所承受文化之内容，为一种人文主义之教育。"[21]此一立论，不但从陈寅恪转向的中国隋唐政治史事研究可以窥知，同样可以延伸地解释其晚年以《柳如是别传》作为精神寄托，并为一生的研究历程画上一个重大的句号的内在缘由。

翻检陈寅恪生平著述更能深入地了解，自1931年发表《李唐氏族之推测》一文，他的学术研究已露转轨迹象。1933年又相继发表了《李唐氏族之推测后记》《支愍度学说考》《天师道与滨海地域之关系》等文，转轨迹象越发明显。1935年始所刊布的文章几乎不再涉及塞外之史、殊族之文，包括最为称心眷恋的蒙古史的研究也暂时放下，将精力投入到中古史的研究著述之中。陈氏按照一贯倡导并身体力行的"从史中求史识"的治学方法，观照魏晋南北朝以及隋唐史中的政治、经济、文化诸方面，在综合的基础上抽释出含有时代精神和本质的史事，揭示出"历史的教训"。其犀利的洞察眼光，烛照着历史深处幽暗的倩影，使死去的转世还魂，历史的河流再度波滚浪涌，升腾起喧嚣不息的雪雾和潮汐，示后世以启迪和警示。如在魏晋南北朝史的研究中，陈寅恪特别注意族群与阶级集团对政治文化的影响，指出魏晋统治者的社会阶级有着很大的不同，像著名的河内司马氏为地方上的豪族，属于儒家信徒。而魏皇室谯县曹氏则出身于非儒家的寒族。魏、晋的兴亡嬗递，不是司马、曹氏两姓的胜败问题，而是儒家豪族

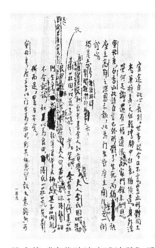

陈寅恪《唐代政治史述论稿》手迹

与非儒家的寒族的胜败转换这一"大势"促成。

在探微发隐中，陈寅恪还发现一个久被湮没于历史风尘中的隐秘，即汉代学校制度废弛，官学没落，学术文化家学化，学术中心移于家族，而家族又与地域有重大关系。如凭借《三国演义》的传播几乎家喻户晓的奸诈将领司马懿，就出自河内司马氏家族。这个家族自东汉司马钧以来，世代为将军、守、尹等官职。司马懿的祖父司马儁，官至颍川太守；父司马防，历官洛阳令、京兆尹，防有八子，司马懿为其次子，属于儒教信徒。若追溯河内司马氏发家的渊源，当起于司马钧征西羌。司马钧以武将起家，到司马儁时，已由武转文，且"博学好古"，成为士大夫阶级和儒家望族了。

在东汉时代，服膺儒教是一种普遍现象，其豪族并非河内司马氏一家一姓，另有数家豪强与之相抗，如汝南袁氏、弘农杨氏家族，皆是东汉信奉儒教的名门望族。汉、魏的主要士大夫，其出身大抵为地方豪族，而豪族往往就是重孝、重礼的儒门世家。与之相异的是，魏统治者曹氏出身于寒族，且与阉宦有关，就一代奸雄曹操的家庭出身来说，是寒族、阉宦阶级，与豪族服膺儒教不同，曹操的思想与当政后实施的政策，即由他的阶级出身所决定。曹氏崇尚节俭，而且有严格的制度规定，违者将受到严厉制裁。如曹植的妻子身穿衣绣，被曹操登台发现，遂"以违命还家赐死"。曹操如此厉行节俭，与他出身于寒族及当时的经济破坏衰退有关，但更重要的是在于摧毁豪族的奢侈风尚和儒家豪族的精神堡垒，即汉代传统的儒家思想，然后才能稳取刘氏皇位而代之。建安十五、十九、二十二年（210、214、217），曹操曾分别下达求才命令，史称"三令"。其中第三令有"今天下得无有至德之人放在民间，及果勇不顾，临敌力战；若文俗之吏，高才异质，或堪为将守，负侮辱之名，见笑之行，或不仁不孝而有治国用兵之术。其各举所知，勿有所遗。"[22]

曹操的"三令"，旗帜鲜明地向世人表白了有德者未必有才，而有才者，或负不仁不孝、贪诈的污名，而曹氏取才则不以此为忤，敢于用不仁不孝之徒。曹操的标准是唯才，不是唯道德。这一理论形同向民间投放的播种机，向儒家豪族投掷的宣言书，宣布了汉以来儒家豪族遵奉的金科玉律以及征辟、仕进制度的全面破产。就曹操的出身和政治地位而言，若不对儒家经典教义摧毁廓清，则无以立足，更不能与儒家豪族代表人物如袁绍之辈竞争取胜。后来证明他的方法是有效的。

摧毁了儒家教义并掌控政治中枢的曹操，转而求以法术为治，特别注重刑法。陈琳在讨曹操的檄文中所说"细政苛惨，科防互设"即指这一施政方针。按陈寅恪的观点，重刑法可以说是曹操鄙弃儒术的一种必然结果，这就势必形成了儒家豪族与寒族阶级的根本对立，而这种对立的最终结局是势力消长，政权嬗变，而建安五年（200）官渡一战，"实亦决定东汉中晚以后掌握政权儒士与阉宦两大社会阶级之胜负升降也。东汉儒家大族之潜势力极大，虽一时暂屈服于法家寒族之曹魏政权，然百足之虫，死而不僵，故必伺隙而动，以恢复其旧有之地位。河内司马氏，虽即承曹睿之庸弱，渐握政权，至杀曹爽以后，父子兄弟相继秉政，不及二十年，遂成帝业。……司马氏之帝业，乃由当时之儒家大族拥戴而成，故西晋篡魏亦可谓之东汉儒家大族之复兴"。[23] 这一番儒家与寒族的交替反复，是一生多诈的曹操所未料及的。

陈寅恪认为，西晋政权的出现，表明了儒家贵族最终战胜了非儒家的寒族。司马晋与曹魏的政治取向与统治手段大不相同的原因，关键在于统治者本身的社会阶级不同。西晋的统治者是奢侈的，但有的也很吝啬，只是无论奢侈还是吝啬，都有一个共同的特征，那就是贪鄙与爱钱，权贵恣肆，直至最后导致整个官场溃烂，不可收拾，终致在晋惠帝这个白痴人物时代发生战乱。纵观魏蜀吴三国时代和晋的政治状况，魏、蜀两国统治阶级的身份和施政之道相同；晋、孙吴，包括早期的袁绍大体相同。东汉、袁绍、孙吴、西晋统治者的社会阶级是相承的。魏、蜀的出现和灭亡，反映了豪族儒门统治的动摇与稳定。社会阶级的不同，决定了魏、蜀政权与东汉、袁绍、孙吴、西晋政权不同的政治特征。从利弊衡量，魏与蜀的政治胜过后者。[24]

在对魏晋政治渊源研究的同时，陈寅恪自然没有放过曾对魏晋南北朝政权产生过重大影响但隐藏日久的天师道史料的发掘追溯。从滨海关系，进而考证天师道的信仰及其作用，终于解开了湮没于历史烟尘中的千秋之秘。在关涉晋代人口流动及其影响问题时，陈寅恪特别关注北方胡族统治的徙民与内地人民的屯聚问题。晋代自"八王之乱"以来，战乱相寻，天灾迭萌，人民除了不能走或不愿走的以外，都外逃避难。胡族统治者为了控制人口，也凭借武力，强迫徙民，由此出现了北方人口大规模流动。陈寅恪认为，两晋南北朝三百年来的大变动，可以说就是由人口的大流动、大迁徙问题引起的。在人口大流动中，主要分东北、西北、南渡三线。其中南渡者最多，流向东北者次之，西北者又次之。而流亡迁徙之民并非一往不返，亦有回徙者。整个三百年间，不徙有事发生，徙则有大事发生，南北朝无一大事不与迁徙密切相关。

由人口的流动迁徙问题，又牵涉当时社会兴行的坞壁自守现象，由这一现象又触及陶渊明的《桃花源记》，而陈寅恪"从《桃花源记》谈到坞堡问题，更为一个历史上不朽的发现"[25]。

传诵千古的《桃花源记》，描述的是"永嘉之乱"以后一个世外桃源的故事。

所谓"永嘉之乱"，是指晋朝怀帝统治时期中原地区发生的战乱。这时期国内主要矛盾从汉族统治阶级内部矛盾转化为汉族统治阶级与割据的少数民族分裂势力之间的矛盾。从晋怀帝永嘉元年的307年到311年五年中，由于晋朝国内武备不足，且从永嘉三年起连续遭受旱灾、蝗灾等严重自然灾害，统治阶级内部矛盾急速加剧，使内迁割据都城附近的匈奴集团趁机占领洛阳，晋怀帝被匈奴军队俘虏，次年被杀的消息传出，其侄愍帝被拥立于长安。这时皇室、世族已纷纷迁至江南、西北、东北之地。到公元316年，匈奴兵攻入长安，俘虏了愍帝，西晋至此宣告灭亡。这一段历史被后世史家称为"永嘉之乱"。在这个过程中，内迁的民族主要包括匈奴、羯、鲜卑、氐、羌等，历史上泛称为"五胡",又称"五胡乱华""五胡十六国"等。

晋室政权流亡南方,在政治格局的剧烈摇晃震动中建立了东晋。随着北方士族大量南迁江左,以黄河流域为中心的中国文化第一次移向长江流域,改变了以前重北轻南的文化格局。在此以前,南方文化远不能与北方抗衡,经此世变,不仅南北经学在研治方法和总的学风上因南北对峙而呈现明显的差异,而且在文学、佛学、道教、书法、美术、音乐等方面也因风格不同而相互辉映。鉴于这样一个历史文化背景,陶渊明的名篇佳构《桃花源记》横空出世,一个缥缈于尘世之外的神奇世界豁然洞开。

《桃花源记》故事的年代设定在作者生存的晋朝末叶,即晋孝武帝司马曜太元时代(376—396),地点在武陵。文中描述道:

> 晋太元中,武陵人捕鱼为业,缘溪行,忘路之远近。忽逢桃花林,夹岸数百步,中无杂树,芳草鲜美,落英缤纷。渔人甚异之。复前行,欲穷其林。林尽水源,便得一山。山有小口,仿佛若有光。便舍船,从口入。

而后,就是现代中学生早已背得滚瓜烂熟的"先世避秦时乱,率妻子邑人来此绝境,不复出焉,遂与外人间隔。问今是何世,乃不知有汉,无论魏、晋"等桃花源中人美妙的生活情景了。

按俗成的观点,陶渊明描述的这个武陵,当在今湖南常德武陵区附近的桃源县境。隋唐及之后历代文人墨客如孟浩然、王昌龄、司空图、曹唐、王建、梅尧臣、张翰、唐庚、胡浚等所写"武陵"的诗文,几乎都在歌咏桃花源,标题却写"武陵",如孟浩然的《武陵泛舟》、王昌龄《武陵龙兴观黄道士房问易因题》等,皆把"武陵"当作桃花源的代名词。后世也多以武陵即桃源县境,或者中国西南部地区辖境。亦有文人学者认为所谓的桃花源,只是作者的一种理想生活的境地,纯属虚构,非有确指,即现实中压根就没有这个地方。陈寅恪在魏晋南北朝史研究中,认为《桃花源记》是寓意之文,也是纪实之文。其中纪实部分并非指湖南的武陵或西南境的某地某山,而是取自北方弘农、上洛一带的坞壁生活。这是陈寅恪在学术上首次把陶氏文章中的桃花源同现实存在过的坞壁联系起来,从而为"永嘉之乱"后的南北朝政治、经济、人口迁徙的研究开辟了一个崭新局面。

按陈寅恪的说法,"永嘉之乱"以来,胡族统治者往往将其武力所及地域的各族居民迁往政治中心地带,以便控制并役使。而当这个胡族政权发生混乱,失去控制力,或者灭亡的时候,被迁徙的老百姓又往往回迁。这一往一返,对政治、经济、文化影响极大。无论是北方的战乱还是胡族统治者的徙民,对于各族人民来说都是一种巨大的灾难。汉人能走的都走了,不能远离本土迁至他乡的,则大抵纠合宗族乡党,屯聚坞堡,据险自守,以避戎狄寇盗之难。如《晋书》卷一〇〇《苏峻传》云:

> 永嘉之乱，百姓流亡，所在屯聚。峻纠合得数千家，结垒于本县（掖县）。于时豪杰所在屯聚，而峻最强。遣长史徐玮宣檄诸屯，示以王化，又收枯骨而葬之。远近感其恩义，推峻为主。遂射猎于海边青山中。

陈寅恪据此指出，《苏峻传》讲了两个"所在屯聚"，可知屯聚者之多。所谓的结垒也就是结堡、结坞，以做守备之用。那时的北方，到处都出现了坞堡。《水经注》卷一五《洛水》篇记洛水所经，有檀山坞、金门坞、一合坞、云中坞、合水坞、零星坞、百谷坞、袁公坞、盘谷坞、范坞、杨志坞。这仅是洛水流域的坞堡而已。从《晋书》卷六二《祖逖传》还可见到黄淮平原坞堡之多。凡屯聚坞堡而又能久支岁月，最理想的地方是既险阻而又可以耕种、有水泉灌溉之地。能具备这两个条件者，必为山顶平原及有溪涧水源之处。因此，当时迁到山势险峻的地方去避难的人，亦复不少。盖非此不足以阻胡马的陵轶、盗贼的寇抄。典型的例子有庾衮的禹山坞和郗鉴的峄山坞。庾衮率同族及庶姓保于禹山，时间较早，曾撰有《保聚垒议》，从时间上推算，此即匈奴刘渊起兵之年。从庾衮对禹山坞生活的描述可知，保聚以同族为主，亦有庶姓，坞主由推举产生。实行均劳役、通有无、耕种以自给的生活方式。这种方式延续为一种固定的文化系统，北方社会之所以较之南方更具社会宗法色彩，与坞堡的构筑与人员组织有相当的关系。正是坞堡的构筑与利用，巩固并延长了北方宗族社会秩序的生命。

坞堡或称坞壁，在当时的北方，地位实际比城池更为重要。《晋书》卷一二〇《李流载记》说"三蜀百姓并保险结坞，城邑皆空，流野无所略，士众饥困。涪陵人范长生率千余家依青城山"。李流靠范长生资给军粮，才得以复振。三蜀人不保城而保坞，是因为城不易守而坞则易守。李流军队因为三蜀百姓弃守城邑，保险结坞，而野无所掠，士众饥困，可说明坞能起到城邑所不能起到的防御作用。据《太平御览》卷四二引《地理志》云：

> 峄山在邹县北。高秀独出。积石相临，殆无壤土。石间多孔穴，洞达相通，往往如数间居处，其俗谓之峄孔。遭乱辄将居人入峄，外寇虽众，无所施害。永嘉中，太尉郗鉴将乡曲逃此山，胡贼攻守不能得。

陈寅恪据此指出，那时北方城市荒芜不发达，百姓聚居田野、山间，唯依坞以务农自给，坞由此得以占据北方社会最重要的位置。坞以宗族乡党为单位，反映了当时南北社会组织的不同和经济生活的不同。因为同宗共保一坞，构成了北方社会的组织形态，所以绝不能忽视北方不能走或不愿走的人们屯聚坞堡的作用。屯聚与人口的大流动对历史产生的影响，是难分轻重的。

有了对这一时代坞堡的深刻了解和认识，陈寅恪始对《桃花源记》描述的景物、人事展开论述。在陈氏的眼里，陶潜之记虽为寓意之文，但也是西晋末年坞垒生活的真实写照。真实的桃花源应在北方的弘农或上洛（南按：两地在今三门峡市至陕西东南部商洛地区黄河流域），而不在南方的武陵。桃花源中人的先世所避之秦应为苻秦（南按：五胡十六国时期前秦，皇帝苻坚，小名坚头，氐族人），而非嬴秦（南按：指秦始皇嬴政）。纪实的部分乃依据义熙十三年（417）春夏间刘裕（南按：刘裕，以汉高祖刘邦的弟弟楚王刘交的子孙自居，南北朝时期刘宋王朝的开国皇帝，公元420—422年在位）率师入关时，戴延之等所见所闻的材料写成。《桃花源记》寓意的部分乃牵连混合民间流传刘骥之入衡山采药故事，并点缀以"不知有汉，无论魏晋"等语写成，其主要证据如下：

东晋末年，戴延之从刘裕入关灭后秦（南按：后秦，五胡十六国之一，羌族姚苌所建，都长安），著《西征记》二卷。《水经注》卷一五《洛水》篇云：

> 洛水又东，径檀山南。
> 其山四绝孤峙，山上有坞聚，俗谓之檀山坞。义熙中刘公西入长安，舟师所届，次于洛阳。命参军戴延之与府舍人虞道元即舟溯流，穷览洛川，欲知水军可至之处。延之届此而返，竟不达其源也。

又《水经注》卷四《河水》篇云：

> 河水又东北，玉涧水注之。水南出玉溪，北流，径皇天原西。《周固记》：开山东首上平博，方可里余。三面壁立，高千许仞。汉世祭天于其上，名之为皇天原。河水又东径阌乡城南，东与全鸠涧水合。水出南山，北径皇天原东。
> 《述征记》曰：全节，地名也。其西名桃源，古之桃林，周武王克殷休牛之地也。《西征赋》曰：咸征名于桃源者也。《晋太康记》曰：桃林在阌乡南谷中。

另据《资治通鉴》载：晋安帝义熙十三年二月，王镇恶进军渑池，引兵径前，抵潼关。刘裕以夏四月至洛阳，刘派戴延之等溯洛水至檀山坞而返。

陈寅恪据此证据，认为《桃花源记》之实事当在此时，这是"事发"的具体时间。陶渊明与此次的征西将佐本有雅故，因而疑陶潜间接或直接得知戴延之等将佐从刘裕入关途中的见闻。也就是说，《桃花源记》之作，即取材于此事。记中所谓"土地平旷"者，与皇天原"平博，方可里余"相合；所谓"太守即遣人随其往……不复得路"者，与刘裕派遣戴延之溯洛水而上，至檀山坞而返相似；所谓"山有小口"者，与太尉郗鉴峄山坞的"峄孔"相同；所谓"落英缤纷"者，亦与戴延之被派以四月入山的时令相应。山地高寒，节候较晚，四月正是落英缤纷之时。此戴延之所见而被陶潜记入《桃花源记》中。然则《桃花源记》中的秦为苻秦，亦可推知。此《桃花源记》之所以为纪实之文，即在于此。

桃花源既在北方黄河流域的弘农或上洛，何以陶渊明要移于武陵？陈寅恪认为，其为加入刘骥之入南岳衡山采药的故事而设置，《晋书》卷九四《隐逸传》记刘骥之即刘子骥入衡山采药，见涧水南有二石囷，失道问路，才得还家。或说囷

上洛一带的坞堡遗存

中都是仙灵方药，刘骥之欲再往寻求，但已不能复知其处。据此推知，陶潜之作《桃花源记》，是取桃花源事与刘骥之事牵连并混合为一，桃花源虽本在弘农或上洛，但因牵连混合刘骥之入衡山采药故事，不得不移之于南方的武陵。

陈寅恪这一论断，隐约与苏东坡所言"尝思天壤之间若此者甚众，不独桃源"暗合，但苏氏于陶记中的寓意与纪实二者仍然含混不明。陈寅恪则明确表示，即使《桃花源记》中的秦非指苻秦，但未有坞壁，何能有《桃花源记》之事实上存在的理由？显然，在纪实上，《桃花源记》是坞壁的反映；在寓意上，则是陶渊明理想情感的折射。[26]

对于这个"新解"，陈寅恪认为较之"古今论辨此记之诸家专向桃源地志中讨生活者聊胜一筹"，同时向他的学生们透露了自己思辨、论证的秘诀和治学方法，即"要在分别寓意与纪实二者，使之不相混淆。然后钩索旧籍，取当日时事及年月地理之记载，逐一证实之"[27]。此一现身说法，可谓见微知著地阐释了史与思的关系，及如何在"读书得失间"展开想象，做到以宏阔的视野和大历史观来透视历史本身的复杂面貌，从而得到理想收获的治学之道。

就历史的经验而言，从西晋末世避乱求存的具体形式考究，在那样一个历史大动荡、大混乱中，筑坞堡较之辟桃源，显然更真实、更普遍、更合常情。将考证史实的眼光从战争的烟尘处投向深山绝壁的坞堡，显然要比往昔的愚老学究与文人骚客在"桃源地志"中讨生活高明得多。古往今来不知有过多少鸿学硕儒在"志"书秘籍中钻来钻去，呕心沥血而创获稀少，毕生在"山有小口，仿佛若有光"的"林尽水源"处打转，无法跨进土地平旷、鸡犬相闻的桃花源，当然更无缘享受到桃花源中"黄发垂髫"的主人"设酒杀鸡作食"的热情招待。继陶渊明之后的一千多年中，只有陈寅恪以超凡脱拔的才识和智慧，穿越历史烟尘风沙，独辟蹊径，从而使湮没在历史滚滚黄尘中的千年桃

源一泄其密，豁然出现于眼前。

对于陈寅恪在魏晋南北朝史方面的开拓之功，中研院史语所研究员、后在台湾大学和美国高校任教的著名史学家劳榦曾做过这样一段评述："寅恪先生对于梵文是下过深厚功力的，他的功力之深在全国学人之中，更无其匹。不过，他站在中国学术发展的立场，权衡轻重。他觉着由他领导南北朝唐代历史的研究，更为急需。所以他放弃了独步天下的梵文知识，来在南北朝唐代历史集中精力，就他所发表的研究成果来说，他的确能见其大。他认清了政治和文化的主流来做提纲挈领的工作。唐代诚然是中国历史上一个重要的朝代，可是真正下功夫做工作的并不多。至于南北朝历史，更是一片荒荆蔓棘。他在这个荒荆蔓棘之中开出大道来，今后南北朝及唐代的研究无论怎样地开展，他的开创的功绩确实不容疏忽的。"【28】

劳榦之说，得到早年受业于陈寅恪，后为北大教授的周一良的支持。被称为最有希望传承陈寅恪衣钵的周氏认为：自从《三国志》《晋书》和"八书二史"成书之后，头一个整理研究这400年历史的，当推司马光和他的《资治通鉴》。其后有许多学者在治经之余，也以治经之法治史，尤以清代乾嘉之时为盛，如代表人物钱大昕、王鸣盛诸家，以及其后的洪颐煊、赵翼、卢弼、吴士鉴等先贤大儒，于这一段史料考订上取得了不少成绩，惜这段历史的研究，则没有在司马光之外做出什么像样的成就。只有到了陈寅恪这里，才真正承前启后，把司马光以来魏晋南北朝史的研究推进到一个新的高度。【29】作为近世以来开这段历史研究先河的大师陈寅恪，其"天才和学力，在今天还没有人能够超过"【30】。尽管陈寅恪赢得了如此之声誉，但就整个魏晋南北朝史的研究而言，陈氏所涉及的领域还仅仅是一个局部，未开垦的处女地还有很多，陈寅恪也只能算是"但开风气不为师"的开拓者与领跑者，即便从他的学术生涯衡量，也是如此。对于这一观点，劳榦在论述陈氏学说时亦有所言："寅恪先生最重要的著作当然是《隋唐制度渊源略论稿》和《唐代政治史述论稿》，这两部书都是博大精深之作，虽然篇幅不算太多，却把南北朝至唐代政治文化的关键指示出来。"【31】可以说，对隋唐制度与政治史的研究和取得的成果，才真正称得上陈寅恪一生名山大业的巅峰之作。

陈氏在昆明撰写的《隋唐制度渊源略论稿》，以卓越的史识与见地分析隋唐制度与渊源及其流变过程，对河西关陇一隅保存汉魏西晋典章学术，进而下开魏齐隋唐制度之功业给予了高度评价，对隋唐制度的华夏正统文化系统之来源，以条分缕析的方法做了令人信服的考辨评析。河西一带虽自汉末至东晋末年经历了百年的纷争扰乱，但较之河北、山东屡经大乱，犹可苏喘息、长子孙。而躲身于关陇河西之世族英儒与本土世家，均可继绝扶衰，传私学于后人，因此河西一隅竟能上续汉魏西晋之风，使中原魏晋以降文化得以转移保存，同时又下开北魏、北齐、隋、唐制度。——这是中国几千年文化中罕见的现象。

隋唐制度有三源：一为北魏、北齐；二为梁、陈；三为西魏、北周。三源中以北魏、北齐为主。北魏、北齐的制度实际上是汉魏以来传统的华夏文化的礼、乐、政、刑典章制度的继续和发展。北齐承袭北魏的制度，隋唐又继承北齐，其政治文化一脉相承。遗憾的是"昔贤多未措念"，后世学者的学术视野乏有触及者，对这一重要的文化传承和影响没有深切的领会，这才有了"寅恪不自揣谫陋，草此短篇，借以唤起今世学者之注意也"【32】的良苦用心。陈氏所呼唤的"今世学者之注意"，是指什么呢？

若联系陈寅恪所处的时代与环境，不难看出，他所要唤起的，实则是抗战军兴后"南迁学人"之注意。国家危难，史学衰落，此已关系到中华民族精神文化生死继绝之大节，凡南迁之学人皆有责任使中国学术文化保存于西南一隅，承前启后，保持民族文化火种长燃不熄。此点在陈寅恪于1940年7月为著名史家陈垣即将出版的《明季滇黔佛教考》所作序言中，说得更为分明：宗教虽与政治不同，但二者终不能无所关涉，"明末永历之世，滇黔实当日之畿辅，而神州正朔之所在也。故值艰危扰攘之际，以边徼一隅之地，犹略能萃集禹域文化之精英者，盖由于此。及明社既屋，其地之学人端士，相率遁逃于禅，以全其志节。今日追述当时政治之变迁，以考其人之出处本末，虽曰宗教史，未尝不可作政治史读也"。又说："忆丁丑之秋，寅恪别先生于燕京，及抵长沙，而金陵瓦解。乃南驰苍梧瘴海，转徙于滇池洱海之区，亦将三岁矣。此三岁中，天下之变无穷。先生讲学著书于东北风尘之际，寅恪入城乞食于西南天地之间，南北相望，幸俱未树新义，以负如来。今先生是书刊印将毕，寅恪不获躬执校雠之役于景山北海之旁，仅远自万里海山之外，寄以序言，借告并世之喜读是书者。谁实为之，孰令致之，岂非宗教与政治虽不同物，而终不能无所关涉之一例证欤？"【33】这便是陈寅恪以久病之身，于飘零西南之一隅苦心孤诣撰写《隋唐制度渊源略论稿》的"微言大义"。陈氏于错综复杂的历史现象中，系统地论述出自汉魏到隋唐典章制度的发展变化，无疑是对中国中古史研究的重大突破。

在稍后撰成的《唐代政治史述论稿》中，陈寅恪通过深入考证，极富创造性地提出了著名的"关陇集团"学说。所谓关陇集团，最早由西魏的权臣宇文泰创立。东晋灭亡后，王谢家族的贵族地位已风光不再，位于关陇与河东等地的豪强地主的力量，在东、西魏争夺战中渐渐归附于权臣宇文泰。为了把北方六镇武将和关陇豪族的力量统一起来，宇文泰仿鲜卑八部、八国之制，组成了以八柱国为核心，以大将军、开府为主要成员，以府兵系统为基础的关陇军事贵族集团，一般称之为关陇集团、关陇六镇集团、或六镇胡汉关陇集团。这个集团中的八柱国分别为：宇文

1956年由三联书店出版的《唐代政治史述论稿》扉页

泰（李世民曾外祖父）、元欣、李虎（李渊祖父）、李弼（李密曾祖父）、赵贵、于谨、独孤信（杨坚岳父）、侯莫陈崇（李渊舅爷）。显然，这是一个依靠武装力量建立起来、胡汉结合的强大的政治军事集团。其中"宇文泰率领少数西迁之胡人及胡化汉族割据关陇一隅之地，欲与财富兵强之山东高氏及神州正朔所在之江左萧氏共成一鼎峙之局，而其物质及精神二者力量之凭借，俱远不如其东南二敌，故必别觅一新途径，融合其所割据关陇区域内之鲜卑六镇民族，及其他胡化土著之人为一不可分离之集团，匪独物质上应处同一利害环境，即精神上亦必具同出一渊源之信仰，同受一文化之熏习，始能内安反侧，外御强邻。而精神文化方面尤为融合复杂民族之要道……此新途径即就其割据之土依附古昔，称为汉化发源之地"。[34]

出于政治和战争的需要，宇文泰为使山东人与关内人混而为一，使汉人与鲜卑人混而为一，特别组成一支籍隶关中，职业为军人、民族为胡人、组织为部落式的强大的军队，以与东魏、梁朝争夺天下。与此同时，宇文泰下令改易西迁关陇地区的山东人的郡望为关内郡望，府兵将领改从鲜卑姓，所属士兵改从将领之姓，以体现物质本位政策。为使这个关陇集团扎根于关中，宇文泰、苏绰使府兵将领与关中土地发生了关系。府兵将领皆有赐田与乡兵，这个阶层既是府兵将领，又是关中豪族，将领与关陇豪族的混而为一，使这个崛起于陇西的军政合一的集团在关中地区生了根。在西魏、北周、隋和唐初，其集团一直占据着统治地位并保持着长久不衰的旺盛生命力，纵横中国二百余年，创造了历史上罕见的四个朝代的辉煌历史，将中国的政治、经济、文化推上了一个新的高峰。

对这一特殊的历史现象，陈寅恪认为："取塞外野蛮精悍之血，注入中原文化颓废之躯，旧染既除，新机重启，扩大恢张，遂能别创空前之世局。"[35]并据此提出了"关陇集团"学说，用以阐释西魏、北周、隋、唐四代政权的特点。根据陈氏的综合归纳，这个集团的两大特征是：一、"融合胡汉民族之有武力才智者"；二、"入则为相，出则为将，自无文武分途之事"。据此，陈寅恪特别指出，唐史研究的关键在于种族和文化，关陇集团力量形成的根源，在于成功的民族融合。而种族则是解开这段历史谜底的关键所在，"读史者于地域之方位，种族之区别，尤应特加注意也"[36]。陈寅恪特别提醒后世史家和政治家必须明了，隋唐的建国方略不是建立在种族歧视与种族压迫之上，而是积极采取种族融合的民族政策与兼收并包的文化政策。集团成员出身于关陇，并不决定其必然推行地域性歧视的用人方针。关陇集团随着统治区域的扩大而发生变迁，使得关中地区的民族融合拓展到山东，继之在全国展开。由此形成了隋唐帝国气吞山河、包容万物的恢宏气度。以往的民族矛盾得到超越，胡汉各族都在此过程中脱胎换骨，一个新的世界、一种崭新的文化风貌由此诞生。以种族矛盾始，民族融合终，最后结晶为豪气冲天、辉煌盖世的隋唐文化——这便是关陇集团独步历史并创造煌煌伟业的进步作用和关键所在。

发轫于西魏，奠定于北周，至隋、唐初年渐趋形成传统的关陇军事贵族集团，其皇室与将相臣僚几乎全出于同一系统及阶级。后来成为隋文帝的杨坚，本为汉族，其家族被北周皇帝赐姓普六茹，杨坚也称普六茹坚。杨氏家族作为关陇集团的一员，在杨坚建立隋朝之时，关陇集团的支持功不可没。李唐王朝在李渊起兵之前，自称出自陇西李氏，以西凉李皓的嫡裔自居，被时人称为"驼李"。但据陈寅恪考证，李唐先祖出身非赵郡李氏之"破落户"，而是"假冒牌"。李唐血统实乃本为华夏，后与胡夷婚配混杂，血统不纯。陈寅恪据此指出："凡多数北朝、隋唐统治阶级之家，亦莫不如是，斯实中国古史上一大问题，亦史学中千载待发而未发之覆也。"【37】

沿着这一"未发之覆"的路径，陈寅恪又"发覆"了一个隐藏千年的秘密，即唐代的开国之君李渊曾对北方的突厥秘密称臣，按例交纳岁贡。此事属于唐皇室讳莫如深的"国耻"，一直秘而不宣，遂使事情真相湮没达千年之久。陈寅恪在"发覆"之后不以为奇，并考证出温大雅《大唐创业起居注》曲为唐讳之苦心。当时的政治格局是，突厥实为东亚之霸主，史谓"戎狄之盛，近代未有"，诚非虚语。据《周书·突厥传》载：自6世纪中期兴起于阿尔泰南部的突厥汗国，在鼎盛的木杆可汗时代（553—572），"其地东自辽海以西，西至西海万里，南自沙漠以北，北至北海五六千里，皆属焉"。这个以阿史那氏为首的军事行政联合体，到隋唐之际虽分裂为东、西两大汗国，但仍是亚洲内陆一股举足轻重的力量。隋末中国北方群雄争战，几乎皆称臣于突厥，为其附庸，这是由内外政治环境决定的属于权宜之计的战略"国策"。唐高祖李渊起兵太原，亦为中国北方群雄之一，岂能于此独为例外？虽同为突厥附庸，但唐皇室与其他群雄又有所不同。陈寅恪的研究，在两个方面有前无古人的"发覆"之功：一、李渊太原起兵改旗帜以示突厥，并非纯用突厥白旗，而是绛白相杂。内中的隐秘在于唐高祖之不肯改白旗而用调停之法兼以绛杂半续之者，盖欲表示一部分之独立而不纯服从突厥之意。二、唐太宗与突厥可汗结盟，是按"突厥法"行事而成了"香火兄弟"，因而突厥可视李世民为其共同部落之人，李氏属于中国人，但同时也属于突厥人。有了这双重身份和政治资本，李唐一支虽"北面称臣"，但显然地要比刘武周等辈有更高的独立性和策略性，后来李氏集团兼并天下并非偶然，从此策略与刘武周辈之不同亦见端倪。

历史的真相昭示世人的是，隋末唐初，亚洲大部民族之主人是突厥，而非华夏。而李世民在隐忍了十年之后，能以屈辱破残之中国一举覆灭突厥，彻底摧毁了阿史那氏在漠北的统治，赢得了"天可汗"的国际性荣誉。对于这一历史性重大转折，陈寅恪认为：北突厥或东突厥之败亡，从而形成一个全新格局的原因，除突厥与唐为敌外，主要原因一为境内之天灾及乱政；二为其他邻接部族回纥薛延陀之兴起，故授中国以可乘之隙。否则，虽以唐太宗李世民之英武，亦未必能创造如此之奇迹。这个奇迹，就是陈氏本人所"发覆"的"外族盛衰之连环性"，而不是李世民个人英雄主义的产物。对这一历史隐秘，陈寅恪特别提及："唐代武功可称为吾民族空前盛业，然详究其所以与某甲外族竞争，卒致胜利之原因，实不仅由于吾民族自具之精神及物力，亦某甲外族本身之腐朽衰弱有以招致中国武力攻取之道，而为之先导者也。国人治史者于发扬赞美先民之功业时，往往忽略此点，是既有违学术探求真实之旨，且非史家陈述覆辙，以供鉴诫之意，故本篇于某外族因其本身先已衰弱，遂成中国胜利之本末，必特为标出之，以期近真实而供鉴诫，兼见其有以异乎夸诬之宣传文字也。"【38】

此段灵动文字飞扬着陈寅恪的治学精神和深刻用意，他之所以强调李唐王朝的崛起非个人英雄主义所能为，是鉴于大唐与突厥于风云激荡的交会点上，亚洲霸权地位急剧变化转换。弱小的唐朝与强盛的突厥在西北流沙大漠对决的世纪论剑中，只不过几个回合的较量，称雄于世的突厥雪崩一样轰然倒塌，唐帝国在凛冽的寒风急流、剑光血影中悄然崛起于东亚大地，迈向了独步世界的辉煌。这样一个翻天覆地的转变，在使我民族备感自豪的同时，也很容易诱导出夸大扭曲历史真相的神话和幻觉。而这个神话和幻觉无论是对历史上大唐帝国的认识，还是对正处于抗战中的国人心理，都是一种有害的毒素。陈寅恪于烽火连天的抗战岁月，南驰苍梧瘴海、转徙于滇池洱海的逃死之际，用他一贯的求真求实的治学方法来发现、评价"先民之功业"，坚决与投机取巧和愚弄民众的"夸诬宣传文字"绝缘，给予中国学者和军民清醒的认识，并在"天下之变无穷"的"外族盛衰之连环性"中，真正理解我民族抗战的艰难、外族的介入和民众自身的力量。在错综复杂，国际国内形势瞬息万变的关键时刻，陈氏饱含民族文化良知的金玉之言，具有黄钟大吕的庄严、正大、高妙之声，可谓近代以来集史才、史识与史德高度统一的典范，是真正称得上"风骨伟岸，目瞬如电"的"良史"和伟大学人。【39】

自然，陈寅恪对唐史的研究与"发覆"，不只专为追溯李渊向突厥称臣与二者地位更迭的奥妙所在，其间对李世民"贞观之治"和唐玄宗时代的"开元盛世"，以及大唐王朝由盛转衰的原因，都做了剥茧抽丝、见里知心式的分析辩证。从史籍中可见，隋末唐初屡有"山东豪杰"的影子，陈寅恪认为此"山东豪杰"乃一胡汉杂糅，善战斗，务农业，而有组织之集团，常为当时政治上敌对两方争取之对象。李唐击败王世充、窦建德部，凯旋告庙，李世民为上将，世绩为下将，二人可视为关陇六镇及"山东豪杰"两个系统的代表人物。因了这两个系统的存在，关陇集团的力量渐衰，继之而来的是与"山东豪杰"的合作与争斗。世绩地位之重要，实因"山东豪杰"领袖之故。唐太宗李世民崩后，长孙无忌出任顾命大臣，是为关陇集团最后的闪光。高宗即位后，围绕武则天立皇后之争，关陇集团与"山东豪杰"展开政治决战。武则天既非出自山东士族，其家又不属于关陇集团，但以母为隋杨宗室之故，遂亦可备宫闱下陈之选，至若径立皇后，则无此资格。当高宗废王皇后，欲立武昭仪之时，朝臣赞否不一。最后得益于世绩相助，武则天终圆皇后大梦。而世绩之所以在关键时刻襄助武则天，实因武氏与自己皆为"山东豪杰"系统。这一场由宫闱后妃之争最终演化为关陇与山东两大政治集团的决战，以关陇集团败北而告终。武后控制权力中枢后，自是要消灭唐室势力，遂开始施行压抑摧毁传统关陇集团的政策，如崇尚进士文辞之科、破格用人及渐毁府兵之制等，李唐王朝政权逐渐移入"山东豪杰"集团系统，直到杨玉环结束于明皇之末。

对于这段历史的政治脉络，陈寅恪认为整个唐代历史以玄宗时"安史之乱"分为前后二期，而自高宗至玄宗为文治武功极盛之世，历百年有余。尽管最高统治者递嬗轮转，分歧混合，固有关陇与山东两集团先后成败之不同，但仍可视为一牢固之集团复合团体。以李、武为核心，韦、杨助之黏合，宰制百年之世局，皆视为集团居于最高地位并发挥重要作用之时代。"安史之乱"起，李唐中央政府已失统治全国之能力，而关陇 – 山东复合集团势力亦复衰竭。因而，凡研究唐之成世者不可不注意研究此集团。

著名的"安史之乱"是唐由盛转衰的转折点，在中国整个历史发展中占有极其关键的地位。虽则表面上安禄山、史思明的叛乱被平息了，但事实上大唐帝国的根基也遭受了重大的打击。陈寅恪据此指出："唐代中国疆土之内，自安史乱后，除拥护李氏皇室之区域，即以东南财富及汉化文化维持长安中心之集团外，尚别有一河北藩镇独立之团体，其政治、军事、财政等与长安中央政府实际上固无隶属之关系，其民间社会亦未深受汉族文化之影响，即不以长安、洛阳之周孔名教及科举仕进为其安身立命之归宿。"因而"论唐代河北藩镇问题必于民族及文化二端注意，方能得其真相所在也"。[40]另，陈氏在翻检《新唐书》之《诸夷藩将列传》中发现两点易被史家忽略的隐秘，也是极其重要的关键问题："一为其人之氏族本是胡类，而非汉族；一为其人之氏族虽为汉族，而久居河朔，渐染胡化，与胡人不异。前者属于种族，后者属于文化。质言之，唐代安史乱后之世局，凡河朔及其他藩镇与中央政府之问题，其核心实属种族文化之关系也。"[41]

在这个"集团"学说的基础上，陈寅恪又提出胡汉之分"在北朝时代文化较血统尤为重要"的论点，以及"外族盛衰之连环性"的远见卓识。从民族盛衰、国家兴亡的高度，提出各民族（国家）之间的连环互动、内政与外交相互作用的精辟见解。与此同时，陈氏还注意到社会经济基础在历史进程中不可忽视的重大作用，并认为唐朝的灭亡与经济衰弱密切相关："自咸通以后，南诏侵边，影响唐财政及内乱颇与明季之'辽饷'及流寇相类，此诚外患与内乱互相关系之显著例证也。夫黄巢既破坏东南诸道财富之区，时溥复断绝南北运输之汴路，藉东南经济力量及科举文化以维持之李唐皇室，遂不得不倾覆矣。史家推迹庞勋之作乱，由于南诏之侵边，而勋之根据所在适为汴路之咽喉，故宋子京曰：'唐亡于黄巢，而祸基于桂林。'呜呼！世之读史者傥亦有感于斯言欤？"[42]

陈寅恪从政治、经济、文化、外交、内政等诸方史料所构建的这一宏大理论体系，可谓振宣幽光，激励颓俗，卓绝一时，为中古史研究开辟、创造了一个崭新的纪元。

1943年和1944年，当陈寅恪的《唐代政治史述论稿》与《隋唐制度渊源略论稿》相继在中央研究院史语所专刊第二〇、二二期刊行后，一时洛阳纸贵，整个史学界为之震动。时在重庆的傅斯年阅毕，惊喜之余，禁不住对同桌吃饭的原清华国学研究院毕业生陈哲三发出了"陈先生的学问近三百年来一人而已！"[43]的赞叹。只是，此时的陈寅恪因目力衰弱，对倾注了他一腔心血而又屡遭劫难的《隋唐制度渊源略论稿》，已无力一观了。

◎ 陈寅恪失明经过

舍李庄而来到成都的陈寅恪，本想此处条件要比川南好得多，对自己和家人病弱的身体有所补益。想不到战时的中国处处物质匮乏，灾难连连，成都亦在战火笼罩之下，与其他地方相差无几。因居住条件糟糕，生活困顿，陈寅恪原来高度近视的左眼视力急剧下降。如阅毕学生的考试卷，按常规要把每个人的分数一一登记在成绩表上，因表格较小，印刷质量又差，陈氏无法看清，为免登记错格，只得叫女儿流求协助完成。稍感幸运的是，后来上课地点由陕西街改到华西大学文学院，陈家搬入华西坝广益宿舍，居住条件得到改善，上课也无须再跑远路，陈氏身心才得到些许安顿。从陈流求的回忆中看到，陈寅恪仍然每学期从开学第一天起就准时夹着他的布包袱走出家门，步入教室。而这个时候，唐筼的心脏病不时复发，又整日为柴米所困，一家老小仍旧是苦不堪言。1944 年 2 月 25 日，陈寅恪再次致信傅斯年：

孟真兄大鉴：

别后曾上一书，千头万绪，未能尽其一二也，现又头晕失眠，亦不能看书作长函，或可想象得之，不需多赞。中央研究院评议会三月初开会，本应到会出席，飞机停航，车行又极艰辛，近日尤甚，此中困难谅可承知我者原宥。唯有一事异常歉疚者，即总办事处所汇来之出席旅费七千零六十元到蓉后，适以两小女入初中交学费，及幼女治肺疾挪扯移用，急刻不能归还，现拟归还之法有二：（一）学术审议会奖金如有希望可得，则请即于其中在渝扣还，以省寄回手费。（二）如奖金无望，则请于弟之研究费及薪内逐渐扣除，若有不足，弟当别筹还偿之法，请转商骝先生，并致歉意为感，弟全家无一不病，乃今日应即沙汰之人，幸赖亲朋知友维护至今，然物价日高，精力益困，虽蒙诸方之善意，亦恐终不免于死亡也。言之惨然，
敬叩
旅安

弟寅恪拜启　二月廿五日

骝先生并诸友并候。[44]

虽"言之惨然"，但陈寅恪教学仍一丝不苟，全身心地投入其中。据燕大历史系学生石泉与李涵回忆，陈寅恪刚到燕大时，所开的课为"魏晋南北朝史"和"元、白诗"两门。自1944年秋季始，又继续开设"唐史"和"晋至唐史专题研究"两门大课。由于陈氏讲课内容精辟，极富启发性，前来听讲者不仅有校内学生，华西坝其他几所大学的教授都云集而来，欲一睹其讲课时的风采神韵，因而关于陈寅恪乃"教授之教授"的声名继清华之后，又在成都高校广为流传开来。[45]另据时在燕大历史系读书的雍国泰回忆说："（陈寅恪）先生讲的内容是唐史，他声音细微，语音不清之处，或者一些中心词，都由讲师板书在黑板上。我注意细听他的每一句话，也作了笔记。概括说来，他讲述的章节，无系统，想到哪里就说到哪里，这一周讲了半截，下一周又讲到其他方面去了，留出巨大的空间，让我们自己去思考和填补。主要内容是说唐王朝是中国又一次的民族大融合，无论政治制度还是文化、风俗，都是经过融合后的'大杂烩'。李氏家族虽为汉人，但受胡化影响很深，因其体内就有胡人的血统，如李世民先辈李虎之妻独孤氏，李渊之妻窦氏，包括李世民本人之妻长孙氏，均为胡人。不过出于统治需要，李世民自己绝不承认。有个叫法林的和尚，当面说太宗不是汉人，李世民大发雷霆，意欲杀之。从风俗来看，唐代也显受胡俗浸染，胡人本来有'兄死妻其嫂、父死妻其后母'的习俗，'玄武门事变'后，世民即纳其弟齐王元吉之妇为妃；太宗死后，高宗公开纳太宗才人武后为妃；最突出的是玄宗夺媳。这是胡俗，当时并不以为耻。杨国忠在岭南做官几年未回家，其妻与人通奸产子，国忠回来后，说是'梦交'得子，还大宴宾客。总之，'男女大防'在唐代是被冲毁了很大一个缺口，男女之间自由恋爱之风颇浓，非常开放。"雍国泰又说："先生上课，我们从不发问，有天下课后，一位同学好奇地问道：'杨贵妃体形肥胖，究竟体重若干？'先生顺口回答：'135磅。'（约合61.5公斤）先生此说，想来必有所本，只是不知这些资料他又是从哪里得来。"[46]

或许这般类似通俗小说的情节更能令人感兴趣和便于记住，因而在几十年后，这位雍国泰同学还记住了这若干细节。不过，陈寅恪所讲课程，并不是每堂都如此富有刺激和充满了韵味情调的。陈氏尝言"在史中求史识"以及求"历史的教训"等，因而所传之道、所授之业，大多还是一些深奥的"史识"和"教训"。据当时在燕大历史系任讲师，后成为中央民族大学教授的王钟翰回忆：陈先生携全家老小自桂林赴成都燕大后，"景慕多年的前辈史学大师，今得亲聆教诲，真是三生有幸，喜可知也。先生初开魏晋南北朝史，继开唐史，一时慕名前来听讲者，不乏百数十人，讲堂座无虚席，侍立门窗两旁，几无容足之地。记得先生开讲曹魏之所以兴起与南北朝之所以分裂，以及唐初李渊起兵太原，隋何以亡，唐何以兴，源源本本，剖析入微，征引简要，论证确凿。每一讲有一讲的创获和新意，多发前人未发之覆。先生讲课，稍带长沙口音，声调低微，每令人不易听懂。而所讲内容，既专且深，我亦不甚了了，自然更难为一般大学生所接受。两课能坚持听讲到底者，不过二十人，其中大多数今已成为在文史研究方面学有专长的专家了"[47]。王氏所言，透出了陈寅恪讲学的另一侧面，而这一个侧面当是最为主要的，也是其真正传授学问之根本所在。据蒋天枢撰《陈寅恪先生编年事辑》（增订本）载，陈氏 1944 年"编年文"，计有《以杜诗证唐史所谓杂种胡之义》《梁译大乘起信论伪智恺序中之真史料》《长恨歌笺证》《元微之悼亡诗笺证稿》《白乐天之先祖及后嗣》《白乐天之思想行为与佛道之关系》《论元白诗之分类》《元和体诗》《白乐天与刘梦得之诗》《白香山琵琶行笺证》《元微之古体乐府笺证》。蒋天枢按："以上文十一篇，皆在成都作。有关元白诗之文九篇后皆收入《元白诗笺证稿》中。时先生生活最困难，亦眼疾日益恶化之时。"

1944 年 8 月，教育部核定西南联大罗常培、吴宓休假进修一年，去向自愿。罗常培前往美国进修学业；吴宓由于对陈寅恪的牵挂，与燕大代理校长梅贻宝联系，取得了到燕大讲学的机会。吴氏整理行装由昆明出发，于同年 10 月 26 日傍晚来到成都燕大，得以与老友陈寅恪相聚一校。对于二人相见后的情形，吴宓之女吴学昭在《吴宓与陈寅恪》中这样记述道："父亲与寅恪伯父四年多不见，感到寅恪伯父显得苍老，心里很难过。使他更为担心的是寅恪伯父的视力，右眼久已失明，唯一的左眼劳累过度，而战时成都的生活又何其艰难！寅恪伯父有'日食万钱难下箸，月支双俸尚忧贫'的诗句，说明物价飞涨、货币贬值的严重。从父亲当时《日记》中的片言只字，也可看出一二：'晚无电灯，早寝'；'无电灯，燃小菜油灯'；'窗破，风入，寒甚'；'晚预警，途人驰奔'；'旋闻紧急警报，宓与诸生立柏树荫中，望黯淡之新月，远闻投弹爆炸之声'……"又说："父亲很清楚，对于寅恪伯父来说，视力是何等的重要。然而，使父亲最为忧虑和担心的事，不久还是发生了。"[48]

所谓最担心的事，便是陈寅恪眼睛失明。

这年冬季的某个上午，陈寅恪来到课堂满含忧伤地对学生们讲："我最近跌了一跤后，唯一的左眼也不行了，说不定会瞎。"[49]众人听罢，大骇，但又不知道该做些什么，只有在心中暗暗祈祷：这样的大不幸万万不要降临到面前正处于苦难中的大师身上。但祈祷终究成为徒劳，就医学角度言，凡高度近视者若眼睛受到磕碰，或自身用力过猛，皆可造成视网膜脱离，并导致失明的严重后果。

同年 11 月 23 日，陈寅恪在给傅斯年与李济二人的信中写道："弟前十日目忽甚昏花，深恐神经网膜脱离，则成瞽废，后经检验，乃是目珠水内有沉淀质，非手术及药力所能奏效，其原因想是滋养缺少，血输不足（或其他原因不能明了），衰老特先，终日苦昏眩，而服药亦难见效，若忽然全瞽，岂不大苦，则生不如死矣！现正治疗中，费钱不少，并觉苦矣，未必有良医可得也。"[50]此征兆当为双目失明前的预警，陈寅恪已深知后果之严重，遂心有恐惧，感伤至极，发出了若果真如此则生不如死的悲鸣。

就在绝望之时，陈寅恪仍没忘记替求助自己的后学尽一份绵薄。他在致傅、李的信中接着写道："兹有一事即蒋君大沂，其人之著述属于考古方面，两兄想已见及，其意欲入史语所，虽贫亦甘，欲弟先探尊意，如以为可，则可嘱其寄具履历著述等，照手续请为推荐，其详则可询王天木兄也。弟不熟知考古学，然与蒋君甚熟，朝夕相见，其人之品行固醇笃君子，所学深浅既有著述可据，无待饶舌也。"[51]

陈寅恪信中所言是客气和得体的，以他的性格和知人识物的洞见，所述当与事实不会出入太大。尽管由于诸种原因，这位蒋大沂君最终未能入主史语所，但就陈寅恪对德才兼备之人才理想与前途的瞻念，颇令人感喟——尤其在如此不幸的际遇之下。当然，除蒋大沂外，陈寅恪在抗战前后，曾向教育科研机构荐举后学若干人，如于道泉、戴家祥、张荫麟等，皆得到过陈氏的提携荐举。尤其在举荐吴其昌时，可谓不遗余力，颇具感情和血性。他在给北平辅仁大学校长陈垣的信中，曾急切、热忱地说道："吴君高才博学，寅恪最所钦佩，而近状甚窘，欲教课以资补救。师范大学史学系、辅仁大学国文系、史学系如有机缘，尚求代为留意。"又说："吴君学问必能胜任教职，如不胜任，则寅恪甘坐滥保之罪。"[52]其用力之深，感情之厚，肝胆相照之人格魄力，令后人观之不禁为之唏嘘。

然而历史竟是如此无情，生命中的不幸际遇，并没有因陈寅恪的向善、向真和拳拳之心而改变，相反的是进一步加剧了这种不幸。12月12日晨，陈寅恪起床后感到眼前一片漆黑，左目已不能视事，世间的光明将要永远离他而去。而这时夫人唐筼心脏病复发，幼女美延也已患病，陈氏强按心中的恐慌与悲情，急忙把女儿流求喊来，让其立即到校通知自己不能上课了，请学校另做安排。14日，在仍不见好转的情况下，陈寅恪只好住进陕西西街存仁医院三楼73室求治。经检查，左目视网膜剥离，瞳孔内膜已破出液，必须立即施行手术。而医生私下对前往探视的燕大教授马鉴与吴宓等人说，如此糟糕的情形，"必将失明"[53]。马吴二人听罢恐慌不已。

18日，医院决定为陈寅恪施行手术，若顺利或许还有一线希望。手术过后，陈氏的头部用沙袋夹住，不许动弹，以免影响手术效果。孰料术后效果极差，吴宓于次日前去探望，"仅得见夫人筼，言开刀后，痛呻久之。又因麻醉药服用过多，大呕吐，今晨方止。不能进饮食云云"。手术12天后，医生私下对唐筼言："割治无益，左目网膜脱处增广，未能粘合。且网膜另有小洞穿。"[54]病中的陈寅恪虽未知细节，但有所感，一时大为忧戚，焦躁不安。夫人唐筼每日守候在寅恪身旁，既要顾家，又需

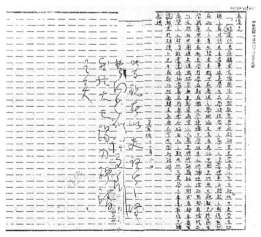

陈寅恪向傅斯年举荐张荫麟信函，内有"弟敢书保证者，盖不同寻常介绍友人之类也"语。函末为傅氏批语："此事现在以史语所之经费问题似谈不到，然北大已竭力聘请之矣。"（引自《陈寅恪集·书信集》）

照料病人，不久因劳累过度引发心脏病卧床不起。陈寅恪在燕大唯一的研究生石泉，出面邀集并组织燕大学生轮流值班，女生值白班，男生值夜班，如此跑前跑后的忙碌，令陈氏夫妇在心灵上得到一丝抚慰，陈寅恪的情绪也慢慢稳定下来。时任燕大代理校长的梅贻宝前去探望，陈寅恪大为感动，对其曰："未料你们教会学校，倒还师道有存。"许多年后，已是八十岁高龄的梅贻宝在其回忆录中写道："我至今认为能请动陈公来成都燕京大学讲学，是一杰作，而能得到陈公这样一语评鉴，更是我从事大学教育五十年的最高奖饰。"[55]想来陈氏之语是出于本真，而梅氏之言也是发自肺腑的吧。

陈寅恪手术不久，唐筼即寄函向傅斯年简单报告经过。在1945年1月18日致傅斯年、俞大綵夫妇的信函中，唐筼较详细地叙述了寅恪手术后的情形。信中说：

> 寅恪第一次手术后正已一月（南按：此处另有附语——"现在尚不许动，眼尚包着。"以下括号内文字均为附语）。据医生（陈医生人很好，极直爽）云，所粘之部分并未粘好（更有一洞之说不敢告寅恪，恐其神经受刺激太甚，以致影响失眠以及其他），认为手术之结果不满意，欲再动第二次手术（愈早愈好），而寅恪极不愿意，恐二次之结果又不满意，则失望更大。故今暂时采用静养及吃滋养品服药之办法，一月以来颇有转机，已能见物，以前之黑影逐日缩小，寅恪之希望即养得永久能维持现状，则为满意，惟视物仍不甚清楚，此为最可虑之一点，恐其渐渐出水，日后必致恶化（惟恐渐渐出水以致网膜渐渐脱落加大，则最为可怕之一点）。筼以学理视之，似宜再动二次手术，而以其他种种事实上之情形而言，如寅恪之身体及年岁高等等，则又不敢坚主张，是以踌躇难决，心中十分不安定。又加疲劳过度，遂大发心脏病，回家休养十余日，今始渐渐起床。
>
> 兄等有何高见，望有以告我，则感甚感甚。又医生因我们之决定迟迟不答之，遂大为不高兴，而我们不欲使卸责，所以种种方法拉住，不愿使之逃脱，因成都除此医院外，其他私家医生更不行。故筼之应付环境极苦，而许多事又不愿使寅恪知之，更不便与之商量，其苦可知矣。所寄来之款叁万圆及贰佰玖拾陆元贰角，均如数收到。[56]

唐筼所说款项事，因资料缺失，无法确切得知来源何处，但从平淡的口气看，似与傅的努力有关，但不是傅斯年本人的捐助。加之款项后边一个细微到几角的零头，可推知此款项或许来自教育部，或许是史语所，或许是中华庚款基金会等。此时躺在病床上的陈寅恪，于无奈中集苏东坡诗句"闭目此生新活计，安心是药更无方"，请杨度之女、四川省教育厅厅长郭有守之妻、书法家杨云慧书之，裱而悬挂，以自励自勉。[57]遭逢如此境地，要真正安心是不可能的，陈氏心中自然清楚，必须面对这个现实并设法与苦难抗争，才能度过这一劫数。

1月26日，唐筼再次致信傅斯年，直言不讳地说出了压抑在心中已久、对当局不满的情愫。信中说道："（寅恪）今既须长时间之休养，则不得不各方筹划经济之来源。平时之家用每月增多，两个月前已达四万余元，尚不能吃营养品。今在养病期中，必是加倍还多，更以物价逐日高涨，实难定预算。燕京薪水仅足用一星期或十日。"同时表示尚有数事欲与傅氏商量，并求指教者如下：

一、寅恪自前年（三十二年）暑假后离开广西大学，来燕大授课，除领教育部所发正薪外（每月薪水陆百元，研究费肆佰元，每六个月一寄，一次寄陆仟元），至如其他教授应得之种种生活津贴、食米及薪水加倍等等（如其他部聘教授每月之所应得者），分文未领过。换言之，以往一年半以来（除领正薪及少数研究费外），已替国家（即教育部行政院）省下将近贰拾万矣，此点望能使当局明了及注意。此第一事也。

二、寅恪此次病眼，医院开支总在贰拾万上下（大约再数星期后出院），皆由燕大付出，而家中用度又已近十万（买特别药及滋养品，需自付），已收到教育部五万元，中央研究院三万元。此后回家静养，所需一定较平时用度为多，由燕大每月之收入约两万，即在平时已不敷用。寅恪向不愿兼事，今病更不能兼矣。所以希望教部于养病期中，每月能有巨款医药费之补助，此第二事也。

三、寅恪当教授已十九年半，只在抗战前曾休假过半年。今年拟向教部请求休假一年，以著作为名（《元白诗笺证》），此第三事也。

四、寅恪虽在私立燕大授课，希望能与其他之部聘教授分发于国立大学者同样待遇。除正薪外，尚有薪水加倍，生活津贴及食米等，由教部拨发于燕大转发。盖此数在国家虽省下来为数极细微，而在个人则可得帮助不少。且寅恪意既有部聘教授之名义，更愿名实相符，则寅恪之在燕大，可处于客座之地位，此意先生定能谅解，此第四也。

以上四事，请先生斟酌如何，有无不合理处？四事中以第二及第四两项为最重要，亦最难办到，故惟有望于先生者，请先以私人之关系，向骝先部长先生说明之。即先用人事之疏通，然后由燕大去公文请求补助，庶可事半而功倍也。此信系寅恪授意嘱筼专函奉达，并乞示覆为盼。[58]

傅得信后做何感想，又做何行动？因资料缺失，后人已不能妄下论断。但有一点可以看出，未等傅斯年回信，陈氏夫妇便于2月1日、2日又向傅氏连发两函。信由唐筼代笔，以陈寅恪的口气撰写。

第一函曰："寅恪以目疾卧床，一二月内尚难读书写字，嘱将何兹全君论文一篇，及盖章空白纸二张寄奉先生代为审核填写。一切皆请全权决定。有劳精神，容当后谢。"

又说："蒋大沂君之著作、履历等件，顷亦已由寅恪嘱其以快函径寄济之先生处矣。知关锦注，并以附闻。"[59]到了身不由己、朝不保夕之处境，躺在病榻上的陈寅恪仍未忘记史语所的事务与自己的责任。同时仍在关注着荐举之人蒋大沂的命运，如此执着与善心的用力，令后人观之感慨多多。何兹全乃何思源堂弟，后至北京师范大学历史系任教授，写过很多怀念傅斯年与陈寅恪的文章。蒋君大沂于新中国成立后一直在上海工作，1981年去世。或许是死得过早，囿于当时的政治环境或其他什么因素，世人没有看到他对陈寅恪心怀感念的只言片语公示于世。陈氏弟子蒋天枢在怀念文章中有云："先生漂泊西南，备历艰困，当流亡逃死之际，犹虚怀若谷，奖掖后学，孳孳不倦。其以文化自肩，河汾自承之情伟矣！"[60]

所谓自承之"河汾"，典出隋代大儒王通为避乱世隐居黄河、汾水之间，居于河东绛州龙门白牛溪，弹琴著书，布道讲义事。王通修先王之业凡九年，曾续六经之典籍，河汾之地遂声名鹊起，远播海内，为隋末一盛大学术中心。因了这一风云际会，慕名而来问学者多达千百人，一时街道充塞，弟子相趋成市。据传唐初一代骁将名相如房玄龄、杜如晦、李靖、温大雅、陈叔达、魏徵、杜淹等辈均受其教授，盛唐时代王门弟子声动朝野，威震天下。王通去世后，弟子尊其为继孔子之后文德集于一身的大儒，甚至可享与孔子齐肩的荣誉，也就是说在中国思想文化史上，不是孔孟并提而当是孔王等价齐观，故这位"王圣人"的门生赠其谥号曰"文中子"，以示尊崇。[61]

陈寅恪当然没有要与孔子并驾齐驱的野心妄念，但他对前贤如王通辈于乱世荒年仍能讲学论道于一隅之地，续文化香火于天下，颇为赞赏和羡慕，并有仿效示范之意，使文化精神血脉得以从自己的心田深处，像黄河的水浪、汾河的涓涓细流一样淌出，滋润三千大千世界，绵延不绝于后世子孙，成为再造民族之魂魄、人类之博爱永不枯竭的源泉和伟大动力。寅恪弟子天枢深通业师之心灵，其河汾自承之论，甚得其精髓。

时隔四年，当陈寅恪离开成都回清华，再由清华仓皇奔赴岭南之地，同样怀有续命河汾之志。无奈政局嬗变，天不遂人愿，大道不张，小道充塞。陈寅恪像一只遭受箭伤落入污泥浊水又被强行拔掉羽毛的孤雁，在凄冷的寒夜里只好仰天悲泣，发出了"招魂初泽心虽在，续命河汾梦亦休"[62]的哀唳长啸。此为后话。

躺在病床上凄怆哀痛、命悬一线的陈寅恪仍在设法自救。1945年2月2日，陈寅恪在致傅斯年信函中，说道：

一月二十三日来函已悉，今将弟之意见述之如下（以下各条系寅恪自书嘱篯抄之）：

一、部聘教授薪，问之方桂，似较史语所略多，又弟现在燕大之薪全出于哈佛燕京社，方桂亦如此，若弟将来之收入一部分出自教部，则尚受中国人之钱，比全由美国人豢养，稍全国家体面。又弟与方桂代表史语所两组，若二人薪皆由本所交与燕大，恐外人有史语所半数移于燕大之误会，故再三考虑，请兄与教部交涉，请将部聘教授应得之薪金、生活补助费、米贴（即食米一石）等等（燕大之米系自购，若粮食部发于弟所得之米，则可不要燕大再为弟购米可也），即照成都川大部聘教授之全数寄予燕大转发，倘须燕大备文呈请，亦乞速示知，以便照办。至向教部请休假一节暂可不提，至要至要。

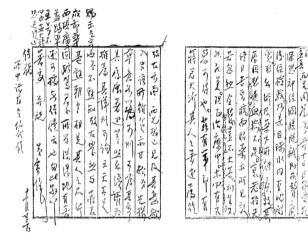

陈寅恪在成都致傅斯年信函（引自《陈寅恪集·书信集》）

二、如教部事不易办，而养病费无着时，亦可请骝先生呈蒋公，但须并与谭伯羽兄及大维商酌方妥。

三、兄及弟一组诸位先生欲赠款，极感，但弟不敢收，必退回，故请不必寄出。

四、U. C. R 之补助费一节。今日梅贻宝兄来言，已将弟列入成都区。【63】

这是一个目盲体衰的老人，在风滚浪急的无涯苦海中，于即将沉没的紧急关头发出的怆呼、救援信号，尽管这个信号急促得令闻者为之窒息，难以释怀，但字里行间又透着求救者的高贵与理性、拙朴与至诚。曾文正公曾在家书中有云："唯天下之至诚，能胜天下之至伪；唯天下之至拙，能胜天下之至巧。"深得曾氏家训熏染的陈寅恪自是深解其中况味，并成为他为人处世的一大准则。遥想当年，陈氏与吴宓在哈佛相约，有"不降志，不辱身"之契。所谓不降志，不辱身，即指虽处困厄，亦应坚持操守，保持人格之尊严。从陈氏信中，不难发现这样一句耐人寻味的话语，即"亦可请骝先生呈蒋公"之句。此语清楚无误地显示，陈寅恪欲请国民政府教育部长朱家骅向最高统帅蒋介石禀报此情，让蒋氏特批一笔款项，以解自身病难之急。从陈氏信中口气看，这一要求并未透出上达天听的诚惶诚恐状，一切似乎都在正常之中，只是需谨慎一点儿办理才好。这一处事态度和方式，看似矛盾，但又寓于情理之中，若不深入透彻地了解陈氏家族背景以及与蒋介石的关系，自是无法理解这一话语背后隐伏暗藏的玄机奥秘。

◎ 陈寅恪与蒋介石的因缘

1929 年 10 月，陈寅恪父亲三立老人从沪乘船到庐山牯岭新居。这一抉择的直接动因据说是由于北伐胜利，国民党大佬谭延闿身价倍增，成为大福大贵、权倾朝野的大字号人物（南按：谭曾历任湖南省省长兼督军，国民党中央委员会主席，国民政府主席、行政院长等职）。此人乃三立老人昔日所称的"谭生"，与陈家往来密切，当官发迹后仍不脱翰林风习，对三立礼遇有加。于是三立乃学古代隐士的样子，为避喧嚣与官场应酬，索性跑到庐山筑匡庐为室。这个住所就是陈寅恪提请蒋介石拨发专款两个月后，在致傅斯年另一信中所说的"松门别墅"。陈氏在《忆故居》诗并序中云：

> 寒家有先人之敝庐二。一曰崝庐，在南昌之西山。门悬先祖所撰联，曰"天恩与松菊，人境托蓬瀛"。一曰松门别墅，在庐山之牯岭，前有巨石，先君题"虎守松门"四大字。今卧病成都，慨然东望，暮景苍茫。因忆平生故居，赋此一诗。庶亲朋览之者，得知予此时之情绪也。
>
> > 渺渺钟声出远方，依依林影万鸦藏。
> >
> > 一生负气成今日，四海无人对夕阳。
> >
> > 破碎山河迎胜利，残余岁月送凄凉。
> >
> > 松门松菊何年梦，且认他乡作故乡。[64]

从诗中可知，位于庐山牯岭这块风水宝地的松门别墅，确有静谧空灵、缥缈幽远之境界。但陈三立老人是否为避谭生的"礼遇"与喧嚣而独上庐山，大有商榷的空间。因资料缺失，尚无过硬的反证，因而只好存疑，待后世高明者加以认证。不过三立在庐山筑室，并在此一直住到 1933 年夏秋之交当是事实。即使三立为避嚣而来，也只是一空头名义，因为其间仍有不少达官贵人、术士名流、活佛、道士、气功大师与"反伪斗士"等三教九流的人物前来拜望，松门别墅不但不寂寞，反而热闹非凡。1932 年 9 月，陈三立八十寿辰，南北亲人及众多友朋故旧纷纷上山祝寿致贺。其人员之多使松门别墅无法容纳，只好借用相距不到半里之遥的一位李姓朋友的 51 号别墅办寿诞盛宴。据寅恪侄女陈小从云，此幢别墅在庐山颇有名气，较其他别墅房间多出许多，且设备先进，当时牯岭多数别墅皆以煤油灯照明，该别墅自备发电机照明等（后一度归孔祥熙家占有）。其间，正在庐山牯岭居住的蒋介石闻讯，派人向三立老人献了一笔巨额寿金，但三立严拒未受，此事外人少有知晓。当时贺之于庐山的商务印书馆掌门人张元济，在五年后三立去世时，有挽诗七绝四首，其三有"衔杯一笑却千金，未许深山俗客临"句，注云："君隐居庐山数年，八十生日时帅有献千金为寿者，峻拒不纳。余同居山中，时相过从。"俗客者、帅者，时亦在庐山之蒋介石也。对此，后世有学人钱文忠者，乃评曰："据陈隆恪诗、陈小从及张元济子张树年《我的父亲张元济》回忆，时陈寅恪先生亦在，如此则《庚辰暮春重庆夜宴归作》中'食蛤那知天下事，看花愁近最高楼'，吴雨僧先生抄本附注'初次见某公，深觉其人不足有为'云云。'初次'可商，'深'应同时含'久'意。"【65】

　　钱某所言，暂且不哂，但张元济诗并非妄语。就当时情形论，陈氏一门虽多书生，并无高官大吏执掌权柄，但其故旧门生甚广，其盘根错节的人脉背景和关系，仍对社会政治构成一定影响，尤其在天下儒林圈子里影响至深且巨。蒋介石本人颇谙世事，自青年时代混迹上海滩起，对攀高结贵、奔走豪门的"礼道"，外加交际学与厚黑学已烂熟于心，并多次作为马前卒亲身示范，从而为自己的事业前程打下了根基。到了陈三立在庐山做八十大寿的时候，因北伐胜利，大权在握、志得意满又恰在庐山的蒋介石，闻讯派人送些礼物以示礼贤下士并不足为奇。只是三立老人早有"凭栏一片风云气，来作神州袖手人"【66】的传统士大夫情怀，对官场已有厌恶之感，不愿与之交际斡旋，因而有些"不识抬举"地拒纳，这是符合他的性格和当时社会大背景的。《陈三立传》之作者、一代名士吴宗慈在致陈隆恪商讨如何抓住传主灵魂的信中曾说道："第老伯生平，诚如来函所述，'一生不求闻达，仅以文章气节，韬晦横流，既无功于民国，自无凭借恳予表彰，又不能妄加事迹，诬渎先灵'。数语已括尽生平矣。……弟意对老伯生平，拟以'高不绝俗，和不同流'八字为骨干，至关于出处大节，乃自守为子为臣之本分。……盖胸襟落落，自有独来独往之精神寓于其间也。"【67】在同辈人中，吴氏与陈三立老人的内心是有所沟通的，对三立一生性格才气志向等诸立传要素，当较他人看得更清更深，否则陈门不会推其作为三立的传记作者。三立老人有这样的性格和为人处世的态度，拒收蒋介石贺礼也就显得不足为奇。

　　至于钱文忠者，对吴宓的诗注认为"可商"，实则是与自己还略显年轻，加之为学燥火太盛，对张元济的诗句没有参透。又或者钱氏看街头文学太多，误把陈三立当成了上海滩的黑社会老大黄金荣或杜月笙，因而才以为蒋介石听到三立老人要做寿的消息，于日理万机中抖掉身上的尘土，率领一帮大小喽啰亲自跑到松门别墅，于大堂内呼曰"老伯您好，祝寿星百岁！"等口号，然后点头哈腰，脱帽致礼，而三立则急步向前，一把抓住蒋氏的衣袖，惊呼"不知总司令大驾光临，有失远迎。不敢不敢，愧杀我也"之类的词句。然后宾主落座，相互拱手道贺，众人皆为之狂喜。——可惜，这样的场面并没有出现。因为陈三立不是黄金荣，蒋介石也早已不是上海滩上的那个少年混混儿了。

　　可以说，当三立老人做寿之时，蒋介石亲自前往松门别墅祝贺的可能性微乎其微，

第十二章　魂返关塞黑

除非另有不可知的因素作为外力推动。蒋氏与陈家不是同乡，没有私交。蒋介石毕竟是政治人物，政治人物的言行自然是政治挂帅，一切以政治利害得失为最高准则。到了三立蹲在松门别墅里的时候，陈氏一门在政界叱咤风云的时代已经成了明日黄花，一个辉煌而遥远的陈年旧梦。就当时的天下大势和陈氏一门的影响论，蒋介石没有一点儿理由专程跑到松门别墅，在一群乱哄哄的儒生、和尚、道士加气功师与"反伪斗士"的觥筹交错中凑热闹。最先在上海滩受到黑社会中人关照与庇护，后来凭着武力一路南征北战，并最终执掌北伐军总司令大印的蒋介石，是亲身感受过枪杆子里面出政权这一颠扑不破的真理的，天下大事哪里是凭几个秀才造反就弄成的？况且能造反和敢造反的秀才又有几人？历史已经证明和不断地证明，真正的书生在当权者眼里，其命运除了被当权者像秦始皇一样挖个土坑活活埋掉，有幸免死者也只能是帮当权者敲敲边鼓，做一些吹喇叭抬轿子的活计，在其他方面百无一用。不过正如鲁迅所言："中国向来的老例，做皇帝做牢靠和做倒霉的时候，总要和文人学士扳一下子相好。做牢靠的时候是'偃武修文'，粉饰粉饰；做倒霉的时候又以为他们真有'治国平天下'的大道，再问问看，要说得直白一点，就是见于《红楼梦》上的所谓'病笃乱投医'了。"【68】

当时的蒋介石与他开创的事业正在上升阶段，但在天下大局待定而未定之时，具有政治野心的蒋介石出于装饰门面和暂时拉拢儒生集团的考虑，顺手牵羊式地对陈氏一门做一番粉刷式关照，或者抹一点儿文化口红是必要的——于是便有了派人赠送礼金的暧昧表示。令蒋氏想不到的是，他的"文化口红"正好遭遇了一个曾经沧海难为水，不情愿被粉刷和任意涂抹的倔强遗老。如此这般，一袋子贵重"口红"也就只好提回去另找合适的对象进行涂抹打扮了。

既然"俗客"没有亲临陈府，陈寅恪就不大可能见到蒋介石本人。事实上，蒋陈二人压根就没有在庐山谋面。陈寅恪在重庆选举中研院院长期间所作之诗，吴宓的注释，并非如钱文忠所说的有什么"可商"之处，若陈氏此前曾见到过蒋公，凭陈与吴宓几十年无所不谈的密切交往，吴绝对会知道的，怎么有"初次见某公"之语？把"深"解为"久"，当是钱某的妄加猜测。

仅有中研院饭局上一面之缘，而在成都燕大躺在病床上的陈寅恪，竟主动提出要"呈蒋公"特批专款用以救济自己，以陈氏的孤傲与洁身自好的性格，怕是不太会做出这样的选择。即使做出这一选择，说话的口气怕也没有如此轻松自然——假如他在重庆真的把蒋介石当成一个癞蛤蟆或一只大蛙的话。

陈寅恪本次所为，一个合理的解释是，尽管当年蒋介石没有亲临松门别墅为其父祝寿，但毕竟有过奉献贺礼一档子事儿，而此事在陈寅恪的心理上，蒋公至少知道陈氏一门不大不小的分量，并有"扳一下子相好"和"粉饰"一下的欲望。只是抗战军兴，这个"文化口红"没有再得到机会涂抹罢了。现在自己正处于贫病交加之境，无论为公为私，正是需要蒋公"拉兄弟一把"的时候。因了这样的缘故，陈请朱家骅向蒋公禀报详情，也就不显得特别突兀和难为情，假若对方一时高兴，感念旧情与为民族保存一文化种子的"大义"，给予一点儿特殊关照或许是可能的。

但是陈寅恪同样深知，今天的"蒋公"毕竟不同于1932年的蒋介石了。而中国的经济状况也自然与战前无法相比，即使蒋氏有心关照，鉴于各个方面的考虑，恐怕也有些为难，至少不便于大张旗鼓地施以援手，否则让其他高校与教育机构的穷苦教授与天下士子们做何感想？陈氏又将如何应付这一特殊优待可能给自己带来的负面影响？万一蒋公接到朱家骅转呈的请求弃之一边，不做回应，或干脆就不允，朱陈二人势必落入尴尬之局而无以自脱。正是出于这样细微的考虑和担忧，陈寅恪才附加了一个条件，那就是必须征得谭与俞二人的同意方可用事。

谭伯羽乃谭延闿长子，比陈寅恪小十岁，同济大学毕业后留德，归国后根据"老子英雄儿好汉，老子反动儿浑蛋"的中国式规矩，在官场如同风卷羽毛一样飘转攀升，时任国民政府经济部常务次长。此时的俞大维正担任国民政府军政部常务次长兼兵工署署长。假若傅斯年认为陈寅恪之计可行，予以助力，而谭俞二人根据自己对上层及蒋公本人的了解表示同意，朱家骅又乐意去从中斡旋，那么此事成功有望，陈氏可得到暂时接济，解一时之困厄。若是相反，则成功的概率必小，即使朱家骅碍于陈与傅的情面硬着头皮上呈蒋公，恐怕也未必能达到预期效果，这对陈来说便有了一种无形的"辱身"，或者是"自取其辱"的味道。陈寅恪当然不愿看到这种结局，因而采取了特别慎重的态度和方式。——这是出身名门的陈寅恪自尊之处，也是与一般书呆子式儒生寒士大不相同的分水岭。

陈寅恪信的最后一句更不难理解，傅斯年与史语所一组同人在得知陈的病情与现状后，表示要捐款相助。但陈极其干脆明了地表示"不敢收，必退回，故请不必寄出"。也就是说，他宁肯并不知道后果如何地上书蒋公，也不愿看到马上可成为现实的效果。就他内心的想法，自己为中国教育所做的成就和贡献是及格的，也是无愧的，在命悬一线之际，应该得到政府的回报和救助。若蒋公给予一点儿特殊款项，仍属自己应该得到的一部分，并非额外占了国家的便宜。相反，则是国家欠自己的劳动报酬，是对自己不厚道。就史语所同人而言，这一切皆不存在，且那些窝在李庄的研究人员同样处于啼饥号寒、穷困潦倒的艰难境地。在这样的困苦情形下又要掏出仅有的甚至是保命的一点儿钱款勉力襄助，陈氏受之，情何以堪？因而陈寅恪给予了坚决的回绝。此点看似容易，但现实生活中亦不是人人可以明白或能够做到的。所谓君子爱财，取之有道，其"道"之通达，在此时的陈寅恪身上得到了合理而得体的展现。

傅斯年接信后如何考虑和做何处理不得而知，但从3月7日陈致傅的信中可以看出，至少重庆高层方面仍没有兑现，信中道：

接二月廿一日信，敬悉一是。部聘教授之米及生活补助费事，未经兄与教育部商妥前，燕大似不宜遽先呈请，以免蛇足，且恐措辞不合又生麻烦，故拟俟兄与教部商洽定妥办法示知后，再照部拟之办法呈请，较为妥便。总之，此办法手续麻烦，恐难办妥，最简单办法，莫如特请某公补助，此节请兄与大维等商酌，至于川大，则其校长不但不能帮忙，反而有碍，徐中舒君知之甚详，兹不必多说。弟并非坚欲补发以前应领之费，前函所以提及者，不过欲使教部知之耳。弟目近日似略有进步，但全侍（视）营养如何而决定，营养之有无又以金钱之多寡为决定，弟此生残废与否，惟在此时期这经济状况，所以急急于争利者，无钱不要，直欲保全目力以便工作，实非得已，区区之意，谅兄及诸亲友能见谅也。[69]

陈寅恪此信，已有杜鹃啼血之意，但是重庆教育界高层和蒋公方面的东风似是一直没有唤回的迹象。信中提到的川大校长，乃是黄季陆。此人属四川土著，早年毕业于复旦公学，后留学日本、美国，获美国俄亥俄州立大学政治学硕士学位，一度出任国民党四川省党部主任委员，算是国民党的铁杆人物。或许由于政见不同，或许另有其他原因和难言之隐，黄氏与陈寅恪以及陈门清华的弟子、时任教于成都燕大的徐中舒等皆不睦，因而也就不可能指望对方给予帮忙与关照。因了这样的关系，1948年蒋介石父子飞临成都，蒋经国曾指令黄季陆劝说徐中舒等几位著名学者去台湾，黄受命多次到徐家劝说，甚至亲自送上飞机票以示诚意，但徐始终不为所动，坚持留在了四川大学。一切的后果，皆是前世因缘造就。或许，从陈寅恪来成都燕大之时就注定了。

注释：

【1】陈流求《回忆我家逃难前后》，载《纪念陈寅恪先生百年诞辰学术论文集》，王永兴编，江西教育出版社1994年出版。

【2】据北大地理系教授何振明调查研究，林迈克夫妇走时，曾秘密携带了珍贵的"北京人"头盖骨化石。这个由中国学者装文中于1929年12月12日从周口店山洞中发掘出土的头盖骨，被当作中国的"国宝"与世界人类文化遗产，存放于美国人掌控的北京协和医学院地下室保险柜中。珍珠港事件爆发前几天，由协和医学院总务主任博文（T. Bowen）负责转移，林迈克参与了转移工作，并把头盖骨暂存燕园。当珍珠港事件爆发时，林迈克比其他燕大教授更早地得到了消息，并根据美国驻华大使馆的指令，把头盖骨放于车中，赶在日本人进入燕大之前，驾车冲出校园，直驶离北平城约70公里的北郊红螺寺秘密埋藏。自此，"北京人"神秘消失，至今未能面世。（2000年4月3日，采访何振明记录）

【3】【5】【6】【8】【44】【50】【58】【59】【69】《致傅斯年》，载《陈寅恪集·书信集》，陈美延编，北京三联书店 2001 年出版。

【4】《吴宓日记》，第二册，吴学昭整理、注释，北京三联书店 1998 年出版。见 1919年 9 月 8 日条，此乃吴宓引用陈寅恪旧语。Honest means of living，即"谋生正道"。

【7】《傅斯年全集》，第六卷，欧阳哲生主编，湖南教育出版社 2003 年出版。

【9】【10】【11】【35】《陈寅恪集·金明馆丛稿二编》，陈美延编，北京三联书店 2001年出版。

【12】《中国小说史略》，鲁迅著，山西古籍出版社 2001 年出版。

【13】《陈寅恪集·寒柳堂集》，陈美延编，北京三联书店 2001 年出版。曹冲（196—208），字仓舒，曹操子，谥邓哀王。"称象"故事见《三国志·魏志》卷二十。其文曰："邓哀王冲，字仓舒。少聪察歧嶷，生五六岁，智意所及，有若成人之智。时孙权曾致巨象，太祖欲知其斤量，访之群下，咸莫能出其理。冲曰：'置象大船之上，而刻其水痕所至，称物以载之，则校可知矣。'太祖大悦，即施行焉。"按此文所言，曹操之子曹冲聪明过人，在群臣不知如何称大象重量的情况下，年仅五六岁的他提议把大象拉到船上，用刀刻下水至船的痕迹，而后将大象拉出，复用石块等物填船，在达到刻痕之时停止，分别称石块等物的重量，加在一起就是象之重量。这个方法被现代一些中学课本称为阿基米德定律即浮力原理。根据"曹冲称象"的故事，英国学者李约瑟在 1962 年出版的《中国科学技术史》中，认为中国人在公元 200 年左右已知浮力原理，并借浮力称量。

对这个传奇故事，陈寅恪通过考证认为是从国外输入的，并举《杂宝藏经》卷一"叶老国录"之故事以佐证："天神又问：此大白象有几斤？而群臣共议，无能知者。亦募国内，复不能知。大臣问父，父言：置象船上，著大池中，画水齐船，深浅几许，即以此船量石著中，水没齐画，则知斤两。即以此智以答天神。"据此记载，虽然此经乃北魏时译成，但此传说"仅凭口述，亦得辗转流传至于中土，遂附会为仓舒之事，以见其智"。（陈寅恪语）那么，何以"称象"不能在曹冲身上发生呢？这是因为不合于史实，前人早已察知。陈寅恪指出，清人梁章钜《三国志旁证》云："何焯曰：孙策以建安五年死，时孙权初统事，至建安十五年权遣步骘为交州刺史，士燮率兄弟奉承节度，此后或能致巨象，而仓舒已于建安十三年前死矣，知此事妄饰也。置水刻船，疑算术中本有此法。"

另据陈寅恪考证，汉代中土已无象，而曹冲殁于献帝建安十三年五月，年十三。孙权在建安十三年赤壁之战前只领有江东六郡，含现在江浙与江西、安徽的一部分，在建安五年也就是曹冲"五六岁"时只是"会稽太守"，哪里有"象"可以送给曹操？何焯曾推测中国古算书里原有此法，陈寅恪则从佛经里找到这一故事的来源。陈氏认为："但象为南方之兽，非曹氏境内所能有，不得不取其事与孙权贡献事混成一谈，以文饰之，此比较文学之通例也。"另梁氏《三国志旁证》又云："邵晋涵曰：《能改斋漫录》引《符子》所载燕昭王大豕，命水官浮而量之事，已在其前。"对这一说法，陈寅恪未予讨论，但以何邵两人"皆未得其出处也"，故宋代人之记载也是本于佛经故事。

第十二章　魂返关塞黑

当然，陈寅恪所考只是"曹冲称象"的故事来源，并未否定中国人很早就懂得浮力原理，或者是与阿基米德定律方法相同的"等量替换法"这一智慧的应用。虽然阿基米德定律于公元前 200 年以前已经发现，过了 1800 多年，即 1627 年才作为一门科学理论传入中国。这部书的名字叫《远西奇器图说录最》，又名《奇器图说》，由德国耶稣会士邓玉函（Johann Terrenz, 1576—1630）口译、王徵（1571—1644）笔述绘图，于 1627 年在华出版发行。该书是第一部系统地以中文介绍西方机械的专著。

邓玉函 1576 年生于德国南方城市康斯坦茨主教区一律师家庭，及长，先入纽伦堡附近阿尔特道夫大学学习医学，后就读于意大利帕多瓦大学并与著名科学巨人伽利略相识，后来与伽利略同属于罗马林瑟学院（Accademia dei Lincei）院士。邓玉函对当时西方科学技术最前沿的成就了如指掌。1621 年，中国农历辛酉年，生肖鸡年，为明朝熹宗天启元年、后金太祖天命六年，邓玉函率 22 名传教士，携带 7000 多部书籍来华。

来到中国后，邓玉函逐渐意识到天朝科技已远远落后于西方了，于是背弃原来来华传教的初衷，立志传播科学技术，并毛遂自荐帮助皇帝修历，同时大力传播天文及医学知识。他与中国官吏学者王徵共同合作，于天启七年正月（1627 年 2 月或 3 月）完成了《远西奇器图说录最》三卷。同年，王徵补扬州推官，七月《远西奇器图说录最》与《诸器图说》合刻于扬州。他们把当时欧洲最先进的机械学基础知识以图文并茂的形式传授给中国人。

《远西奇器图说录最》第一卷介绍重学与力艺以及比重等基本概念；第二卷介绍杠杆、轮轴、斜面等简单机械的原理；第三卷介绍各种较复杂的实用机械，如起重机械、提水机械、风车、水泵等。书中介绍的主要为平行力的平衡问题，或即重力的平衡问题，因而这本书将所涉及的学问称为重学。而如何利用这些学问节省力，则属于力艺。在该著第三卷最后十页中，作者介绍了当时西方最为先进的一种"人力双缸活塞式压力水泵"灭火器。其中，有水铳图四幅，且详细地介绍了水铳的制作、使用和性能。在该著的序言中，王徵说："《奇器图说》，乃远西诸儒携来彼中图书，此其七千余部中之一支。

奇器图说卷一书影

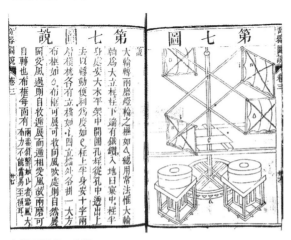

奇器图说卷三书影

就一支中，此特其千百之什一耳。"又说："私窃向往曰：'嗟乎！此等奇器，何缘得当吾世而一睹之哉？'丙寅（1626）冬，余补铨如都。会龙精华（龙华民）、邓函璞、汤道未（汤若望）三先生以候旨修历，寓旧邸中。余得朝夕晤请，教益甚欢也。暇日，因述《外纪》所载质之，三先生笑而唯唯。且曰：'诸器甚多，悉著图说，见在可览也，奚敢妄！'余亟索观，简帙不一。第专属奇器之图之说者，不下千百余种。"并说："令人心花开爽，亟请译以中字。"

该书刊行后，引起中国朝野学习、借鉴西方工程技术的兴趣，相关著作的翻译逐年增加。至清末，有传教士加入的京师同文馆、江南制造局翻译馆等机构都进行译书工作，大量西方科技著作翻译出版，使西方科学技术知识以前所未有之势在中国迅速传播开来。

1627年《远西奇器图说录最》一书的出版，是西方科技引入中国的一个重要标志。但中国人很早的时候就知道利用浮力的方法亦属可能。如《墨经》曾对浮力原理有过探索："刑（形）之大，其沉浅也，说在衡。"意为：形体大的物体，在水中沉下的部分浅，是因为物体的重量被水的浮力所平衡。

又如台湾学者刘广定认为秦汉之际编成的《考工记》一书，其"输入"一节中叙述做车轮之法，有"揉辐必齐，平沉必均"及"水之，以眡其平沉之均也"的句子（刘广定，载台北《治学研究》，第十七卷第一期，1999年）。车轮必须整体均匀，转动效果才好。知道把木制车轮放在水里，由其浮沉的深浅来判断是否已匀称，证明那时的中国人已经了解并将浮力原理应用于生活的实践中了。

【14】《三国志·魏志》原文曰："若病结积在内，针药所不能及，当须刳割者，便饮其麻沸散，须臾便如醉死无所知，因破取。病若在肠中，便断肠湔洗，缝腹膏摩，四五日差，不痛，人亦不自寤，一月之间，即平复矣。"

【15】【25】【28】【31】劳榦《忆陈寅恪先生》，载台北《传记文学》，第十七卷第三期，1970年9月。

【16】【17】陈寅恪《陈垣敦煌劫余录序》，原载《中央研究院历史语言研究集刊》，第一本第二分册，1930年6月。转引自《陈寅恪集·金明馆丛稿二编》，陈美延编，北京三联书店2009年出版。

【18】《陈寅恪集·寒柳堂集》，陈美延编，北京三联书店2001年出版。

【19】《陈寅恪先生史学述略稿》，王永兴著，北京大学出版社1998年出版。

【20】【21】《吾国学术之现状及清华之职责》，载《陈寅恪集·金明馆丛稿二编》，陈美延编，北京三联书店2009年出版。元裕之、危太朴、钱受之、万季野，即元好问、危素、钱谦益、万斯同。

【22】《三国志·武帝纪》，转引自《陈寅恪魏晋南北朝史讲演录》，万绳楠整理，贵州人民出版社2008年出版。

【23】《陈寅恪集·金明馆丛稿初编》，陈美延编，北京三联书店2009年出版。

【24】【26】参见《陈寅恪魏晋南北朝史讲演录》，万绳楠整理，贵州人民出版社2008年出版。

【27】《仰望陈寅恪》，蔡鸿生著，中华书局 2004 年出版。

【29】周一良《纪念陈寅恪先生》，载《纪念陈寅恪教授国际学术讨论会文集》，中山大学出版社 1989 年出版。

【30】周一良《向陈先生请罪》，载《陈寅恪与二十世纪中国学术》，胡守为主编，浙江人民出版社 2000 年出版。陈寅恪清华时代的弟子、后任教于哈佛大学的杨联陞于 1970 年回忆说，自己"来美留学之后，曾于 1946 年 4 月 19 日与周一良兄（当时青年学人中最有希望传先生衣钵者）同随赵元任先生夫妇，到纽约卜汝克临二十六号码头停泊之轮舟中，探望先生"。（见杨联陞《陈寅恪先生隋唐史第一讲笔记》，载台北《传记文学》，第十六卷第三期，1970 年 3 月。下文有详述）惜周一良终未成气候，且因"文化大革命"期间加入江青组织的北大、清华"梁效"写作班子，被陈氏看作"曲学阿世"的人物。后周一良有《向陈先生请罪》《毕竟是书生》等文章和专著，对自己的"曲学阿世"于辩解中有所痛悔，并祈求九泉之下的陈寅恪予以宽恕。

【32】《隋唐制度渊源略论稿》，陈寅恪著，原载中央研究院历史语言研究所专刊之二二，1944 年出版。转引自《陈寅恪集·隋唐制度渊源略论稿》，陈美延编，北京三联书店 2009 年出版。

【33】《陈垣明季滇黔佛教考序》，载《陈寅恪集·金明馆丛稿二编》，陈美延编，北京三联书店 2001 年出版。

【34】【37】【38】【40】【41】【42】《陈寅恪集·唐代政治史述论稿》，陈美延编，北京三联书店 2009 年出版。

【36】《李德裕贬死年月及归葬传说辨证》，载《陈寅恪集·金明馆丛稿二编》，陈美延编，北京三联书店 2009 年出版。

【39】"风骨伟岸，目瞬如电"，语出《宋史·韩世忠传》。

【43】陈哲三《陈寅恪先生轶事及其著作》，载台北《传记文学》，第十六卷第三期，1970 年 3 月。

【45】【49】石泉、李涵《追忆先师寅恪先生》，载《纪念陈寅恪教授国际学术讨论会文集》，中山大学出版社 1989 年出版。

【46】雍国泰《我所知道的陈寅恪先生》，载《南方周末》，2004 年 5 月 6 日。

【47】王钟翰《陈寅恪先生杂记》，载《纪念陈寅恪教授国际学术讨论会文集》，中山大学出版社 1989 年出版。

【48】《吴宓与陈寅恪》，吴学昭编著，清华大学出版社 1992 年出版。

【51】《致傅斯年》，载《陈寅恪集·书信集》，陈美延编，北京三联书店 2001 年出版。陈氏所说的王天木，即王振铎（1911—1992），字天木，中国博物馆学家、中国古代科技史学家。河北省保定市人。1936 年秋任国立北平研究院史学研究会特邀编辑。1937 年 7 月受中央博物院筹备处委托研制古代科技模型，后留聘于上海中央研究院工程研究所。1938 年受聘于昆明中央研究院历史语言研究所。1939 年任国立中央博物院专门设计委员。1949 年

获国立中央研究院人文科学奖杨铨（杏佛）奖金。新中国成立后，先后任中央文化部文物局博物馆处处长，文物博物馆研究所副所长，中国历史博物馆研究员、顾问等职。在文物、博物馆工作中，王氏研究复原了指南车、记里鼓车、候风地动仪、水运仪象台等百余种古代科技模型，分别收藏陈列于中央、地方及国外的博物馆中。另发表、出版相关论文与论文集《科技考古论丛》等。

蒋大沂（1904—1981），江苏苏州人。1930 年毕业于上海持志大学国学系，同年春参加考古学家卫聚贤主持的南京栖霞山六朝墓发掘，个人兴趣遂由考据转向考古，随后自发在江、浙、沪、皖各地从事田野考古调查。1935 年考察常州淹城古文化遗址，9 月参与上海金山卫戚家墩古文化遗址踏勘，11 月任上海市博物馆筹备处干事。1937 年上海市博物馆试行开放后升任研究员。1940 年 5 月到次年 10 月为浙西昭明馆副馆长、天目书院导师。后入蜀任成都华西大学讲师、副教授、研究员。1946 年春应上海市立博物馆杨宽之请，返沪任艺术部主任。国民党与傅斯年等人流落台湾后，蒋大沂与史语所彻底绝缘，终身未跨进史语所门槛。后历任上海市历史博物馆陈列部主任、上海同济大学副教授、华东文化部文物科科长、上海博物馆地方历史研究部暨陈列部主任等职。蒋氏在学术上对青铜器和古文字研究有一定成就。

【52】《致陈垣》，载《陈寅恪集·书信集》，陈美延编，北京三联书店 2001 年出版。

【53】【54】【57】《吴宓日记》，第九册，吴学昭整理、注释，北京三联书店 1999 年出版。

【55】《大学教育五十年——八十自传》，梅贻宝著，台北：联经出版公司 1982 年出版。

【56】《致傅斯年》，载《陈寅恪集·书信集》，陈美延编，北京三联书店 2001 年出版。陈医生，指眼科专家陈耀真。据陈流求回忆说，共同诊治的还有一位毛文书教授。

【60】蒋天枢《师门往事杂录》，载《纪念陈寅恪先生诞辰百年学术论文集》，北京大学出版社 1989 年出版。

【61】《新唐书·王绩传》载："王绩，字无功，绛州龙门人。性简放，不喜拜揖。兄通，隋末大儒也，聚徒河、汾间，仿古作六经，又为《中说》以拟《论语》。"

【62】《叶遐庵自香港寄诗询近状赋此答之》，载《陈寅恪集·诗集》，陈美延编，北京三联书店 2001 年出版。此诗作于 1950 年春。叶遐庵，即叶恭绰，号遐庵，广东番禺人，擅长诗词书画，精于考古鉴赏，是民国时期著名收藏家。

【63】《致傅斯年》，载《陈寅恪集·书信集》，陈美延编，北京三联书店 2001 年出版。U.C.R. 的全名为 United China Relief，即美国援华联合会，简称"援华会"。1941 年 2 月 7 日由美国《时代周刊》（*Time*）创办人鲁斯（Henry Luce）整合数个民间援华组织而成立，积极以实际行动支持中国对日抗战，办理战时救援工作，总部设于重庆。

【64】《忆故居并序》，载《陈寅恪集·诗集》，陈美延编，北京三联书店 2001 年出版。此诗作于 1945 年 4 月 30 日，吴宓抄录后写有附注："时盟军攻陷柏林，四月二十七日墨索里尼死于 Como 湖畔，日本势亦穷蹙。"（见《吴宓与陈寅恪》，吴学昭编著，清华大学出版

社 1992 年出版）因而有"破碎山河迎胜利"等语。

【65】钱文忠《神州袖手人甲子祭》，载《读书》，1998 年第 5 期。

【66】梁启超《广诗中八贤歌》注引，载《饮冰室合集》第五册，《饮冰室文集》之四十五下，中华书局 1989 年影印本。戊戌政变后，陈三立自号"神州袖手人"，远离俗世政治，曾以此诗句赠梁启超。

【67】吴宗慈《复陈隆恪（一）》，转引自《同照阁诗集》，陈隆恪著，张求会整理，中华书局 2007 年出版。见该书附录三《本事摭拾》。

【68】《知难行难》，载《鲁迅杂文全集·二心集》，河南人民出版社 1994 年出版。

第十三章 生别常恻恻

◎ 赴英就医

孤独无援的陈寅恪仍在病榻上苦苦等待重庆方面的援手，但期盼的消息又迟迟没有到来。1945年3月21日，焦虑不安的陈寅恪再度致信傅斯年，曰：

> 十五日手书敬悉。教育部手续麻烦，则由中央研究院办理，事更简单迅速。即请兄速办，将款寄下，以应急需。弟近日用费甚多，即使领到此款亦尚不足，似仍有请求特别补助之必要，乞与骝先先生及大维等商酌……[1]

信中除再次提请傅与朱家骅、俞大维相商请蒋介石特别关照外，还提出了教育部手续事。陈寅恪与唐筼屡屡提到的教育部的那份补助，皆缘于"部聘教授"的名分。1941年6月3日，国民政府教育部呈准行政院，颁行《部聘教授办法》十条，规定：凡在大学任教十年以上，声誉卓著，具有特殊贡献者，在全国范围内每个学科推举一人，经审议会三分之二以上通过，由教育部直接委聘，任期五年，可续聘。第一批选出的部聘教授有：陈寅恪、陈建功、吴有训、吴宓、曾昭抡、周鲠生、张其昀、徐悲鸿、李四光、柳诒徵、梁希、汤用彤、胡小石、苏步青、茅以升、黎锦熙共16人。后又选过一批，总共45人。据《吴宓日记》载：1942年8月，吴被教育部任为西洋文学部聘教授，清华外文系主任陈福田"首来函（英文）道贺"。对此，吴认为："此固不足荣，然得与陈寅恪（历史）、汤用彤（哲学）两兄齐列，实宓之大幸已！"[2]内中可见部聘教授确是教育界人士的一份荣誉，更可见陈氏在天下儒林中的学术地位和人格魅力。

这个与后来院士制度相似的部聘教授，当时不仅是一种荣誉，同时具有与个人利益挂钩的实惠。一般教授的薪水每月360元，而部聘教授除各校发放的薪水外，教育部每月支付薪金600元，另外还有每月400元的研究费等额外补贴，其待遇显然比普通教授优厚了许多。尽管如此，在物价狂涨的乱世，部聘教授所有的薪水加起来还不到两石即320斤大米的价钱。1945年4月，陈寅恪以《目疾未愈拟先事休养再求良医以五十六字述意不是诗也》为题，述曰：

> 涊洞风尘八度春，蹉跎病废五旬人。
> 少陵久负看花眼，东郭空留乞米身。
> 日食万钱难下箸，月支双俸尚忧贫。
> 张公高论非吾解，摄养巢仙语较真。[3]

陈氏所说"日食万钱"，源于一历史典故，即《晋书·何曾传》载："何曾字颖考，陈国阳夏人也。……武帝袭王位，以曾为晋丞相，加侍中。与裴秀、王沈等劝进。践阼，拜太尉，进爵为公，食邑千八百户。……久之，以本官领司徒。曾固让，不许。遣散骑常侍谕旨，乃视事。进位太傅……然性奢豪，务在华侈。帷帐车服，穷极绮丽，厨膳滋味，过于王者。每燕见，不食太官所设，帝辄命取其食。蒸饼上不坼作十字不食。食日万钱，犹曰无下箸处。人以小纸为书者，敕记室勿报。刘毅等数劾奏曾侈忕无度，帝以其重臣，一无所问。"

这位何曾大人每天的饮食要耗费上万的钱财，可见多么奢侈糜烂，亦可见当权者支付给此公的薪俸是多么丰厚。陈寅恪授"魏晋南北朝隋唐史"课，顺手拣出此典与"月支双俸"并用之，极具反讽意味，于调侃的表面透出无言的辛酸与悲凉。

陈寅恪如此，散落在全国各地深山茂林中的普通教授生活之困苦可想而知。这也是为何陈氏忧心愁悴，悲鸣呼号，四处求助，却迟迟未见实际效果的因由之一。或如《红楼梦》中王熙凤所言，大家有大家的难处，而这时的高层也有高层的无奈之处吧（南按：像"四大家族"及发国难财的高官大员又另当别论）。否则，就凭傅斯年的办事能力，加之谭、俞两位亲友的竭力助力，朱家骅的积极配合，事情不至于落到如此难堪的境地。不幸的是陈寅恪生逢乱世，在污浊的官场潜规则中，要像诸葛亮当年所说的"苟全性命"也就不是一件容易的事儿了。

从留传下来的资料看，经过几十次信函来往反复商讨对策，陈寅恪总算得了一点儿从重庆几个方面汇来的救命款子，如"宋院长（南按：宋子文）曾寄四万，分两次寄来"，援华会（U.C.R）的掌门人任叔永"谓已交三万元至中央研究院寄下"，[4]等等。陈氏的生活困难暂时得到缓解，但眼睛却依然未有好转的迹象，一家人在悲愤忧戚中总算熬到了8月9日。这天，成都《新民报》一反其常地发表号外：苏联出兵中国东北对日宣战。次日，传来日本投降的消息。一时间"全市欣动，到处闻爆竹及大炮声，文庙燕大诸生，亦竞撞钟、燃爆竹，并喧呼歌唱，至夜半始息"[5]。双目失明的陈寅恪于病床上闻讯，悲喜交集，当即以《乙酉八月十一日晨起闻日本乞降喜赋》为题赋诗一首，以舒积压在胸中长达八年之久的块垒。诗曰：

> 降书夕到醒方知，何幸今生有此时。
>
> 闻讯杜陵欢至泣，还家贺监病弥衰。
>
> 国仇已雪南迁耻，家祭难忘北定时。
>
> 丁丑八月先君卧病北平，弥留时犹问外传马厂之捷确否。
>
> 念往犹来无限感，喜心题句又成悲。[6]

抗战胜利了，悲喜交集的陈寅恪终于等来了新的转机。1945年初秋，英国皇家学会与牛津大学仍然没有忘记陈寅恪作为史学大师的存在。国内炮火硝烟刚刚散去，便旧事重提，约请陈寅恪赴伦敦疗治目疾，希望治好后留在牛津讲学，以遂当年之愿。陈寅恪急欲恢复视力，对此抱有很大的希望或者说幻想。由于旅费筹措困难，夫人唐筼不得同行，为了心中尚存的一丝希望，陈氏决心在双目失明的情况下，只身远涉重洋，赴英就医。刚巧西南联大教授邵循正将去牛津大学做短期访问，于8月6日前往成都拜访吴宓，吴便请邵氏伴随陈寅恪一同赴英，并代办护照等一切事宜。燕京大学特派陈的门生石泉护送一程。9月5日，一行人先于成都新津军用机场乘运输机抵达昆明，与同赴英国讲学的几位教授会合，再换乘英国飞机经仰光、印度抵达伦敦。

10月4日，由唐筼代笔致信傅斯年，报告了陈寅恪此行的情况和目的："寅恪临行匆忙，未得亲自致函告知一切，而手书到时渠已离蓉，筼当早日奉答，岂知小女忽患急性盲肠炎，送医院施行手术，淹缠经旬，是以迟迟未克奉覆，歉疚殊深。陈槃、劳榦两先生事，即请先生代寅恪作一提案，寅恪无不同意，此一向为先生所知也。今附上空白盖章信纸一张，乞为代办为感。"又说："寅恪此行，实以治眼病为第一目的，对于牛津就职与否，尚待治眼后再考虑，此层亦为牛津方面所了解（眼疾太迟则不治，时间关系极为重要），又以结伴邵、孙、沈、洪四先生，遂毅然起行，实不得已也。多承先生奔走为之促成，感何可言。闻先生左眼亦病，而工作加多，热心为人，固难摆脱，然为公为私，仍希珍重，不宜过劳，至为切盼。"[7]

信中所谓陈槃与劳榦事，是史语所的陈劳二人将由副研究员提升为研究员，因二人皆所内历史组人员，按照章程，必须由陈寅恪签署意见方可办理审批事宜。即是一手遮

第十三章　生别常恻恻

天，霸道如傅斯年者，亦不能越俎代庖，况且这是傅氏本人平时最讨厌的做法。当年因在桂林的陈寅恪受聘专职一事，傅与叶企孙争吵即为此规矩引发，傅氏自然牢记心怀。

陈寅恪抵达英国后的入院事宜由牛津大学东方学院负责安排，家书等事宜全由邵循正代劳。极为不幸的是，"到英国后，由于第二次世界大战方结束，营养很差，虽用电针贴合视网膜，由于网膜皱在一起，无法复原"[8]。手术的失败，致使陈寅恪双目失明，不复见世间光明万物。一代国学大师将在黑暗中度过余生，其悲苦之状令人浩叹。陈氏为此写下了"眼昏到此眼昏旋，辜负西来万里缘"[9]之句，表达了自己悲观茫然之心境。

1946年2月19日，在成都的唐筼向傅斯年致信求援，并谈及史语所事。信中说道："寅恪本有意随郭子杰兄之伴赴美国，看更有无其他方法补助左眼之模糊，又恐所带之款不够，此事正在踌躇中，请先生与骝先先生、立武先生一谈如何？"又说：《元白诗笺证稿》赟已请人着手抄写，俟寅恪归来，再删改后即可付印。此项抄写费是否可出自史语所？大约三万左右（并未详细计算）。史语所何日出川？有何计划否？燕大成都方面整个的关门结束，教授之去留以北平、燕大之聘书而定，受聘者始能谈到回平的话。北平方面已屡来信拉寅恪（哈佛研究院只是研究工作），而寅恪尚无答复。先生之意如何？望有信直接寄英，以助其考虑，其通讯处如下……"[10]

正处于焦头烂额中的傅斯年接信后，做何努力与答复未有函件以示参考，但从后来的情况看，筹款之事似乎仍然没有多大成效。同年3月16日，唐筼再次致信傅斯年，谓："近日屡接寅恪来书，对于病眼治疗之结果颇为失望。本拟再往美洲一行，今以种种不便，旅费亦不敷用，遂决定等船及觅伴归国。船亦不多，伴更难得，不知何日始能离英。"同时提到："寅恪来书云：对燕大事已辞谢，大约欲回清华或回史语所专事著作。"[11]

傅接信后，当即做了回复。就陈寅恪在李庄史语所保存的书箱之事，专门致信李庄，指示由史语所那廉君负责一同运往南京。

后来方知，陈寅恪抵伦敦后，由著名眼科专家 Sir Steward Duke-Elder 负责诊治，第一次手术后有进步，但眼睛吸收光线尚无好转，看东西仍模糊；第二次手术想粘上脱离之部分，失败。但总体来说还是比出国时好，医告无须再施手术。此时的陈寅恪尚存最后一线奢望，遂请在国外访学的熊式一教授把英伦医生的诊断书寄给时在美国的

陈寅恪所著《元白诗笺证稿》扉页

老朋友胡适请求援助。胡氏托人将诊断书送往哥伦比亚眼科学院咨询，对方告之亦无良策，无法手术，胡适"很觉悲哀"，在日记中写道："寅恪遗传甚厚，读书甚细心，工力甚精，为我国史学界一大重镇，今两目都废，真是学术界一大损失。"[12]

在英伦翘首以盼的陈寅恪闻此凶讯，比胡适更加悲哀，徒叹奈何，万念俱灰中决定乘船经大西洋、越太平洋归国。

轮船途经纽约港码头做短暂停泊，陈氏因身心俱疲又无人照料，未下船登陆。胡适因公不能脱身，只好托在美访学的学生辈人物全汉昇带了一千美金给陈寅恪，以示关照与安慰。时在美国东部的中国学者赵元任等闻讯，纷纷登轮探视。据陈氏在清华时的高足杨联陞回忆说："来美国留学之后，曾于一九四六年四月十九日与周一良兄（当时青年学人中最有希望传先生衣钵者）同随赵元任先生夫妇，到纽约卜汝克临二十六号码头停泊之轮舟中，探望先生。时先生双目几已全部失明，看人视物，仅辨轮廓。因网膜脱落，在英经其国手名医，用手术治疗无效。（先生曾膺牛津大学中文系讲座之聘，实未就职，但借此前往就医。）置舟回国，道出纽约，原拟再试医疗，后闻美国名医，亦无良策，遂决定不登岸。是日午后约3时半，先生在舱内初闻韵卿师母、元任先生呼唤之声，顿然悲哽。但旋即恢复镇定，谈话近一小时。对一良与联陞近况，垂询甚详。时二人皆已在哈佛先后完成博士学业，即将回国任教。……此为联陞在国外拜谒先生惟一之一次，亦为毕生最末之一次。"[13]又据前去拜访的杨步伟回忆说："他（陈寅恪）睡在船舱床上，对我说'赵太太，我眼虽看不见你，但是你的样子还像在眼前一样'。这是（我们）最后一次的见面。"[14]此情此景，令赵元任夫妇潸然泪下。

自此，陈赵两位原清华国学院导师，中央研究院史语所一、二组主任，中国历史、语言学界的泰山北斗，纽约一别竟成永诀。而此次诀别，也意味着陈赵二人与史语所的缘分已尽，各奔东西。陈寅恪为此留下了《丙戌春游英归国舟中作》诗一首：

> 百尺楼船海气寒，凭栏人病怯衣单。
> 远游空负求医意，归死人嗟行路难。
> 蚕食光阴春黯澹，龙吟风雨夜迷漫。
> 人生终古长无谓，干尽瀛波泪未干。[15]

这年5月底，陈寅恪返国，船抵上海，其妹陈新午乘小轮直接到邮船迎接双目失明的兄长，然后乘火车抵达南京萨家湾俞大维公馆暂住。未久，夫人唐筼携三个女儿由成都抵达，一家老小算是得以短暂团圆。

6月12日中午，由昆明来南京教育部办理清华复员事宜的梅贻琦，专程来到俞公馆拜望陈寅恪，并请陈回到复员后的清华继续任教，陈表示可以考虑。

当傅斯年从北平匆忙赶到南京俞宅，劝说陈寅恪长久留在南京中央研究院史语所历史组继续履行主任之职时，陈已接到了梅贻琦寄来的聘书，并有了重回清华任教的打算。傅知陈氏对清华园与清华同事尚有一份难以割舍之情，遂不再强劝，只说了几句保重身体并请再做考虑等话语告辞而出，旋即离开南京转赴重庆中央研究院办事处视事，以尽到"太上总干事"的责任。

◎ 日暮苍山远

傅斯年抵达重庆，在中央研究院办事处稍事停留，尽了一份"太上总干事"的责任后，又登船向李庄进发，三天后在李庄码头登岸。

而此时，同济大学师生正于码头装载货物行李，即将离川乘船东下，重返离别了近九年的上海大本营。傅氏见状，心绪更加纷乱，待上得岸来，穿越镇内纷乱的街道和郊外一片葱绿的稻田，跨越五百多级台阶，大汗淋漓地登上板栗坳，已是暮色时分。

一直翘首期盼的史语所代所长董作宾见傅氏终于到来，长吁了一口气，直言不讳地告诉他说，史语所快到了散板儿的程度，特别是同人的家属们看到同济大学陆续东迁，越来越沉寂难耐，焦躁不安，三天两头跑来询问复员归京之日。年轻学者整天议论纷纷，无所事事。不知是谁打听到的小道消息，传傅斯年可能要接替朱家骅出任教育部长，以后再也不管史语所了，众人闻听，如失擎天之柱，遂更加惶恐不安，深感树倒猢狲散。若不赶紧想法加以安抚，一群男女老少闷在这个形同葫芦一样的山坳里，恐怕早晚要出乱子。

傅斯年听罢，想到自己自抗战胜利后，连续在重庆、北平、昆明、南京之间来回奔波，表面上搞得红红火火，且在媒体上出尽风头，不免有小道消息传播开来，直至搞得史语所同人信以为真，鸡犬不宁。他苦笑着道："糟糕，这都是我的罪过。"遂心生一计，当场找来一张白纸，在董作宾的书案上挥毫泼墨，上书"传言孟真要当官，斯年离所不做官"几个大字，挂在牌坊头大门的一边，以明心志，也算是对史语所同人的无声解释。

随后，傅斯年与董作宾商讨具体的复员计划和处置措施。当晚，傅氏召开史语所同人会议，除了当面表白自己不会抛下众人到南京做官外，明确表示不管遇到多大困难，最迟至10月，也就是长江枯水期到来之前，一定要带大家重返首都，让大家得到应有的快乐与幸福。一席话令茫然四顾的史语所同人如同深夜中突然望到了跳跃的灯火，愁云顿消，郁郁寡欢之心境豁然开朗。

一个星期后，傅斯年接到朱家骅发来的电报，令速至南京出席国府紧急会议，傅瞻前顾后，一咬牙离开了李庄。没料想，此次登上轮船，则是他与生活了六年的李庄的最后诀别。自此，那高大肥胖的身影从扬子江尽头山坳里悄然消失，而李庄的山山水水也只能在傅斯年的梦境里出现了。

李庄板栗坳牌坊头史语所办公处，现已成为学校（作者摄）

傅斯年虽已离去，整个史语所却明显地稳住了阵脚，空气为之一新。对于傅氏的人格魅力与崇高威望，董作宾后来曾做过如此评说：“当年孔子在陈的时候，时常挂念着他的学生，并说‘归欤，归欤！吾党之小子狂简，斐然成章，不知所以裁之’。孟真先生也许想起了这几句，要回所把同仁们‘裁’一下子。那时新旧同仁，除了三两位老友之外，大部分是他一手培植的青年，受过他的训练和熏陶，爱之敬之而且畏之。”[16]

此言尽管不算直白露骨，但也清晰明了，只要具备一些中国历史特别是近代史知识的人，就会明白董作宾所言内含的事理奥妙。时在李庄门官田社会学所陶孟和手下服务，并以研究太平天国史著称的罗尔纲，后来在谈到湘军兴起与中国近代史的关系时，曾着重指出曾国藩的湘军与李鸿章的淮军“兵随将转，兵为将所有”“将富兵横”的个案，以及给中国近代社会带来的畸形规范与潜在危害。

傅斯年创办的史语所，虽没有湘军与淮军之营制、饷章之独特，但基本上沿袭了“兵随将转，兵为将所有”的习气。除李济、董作宾等几位元老外，凡后来入所的青年学者不只是“大部分是他一手培植”，几乎全部都经傅氏一手选拔提携。从中央研究院档案看，历史语言研究所之名，最早出现在1928年6月第一次院务会议上，当时作为院长的蔡元培对于这个“无中生有”的机构筹设的构想、意义和目标，不甚了了，只是出于对傅的信任才允许设置开办。稍后傅斯年在写给胡适代向蔡元培要求宽列史语所经费时说得明白：“蔡先生此时实不大了然我们这个研究所所处的地位。”[17]而傅向中研院提交的第一期报告中，也明确表示对于新的人事布局与争取的学者，必须合乎他本人的史学思想，并要“成就若干能使用近代西洋所使用之工具之少年学者”，绝不引诱主观而乌烟瘴气的人前来捣乱滋事。[18]“如果一旦引了，不特有时免不了致人于无用，且爱好的主观过于我们的人进来时，带进些乌烟瘴气，又怎么办？”[19]日后的事实完全证明了傅在这方面的坚持与固执。

史语所筹划之初，其成员结构从 1928 年正月以中山大学语言历史研究所为班底，到当年岁暮，变成以清华研究院人员为主体，就其内在本质而言，则是从"本土派"变成西洋"海归派"，傅、陈、赵、李连同后来的吴定良等清一色西洋"海龟"构成史语所核心，而顾颉刚则被踢出圈外。当然，不能说顾颉刚是属于"捣乱滋事"与带进"乌烟瘴气"之人，这种做法除了门户之见外，重要的还是基于学术的志向与思想观念的异同。其他自荐或被荐入所者，其情形大体如此。顾颉刚出局之后，北大考古学研究室主任、著名金石学家马衡欲加入史语所，想不到竟被傅斯年作为不"预流"之人而婉拒，后马衡虽官至故宫博物院院长而誉满学林，但总未能跨入史语所那高傲得有些邪乎的门槛。稍后，在史学界颇有些名气，且自视甚高的苏州才子、燕大教授郭绍虞，毛遂自荐又想在史语所找一把椅子坐坐，并讲了自己一大堆研究成就如何伟大与不可或缺等，傅连眼皮都未眨一下，只把嘴一噘，大号烟斗往桌上一敲，便将此君仍视为不"预流"之辈而一口回绝。在李庄期间，梁思成推荐的燕大毕业生王世襄，赴重庆与傅斯年相见时，更是被傅氏看作上不了台面之人。傅氏当着梁思成的面横眉冷对，一句"燕大毕业生没有资格到我们这里来"做了拒绝，并当场将其轰出门外，弄得推荐者梁思成灰头土脸，大失面子。不仅如此，即使堂堂中央研究院院长蔡元培推荐之人，也屡屡遭拒。如蔡元培 1930 年因"七十五岁老友专函介绍"的王君瑞；1931 年荐介以治《战国策》闻名的钟凤年；1932 年介绍的"初交"蔡哲夫；1934 年荐介以《中国词学史》著称的薛砺若；"于蛮源史籍致力颇勤""蒙文程度亦似可应用"的毛汶；由汪精卫函荐，再由蔡亲荐的吴向之；1936 年荐介的傅氏"北大旧同学"金毓黻等，皆为傅斯年以"本所限于经费"而"一时无法借重"为托词，全部当作臭狗屎和会带进"乌烟瘴气"之辈关在门外。当时的蔡元培为尊重史语所或者说傅斯年的"人事独立"规矩竟也毫无办法。由此可推想陈寅恪荐举的蒋君大沂之命运也当如此。[20]

据北大浙江派具有"鬼谷子"与军师之称的重量级人物沈尹默回忆说："蔡先生的书生气很重，一生受人包围，民元教育部时代受商务印书馆张元济（菊生）等人包围……到北大初期受我们包围（南按："我们"，包括马幼渔、马叔平兄弟，周树人、周作人兄弟，沈尹默、沈兼士兄弟，钱玄同，刘半农等，亦即鲁迅作品中引所谓正人君子口中的某籍某系）。"又说："以后直至中央研究院时代，受胡适、傅斯年等人包围，死而后已。胡、傅诸人后来和我势同水火，我南迁后，蔡先生时在京沪间，但我每次拟去看蔡先生，均不果，即胡、傅等人包围蔡所致。"[21] 从沈氏的回忆可见傅斯年霸气之盛，更可见史语所在中央研究院甚至天下儒林中的非凡地位。不过，说这话的沈尹默本人的性格以及在北大的为人为学，也不见得好到哪里去，令人诟病的地方亦是多多，在许多地方远不如傅斯年得人心。1922 年胡适从丁文江、秦景阳等人口中了解到的北大十年史，几乎就是一部沈尹默弄权史，连胡适本人也不免为其利用，此案例在胡适的日记中有明确记载。[22] 当然，这是另外一个话题。

所谓道不同，不相为谋，只要傅斯年认为来者与他心目中的"道"相同，便设法笼络到麾下，加以"培植"扶持。如陈槃、周法高、全汉昇、张政烺、周一良、杨志玖、逯钦立、王利器、邓广铭、马学良、李孝定、张秉权、王铃、周祖谟、何兹全等，无不是傅斯年亲手招到史语所并"培植"成才的——尽管此辈并不是从西洋游回来的"海龟"。这一做法所产生的一个后果是：傅斯年成为被培植者的教父，随时随地可操控、调配一切，并形成了同曾国藩的湘军一样"兵随将转"的政治格局。一旦这个格局形成，所有的兵士均听命于傅斯年一人指挥调遣，外人或外力很难对这个半政治半军事化的集团发号施令。这也是为什么代理所长董作宾在李庄无力控制即将崩盘的局势，而连连发电催请傅斯年回所"整饬"的内在根源。当国共内战爆发，国民党军队战场失利兵败溃退之时，中央研究院所属十几个研究所的人员多数不愿受命搬迁，只有一个史语所被傅斯年基本完整地拖到了台湾，其理亦在此。

对于傅斯年以这种方式招兵买马所产生的反应和后果可谓故事多多，北平、南京、昆明时代自不必说，即便在抗战最为艰苦的李庄时期也可寻出不少鲜活的例子。有一天，住在李庄郊外门官田的陶孟和到史语所办事，感到气氛与前些时候大不相同，便笑董作宾："胖猫回来了，山上淘气的小耗子，这几天敛迹了。"[23] 与傅斯年向来不睦的陶孟和所说的"胖猫"自是指傅斯年，而"小耗子"则不言自明。为此，董作宾后来回忆说："这话是讽刺也是好评。孟真偶然回所住些时，工作效率果然就有些不同……其实，孟真先生对朋友，对同仁，原是一片赤子之心，同仁爱他之处在此，但是受过'训'的年轻人，敬同畏却又压住了他们的'爱'。这正足以说明了孟真先生办史语所的贡献之一，他在（民国）十七年计划中要'成就若干能使用近代西洋所使用之工具之少年学者'的最大成就。最后十年集刊中所发表的这些青年的论文，就是明证。"[24]

董作宾的这一说法得到了学界大多数人的赞同，但也有持不同意见者，如台湾有一位叫李敖的文人骚客曾云："史语所这类畸形发展的现象，和它的领导人物很有关系。它的第一任所长傅斯年才气过人，可是霸气太大，大得使他不太能容真正的人才，而他所喜欢的，又多是唯唯诺诺的人儿。这种现象，按说是一切独裁者必然落到的结果。傅斯年

1944年3月，史语所在李庄板栗坳牌坊头举办文物书画展览，为董作宾五十华诞祝寿，研究所人员屈万里（前坐者）分管签名。此为那廉君正在签到场景（董玉京提供）

又订了许多像招收徒弟一般的陋规家法，制造了许多所内的特殊空气。董作宾就提到过许多，诸如傅斯年要给新进所的人'来一个下马威'，诸如不得乱写文章，诸如要强迫校书，等等，不一而足。而这些家法与空气，使得许多人对他都不得不作伪，正如陶孟和所说的：'胖猫回来了，山上淘气的小耗子，这几天敛迹了。'也如董作宾所说的：'孟真偶然回所住些时，工作效率果然有些不同。'所以从傅斯年开始，史语所就有一种伪风。"又说："学阀作风结胎于傅斯年，傅斯年创办中央研究院历史语言研究所，一切大独裁，独裁到头天看见小研究员在阳光下散步稍久，第二天就禁止散步一天的程度。"【25】

李敖所言，自有意气用事的成分，但就"下马威"与"伪风"之类的事件当然也不能幸免和排除。若从其他道路进入史语所大门之人，傅也确实有"非我族类，其心必异"的想法，并按这一法则先行来个"下马威"，若不能制服，则予以扫地出门。因而，不能说此时或之后的史语所如曾国藩的湘军一样，也是"将富兵横"，甚至要造反起事，给天下大势添什么乱子。但自此之后，一代代大小学阀在大陆各高校、科研机构与台湾孤岛相继产生，并为此争夺地盘、抢占地位、拉帮结派称王称霸，发展私人色彩甚重的恶势力，甚至公然大打出手，弄得头破血流等丑恶现象与事件，与傅斯年创设的这种人事制度与政治格局是大有关系的。

或许正是这种外露加霸气充溢的性格，使傅斯年有意无意间又树立了不少对立面，一生誉满天下，谤亦随之。有人在重庆召开的学术会议上就曾公开向傅斯年叫板曰："中央研究院各所所长都是大学问家，傅斯年有什么学问？他怎么当了历史语言研究所所长？"【26】相互间积怨之深可见一斑。而"有些人总以为傅先生本身的著作还不够多，除《性命古训辨证》外，都是些零碎的文章"【27】。

若说傅斯年一生在学术上没有什么大部头的皇皇巨著，当是事实，且1932年撰写出版的《东北史纲》第一卷，因时间仓促，错讹不少，为许多人所诟病，后来台湾出版的《傅斯年全集》未收入该作。但正如邓广铭所言"我们不能用著作多少来衡量一个人在学术上的贡献"【28】。就拿傅氏的《东北史纲》来说，若平心静气地加以分析，这部著作未臻成熟也是事出有因。

1931年"九一八"事变发生，由"小六子"张学良实际节制的东北军未放一枪即退入关内，导致东北大地沦陷于日寇之手。在中国政府的抗议、请求与国际联盟的压力下，1932年1月，国联组成以英国人李顿（Victor Robert Lytton，1876—1947）爵士为首的五人调查团，前往中国和日本调查事变的原因和经过。见此情形，骄狂的日本军国主义分子大造舆论，宣扬"满蒙在历史上非支那领土"，意在表示日本人占据此地是既合理又合法，其他一切人等不必狗拿耗子——多管闲事。傅斯年闻见日本小鬼竟在世界人民的眼皮底下玩弄偷天换日的鬼把戏，立即蹦将起来，满怀一腔爱国热情外加对日人的愤慨，主动联络方壮猷、徐中舒、萧一山、蒋廷黻等史学家，动手撰写《东北史纲》，意在还历史以本来面目，戳穿日本人的谎言和阴谋，同时为李顿调查团提供日本侵略中国的证据，以便国联正确裁决。这个动机，傅斯年在其著作卷首的引语中说得明白："中国之有东北问题数十年矣。欧战以前，日俄角逐，而我为鱼肉。俄国革命以后，在北京成立《中俄协定》，俄事变一面目，而日人之侵暴愈张。所谓'大陆政策'、'满蒙生命线'者，皆向我施其露骨的进攻口号，而国人之酣梦如故也。民国二十年九月十八日，遂有沈阳之变。吾国愈求诉之于公道及世界公论，暴邻之凶焰愈无忌，战嫩江，取锦州，李义山诗所谓'太息先朝玄菟郡，积骸伏莽阵云深'之景象，扩充至数万万里之国土。……持东北

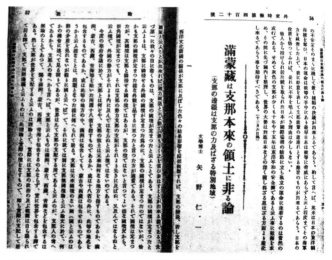

日本京都帝国大学教授矢野仁一鼓吹"满蒙藏"在历史上非中国领土，图为矢野文章，刊于《外交时报》。矢野曾应清廷之聘为进士馆教习，在中国住了七年多，曾参与戊戌变法后的教育改革，袁世凯酝酿称帝、大局混沌时，矢野曾联合当时在中国的日本人发起扶清运动。矢野认为出身东北的满洲皇帝有权回到他的故地建立一个独立国家，故竭力支持逊帝溥仪成立伪满洲国（来源：台湾"中研院"史语所，王汎森解说）

事以问国人，每多不知其蕴，岂仅斯文之寡陋，亦大有系于国事者焉……此吾等写此编之第一动机也。"继之说道："日本人近以'满蒙在历史上非支那领土'一种妄说鼓吹当世。此等'指鹿为马'之言，本不值一辨，然日人竟以此为其向东北侵略之一理由，则亦不得不辨。……即就历史以论，渤海三面皆是中土文化发祥地，辽东一带，永为中国之郡县，白山黑水久为中国之藩封，永乐奠定东北，直括今俄领东海滨阿穆尔省，满洲本大明之臣仆，原在职贡之域，亦即属国之人：就此二三千年之历史看，东北之为中国，与江苏或福建之为中国又无二致也。今不得已辩此本用不着辩者，此吾等写此编之第二动机也。"[29]傅斯年在自身高血压症和酷暑的双重压迫下，以惊人的毅力和速度很快撰就了《东北史纲》第一卷，并由李济节译为英文，分送来华的国联李顿调查团参考。

1932年10月，傅氏所著《东北史纲》第一卷《古代之东北》部分在北平出版，在书中第一章总结中的第一条，傅斯年理直气壮地指出"近年来考古学者人类学者在中国北部及东北之努力，已证明史前时代中国北部与中国东北在人种上及文化上是一事"。由这一事实而扩展为"人种的，历史的，地理的，皆足说明东北在远古即是中国之一体"。继之发出了"东北在历史上永远与日本找不出关系也。史学家如不能名白以黑，指鹿为马，则亦不能谓东北在历史上不是中国矣"的大海潮声。这份文本的发表，在当时国势倾危的情形下，可谓给日本"指鹿为马"者当头一棒，为国人大出了一口恶气。在历史事实面前，尽管日本小鬼子极力狡辩，仍欲一意孤行，最后以退出国联相要挟，但后来

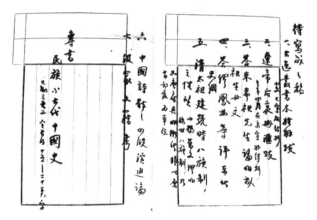

傅斯年手拟的一份写作计划,其中拟回答缪凤林、郑鹤声等对其《东北史纲》的批评,后因公务繁忙,未能成稿（来源:台湾"中研院"史语所,王汎森解说）

不得不在舆论宣传上改弦易辙,另外编造侵吞中国的谎言,配以赤裸裸的军事冒险行动来实现"大东亚共荣圈"的狂妄梦想。

因傅著属仓促写就,且夹杂着强烈的民族情绪和爱国情感,在史料的运用、史实考察,以及若干细节的考证推敲上的确存在甚多粗疏和错讹之处,从而受到学术界不少人的批评,有人甚至谓傅斯年为了驳倒日本人的理论,不惜编造证据,以强抵之。此说令傅斯年大为伤心和悲愤,在他看来,若是这一说法来自日本人尚可理解,但来自同一个阵营的中国人未免有点儿丧失理智,低估了傅某人的人格和文化良知。在悲愤交集的同时,傅氏基本上理智、平和地面对批评,没有把他眼中的"不怀好意"者拖将出来暴打一顿的举动,且有接受批评,欲重新修订、完善的打算。惜国内国际局势越来越乱,重修未果,遂成憾珠。而其他几位史学家拟撰写的《史纲》部分,如方壮猷的《隋至元末之东北》、徐中舒的《明清之东北》、萧一山的《清代东北之官制及移民》、蒋廷黻的《东北之外交》等四卷也未能完成,最后竟不了了之,成为一重大遗憾。

当傅斯年去世之后,傅门弟子对《东北史纲》旧事重提,对当年学术界一些过火批评不免耿耿。陈槃谓:"这部用民族学、语言学的眼光和旧籍的史地知识,来证明东北原本是我们中国的郡县;我们的文化、种族,和这一块地方有着不可分离的关系。这种史学方法和史识,是最现代的和科学的。但书出版以后,颇受人批评。其实这书的间架、轮廓,非高手不能办。批评的人从细微末节着眼,当然不无话可说。……'前修未密,后出转精'。凿荒开山的工作是创造的、艰难的,后人跟着来做补苴罅漏的工作是容易的。"【30】史语所资深研究员劳榦同样为傅氏当年遭受的不公待遇鸣不平,谓:"《东北史纲》一书,除去对于古代民族的演变有一个正确的整理之外,并且对于东北一地对中国有深切的关系,尤其有一个精详的阐发。"【31】

尽管这些"了解之同情"的辩护有一定道理,只因傅氏著作本身的瑕疵仍然存在并难以抹掉,学术界仍有微词。但从整个历史的框架予以衡量,傅氏之作可谓是"玉虽有瑕,毕竟瑕不掩瑜",就如同陈寅恪当年为王国维所写的碑文:"先生之著述,或有时而不章。先生之学说,或有时而可商。"王国维如此,陈寅恪如此,傅斯年也同样如此。大师不是完人,自有其不完美处,《东北史纲》之著述的遗憾,与傅斯年其天才的灵光与一生开创的名山大业相比，则显得微不足道。卢沟桥事变之后的抗战初期，面对强悍日军的大举进攻，国民党军节节败退、国土精华尽失，几千万军民与知识分子流亡西南一隅的残破局面，傅斯年基于民族热情，于1938年至1939年间撰写了《中华民族革命史》部分章节。稿中强调，"中国民族者，虽亦偶为人灭其国，却永不能为人灭其民族意识"；"中国民族者，永不忘其失地者也"；"中国民族，虽有时以政治紊乱故，顿呈极虚弱之象，然一旦政治有方，领导得人，可由极弱变为极强"。[32] 傅有如此勇气和自信，并不是作者意气用事和单纯为了宣传鼓动而放出大话与狂语，实在源自傅氏宽阔的政治视野与卓越的历史洞察力。在整个20世纪浩瀚的灿烂星河中，傅斯年以其历史眼光的广度与深度以及在学术上达到的境界，为中国20世纪的学术开辟了新的领域，树立了一个新典范。他如此大气魄、大手笔地开疆拓土，创造学术的新天地，在当时的教育界学术界能与之匹敌者屈指可数。如果把傅斯年放在更宏阔的历史大格局中加以透视，应不愧于罗家伦所盛赞的"纵横天涯马，俊奇人中龙"[33]之称号。

◎ 天才造就的事业

傅斯年一生最大、最令人瞩目的事业，自然是创立中央研究院历史语言研究所，这一点似已形成公论。或如何兹全所言，傅氏一生名堂甚多，但所长的职位始终是做到底的，主持工作凡23年，直到最后撒手归天"死而后已"。史语所本身即是傅斯年得意而辉煌的天才杰作，也是他留给后世具有学术典范意义的"制度性遗业"（institutional legacy）。这份遗业在中国乃至国际学术界有着长远弥久的影响，也给傅氏带来了不朽的声名。

早在300年前英国大哲学家培根（Francis Bacon）就提出了"集团研究"的理论构想，是谓随着社会的发展，一个人研究学问究竟精力、成果有限，而有计划地组织一个大规模的学术集团分工合作，其研究领域无论是广度还是深度上，都比较容易取得成就。培根的这个理想，到了100多年前才由世界先进国家慢慢地实施起来，并逐步达到了培根理想中的效果。当傅斯年自海外回国的时候，中国学术界"团体研究"机关正处于萌芽时期，傅氏适时加入，成为引领这一团体研究机关发展壮大，并在短时间内开花结果的新锐人物和中坚力量。1928年，傅斯年出任中央研究院史语所所长时起草的《历史语言研究所工作之旨趣》一文，便是这一力量和具有世界性学术眼光的有力见证。事隔许多年，学术界依然认为《旨趣》是一篇高屋建瓴、光芒四射的箭垛式文献，对近代中国史学研究和田野考古学于远东这块古老大地上发萌、发展产生

1936年，殷墟第13次发掘在寻求甲骨方面又取得了突破性进展。编号为YH127号商代灰坑中，一次发现带字甲骨17096片，其中300多片是未破损的整版甲骨且刻有卜辞，为探寻商王朝的先公先王以及政治、经济、文化等做出了巨大贡献。图为甲骨发现后被整体移出坑外，而后套箱密封运往南京北极阁史语所文物室清理（台湾"中研院"史语所提供）

了破冰启航的巨大作用。傅斯年提倡的"史学即是史料学""证而不疏"等史学理念，显然有德国近代史学之父、被誉为"实证主义学派"创始人兰克所倡导历史学家"所欲表现者，仅为往事之真相而已（wie es eigentlich gewesen）"的影子，这个学派的理论与傅斯年本人在中国的实践，曾引起后世学者激烈辩论甚至扬弃。但傅氏所提出的新材料、新工具、新领域、新问题等"四新"的价值和方向，却历久弥新，闪耀着智慧与理性的灿烂光辉，并为后人视作不可逾越的规范在未来的学术进程中发扬光大。紧随其后的史语所学术团队的建立，内阁大档的抢救与对明清史料的整理、研究，安阳殷墟、龙山文化区域的田野考古发掘，对古代遗址出土甲骨文、青铜器、陶器和其他器物的保护与研究，以及对历史文献的追索和对西南地区少数民族语言系统的调查等，在搭建起"科学的东方学之正统在中国"这一宏大架构的同时，也汇聚了丰富的科学精神和学术种子。这些种子漂荡于历史长河的波浪之上，随着岁月的进程进入不同的河道，缓缓地流散播撒在肥沃的泥土上，尔后有了新的生命，并对人类学术文化的繁荣和文明的进步产生了巨大影响和促进力量。

傅斯年在中央研究院史语所主导的科学精神、学术研究方向，以及史语所几十年取得的丰硕成果，正是中国近现代学者实践培根理论构想，并在"团体研究"中取得世界学术地位的最成功的典范。特别是傅氏组织领导的安阳殷墟洹水南岸历时9年共15次的田野考古发掘，确凿无疑地证明了中国商代晚期盘庚迁殷的都城就在此处，距今已有3300年左右的历史（南按：据夏商周断代工程最新研究成果，殷墟历史年代约为公元前1300—前1046年），这是中国历史上第一个有文献可考，并为地层、出土青铜和玉器等遗物以及甲骨文所证实的古代都城遗址（南按：司马迁《史记》有"洹水南，殷墟上"记载，另有文献称"北蒙"，又名"殷墟"。甲骨卜辞中又称之为"大邑商""商邑"）。这个都城的形制和以出土的甲骨文、青铜器为代表的殷墟文化，集中体现了中国古代文明达到了相当高的水准，在东方乃至世界文明史上都占有极其重要和光荣的地位。

就学术发展本身而言，殷墟的 15 次发掘完全是由中国学者自己主持完成的，因而殷墟又被誉为中国近代考古学的发祥地。殷墟的发掘不仅是中国近代田野考古学诞生的标志，其先进的田野发掘科学方法也为中国考古学的发展奠定了基础。正是在这个基础上，后来以唐际根为首的考古学家经过几十年的探索追寻，在洹河北岸发现了殷商晚期的都城，从而使殷商历史文化研究又往前推进了一大步。作为最早的学术集团的组织、领导者，在这一连串的成果面前，傅斯年作为拓荒辟地的第一功臣是无疑的，正如邓广铭所言："可以说，中国没有个傅孟真，就没有二三十年代的安阳殷墟发掘；没有当初的殷墟发掘，今天的考古学就完全是另一个样子了。要知道，当初搞殷墟发掘是不容易的，一方面是田野考古的人才缺乏，另一方面是河南人不让挖，挖出的东西不让外运。傅先生很有办法，他在考古组中大量起用河南人，像董作宾、郭宝钧、尹达、石璋如等等，这就缓和了考古组和地方势力之间的矛盾。河南士绅不让把挖出的甲骨、器物运走，傅先生便多方设法，和南京政府交涉，和交通部交涉。有时天黑了再装汽车，当晚就运出河南境。"[34]

就在殷墟发掘的光芒照亮了历史幽暗隧道的同时，还有一个不可忽视且对中国考古学未来的走向产生重大影响的事件继之发生，这便是史语所考古人员对山东省章丘县龙山镇（原属山东省历城县）武原河畔遗址的发掘。这个遗址由清华国学研究院李济指导的唯一研究生、后来成为考古学家的吴金鼎于 1928 年首先发现。1930—1931 年，中央研究院史语所李济、董作宾、梁思永会同吴金鼎等人，在傅斯年的具体组织协调下，共同对遗址进行发掘，收获颇丰。经研究断定，此属国内罕见的大型古代人类居住遗址。考古人员在上层发现了东周时期文化遗存，下层首次发现了一种以磨光黑陶为显著代表的新石器时代晚期遗存，最初称为"黑陶文化"，后以遗址所在地命名为"龙山文化"。对于城子崖遗址的发现发掘，在中国历史与考古学上的重大意义，具有"中国考古学之父"声誉的李济说得十分清楚：当"殷墟出土的实物分析出来，显然地呈现着极复杂的混合状态，相比的材料必须多方追求。在这类材料实现以前，殷墟出土物之意义，就不能十分明了。故史语所发掘殷墟以来即从事于类似之搜求。……有了城子崖的发掘，我们不但替殷墟一部分文化的来源找到一个老家，对于中国黎明期文化的认识我们也得了一个新阶段"[35]。正是有了殷墟商代文化与新石器时代晚期的龙山文化这两大著名的发现，史语所的整体成就和学术水平

龙山文化层出土的陶器（来源：山东章丘城子崖遗址博物馆）

第十三章　生别常恻恻

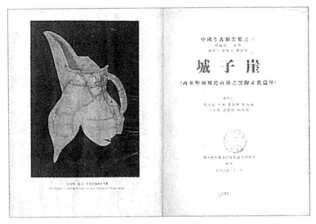
中研院史语所编辑出版《城子崖》考古发掘报告书影

才开始受到世界性关注，并逐渐成为世界一流学术研究的殿堂。

就个人学术成果而言，1927年至1940年短短的十三年，是傅斯年学术研究的黄金时期，也是他生命力和创造力最旺盛的三十二岁至四十五岁的年龄段。尽管其间有"九一八"事变与卢沟桥事变两次决定中国命运的重大事变相继发生，史语所同人在抗战岁月中颠沛流离，但其学术研究的热流仍然井喷式爆发，傅氏凭借深厚的学养和本身所具备的宏大深邃的学术眼光，撰写了数量可观、富有真知灼见的不朽名篇。

傅斯年家学渊源出自文史，到北大后又作为五四新文化、新文学运动的新锐人物一举成名，尽管留学海外渐渐转向史学，但文学的血液一直在他的脉管里流淌不息，并刺激着他对文学本质的不断的深层思考，散发出足以烛照时人和后世的光亮。许多年后，胡适对傅斯年文学思考与见解有过这样一段回忆。胡说："我们知道，凡是一个大的思想家，往往撒出许多种子；有些种子掉在石头上被人踏碎了，有些种子撒在肥沃的泥土上，有了生命，就发生了力量。……一九二六年我在巴黎；他那时在柏林，知道我来到法国，特地从柏林赶来与我同住了许多天。我们白天同在法国国家图书馆读书，晚上在中国馆子吃饭，饭后常常谈到晚上一二点钟，充分互相讨论。那个时候他就已经撒下了许多种子。他说：中国一切文学都是从民间来的，同时每一种文学都经过一种生、老、病、死的状态。从民间起来的时候是'生'，然后像人的一生一样，由壮年而老年而死亡。这个观念，影响我个人很大。说到这个观念，我们常常想起孟真贡献最大的就是他的思想。中国文学无论是小说、词、曲、诗，都是来自民间，慢慢地才跑到上层，影响到士大夫阶级。但到了士大夫手上以后，就慢慢地老了、死了。这个观念，曾经在他的《中国古代文学史》中撒下许多有价值的种子。我相信这些种子将来还可以继续在中国文学史方面发生影响。"[36]

胡适所说的这部《中国古代文学史》，是1928年傅斯年刚从海外回国，出任中山大学文科学长暨文学、史学两系主任的时候为学生讲课的讲稿。这部讲稿与稍后傅斯年为学生讲课撰写的《诗经讲义稿》《战国子家叙论》一样，只是蜡刻油印的本子，并未正式出版。直到1952年，这几部文稿才由台湾大学出版《傅孟真先生集》时收入。据整理者说，《中国古代文学史讲义》原有傅的拟目，但未全部完成，应是一部残稿。即是如此，其学术价值之高，也完全称得上是"一部了不得的著作"（胡适语）[37]。之所以"了不得"，并不是傅氏高堂讲经式地泛泛议论，或像当年北大"两足书柜"陈汉章一样卖弄高深学问，而是站在五千年文化历史的大背景上，以现代科学方法，从文学诞生的时间、地点与相关作者所处的社会地位、身份、环境以及当时的社会风气等进行分析透视，于分析中注入了最先进的心理学、生物学、物理学、化学、社会学等理念，从而达到了新意迭出，骤视之有如石破天惊，细思之则又入情入理，令人不禁拍案叫绝的境界。

在傅斯年看来，中国文学若干文体的生命仿佛有机体，是由生而少，而壮，而老，而死的生命个体。如兴起较早的四言诗，何以只限于春秋之末，汉朝以来的文人士大夫却作不好，其间只有一个陶潜以其世之罕见的天才作成一个绝无对偶的例外？为什么五言起于东汉的民间，曹氏父子三人才把它促成文学的大体制，且独霸六朝的诗体，而唐以后竟又退居后列，只能翻个小花样了呢？何以七言造胎于八代，只是不显，到了李杜才成大章法，而宋朝以后，大的流变又空了呢？为什么词穷于唐，五季北宋那样天真，南宋初年那样开展，而吴梦窗以后又只剩了雕虫小技呢？为什么元曲俗而真，粗而有力，盛明以来的戏剧，精工上远比前人高超，而竟"文饰化"得过了度，成了尾大不掉的大传奇，清朝康熙以后又大衰，以至于死呢？为何屈宋辞赋变成了汉朝的大赋文章后遂没有精神？对此，傅斯年的解释是：所有这些大文体，也都不像有千年以上的真寿命，都是开头来自田间和底层的人民之间，后被文人骚客借用了，遂登了大雅之堂，更有些文人继续地修整扩张，弄得范围极大，技术极精，而原有之动荡力遂衰，以至于到了最后只剩了一个空躯壳，为后人抄了又抄，失去了扩张的力气，只剩了文字上的生命，没有了语言上的生命，一切的文章几乎莫不如此。傅氏认为，若把这一文学史中的大问题弄明白了，文学史或者可和生物史有同样的大节目可观。至于避免这一文学创造力循环消亡的办法，傅斯年提醒他的学生与文学研究者们，"把发生学引进文学史来"，就是文学的批评、改进、创造的必由之路和不二法门。[38]

与文学思想观念和研究方法大不同的是，在史学研究上，傅斯年总结中国及欧洲历史学观念的演进，得出如下三个启示：

一、史的观念之进步，在于由主观的哲学及伦理价值论变做客观的史料学。

二、著史的事业之进步，在于由人文的手段，变做如生物学、地质学等一般的事业。

三、史学的对象是史料，不是文词，不是伦理，不是神学，并且不是社会学。史学的工作是整理史料，不是作艺术的建设，不是做疏通的事业，不是去扶持或推倒这个运动，或那个主义。

傅斯年终生坚持并为史学界不少学者所诟病的史学观是："史学便是史料学。"其实这有点儿断章取义，冤枉了傅氏。除了这一根度人的"金针"，傅斯年还有与之相连接

　　　　　　　　　　　第十三章　生别常恻恻

的观点，即：史料是不同的，有直接的史料和间接的史料，研究史学的方法就是要以科学的比较为手段，去处理不同的记载。比较方法之使用，每每是"因时制宜"的，处理每一历史的事件，每每取用一种特别手段。因为："直接材料每每残缺，每每偏于小事。（若）不靠较为普遍、略具系统的间接材料先作说明，何从了解这一件直接材料？所以持区区的金文，而不熟读经传的人，只能去做刻图章的匠人；明知《说文》有无穷的毛

傅斯年撰写《姜原》手稿（台湾"中研院"史语所傅斯年图书馆提供）

傅斯年撰写《大东小东说》手稿（台湾"中研院"史语所傅斯年图书馆提供）

病，无限的错误，然而丢了他，金文更讲不通。""若是我们不先对于间接材料有一番细工夫，这些直接材料之意义和位置，是不知道的。不知道则无从使用……我们要能得到前人所得不到的史料，然后可以超越前人。我们要能使用新得材料于遗传材料上，然后可以超越同见这材料的同时人。"[39]

对于傅斯年这一史学观念和在学术界一贯表现出的强硬姿态，反对的声音固然不绝于耳，但拥护者也大有人在，而傅的老师胡适就明确表示了自己的赞赏态度。胡适认为，傅斯年在史学研究上是少有的创造性的天才，他不是随便弄一个理论出来吸引别人的眼球，而是说到做到且是有很大的成就以供检验的，所著的许多大文章也都是真能做到他自己标举出来的理想境界。对此，胡适专门举例说："试看他的《新获卜辞写本后记跋》，他看了董彦堂先生新得的两块卜辞，两片一共只有五个字，他就能推想到两个古史大问题——楚之先世，殷周之关系——都可以从这两片五个残字上得到重要的证实。这种大文章，真是'能使用新的材料于遗传材料之上'；真是能'先对于间接材料有一番细工夫'，然后能确切了解新得的直接材料的'意义和位置'。所以我们承认这一类的文字是继往开来的大文章。"[40]

胡适所说的"继往开来的大文章"，除了上述几个篇章，更重要也更值得推崇的则是傅氏创作发表于1930年的《姜原》《大东小东说——兼论鲁、燕、齐初封在成周东南后乃东迁》，以及出版于1933年的《夷夏东西说》，作于1934年的《古代中国与民族》，甚至包括《城子崖序》等篇章。这几篇文章创作和发表的年代，正是傅斯年精力最为旺盛，也是生活条件相对安静的时期。天时、地利、人和等诸般条件交融相汇，

使傅斯年在短短的五年时间，登上了一生学术的顶峰，成为享誉海内外学界的大史学家。胡适曾公开披露《古代中国与民族》对他产生了很大的影响。当年傅氏撰写该著时曾无数次与胡氏讨论过，因而胡对其中的精髓与卓识自是深有体会。胡在谈到这部作品的学术价值和傅氏思想时说："这是他没有完成的一部大书，有的时候也想定名为《民族与古代中国》。这是说明古代民族的来源的。可惜这部伟大的著作没有完成。但他曾经发表了几篇论文，如《姜原》，提供了许多有助于研究的材料；另一篇为《周东封与殷遗民》，说明从周室东征到山西北部，征服了整个东部的情形。这一篇文章我公开承认影响我最大，最能够表现他的意思。再有一篇是《夷夏东西说》，出版在蔡先生六十周年纪念特刊上；搜集的材料丰富，将东西夷夏加以区分；很少人有这样锐利的眼光。"[41]

胡适所言是有其历史背景和原因的。遥想五四运动之前，初做北大教授讲授中国哲学史的胡适，在讲台上"截断众流"，摒弃远古"一半神话，一半正史"的记载，抛开中国古史中的五帝、夏商二代，直接从西周行将覆灭的最后一个阶段周宣王讲起，许多师生认为是"胡说"，为此差点儿被学生赶出校门。尽管傅斯年在顾颉刚的唆使下，亲自出面把欲"闹事"的学生气焰压了下去，保住了胡适的面子和饭碗，但傅氏从心底里并不完全赞同胡适的"胡说"。只是令傅斯年没有想到的是，当他留学海外之时，国内史学界已成了顾颉刚为首的"疑古派"或称"古史辨派"的天下。顾氏在《古史辨》中提出"禹"是"蜥蜴之类"的"虫"的推断，颇受一部分人的激赏。而顾氏创造的"层累地造成的古史"说，几乎笼罩了全国史学界。尽管有刘掞藜、胡堇人等学者起而辩难，但毕竟材料不足，仅有的一点儿考古资料并不足以推翻顾氏的理论，因而顾氏的学说仍风行无阻，成为史学界一大奇观。

震于顾颉刚在国内折腾出来的声名，远在柏林大学的傅斯年读到顾文后，也曾给予赞赏，并在1925年给顾颉刚写的一封信中说："去年春天和志希、从吾诸位谈，他们都是研究史学的。'颉刚是在史学上称王了，恰被他把这个宝贝弄到手；你们无论再弄到什么宝贝，然而以他所据的地位在中央的原故，终不能不臣于他。'我以不弄史学而幸免此厄，究不失为'光武之故人也'。几年不见颉刚，不料成就到这么大！这事原是在别人而不在我的颉刚的话，我或者不免生点嫉妒的意思，吹毛求疵，硬去找争执的地方；但早晚也是非拜倒不可的。"[42]由傅氏之说可见当时的顾颉刚确是有在史学界称王称霸的势头了。

当傅斯年回到国内并出任中山大学文学院院长后，对顾氏之说详加检讨，才蓦然发现顾的学说太过于极端，几陷入民族虚无主义的泥沼，实不足为训。难道中华民族文献记载和口口相传了五千年的历史全是凭空编造的空话和假话？号称勤劳勇敢忠诚的华夏子民，难道全是一群又一群、一辈又一辈的妄人？或是一些"家败人亡鬼吹灯"的人鬼混杂故事不成？假如整个民族的子民都在妄倡邪说，妖言惑众，这还是称雄于东方几千年而连绵不绝的民族吗？华夏民族之所以悠久，国家之所以绵延，全赖民族的史事与国史为魂魄。亡史之痛，甚于亡国，古希腊也罢，古埃及也罢，莫不如此。国亡而国史不亡，则自有复国之日，其因就在于魂魄永存，与天地而长久，绝不会被消灭。自古以来，灭人之国则先灭其史，其中的因由就隐含于这个深层的哲理之中。

基于这样一种民族情感和对民族文化命脉的反思，以及埋藏于历史深处的事情真相的忽隐忽现，傅斯年思想观念的天平开始倾向于中华民族的历史并不虚妄这一主题，遂立志不在顾氏手下"称臣"，尽快从"顾氏王国"的阴影中摆脱出来。在这样一种崭新思想指导下，傅氏与顾颉刚的学术观点越离越远，直至弄到在中山大学双方开骂对打，不能合作之局。接下来，顾颉刚仍坚持他的疑古学说，而傅斯年因受王国维《殷卜辞中所见先公先王考》及《续考》等文章的影响，开始坚定地走向了释古和重建中华民族古史的新学术之路，同时着手组织国内一流学者，欲向安阳殷墟和洛阳一带的地下遗址发起集团式冲锋。面对可以预见的将来，傅斯年明确地告诉顾颉刚："你还是在（疑古）宝座上安稳地坐下去罢，不要怕掘地的人把你陷了下去。"[43]

正如 1969 年 7 月 21 日，乘坐"阿波罗"11 号登月飞船降临月球表面并第一位踏上月球的美国登月队员阿姆斯特朗所说的那句闻名世界的话："这是我的一小步，却是人类的一大步。"傅斯年组织的集团式安阳殷墟考古发掘，只是历史长河中浪花一般简短的一小步，却是中国甚至整个世界历史学术研究进程的一大步。这一大步，标志着中国近现代史学彻底从"山有小口，仿佛若有光"的狭道，跃入了"土地平旷，屋舍俨然，有良田美池桑竹之属。阡陌交通，鸡犬相闻"的"桃花源"。隐埋入黄土之下的历史之门就此洞开，干涸的河流重新流淌，死去的转世还魂，一个青丘金鼓、血流涌动、泪水飞溅，伴着歌舞升平的纷繁世界再度出现在世人面前。

当 1928 年安阳殷墟发掘产生举世震动的考古成果之后，在进一步证明了王国维论证的同时，也越发坚定了傅斯年释古和重建古史的信心。正如李济所言："安阳发掘的结果，使这一代的中国史学家对大量早期文献，特别是对司马迁《史记》中资料的高度可靠性恢复了信心。而满怀热情和坚毅勇敢地从事任何这样一种研究工作之前，恢复这种对历史古籍的信心是必需的。"[44]在论及被疑古派定为"史影"里的夏朝时，傅斯年认为古籍对夏朝和大禹的记载描述不多，且多不可信。但夏朝和禹绝非子虚乌有的"史影"，传说中的大禹应是夏后氏的"宗神"，是中国的一种"创世传说"。从殷墟发掘的甲骨文、陶文以及青铜礼器、玉器等物来看，商代的文化已不是原始文化，"其前必有甚广甚久之背景"，即以文字而论更是如此。因而，在此后的文章中，傅斯年常常和疑古派对立起来以解其史。此种风格直接影响到史语所研究人员的思想观念和治学路数，以治汉简名世的历史组研究人员劳榦即明确表示："疑古的历史家也还是主观的那一套，他们疑古的态度，决不是平心静气的、立身事外的法官，他们只不过是些长于刀笔的讼师罢了。"[45]这个说法是否公允尚可讨论，但从中显露出傅斯年与他的弟子们，与以顾颉刚为首的疑古派"讼师"们彻底决裂已成事实。

就在以科学的田野考古手段发掘安阳殷墟两年之后，随着大批甲骨、青铜器、玉器、陶器、兽骨、石器，以及著名的大龟四版、牛头刻辞、鹿头刻辞和几十座商代墓葬的发现发掘，傅斯年坚定了商代王朝确实存在并具有高度发达文明的判断，于精神亢奋中，挥笔草就了一篇风格独特、幽默中启人深思的奇文《戏论》。文中，傅斯年虚拟了一位民国三十三世纪的人物，名叫理必有。这位理必有是位著名的历史考证家，他最大的爱好与最得意的学术成就便是疑古，见古则疑，无古不疑，除了怀疑他爷爷是否真的存在过，还系统地展开对民国著名人物的怀疑，如民初根本就没有孙中山，所谓孙文乃孙行者的人间化，黄兴则是黄龙见之一种迷信而起，其实均无其人。按照理必有的思路和考证方法，傅斯年跟着论证民国时代的北大教授钱玄同亦是子虚乌有的人物，玄是很具有道士气的，钱是很市侩气的，把这"二气"捏合在一起，即一以张其虚，又一以表其实，故布一小小迷阵来考验后世学者的眼力。不仅如此，便是钱玄同的思想学说也是拼凑而成，否则同一个人怎么既弃一切故传如陈独秀，又提倡注音字母如胡适之，还那么激断地否定经史材料如顾颉刚，这个三合一的"钱玄同"，"实顾颉刚举其最激断之论加此名下而有之"，其实根本就没有这个人……这一篇亦庄亦谐的奇文，明眼人一看便知是在讽刺以顾颉刚为首的疑古派，理必有当然就是顾颉刚的化身，系统之疑古即暗指顾氏王国制造的"层累地造成的中国古史说"。民国三千多年的理必有之疑孙文、黄兴等辈，即是民国初年之顾颉刚之疑尧舜禹及其朝代的存在，此处恰对应了王右军（王羲之）《兰亭序》"后之视今，亦犹今之视昔"的遗训，傅斯年可谓以子之矛攻子之盾，讥讽批评疑古派"以不知为不有"的思维逻辑与危害性。民初兴起的疑古派虽以顾颉刚为中坚，名头也最响亮，但始作俑者实则是钱玄同（又称疑古玄同），作为晚辈的顾颉刚受钱玄同的启示，从辨"伪书"开始，进而辨"伪人""伪事"，整体地看过去，钱玄同才是疑古派的灵魂人物。因而，傅斯年在文中毫不客气地对钱氏数落一番，说他外观上看起来比胡适的个人或社会进化步次论以及顾颉刚的层累地造成说更激进和另类，但实质却是"譬如积薪，后来居下"（傅氏特别在"下"旁加了两个圈以显其重），而步钱氏后尘的疑古派各路干将从最初的"疑古"渐渐演变、堕落为"诅信"，此一种恶劣学风将"不暇自哀而使后人哀之"。[46]

　　为消除古史辨派在学术界甚至社会上造成的误导与不良影响，傅斯年以安阳殷墟及其他地方出土器物为证据，结合历史记载和民间传说，集中精力连发数篇论文，在反击疑古派的同时，以证三代史实之不虚妄。在《新获卜辞写本后记跋》中，傅以"命周侯"一段甲骨文而怀疑古史辨派所提的商、周不相臣属之说，并在其后的文章中进一步批驳否定夏商存在的疑古论调。在另一篇《性命古训辨证》文章中，傅斯年指出："古史者，劫灰中之烬余也。据此烬余，若干轮廓有时可以推知，然其不可知者亦多矣。以不知为不有，以或然为必然，既违逻辑之戒律，又蔽事实之概观，诚不可以为术也。"又说："即以殷商史料言之，假如洹上之迹深埋地下，文字器物不出土中，则十年前流行之说，如‘殷文化甚低’、‘尚在游牧时代’、‘或不脱石器时代’、‘《殷本纪》世系为虚造’等见解，在今日容犹在畅行中，持论者虽无以自明，反对者亦无术在正面指示其非是。差幸今日可略知‘周因于殷礼’者如何，则‘殷因于夏礼’者，不特不能断其必无，且更当以殷之可借考古学自‘神话’中入于历史为例，设定其为必有矣。夏代之政治社会已演进至如何阶段，非本文所能试论，然夏后氏一代之必然存在，其文化必颇高，而为殷人所承之诸系文化最要一脉，则可就殷商文化之高度而推知之。”【47】简言之，傅斯年不但肯定了中国历史上有个夏朝的存在，且还断定夏朝的文化已达到了相当高的程度，商朝的文化包括殷墟出土的高度文明的青铜器皿和已经成熟的甲骨文字，正是夏朝文化的延续。时与陈寅恪齐名（并称“二陈”）的著名史学家、辅仁大学校长陈垣阅毕此文，于 1940 年 8 月 14 日在给长子陈乐素的家书中说：“即接到孟真先生撰《性命古训辨证》一部二册，内多新材料，新解释，不可不一读。”两天后的 16 日，陈垣再次写信给长子乐素，慨然叹曰：“余阅《性命古训辨证》，深知余已落伍，未知在他人觉得如何耳。”字里行间透出对傅斯年超出常人的学术眼光、识见以及所达境界的赞誉和羡慕之情。【48】

那么夏朝或夏之前的历史是什么样子呢？傅斯年在他此前撰写的《夷夏东西说》中有天才的论述。

傅氏认为，在三代及三代之前，政治的演进是由部落联盟到国家形成，且是以河、济、淮流域为地盘的。在这片大地上，地理的形势决定了部落联盟只能是东西分，不是南北之限。南北分限是东汉之后的事，因为长江流域到东汉始发达，至孙吴政权建立时，长江流域才有独立的政治组织。历史凭借地理而生，因对峙而生争斗，因争斗而起混合，因混合而文化进展。古文献于周称周人，于殷称殷人，独于夏称夏后氏。傅斯年据此推断夏由许多部落组成，其中有一族为盟长，遂有此号。通过对古文献排比，结合殷墟发掘的出土器物与文字，傅氏认为夏人活动的区域是晋南、豫西到陕南一带，而东部地区居住着族类甚多的夷人，虽统称夷人，但不是一个族属，见于经典者有太暤、少暤、有济、徐方等诸部，即《论语》中的“九夷”。整个夏朝的历史，可以考知者全是夷人与夏部落联盟之争的历史，其东西争夺的界线大体在太行山及豫西群山以西地域，

傅斯年《夷夏东西说》手稿（台湾“中研院”史语所傅斯年图书馆“傅斯年档案”）

当今的"平汉铁路似乎是这个东西地形的差别的最好界线",只是这个界线在河南郑州与湖北省境有些伸缩罢了。西部的夏占据高山与高原，东部的夷占据广大的平原，住在较高的地方，称为丘。地理的不同构成了政治组织的不同，即明显的东西对峙的二元局势。这样的东西二元格局，自非融合不可。于是，起于东者，逆流压迫西方。起于西者，顺流征讨东方。东西对峙，相争相灭，便是整个中国的三代历史。

傅斯年特别强调，几千年的攻伐争战，有"三段大事"最终决定了历史的进程，即：开始是益启之争，结果是夏胜而夷人失败；而后是羿与少康之争，夏、夷混战几代，夏终究占了上风；最后是汤桀之争，汤率领的东方夷人最终推翻了夏族人的政权，建立了商汤政权，商朝的历史由此开始。

与夷夏东西说相呼应的是，傅斯年首次提出了"商代发迹于东北，渤海与古兖州是其建业之地"的学说，其支撑这一学说的关键点是《诗经·商颂》中的"天命玄鸟，降而生商"的故事，以及"殷宅土茫茫""相土烈烈，海外有截"等记载。传说商人的始祖契以卵生而创业，后代的神话与此同类者全属东北各族及淮夷。在这个支撑点上，结合《论衡》《魏书·高句丽纪》《朝鲜好大王碑》，朝鲜王氏朝金富轼撰《三国史记·高句丽纪》，《朝鲜旧三国史·东明王本纪》《清太祖实录》等文献资料辅助，以证其此类传说在东北各族中甚普遍且长期流传，且在淮夷分布的地区也有大致相同的传说。因这些史料和民间传说加以推理，作为夷人之一族的早期商人，与居住在东北地区的各族在文化上曾有"深切接触与融合"。进而推之，早期商人就发源于中国的东北地区与环渤海一带。这一个推理将被《商颂》中的"海外有截"和东北地区的考古资料所证明。

所谓"海外有截"，当指渤海与辽东半岛或朝鲜北境一带，至少可见殷人的根据地离渤海不远。殷亡后，箕子远奔朝鲜，退保辽水之外，朝鲜若不是早在其统治区域之内，是很难以亡国之余烬，在此重建海邦的。箕子退保朝鲜，与后世金、元甚至清亡后退居东北、漠北、满洲里一样，都是在中原失利后退回初起的地区去。由夏商周更迭兴亡的历史一路推沿下来，后世也多沿袭其路数进行攻防进退。秦并六国，虽说创造了一个自古莫之有的大一统局面，却也有夏周为他们开路。关东亡秦，虽说又造了一个新朝代，却也有夷人"释舟陵行"，殷人"覃及鬼方"，为他们做前驱。秦并六国是西胜东，楚汉亡秦是东胜西，平林赤眉对新室是东胜西，曹操对袁绍是西胜东。但到了两汉时代，东西融合已经基本完成，二元对峙的格局已远不如三代时之明显了。到了东汉之末，孙氏集团在江南开发建政，从此东西二元对峙局面渐渐转移到南北对抗，历史的进程由此拐弯，中国历史上一个改天换地的大时代业已来临。

历数自夏以来"东西对峙"的局面，傅斯年通过文献和出土资料排比，得出的结论是：夏商周三代，东胜西之事少，西胜东之事甚多。胜负的原因取决于多个方面，或由文化的力量，或由战斗力和组织力。但就总体言之，东方经济发达，文化优越；西方地利好，武力强。在西方一大区进入春秋时代，势力扩张到巴蜀与陇西之时，经济上有了

第十三章　生别常恻恻

四川的天府，武力上有了天骄，东方就难以抵其锐锋了。而为何东一大区又屡扑屡起，为西一大区所不能灭绝呢？这就要归属于文化的强劲与魅力。虽东方武力上失败，政治上一时不能抬头，但一经多年安定之后，由于潜伏的经济人文优势不断生长壮大，足以掌握国家民族命运之枢的高素质人才如雨后春笋蓬勃兴起，附带的整个区域民族必定又要重新崛起。而自春秋至王莽一路下来，最上层优越的文化只有一个重心，这便是齐鲁之地。齐鲁就像种子的发源地，逐渐向四周散发，由此产生了一波又一波生生不息的力量，当这个经济文化的优势力量展现出来之后，一个东胜西的局面就会再次出现。这一个历史阶段虽是春秋至西汉，但若上溯三代的局面，也是大体如此。由这个历史二元格局两千年之争伐，借此可见文化力量之重要。[49]

对于傅斯年开创的这一学说，美籍华人、哈佛大学教授、著名考古学家张光直，称赞是 20 世纪中国学术界"最好的""最有创始性、突破性""能够使用创始性和突破性这种超级词汇来描写的"伟大的学术篇章。[50]

张光直说这话的时候，已是 20 世纪晚期，此时傅斯年早已墓有宿草了，但这篇文章中的天才预见已渐被考古发掘所证实。除了早期由安特生等人在河南西部渑池县仰韶村发现的仰韶文化，1956 年，河南文物考古工作者在郑州中心区二里岗发现了郑州商城和商代祭祀场，以及祭祀后的窖藏礼器坑，并在窖藏坑内发现了大量的青铜礼器与其他器物。特别是后来带"亳"字的陶文出土，基本证实了这座城池就是商汤建国的第一个都邑——亳都。

1959 年，山东省考古人员又在泰安市南约 30 公里处的大汶河北岸，发掘了一座新石器时代晚期遗存。遗址面积庞大，内涵丰富，有墓葬、房址等遗迹遗物。出土文物有造型美观的背壶、钵形鼎、镂孔豆、高柄杯、彩陶豆，以及磨制精细的石斧、石锛、石铲、石凿、骨器等。对此，考古学家将其命名为"大汶口文化"。这一文化的发现，为早期发现的山东城子崖龙山文化找到了历史发展延续的渊源。

1977 年，河南考古队在登封市东南约 11 公里处的王城岗，发现了一座城址，并出土了大量灰坑、窖穴等遗迹，同时出土的还有品种多样的黑陶器、石器、骨器、蚌器等遗物，甚至还有一件形似铜礼器的残片和丰富的古代植物遗存，包括有粟、黍、稻、麦和菽五种农作物品种。随着后来不断发掘，又发现一座小城遗址。从连续不断的文化堆积和出土遗物推断，王城岗大、小两座遗址的年代应为龙山晚期至春秋时期。根据出土遗物和地层关系，结合古文献中"禹都阳城"或"禹居阳城"的地望、名称，以及附近发现的东周时代的阳城等城址，考古人员认为，王城岗属于龙山文化遗址，而这个遗址就是传说和文献记载中夏代大禹王所居的"阳城"。尽管后来这一说法在学术界尚有争论，但属于河南龙山文化晚期基本成为定论。据王城岗小城出土遗物碳 -14 测年数据显示，为公元前 2107 年，即距今 4000 年以上，这正是夏王朝建立前后的重要时期，也是大禹治水的末期。尽管一时尚没有找到此城就是大禹治水时期所居之城的证据，但对研究夏王朝的建立和夏文化的起始年代有着极其重要的学术价值。[51]

1983 年，中国社科院考古所工作人员又在郑州之西靠近洛阳的偃师县地界发现了另一座古代城址，出土了大量的青铜礼器与其他器物，经世界最先进的放射性碳 –14 测定和树轮校正，该城址的建造年代与郑州商城基本相同，因而有考古人员认为是商汤建国的西亳，或太甲流放的桐宫。[52]

真正被科学发掘和科学仪器检测所证实为夏代某个王所居都城的，是偃师西南约九公里处的二里头遗址。这个遗址自 1959 年被考古学家徐旭生发现后，中科院考古研究所即组织考古人员进行发掘，经过几十年的努力，终于发现了大型宫殿遗址和为数众多的青铜礼器，以及镶绿松石的铜牌和用此石制造的龙形器物等国之重宝。按历史文献记载，夏王朝初年应在公元前 23 世纪和公元前 21 世纪之间，距今约 4000 年以上。中国政府"九五"重点科技攻关项目——夏商周断代工程，自 1996 年启动后，二里头遗址就成为追索、研究夏文化是否存在的重点目标。工程利用北京大学建立的世界最先进的 NEC 加速器质谱计，对二里头出土遗物进行放射性碳 –14 测定，在此基础上进行更精确的树轮校正，得出的年代为距今 3900 年以下。面对出土遗物特征和碳 –14 检测结果，学者们断定二里头遗址就是夏朝中后期的都城。至于是夏朝太康王所居的都城斟鄩，还是后羿或桀所居的斟鄩，尚难有定论（南按：《竹书纪年》："太康居斟鄩，羿亦居之，桀亦居之。"），但这个遗址作为夏朝的文化遗址已得到专家的确认。1997 年 11 月，夏商周断代工程项目办公室组织 50 位国内一流专家学者赴二里头遗址考察，并达成共识，即：二里头文化遗址和出土遗物就是夏文化的实证。[53]

自此，湮没于历史深处的夏王朝正式从疑古派号称的"史影"里走出，以鲜活的生命

河南偃师二里头夏代遗址（中国社科院考古研究所提供）

张光直在中国大陆访学期间与学者交流

重返人间大地。如果按照胡适当年在北大所讲的中国历史从周宣王开始，二里头夏代遗址的发现和发掘的成果，则以无可辩驳的事实一下把中国可考的历史向前推进了1000多年（南按：夏商周断代工程成果显示，根据天象记录、西周金文和西周遗址出土遗物碳-14测定并树轮校正，周宣王在位年代为公元前827—前782年。正负误差为46年）。

曾数次代表哈佛大学访问中国大陆，并与中国社科院考古研究所合作，以河南商丘地界为中心进行数年考古发掘，企图找到商代都城之一的张光直（南按：古文献记载，商人屡次徙都。汉代张衡言"殷人屡迁，前八而后五"，张光直认为商丘之地乃其中的一个商都），面对安阳殷墟、郑州商城、偃师商城、登封阳城等一系列空前的考古大发现，自是百感交集，这些地方都是自己青年时代在台湾大学读书时，傅斯年、李济、董作宾、石璋如等老师当年坐卧流连过的故园。尽管老师的足迹早已湮没于历史的尘沙之中，但留下的文字却成为永久的见证。对照眼前的地理、地望和出土器物，在身临其境的同时，想到傅斯年60年前为写作《夷夏东西说》付出的辛勤汗水和天才预见，张光直在肃然起敬的同时，也做了如下论述："傅先生是一个历史天才，是无疑的；他的《夷夏东西说》一篇文章奠定他的天才地位是有余的。这篇文章以前，中国古史毫无系统可言。傅先生说自东汉以来的中国史，常分南北，但在三代与三代以前，中国的政治舞台，在河、济、淮流域，地理形势只有东西之分，而文化亦分为东西两大系统。自傅先生夷夏东西说出现之后，新的考古资料全都是东西相对的：仰韶——大汶口；河南龙山——山东龙山；二里头（夏）——商；周——商、夷。傅先生的天才不是表现在华北古史被他的系统预料到了，而是表现在他的东西系统成为一个解释整个中国大陆古史的一把总钥匙。"[54]

与张光直不同的是，在胡适公开谈论傅斯年这几篇大文的时候，当年的中央研究院史语所仅仅发掘了殷墟和山东城子崖龙山文化遗址，但仅这两个大型遗址的发掘，以及出土的大量器物和文字，已足以让胡适产生心灵的震撼。在有地层根据，经过科学发掘的甲骨文和为数众多、等级奇高的"铜证"面前，胡氏不得不承认，不但中国的周朝是存在的，而且商朝至少是历史记载中盘庚迁殷的晚商是存在的，这就比他的中国可考的历史"始自周宣王"说，至少提前了约500年（南按：据夏商周断代工程年表，盘庚迁殷为公元前1300年。胡适在世时，学术界的估计还要早一些）。作为一个具有文化良知，同时不算愚笨的自由知识分子，胡适由此受到启发并略感汗颜地修订自己此前的错误观点，同样不难理解。

就当时傅斯年与他的学术团队发掘的辉煌成果而言，受到震动的不只是与其友善的胡适一类自由知识分子，更有因中山大学风波与傅氏不睦、时已隐居上海租界的鲁迅先生等人。1928 年，胡适在撰写《治学的方法与材料》一文时说："现在一班少年人跟着我们向故纸堆里乱钻，这是最可悲叹的现状。我们希望他们及早回头，多学一点自然科学的知识与技术，那条路是活路，这条故纸的路是死路。"[55]1929 年，胡适在上海对前来拜访的顾颉刚说："现在我的思想变了，我不疑古了，要信古了！"1933 年，胡适发表《评论近人考据老子年代的方法》，公开对顾颉刚及其疑古思想进行批评，按顾氏的说法，胡在文中"把我痛驳一番。从此以后，他就很明显地对我不满起来"[56]。1934 年 7 月 6 日，鲁迅在致郑振铎的信中亦指斥顾颉刚，谓"他是有破坏而无建设的，只要看他的《古史辨》，已将古史'辨'成没有，自己也不再有路可走，只好又用老手段了"。1935 年 11 月，鲁迅在小说《理水》中，以"鸟头先生"喻顾颉刚，辣讽顾氏竟把夏代的大禹说成是"一条虫"云云。

远离学术中心，在延安窑洞里的马列主义学派知识分子，甚至包括毛泽东本人，尽管没有公开斥责顾颉刚及其打造的疑古派，但对安阳殷墟科学考古发掘的巨大成果表示敬意与尊重。1939 年 12 月，毛泽东在延安干部集会学习时的一次演讲中说道："在中华民族的开化史上，有素称发达的农业和手工业，有许多伟大的思想家、科学家、发明家、政治家、军事家、文学家和艺术家，有丰富的文化典籍。在很早的时候，中国就有了指南针的发明。还在一千八百年前，已经发明了造纸法。在一千三百年前，已经发明了刻版印刷。在八百年前，更发明了活字印刷。火药的应用，也在欧洲人之前。所以，中国是世界文明发达最早的国家之一，中国已有了将近四千年有文字可考的历史。"[57]毛的这段讲话尽管是由在延安的马列主义史学家范文澜、尹达等人起草，后经毛泽东修改定稿，但足见安阳发掘成果影响之大，以及在学术上震慑人心的强悍力量。

当然，无论是当时的胡适博士还是以后的胡适校长，甚或台湾"中央研究院"的胡院长，对考古学并不精通，也未投入更多的精力进行研究，他只是承认中国历史上有这样一个事实罢了。胡氏在学术方面的强项和下大功夫的仍是古代文献，并在古文献中发现他所需要的材料加以考证，以此来论证史实、人事。如对《红楼梦》《水浒》的考证，对一个叫神会的和尚的追索，以及搞了几十年，直到死也未完成的《水经注》考证即是最好的明证。因而，胡氏在赞赏傅斯年《夷夏东西说》并佩服其远见卓识的同时，对其撰写的《周东封与殷遗民》更加在乎。正是此文，解开了胡适郁积在心中多年未得解开的死结。关于这篇文章对学术界和自己的启发，胡适在傅斯年去世之后以感念忧伤的心情做了如下叙述："《周东封与殷遗民》这篇文章。我在《中国哲学史》内提到古代服三年之丧这个问题，感觉到很困难。孔子的弟子宰我曾说一年就够了，但孔子却说'夫三年之丧，天下

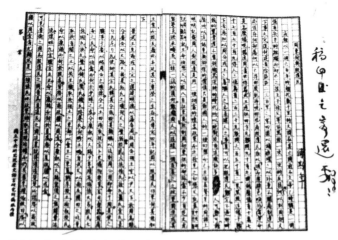
傅斯年《周东封与殷遗民》手稿（台湾"中研院"傅斯年图书馆提供）

之通丧也'。过了一百年以后，当滕文公继承他父亲为滕侯时，孟子居然说动了滕文公，说丧礼应服三年。但当时滕国的士大夫都不赞成；他们都反对'三年'。他们说，'吾宗国鲁先君莫之行，吾先君亦莫之行也'。这两句话与孔子的话是有冲突的。孔子说三年之丧为天下之通丧，而滕国的大夫又说鲁国未曾行过，我滕国也没有行过，究竟是孔子说假呢？还是滕国大夫错了呢？孟真在这一篇文章中说：'孔子之天下，大约即是齐、鲁、宋、卫，不能甚大，可以登泰山而小天下为证。'当时周统治中国，老百姓多为殷之遗民；上层阶级均用周礼，一般老百姓则仍用殷礼。故孔子曾说：'丘也，殷人也。'殷朝虽然已经灭亡，但其后七百年间，上边统治阶级与下边人民的习俗不同。绝对多数的老百姓是殷遗民，而三年之丧是殷民的制度；孔子自称殷人，所以孔子以三年之丧为天下通丧是不错的。而滕国大夫所讲'鲁先君莫之行，吾先君亦莫之行'，也没有错；因为滕是文王的子孙，鲁是周公的子孙，都是殷的统治民族，所以与老百姓不同。能够把这个观念来解释《论语·先进篇》第一章的，二千多年来，孟真还是第一个人。"

接下来，胡适列举了傅斯年引用的古代文献并道出了傅氏观点：

子曰："先进于礼乐，野人也；后进于礼乐，君子也。如用之，则吾从先进。"

孟真以为：

野人即是农夫，非如后人用之以对"斯文"而言；君子指卿大夫阶级，即统治阶级。先进后进，自是先到后到之义。礼乐是泛指文化，不专就玉帛钟鼓而言。名词既定，试翻译做现在的话如下：

"那些先到了开化的程度的，是乡下人；那些后到了开化程度的，是'上等人'。如问我何所取，则我是站在先开化的乡下人一边的。"

先开化的乡下人自然是殷遗民，后开化的上等人自然是周的宗姓婚姻了。[58]

最后，胡适提醒国人："现在有许多人提倡读经：我以为对这几句话解释得通才配读经；如果解释不通，不配读经！孟真有绝顶天才，他替我解决了《中国哲学史》上不能解决的问题。我接受了他的观念，写了一篇五万字的文章，叫作《说儒》，从这个观念来讲古代思想，根本推翻了我过去对于中国古代思想史的见解。"【59】

　　胡适的说法大体是可靠的，据当年跟随傅斯年、陈寅恪在史语所做"学徒"的何兹全说："我在李庄的时候，有一段时间专门下过功夫研究过傅斯年先生的几篇文章，并与其他几位当时很有名头的大师的文章进行过比较。就见解的独特与思想的深度以及眼光的宏阔而言，傅斯年与陈寅恪先生应当是并肩齐立的。若把二人做一比较，陈先生的文章更严谨、精湛、缜密，论证某人某事有丝丝入扣、一针见血的感觉。傅先生的文章在轮廓和行文上稍显粗犷和急躁一些（不是浮躁），但在整篇文章的'势'上要比陈更具一股磅礴气象。这个差别，据我推测是与二人的性格有关，所谓文如其人，不能说全对，但与各自的性格肯定有关。再之，傅的急躁是因为他参入社会团体的名堂甚多，他亲口对我说过自己是一个'非官非学'的人，弄着弄着就把别人事搞成了自己的事，整天东奔西跑，克无宁日，几乎没有半个月以上可以连续供自己自由支配做学问，有的文章难免潦草，这也是实情。【60】而陈寅恪先生却是一个潜心做学问的人，他不问政事，卢沟桥事变前的十年，他空闲多，内心也相对清净得多。即便是在抗战逃亡时期，陈寅恪先生大部分精力还是用在了教学和学术研究上，从没有因此而停顿。这样就造成了傅陈二人文章的差异。陈先生的'关陇集团说'和'关陇文化说'很了不得，那是中古史研究上震动学界的大手笔、大创造、大发明，可视为世之罕见的天才之作。但傅先生的'夷夏东西说'也是一个绝顶天才的架构，这在上古史上堪称前无古人的开山之作，完全可与陈的'关陇集团说'并驾齐驱。二者的论述都是新而不怪，奇而不邪，称得上具有创始性、突破性的大著作。特别是'历史的穿透力'，也就是在超越历史具体史事证述的深刻思考，并上升到化腐朽为神奇、融会贯通整个历史全局这一点，自古至今再无第三人可与之匹敌。用王国维先生的话来形容，就是'博矣，精矣，几若无涯岸之可望，辙迹之可寻'。历史上的司马迁也罢，班固、荀悦、陈寿、司马光及其助手刘恕、刘攽与范祖禹也罢，直至十二世纪的郑樵，十八世纪的赵翼、钱大昕、王鸣盛、全祖望、章学诚、赵翼、阮元与洪颐暄兄弟等等，都不能与陈寅恪、傅斯年相比肩。以上诸位都是不世出的天才，但古代的这些硕学鸿

何兹全晚年在寓所向作者述说傅斯年与陈寅恪在历史学界的地位（作者摄）

　　　　　　　　　　　　第十三章　生别常恻恻

儒毕竟没有海外求学的背景，只局限于一隅之地，加上没有现代科学的思想和方法，所以在这一点上与陈傅两位先生有差距。这个说法当然不是要抹煞前贤，学术研究总是长江后浪推前浪，或者像牛顿说的站在前人的肩膀上，才比前人更高，看得更远。这个人类公认的道理，用一句成语说，也叫作'后来居上'。中国近代经历了二千年来未有之大变局，在这个历史大变动、大转折，特别是先进的文化与科学理念进入东土的特殊时期，产生后来居上的伟大学人是正常的现象，没有什么好奇怪的，春秋时候是这样，晚清至民国时代也是这样。陈傅两位先生可谓是二十世纪中国学术界两座并立的奇峰。至于近现代的梁启超、胡适、顾颉刚、钱穆等史学大家虽各有所长，但还是不能与陈傅二人相提并论。近世的大家中，唯有王国维与陈垣两位可与陈、傅相抗，王、陈也是大师中的大师，但因自身的局限，像运动员打靶一样，陈傅二人中的是十环，王陈二人可能是九环，甚至是压在了十环的线上，但还不是十环的中心，而陈傅二先生是十环的中心位置。至于持左翼立场，以阶级斗争理论指导其史学研究而名噪一时的郭沫若、范文澜、翦伯赞、吕振羽、侯外庐等等，在学术上就要屈于二或三流了。到了以'儒法斗争'起家、陈寅恪先生在中大时候的上司、一度出任过中山大学历史系主任、校革命委员会副主任杨荣国那里，就成为史学界的反面教材，甚至是一个笑话和教训了。看来我刚才说的'后来居上'也得以人而分，德才兼备、有识有见，具有陈寅恪先生所说的'独立之精神，自由之思想'者才能'居上'，反之只能居于下流或陈先生所指斥的'曲学阿世'的不入流者。"[61]

　　在谈到傅斯年《周东封与殷遗民》一文，以及胡适是否有点儿过分抬高弟子的身价和学术地位时，何兹全认为"不过分，恰如其分"。并说："这篇文章是傅先生《古代中国与民族》著作中的一个章节，不是他思想和学术研究的全部。这部著作的写作背景，傅先生在李庄时亲自给我讲过，是写于'九一八'事变之前。当时日本人已在东北驻军并有侵占东三省的野心。后来'九一八'事变发生，东北沦陷，傅先生心急如焚，继之患病，这篇大作就放下了。后来又断断续续地写了几章，但终未能成完璧。这对傅先生是个遗憾，对学术界是个极大的损失。尽管如此，这篇文章确实是了不得，应该说是在这个研究领域开了先河的，许多问题自司马迁以来两三千年来都未得到正确解释的古文献，到了傅先生手里就得到合理的破译和解释。比如说胡适提到的古代服三年之丧为天下之丧这个问题，自孔孟之后就没有人解释得清楚了，但傅斯年把它给搞清了。不仅文献得到了确切的解释，更为重要的是，傅先生通过解释文献，真切地解释了历史，阐明了远古人类发生过的事实真相。这个解释不是一般人能够做出来的，更不是用阶级斗争甚至儒法斗争理论所能搞明白的。所以我说傅先生的观点是创造性、突破性的，天才的表现。以前，我这个观点对史学界的朋友，对学生也表达过，有的人听了不以为然，说这有何难，不就解释了一句话吗？我说，这有何难？且听我说个故事。我就告诉他们：当年哥伦布为了横越大西洋，曾精心筹划了十八年。其间，他受尽别人的嘲笑和奚落，被认为是愚蠢的梦想家。经过无数次辩论和游说，他的真诚和信念最后感动了西班牙国王和王后，哥伦布得到了远航的船只和水手。后来，哥伦布成功地渡过了大西洋，并发现了美洲大陆。当哥伦布从海上回到西班牙并宣称发现了新大陆之后，一下子成了西班牙人心目中的英雄。国王和王后把他待作上宾，封他做海军上将，等等。这时有些贵族就起了忌妒之心，说这有什么难的，只要驾了船一直往西去，是个人都会碰上那块陆地。面对这些讥讽，哥伦布不与他们争，他借一个演讲的机会，从怀里拿出一个鸡蛋说：谁能让这个鸡蛋站起来？一些人试着使鸡蛋站起来，但没有一个成功的。最后，哥伦布拿鸡蛋往桌子上轻轻一磕，鸡蛋站在那里了。台下传出一片哄笑。有人说：这有什么难的？哥伦布答道：太太、先生们，这有何难，你们为什么不能让它站起来呢？下面的人听到这话就不吭声了。有些事，事后看着不难，但创始时是难的。同哥伦布发现新大陆一样，傅斯年的伟大之处也正体现于这些方面。胡适先生说过：'傅斯年在壮年的时期，以伟大的力量将古代民族、古代历史问题和古代史料，做了一个继往开来的事业。'我认为胡先生这个评价是中肯的，也是公道的。"[62]

面对世人的褒贬，甚至包括孔祥熙之流经常在大庭广众之下宣称"听说傅斯年快不行了"等卑劣的诅咒，傅斯年本人并不太放在心上，他有自己独特的脾气、个性和为人、为学、处事的准则。这个性情与处事原则早在1919年五四运动前夕，傅在一篇《前倨后恭》的诗作中即剖露得明白：

> 耶稣活着，世人使他流血遭劫。
> 耶稣死了，世人说，"耶稣救我们出劫"。
> 多少生前吃人脚根底下尘土的人，
> 死后竖起铜像；
> 又有多少活妖魔，
> 过上些年，变做死神灵。
> …………
> 他们想念你，你还是你。
> 他们不想念你，你还是你。
> 就是他们永世的忘你，或者永世的骂你，你还是你。
> …………[63]

或许，这一首短诗，就是傅斯年一生为人为学、出世入世的追求与写照吧。

注释：

【1】【4】【7】【10】【11】《致傅斯年》，载《陈寅恪集·书信集》，陈美延编，北京三联书店 2001 年出版。

【2】《吴宓日记》，第八册，吴学昭整理、注释，北京三联书店 1998 年出版。

【3】【6】【9】【15】《陈寅恪诗集》，陈美延、陈流求编，清华大学出版社 1993 年出版。据流求、美延云："父亲出生在一个世代读书的家庭，家中藏书丰富，自五六岁入家塾启蒙后即嗜好读书"，从而影响了视力。（陈流求、陈美延《先父陈寅恪失明的过程》，载《永远的清华园——清华子弟眼中的父辈》，北京出版社 2000 年出版）另据王钟翰回忆说："先生不以生计萦怀，淡然处之，一日见告：'我之目疾非药石所可医治者矣！因髫龄嗜书，无书不观，夜以继日，旧日既无电灯又无洋烛，只用细小油灯藏于被褥之中，而且四周放下蚊帐，以免灯光外露，防家人知晓也，加以清季多有光纸石印缩本之书，字既小且模糊不清，对目力最有损伤，而有时阅读爱不释手，竟至通宵达旦，久而久之，形成了高度近视，视网膜剥离，成为不可幸免之事了！'先生语毕，不胜感慨系之！"（见王钟翰《陈寅恪先生杂忆》，载《纪念陈寅恪教授国际学术讨论会文集》，中山大学出版社 1989 年出版）尽管寅恪自知"目疾非药石所可医治"，但后来还是抱着一线希望去英国医治，因外科手术终告失败，致使双目失明，不复见世间光明万物矣。

【5】《吴宓日记》，第九册，吴学昭整理、注释，北京三联书店 2001 年出版。

【8】小彭笔记，转引自《陈寅恪先生编年事辑》（增订本），蒋天枢撰，上海古籍出版社 1997 年出版。

【12】《胡适日记全编》，第七册，曹伯言整理，安徽教育出版社 2001 年出版。

【13】杨联陞《陈寅恪先生隋唐史第一讲笔记》，载台北《传记文学》，第十六卷第三期，1970 年 3 月。卜汝克临，即布鲁克林（Brooklyn）。韵卿师母，指杨步伟，字韵卿。胡适 1946 年 4 月 15 日日记，列有陈寅恪医疗诊断英文意见书，而后有如下记载：上面附贴的是陈寅恪兄在英国治眼的最后意见书，是世界一流眼科专家 Sir Steward Duke-Elder（斯图尔德·杜克－埃尔德先生）写的。他的船（Priam[末代王]）由英国来，明天到纽约，将由巴拿马运河回国。我曾电劝他在此小住，请 Columbia（哥伦比亚）的眼科专家一验，看看有无挽救之方。他请熊式一把此意见书寄来，我今天托 Mrs.Hartman（哈特曼夫人）送到 Columbia（哥伦比亚）的 Eye Institute（眼科研究所），请 Dr.McNie（麦克尼博士），与同院专家协商。他们都说，Duke-Elder（杜克－埃尔德）尚且无法，我们如何能补救？我请全汉昇兄带一信送到船上，把这个恶消息告诉他。我写此信，很觉悲哀，回想到三十年前我看 Forbes-Robertson（福布斯－罗伯逊）演 Kipling's（吉卜林的）名剧 "The Light that

Failed"（《灭了的光》），不胜感叹。

【14】赵元任、杨步伟《忆寅恪》，载《谈陈寅恪》，俞大维等著，台北：传记文学出版社 1978 年出版。

【16】【23】【24】董作宾《历史语言研究所在学术上的贡献——为纪念创办人终身所长傅斯年先生而作》，载台北《大陆杂志》，第二卷第一期，1951 年 1 月 15 日。

【17】《胡适遗稿及秘藏书信》，第三十七册，耿云志主编，黄山书社 1994 年出版。

【18】杜正胜《无中生有的志业》，载《新学术之路》，上册，杜正胜、王汎森主编，台北"中央研究院"历史语言研究所 1998 年出版。

【19】《历史语言研究所工作之旨趣》，载《傅斯年全集》，第三卷，欧阳哲生主编，湖南教育出版社 2003 年出版。

【20】潘光哲《蔡元培与史语所》，载《新学术之路》，上册，杜正胜、王汎森主编，台北"中央研究院"历史语言研究所 1998 年出版。

【21】沈尹默《我和北大》，载《文史资料选辑》，第六十一辑，中国人民政治协商会议全国委员会文史资料研究委员会编，中华书局 1979 年出版。

【22】《胡适日记全编》，第三册，曹伯言整理，安徽教育出版社 2001 年出版。见 1922 年 7 月 3 日条。

【25】李敖《一个学阀的悲剧》，载《一个学阀的悲剧》，李敖著，台北：远流出版公司 1986 年出版。

【26】【27】【28】【34】邓广铭《回忆我的老师傅斯年先生》，载《傅斯年》，山东人民出版社 1991 年出版。

【29】《东北史纲》，第一卷，载《傅斯年全集》，第二卷，欧阳哲生主编，湖南教育出版社 2003 年出版。

【30】陈槃《怀念故恩师傅孟真先生》，载台北《新时代》，第三卷第三期，1963 年 3 月。

【31】【45】劳榦《傅孟真先生与近二十年中国历史学的发展》，载台北《大陆杂志》，第二卷第一期，1951 年 1 月 15 日。

【32】《傅斯年文物资料选辑》，王汎森、杜正胜编，傅斯年先生百龄纪念筹备会印行，1995 年 12 月出版。

【33】罗家伦《元气淋漓的傅孟真》，载《傅故校长哀挽录》，台湾大学 1951 年 6 月 15 日印行。"俊奇人中龙"一句，原文作"俊逸人中龙"。据说罗氏阅《傅孟真先生年谱》时，重读书中所引该句，用毛笔自改之。（见罗久芳《傅斯年留学时期的九封信》，载台北《当代》，第一二七期，1998 年 3 月 1 日）

【35】李济《城子崖·序》，载《国立中央研究院历史语言研究所中国考古报告集》，中央研究院历史语言研究所 1934 年出版。

【36】【37】【59】《傅孟真先生的思想》，载《胡适作品集》，第二十五卷，台北：远流出版公司 1986 年出版。

【38】《中国古代文学史讲义》，载《傅斯年全集》，第二卷，欧阳哲生主编，湖南教育出版社 2003 年出版。

【39】《史学方法导论》，载《傅斯年全集》，第二卷，欧阳哲生主编，湖南教育出版社 2003 年出版。

【40】【41】《傅孟真先生遗著·序》，载《胡适作品集》，第二十五卷，台北：远流出版公司 1986 年出版。

【42】傅斯年《谈两件〈努力周报〉上的物事》，载《古史辨》，第二册，顾颉刚编，上海古籍出版社 1982 年出版。

【43】傅斯年《与顾颉刚论古史书》，载《"国立"第一中山大学语言历史学研究所周刊》，第二集，第十三、十四期，2008 年 1 月 23 日、31 日。

【44】《安阳的发现对谱写中国可考历史新的首章的重要性》，载《李济学术随笔》，李光谟、李宁编，上海人民出版社 2008 年出版。

【46】《戏论》（手稿，未发表），载《傅斯年文物资料选辑》，王汎森、杜正胜编，傅斯年先生百龄纪念筹备会印行，1995 年 12 月出版。本段引用了王汎森先生对其手稿的解读与注释，特此说明。

【47】《性命古训辨证》，载《傅斯年全集》，第二卷，欧阳哲生主编，湖南教育出版社 2003 年出版。

【48】陈智超《陈垣先生与中研院史语所》，载《新学术之路》（上册），台湾"中研院"史语所 1998 年 10 月印行。

【49】傅斯年《夷夏东西说》，载《国立中央研究院历史语言研究所集刊》，外编第一种《庆祝蔡元培先生六十五岁论文集》，1933 年 1 月。

【50】【54】张光直《傅斯年、董作宾先生百岁纪念专刊·序》，韩复智主编，台北"中国上古秦汉学会"1995 年 12 月 10 日出版。

【51】《河南登封阳城遗址的调查与铸铁遗址的试掘》，登封工作站等编，载《文物》，1977 年 12 期；杨肇清《略论登封王城岗遗址大城与小城的关系及其性质》，载《中原文物》，2005 年第 2 期。

【52】《夏商周考古学论文集》（续集），邹衡著，科学出版社 1998 年出版。

【53】《夏商周断代工程 1996—2000 年阶段成果报告》，夏商周断代工程专家组编，世界图书出版公司 2000 年出版。

【55】《治学的方法与材料》，载《治学方法》，胡适著，辽宁人民出版 2000 年出版。

【56】顾颉刚《我是怎样编写〈古史辨〉的？》，载《我与〈古史辨〉》，顾颉刚著，上海文艺出版社 2011 年出版。

【57】《中国革命和中国共产党》，第一章《中国社会》，载《毛泽东选集》，第二卷，人民出版社 1991 年出版。据《选集》页下注："《中国革命和中国共产党》，是一九三九年冬季，由毛泽东和其他几个在延安的同志合作写作的一个课本。第一章《中国社会》，是其它几个

同志起草，经过毛泽东修改的。"

【58】傅斯年文中涉及的孔子、孟子文献如下：

《论语·阳货》：宰我问："三年之丧，期已久矣。君子三年不为礼，礼必坏；三年不为乐，乐必崩。旧谷既没，新谷既升，钻燧改火，期可已矣。"子曰："食夫稻，衣夫锦，于女安乎？"曰："安。""女安，则为之。夫君子之居丧，食旨不甘，闻乐不乐，居处不安，故不为也。今女安，则为之！"宰我出。子曰："予之不仁也！子生三年，然后免于父母之怀。夫三年之丧，天下之通丧也，予也有三年之爱于其父母乎？"

译文：宰我问孔子："三年的守丧，时间太久了。君子三年不习礼仪，礼仪一定崩坏；三年不习音乐，音乐一定崩坏。旧粮用完了，新粮又收成了，钻木取火的木料更换经过了一个轮回，一年就可以了。"孔子说："当你吃着稻米，穿着锦缎，心里安宁吗？"宰我说："安宁。"孔子说："你心里安宁，那你就那样做吧！君子守丧，吃美味不觉得甘美，听音乐不觉得快乐，住在家里不觉得舒适，所以君子不能像你那样做。如今你心里安宁，那你去做吧！"宰我走出去了。孔子说："宰我不仁啊！孩子生下来三年，才能从父母的怀抱里脱离出来，为父母守孝三年，是天下公认的丧期，宰我也有父母怀中的三年爱抚呀！"

《论语·先进》："先进于礼乐，野人也；后进于礼乐，君子也。如用之，则吾从先进。"

译文："先学习礼乐而做官的人，是平常人；先有官职而后学习礼乐的人，是卿大夫之类的人。如果让我选用人才，那我选用先学习礼乐的人。"

《孟子·滕文公上》：滕定公薨。世子谓然友曰："昔者孟子尝与我言于宋，于心终不忘。今也不幸至于大故，吾欲使子问于孟子，然后行事。"然友之邹，问于孟子。孟子曰："不亦善乎！亲丧，固所自尽也。曾子曰：'生，事之以礼；死，葬之以礼，祭之以礼，可谓孝矣。'诸侯之礼，吾未之学也；虽然，吾尝闻之矣。三年之丧，齐疏之服，饘粥之食，自天子达于庶人，三代共之。"然友反命，定为三年之丧。父兄百官皆不欲，曰："吾宗国鲁先君莫之行，吾先君亦莫之行也，至于子之身而反之，不可。且《志》曰：'丧祭从先祖。'曰，吾有所受之也。"……五月居庐，未有命戒。百官族人可谓曰知。

译文：滕国国君滕定公死了，太子（滕文公）对然友说："以前孟子在宋国曾教诲我很多，我心中一直没有忘记。现在不幸遇上父亲去世，我想请您去孟子那里请教一下，然后再办丧事。"然友就到邹国去向孟子请教。孟子说："这不太好了吗！父母的丧事，自然应该竭力办理。曾子曾说过：'父母在世时，要依礼侍奉他们；去世后，就据礼的规则安葬、祭祀，这样做就称得上是尽孝了。'诸侯的丧礼我没有研究过；可是我却听说过：守三年丧，穿缝了边的衣服、喝稀粥，从天子到百姓，夏、商、周三代都这样。"然友回国向太子复命，太子决定守丧三年。宗族长辈和百官都不同意，说："我们同祖同宗的鲁国历代君王都没有这样做过（南按：鲁国的始封祖和滕国的始封祖是兄弟，按照宗法制度，滕国尊称鲁国为宗国），我们滕国的历代君王也没有这样做过，到您这一代却违背祖宗的传统，这样做可不行。况且《志》里说过：'丧祭之事要按祖先规矩办。'所以我们这种意见是有所依据的。"……（最后争执的结果是）太子在守丧的窝棚中住了五个月，没有发布任何禁规和命令。宗族长辈和

　　　　　　　　　　　　第十三章　生别常恻恻

百官都认为这样做很好，都说太子知礼。

【60】何兹全之说可以从傅斯年一篇文章中找到根据，即傅氏学术生涯中写得较长的一部大作《性命古训辨证》。傅斯年在序中说："此书自写成至今，已一年有半，写时感念，今多不能记忆。……民国二十二三年间，始与同事丁梧梓先生（声树）言之，弗善也。二十五年初，移家南京，与徐中舒先生谈此，徐先生以为不误，劝余写为一文。遂于是年夏试写，初意不过数千字之篇，下笔乃不能自休。吾之职业，非官非学，无半月以上可以连续为我自由之时间，故原期国庆日前写就者，至是年之尾大体乃具。其下篇尤为潦草，其中有若干章，次年一月无定居时所写也。"又说："自二十五年夏初写此书时，至次年八月上海战事起，一年之中，余三至北平，两候蔡子民师之病于上海，游秦蜀，顺江而下，至南京不两旬，又登庐山，七月末乃返京。不仅作者时作时辍，即抄者亦然。缘吾不能安坐校对，故抄者亦不能不若断若续也。陈钝先生所抄者为中、下两卷，上卷仅抄数页，战事即起，同人心志皆不在此等无谓之事矣。二十七年二月，以中、下两卷，交商务印书馆，上卷拟自抄，终无暇也。适张苑峰先生（政烺）送古籍入川，慨然愿为我抄之，携稿西行，在停宜昌屡睹空袭中为我抄成，至可感矣……民国二十七年七月，傅斯年记于汉口江汉一路之海陆旅馆。"（见《性命古训辨证》，傅斯年著，商务印书馆1940年出版）

【61】【62】2008年9月3日，作者采访何兹全记录。

【63】傅斯年《前倨后恭》（诗），载《新潮》，第一卷第五号，1919年5月1日。

◎ 还都南京

　　傅斯年离开李庄一去不返，只在重庆和南京两地遥控指挥。蹲在这个偏僻古镇和山坳里的知识分子，又经过一段难熬的期盼和等待，终于迎来了回归的日子。1946 年 10 月中下旬，中央研究院史语所、社会学所，中央博物院筹备处，中国营造学社等机构开始撤离。民生公司的几艘轮船停靠在李庄码头，各路人员日夜不息地搬运货物，悄悄打点私人行李，盼望着尽快回到久别的故地。

　　经过几天的紧张忙碌，一切准备就绪，众位学人连同随行的家属们告别相依相偎了六年的李庄和李庄的父老乡亲，拔锚起程。渐行渐远的长远轮拉响了告别汽笛，突然加大马力，抖动着庞大的身躯顺滚滚江水疾速而下。

　　"长风破浪会有时，直挂云帆济沧海"，顺长江，出三峡，抵东海，不只是千百年来文人墨客的梦想，同样是一个民族精神追求与图腾的感召。遥想抗战初期，上海沦陷、南京沦陷、武汉沦陷、宜昌沦陷，国民党军节节溃退，日军步步紧逼。扬子江一线，炮火连连，血水涌

沿长江顺流东下的民生公司轮船

动，人头滚翻，在中华民族生死存亡的紧要关头，三峡作为一道天然屏障保全了中国。当然，三峡的意义不只是自然地理和军事上的，更是精神上的一种标志。中国所走的路途之迂曲，正像曲折的长江，但其前进的毅力与方向始终未变，滔滔江水不屈不挠，日夜不停地奔腾前进。在抗日战争最为艰苦卓绝之时，冯玉祥将军于三峡宏大的夔门之上，奋笔题词"踏出夔巫，打走倭寇"八个大字以明心志。由此，整个抗战八年，夔门成了中华民族抵挡外虏、誓不屈服的标志与象征，置于绝地而后生的中华民族最终会打出去收复失地的——这满载文化精英与大批国之重器，劈波斩浪、顺流直下的航船就是明证。

当史语所与中央博物院大部分人员自李庄迁回南京后，傅斯年满怀兴奋与欢喜之情，在中央研究院大楼的演讲厅设宴款待。为把宴会办得更加红火热闹，也为了让流离失所九年的故朋新友有个欢聚一堂的高兴机会，特地邀请胡适自北平来南京参加这场具有历史纪念意义的盛宴。在北大校长任上春风得意的胡适欣然应邀前来助兴。

据当时参加宴会的史语所研究人员张秉权回忆："我们是最后一批抵京的。傅所长为犒劳同人押运图书古物安然返所，设筵招待全体同人，席间有胡适之先生，那是我第一次见到适之先生，他谈笑风生，亲切感人。傅所长称他为史语所的姑妈。娘家的人，无论老少，每个人都自然而然地很愿意亲近他，他也的确让人有如沐春风的感觉。傅所长对于新进后辈，似乎特别客气，一一握手致意，表示欢迎热忱。"[1]而据奉傅氏之命亲至机场迎接胡适的青年助理研究员何兹全后来说：那天史语所"家属、小孩都有，很热闹。傅先生在讲话时说：'人说我是胡先生的打手，不对，我是胡先生的斗士。'"[2]此说引得众人一阵哄笑。

席间，最令人难忘的是傅斯年在演说中对史语所历次搬迁的追忆，在讲到抗战岁月八年颠沛流离、艰苦卓绝的生活时，说到动情处，几次哽咽泪下，在场的人无不为之深深感染而同声悲泣。最后，傅斯年端起酒杯，庆祝大家都能幸运归来，并满怀激情地说："过去的种种辛苦都已经结束了，从此之后我们可以安心工作，史语所八年的流离可说是告一段落了。"[3]这个时候的傅斯年和出席宴会的所有人员都未曾想到，仅仅两年之后，史语所大队人马就再度踏上了流亡之路。——此时，国共两党已大动干戈，关于"中国之命运决战"的大幕开启了。

1946年11月27日，蒋介石在南京召集国民党籍的国民代表开会，并发表讲话，谓："这次修改宪法，就是为了打击共产党。"又说："现在是本党的危急存亡关头，大家要听我的话，则有前途，否则完了。"[4]话音刚落，众人惊骇，蒋氏的这一句"完了"，竟成谶语。

为了达到迅速消灭共产党军队的目的，蒋介石在紧急调兵遣将的同时，连连召开会议，对战后滋生的高强度腐败给予阻击查处。但此时国民党内部的腐败已是洪水滔滔，不可遏制。"五子登科"（南按：即帽子、位子、房子、票子、婊子）成为各级官僚相互追逐、争夺的最高目标和行为准则。无论是高官大员如孔祥熙、宋子文、孙科，还是低级官僚如科长、股长、排长甚至一个伙夫班长，无不为"五子"而绞尽脑汁，用尽手段。宋子文与孙科携妓在大庭广众之下招摇过市遑能耍威，眼热心跳的大小官僚争相仿之。据傅斯年所见所闻，抗战胜利后，宋子文第一次到北平，即"时常在某家，一日，大宴会，演戏，文武百僚地方绅士毕集，他迟迟而来，来时带着某家之某人，全座骇然，此为胜利后北平人士轻视中央之始。因为当时（五子登科）的接收笑话，尚未传遍"[5]。

正是孔宋之流的所作所为与国民党内部的腐化堕落，搅得全国上下乌烟瘴气，腐臭之味充斥乾坤，有识之士与草根阶层皆恨之入骨但又徒叹奈何！对于这种局面，史家顾颉刚在《自传》中曾提及与之相关的一件事。此事发生在1942年的晚些时候，时为国民政府参政员的顾颉刚与几名学界大佬，有幸被蒋介石招待茶点，并请大家表示意见。有一位老先生见天子赐宴，且做礼贤下士状，望不吝"赐言"，自己总算得到了话语权，平时有些酥软的骨头也想借此硬一下，于是起身慷慨激昂地说道："现在文官武官都是贪污，贪污的程度比了前清的新贵还要厉害，比了民初的军阀还要厉害！"话一出口，刚才还眯缝着眼呈微笑状的蒋介石脸色骤变，勃然大怒，当场指着这位胡须蓬松的儒生的鼻子道："你老先生恐怕中了共产党的宣传吧？国民党就有不好之处，亦何至像新贵和军阀，你以后说话要小心才是！"蒋氏的一句话，如同一记闷棍，把老先生刚刚硬起来的骨头全部打得颓萎散乱。众人见状，皆噤若寒蝉，将头轻轻插入胸部以下不敢动弹。对此，亲身领教蒋介石为人处世与国民党腐败的顾颉刚总结性地说："我听了蒋和陈的两次谈话（南按：此前因顾在参政会上质询陈立夫，陈事后责顾"不该这样"），才真实知道国民党的腐败已到了不可救药的地步，高级的人不愿接受批评，下级的人自然可以一无顾忌地横行，不怕人家的告发。好像一座木材筑成的房屋，满生了白蚂蚁，已蛀得空空的，哪有不塌下来的道理。"[6]

1947年傅斯年在南京（来源：台湾"中研院"史语所傅斯年图书馆）

在举世浑浊、浑浑噩噩的腐水漫延中，猛地从扬子江尽头山坳里蹿出一人，以当年武二郎景阳冈打虎的勇猛豪气，挥拳向国贼孔祥熙高昂着的头颅击将过来。这便是珍珠港事件发生之后，为陈寅恪滞留港岛生死不明而在李庄山野草莽间指天戳地，高呼"杀孔祥熙以谢天下"的傅斯年。

早在抗战之前，傅氏就对国民党政府越来越呈现出的腐败现象心怀怨恨，但这个恨只是"哀

　　　　　　　　　　第十四章　北归一梦原知短

其不幸，怒其不争"，恨铁不成钢式的痛怨，骨子里却一直对政府和蒋介石个人抱有幻想，且有欲以一己之力扶大厦之倾的使命感。在这一使命的催发与鼓荡中，便有了傅斯年1932年6月19日发表在《独立评论》第五号上著名的《中国现在要有政府》一文。傅氏在文中旗帜鲜明地指出，中国已面临有史以来最大的危机，社会与文化已渐趋总崩溃，因为总失业，国民皆成了叫花子，各路军阀手下的官兵几乎全部由叫花子组成，可谓要多少有多少，军阀自然成了叫花子的头目，故南北政府被一群流氓苦力与叫花子所平分。"照这样形势，虽有一个最好的政府，中国未必不亡；若根本没有了政府，必成亡种之亡。"因而，傅斯年呼吁"一切不顾亡种灭国的人，幸勿此时兴风作浪，这不是可以苟且为之的"。[7]

1936年12月12日，震惊中外的"西安事变"爆发，正在南京的傅斯年闻听张学良发动兵变，居然把赴西安视事的蒋介石及其随员于茫茫夜色中撵得鸡飞狗跳，抱头鼠窜，并从骊山一个小洞缝隙里把蒋公像抓土拨鼠一样掏出来，然后押往西安一间黑屋子扣押，极为震怒，于是极力主张南京国民党高层立即出动大军讨伐叛逆。同时连续在《中央日报》发表《论张贼叛变》《讨贼中之大路》等言辞激烈的檄文向政府献计献策并痛斥张学良的无耻之行。傅斯年认为："蒋公在此时中国是无可比拟的重要，他的安危关系中国国运比任何事都切紧，这都是肯用理智的人所共晓的……所以营救蒋公是当前第一务，本是人人心中的意识。"对于张学良此次兵变的性质、意图、行径和外间传言张氏本人已加入共产党的传言，傅斯年指出："张贼的办法，哪里配说什么政变，简直是绑票，他要绑一个政府一国军队的票，这真孙美瑶辈要在地下景仰的了！……张贼学良就是张贼学良，不多不少。他加入共党也罢，不加入也罢，自动也罢，被动也罢，都无关系。若要分析他，第一，他是个贼种，所以有这么多的贼心贼行。从小看惯了这手段，所以才一次用之于弑其亚父，'自坠长城'，现在又是这回的大作乱了。"[8]

在《讨贼中之大路》一文中，傅斯年说道：中央政府"必须和张贼先比实力，然后有话可说，必须把张贼制到死地，然后他才认识他自己"。对于这个战略的实现，傅斯年疾呼中央政府尽速派中央军西进，对西安呈扇形包围，只要将西安围住，就可将张贼学良置于死地。同时警告国人："现在全国上下应该只有一种意志，就是'打！打！打！'又应该只有一个盼望，就是'胜！胜！胜！'对张贼只可有一道命令，就是'降！降！降！'此外没有任何话给张说。"针对有人认为中央出兵西进，会激怒张学良并危及蒋介石的安全，投鼠忌器，须小心谨慎行事的主张，傅斯年给予驳斥并坚称愈是大军压境，张学良愈不敢加害蒋，同时预言性地指出，待中央军包围西安，张只有束手就范、屈膝投降，没有其他路可走。因为"这个贼小子那里真是肯冒险的，哪里真能成什么共产党？忘不了什么张一、王二、李三、赵四，无穷女人的人，哪里肯忘了性命？……所以中央越紧强讨伐，蒋先生越安全，请看明朝土木变后的国策收效如何。立脚点越松，蒋先生越危险，请读北宋末靖康时代的痛史！"最后，傅斯年说道："张贼之最后处置，如果真心投降，还只有蒋公能放他一条生命，这当然也不能是一条光荣的生命。至于东北诸将，家亡可悯，协从可原，中央不妨予以自新之路。"[9]就在这篇文章发表的同一天，傅斯年怒火未消，乃在寄学者容庚的信中发泄道："天下祸事，一至于此。……凡有心肝者，此时当无不思食张贼之肉也。……弟如有兵，便打上前去。"[10]

正因为傅斯年把自己的身家性命全部维系在国民党政府和蒋家王朝的战车上，并有一损俱损、一荣俱荣的动机，才对国民党与政府核心的"老大"蒋介石本人，抱有真诚的希望与幻想。抗战军兴，傅当选国民政府参政员后，常在重庆的集会场合指点江山，激扬文字，对党国大事发表"宏论"，欲粪土当年所谓"票号世家"的山西土财主孔祥熙。据他的老友程沧波说：忽一日，傅论及当时国民政府五院院长。论孙科，说："犹吾君之子也。"论于右老，乃是"老党人且是读书人"。论戴季陶，说："阿弥陀佛。"论到孔祥熙，高声做义愤状："他凭哪一点？"[11]

因为傅斯年早已对孔宋家族的所作所为与熏天气焰充满了怨恨，才有抗战兴起后，傅氏不时蹦将起来，猫腰弓背，抓住"老二"（孔祥熙、宋子文）死死不放，疼得筋骨相连的"老大"介公嗷嗷直叫，但又无可奈何。

1938年7月12日，傅斯年以政府参政员的身份致书蒋介石，从才能、用人、纵容夫人、儿子与不法商人勾结，发国难财等多个方面，全方位抨击新任行政院长孔祥熙的恶行。[12]尽管傅氏这尊"大炮"发出的炮弹，弹道正确，弹着点并无偏差，但作为"老大"的蒋介石却不动声色，不置一词。此举引发了"傅大炮"的强烈不满与愤慨，一怒之下，踏上了与孔祥熙决一死战，不是鱼死就是网破的不归路。从此之后，傅氏殚精竭虑，千方百计搜集孔氏贪赃枉法、以权谋私的材料，准备在参政会上一齐掷出，当场把孔氏掀翻在地。这一计划被正在美国的胡适闻知，胡立即写信劝傅不要贸然行事，搞不好要弄个惹火烧身的结局。傅斯年并不理会老师的好意，决心"除恶务尽"。

小胜之后的傅斯年于1940年8月14日写给在美国的胡适的信中列举了自己倒孔的六条理由，谓孔氏"贪赃枉法，有钱愈要钱，纵容其亲党无恶不作，有此人当局，政府决无希望"，"一旦国家到了更危急的阶段，不定出何岔子"。因而，为"爱惜介公，不容不反对他"。并进一步表示"我一读书人，既不能上阵，则读圣贤书所学何事哉？我于此事，行之至今，自分无惭于前贤典型，大难不在后来在参政会中，而在最初之一人批逆鳞也。若说（倒孔）有无效力，诚然可惭，然非绝无影响……至少可以说，他以前是个taboo（禁忌），无人敢指名，今则成一溺尿桶，人人加以触物（侮？）耳"。[13]

孔祥熙

傅斯年之信可谓妙趣横生，不知胡适看后对骄横跋扈的孔祥熙突然变成了一个立式皮囊形尿桶有何感想。而此后傅斯年依然是冲锋在前,抓住整个孔氏家族营私舞弊的恶行,穷追猛打,最后搞得"孔尿桶"面临散架崩盘之境地。面对危局,作为"老大"的蒋委员长决定对这个既可恨又可怜还有点儿离不开的"老二"施以援手,他专门屈尊就驾摆了一桌上等酒席招待傅斯年,在傅氏兴高采烈宏论大发之际,蒋介石委婉地劝说道:"孟真先生你信任我吗?"

"我绝对信任。"傅斯年乘兴,做出为面前这位"老大"肝脑涂地在所不辞的忠臣良将模样。蒋氏见状,轻轻咳了一声,道:"你既然信任我,那么,就应该信任我所用的人。"言外之意就是你既然信任"老大",也必定要信任"老二",因为"老大"和"老二"是一个血脉相连的整体。

对这个具有历史性意义的场景,后来成为汉奸的周作人于1950年撰文说道:"老蒋一泡尿撒下去,他的炮就不响了。"[14]但据当时在场的目击者说,周作人实属胡言乱语之小人,此说不足信也。事实上,老蒋的那泡尿并没有飞流直下三千尺的气势与伟力,对傅斯年而言,只不过是一点儿毛毛雨而已。且傅氏也不是泥巴捏成的尿桶,而是用钢铁铸成的"大炮"。因而,蒋的尿压根就没起作用,傅斯年的钢铁大炮不但响着,且响得干脆利索,有铮铮铁骨之音。其声曰:"委员长我是信任的。至于说因为信任你也就该信任你所用的人,那么,砍掉我的脑袋,我也不能这样说!"[15]

说这话时,傅颇有些激动,脸涨得呈猪肝色,欲做拼命状,在座的陪客无不大惊失色。蒋介石沉默了一会儿,觉得对方此言虽有些不雅,毕竟是真情的流露,且对自己这个"老大"也还算一片忠心,便出乎众人意料地微微一笑,点了点头,未再阻止。到1944年,傅斯年抓住孔祥熙在六起贪赃大案中影响最大、手段最卑劣的美金公债一案,抡圆了拳头,连连出击。

1942年国民政府利用美国贷款5亿美元,提取1亿美元为准备金,发行"同盟胜利美金储蓄券",规定按20元购买1美元储蓄券,抗战胜利后凭券兑换美元。当时美元的黑市价已经是110元兑1美元,孔祥熙觉得有利可图,一面指示其手下中央银行国库局局长吕咸停止出售美金储蓄券,一面则由其部属出面,利用职权将尚未售出的350万美元储蓄券按官价购进,归入他的私囊;还有799.5万美元的储蓄券则由中央银行其他人员购进私分。此案被称为美金公债案。

当此之时,中央银行国库局正直人士或与孔氏有隙者,趁机将掌握的内部重量级"炮弹"提供给傅斯年。傅对各色"炮弹"尽数编排,迅速拟成提案,交大会秘书处宣读。时大会主席团成员王世杰见后大骇,担心事态扩大,怕被人作为借口"攻击政府,影响抗日"(王世杰语),力劝傅斯年歇手闭嘴,否则后果无法预料。傅对王的好言相劝不以为然,坚持己见,并要上诉法院,与孔祥熙对簿公堂,如果揭发罪状失实,甘愿反坐。据一位知情者说,为搞垮孔祥熙,傅斯年暗中搜集了孔氏集团私吞美金公债的许多证据,以备上法庭之用。当时曾任重庆《中央日报》主笔的程沧波又谓:"在重庆时期，有一次在参政会开会前，我好几次到聚兴村他住的房内，看他拿着一小箱子，藏在枕头下面，寸步不离，我问他里面是什么宝贝，他很紧张地说，这是他预备检举某大员的证件。"

面对傅斯年破釜沉舟的凌厉攻势，陈布雷知事情已不可挽回，孔氏大势去矣，乃向"老大"蒋介石进言道：这个在你下头的孔祥熙，居然瞒着上头，趁火打劫，实在太浑。"傅大炮"执意要发出的炮弹恐怕难以拦截，还是想方设法悄悄将这位"老二"做掉算了，省得鸡飞狗跳地不得安宁。蒋介石对此甚感棘手，孔案牵涉方方面面，既有亲情又有政治因素。两难中，蒋介石一面尽力遮掩，一面以避免造成国际影响为由，制止傅在参政会上提出此案，建议可改成书面检举材料交蒋本人处理。对此，蒋亲自出面托陈布雷向傅说情，陈深知傅斯年的炮筒子性格，不达目的决不会罢战言和，遂建议蒋以争取世界各国对抗战的支持，以国家利益为重等说辞，请傅改变解决问题的方式。陈布雷不愧是一流策士，深得苏秦、张仪之衣钵，凭三寸不烂之舌可摆布天下，甚而扭转乾坤。蒋依计而行，果然灵验。一提"国事为重"，傅斯年便答应退让一步，决定将提案改为质询案公之于世，蒋表示同意。尽管这一改变，无形中使弹道的着力点出现偏差，火力也大大减弱，但仍使朝野大哗，孔祥熙身中数弹，东倒西歪，差点儿倒下。

想不到已陷入四面楚歌的孔祥熙并不知趣，更不理解蒋的苦心，仍一意孤行，不但自己贪污受贿，且授意手下几个亲信集体贪污国库巨金，朝野上下一片哗然，纷纷表示要严惩孔氏这一国之巨贼。在强大的压力下，蒋介

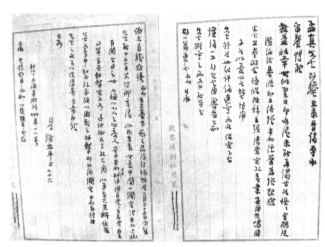

《观察》杂志主编储安平致傅斯年信影印件。信中说："先生在参政会慷慨陈辞，主张清查宋孔产业，举国共鸣。"（台湾"中研院"史语所傅斯年图书馆"傅档"）

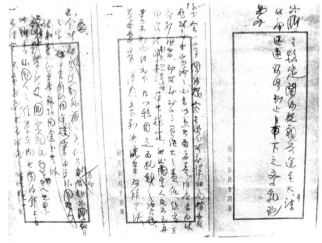

傅斯年质询孔祥熙集团中央银行国库局买卖美金舞弊案发言稿，右上角写着"机密"（台湾"中研院"史语所傅斯年图书馆"傅档"）

石感到独木难撑，索性一咬牙，不再顾及那位行将崩裂的尿桶状"老二"了。未久，蒋氏下达手谕，委派财政部长俞鸿钧出面调查孔氏财源的来路问题。众人一看"老大"真要对"老二"施行外科手术，胆气顿生，纷纷拥上前来，借着傅斯年射出"炮弹"的浓烟迷雾，给孔祥熙一顿乱棍飞击。1945年8月2日，国民政府最高法院检察长郑烈致函傅斯年，为严办中央银行国库局案，要求傅斯年提供秘密材料，函中有"满腔热血，不知洒向何地。此事如得公助，巨憝就擒，国法获伸，为公为私，当泥首雷门以谢也"之语。[16]言辞恳切，令人感奋。傅斯年深感吾道不孤，越发精神抖擞起来。8月6日，起草了《傅斯年为国库局案在参政会所提说明书》，于国民参政会中再度重炮轰击孔祥熙与所属中央银行国库局美金公债案的舞弊者。傅斯年站在台上声如洪钟，慷慨陈词，向

中央银行国库局内部人员提供秘密材料给傅斯年的信（台湾"中研院"史语所傅斯年图书馆"傅档"）

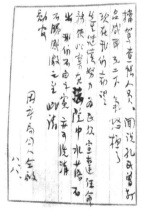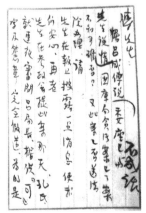

中央银行国库局内部人员给傅斯年的信（台湾"中研院"史语所傅斯年图书馆"傅档"）

与会者详细说明他本人之所以访到这一舞弊案的前后经过，以及中央银行国库局局长吕咸等人的犯罪之事实，最后并附极密之账本数页作为证据。傅氏在《说明书》中说："吕咸平日在局中，一切用度取给于公，其所行为，俨然孔（祥熙）之缩影，彼更使人随便写不合手续之账"，"以上各节，经斯年详核，确信其为真，故可在参政会会外，负法律之责任。似此吕咸、熊国清之辈，如不尽惩治，国法安在？"[17]对于这一幕情景，罗家伦回忆道："有一次，在重庆为了某一种公债的案子，他在国民参政会发言到结束的时候，郑重声明他这番话不但在会场以内负责，而且在会场以外也负责，他愿意到法庭对簿。这话使全场兴奋，可是使我为他捏了一把汗。会后我去看他，问他为什么敢做这样肯定的话。他说：'我若没有根据，哪能说这话。'于是他取出两张照片给我看。可见他说话是负责的，绝对不是所谓大炮者可比，也绝不是闻风言事的一流。这种有风骨的人，是值得敬佩的。"[18]8月8日，正当中央银行国库局案闹得不可开交时，其内部秘密给傅斯年提供材料的人员致函傅氏道："据吕咸传说委座已与先生说情，国库局贪污案已了案……"傅斯年在一旁批了"不成话"三字，表示了自己的态度，也暗含了事实真相。信中还提到一个极具刺激性的细节，即"先

生在参政会提此案那天，孔氏就连夜审问吕局长，据供'可'字及签章完全假造，为的是挡驾查账人员。闻说孔氏曾打吕咸耳光二下，气怒极了！"[19]

这一巨案的经过和结局，傅斯年在给夫人俞大綵的信中说得较为明白："国库局案，我只嚷嚷题目，不说内容，不意地方法院竟向中央银行函询，最高法院总检查署又给公函给我，要内容'以凭参考'（最近的事），闭会后孔祥熙连着免了两职人，一、中央银行总裁。二、四行联合办事处副主席。老孔可谓连根拔去（根是中央银行），据说，事前并未告他。老孔这次弄得真狼狈，闹老孔闹了八年，不大生效，这次算被我击中了，国家已如此了，可叹可叹。这一件官司（国库局）我不能作为密告，只能在参政会办，此事我大有斟酌，人证物证齐全，你千万不要担心。把老孔闹掉，我至为满意，以后的事在政府与法院，我不做主动了。上星期一见蒋先生，他对此表示极好。"[20]

在傅斯年一马当先，社会各界人士参与以及内外力量猛烈夹击下，"孔尿桶"终于招架不住，哗啦一声崩盘散架，倒地不起，一连串的官爵包括行政院长的顶戴花翎被打落在地，先后滚进尿桶中泡了黄汤。

傅斯年一炮轰走了大瘟神，举国振奋，奔走相告。"傅大炮"这一名号也随之名动朝野，天下为之敬。

令国人失望的是，蒋家王朝这座靠山尚未崩塌，虎狼之辈依然视中国为自己的安福之地与逍遥乐园。孔祥熙被打倒之后，蒋介石又通过外科手术式的对接，从自己势力范围内再度扶植了一个宋子文。此前一身兼任行政院长的蒋介石辞职，宋子文于1945年5月继任院长。

宋家公子上台后，其恶行较之孔祥熙有过之而无不及，很快搅得天下沸腾，官愤民怨。傅斯年与宋子文二人原本还算友善，宋初上台时，"名声顿起"，同大多数国人一样，傅同样对其寄予希望，并在《大公报》发表评论说过宋的好话，认为他和孔祥熙大不同云云。事隔不久，宋之狼尾突露，傅斯年发现这个家伙原来与"孔尿桶"属于一丘之貉，狼狈为奸之禽兽，"几乎把抗战的事业弄垮，而财政界的恶风遂为几百年来所未有"[21]。原来国人与自己对宋氏的看法，无非是处于"饥者易为食，渴者易为饮"罢了，"与其说是宋的人望，毋宁说是对孔的憎恨"[22]。于是，从迷惑中觉醒后的傅斯年，再度抬起他那用特殊材料铸成的大字号炮筒，先是从教育状况糟糕已极，政府只卖文化膏药等方面，来了一番敲山震虎式的轰击，希望宋氏能幡然醒悟，设法补救。傅在《大公报》撰文道："你的轿车在上海市街上经过时，有没有想到，就在这条路上有多少人因你的经济失策而饿死？"[23]但这位骄奢淫逸的宋公子却揣着明白装糊涂，

1944年12月18日，宋子文成为美国《时代周刊》封面人物，一时名满天下，众人瞩目

采取绝对置之不理的蛮横态度，任整个社会经济腐烂、崩溃下去。傅斯年大怒，开始转动炮口，从黄金政策、工业政策、对外信用、办事作风、中国文化修养和态度五个方面，集中火力对宋子文进行死打猛攻。为揭露宋氏家族的恶行，傅斯年于1947年2月15日至3月1日，连续刊发了三篇火星激溅、威力巨大的战斗檄文，这便是轰动一时的《这个样子的宋子文非走开不可》《宋子文的失败》《论豪门资本之必须铲除》。前两文在《世纪评论》刊出。在第一文中，傅斯年痛骂道："古今中外有一个公例，凡是一个朝代，一个政权，要垮台，并不由于革命的势力，而由于他自己的崩溃。有时是自身的矛盾、分裂，有时是有些人专心致力，加速自蚀运动，惟恐其不乱，如秦朝'指鹿为马'的赵高，明朝的魏忠贤，真好比一个人身体中的寄生虫，加紧繁殖，使这个人的身体迅速死掉。"在历数了宋子文的种种恶行后，傅斯年表示自己"真愤慨极了，一如当年我在参政会要与孔祥熙在法院见面一样，国家吃不消他了，人民吃不消他了，他真该走了，不走一切垮了。当然有人欢迎他或孔祥熙在位，以便政府快垮。'我们是救火的人，不是趁火打劫的人'，我们要求他快走。……不然，一切完了！……国人不忍见此罢？便要不再见宋氏盘踞着！"[24]

文章刊发后，全国各报刊纷纷转载，一时朝野震惊，群情激愤。胡适等人积极呼应，势同火上浇油。在排山倒海的讨伐声中，宋子文顿感天旋地转，体力不支。而此时的国民政府监察院一帮见风使舵的官僚政客，眼见宋氏即将翻船沉没，于愤恨中大着胆子从胸前背后给予几记闷棍。1947年2月16日，监察院举行全体监委紧急会议，决定派员彻底清查黄金风潮酿成的严重后果与责任者。消息传出，全国军民于欢呼声中皆翘首以待。傅斯年抓住时机，抹着满头汗水，于著名的《观察》杂志抛出了第三篇战斗檄文，给予宋子文最后致命一击。[25]

文中更加详尽确实地历数了孔宋的恶行与各自作恶的不同，并谓孔宋二人虽皆为

刊载傅斯年文章的杂志书影

介公之"老二",是胯下的"双扇活宝贝",然而却又是对头。这"两家的作风不尽同。孔氏有些土货样色,号称他家是票号'世家',他也有些票号味道,尤其是胡作非为之处。但'世家'二字,我曾打听他的故人,如严庄监察使,那就真可发一笑了。这一派是雌儿雏儿一齐下手,以政治势力,垄断商务,利则归己,害则归国,有时简直是扒手"。而宋氏作风又不一样,"他的作风是极其蛮横,把天下人分为二类,非奴才即敌人。这还不必多说,问题最重要的,在他的无限制的极狂蛮的支配欲,用他这支配欲,弄得天下一切物事将来都不能知道公的私的了"。因为"豪门资本这样发达,中国几无国家的形象。三菱三井把日本弄到这样子,太惨了(虽说是日军阀做祸首,然财阀如不发达,军阀无能为力)。他们还是几代(从江户时)辛苦建立的,不像我们的这样'直接',天下人怨怒所集,如何下得去?……我们不愿我们的国家成五胡十六国,成外蒙古,我们实在不能欢迎他。在今天宋氏暴行之下,还有人说,孔比他好,这真全无心肝之论,孔几乎把抗战弄垮,每次盟邦帮助,他总有妙用,并且成了他的续命汤"。

对孔宋两家吞公营私的非法财产和监察院即将采取的行动,傅氏坚决主张公私分明,由政府公开没收或征用孔宋豪门的非法财产。对此,傅斯年说道:"今天我们要觉得晋惠帝不愚,因为他听到公园里蛤蟆声,他问是公的私的。【26】今天一切事都引不出公的私的。我们必须清算十年的事物,哪些是公而私的,哪些是私而公的。总而言之,借用二家财产,远比黄金拢回法币多,可以平衡今年预算。(我在参政会如此说过。有些报纸说我说,二家财产够国人过一年美国人生活水准,那是他们说的,说过与不及一样坏。)所以要征用,最客气的办法是征用十五年,到民国五十一年还他们本息,他们要的是黄金美钞,到那时都可以的。你们饶国家十五年,给一个喘息的机会罢。这办法自须先有立法程序,我想立法院可以压倒多数(如非一致)通过。"【27】

傅斯年还说道:宋子文着实是一百年不遇的怪物,作为显赫的宋氏家族的长子,曾在哈佛大学接受了最先进的文化教育,"思想,说话,和写字时都喜欢用英文而不喜欢用中文",唯独对权力和财富的贪婪是中国式的,"在今天宋氏这样失败之下,他必须走开,以谢国人"。【28】

面对傅斯年发射的炮弹和社会各阶层的打击,宋子文已无招架之功,更无还手之力,只得重蹈孔祥熙的覆辙。就在《观察》发表傅氏文章的当天,宋子文在巨大舆论压力下,不得不即刻提出辞职,心有不甘又无可奈何地交出印把子,卷起铺盖,如同过街老鼠一样灰溜溜地夹着尾巴下台滚蛋。至此,两位皇亲国戚均被傅斯年几声炮响轰于马下,天下人心大振。当时有位名叫苏怀邦的人致信傅斯年说:"顷阅二十一日大公报转载世纪评论第七期尊稿《这个样子的宋子文非走开不可》一文,拜读之余,实深同感,对先生直言敢说,发扬民意之精神尤表钦敬。"另一名叫张学善的小知识分子在致傅斯年的信中评论道:"我最崇拜的斯年先生,顷在南昌出版的文山报上读到先生做的《宋

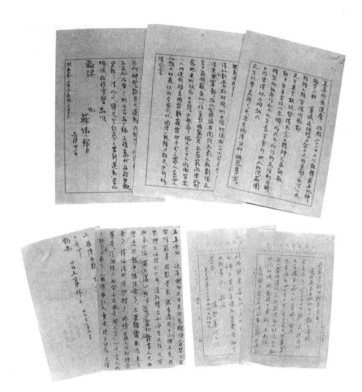

傅斯年痛斥孔宋的文章发出后引起强烈社会反响，此为苏怀邦、张学善等写给傅斯年的信，内中透出对傅氏的崇敬之情（台湾"中研院"史语所傅斯年图书馆"傅档"）

子文的失败》一文后，我对先生发生最大的崇敬，因为先生说出四万万五千万（宋子文及其卵翼下的少数人当然除外）人所欲说而不能说又不敢说的话，既高明又勇敢，更热情。"[29]有人更是总结性地指出："在最近的十年来他内心已焚烧着正义之火，逼他走出学术之宫，要分一部分精神来顾问国事。他的话，是代表千万人民的隐泣和怒吼！他的话，也寄托着对祖国的复兴和再生！"[30]在普天之下拍手称快的欢声笑语中，傅斯年的威望与声名在国人心目中达到了一生的巅峰。

"千人之诺诺，不如一士之谔谔。"傅斯年作为中国自由知识分子，有此一大壮举，实为世人树立了一个谔谔之士的光辉典范。对此，深知傅斯年学问、人格力量的胡适曾满怀激情地称颂道："他这样的人，无论在什么地方都能发挥其领袖的才干。""我总感觉，能够继续他的路子做学问的人，在朋友当中也有；能够继续他某一方面工作的人，在朋友中也有；但是像他这样一个到处成为道义力量的人，还没有。"[31]

——斯言是也！

◎ 最后的晚餐

孔宋两个高官被打倒之后，傅斯年身心俱疲，心脏不堪重负，无力坚持工作，同时也为躲避孔宋集团可能失去理性的血腥报复，在友人、故旧一再劝说下，只好让年轻有为的夏鼐代理史语所所长一职，自己于1947年6月偕夫人与儿子傅仁轨前往美国波士顿伯利罕医院（Peter Bent Brigham Hospital）医病，其间与胡适等人一起参与并操纵了国内院士选举活动，此次选举，共有81名科学家、学者当选为中央研究院首届院士。翌年夏天，傅斯年夫妇归国，傅重新执掌史语所所务，只把儿子仁轨留在美国一个亲友家继续读书。

据石璋如回忆：1948年6月9日，中央研究院曾在南京举办"庆祝成立二十周年"大会，"当时在研究院办了很热闹的庆祝活动。上午开会，晚上就请吃饭，从总办事处到地质研究所前头的空旷处，桌子一路排开，放上酒跟点心，夜里灯火通明，称作游园会。刚开始的时候人很多，爱去哪桌吃、喝酒都可以，可是天候不巧，打了响雷下起阵雨，大家就集中到总办事处的演讲大厅去。我记得研究所内还有杨希枚领头唱平剧，非常热闹"。[32]

同年9月23日至24日，中央研究院第一届院士暨纪念中央研究院成立20周年大会在南京北极阁举行，与会者有朱家骅等51人。会中通过包括"请政府确定'百万'为'兆'，以简化大数记数法案""维持学术独立""请照本院组织法，尽先设立关于人文科学研究所"等议案。为表示对科学与知识分子的尊重，蒋介石撤下前线十万火急的战事，出席会议并做了讲话，场面极其隆重热烈——这是国民党统治时期中国

1948年9月，中央研究院第一次院士会议合影。前排左起：萨本栋、陈达、茅以升、竺可桢、张元济、朱家骅、王宠惠、胡适、李书华、饶毓泰、庄长恭，最后一排右三为傅斯年，陈寅恪因身体原因未克出席

第十四章　北归一梦原知短

知识分子群体在苦难中深受瞩目和备感荣光的绝响。未久，选出的81名院士便在战争硝烟炮火中被迫分道扬镳，"两处茫茫皆不见"了。6月9日晚那串不期而至的惊雷，就是易卦中"主大凶"的预兆——这是上帝为蒋家王朝的统治敲响的第一声丧钟。紧随其后的，则是钟声阵阵，大限来临。前线传来了国民党军队一个又一个战败覆亡的凶讯：

1948年9月12日，中共将领林彪指挥的东北野战军在辽宁省西部和沈阳、长春地区，对国民党军卫立煌部发起攻势，史称辽沈战役。此役东北野战军以伤亡6.9万人的代价，歼灭并俘获国民党兵力47万余人，并缴获了大批美制武器装备。国军元气大伤，踏上了彻底衰亡败退之路。

11月6日，中共华东、中原野战军与地方武装共60余万人在以徐州为中心，东起海州、西至商丘、北至临城、南达淮河的广大区域内，向集结在这一地区的70万国民党军发起强大攻势，是为淮海战役（南按：国民党称之为徐蚌会战）。解放军攻势凌厉，兵锋所至，所向披靡，国民党政府首都南京岌岌可危。

11月13日，号称一代"文胆"的蒋介石侍从室二处主任、总统府国策顾问、首席秘书陈布雷，看到国民党政权日暮途穷、灭亡在即，自己回天乏术，更无力解党国之危难，于痛苦悲愤中自杀身亡，以"尸谏"的古老形式表达了他对蒋介石的忠诚，以及对国民党政府前途命运的绝望。

此前，陈曾多次向蒋苦谏，谓"同共产党举行谈判，早日结束内战，国民党或许还能坐半个江山"。蒋答之曰："即使谈判也保不住半壁江山，只有背水一战，成败在天了。"【33】

面对山河崩裂、天地改色以及摇摇欲坠的国民党政府，蒋介石困兽犹斗，在决心背水一战的同时，没有听天由命，而是采纳了历史地理学家出身的著名策士张其昀的建议，决定着手经营台湾，作为日后退身之所和反攻大陆的基地。

在国民党军队大举败退台湾之前，根据蒋介石密令，除把价值约10亿美元的黄金和银圆秘密运台外，科学教育界能搬迁的人、财、物尽量搬迁，先以台湾大学为基地，而后慢慢站稳脚跟，以达到求生存、图发展之目的。因台湾大学原校长庄长恭履任半年便携眷悄然离职开溜，国民政府决定由傅斯年接任台大校长，着力经营关乎科学教育这一"立国"之本的重要基地。经朱家骅和傅斯年多次晤谈，傅勉强表示从命，欲"跳这一个火坑"（傅斯年语）。1948年12月15日，国民政府行政院批准庄长恭辞去台大校长一职，同一天发表傅斯年校长任命案，台大医学院院长杜聪明在傅氏到台前代理校长兼教务长和训导长。

1948年11月底，朱家骅奉命召开"中央研究院在京人员谈话会"，分别召集在京的七个研究所的负责人及相关人员参加，出席会议的有傅斯年、李济、陶孟和、姜立夫、陈省身、张钰哲、俞建章、罗宗洛、赵九章等，紧急商定了几条应对措施：

立即停止各所的基建、扩建工程，原备木料全部制成木箱以备搬迁之需；各所尽快征询同人意见，做好迁台准备。眷属可自行疏散，或于十日内迁往上海，可能出国者尽量助其成；南京地区文物、图书、仪器、文卷等先行集中上海，由安全小组封存，伺机再南运台湾等。

会议之后，各所组织人员携公私物资陆续向上海撤退，以"静观待变"。

与此同时，根据蒋介石和时任国民政府行政院长翁文灏的指令（南按：翁接替宋子文任该职，本年 11 月 26 日辞职，做逃跑准备），在南京的故宫博物院、中央博物院筹备处、中央图书馆、中央研究院历史语言研究所等四家机构所藏的珍贵文物、图书和历史档案，全部装箱运往台湾，由教育部次长、中央博物院筹备处主任杭立武全权指挥调度。待一切准备就绪后，海军司令部派来"中鼎"号运输舰与一个连的官兵协助装运。此船共装运四家机构运来的古物和历史档案、标本、仪器等 772 箱，由李济担任押运官，全程负责运输、装卸事宜。

1948 年 12 月 21 日，满载国之重宝的"中鼎"号军舰拔锚起程，由上海进入激流汹涌的台湾海峡，向陌生、神秘的基隆港驶去。军舰在大海里颠簸了一个星期，直到 27 日才到达台湾基隆。

因前方战事吃紧，国民党海军一时无船可派，第二批运输包租了一艘招商局的海沪轮，由于船舱较大，仅史语所的古物、资料就装载了 934 箱。该船于 1949 年 1 月 6 日起航，仅三天即到达基隆港。

第三批是海军部派来的一艘"昆仑"号运输舰，该舰船自 1949 年 1 月 29 日开出，直到 2 月 22 日才抵达基隆。至此，四家机构共 4286 箱古物、资料、珍贵图书、档案等全部运完，无一件损坏。仅南京故宫博物院运去的珍贵文物就多达 2972 箱，这批文物后来存放于台北"故宫博物院"。史语所运去"内阁大库"档案多达 311, 914 卷（册），其中明代档案 3000多卷（件）。此物抵台后，先借放于台北杨梅铁路局仓库，后转南港史语所办公大楼资料库保存。

就在四家机构的古物、图书、档案等仓皇运台之时，朱家骅奉命动员中央研究院各所人员全部迁台。令

1949 年初，国民党官兵乘"中鼎"号运输舰离开大陆

第十四章　北归一梦原知短

他颇为失望的是，大多数人员不愿随迁，仍要在南京、上海"静观待变"，只有傅斯年主持的史语所较为积极，但傅同样处于"去留之间两徘徊"的境地。此时此刻，真要让他带领全所人员离开生于斯、长于斯的大陆，心中的彷徨痛苦可想而知。据史语所研究人员陈槃回忆：

> 自三十八年冬（南按：应为三十七年），首都告警，群情惶急，不知所以为计。
> 一日，师（傅斯年）召集同人会议，惨然曰："研究所生命，恐遂如此告终矣！余之精力既消亡，且宿疾未愈，余虽欲再将研究所迁入适当地区，使国家学术中心得以维持不坠，然而余竟不克负荷此繁剧矣。今当筹商遣散。虽然如此，诸先生之工作，斯年仍愿尽最大努力，妥为介绍安置。"
> 同人此时，以学术自由之环境既已感受威胁，于多年生命所寄托之研究所，亦不胜其依恋可惜。一时满座情绪，至严肃悲哀，有热泪为之盈眶者。
> 师于是不觉大感动，毅然曰："诸先生之贞志乃尔，则斯年之残年何足惜，当力命以付诸先生之望耳。"
> 本所迁移之议，于是遂决。[34]

陈氏之记载应当属实，但仿佛又令人联想起古代坊间小说的某些情节。傅的这段讲话也颇具梁山好汉们特别是宋江惯用的伎俩，具有典型的利用民众心理来达到目的的戏剧性效果，想来傅斯年是深谙《水浒》等坊间小说精髓的。或许此时的他并不是利用和欺骗，而是把他的真心诚意借用这一古典的戏剧性手法加以表达也未可知。但无论如何，他的目的是达到了。全所大部分人员开始于惶恐纷乱中携妻带子紧急逃往台湾海峡那边的孤岛，只有夏鼐、郭宝钧、吴定良等少数人留了下来。在抗战胜利后中央研究院已建成的 13 个研究所中，除半个数学所赴台外，这是唯一一个"兵随将转"，被傅斯年较完整地一锅端到台湾的重量级学术机构。

只是当赴台人员心怀凄凉，在风高浪急的台湾海峡动荡颠簸时，傅斯年没有同去，他仍留在南京奔波忙碌。

于风雨飘摇、大厦将倾的危急时刻，朱家骅、傅斯年、杭立武、蒋经国、陈雪屏等在蒋介石授意下，紧急磋商谋划"平津学术教育界知名人士抢救计划"细节办法，并拟定了"抢救人员"名单。名单包括四类：（一）各院校馆所行政负责人；（二）因政治关系必离者；（三）中央研究院院士；（四）在学术上有贡献并自愿南来者。四类人员约 60 人，连同眷属共约 300 人，由北大、清华的郑天挺、石树德等教授负责组织联系，国民党北平"剿总"指挥部予以协助，分期分批运往南京。傅斯年在致郑天挺的电文中特别要求："每人只能带随身行李……通知时请其千万勿犹疑，犹疑即失去机会。"[35] 又称："机到即走，不能观望稍有迟疑不决。"[36] 所需运载机由已转任交通部长的俞大维全权调度。

南京方面急如星火地电催主持北大、清华校务的胡适、梅贻琦迅速南下，但此时的胡适正忙于筹备北大50周年校庆不肯起身，梅贻琦也在磨蹭观望。直到1948年12月12日，胡适接到南京教育部长朱家骅亲自拍发的电报，说"第二天将派飞机到南苑机场迎接，并请他邀陈寅恪先生一家同行"[37]。胡氏才突然决定离开北平。因解放军已经对北平形成包围态势，并控制了南苑机场，抵平飞机不能降落，只好返回。

14日，平郊战火蔓延，枪炮声更趋杂乱紧急，清华园已成为共产党的天下。蒋介石亲自下达手谕派出飞机再次飞临北平上空，飞机冒着炮火，在南苑机场强行着陆。胡适得此消息，决定登机出逃。临行前，他派人力劝辅仁大学校长陈垣共同南飞，陈垣不从，只好不再顾及。在即将南飞的最后一刻，胡适下定决心，无论如何，有一个人必须拉上，绝不能让其留在眼看就要落入共产党军队之手的北平，这便是他的好友、著名史学家陈寅恪。

◎ 去眼池台成永诀

1946年10月，暂住在南京俞大维宅的陈寅恪考虑再三，终于放弃留在南京专任中央研究院史语所历史组主任之职的打算，正式接受梅贻琦之聘，赴北平清华大学任教。傅斯年闻讯，顿觉失落与惆怅，心有不甘又无可奈何，只好听凭陈氏北上，耐心等待新一轮相聚的机会。

陈寅恪安顿女儿流求、小彭在南京读书，与夫人及小女美延赴上海，乘船转道北上抵达北平，重返阔别九年的清华园。此时的水木清华因在抗战中被日军征用为营房和马厩，房屋破损，残垣断壁，望之令人怆然。好在梅贻琦已提前派人对整个园区房舍进行了简单的修缮，师生勉强能够居住和开课。

陈寅恪一家暂住清华园新林院五十二号，未久，抗战爆发时在天津离去的工友陈忠良得知消息也回到了陈家，生活等诸方面算是安顿下来了。同战前课程安排一样，陈氏仍任中文、历史两系合聘教授，外兼已复员的燕京大学研究院导师。因此时的陈寅恪已双目失明（南按：据陈氏对他的弟子王永兴说，有些东西还能影影绰绰看到一团影子和辨别眼前人的大体轮廓），教学研究皆需助手查阅诵读所需书籍资料及抄写讲稿，因清华所聘助手不能及时就职，陈寅恪非常焦急，在与清华方面相关人物打过招呼后，向时任北大史学系主任兼北大文科研究所副所长郑天挺写信求助。信曰：

毅生先生史席：

弟因目疾急需有人助理教学工作。前清华大学所聘徐高阮君，本学年下学期方能就职。自十一月一日起拟暂请北京大学研究助教王永兴君代理徐君职务，至徐君就职时止。如蒙俯允，即希赐复为荷。专此顺颂

著祺

弟陈寅恪敬启　三十五年十月卅日[38]

王永兴原是清华大学中文系学生，后仰慕陈寅恪先生的道德学问转入历史系，成为陈氏的弟子。西南联大毕业后考入北大文科研究所，与另一名学生汪籛追随陈寅恪研究唐史，毕业后留在北大文科研究所做研究工作，与导师陈寅恪关系甚洽。陈请其至清华担任自己的助手，正是缘于多年建立的师生情谊与默契。经郑天挺与北大校长胡适相商，王永兴调到清华大学并充当陈寅恪的助手。陈寅恪心境渐渐由焦躁凄凉变得平和，决心静下来好好做一番学问，并把自己的书斋取名为“不见为净之室”。

陈寅恪的雄心壮志与传道授业的急切心情，令家人、助手与友人皆为其捏着一把汗，担心其身体不能支撑。清华历史系主任雷海宗前来探望，见陈氏身体仍处于病弱状态，便转达校长梅贻琦的建议，劝其先休养一段时间，搞搞个人研究，暂时不要开课。陈寅恪听罢当即回答说：“我是教书匠，不教书怎么能叫教书匠呢？我要开课，至于个人研究，那是次要的事。我每个月薪水不少，怎么能光拿钱不干活呢？”[39]送走雷海宗，陈寅恪立即吩咐当时在场的弟子王永兴，通知在历史系、中文系各开一门课，立即行动，不得有误。雷海宗一看这阵势，自知不能再劝，但仍不忍见一位双目失明的老人来回奔波，于是想了一个折中的办法，让学生到陈宅上课，陈氏允之。许多年之后，王永兴对陈寅恪这一做法深情地回忆道：“使我感动的也是他那朴实而坚定的语言。他没有说过作为一个教师应该如何如何的冠冕堂皇的话，但是，他的身教要比那许多话高明得多。今天，我作为一个教师，虽学识浅陋，但仍要每学期开两门课，是因为每每想起老师身教

1947 年初，陈寅恪夫妇在清华园寓所前合影

如此，不敢懈怠。"【40】

有证可查的是，陈寅恪重返清华，为历史系开的课程为"魏晋南北朝史"和"隋唐史"，这个课在抗战期间的西南联大与燕京大学都开过，对陈氏来说应是轻车熟路，照着原来的提纲重复一遍即可应付交差。但陈寅恪的不同之处在于，凡是此前讲过的内容基本不再涉及，若有著作出版问世，涉此专题的课程便永不再讲。用陈寅恪自己的话说就是，著作都已出版了，同学们拿来用业余时间读一读就可以了，不必再把光阴浪费在课堂上，除非在讲述中非涉及原来讲过的课题而不能明了事物本身起承转合的内在逻辑。陈氏本人素来鄙视靠一本讲义翻来覆去吃一辈子的教授，认为这样做不但误人子弟，简直是图财害命。他自己开课，特别注意这一问题并做出垂范。虽是同样的中古史甚至具体的隋唐史，陈寅恪每讲必有新意，发前人之未发，也就是他自己所说的"不甘逐队随人，而为牛后"的精神与规范。每在备课前数日，便与王永兴及后来投奔到清华园陈氏门下的另一位助手汪籛，详细说明所讲授之内容，指定二人把所需书籍找出来一一诵读。

在王永兴的记忆里，陈寅恪在这段时间备课要读的第一部典籍总是《资治通鉴》，其次为《通典》《唐会要》《唐六典》以及两《唐书》等。陈氏对宋代先贤的史学评价甚高，亦最为推崇，曾有过"宋贤史学，今古罕匹"【41】"中国史学莫盛于宋"【42】等话传于弟子。在宋贤中，陈氏尤服膺司马光与欧阳修两位大家，他在所著《唐代政治史述论稿》自序中，曾云：吾国旧史多属于政治史类，而司马温公《资治通鉴》一书，"尤为空前杰作"【43】。陈氏所论，与中共领袖毛泽东不谋而合。毛对《资治通鉴》极为重视，1953年曾亲自委托范文澜、吴晗组织点校过该书。次年，毛曾对吴晗说："《资治通鉴》这本书写得好，尽管立场观点是封建统治阶级的，但叙事有法，历代兴衰治乱本末毕俱。我们可以批判地读这部书，借以熟悉历史事件，从中吸取经验教训。"【44】点校本出版后，毛泽东放在床头爱不释手，据说一生共通读了17遍并做了阅点。毛对他的护士孟锦云说过这样一番评语："中国有两部大书，一曰《史记》，一曰《资治通鉴》，都是有才气的人，在政治上不得志的境遇中编写的。看来，人受点打击，遇点困难，未尝不是好事。当然，这是指那些有才气，又有志向的人说的。没有这两条，打击一来，不是消沉，便是胡来，甚至去自杀。那便是另当别论。"【45】

因各自的出身、学识、地位以及视界、志向、理想、遭际不同，尽管毛与陈都推崇《资治通鉴》，但对这部名著的读法和深层理解自然不会一致。类似的情况还有，在郭沫若撰文反对秦始皇，并显摆他的《十批判书》时（南按：内有批秦始皇的文章），毛曾明确表示"十批不是好文章"，并严厉警告郭"劝君少骂秦始皇，焚书事业要商量"。【46】到底要商量什么，毛没有明确指出。

而对于《史记》一书，在陈寅恪看来，若写一部令后世推崇的史书，非得以血泪为代价换之，那么这部"史家之绝唱"不唱也罢。至于披枷戴锁，流徙发配，浪迹天涯而仍著

　　　　　　　　　第十四章　北归一梦原知短

书立说者，其精神意志及胸怀当然可敬可佩，但执掌生杀大权者，还是应该让这种泪水飞溅、呼天抢地的状况少一点儿更具人道。或许正因为这样的思想与独立精神，陈氏对史上两司马的人生际遇充满了无限的同情，对其著作总是抱着"同情的理解"心境，发前人未发之覆，传文化香火于后学的。

按一般规律和程序，当《资治通鉴》摆到桌上后，助手需按导师指定的书目章节一段段诵读下去，坐在椅子上以手托头静心聆听的陈寅恪轻轻把手一点，表示就要停下来，然后陈氏再以手抚头开始沉思冥想一番，提出问题及注意之点，让助手记在本子上。待记下几条后，导师又吩咐助手查询两《唐书》、《唐会要》、《通典》中与此相关的记述，并一一诵读。陈寅恪通过聆听比较，对每一条材料都做严格谨慎的校勘与考证，最后指出几种典籍所记载之不同处，何书记载可靠，何书记载有误，何书是妄倡谬说，等等，助手一一笔录。待这一切程序完毕，所教授的讲稿或者详细提纲也就顺理成章，可以开坛授徒了。对于这个过程，王永兴曾回忆道："当时上课是在寅恪先生家里，一般有二三十个学生，上课之前他指定我在黑板上写史料，然后，坐在一把藤椅上，问我写了些什么材料，我一一和他说。没有材料，他是从来不讲课的。两黑板的材料讲完了，我于是再写。讲课之后，他常常问我这样讲学生能接受吗？他常要我征求学生们的意见，然后再修改讲课稿。陈先生讲课精湛，深入浅出，引人入胜，而在这背后的，是他备课的辛勤。他年年开课，年年都是这样备课讲课。"[47] 纵观数千年之中国教育史，有多少盲人教授不得而知，但此种备课与授课者则鲜矣。所幸历史未能忘记这一笔，否则将是历史之无情，人类文明史之大缺憾。陈寅恪读《资治通鉴》是否像毛泽东后来一样，也达到了通读17遍，或更多或更少的程度不得而知，但有些地方能大段背诵却是事实。有次王永兴读至某段，端坐在椅子上的陈氏突然把手一挥示意停止，并要求重读。王意识到可能有脱漏之处，便仔细一字一句慢慢读去，果然发现初读时脱漏一字。陈氏之超群的记忆力与一丝不苟的精神，令这位弟子汗颜的同时又愈加敬佩。

翌年冬天，北平大寒，清华各院住宅本装有暖气设备，经日寇盘踞，加之抗战后国民党三十八军一度接收，暖气设备全部拆毁废弃，水管冻裂无法修复，师生只有忍饥受冻艰难苦撑，不少教授因此病倒在床，痛苦呻吟。此时国民政府经济已全面崩溃，物价飞涨，人命微贱。到手的钞票每天加两个"0"，还是跟不上物价的飞速蹿升，直弄得民不聊生，教职员工命悬一线。这就是傅斯年告别北大时所说的，面对啼饥号寒的师生，政府必须提高其待

1947 年末，陈寅恪于北平清华大学新林院五十二号院内留影

遇，"不要视之如草芥，这道理尤其应该请行政院院长宋公明白"的根由。但这个时候的宋公（子文），只顾自己大发国难之财，并设法把劫掠暴敛的不义之财转往外国银行，哪里还顾得上这些教授学生的死活！面对惨淡的经济与政治前景，陈寅恪有诗云：

丁亥春日清华园作

葱葱佳气古幽州，隔世重来泪不收。

桃观已非前度树，薰街长是最高楼。

名园北监仍多士，老父东城有独忧。

惆怅念年眠食地，一春残梦上心头。[48]

正是在这样一种恶劣的政治、经济条件之下，当傅斯年拼尽全力与孔宋集团搏斗拼杀时，陈寅恪明确表示支持并为孔宋最终倒台而称快。

此时目盲畏寒、身体多病的陈寅恪，再度面临穷困潦倒、朝不保夕的境地。时在北大任教的季羡林前去探望，悲不自胜，当天即向胡适做了禀报。名满天下的胡氏对学界确有成就的知识分子，总体上还保留着尊重、爱护、同情之心，当年王国维到清华国学研究院任教，胡曾出过力气。胡氏这种行为无论于公于私，都为时人和后学所称道。陈寅恪早年的《王观堂先生挽词》诗作"鲁连黄鹞绩溪胡，独为神州惜大儒。学院遂闻传绝业，园林差喜适幽居"即颂其事。胡适是安徽绩溪人，诗中的"绩溪胡"自然是指胡适。正由于胡氏对神州大儒王国维的爱惜尊崇，加之陈寅恪的诗作问世，胡适荐王国维进清华的故事遂成为后人常言不衰的一段佳话。

对于1947年的胡适而言，沉湖的王大儒早已驾鹤西行，已无须他于滚滚红尘中给予什么关照和爱惜了，只是尚活在神州大地的另一位大儒陈寅恪，却急需他这个身居北大校长高位的绩溪才子加学界领袖怜惜一把。而从以往的交谊看，胡陈两家亲属在台湾驻守时，曾有过一段因缘际会。尽管胡适暴得大名之后在政学两界树敌不少，特别是北大浙江派对其多有恶言，但陈胡之间的友谊却一直保持下来，否则当年在重庆选举中研院院长时，陈寅恪不会公开放言"本人不远千里来重庆，只为了投胡适一票"。这种明显带有向其他窥视者挑战意味的话语，若不是二者心心相印，彼此尊敬，以陈寅恪的性格和为人处世的态度，他是不会公开做如是说的。据邓广铭说：陈寅恪每次参加中央研究院评议会都"如徐庶进曹营一样，在会上他总是一言不发的。他曾说，在任何一次评议会的纪录本上，决不会找得到他的一次发言"。[49]若此说当真，重庆选举当是个异数，由此可见胡氏在他心目中举足轻重的位置和分量。

当然，胡适也不是糊涂虫一个，或者作为投桃报李，或者出于内心的真挚感情，若有机会乃会知恩并设法报答。陈寅恪携家重返清华园，作为北大校长的胡适多次前来拜望自是不在话下，只是随着国民政府即将崩盘，北大学潮汹涌，面临即将再

1948年，叶企孙（左）与陈寅恪（右）在清华园陈宅院内喝茶

度散板儿的混乱局面，夹在其间的胡适上下奔波，已是心力交瘁，无力他顾。而清华与北大如同两家人过日子，各有难言之隐和不便与人道处。作为北大校长，自然不便经常往清华教授家中奔跑，因而陈家的具体生活情形就渐渐淡出他的视线，直到季羡林向其禀报，胡氏才觉得该做点儿什么了。他驱车出城直奔陈宅，欲把自己在美出任大使与在各大学演讲所得数目可观的美元赠予陈，以助陈渡过难关，不料此举被陈寅恪拒绝。在无其他办法的情况下，双方相商，陈寅恪以卖掉自己藏书的代价换取胡氏手中的美元，用以买煤取暖，买米做饭，度过严冬。协议达成后，胡便派季羡林乘坐自己的轿车——也是北大唯一的一辆校长专用车，赴陈宅提书。据季羡林回忆："我到清华陈先生家装了一车西文关于佛教和中亚古代语言的极为珍贵的书。陈先生只收二千美元。这个数目在当时虽不算少，然而同书比起来，还是微不足道的。在这一批书中，仅一部《圣彼得堡梵德大词典》市价就远远超过这个数目了。这一批书实际上带有捐赠的性质。而寅恪师于金钱的一介不取的狷介性格，由此可见一斑了。"【50】

陈寅恪于穷困中卖书换煤之事传出后，一个号曰"天吁"的人激愤难抑，于某报发表诗词并序，以悲天悯人的情怀放言道："陈寅恪教授卖书买煤，为之意苦者久之。"诗云：

> 铮铮国士名，矻矻寒窗苦。
> 生事困樵薪，珍袭归书贾。
> 燎原战火燃，断续炊烟舞。
> 何异又焚书，风教委尘土。【51】

用文学的眼光看，这首诗算不得上乘，但可明显地见出知识分子的困境与苦难，以及国人对国民党政府与世道不平的愤懑之情。

1948年12月初，由东北南下的解放军已推至昌平一线，原西南联大训导长，后成为国民党青年部长的陈雪屏奉命匆匆由南京飞北平，召集梅贻琦、胡适等清华北大校长教授开会，商讨"抢救学人"实施办法，并称南京已派飞机至北平南苑机场待命，被"抢救"者随时可以登机南飞。在场者相顾无言，均不置可否，会议不了了之。

12月12日晨，北平北郊枪炮声甚密，时闻炸弹落地爆炸之声。陈寅恪在清华国学院时的助手、后为清华中文系代主任浦江清，闻枪炮声急忙赴陈宅报告时局并提出添聘教员孙蜀丞事，征求意见。浦氏在日记中记载："陈先生说，此刻时局艰危，不宜在此时提出。他虽然双目失明，如果有机会，他愿意即刻离开。……那时候左右分明，中间人难于立足。他不反对共产主义，但他不赞成俄国式共产主义。我告诉他，都是中国人，中国共产党人未必就是俄国共产党人。学校是一个团体，假如多数人不离开，可保安全，并且可避免损失和遭受破坏。他认为我的看法是幻想。"这个记录，与抗战时期陈寅恪在成都燕大与学生石泉所谈极其相似，此一思想观念伴随了陈氏一生。当浦江清说到陈雪屏已来北平并欲"抢救"有名望之学人时，"陈谓他早已知道此消息，并已洽梅公云云"。[52]此时，清华校长梅贻琦已隐晦地向清华文学院院长冯友兰表达了自己去意已决。梅说道："我是属牛的，有一点儿牛性，就是不能改。以后我们就各奔前程了。"[53]冯友兰深知这是梅对自己所说的最后道别话，不禁黯然神伤，又不知如何言说，只好相望不语，握手含泪道别。

12月14日晨，北平北郊枪炮声更紧，一群群国民党军与拖儿带女的难民向北平方向溃退逃亡。中午，解放军已进至清河镇一带，向清华园方向疾速推进。清华师生纷纷登上宿舍楼顶平台北望观战，伴有呛人血腥味儿的烟尘随着强劲的北风飘向清华园，令每一个人身心都感到了战争的惨烈。在一片混乱仓皇中，梅贻琦钻入汽车，冒着浓烈的炮火硝烟，悄然离开清华园向城内疾驶而去，自此与清华师生永诀。

就在梅氏离开清华的同时，胡适驱车满面焦虑地来到北大校长办公室不挂名的秘书邓广铭家中，急切地询问能否找到陈寅恪，并谓昨日南京政府来电，说今日派专机抵达南苑机场，"抢救"胡与陈寅恪等著名教授离平。胡打电话至清华问询陈氏的情况，告之已回城内，但不知具体落脚何处。邓广铭听罢，当即答道可能找得到，估计在他的大嫂家中。送走胡适后，邓急奔北大西语系教授俞大缜（俞大维胞妹）家中询问陈寅恪大嫂（陈师曾遗孀）在城内的住处。待问明后，邓广铭赶往城内，果然在其嫂家中找到了陈寅恪及其一家。邓把胡适的嘱托向陈复述一遍，并问是否愿意与胡氏一起离平南飞。陈寅恪颇为干脆地回答："走。前许多天，陈雪屏曾专机来接我。

平津战役打响后，傅作义的部队骑着蒙古马试图保卫南苑机场，在记者拍下这张照片的两天后，解放军拿下机场

他是国民党的官僚，坐的是国民党的飞机，我决不跟他走！现在跟胡先生一起走，我心安理得。"【54】

陈寅恪向来有午休的习惯，待决心下定后，令邓广铭先去胡宅复命，他稍事午休即雇车前去东厂胡同胡宅会合。当邓广铭来到胡家，胡适即告之飞机已抵达南苑机场，时间紧迫，令邓赶紧回去催促。邓正要出门，见陈寅恪已携家赶到，胡陈两家立即携带简单行李，乘胡适汽车向南苑机场飞奔而去。车到宣武门，城门紧闭，守门官兵不准出行。胡适只好用电话与北平守军总司令傅作义联系，无奈傅正忙于与解放军代表谈判，根本联系不上。胡陈两家只好乘车返回东厂胡同暂住，等待第二天早晨再次行动。

当晚，邓广铭到东厂胡同与陈寅恪话别，陈对邓意味深长地说了下面一段话："其实，胡先生因政治上的关系，是非走不可的；我则原可不走。但是，听说在共产党统治区大家一律吃小米，要我也吃小米可受不了。而且，我身体多病，离开美国药也不行。所以我也得走。"【55】

这个话与胡适所言相似，又有差别。胡适走时曾留给北大同人三句话："在苏俄，有面包，没有自由；在美国，又有面包，又有自由；他们来了，没有面包，也没有自由。"【56】吃惯了洋面包的胡适，自是想面包与自由兼得。只是想不到胡适的次子胡思杜不同意父亲的看法，他愿意留在即将被解放军占领的北平继续生活。胡思杜明确表示不随父母南飞，自己留下来暂住亲戚家中，看局势发展再决定行止。胡适无奈，只好遂了这位他呼曰"小三"的儿子的意愿。想不到这一别，再也未能相见。胡适直至去世，都未获悉留在大陆的那个后来号称与他断绝父子关系的胡思杜，已于1957年在政治运动中自杀身亡的消息。晚年的胡适在遗嘱中，竟还为这个小儿子留下了一份小小的遗产——人世间命运之残酷莫过于此。

当夜11时，胡适接通了傅作义的电话，约定明早到中南海"剿总"司令部换乘傅氏本人的汽车，并下令届时守卫宣武门的官兵放行。15日清晨，胡陈两家赶至中南海等候，傅作义下令城外部队组织兵力向南苑机场攻击，不惜一切代价夺回机场，完成"抢救学人"的计划。经过两个轮次的浴血苦战，解放军退缩，国民党军暂时夺回了机场的控制权。下午，南京派出的飞机在南苑机场降落，傅作义命人通知胡适立即前往登机。于是，胡陈两家立即从中南海勤政殿门前换乘傅总司令的座驾顺利穿过宣武门抵达南苑机场，乘机飞离北平。同行者尚有北大和清华的钱思亮、英千里、黄金鳌等著名教授。

透过飞机舷窗，古城北平渐渐隐去，面对匆匆掠过的北国大地，胡适与众位教授思绪万千，百感交集。双目失明的陈寅恪随着机翼的摇晃颠簸，更是凄惶怆然，不知何处才是自己的归宿。于是，在八千米高空，陈寅恪留下了一首政治态度鲜明、对后世研究陈氏生平思想至关重要、标题长达38个字的"乱离永诀诗"：

戊子阳历 12 月 15 日于北平中南海公园勤政殿门前等车至南苑乘飞机途中作并寄亲友

临老三回值乱离，北平卢沟桥事变、香港太平洋战争及此次

蔡威泪尽血犹垂。

众生颠倒诚何说，残命维持转自疑。

去眼池台成永诀，销魂巷陌记当时。

北归一梦原知短，如此匆匆更可悲。[57]

当胡、陈等人及其家眷乘坐的飞机抵达南京明故宫机场时，王世杰、朱家骅、傅斯年、杭立武、蒋经国等前往机场迎接。乱世纷纭中，陈寅恪只在南京住了一个晚上，第二天便携家眷悄然赴上海，在俞大维弟弟俞大纲家中住了下来。关于陈寅恪落脚南京又匆匆离开的这一短暂时间，陈傅二人除了礼节性的寒暄，还交谈过什么深层的问题，对国民党前途的看法有何异同，历史没有留下可供后人查考的确切凭据，故无从言说。可以肯定的是，此时正日理万机、左顾右盼的傅斯年，不会对陈给予更多的关照，也不会静下心来促膝长谈——严峻的局势已不允许他这样做。同时还可以大胆猜测推断的是，在傅斯年心中，既然陈寅恪一家已离平抵京，即表明陈与共产党的决绝态度，日后陈寅恪附在国民党这个几乎被拔光了毛的骢尾上流徙千里，自在情理之中。待稳住阵脚，自有秉烛长谈、叙古论今的机会。只是傅斯年没有料到，南京一别，竟成永诀。

一个月后，陈寅恪没有踏上赴台的船板，而是转赴广州岭南大学任教。行前，其兄陈性恪赠《六弟自北京避兵南来留沪兼句之广州别赋一律》诗一首：

危城突走掠风霜，寇乱流离事未忘。

又遣铜驼淹草莽，不求全篦看沧桑。

几年伏枥心难死，一梦联床鬓已苍。

莫厌弦歌惊岁晚，披襟好对海茫茫。[58]

注释：

【1】张秉权《学习甲骨文的日子》，载《新学术之路》，下册，杜正胜、王汎森主编，台北："中央研究院"历史语言研究所 1998 年出版。

【2】何兹全《忆傅孟真师》，载台北《传记文学》，第六十卷第二期，1992 年 2 月。

【3】【32】《石璋如先生访问纪录》，陈存恭、陈仲玉、任育德访问，任育德记录，台北："中央研究院"近代史研究所 2002 年出版。

【4】【33】《蒋介石年谱》，李勇、张仲田编，中央党史出版社 1995 年出版。

【5】【21】【22】傅斯年《这个样子的宋子文非走开不可》，载《傅斯年全集》，第四卷，欧阳哲生主编，湖南教育出版社 2003 年出版。

【6】《历劫终教志不灰——我的父亲顾颉刚》，顾潮著，华东师范大学出版社 1997 年出版。

【7】载《傅斯年全集》，第五册，台北：联经出版公司 1980 年出版。

【8】傅斯年《论张贼叛变》，载《中央日报》，1936 年 12 月 16 日。孙美瑶，民国第一大绑票案——"临城劫车案"的主犯。1923 年 5 月 6 日凌晨，孙率其麾下土匪在山东临城（今枣庄市）拦截津浦路一列北上的火车，挟持车上 200 余名旅客（其中洋人 26 名，或说 35 人）为肉票，与北洋政府对峙 37 天，震惊中外。

【9】傅斯《傅斯年致容庚》（1936 年 12 月 21 日），载《傅斯年遗札》，第二卷，王汎森、潘光哲、吴政上主编，台湾"中研院"史语所 2011 年 10 月出版。年《讨贼中之大路》，载《中央日报》，1936 年 12 月 21 日。

【10】《傅斯年致容庚》（1936 年 12 月 21 日），载《傅斯年遗札》，第二卷，王汎森、潘光哲、吴政上主编，台湾"中研院"史语所 2011 年 10 月出版。

【11】程沧波《再记傅孟真》，载《傅故校长哀挽录》，台湾大学 1951 年 6 月 15 日印行。

【12】《上蒋介石》，载《傅斯年全集》，第七卷，欧阳哲生主编，湖南教育出版社 2003 年出版。

【13】《致胡适》，载《傅斯年全集》，第七卷，欧阳哲生主编，湖南教育出版社 2003 年出版。

【14】周作人《新潮的泡沫》，载《亦报》，1951 年 1 月 13 日。

【15】屈万里《傅孟真先生轶事琐记》，载《傅故校长逝世纪念专刊》，台湾大学学生代表联合会学术部 1950 年编印。

【16】《郑烈致傅斯年函》，载《傅斯年文物资料选辑》，王汎森、杜正胜编，傅斯年先生百龄纪念筹备会印行，1995 年 12 月出版。王汎森解读并注释。

【17】《傅斯年为国库局案在参政会所提说明书》，载《傅斯年文物资料选辑》，王汎森、杜正胜编，傅斯年先生百龄纪念筹备会印行，1995 年 12 月出版。王汎森解读并注释。

【18】罗家伦《元气淋漓的傅孟真》，载《傅故校长哀挽录》，台湾大学 1951 年 6 月 15 日印行。

【19】《国库局同人致傅斯年》，载《傅斯年文物资料选辑》，王汎森、杜正胜编，傅斯年先生百龄纪念筹备会印行，1995 年 12 月出版。王汎森解读并注释。

【20】《傅斯年致俞大綵》，载《傅斯年文物资料选辑》，王汎森、杜正胜编，傅斯年先生百龄纪念筹备会印行，1995 年 12 月出版。王汎森解读并注释。

【23】徐商祥《怀念校长》，载《傅斯年与中国文化》，布占祥、马亮宽主编，天津古籍出版社 2006 年出版。

【24】《世纪评论》是美国耶鲁大学经济学博士、著名经济学家，曾担任国民政府高级官员和南开大学代理校长等职的何廉，于1947年1月筹款创办的政论性周刊，由留美政治学博士张纯明主编，主要撰稿人有萧公权、吴景超、潘光旦、蒋廷黻、翁文灏等。刊物的主旨是批评时政，倡导民主。由于言论大胆，笔锋犀利，针对性强，很快得到社会公认与好评。关于傅斯年首次公开炮轰宋子文事，据何廉回忆说："一九四七年春季的一天，我收到傅斯年赞扬《世纪评论》的一封信，那时我常往来于南京和上海之间。……我回信约他给《世纪评论》写稿子。不久，我在南京遇到他。他告诉我说，他要给《世纪评论》写稿子，但有一个条件，就是按原文发表，不能有一字改动，我立刻表示同意。过了两天，他把稿子交给总编辑张纯明。"这便是《这个样子的宋子文非走开不可》出笼的第一个阶段。

当时总编辑张纯明一看是炮轰皇亲国舅宋氏的稿子，虽有点儿担心与犹豫，但最后还是决定恪守"言论自由"旨，一字不改地在1947年2月15日出版的《世纪评论》第一卷第七期刊发出来。何廉说，想不到此文一出，"不到半天时间，这一期《世纪评论》在上海市面上就见不到了。这并不是说《世纪评论》的发行量空前地突然增加，而是一定有人从报贩手里全部收买去了。我立刻到《大公报》馆找到经理胡霖，把我自己手里的一份登有傅斯年文章的《世纪评论》给他看。我告诉他说这一期在市面上谁也买不到了，问他能否在《大公报》上发表，他立刻同意了。就在第二天早晨，这篇文章在《大公报》上发表了"。（见《何廉回忆录》，何廉口述，朱佑慈、杨大宁、胡隆昶、王文钧、俞振基译，中国文史出版社1988年出版）《大公报》一出，如一枚重磅炸弹落入纷乱的人群，一个学者如此直截了当地公然批评政府首脑人物，这在当时是极其罕见的，随着各地报章纷纷转载，一时举国注目，所引起的社会震撼也就可想而知了。胡适在1947年2月15日的日记中说："今天报纸（世界、益世）大登傅孟真昨天在参政会攻击孔祥熙宋子文的话，世界日报标题为'傅斯年要革命！'报纸又大登昨天立法院攻击子文的言论。"见产生了如此大的轰动效应，《世纪评论》编辑人员在狂喜中已忘记了利害得失，索性一不做二不休，再扔出一颗炸弹看看效果。一个星期后的2月22日，又在第一卷第八期推出了傅斯年的《宋子文的失败》一文，极其准确地点到了孔宋失败的"死穴"，谓："孔宋失败的第一个原因，由于他的'清廉'程度，孔则细大不捐，直接间接；宋则我生你死，公私一齐揽乱来把持。""孔宋二氏这样一贯的做法，简直是彻底毁坏中国经济，彻底扫荡中国工业，彻底使人失业，彻底使全国财富集于私门，流于国外。""唐朝的秕政，是和黄巢相辅而行的，明朝的秕政，是

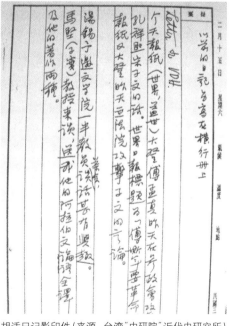

胡适日记影印件（来源：台湾"中研院"近代史研究所）

和张李（南按：指张献忠、李自成）相辅而行的。今天孔宋二氏之流毒，是共产党莫大的本钱。还是先检讨一下自己罢！"（见《傅斯年全集》，第四卷，欧阳哲生主编，湖南教育出版社 2003 年出版）

【25】除了傅氏的文章起了导火线的奇效外，宋子文倒台还有另外几个原因，时任外交部长的王世杰在是年 3 月 1 日的日记中写道："宋之去职其因甚众。一则党内陈立夫等及黄埔同志等均对彼不满。二则党外之民主社会党（张君劢党）一再声称如宋继续主持行政院，则彼等决不参加行政院。三则胡适之、傅斯年等无党派人士均反对宋子文。"（见《王世杰日记》，第六册，台北："中央研究院"近代史研究所 1990 年出版）正是几个方面的联合打击，宋氏才被迫去职，但在反宋势力中，傅斯年的介入和发生的影响当是最为关键，也是最大的。

【26】《晋书》载，公元 290 年，西晋武帝司马炎死后，他的傻儿子司马衷继位当了皇帝，是为晋惠帝（259—307）。惠帝为人愚憨，尝在华林园闻蛤蟆鸣，谓左右曰："此鸣者为官乎？为私乎？"左右戏之曰："在官地为官，在私地为私。"时天下饥馑，百姓多饿死。惠帝闻之曰："何不食肉糜？"这样的傻皇帝自然无法掌管朝政，由是权在臣下，政出豪门，势位之家，更相荐托，有如五市，贾郭二党恣横，货赂公行。终于引出了八个宗室亲王为争夺中央政权展开连年混战的局面，史称"八王之乱"。

【27】【28】傅斯年《论豪门资本之必须铲除》，载《观察》，第二卷第一期，1947 年 3 月 1 日。

【29】【30】《傅斯年文物资料选辑》，王汎森、杜正胜编，台北：傅斯年百龄纪念筹备会 1995 年出版。

【31】胡适《傅孟真先生的思想》，载《胡适作品集》，第二十五卷，台北：远流出版公司 1986 年出版。

【34】陈槃《师门识录》，载《傅斯年》，聊城师范学院历史系等编，山东人民出版社 1991 年出版。

【35】《致郑天挺》，载《傅斯年全集》，第七卷，欧阳哲生主编，湖南教育出版社 2003 年出版。

【36】《致石树德等》，载《傅斯年全集》，第七卷，欧阳哲生主编，湖南教育出版社 2003 年出版。

【37】【49】邓广铭《在纪念陈寅恪教授国际学术讨论会闭幕式上的发言》，载《纪念陈寅恪教授国际学术讨论会文集》，中山大学出版社 1989 年出版。

【38】《致郑天挺》，载《陈寅恪集·书信集》，陈美延编，北京三联书店 2001 年出版。

【39】【40】【47】王永兴《在纪念陈寅恪教授国际学术讨论会闭幕式上的发言》，载《纪念陈寅恪教授国际学术讨论会文集》，中山大学出版社 1989 年出版。

【41】《陈寅恪集·隋唐制度渊源略论稿》，陈美延编，北京三联书店 2009 年出版。

【42】《陈寅恪集·金明馆丛稿二编》，陈美延编，北京三联书店 2009 年出版。

【43】《陈寅恪集·唐代政治史述论稿》，陈美延编，北京三联书店 2009 年出版。

【44】谭其骧《学者、才子、为社会主义事业奋斗终身的好干部——怀念吴晗同志》，载《吴晗纪念文集》，北京市历史学会编，北京出版社 1984 年出版。

【45】【46】《毛泽东读书笔记解析》，下册，陈晋主编，广东人民出版社 1996 年出版。

【48】《丁亥春日清华园作》，载《陈寅恪集·诗集》，陈美延编，北京三联书店 2001 年出版。

【50】《回忆陈寅恪先生》，载《怀旧集》，季羡林著，北京大学出版社 1996 年出版。

【51】转引自《陈寅恪先生编年事辑》（增订本），上海古籍出版社 1997 年出版。

【52】《清华园日记·西行日记》，浦江清著，北京三联书店 1987 年出版。

【53】《冯友兰自述》，冯友兰著，中国人民大学出版社 2004 年出版。

【54】【55】邓广铭《在纪念陈寅恪教授国际学术讨论会闭幕式上的发言》，载《纪念陈寅恪教授国际学术讨论会文集》，中山大学出版社 1989 年出版。邓氏在此段文字后有按："到北平迎接胡的专机乃是由教育部派出的，而胡适又毕竟不是国民党官僚。于此也可看出陈先生总是要尽可能与国民党保持距离。"邓氏此说，不能说是妄言，但恐怕难以服众。教育部同样是国民党政府的一个职能部门，焉能有与国民党拉开距离之说？事实上，所有赴平的飞机皆由时任交通部长的俞大维调动，朱家骅、傅斯年、蒋经国、陈雪屏只是协助，这从傅斯年致北大秘书长郑天挺的电报中即见分明，内中有"大维大卖力气，每日调度至可感。只要以上事办好，而机接（新旧）可行，飞机要源源而来的"等语。（见《傅斯年全集》，第七卷，欧阳哲生主编，湖南教育出版社 2003 年出版）

【56】《胡适传论》，下册，胡明著，人民文学出版社 1996 年出版。

【57】《陈寅恪诗集》，陈美延、陈流求编，清华大学出版社 1993 年出版。据陈寅恪"文化大革命"期间第七次交代稿称："我和唐筼都有心脏病，医生说宜往南方暖和之地。我因此想到岭南大学。抗战时期南开、清华、北大迁往云南并为西南联大，所以认识陈序经。遂写信与他，可否南来休养一个时期。一九四八年夏，他回信聘我来岭大教书。"（见《陈寅恪先生编年事辑》〔增订本〕，蒋天枢撰，上海古籍出版社 1997 年出版）时陈序经为岭南大学校长，与陈寅恪为旧识、同事，所聘这事属实，但说为了南方暖和而离北平，显然是为应付"过关"而作，真正的内情却不是如此简单，从这首"南飞"诗中可见出陈氏的心理与南飞的真正内因。

陈诗首联中的首句已有自解，下句"蔡威泪尽血犹垂"是全诗的关键，可谓"诗眼"。此句出自陈氏颇为推崇的庾信《哀江南赋》"申包胥之顿地，碎之以首；蔡威公之泪尽，加之以血"句。《哀江南赋》用《说苑·权谋》典故："下蔡威公闭门而哭，三日三夜，泣尽而继以血。旁邻窥墙而问之曰：'子何故而哭悲若此乎？'对曰：'吾国且亡。'曰：'何以知也？'应之曰：'吾闻病之将死也，不可为良医；国之将亡也，不可为计谋。吾数谏吾君，吾君不用，是以知国之将亡也。'"《说苑》与《哀江南赋》皆为伤悼当时残败亡国的政局和个人处境的描述，陈寅恪借用此典，是把身临的处境看作是国破家亡的严重事件。额、颈、尾诸联

的 "众生颠倒" "残命维持" "永诀" 等，皆是陈寅恪对时局的悲戚与对未来的预见和深切忧虑。自 1946 年底重返清华大学，至此次南飞约两年时光，因而陈诗有"北归一梦原知短"句，与翌年春到广州后所作"东归短梦不胜嗟"感慨相同。这首诗以及后来之作总题为《南飞集》传世。

从这首著名的 "南飞" 诗可以清楚地看到，陈寅恪出走清华园是有思想基础、政治准备和决然态度的，面对即将到来的 "众生颠倒" 局面，陈寅恪必须离开，这个心境在其兄的诗中亦有表露。

【58】《同照阁诗抄》，转引自《陈寅恪先生编年事辑》（增订本），蒋天枢撰，上海古籍出版社 1997 年出版。

第十五章　　　　　　　　　斯人独憔悴

◎ 醉不成欢惨将别

陈寅恪前往上海转赴岭南时，胡适、傅斯年等人仍在南京为风雨飘摇的国民政府"抢救学人计划"效力。1948 年 12 月 16 日，蒋介石与宋美龄夫妇在黄埔路官邸专门设寿筵宴请胡适与江冬秀夫妇，傅斯年陪同。平时请客从不备酒的蒋介石，特为胡适准备了上等好酒，破格示敬，并表示提前一天为其贺寿。尽管胡适对蒋氏夫妇的情谊深为感动，但当自己的助手胡颂平奉蒋氏之意劝他"到外国去替政府做些外援的工作"时，胡未予理会。回到住处，胡极不高兴地对助手胡颂平说："这样的国家，这样的政府，我怎样抬得起头来向外人说话！"[1]

12 月 17 日，是北大五十周年校庆日和胡适五十七岁生日，胡适出席了在南京北极阁下中央研究院礼堂大厅举行的北大同学会和校庆会。席间，胡适"发表沉痛演词"，这是胡氏离平前专门赶写的一篇纪念箴言，谓："北京大学今年整五十岁了。在世界的大学之中，这个五十岁的大学只能算一个小孩子。……我曾说过，北京大学是历代的'太学'的正式继承者，如北大真想用年岁来压倒人，他可以追溯'太学'起于汉武帝元朔五年（西历纪元前 124 年）公孙弘奏请为博士设弟子员五十人。那是历史上可信的'太学'的起源，到今年是两千零七十二年了。这就比世界上任何大学都年高了！但北京大学向来不愿意承认是汉武帝以来的'太学'的继承人，不愿意卖弄那二千多年的高寿……"

演讲词中，胡适高度称赞了蔡元培与蒋梦麟主持北大三十年的功绩，谓正是蔡与蒋

1946年9月,傅斯年结束代理北大校长,欢迎胡适前来上任。左为傅斯年,中为胡适,右为胡适之子胡祖望(来源:台湾"中研院"史语所傅斯年图书馆)

三十年的不懈努力,才使北大成为"一个继续发展的学术中心",并称蒋梦麟是"一个理想的校长,有魄力,有担当"的校长。又说:"民国二十年(1931)九月十七日,新北大开学了。蒋校长和全校师生都很高兴。可怜第二天就是'九一八'!那晚上日本的军人在沈阳闹出了一件震惊全世界的事件,造成了第二次世界大战的序幕!"但自此之后到卢沟桥事变北大南迁的六年国难之中,北大"工作最勤,从没有间断。现在的地质馆、图书馆、女生宿舍都是那个时期里建筑的。现在北大的许多白发教授,都是那个时期埋头苦干的少壮教授……现在我们又在很危险很艰苦的环境里给北大做五十岁生日。我用很沉重的心情叙述他多灾多难的历史,祝福他长寿康强,祝他能安全地度过眼前的危难正如同他度过五十年中许多次危难一样!"[2]

最后,胡适谓自己面临此次灾难"则已如一逃兵"且称"乃一不名誉之逃兵",言毕"声泪俱下,与会者几同声一哭"。[3]

胡氏演讲完毕,由傅斯年慷慨致辞。据当时报载称:"傅氏自称悲观,但竟以乐观言之,博得多数人破涕为笑。"[4]

与南京遥相呼应的是,此时的北平也正在举办北京大学校庆活动,只是比南京更为沉痛悲观,据当日报载称:"北大今在炮声中开始校庆节目,因胡适离平,主持乏人,展览讲演皆不能按预定节目进行,势将悄然度过。在郊外之农院一部学生,今被迫入城,衣物有损失,并饱受虚惊,学生在子民堂前痛哭流涕。"[5]

12月21日,清华大学校长梅贻琦率领第二批被"抢救"学人飞离北平抵达南京,同机者有李书华、袁同礼、杨武之、江文锦等24位教授。按计划该机将搭载更多的人南飞,"但以市内新机场跑道松软,只能载重三千磅,下午一时起飞,不离平之教授,决于廿二日成立联合会,并与当局取得联络"。[6]

就在梅贻琦等抵达南京后的第二天,教育部长朱家骅辞职。国民政府任命梅贻琦继任。梅自称未能将大部分北平教授接运出来,深感惭愧,表示不能从命,旋辞职,梅贻琦由此成了国民党在大陆统治时期最"短命"的教育部长。梅请辞后,暂由陈雪屏代理教育部长职。

未久，蒋介石给胡适冠以"总统资政"头衔，坚持让胡适前往美国，既不当大使，也没有具体任务，只是希望胡"出去看看"。胡适在经过一番心灵煎熬后，决定服从这一委派，重返美国为政府"做点面子"。[7]

1949 年元旦，共产党通过新华社发表新年献词，提出"打过长江去，解放全中国"的响亮口号。国民党败局已定，蒋介石正式委任心腹干将陈诚为台湾省政府主席，倾全力经营台湾，为国民党撤退做准备。这道命令，连时任副总统的李宗仁和台湾省主席魏道明事先都毫不知情。

就在这个元旦之夜，南京城一片死寂，胡适与傅斯年聚会一室共度岁末，师徒二人置酒对饮，相视凄然。瞻念前途，满目苍凉，思前想后，两位书生不禁潸然泪下。午夜的钟声响过，二人打起精神，重新抖起了文人的癫狂之态，一边喝酒，一边背诵陶渊明《拟古》第九：

> 种桑长江边，三年望当采。
> 枝条始欲茂，忽值山河改。
> 柯叶自摧折，根株浮沧海。
> 春蚕既无食，寒衣欲谁待。
> 本不植高原，今日复何悔！[8]

抗战胜利，傅斯年、胡适接办战后的北大，此时正好三年。"三年望当采"，正期望北大有所建树和成就之时，"忽值山河改"，由青天白日忽然变成了满地红旗，期望中的"事业"随之付诸东流。柯，枝干也。沧海，指东海。此二句是说桑树的枝干被摧折，根叶漂浮到大海中去，一切希望皆成泡影。"本不植高原"，"种桑"之地本就没在风雨无忧的高原，面对今日这般悲怆凄凉之境，又有什么后悔可言？待把此诗吟过数遍，二人酒劲儿上来，倒在桌旁昏睡过去。

当此之时，与胡傅二人友善的新任台湾省主席陈诚，以雷厉风行的军人作风和惊人的办事效率，于 1 月 5 日开始在台北主持政事。同日，陈诚即致电傅斯年："弟已于今日先行接事，介公深意及先生等善意，恐仍须有识者之共同努力，方能有济。弟一时不能离台，希先生速驾来台，共负巨艰。"[9]

台湾省主席陈诚以此电力促傅斯年"速驾来台，共负巨艰"（台湾"中研院"史语所傅斯年图书馆"傅档"）

第十五章　斯人独憔悴

傅斯年接到电报，意识到自己决定何去何从的最后时刻到来了，在命运的重要转折关头，向来干练决断的傅氏再度犹豫起来。此前，随着陈布雷自杀身亡，傅斯年也产生了继之而去的念头。这个念头存在他的心中已有时日，早在1932年他就说过："国民党固曾为民国之明星者若干年，而以自身组织紊乱之故，致有今日拿不起，放不下之形势。于是一切残余的旧势力蠢蠢思动，以为'彼可取而代之也'。"又说："平情而论，果然共产党能解决中国问题，我们为阶级的原故，丧其性命，有何不可。我们虽不曾榨取劳苦大众，而只是尽心竭力忠其所职者，一旦'火炎昆冈，玉石俱焚'，自然当与坏东西们同归于尽，犹之乎宋明亡国时，若干好的士人，比贪官污吏还死得快些一样子。一从大处设想，即知如此运命真正天公地道，毫无可惜之处。"【10】

据陈槃回忆："当首都仓皇之日，时有陈布雷、段锡朋二氏之殁，师因精神上大受刺激，悲观之极，顿萌自杀之念。而师未于此时殉国者，赖傅夫人爱护防范之力也。"【11】陈氏之说后来得到了俞大綵的证实。当时俞正准备陪母亲去广州、香港就医，傅斯年的弟弟傅斯严（孟博）暗中劝俞不要离开。俞大綵说："那时我的母亲患严重心脏病住院，大姐大纲，以南京危在旦夕，决奉母先飞广州，转香港就医，她要我同行，与她共同随机照顾病母。我虑及孟真旧病复发，加以他感时忧国，情绪极劣。母亲重病在身，长途飞行，极感忧虑，左右为难，不知何所适，从商之于孟真。他毫不迟疑地说：'你母亲病情严重，此行如有不测，你未能尽孝，将遗恨终生。你非去不可，不要顾虑我。'我略整行装，准备隔日启程，当夜孟博赶来痛哭流涕，责备我不该离开孟真。他说：'你难道不知道哥哥随身带着一大瓶安眠药，一旦共军攻入，他便服毒自尽么？那时，你将何以自处？'骨肉情深，感人肺腑，我们相对涕泣，我便放弃了广州之行。"【12】

傅斯年之所以没有自杀，除了他的夫人看护有加，与傅本人在心中牵挂着史语所同人和他的故朋亲友亦有极大关系，也正是这一条若隐若现的锁链，最终拴住了他的心并延长了其生命历程。就在傅氏准备赴台之时，胡适已向他透露自己不去台湾而想赴美国的打算，这个选择意味着胡、傅从此分道扬镳，天涯海角再难相见，这对傅斯年而言无疑又是一个极其重大的打击。傅顿感失去了一根庞大的精神支柱，心情更加凄凉与慌乱，不知自己该何去何从。当接到陈诚自台湾发来的电报后，他将自己关在房间里三天三夜，不住地绕室踱步，对脚下的故土越发生出一股难舍难离之情。傅氏反复吟咏、书写宋代著名忠烈辛弃疾《别茂嘉十二弟》之词句："将军百战身名裂，向河梁，回头万里，故人长绝。易水萧萧西风冷，满座衣冠似雪。正壮士，悲歌未彻。啼鸟还知如许恨，料不啼，清泪长啼血。谁共我，醉明月？"

其时，正是壮年的傅斯年已很清楚，在阵阵悲歌声中，已没有多少人与他共醉明月了。

1949年1月9日夜，被共产党部队围困在徐蚌战场达66个日夜的国民党军队，激战后全面溃败。解放军以伤亡13万人的代价，歼灭俘获国民党军55.5万人，徐州"剿总"副总司令、战场总指挥杜聿明被俘。

1月19日，傅斯年去意已决，决定搭乘军用飞机赴台。这天凌晨，在惨淡的星光照耀下，傅斯年偕夫人走出了史语所大院中的家门，胡适与傅氏夫妇在前，秘书那廉君殿后，一行人在漆黑寒冷的夜色中悄无声息地走着，没有人再说话，千言万语已说尽，最后要道的"珍重"又迟迟不能开口。当那扇宽大厚重的朱红色大门嘎嘎推开时，阴沉的夜色中，把门的老工友接过傅斯年手中的行李，在送向汽车的同时，呜咽着道："傅先生，今日一别，还能相见吗？"傅听罢，悲不自胜，滚烫的热泪"唰"地涌出眼眶，顺着冰凉的面颊淌过嘴角，又点点滴滴地随着夜风四散飘零。

"好兄弟，等着我，我会回来的。"傅说着，握住老工友的手做了最后道别，然后登车仓皇离去。正可谓："最是仓皇辞庙日，教坊犹奏别离歌，垂泪对宫娥。"

当天，傅斯年飞抵台北，此一去，竟是"回头万里，故人长绝"了。

1月31日，解放军占领北平城，中共宣布北平和平解放。

随着淮海、平津战役的终结，国民党政府已到了仓皇辞庙之日，再无心力"抢救"学人，这个"抢救大陆学人计划"最终未能像抢运大批的金银国宝一样顺利完成。据后来统计，除胡适、梅贻琦等几十位教授之外，中央研究院81位院士有60余位留在了大陆，各研究所除傅斯年领导的史语所算是较完整迁台，其他的几个如数学所等只有一少部分人员与仪器迁台。而此时被"抢救"出的学人，亦有一部分人最终去了香港和美国而不是台湾。

继蒋介石暂时隐退之后出任国民政府代总统的李宗仁，马上派代表张治中、邵力子等赴北平与中共进行谈判，展开了旨在保住江南半壁江山的和平攻势。为加强社会各界的力量和谈判砝码，李宗仁专门向已赴台湾的傅斯年发电，希望傅能出来助其一臂之力，尽快达到"和平之目的"。但此时的傅斯年对国共和谈已不抱任何希望，当场给予谢绝。在致李宗仁的信中，傅以一贯的处事作风和政治立场，直言不讳地表达了对时局的看法。文曰：

德邻先生赐鉴：

前奉复电感佩之至，我公以民生为念，倡导和平，凡在国人，同声感荷，然共产党之行为，实不足以理喻。共产党本为战争党，以往尚如彼好战，今日走上风，实无法与之获得和平，今看共产党态度，下列数事至为明显：

1. 分化敌人，彻底消灭中央政权，只与地方谈和，以实行其宰割之策，绝不以人民为念。

2. 绝对走苏俄路线，受苏俄指挥，而以中国为美苏斗争中之先锋队。

3. 对多年掌兵符者，必尽量摧毁，介公固彼所不容，而我公及健生宜生诸先生，彼亦一例看待，即我们读书人，不受共产党指挥者，彼亦一样看待也。

在此情形之下，中央倡导和平，忍辱负重，至矣尽矣，受其侮辱亦无以复加矣，凡此情形可以见谅于国人矣。乃共产党既如此，则和平运动恐须适可而止矣。盖如文伯、力子、介侯诸先生之办法，和平既不可得，所得乃下列之结果：

1. 江南各省分崩离析，给共产党以扩张势力以方便，而人民亦不能减少痛苦。

2. 合法政权既已大明，则权衡轻重，恐须即为下一步之准备，力子、文伯之谈和平，毫无办法，只是投降而已；偏偏共产党只受零星之降，不受具体之降，不知张、邵、甘诸公作何解也？

3. 大江以南之局势，如不投降，尚有团结之望（至少不是公开之纷争），如走张邵路线，只有全部解体而已。只要合法之政权不断气，无论天涯海角，支持到一年以上，将来未必绝无希望也。司徒大使实一糊涂人，傅泾波尤不可靠，彼等皆不足代表美国，今日希望以美国之助，与共产党取和乃绝不可能之事也。[13]

傅斯年这一与中共决绝的强硬态度，并不是一时兴起的妄言，实与他一贯的政治主张相吻合。他认为国民党之所以"半壁万里，举棋中儿戏失之"，则是因为"不能言和而妄言和，不曾备战而云备战"，[14]直至导致了不可收拾之残局。他在为国民党的败局潸然泪下与"不堪回首"之后，于痛定思痛中决定把全部精力投入到台湾大学的建设上，借以在精神上得到一点儿寄托和安慰。

4月21日，中共中央军委一声令下，百万大军在西起九江东北的湖口，东至江阴，总长达千里的战线上，强渡长江，蒋介石苦心经营达三个半月，号称"固若金汤"的长江防线轰然崩溃。4月23日，解放军占领南京，国民党统治了22年的"首都"失守，国民政府南迁广州。

8月14日，毛泽东在为新华社写的《丢掉幻想，准备斗争》一文中，对胡适、傅斯年、钱穆三人进行了点名抨击："为了侵略的必要，帝国主义给中国造成了数百万区别于旧式文人或士大夫的新式的大小知识分子。对于这些人，帝国主义及其走狗中国的反动政府只能控制其中的一部分人，到了后来，只能控制其中的极少数人，例如胡适、傅斯年、钱穆之类，其他都不能控制了，他们走到了它的反面。"[15]

1949年2月，南京，撤退中的国民党军队

1949 年 10 月 1 日，毛泽东在北京天安门城楼上宣告中华人民共和国中央人民政府成立。

10 月 14 日，广州失守，"国民政府"再迁四川，蒋介石随之出山，匆忙赶到重庆指挥战事，并在此度过了他在大陆的最后一个生日——六十三岁诞辰。

11 月 30 日，重庆陷落，蒋介石逃往成都。12 月 7 日，"行政院长"阎锡山率包括"中央研究院"在内的"国民政府"各机关从成都逃往台湾。12 月 10 日下午 2 时，一代枭雄蒋介石带着儿子蒋经国，在瑟瑟寒风中，从成都凤凰山机场起飞逃往台湾。此时解放军攻城的炮声正紧，为了逃命，蒋介石都来不及细看一眼大陆河山。此时的蒋介石没有想到，此一去，再也不能回到他眷恋不舍的神州大地。正是：

人生长恨水长东。无限江山，别时容易见时难。

◎ 退守孤岛

1949 年 1 月 20 日，傅斯年正式就任台湾大学校长。时台大中文系教授黄得时仰慕傅的声名，请其写几个字留念。一向以齐鲁大汉自居、自豪和自傲的傅斯年，挥毫写下了"归骨于田横之岛"[16]短幅相赠。众人见之，顿生凄怆之感，更想不到竟一语成谶。

抵台后的傅斯年仍兼任随迁的"中央研究院"史语所所长，但主要精力则投入到台大的兴建改革之中。

台湾大学的前身为"台北帝国大学"，是日本在中日甲午海战之后，强占台湾并于1928 年创建的一所综合性大学。1945 年抗日战争结束，台湾回归中国，当时国民政府派中央研究院植物研究所所长罗宗洛赴台接管该校，并改名为国立台湾大学，罗任校长。此时的台大经济拮据，举步维艰，刚上任的罗宗洛大有乱杆子扑头——痛中带晕之感，于是很快挂冠回沪，专任他的植物所所长去了。此后国民政府又相继委派中央大学教授陆志鸿和北平研究院研究员庄长恭出任台大校长职，他们又都因地方长官的冷漠和校内种种困难而辞职。当傅斯年执掌台大时，他已是抗战胜利之后

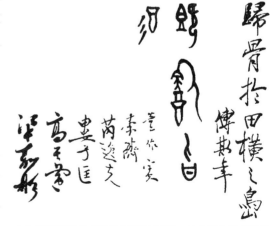

右为傅斯年手书"归骨于田横之岛"，左为董作宾用甲骨文补写的"既饮旨酒"，其他为史语所人员签名

369

第十五章　斯人独憔悴

的第四任校长。这个时候正是国民党大撤退，台湾地区大动荡、大混乱、大失控时期。学校内部房舍狭小，经费奇缺，校务混乱，学潮迭起。再加上几百万从大陆撤退的国民党军队、政府人员及家眷蜂拥而至，要求入学就读者骤然增加。原在"台北帝大"时代只容几百人的校舍，根本无法容纳狂潮一样汹涌而来的学生，一旦权要显贵人物的子女、亲属有入学者稍不如愿，这些高官大员便凭借手中权力横生枝节，给学校制造麻烦甚至灾难。傅斯年接手后仍是这种令人激愤和无奈的情形。

在"台北帝大"时代，学生大都是富家子弟，全部走读，学校不设宿舍。傅斯年执掌台大后，本着"决不让任何学生因经济拮据而丧失他的学业"的办学宗旨，不论学生出身贫富，一律按招考标准予以录取，从而使贫苦人家的孩子得有入学就读的机会。经此嬗变，出身穷且远离家乡的学生不断增多，台大的师资力量更显得异常匮乏。尽管在撤离大陆时，朱家骅、傅斯年已对这一问题有前瞻性的考虑和准备，无奈被"抢救"到台湾的学人实在太少，著名教授只有沈刚伯、钱思亮、毛子水、郑通和、余又荪、台静农、姚从吾、马廷英、王国华、方东美、夏德义、李宗侗、英千里、杨树人、潘贯、萨孟武、彭九生、陈振铎等三十几人，显然无法填补大多数学科一流座椅的空白。所幸的是"中央研究院"史语所、数学所等一批精英迁往台湾，才算把台大各院系勉强充实起来。如史语所抵台的李济、董作宾、凌纯声、芮逸夫、石璋如、劳榦、高去寻、屈万里等著名学者，皆应聘到台大兼课。因为这些条件，台大的师资力量才有所改观。

当然，此时的傅斯年一直没有忘记继续拉拢大陆学人赴台。据留在北大的邓广铭回忆说：傅斯年做了台湾大学校长，"此后便经常以朱家骅的名义给北大郑天挺先生打电报，号召北大教授到台湾大学去任教，有时也指名道姓，说要某某人去。记得点过张政烺先生的名，也点过我的名。当时郑先生问我去不去，我说，要论和傅先生的师生关系，我应该响应他的号召，到台湾去。不过，傅先生与蒋介石关系密切，所以跟他去。我与蒋介石没有什么关系，不愿跟他到那孤岛上去。我还和别人开玩笑说，如今国民党的军队是不战、不和、不守，我的态度是不死、不降、不走。我没有做过蒋介石的官，和国民党没任何关系，用不着为他们尽节殉死。我和共产党没仇恨，我在大学教书，人民政府是否让我继续教下去，当然还很难说，但这并不是一个投降不投降的问题。我不跟傅先生去，也不跟国民党走，决意留在北京大学"。[17]邓是北大历史系学生，与傅斯年的侄子傅乐焕既是同班同学又是好友，深得傅的赏识。邓毕业后受傅的邀请赴昆明和李庄出任北京大学文科研究所助教，其间一直受傅的提携与关照。两年后，邓广铭离开李庄，受傅斯年之荐任复旦大学副教授，抗战胜利后随傅到北大任校长室不挂名的秘书，直到胡适接掌北大仍任此职。再后来转入北大史学系任副教授、教授，并一度出任历史系主任一职，算是与北大瓜葛较深的一人。

邓氏所说，是1949年初期事，直到这年年末，甚至1950年的年初，傅斯年也一直未放松努力。像北京方面的郑天挺、罗常培、向达、汤用彤、冯友兰、饶毓泰、叶企孙、曾昭抡、钱三强、周一良、沈从文，特别是转往岭南大学的陈寅恪，多次受到傅的邀请，只是受邀者出于多方面的考虑未做响应，仍留在大陆"静观待变"，或躺在床上打着自己的算盘，做着"走进新生活"的美梦。这特定的历史阶段，还有一些不为人知的明争暗斗和黑幕，据说当时傅斯年很想邀请大陆的美学名家朱光潜到台大任教，但他手下的文学院院长沈刚伯生怕朱到台后，对自己的地位形成威胁，暗中作梗，把邀请信息暗中压下，秘而不宣。按朱氏后来的说法他没有去台之意，但就当时的情形，纵然想抽身起程已无能为力矣。[18]

坐在台大校长位子上的傅斯年，再度"聊发少年狂"，施展出当年敢打敢冲、"凡事先骑上虎背"的本领，对台大积习实实在在地来了一番大刀阔斧的改造。不论后台有多硬，凡不合学术水准、滥竽充数的教授，全部驱逐出校门；校内职员，特别是原"帝大"时遗留的医务人员，凡无医疗常识，不知救死扶伤为何事，只想自己的薪水待遇者，一律解聘。未出几个月，傅斯年就抡圆了手中的权力之刀，如同切西瓜一样将70余名不合格教授与职工切掉并赶出校园。自此，台大面貌为之一新，形成了一个蓬勃向上的局面。许多年之后，无论是傅的追捧者还是被赶走的对立者，在回忆这段不堪回首的往事之际，都不得不承认，假如没有傅斯年，台湾大学在那样动荡的时局中，想要在短时间中迅速崛起，奠定一个现代大学的基础是不可能的。据陈雪屏回忆，傅赴台时健康情形已很是令人担忧，"但他一方面心忧大局，同时锐志要把台大建设成一个够世界水准的学府，殚精竭虑，竟无一刻的轻松"[19]。也正是世事纷乱与劳累过度，导致了傅斯年英年早逝的悲剧。

傅在台大的改革使一部分人为之叫好欢呼的同时，自然触及了许多人的利益，令对方极为不快和恼怒。当时台大师生反对国民党腐败无能、以权谋私等令人激愤的丑行，学潮一浪高过一浪，而傅的对立面借学潮运动趁机发难，有国民党政客在报纸上发表致傅斯年的公开信，指责台湾大学优容共产党，并指名道姓地说法学院院长萨孟武"参共亲共"，某某院长、系主任是"共产党分子或参共分子，他们把持院系，排除异己"，把各院系变成培植亲共势力的温床等。

傅斯年对台大师生特别是台湾土著反蒋倒

傅斯年在台大校长室（来源：台湾大学校史馆）

蒋活动一直深恶痛绝，对学生中有真凭实据的共产党人亦不宽容，每有发现均严惩不贷，其态度与他处理西南联大学潮时并无二致，曾不止一次地喊出了"让布尔什维克滚出台大去"的口号。当时国共之战进入白热化，在社会各阶层极端混乱的情形下，有些学潮的发生可能有中共人员或职业学生暗中鼓动，有的或许是其他一般事件引起，因而当局与学校甄别起来极为困难。但不能排除的是，1948 年之后，确有中共党员学生或左派学生以各种渠道进入了台大。早于傅斯年迁台的"中央研究院"史语所研究员芮逸夫，于 1948 年 12 月 20 日在致傅氏密信中报告说："则学生分子问题，亦颇堪注意。台大学生，过去堪称纯洁无疵。但今夏招生，却有不少职业学生投考而竟被录取（据云，上海若干大学之二、三年级生，今夏考入台大者不少云）。在庄前校长任内，已准成立自治会，或谓赤色职业学生从此得在台大生根云。……又如浦逖生（南按：浦薛凤，原为清华、北大、西南联大教授，国民政府教育部政务次长，时为台湾省政府秘书长）先生对台大之看法，谓首须求台大之安定，而后再谈发展。"[20]

一个月后，傅斯年飞抵台湾接掌台大，大体按浦氏的路数走了下来，只是具体行动过程中的场面，要比浦氏想象的激烈、惊悚、动人得多，而台大甚至整个台湾社会得以安静的时间也比预期短得多。当然，这个结果首先取决于军事上的保证。对此，王世杰于傅斯年去世后很有感触地回忆说：民国三十八年（1949），大陆撤守，国民党政府播迁台湾，一时人心惶惶，都以为国民党政府的战斗力已失，没有希望了！当时从台北到新竹，甚至有反对蒋先生的标语出现，而"国防部"的次长，居然是一个"匪谍"（南按：指"军令部"决定作战战略的次长刘斐）。在此危急之秋，国民党政府播迁台湾能得以站稳脚跟，有两个重大事件不可不提。一是国民党军在金门前线古宁头之战和舟山群岛之步登岛之战，双双告捷，解放军进攻势头被遏制，台湾军事情势乃得以稳定。这个稳定也令国民党军付出了伤亡惨重的代价。"当舟山的情势十分危急之时，面对共军即将大举进攻，当地之军事指挥官于夜间电话请示，谓在众寡悬殊，弹药不继，情势极端不利之情况下，国军将何以自处？究竟是抵抗还是不抵抗？"时国民党东南军政长官陈诚愤然表示："我们现在还有什么问的！还有什么选择！就只剩下台湾一省和东南沿海的几个小岛，而这些小岛正是台湾的屏障，倘若再守不住，通通完了，退此一步，即无死所！还说什么抵抗不抵抗！"他拿起电话就说："你们给我打至最后一人！如果有不听命令的，就军法从事！"国民党军在哀兵的情况下，在步登岛打了一场大胜仗，这一仗与古宁头之役，解除了台湾被围的军事危机。第二是在后方即台湾岛上，"由于左派共党学生渗透到各学校，鼓动风潮，造成社会不安。在金门和舟山两次军事胜利之后，陈辞修将军就采取行动，清除这些制造风潮的左派分子，他得到傅孟真先生的充分合作，从各学校搜捕了一千多名共党学生，用船遣往大陆。这些坏分子一去，台湾内部社会乃趋于安定。"[21]

尽管傅斯年对左派特别是对潜伏于校园鼓动学潮的共产党分子极端厌恶与敌视，但他同时认为，如没有真凭实据，当局不能肆意进入校园在师生中搜查共产党，更坚决反对随意指责他人为共产党。当年西南联大爆发学潮并闹出了人命，他在致俞大綵的信中，谓西南联大学潮"地方当局荒谬绝伦，李宗黄该杀，邱清泉该杀""学校内部有好些不成话之事"【22】等等，这便是他的处事原则。正是缘于这一指导思想，当他读了报上对台湾大学师生的指责后，既恼又怒，毫不顾忌地以"他妈的！"开骂起来，而后采取以牙还牙的战略进攻态势，在报上两次发表措辞强硬的檄文予以反击，文中疾呼："学校不兼警察任务"，"我不是警察，也不兼办特工"。又说："若当局有真凭实据说某人是共产党，我将依法查办，但是我办理这种事，绝不能含糊其词，血口喷人。"最后愤然声明道："贪官污吏及其他既得利益阶级而把事情办坏了的，我不能引以为同志。"【23】其声色俱厉与咄咄逼人的态势，令对方不得不暂时退却，伺机而动。

1949年4月，在解放军发起渡江战役的前夜，台岛潜流涌动，一股看不见的力量蓄势待发，欲与海峡对岸紧密配合，彻底击溃蒋家王朝。时傅斯年执掌台大未及三月，便发生了著名的"四六学潮"，警备司令部与当地警察于夜间冲进台大校园，大肆拘捕涉"匪谍"案的学生，有72名学生被捕获押走。傅斯年在睡梦中被电话叫醒，对当局不经法律程序径行闯入校园随意逮捕学生极度不满，匆匆披衣，偕秘书那廉君驱车赶往台湾警备司令部，当面向原黄埔军校第五期毕业生，蒋介石迁台后最信任的得力干将，时任副总司令（陈诚兼任总司令）的彭孟缉中将交涉，当场提出三个条件：第一，速办速决；第二，军警不开枪，避免流血事件；第三，被捕的学生先送法院，受冤者，尽速释放。临走，傅斯年再度对彭孟缉警告道："我有一个请求，你今天晚上驱离学生时，不能流血，若有学生流血，我要跟你拼命！"向来不把黄埔前四期出身的国民党将领放在眼里，时正气焰熏天的彭孟缉被傅氏的凛然正气所震撼，又见傅斯年半挥着紧握的拳头，似想借机揍他一顿的凶悍之相，遂不敢造次，立即双脚并立，挺直腰板和脖颈，如同在老校长蒋介石面前接受训谕一样高声答道："若有人流血，我便自杀！"【24】傅斯年见对方态度还算诚恳，将握紧的拳头松开，冲彭孟缉友好地点点头，大手一挥，晃动肥胖的躯体大步走出警备司令部。

未久，台大被捕的学生多数放回，而与台大共同闹事的师范学院不但近百名学生被送进监狱，还有七名学生以"反革命"罪名被枪杀。事件过后，省立台湾师院受到了停课整顿，师生重新登记并接受军训、校园戒严等惩处。而国立台湾大学虽受波及，但比之师院要好得多，此皆得益于傅斯年竭力庇护、斡旋之功。许多年后，台湾师大师生还就这次事件与台大相比，并大骂当年的学校领导者软弱无能，活活葬送了学生的性命，实乃千古罪人，而对傅斯年则夸赞不绝，称其为真正的校长和顶天立地的大丈夫。

军警方面的交涉暂告一段落，学校师生的安抚工作必须立即进行。傅斯年返校后立即召开行政会议，向诸主管与各会负责人报告接洽交涉经过，并迅速刊出布告说明情况，最后表示："查内中所开，有数名并非本校学生，有数名业经拘逮侦讯。本校当尽量设

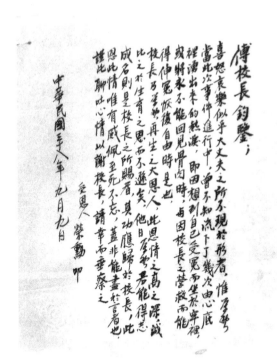

傅斯年搭救的台大学生所写谢函（台湾"中研院"史语所傅斯年图书馆提供）

法使此事成为纯粹法律事件解决，仰各生照常上课，为要。"【25】随后三天，每天发一布告，表示学校"继续向地方治安当局请求依法处理外，合行通告诸生周知"（7日）、"本校当局自必继续竭力向地方当局请求依法办理。务盼全校诸生，体念环境，力求镇静，有事应立即与学校当局接洽，以免在外发生枝节，并各照常上课，共维艰难，至要至要"。【26】

由于傅斯年的人格魅力和在营救学生中的大义凛然与真诚态度，多数无罪与无辜者被释放，风潮迅速平息，校园恢复正常状态。自此，大规模学潮不复再现，但仍有师生涉案被捕事件发生，傅斯年总是一如既往地挺身而出，或亲自到侦讯部门交涉，或函请军警当局释放无辜的教师与学生。许多蒙冤入狱而得到傅斯年关照并成功营救的师生，感动地流下了热泪，并表示对校长的恩情"至死不忘"。

1950年新生入学考试，国文卷由傅斯年亲自命题，其最重要的一题摘自《孟子·滕文公下》中一段：

> 居天下之广居，立天下之正位，行天下之大道。得志，与民由之；不得志，独行其道。富贵不能淫，贫贱不能移，威武不能屈，此之谓大丈夫。

此题可视作傅斯年赴台后"虽千万人吾往矣"的心志独白，也是对台大学生在精神层面上的殷切寄望。

这年的1月，风浪再起，校内外传言傅斯年将去国辞职，一时人心浮动，有趁机插足捣乱者。针对这一有害台大前途和傅氏本人形象的暗流，傅斯年于1月23日撰写了《致台大同事同学》的公开信，信曰：

> 诸位同事先生及同学：
> 近日校外校内传言斯年将去国，将辞职，同事同学频来问讯，敬声明如下：
> 一、我之身体虽坏（久患血压高），然久病之后转不以为念。绝无于此困难之时，舍同事同学他去之理。

二、去年中华教育文化基金董事会以在美开会，须国内去人方足法定人数，故曾来电约去，期为 2 月 8 日。斯年以为此时去开会，必须谣言。明知有此一行，或可为台大募几许钱，然权衡轻重，仍不去，故当时立即电复不去（来往信件均在陈秘书渝生处，愿看者可自由取阅）。

三、半年多，校外攻击斯年者，实不无人，彼等深以不能以台大为殖民地为憾。然彼等原不知大义为何物，故如遂其志，实陷本校于崩溃。鉴于一年来同事同学对斯年之好意，值此困难之时，决不辞职，决不迁就，决倍加努力，为学校之进步而奋斗！

（下次校刊中登出此事有关文件。）

傅斯年

一月二十三日[27]

正是这种内外交困的局面与傅斯年本人刚烈的性格，导致他血压骤然升高，身体很快垮了下来。1950 年夏天，傅身患胆结石，不得不到医院做手术。出院时医生劝他至少要在家中休养一星期，但台大的事务纷乱如麻，根本无法办到。对此，随国民党赴台的朱家骅曾以十分伤感的心情回忆道："在他（傅斯年）去世的前几天，闲谈之中，他忽然对我说：'你把我害苦了，台大的事真是多，我吃不消，恐怕我的命欲断送在台大了。'当时我只以为他因感觉办事的辛苦，而出此苦语。不意数日之后，便成谶言，更使我悲痛万分，有负良友。"[28]

像冥冥中有一种定数，傅斯年于心力交瘁中，生命的步伐戛然而止，一头扎进了烟雨迷蒙的黄泉古道。其情其景，俞大綵有一段深情的回忆：一九五〇年"十二月十九日，他去世的前夕，是一个寒冷的冬夜，我为他在小书室中升（生）炭盆取暖。他穿着一件厚棉袍伏案写作。我坐在对面，缝补他的衣袜。因为他次日要参加两个会议，我催他早些休息，他搁下笔抬头对我说，他正在为董作宾先生刊行的《大陆杂志》赶写文章，想急于拿到稿费，做一条棉裤。他又说，你不对我哭穷，我也深知你的困苦，稿费到手后，你快去买几尺粗布，一捆棉花，为我缝一条棉裤，我的腿怕冷，西装裤太薄，不足以御寒。"[29]

傅斯年说到这里，俞大綵一阵心酸，欲哭无泪。尽管当时台湾的经济状况极度混乱糟糕，但比抗战时期在昆明和李庄总要好一些，傅斯年作为当时台湾岛内唯一一所大学的校长兼"中研院"史语所所长，一般人也许觉得他不该再像李庄时代那样闹穷了，殊不知当时傅领的只是台大的一份薪水，儿子傅仁轨仍在美国读书，他和时任台大英语系副教授的夫人俞大綵两个人的收入，仅能维持最低限度的生活。此前傅斯年拿到一笔报刊文章的稿费，想托卫生署的官员刘瑞恒出差到香港时买一套现成的西服，但把稿费和家里的存款加起来一算，只能买一件上衣。傅斯年只好说："幸而我还有没破

375

第十五章　斯人独憔悴

的裤子。"【30】

在这个暗伏不祥之兆的冬夜，正当俞大綵为家中的穷苦生活黯然神伤时，傅斯年起身满脸疲倦地打了个哈欠，突然指着壁上的书架说："这些书，还有存于史语所一房间的书，我死后留给儿子。我要请董作宾先生制一颗图章，上刻'孟真遗子之书'。"言毕，长叹一声，一反常态地对俞大綵说道："你嫁给我这个穷书生，十余年来，没有过几天舒服的日子，而我死后，竟无半文钱留给你们母子，我对不起你们。"【31】俞大綵听到这里，大为惊骇，急忙起身捂住了傅斯年的嘴巴，没让他继续说下去。

后来俞大綵回忆这个夜晚的凶兆时说："我一向不迷信，难道这几句话就是他的遗言？夜深了，窗外吹起一阵寒风，室内盆中的炭已化成灰，我猛然感到一阵透骨的寒冷。"【32】

不数日，当董作宾含泪把稿费送到傅家时，俞大綵双手捧着装钱的信封，悲痛欲绝，泣不成声。用心血换取的稿费到了，但此时的傅斯年已命归黄泉，不再需要为自己的双腿做御寒的棉裤了。

◎ 傅斯年之死

1950 年 12 月 20 日上午，傅斯年出席由蒋梦麟召集的"农复会"一次会议，讨论农业教育改进和保送台大学生出去深造问题。在这个会上，傅提了不少意见，据在现场的人回忆说，他一会儿用汉语讲话，一会儿用英语和美国人交谈，一会儿汉英交杂，滔滔不绝地大发宏论。两个多小时的会议，他讲的话比任何人都多。午饭后稍事休息，傅又于下午 2 时许赶往省"议会厅"，列席台湾省"参议会"第五次会议。这一天，"参议会"上所质询的问题全是有关教育行政方面的事务。下午会议开始后，傅斯年登台讲话，但主要由时任台湾省"教育厅厅长"的陈雪屏作答。大约到了 5 点 40 分，"参议员"郭国基突然蹦将起来质询有关台大的问题。这郭国基乃台湾省屏东人，生于 1900 年，曾留学日本。此人好勇斗狠，一生的理想追求就是造反起事，占山为王，或先把天下搞乱，然后再由他出面来个"天下大治"等。在日本留学时，郭氏就开始率领李铁拐、张歪嘴、王拴狗等一帮乌合之众与流氓无产者，打起"苍天已死，国基当立"的大旗或明或暗地闹将起来。抗战胜利后，他对国民政府派员接收台湾极不甘心，再度纠集蒋渭川、王添灯等一批流氓恶棍，与以国民政府接收大员陈仪为代表的台湾省行政长官公署公开叫起板来，对大陆赴台军政官员极尽丑化、污蔑之能事，一度被捕入狱。后来，随着国民党新政策的到来，郭国基出得监狱。未久，又鲤鱼跳龙门，一跃成为具有正义化身的台湾省"参议会"的"议员"和"立法委员"。坐上政府大员专用木头皮椅的郭氏，大有小人得志的做派，无论在什么场合，总是难以收敛流氓无产者的本性，胡乱发一些火药味甚浓的长篇宏论，气焰凶妄，举止轻狂，江湖上人送外号"郭大炮"。

1950 年 12 月 20 日，傅斯年列席台湾省参议会时做报告场景

意想不到的是，作为台大校长的傅斯年竟与这样一个流氓恶棍在"议会"大厅遭遇了。

当时的台湾大学属台湾省政府拨款，故郭国基便以地头蛇身份，怪叫着向"傅大炮"斯年开起火来。据在场者事后透露，郭的发难主要针对国民党"教育部"从大陆抢运来台并存放于台湾大学的器材如何处理，以及放宽台大招生尺度等问题。此事看起来简单，而又十分敏感、复杂、棘手。如台大之招生，尺度已尽量放宽，招生人数已达最大限度，但各界仍不满意，特别是郭国基辈纠集部分失意政客，以各种方式和手段向学校施加压力，惹得傅氏极其恼火愤怒。今日郭氏之质询，当然须由傅斯年亲自答复，于是傅不得不第二次登台讲话。在回答完上述两个问题之后，郭又提出台湾大学用的是台湾人的钱，就应该多聘台湾教授，多取台湾本地学生，否则便是与台湾人民作对云云。傅针对郭的无知狂妄，开始予以反击，在讲台上大谈其办学的原则、规矩、计划与理想等，并称台大考试对台湾学生已尽量照顾，考虑到台湾学生的国语水平较差，在录取时专门规定国文科分数比大陆学生降低 10 分录取等。讲着讲着情绪激动起来，傅说道："奖学金制度，不应废止，对于那些资质好、肯用功的学生，仅仅因为没有钱而不能就学的青年，我是万分同情的，我不能把他们摒弃于校门之外。"最后他高声说道："我们办学，应该先替学生解决困难，使他们有安定的生活环境，然后再要求他们用心勤学。如果我们不先替他们解决困难，不让他们有求学的安定环境，而只要求他们用功读书，那是不近人情的……"[33] 讲完话时，大约是 6 时 10 分，傅斯年满含怨气地慢步走下讲台。就在即将回到座位时，他突然脸色苍白，步履踉跄，坐在台下的陈雪屏见状，赶紧上前搀扶，傅只说了一句："不好！"便倒在陈雪屏怀中昏厥过去。离得较近的"议员"刘传来赶紧跑上前来，把傅斯年扶到列席人员的座席上，让其躺下，顺便拿陈雪屏的皮包做了枕头。从此傅进入昏迷状态，再也没有醒来。

刘传来本身是台大的医学教授，经他初步诊断，傅是高血压病发作，于是一面用冷毛巾贴其额，一面打电话通知台大附属医院和傅斯年的夫人俞大綵。傅原定当天晚上 6 点钟在他家中召集有关人员开会，商讨政府和台湾大学合办"血清疫苗制造所"事宜。

台湾大学校门（作者摄）

下午 2 点多钟，傅斯年还打电话给校长室秘书那廉君，让他把自己亲笔拟定的合作办法准时送到家中，以便开会时用。5 点多钟，那廉君来到傅家，俞大綵以为众人在家里开会，自己不便打搅，准备外出去吃饭。不久，傅的司机老杨气喘吁吁地跑进来呼喊："校长不行了，校长晕倒了！"俞大綵、那廉君等急忙驱车赶到"省议会厅"。

大约 6 时 30 分，台大附属医院院长魏火曜，台大医学院代院长叶曙、副教授王大杰亦赶到会场。经王大杰诊断，傅斯年得了脑出血，当即采取急救措施，抽血 300C.C，这时血压尚高至 190。7 时 30 分左右，国防医学院院长卢致德、内科教授丁农，台大医学院教授林天赐、严智钟等亦闻讯赶到，诊断结果与前同，于是商议再抽血 150C.C。此时，陈诚、何应钦、王世杰、程天放、罗家伦、朱家骅等政界要人，以及学术界人士李济、董作宾、毛子水、萨孟武、英千里、劳榦等纷纷赶来探视病情。蒋介石闻讯后，立即指令陈诚动员台湾所有名医，不惜代价抢救傅斯年的生命，并要陈诚每过半个小时打一次电话向自己报告傅斯年的病情。陈诚得令，竭尽全力组织台湾一流的医务人员抢救治疗。病床上的傅斯年一动不动，西装已被剪开，头部堆满了冰块，医生、护士跑前跑后紧张地忙碌着。满脸焦虑之色的陈诚在会议室来回踱步，周围站立的一圈党政要人均不敢坐下，同样满脸焦虑、神态凝重地观望着来自病室的风吹草动。

晚上 9 时 30 分左右，傅斯年的血压渐降至 180 左右，体温亦降至 38℃，情况稍有好转。至 11 时，血压又增至 230，体温升至 40℃。至 11 时 23 分，仰躺着的傅斯年突然睁开了眼睛，床前众人惊喜交加，以为傅氏终于醒了过来。医师急忙走过来按了按脉，抬手合上了傅斯年的眼皮，一声不吭地退后低下了头。这时众人才真正地顿悟——傅斯年走了。门外的俞大綵会意，急步进来抱着傅斯年号啕大哭："孟真啊，孟真……"陈诚等人闻讯，冲出会议室呼呼隆隆地向病房奔来。傅斯年就此与大家永别。

第二天，台湾省"议会副议长"李万居召开记者招待会，宣布台大傅斯年校长于 20 日夜"弃世"。李万居乃台湾本地人，国语水平极差，有记者误把"弃世"听成"气死"。于是马上传出消息，说傅斯年参加省"议会"，被"参议员"郭国基活活气死于讲台上。当天台湾报界刊发消息，称"郭大炮"与"傅大炮"两门大炮不幸交火，"大炮议员郭国基骂倒傅斯年，傅氏绝命身亡"。

12月21日，台湾大学宣布停课一天，悼念傅校长，并下半旗志哀，由各院系学生代表联合会组织学生排队前往极乐殡仪馆致唁。当学生们听说傅斯年是被郭国基活活气死的消息后，心中的悲痛立即转成愤怒，纷纷冲出灵堂，打着"失我良师"的白色横幅，向省"议会厅"涌去。学生们聚集在省"议会厅"门口，强烈要求气死傅斯年的郭国基出来述说昨日会场中质询之经过。郭国基隔着门缝看到学生们包围了"参议会"大厅，并听到学生们高声怒吼："郭国基有种你出来，你出来……"冲在前方的学生喊叫着与"参议会"阻拦人员扭打在一起。躲在门后的郭国基见状，立即意识到事情严重，怕遭到对方的群殴与痛击，往日的张狂之气顿消，急忙溜出后门，老鼠一样逃窜了。"副议长"李万居一看郭氏溜之乎也，万般无奈中，只得硬着头皮出面向学生解释，说郭国基昨天提出的质询没有伤害傅校长处，言辞也不过分等，学生们置之不理。陈雪屏又出面加以解释说："昨天的质询，总共有六项，我本人回答了四项，傅校长回答了两项，那些问题都不是什么难题……"[34]但学生坚持要郭国基出来答话。人越聚越多，有人喊出了"杀郭国基以为傅校长报仇雪恨"等口号，开始冲撞"议会"大厅，局面异常紧张，台北市警察局长亲临现场指挥大批警察维持秩序。此时阴风顿起，大雨骤降，风雨交织中现场更加混乱，愤怒的学生终不肯离去，继续冲击"议会"大厅，并与警察发生肢体冲突。直至下午1时20分，台湾大学训导长傅启学冒雨赶来，向群情激愤的学生说："我跟傅校长一块在北大时，即是好朋友，我到台大也是由于傅校长让我来的，这次出事我十分愤慨。不过现在大家只有百多人，我们回去聚集全校师生开会讨伐他。而且现在是戒严时期……"傅启学转头看了一下眼前全副武装的宪警，又说："郭国基在议会里讲话，可以不负责任，他所问的问题，都是些没有常识的问题。傅校长是学术界第一流的人物，拿他和一个毫无常识的参议员是不能相比的。今天大家到这里来，是出于对傅校长的敬爱，假如他在世的话，一定不愿大家这样做。如果今天诸位同学出了事，叫我如何对得起地下的傅校长？我们回去吧！"[35]言毕，傅启学已是泪流满面。学生们见状，悲从中来，同声哭泣，泪水和着雨水在整个"议会"大厦前漫延流淌。眼看已是黄昏时分，傅启学含泪表示会将同学们提出的问题交省"参议会"，由"参议员"做书面答复，尚未吃中午饭的学生们已是饥肠辘辘，又听说郭国基已从后门逃跑，一时难以抓住，只好返校。

12月22日，傅斯年遗体大殓，自早晨7时起，前来吊唁者陆续涌至，而后人越来越多，殡仪馆的屋子和院子几无立足之地。在上千吊唁者中，有台湾学者、名流、国民党高级官员、傅斯年的亲友同事和台湾大学的学生。国民党大佬于右任扶杖前来，陈诚哭得两眼红肿，王宠惠、蒋梦麟、罗家伦、王世杰、朱家骅、李济、董作宾、毛子水等人，另外加上一个刚从香港赴台，与傅斯年生前关系并不融洽的钱穆，都站立在人群中

傅斯年遗体大殓时，于右任等台湾政要人员前往致吊（来源：台湾大学校史馆）

默然相送。10时30分，傅斯年的遗体送往火葬场，上千人冒着大雨，踏着泥泞道路，慢慢行走。热泪横流的学生们手执小旗，上面写着："校长，回头来瞧瞧我们！"望之令人心碎。目睹此场面的台湾记者于衡，在1973年撰写的回忆采访生涯的长文中说："傅斯年先生逝世，是我采访二十五年中，所见到的最真诚、最感人的一幕。"[36]

12月31日，亦即1950年的最后一天，治丧委员会在台湾大学法学院礼堂（当时台湾大学本部尚无大礼堂）举行傅斯年追悼大会。礼堂正中，悬挂着蒋介石亲笔书写的"国失师表"的挽章，国民党高级官员、名人学者的挽章、挽联分挂两旁。蒋介石亲临致祭，各界要人亦皆前来，竟日致祭者达5000余人。据统计，当时各界致送挽联达270余副，挽诗60余首，挽词20余首，祭文6篇，唁电唁函90余封。各报章、杂志、专刊登载纪念文章110余篇。其中"中央研究院"历史语言研究所同人的挽联是：

廿二载远瞩高瞻，深谋长虑，学术方基，忍看一瞑；
五百年名世奇才，阃中肆外，江山如此，痛切招魂。[37]

台湾大学全体师生的挽联曰：

早开风气，是一代宗师，吾道非欤？浮海说三千弟子；
忍看铭旌，正满天云物，斯人去也，哀鸿况百万苍生。

国民党大佬于右任挽联：

是子路，是颜回，是天下强者；
为自由，为正义，为时代青年。

蒋介石于12月22日发唁函致俞大綵夫人。12月30日又颁布褒奖令，曰：

国立台湾大学校长兼中央研究院历史语言研究所所长傅斯年，性秉刚正，学造渊微。早岁从事文化运动，克树风声；留学欧西，益增渊涉。都讲大庠，成材蒸众。主持历史语言研究所，商量邃密，纂记繁丰；绝学昌明，有光盛业。中间历膺国民参政员、立法委员，谠论渊谟，时政多所匡正，清议资以转移。比年膺任台湾大学校长，教学水准，日渐提高；青年思想，入于正轨。其苦心诱导，力挽横流之功，尤堪矜式。揆其生平始末，困学之勇，忧国之忠，嫉恶之严，信道之笃，允为学行并茂之全才，亦民主自由之斗士。方期遗大投艰，更隆厥用，乃以国步艰屯，自忘痼疾，巨细躬亲，卒致脑溢血而逝。缅怀猷绩，痛切良深！应予明令褒扬，交由行政院从优议恤；生平事迹，存备宣付国史馆；用示政府笃念忠贤之至意。[38]

　　傅斯年去世后，国民党政权任命钱思亮为台大校长。校方为纪念傅氏开创台大一代先风之功绩，按照弗吉尼亚大学为美国第三任总统杰弗逊（Thomas Jefferson）专门在校园内建造陵墓的成例，特在台大正门旁之热带植物标本园划拨出一块地建造希腊式纪念亭，亭中用大理石砌长方形墓椁一座。墓前立无字方尖碑一座，另有喷水池搭配，形成独特的景观。1951年12月20日，傅氏逝世一周年忌辰，举行安葬仪式。由傅斯年生前同窗加好友罗家伦前导；家属傅乐成、傅乐仁及台大学生代表联合会前后任主席罗锦堂、李德进四人，自温州街傅宅分程捧骨灰盒步行至纪念亭；钱思亮校长主持典礼；傅夫人俞大綵亲手将傅斯年的骨灰安置在大理石墓椁中。现场有2000余人观礼，气氛庄严肃穆。自此，这里被称为"傅园"，墓亭定名斯年堂，静谧地掩映在鲜花翠柏之中，浑然一体，蔚为壮观。从斯年堂轻轻走过，很能令人想起静卧在弗吉尼亚校园的杰弗逊墓碑碑文："在这里安息的，是美利坚合众国《独立宣言》和弗吉尼亚宗教自由法的执笔人、弗吉尼亚大学创办人，托马斯·杰弗逊。"——这个令世界人类为之景仰的墓志铭，据说是杰弗逊生前所题，死后刻到墓碑上的。他没有提及自己生前曾做过美利坚合众国总统之事，或许认为总统这个职位对人类的贡献和个人的荣耀，都无法与所镌刻的任何一项相提并论。而台大傅园的无字方尖碑，虽非死者生前所嘱，但就傅氏一生的人格风范，若地下有知，想来是会为之颔首的吧。

1951年，台大校内纪念傅斯年的傅园落成，傅氏安葬于该地（来源：台湾大学校史馆）

傅园建成后，兵工署特别捐赠了一座纪念钟，钟上铸有傅斯年提出的"敦品励学，爱国爱人"八字校训。后来，这座钟被架设在行政大楼前的水池和椰林大道之间，名为"傅钟"，是台大的精神象征。

台大校园内的傅园供人瞻仰凭吊，傅钟更成为台大每日上课、下课的鸣钟。每当深沉悠扬的钟声响彻，在激起台大师生工作、学习热情的同时，也从流逝飘散的岁月中唤起对傅故校长斯年的怀念之情。每年的12月20日，台湾大学都在傅园布置鲜花瓜果以示纪念。3月26日，即傅斯年的诞辰之日，则由史语所和台湾大学轮流举行学术演讲纪念活动。自1954年始，此项活动作为一种传统延续下来，历久不辍。傅园内外，那枝叶繁盛、高耸入云的椰子树，既象征自由知识分子的卓然风骨，又如同蔼然慈厚的神祇，宝爱着这一介书生和谔谔之士的高傲灵魂，于天地间永恒地存活。

傅斯年溘然长逝后，胡适从美国发唁电给傅氏遗孀俞大綵："孟真的去世使中国失去了一位最有天才的爱国者，我自己则失去了最好的朋友、诤友与保护人。……"[39] 1952年12月20日，胡适专程由美国乘机赴台，出席教育学术界联合召开的傅斯年去世两周年纪念会。会上，胡氏以"无限的伤感"对傅斯年这位学生、故友做了如下评价："他无论在什么地方，总是一个力量。在学校里做学生，在新潮社办《新潮》杂志，以及后来在外国留学，都是那些团体中的一股力量。"又说："他这样的人，无论在什么地方都能发挥其领袖的才干。他有学问，有办事能力，有人格，有思想，有胆量；敢说话，敢说老实话，这许多才性使他到处成为有力量的人。……所以他的去世，是我们最大的损失。"[40]

相对于海外学人的举动，海峡另一边的大陆寂寂无声，身居南国的陈寅恪辗转得此噩耗，想起与傅的交情，特别是抗战八年傅给予自己的帮助与关怀，悲从中来，于傅去世当年的12月赋诗一首为之追念。陈氏不能直白地剖露心迹，只能采取"曲笔"，以《霜红龛集望海诗云〈一灯续日月不寐照烦恼不生不死间如何为怀抱〉感题其后》为题，吟诗一首，以此表达心中的哀悼之情。诗云：

> 不生不死最堪伤，犹说扶余海外王。
> 同入兴亡烦恼梦，霜红一枕已沧桑。[41]

此乃仿明末著名学者，明亡后毁家纾难，蘩不恤纬，反清复明失败而隐居山寺，号朱衣道人的傅山（青主）之诗而作。原诗云："关窗出海云，布被裹秋皓。夜半潮声来，鳌抃郁州倒。一灯续日月，不寐照烦恼。佛事冯血性，望望田横岛。不生不死间，如何为怀抱。"[42]

陈诗通过仿傅青主之意，隐晦地悼念曾自言"归骨于田横之岛"的亡友。——这是当时整个中国大陆对傅斯年唯一的一份文字纪念。正是：

> 蒿里谁家地，聚敛魂魄无贤愚。鬼伯一何相催促，人命不得少踟蹰。[43]

注释：

【1】【8】《胡适之先生年谱长编初稿》，第六册，胡颂平编著，台北：联经出版公司1990年出版。

【2】【3】胡适《北京大学五十周年》，载《国立北京大学五十周年一览》，北京大学出版部1948年印行。

【4】【5】《申报》，1948年12月18日。

【6】《政府派机救援平教授，首批安全撤抵京》，载《申报》，1948年12月22日。

【7】《胡适日记全编》，第七册，曹伯言整理，安徽教育出版社2001年出版。见1949年1月8日条。

【9】《傅斯年文物资料选辑》，王汎森、杜正胜编，台北：傅斯年先生百龄纪念筹备会1995年出版。

【10】《"九一八"一年了》，载《傅斯年全集》，第四卷，欧阳哲生主编，湖南教育出版社2003年出版。

【11】陈槃《师门识录》，载《傅故校长哀挽录》，台湾大学1951年6月15日印行。

【12】【29】【31】【32】俞大綵《忆孟真》，载台北《联合报》副刊，1997年3月26日、27日。

【13】《致李宗仁书》，载《傅斯年全集》，第七册，台北：联经出版公司1980年出版。健生，指白崇禧；宜生，指傅作义。文伯，即张治中；力子，即邵力子；介侯，即甘介侯。又，司徒即原燕京大学校长司徒雷登，1946年7月出任美国驻华大使。傅泾波乃中国满族正红旗人，燕京大学毕业生，时为司徒雷登的私人秘书兼助手。

【14】《贺蒋"总统"复职电》，载《傅斯年全集》，第七册，台北：联经出版公司1980年出版。该电文刊于台北《"中央"日报》，1950年3月1日。

【15】《毛泽东选集》，第四卷，人民出版社1968年出版。

【16】田横岛位于山东省即墨市田横镇东部海面1.9公里处，面积1.46平方公里。田横岛之得名，与一个叫田横的人有关。田横（？—前202），秦末狄县（今山东高青县东南）人。《史记》载：秦末陈涉起义，天下大乱，狄县的故田齐宗室中的田儋、田荣、田横三兄弟反秦自立，儋为齐王。后田儋被秦将章邯所杀，从弟田荣为王。项羽伐齐，荣被杀，田横收复失地，立荣子田广为王，自为相。楚汉战争中，汉王刘邦派使者郦食其赴齐连和，终于说服了田广与田横。于是田横解除战备，设宴大事庆贺。正当齐国懈备之际，汉将韩信为争头功听信谋士计策，趁郦食其在齐大吃二喝、扬扬得意之时，引兵东进，攻入齐国。田横、田广非常愤怒，认为中了郦食其的奸计，而汉王刘邦背信弃义，盛怒中立即烹了郦食其。齐汉交

锋，齐师大败，韩信袭破历下军，陷都城临淄。田广逃亡中被杀，田横孤军奋战，自立为王。后与其徒属五百人入海，居于一个孤岛上。

刘邦称帝后，怕其东山再起，谋兵作乱，乃召田横。田横自知大势已去，为保全岛上兵士，辞别海岛西行。至洛阳城30里处时，因不愿面见、臣服刘邦而自刎。岛上兵士闻讯，悉数挥刀殉节。后人感念其英烈，收殓兵士尸骨合葬于山顶并立祠祀之，岛遂有今名。岛上立有一大冢，即五百义士合葬墓，冢侧立有一碑亭，内有石碑，详细记述了田横自刎及五百义士殉难的史实。司马迁在《史记·田儋列传》中曾慨叹："田横之高节，宾客慕义而从横死，岂非至贤！余因而列焉。不无善画者，莫能图，何哉？"

明代高丽人郑道传曾有《呜呼岛吊田横》一诗，诗曰："晓日出海东，直照孤岛中。夫子一片心，正与此日同。相去旷千载，呜呼感予衷。毛发竖如竹，凛凛吹英风。"（见《池北偶谈》，下册，卷十八，[清]王士祯著，中华书局1982年出版）此后，清代诗人黄守相、张铪都曾先后题诗田横岛，抒发了对五百义士千秋忠烈的赞美之情。现田横岛为山东省文物保护单位。

【17】邓广铭《回忆我的老师傅斯年先生》，载《傅斯年》，聊城师范学院历史系等编，山东人民出版社1991年出版。

【18】李敖《舌下无英雄，笔底无奇士——〈教育与脸谱〉序幕》，载《一个学阀的悲剧》，李敖著，台北：远流出版公司1986年出版。

【19】陈雪屏《北大与台大的两段往事》，载台北《传记文学》，第二十八卷第一期，1976年1月。

【20】《芮逸夫致傅斯年函》，台北"中研院"史语所傅斯年图书馆"傅斯年档案"。

【21】王世杰《傅先生在政治上的二三事》，载台北《传记文学》，第二十八卷第一期，1976年1月。另，关于中共地下人员潜伏台湾各机关、学校、企事业等单位，向大陆中共传递情报并待机举事的事实已逐渐解密，此处仅举一例。1950年2月6日，据称以于非为主的"中共中央社会部台湾工作站"，被台湾特务机关"内政部调查局"侦知。于非事先逃离，其妻肖明华被捕（1950年11月8日被枪杀）。受此案牵连，同年5月9日至6月15日期间被捕的人有：在"台湾省农林厅"工作的余熙及其领导下的小组成员，李学骅（在基隆经营港风咖啡馆）、郑富春（"台湾省铁路局"机工课长）、周哲夫（"台湾省铁路局"文书股长）、陈平、周一粟、孙玉林（在花莲经营广益行泰来米厂及林场）、林振成、简桂生、刘维杰（花莲旅社老板）、苏艺林（中校军官）、于凯（台大学运领导人）、马学枞（台北《国语日报》校对）、安学林（"国防医学院"见习护士）、严明森（台北《国语日报》编辑）、姜民权（女，台大学生）、张庆（台大学运领导人）、葛仲卿（"国防医学院"学员）、田子彬（高雄港口警官）、梁钟（上校副处长）、游飞（"台湾省铁路局"专门委员兼防空情报署副署长）、谭兴坦（台湾工矿公司副管理师）、白静寅（"某部防守司令部"少校参谋）、徐毅（"台湾省教育厅"编审委员会干事）等105人。另有梁学政、张葆二人逃脱。1950年10月中旬，被认为与该案有关的"共党香港交通站负责人"

徐国华，自港到台后也被台湾特务机关逮捕。从这个事件可以看到，牵涉台湾大学三人，而没有被发现和遭当局逮捕的潜伏者自然更多。

【22】《致俞大綵》，载《傅斯年全集》，第七卷，欧阳哲生主编，湖南教育出版社 2003 年出版。

【23】《傅斯年校长的声明》，载台北《民族报》，1949 年 7 月 14 日。另篇《傅斯年校长再一声明》，刊于 7 月 20 日同报。

【24】《彭孟缉先生访问纪录》，赖泽涵、许雪姬访问，蔡说丽记录，载《口述历史》，第五期，台北"中央研究院"近代史研究所口述历史编辑委员会编，台北"中央研究院"近代史研究所 1994 年 6 月 30 日印行。

【25】【26】《国立台湾大学布告》，载《傅斯年全集》，第五卷，欧阳哲生主编，湖南教育出版社 2003 年出版。

【27】《傅校长给同事同学的公开信》，载《国立台湾大学校刊》，第五十五期，1950 年 1 月 30 日。

【28】朱家骅《悼亡友傅孟真先生》，载台北《"中央"日报》，1950 年 12 月 31 日。

【30】屈万里《敬悼傅孟真先生》，载台北《自由中国》，第四卷第一期，1951 年 5 月 1 日。

【33】【34】【36】于衡《以身殉校的傅斯年》，载台北《传记文学》，第二十二卷第五期，1973 年 5 月。

【35】朱葆瑨《永远活在学生心中的傅斯年校长》，载《傅斯年与中国文化》，布占祥、马亮宽主编，天津古籍出版社 2006 年出版；于衡《以身殉校的傅斯年》，载台北《传记文学》，第二十二卷第五期，1973 年 5 月。

【37】《傅故校长哀挽录》，台湾大学 1951 年 6 月 15 日印行。以下三副挽联均引自该《挽录》。

【38】《傅孟真先生年谱》，傅乐成撰，载《傅斯年全集》，第七册，台北：联经出版公司 1980 年出版。

【39】《胡适日记全编》，第八册，曹伯言整理，安徽教育出版社 2001 年出版。见 1950 年 12 月 21 日条。唁电为英文，曰："In Mengchen's passing, China lost her most gifted patriot and I, my best friend, critic & defender⋯"然据《傅故校长哀挽录》，正式唁电中，passing 一词改作 death。

【40】胡适《傅孟真先生的思想》，载《胡适作品集》，第二十五卷，台北：远流出版公司 1986 年出版。

【41】《陈寅恪集·诗集》，陈美延编，北京三联书店 2001 年出版。

【42】《东海倒坐崖》，载《霜红龛集》，卷三，［清］傅山撰，上海古籍出版社 2002 年出版。

【43】引自《汉乐府诗集》，卷二十七《蒿里》。此为古代丧礼仪式中所唱哀悼死者之歌，而最著名者为《薤露》《蒿里》二丧歌，出田横门人。史载，汉初一统，高祖召亡国之齐王田横相见，横不愿臣服，自杀，其从者挽其遗体至葬所，不敢哭，作此歌以寄哀情。一曰《薤

露》；二曰《蒿里》。《薤露》云："薤上露，何易晞。露晞明朝更复落，人死一去何时归！"汉武帝时，李延年分为二曲，《薤露》送王公贵人，《蒿里》送士大夫、庶人，使挽枢者歌之，世亦呼为挽歌。其后之挽歌诗、挽词，皆出于此。

第十六章 | 残阳如血

◎ 南国的冬日

傅斯年死了，他生前的亲朋好友以及留在大陆的陈寅恪及其门生还活着。虽然活法各有不同，际遇略有差异，但整个族群的归宿基本是相同的。

1951 年秋，中共中央决定在知识分子中开展思想改造运动，指出旧知识分子要以批评和自我批评的方式，抛弃原来的错误或反动的阶级立场，分清革命和反革命，树立为人民服务的观点。随着运动展开，批判的风浪由教育界扩展到整个知识文化界，并与后来兴起的"三反"运动合流，以势不可当的强大态势，直抵知识分子心灵深处。随着这股政治急流冲撞漫延，各色知识分子，特别是从国统区转入新政权之下效力的所谓旧知识分子，外加一批被暂时利用的各高校官员，必须在群众面前公开检讨过去对中共和人民犯下的罪过，实行"洗澡"和"人人过关"。

与此同时，胡适批判运动也在神州大地迅速展开。

早在 1950 年，胡适留在大陆的儿子胡思杜 9 月 22 日在香港《大公报》发表了《对我父亲——胡适的批判》一文，正式宣布与"反动阶级的忠臣，人民的敌人"胡适脱离父子关系。随后，北大文法两学院在上面布置下，开始讨论"胡适思想问题"，并"主使中文、哲学、史学、图书馆四个系联合举行'控诉会'，由俞平伯、杨振声、顾颉刚，以及自称与胡适有过七年以上交情的汤用彤、朱光潜等人'带头控诉'"。[1]因为带头人物的示范，胡适过去的同事、朋友、学生闻风而动，纷纷出来揭发批判胡适的"反革命

387

北京三联书店编辑出版的《胡适思想批判》论文集，共八辑

罪行"，表示与这只"丧家的，美帝国主义走狗"彻底决裂。

就在知识分子"洗澡"与批胡运动双向展开的同时，除台湾省之外整个中国大陆的高校，全部按照"苏联老大哥"的模式进行调整改造，重新打造社会主义先锋阵营。1952年秋冬，大规模调整攻势揭开帷幕，首当其冲的是私立高校。因这些高校大多具有国外势力支撑的背景，自然地被当作安插在社会主义阵营中的毒草和堡垒而被"调整"，如北京的燕京大学、辅仁大学等。具有美帝国主义背景的清华大学被肢解，其文科与理科并入北大，只剩一个工科。无帝国主义背景的私立高校改为公立，被视为

胡适派、梅贻琦派系的教授，全部调出北大、清华，发配到南开、东北大学、大连理工或各地研究机构。如北大的郑天挺调往南开，杨振声调往长春东北人民大学，等等。据统计，1952年院系调整前中国大陆有高校211所，到1953年调整完毕，全国高校被肢解、重组为182所。这些高校以专科为主，专科中又以工科为主。至于人文社会科学，由于被视为带有"资产阶级性质"，遂遭到外科手术式的解剖、割裂，大学的自主权逐渐丧失，教师成为岗位上的"螺丝钉"，甚至沦为阻碍社会发展和教育前进的"绊脚石"，所谓的"教授治校、学术独立、言论自由"等理念，也随之被看作不合时宜的资产阶级毒素扫进了垃圾堆。

就在这次院系调整中，原岭南大学名义取消，中山大学迁入岭南大学校舍，其人、财、物与岭南大学合并，对外称中山大学，盛极一时的岭南大学成为历史回忆中一个符号。1952年夏，陈寅恪携家迁入校园南校区康乐园东南区一号那座红砖砌成的二层小楼，居于楼上，陈氏担任历史系教授。据蒋天枢撰《陈寅恪先生编年事辑》（增订本）卷下一九四九年条载：陈寅恪初到广州岭南大学，兼任中文、历史两系教授，助教黄如文。这黄如文乃一广州人，每读古书资料和回答问题，皆用粤语，陈寅恪只能听得一通鸣里哇啦，并不知道他表达的是什么意思。正在痛苦烦躁之时，曾在北平协助过陈氏工作的原燕京大学毕业生程曦在"北方解放时逃广州，先生为位置于岭南大学中文系任助教"。想不到程曦替代那个鸣里哇啦的黄如文作为陈寅恪助教未久，1951年"有以讲师诱程者，程遂坚决不再协助先生做事，虽经校长陈序经婉劝亦不肯。先生遂辞去中文系教职，专任历史系教授"。对此，蒋天枢在《事辑》中披露，陈流求曾在给他的信中说："两老都曾亲自告我，对程曦事很生气。"但是人各有志，既然程曦不愿做大师的助手，也只能以"天要下雨，娘要嫁人"的老对策，任其自然了。这位程曦于1951年10月赴

香港大学任教，八年后转赴美国高校教授中国戏曲史，活得还算快活。只是他的突然离去使陈寅恪无法上课，只得暂由陈夫人唐筼接任助手，开始"两晋南北朝史""唐史专题研究"两门专业课的教学和研究工作。对这段不愉快的经历，陈寅恪的好友吴宓得知后曾做了如下记载："接棪华八月十三日函，知寅恪兄与容庚甚不和，已改入历史系。而曦竟叛离寅恪，寅恪写读各事，均赞夫人代职云云。深为痛伤。曦虽热情盛气，而殊粗疏，故不能坚毅上达，亦以愚人而已。"[2]

自"愚人"程曦"叛离"之后，助教事宜虽由陈夫人暂代，但毕竟唐筼身体有病，无力长期承担如此沉重的工作，只能苦撑以待将来。直到1952年11月下旬院系调整完毕，新组建的中山大学乃聘请一位校外女性知识分子黄萱担任陈寅

陈寅恪夫妇与三个女儿（后排左起：小彭，流求，美延）

恪助教，协助陈氏教学和研究。黄萱在陈家一待十余年，直到1966年"文化大革命"开始才被迫离去。

因陈寅恪双目已盲，在全国兴行的"思想改造"运动中，学校当局允许其不出外"洗澡"，在家中自觉地"冲洗"就可以了。当然，在"冲洗"的同时还可为学生上课或做一点儿力所能及的研究——这算是一个极其特殊的优惠待遇。只是覆巢之下已无完卵，外部风潮仍不断地震荡着陈寅恪的耳膜，撞击着他内心最敏感的部位。陈氏对中国文化的爱恋，对独立之精神、自由之思想的追求，以及与胡适割不断的感情等等，都令他在时代政治风暴中感到无法适从，也不知道这个"澡"如何冲洗、洗到什么程度才行，内心深处的压抑、伤感和愤懑像积压在裂隙中的岩浆，时刻都将带着怒吼之音喷发而出。

就在这个时候，一个高个子、白脸、留分头的青年学者，学着当年张仪、苏秦的样子，不合时宜地悄悄来到了中山大学康乐园陈寅恪家中，此人便是陈氏早年的弟子兼助手、时年三十八岁的汪篯。

汪篯早年毕业于清华大学史学系，抗战时期考入迁往昆明的北大文科研究所，拜在陈门读研究生。陈对汪的点拨用力甚勤，并有传汪氏道统之意。1940年6月17日，陈寅恪离昆赴港准备受牛津之聘出国讲学，这一天正是汪篯按规定考试的日子。因走得太急，陈寅恪便让汪篯的副导师郑天挺代为出题，郑愉快地答应。其试题如下：

一、述李唐族姓之所自；

二、沈东甫《唐书宰相世系表订讹》，其体例若何，其得失若何，试详论之；

三、《新唐书·世系表》名位显著之人，往往下无子姓，即有亦不过一、二传。或谓五季散乱之后，人多假托华胄，欧公意在谨严，故存其父祖，删其子孙，其说果足据乎？试举例以明之。（原注：此李莼客说，见光绪十年九月十九日日记）

四、有唐氏族长孙、窦、武、裴、萧、崔、卢诸家，先后显晦之故，能略述之欤。[3]

郑天挺拟定的题目，显然是陈寅恪在此一时期主要研究、教授的魏晋以降文化传续，特别是隋唐政治制度和李氏王朝家族血缘关系，乃至"关陇集团"形成与盛衰等等之一部分学术精华。而对这部分精华真正有所掌握并领悟其奥妙者不过几人而已，汪篯则有幸成为其中的一位。据陈的学生、后来成为著名史学家的周一良说：陈寅恪得意弟子中有三人可堪传承其衣钵，这便是"徐高阮、汪篯、金应熙也。所可惜者，三人皆未能充分发挥作用"[4]。此一结局令人扼腕。

陈寅恪离开昆明后，汪篯受郑天挺指导，后随中央研究院史语所迁李庄，与张政烺、任继愈、逯钦立、杨志玖以及傅斯年的侄子傅乐焕等一起在李庄居住、生活达六年之久。在读书和做研究期间，汪篯享受傅斯年专门批发的每月 30 元津贴补助，生活尚算安静。据当年与汪氏同在李庄生活的同学周法高回忆："汪篯和下一届的研究生王永兴都是在陈寅恪先生指导之下念中国中古史的，汪篯的硕士论文是《新唐书宰相世系表母系的研究》。"关于汪在李庄时期的学习、生活状况，周法高的评价是："汪篯人很聪明，可是读书没什么恒心和耐心，有时好多天不看书，有时好多天挑灯夜读。这种起居无节、作息不时的习惯，不大适宜做沉重的学术研究。《论语》说：'士不可不弘毅，任重而道远。'顾炎武的诗句说：'道远不须愁日暮。'胡适先生晚年时常提到这句诗，意

在北大任教时的汪篯

思是说：不必愁年纪的老大，路程的遥远，只要有智慧有毅力有恒心就可以一直向前完成大业。汪篯是属于智能型的，而缺少恒心，我在后来也很少看到他的著作发表。不过由于他的聪明、博学和口才，仍然在北方大学里作教授，也许很叫座。在某些中国史大学教科书前面，有时看到他列名于集体编撰者之中。1954 年，中国科学院曾经决定请陈寅恪先生由广州岭南大学到北京任历史研究所第二所的所长，就是派汪篯去的，后来陈先生没有就聘。"[5]

周法高所言大体不差，就汪的才分而言尚属人中少有的，只是缺了一个"恒"字，这个说法得到了可考资料的支持。1942 年 2 月 6 日，郑天挺曾为汪篯留校事致函傅斯年征求意见：

汪篯人甚聪明，根底亦好。但生活不甚有规律，用功时或至通宵不寐，不用功时或竟数日不读书，以故论文尚未做好。弟个人颇觉其将来可有希望，前言之汤公（用彤），欲俟其毕业后留之北大，不知兄意云何？[6]

抗战时期的郑天挺（郑克扬提供）

让郑天挺失望的是，汪篯随中央研究院史语所自李庄返南京后，没有留在史语所工作，也未能进入北大，而是远赴吉林长白师范学院教书。是否傅斯年也与周法高同样感受或有其他复杂的原因而没有把汪氏留下？不得而知。但汪氏远赴东北教书绝不是出于自愿，似是一种迫不得已的行为。有据可考的是，汪篯对北方严寒和学校生活感到极不适应，并不断致函郑天挺诉苦求援，希望导师能"拉弟子一把"，让自己重返北大。1947年4月9日，汪在给郑天挺的信中写道："自来吉林，十旬瞬届……关外奇寒，去冬特甚，经常在零下三十度左右，尤甚时竟至零下三十八度……坚冰在须，亦属常见之景象矣。……虽燃壁炉，仍未能免（于奇寒侵袭）也。"继而说教学工作之忙乱与生活之无趣，"益感心力交疲，精神全竭，以是亦大少研读进益之余暇。长此以往，心致孤陋寡闻，不能复振，宁不可哀？！故企盼吾师遇有机缘时，予以提携为感"。为达到入关的目的，汪氏特别提出"名义、待遇，在所不计"。[7]

正在郑天挺为汪篯重返北大想方设法时，汪以耐不住长白师院生活为名卷起铺盖，在未受到任何机构聘用的情形下只身来到清华大学投奔陈寅恪，与陈门弟子王永兴共同协助陈寅恪著述，汪的生活费由陈寅恪本人支付。半年后，经陈寅恪与郑天挺、傅斯年、胡适等重量级人物沟通，北京大学决定聘用汪篯为史学系教师，并以此名义继续做陈的助手。于是，汪篯在陈寅恪南飞之前这段不太长的历史时期内，成为拿着北大薪水为清华导师服务的特殊人员。就在这两年多的时间内，汪篯吃住都在恩师家中，与陈寅恪朝夕相伴。而他的人生经历也与导师相似，年近四十岁才成就婚事，在北京安了个简单的家。

历史赋予这对师生相伴的最后两年中，汪篯显然比在昆明和李庄时期用功、用心了许多，并得到了陈氏治史方法的真传。这个时期的汪篯不仅协助陈寅恪著述与修改、校正书稿，且能提出自己的见解，并为导师所接受和采纳。尽管在以后的几年，汪氏像他的同学周法高所言，没有发表太多的研究论文，但"公开发表的为数不多的论文，大部分都有独创性"[8]，在中国史学界隋唐史研究领域的学术地位，有了一定的提升。1948年底，当陈寅恪与胡适仓皇离开北平南下之时，年轻的汪篯没有排在傅斯年拟就的"抢救学人计划"名单中而留了下来。当然，即使名单中有汪氏的大名，此时思想已有急剧变化的他也不会随机南飞了。

留在北京大学的汪籛阴错阳差地成为新时代的宠儿。1952年2月，汪氏加入中国共产党，第二年作为北大教师队伍中一颗腾空而起的耀眼明星，被保送到北京马克思列宁学院（中央党校前身）带职学习，很快成为一位真诚的马克思主义追随者与前途可望的后备"文化班头"人才。

1953年10月，以陈伯达为主任的历史研究委员会做出了几项重要决策：尽快在中国科学院再增设两个历史研究所；创办一份代表新时代历史研究最高水平的刊物《历史研究》，目的是从根上铲除资产阶级哲学与史学思想，确立马列主义在史学研究中的领导地位。两个月后，郭沫若在《历史研究》创刊号上撰文声称，遵照毛主席的指示，"学习应用马列主义的立场、观点和方法，认真的研究中国的历史，研究中国的经济、政治、军事和文化，对每一个问题要根据详细的材料加以具体的分析，然后引出理论性的结论来"[9]，以迎接即将到来的文化建设的新高潮。由于毛泽东、周恩来等人的密切关注，陈伯达、郭沫若辈没敢忽视偏居于西南一隅，远在几千里之外的陈寅恪那孤独身影的存在。[10]鉴于陈氏在学术界的赫赫声名与不可撼动的学术大师地位，陈伯达、郭沫若等在拟定的历史研究所所长的名单中，颇为识趣地做了如下安排：由郭沫若、陈寅恪、范文澜分别出任一所（上古史研究所）、二所（中古史研究所）、三所（近代史研究所）等三个所的所长。名单很快得到了上边的认可，但就陈寅恪的性格和一贯提倡的"独立之精神"，他能否痛快地北返并出任所长一职，一时成为操作者们没有把握的难题。

当年陈寅恪离开北平南飞时，据他自述，多半是因为自己怕北方的寒冷，更适合南方气候，抑或怕共产党来了，只能吃小米，或买不到对自己严重失眠症至为重要的进口安眠药云云。傅斯年在台湾奉命主持史语所和台湾大学时，曾不止一次致信已抵岭南大学任教的陈氏，请其赴台任职，但陈寅恪始终没有对这位老友的邀请做出答复。而台湾方面"中研院"史语所第一组主任之职，一直给陈氏保留着位子，直到陈寅恪于1969年去世，才由劳榦继任此职，由此可见傅斯年与台湾学术界对陈寅恪的尊重和寄予的深切期望。

1949年6月，溃败中的国民党在广州组织"战时内阁"，其中有三位学人出身的人物担任了异常重要的职务，一为朱家骅出任行政院副院长兼中研院院长，二是杭立武任教育部长，三为叶公超任外交部长。在这个风雨飘摇的日子里，杭立武受傅斯年请托，曾多次派人劝说岭南大学校长陈序经动员陈寅恪离开大陆，速赴台湾任教，陈序经始终没有答应。同傅斯年一样，杭立武自然也深知陈寅恪在学术界的地位和价值，多次碰钉子后退而求其次，力劝陈寅恪先到香港看看情形，并说这样可以进退有余，但陈始终没有理会。到了国民党全面溃败的紧急关头，急红了眼的杭立武竟拉着"战时内阁"财政部长徐堪匆匆赶到岭南大学，亲自向校长陈序经摊牌，要陈氏一同前往劝说陈寅恪到香港。据说杭立武此时已到了哀求的地步，对陈序经说，如果陈寅恪答应去香港，他马上可给陈寅恪 10 万港币及新洋房，陈序经闻听抢白道："你给 10 万，我给 15 万，我盖新房子给他住。"[11] 见陈序经态度强硬，不予合作，杭立武只好亲自带上财政部长直奔陈宅劝说，大有即时兑现之意，陈寅恪仍不为所动。直到这年的 10 月初，原清华大学外文系教授叶公超主持的"外交部"还在广州办公，并为国民党认为必须离开大陆的各色人员办理出境护照，也就是说，直到这时，陈寅恪若想离开大陆，随时都可成行，但陈寅恪最终还是没有出境而留在了岭南大学。究其原因，或许如"文化大革命"期间陈寅恪第七次交代稿所言："当广州尚未解放时，伪中央研究院历史语言研究所长傅斯年多次来电催往台湾。我坚决不去。至于香港，是英帝国主义殖民地。殖民地的生活是我平生所鄙视的。所以我也不去香港。愿留在国内。"[12] 这个说法得到了后世多数研究者的认同，如早年毕业于清华中文系，后转赴台湾大学任教的苏景泉回忆说："回忆三十八年春，梅（贻琦）校长在广州时云：'陈寅恪先生年高目失明，行动不便，我拟介绍陈先生在香港大学任教，但此事之成否，取决于英伦。现在还不敢说一定。……'旋闻因故作罢。其后陈师在广州岭南大学任教，夏间台湾大学傅校长斯年曾经函请陈来台任教，并为之请了几位助教，预备助陈师耳听读书，口述写文。傅校长可谓为学术请大师、为国家求第一流人才、敬老尊贤之至了。惜乎陈师双目失明，行动不便，而岭南大学文学院殷留不放，迄广州沦陷，无法他去，诚可痛呵。"[13]

但也有人认为陈寅恪当年确有退往台湾或赴海外的打算，只是因故而未能成行，这个说法未得到可考材料的证实。唯一能证实的是陈夫人唐筼感到留在大陆凶多吉少，遂有赴台或赴海外的打算且有一个小小举动。这个证据从吴宓于 1961 年赴中山大学看望陈寅恪夫妇时，在与陈序经早餐时的谈话中可找到线索。陈序经悄悄告诉吴宓，陈寅恪由上海发电欲赴岭南大学任教，作为校长的陈序经竭诚欢迎。陈寅恪遂携家到校。未久，唐筼以一个女性的敏感预料即将在全国兴起的政治浊浪必将祸及自身，遂坚定了出走的决心。陈序经回忆说："约在 1950 一或二月，筼嫂力主往外国（欧、美）或台湾，竟至单身出走，至港依 David 及其诸妹，序经追往，遍寻，卒得之于九龙一无招牌之私家旅馆，见筼，与约定'必归'，序经乃先归，俟其夫妇感情缓和，乃遣人往迎归。序经又复姜蒋佐（立夫）台湾大学'气候不佳'函，以术聘姜君来岭南。"[14]

陈序经所说的 David，即俞大维，1949 年后出任台湾国民党"国防部长"。1950 年初，俞的母亲仍在香港医院治病，其妹俞大纲随夫曾昭抡由欧洲至港停滞尚未回归，唐筼至港依靠的应是俞大纲和曾氏家族在港滞留观望的亲属。最后提到的姜立夫，于 1919 年获哈佛大学博士学位，归国后在南开大学与西南联大任教，学生中后来成为大师级人物的有江泽涵、陈省身、刘晋年、孙本旺、申又枨、吴大任等人。1947 年中央研究院数学所成立，姜被推为所长，1948年与陈寅恪等被选为第一届中央研究院院士。1949年，根据中央研究院院长朱家骅的指令，姜立夫组织人员把数学研究所的图书装箱运往台湾，同时携家与一部分同事渡过海峡抵达台北。未久，因极其复杂的政治与人事纠葛，姜立夫一气之下又携家回到了广州岭南大学任教。由于姜的中途变卦回返，造成了"中央研究院"迁台机构只有一个傅斯年的史语所和半个数学所"情何以堪"的事实。——这便是陈序经所述人物的历史背景。

但无论是唐篔的出走还是陈寅恪的坚持不动，无论姜立夫在台湾遇到什么政治与人事上的烦心之事，有一个绝对不可忽视的关键之处，便是陈序经以真挚的情感为之做出的重大努力。假如在这个四方震荡的历史转折点上，陈序经袖手旁观，甚至像掌权了的吴晗等，站在清华园对随梅贻琦南下后滞留在上海的清华大学名教授杨武之（南按：杨振宁之父），不怀好意地冷眼相望，然后采取一脚踢开、任其流浪和自谋生路，就是不准其回清华任教的态度，那么，日后的中山大学不会出现陈姜两位大师的身影当是肯定的。

由原来的岭南大学"被"转为中山大学的陈寅恪，不仅不去国民党统治的台湾和英帝国主义控制的殖民地香港，连红色中国的首都北京也不愿重返。个中原委，陈氏自有不便向外人道处，但就拒绝重返北京的选择而言，局外者则能觉察、体会一二。毕业于清华大学的史学家、陈寅恪学生辈人物赵俪生，在兰州大学任教的晚年曾写过一篇回忆文章，对当年名噪一时的所谓"创造社"成员郭沫若、成仿吾等辈有所提及。在涉及成仿吾为人处世时，曾有这样一段回忆，大意是：新中国成立之前，中共组建了一个华北大学。该大学是以范文澜为校长的、设在邢台的北方大学与以成仿吾为校长的、设在张家口的华北联合大学两校合并改组而成。改组后范成二氏担任副校长，另由更加德高望重的吴玉章担任校长。校址暂设在河北正定。有一天，华北大学讨论到进北平接管大专院校和文化部门时，让教师都要到文管会报道，有人提议像陈寅恪，眼睛看不清楚了，身体也很衰弱，由家属或朋友代替报到就行了。这时，副校长成仿吾用洪亮的湖南腔发话了："资产阶级知识分子到无产阶级领导的革命机关来报到，来办理登记，一定要亲自来，本人来，不得有别人代替，因为……"他特别提高了声音说："这是个态度问题！"成氏高亢的湖南话，在场者听起来特别刺耳，会场上鸦雀无声。年轻气盛的山东安丘人赵俪生闻听，心说这是把自己当作征服者，把知识分子当成被征服者，要他们"迎降"。既然如此，那就干脆在文管会门口办一个受降仪式吧。于是，赵俪生的侠义脾气开始发作，说十月革命后，俄国知识分子可比中国知识分子凶得多，嚣张得多，像巴甫洛夫，开口闭口骂布尔什维克是"匪帮"，可列宁怎么样呢？他隔几天就拿着黑面包和黑鱼子酱来看望巴甫洛夫。他骂，列宁并不把他抓起来，也不同他吵，而是耐心地等他回心转意，替苏维埃共和国工作。稍一停顿，赵俪生说，"这一切，我觉得值得我们大家学习"，接着又提高嗓音说："特别值得成校长学习！"这一句话算是戳了马蜂窝，三天后，赵氏接到了调离华北大学的通知。[15]

时在清华的陈寅恪当然不会知道发生在华北大学的这一幕，但一定直接或间接地感受到了来自北方的寒意。因而，当清华园被接管之时，陈寅恪的一些故旧门生在已成为红人的吴晗等人撺掇下，曾寄信劝其重返清华，均未奏效。进入 1953 年，北方不断有信息捎来，谓"政府希望陈先生北返"。已成为中国科学院副院长的陶孟和专门托已进入中大任教的梁方仲探询陈寅恪北返之意，并透露出迫切之情。面对来自北方的声声呼唤，陈寅恪仍像当年对待杭立武一样不为所动，后来他在致朋友杨树达的信中说道："弟畏人畏寒，故不北行。"[16] 有研究者说，一个"畏"字神形俱现地表达了陈氏的思想与感情。"畏寒"自是一种推托的理由，抗战前在清华研究院做导师时的陈寅恪尚生活得自由自在，岂有"畏寒"之理？而"畏人"则是他内心的真实写照。因而他不为劝说者和所谓的"中间人"所动，继续留在中山大学静观其变。不过，"这时陈寅恪独立的生命世界在岭南已重新构建完毕，生命意识在这重构的世界里再度勃发"[17]。这个时候，当中国科学院高层正为派谁赴广州劝说陈寅恪北返颇为踌躇时，正在北京马克思列宁学院学习的汪籛得此消息，主动请缨，欲充当南下劝说的"使者"，以在马列学院练就的张仪、苏秦纵横捭阖之雄才大略，一举把陈氏搞定。这个请求让正感左右为难的郭沫若等辈大为惊喜，当即表示准予此行。于是，在马克思主义史学领域崭露头角、风头正健的汪籛，怀揣中国科学院院长郭沫若与副院长李四光亲笔签发的两封沉甸甸的信，带着满腔热情和志在必得的信念，于 1953 年 11 月中旬踏上了南下的旅程。

当汪籛于 11 月 21 日抵达广州后，仍像五年前在清华园一样，毫不见外地直接住进了陈寅恪家中。只是此时的中山大学已不是当年的清华园，陈寅恪和汪籛无论是在思想还是对社会的看法上，都与五年前大不相同了。年轻气盛、不明就里的汪籛在陈宅住下后，没有意识到自己无论是从辈分、地位、学识等诸方面，都不具备与陈寅恪展开正式对话的资格，而在如此重大问题上冒冒失失地前来充当所谓的"使者"，企图再现当

陈寅恪故居。前边白色水泥甬道为中南局书记陶铸令学校当局专门铺设，以便让陈氏工余散步时有所识别并不致摔倒，这条甬道后来成为中山大学校园内著名的"陈寅恪小道"（作者摄）

年苏秦、张仪合纵连横，舌卷风雷，"一怒而诸侯惧"的盛况，是何等的不自量力与糊涂透顶。更为致命的是，据说，汪篯在与陈氏的交谈中，以"党员的口吻""教育开导的口吻"，"不知天高地厚"地向陈寅恪进行严肃的政治味十足的谈话。此举令陈氏勃然大怒，竟脱口说出了"你不是我的学生"【18】的激愤之语。遭此棒喝，汪篯才如醍醐灌顶蓦然意识到大事不好，当年的一家人现在很难再说一家话了，自己这个苏秦、张仪当得并不成功，且很窝囊、很失败，于惊愕惶恐中头脑稍微清醒，但师徒已经反目，挽回似无可能，汪氏只好灰头土脸地搬出陈宅到中大招待所暂住。

后来的几天，尽管汪篯又做过许多亡羊补牢式的努力，但陈寅恪怒气未消，总不释然。当然，陈氏之激愤并不只是对汪篯本人，在很大程度上是针对郭沫若或更大的社会政治背景。在汪篯竭力挽救、斡旋下，12月1日上午，陈寅恪与汪篯做了一次正式长谈，算是对北京方面的答复。汪篯对此做了详细记录：

对科学院的答复

我的思想，我的主张完全见于我所写的王国维纪念碑中。王国维死后，学生刘节等请我撰文纪念。当时正值国民党统一时，立碑时间有年月可查。在当时，清华校长是罗家伦，是二陈（CC）派去的，众所周知。我当时是清华研究院导师，认为王国维是近世学术界最主要的人物，故撰文来昭示天下后世研究学问的人。特别是研究史学的人。我认为研究学术，最主要的是要具有自由的意志和独立的精神。所以我说"士之读书治学，盖将以脱心志于俗谛之桎梏"。"俗谛"在当时即指三民主义而言。必须脱掉"俗谛之桎梏"，真理才能发挥，受"俗谛之桎梏"，没有自由思想，没有独立精神，即不能发扬真理，即不能研究学术。学说有无错误，这是可以商量的，我对于王国维即是如此。王国维的学说中，也有错的，如关于蒙古史上的一些问题，我认为就可以商量。我的学说也有错误，也可以商量，个人之间的争吵，不必芥蒂。我、你都应该如此。我写王国维诗，中间骂了梁任公，给梁任公看，梁任公只笑了笑，不以为芥蒂。我对胡适也骂过。但对于独立精神，自由思想，我认为是最重要的，所以我说"唯此独立之精神，自由之思想，历千万祀与天壤而日久，共三光而永光"。我认为王国维之死，不关与罗振玉之恩怨，不关满清之灭亡，其一死乃以见其独立自由之意志。独立精神和自由意志是必须争的，且须以生死力争。正如词文所示，"思想而不自由，毋宁死耳。斯古今仁圣所同殉之精义，其岂庸鄙之敢望"。一切都是小事，惟此是大事。碑文中所持之宗旨，至今并未改易。

我决不反对现在政权，在宣统三年时就在瑞士读过资本论原文。但我认为不能先存马列主义的见解，再研究学术。我要请的人，要带的徒弟都要有自由思想、独立精神。不是这样，即不是我的学生。你以前的看法是否和我相同我不知道，但现在不同了，你已不是我的学生了，所有周一良也好，王永兴也好，从我之说即是我的学生，否则即不是。将来我要带徒弟也是如此。

因此，我提出第一条："允许中古史研究所不宗奉马列主义，并不学习政治"。其意就在不要有桎梏，不要先有马列主义的见解，再研究学术，也不要学政治。不止我一人要如此，我要全部的人都如此。我从来不谈政治，与政治决无连涉，和任何党派没有关系。怎样调查也只是这样。

因此我又提出第二条："请毛公或刘公给一允许证明书，以作挡箭牌。"其意是毛公是政治上的最高当局，刘少奇是党的最高负责人。我认为最高当局也应和我有同样的看法，应从我之说。否则，就谈不到学术研究。

至如实际情形，则一动不如一静，我提出的条件，科学院接受也不好，不接受也不好。两难。我在广州很安静，做我的研究工作，无此两难。去北京则有此两难。动也有困难。我自己身体不好，患高血压，太太又病，心脏扩大，昨天还吐血。

你要把我的意见不多也不少地带到科学院。碑文你带去给郭沫若看。郭沫若在日本曾看到我的王国维诗。碑是否还在，我不知道。如果做得不好，可以打掉，请郭沫若做，也许更好。郭沫若是甲骨文专家，是"四堂"之一，也许更懂得王国维的学说。那么我就做韩愈，郭沫若就做段文昌，如果有人再做诗，他就做李商隐也很好。我的碑文已流传出去，不会湮没。

陈寅恪口述　汪篯记录

一九五三年十二月一日[19]

以上的谈话，透出陈寅恪对郭沫若等搞的那一套"新史学"和范文澜等辈所谓"新史学大师"们极大的不满。陈氏认为新中国成立后，真正的史学得不到发扬光大，反而所谓"以论带史"的新史学大出风头，且到了走火入魔的程度。此种毁灭文化道统的行为，必将连同我民族独立之精神、自由之思想一同毁亡。对这一令人伤感的现状，陈氏除了对面前的汪篯和远在千里之外的科学院高层人物施以教训，也在致朋友的信中爆发出与此相同的压抑和愤慨。[20]此次上门遭遇碰壁与棒喝的汪篯，除讨得陈寅恪一纸《对科学院的答复》，还有一首《答北客》的诗文：

多谢相知筑菟裘，可怜无蟹有监州。
柳家既负元和脚，不采萍花即自由。[21]

汪篯追随陈寅恪有年，对诗中的用典和喻义要比其他人更能心领神会。此诗中的"菟裘"，古邑名，春秋时为鲁国泗水境，时为山东省新泰市楼德公社地界。民国时期该镇尚存高大的寨墙，东寨门上砌"菟裘遗址"横额石匾，随着解放战争以及后来"文化大革命"的爆发，寨墙石匾已毁坏无存。1993年，新泰市政府象征性地在此立

第十六章　残阳如血

"菟裘城遗址"石碑一座。

据《春秋左传正义》卷四记载："羽父请杀桓公。将以求大宰。公曰：为其少故也，吾将授之矣。使营菟裘，吾将老焉。"《史记·鲁周公世家》载："公子挥谄谓隐公曰：'百姓便君，君其遂立。吾请为君杀子允，君以我为相。'隐公曰：'有先君命。吾为允少，故摄代。今允长矣，吾方营菟裘之地而老焉，以授子允政。'挥惧子允闻而反诛之，乃反谮隐公于子允曰：'隐公欲遂立，去子，子其图之。请为子杀隐公。'子允许诺。十一月，隐公祭钟巫，齐于社圃，馆于蒍氏。挥使人弑隐公于蒍氏，而立子允为君，是为桓公。"

以上两段史料记载的是春秋时期，鲁惠公死，由继室所生的鲁隐公继位，隐公执政11年的时候，准备让位给先父正室夫人仲子所生的太子允。羽父（即公子挥，一作公子翚）要求他杀了子允（桓公）。隐公说明事情真相并谓自己准备到菟裘去造房养老。羽父怕事败，乃用反间计将隐公杀之。这段历史典故后来还演变出"菟裘归计""归老菟裘"等成语，意喻准备告老还乡或退隐。陈诗借用此典，当指有人为他营造了一个晚年发挥余热或者说养老的地方——历史研究所第二所以及所长的位子，但陈寅恪并不领情，继而哀叹和嘲讽此处"可怜无蟹有监州"。

监州，一般指监察州县之官。"元诗四大家"之一虞集《户部尚书马公墓碑》有"公行部，劾治其暴横者监州一人"记述。另，宋代在诸州置通判，亦称监州，当朝名臣兼文士范仲淹《送向综国傅通判桂州》诗中有"通籍三公后，监州五岭深；欲知明主意，将慰远人心"等句。

比范仲淹晚生18年的一代文豪欧阳修，在他的《归田录》卷二中列举了一个"有螃蟹无通判"典故，大意是：有宋一代，为加强中央集权并有效监督地方长官的言行，于各州设置通判官职。[22]

按朝廷旨意，通判既不是一州最高行政长官知州的副职，亦不归知州管辖，只是朝廷派来监视、制衡知州的代表，任命与升降权在朝廷中枢。这就形成了一州之中通判与知州争权夺利、互相掣肘的局面。宋太祖得知这一情况后，颇为忧虑，经过一番考量，专门下一道诏书，命令各州知州与通判必须处理好关系，协调处事，凡是政令，都要知州与通判二人共同签署方可布行。

如此这般，表面上矛盾是平息了，但因权力的制衡点没有落到稳固处，各自的打算与追求的利益不同，知州与通判仍是相互掣肘，矛盾重重。有一位名叫钱昆的少卿，余杭人，嗜吃螃蟹，曾经有下放挂职做州官的经历。有人征求钱昆：如果自由选择的话，他愿去哪个州做知州？钱昆不假思索地回答："哪个州都无所谓，只要那儿有螃蟹而没有通判就行了！"

因了这话，产生了"有蟹无监州"这一典故，表达了为官者最需要的是自由自在、不受别人牵制的追求与理想。

陈寅恪把这一典故倒过来应用，遂有"可怜无蟹有监州"句，意喻自己到了北京出任一个历史研究所第二所所长，既无螃蟹可吃，也不能自由自在地生活、研究，头顶和身旁还密布着层层"监州"，或郭沫若一类自认为是监州之爹式人物，这是他既厌恶又不能屈就的。

"柳家既负元和脚"，柳家，即柳宗元，陈氏以古代文豪柳宗元自喻。"元和脚"在陈寅恪1927年7月6日赠傅斯年诗中已现，指的是以傅斯年为首的一支尚未成熟但有坚定自信的学术新军。事隔26年之后，他的好友傅斯年已如其所言"归骨于田横之岛"，自己流落岭表，生活、事业等并不尽如人意，有"负"傅斯年本人三番五次劝其赴台的一腔热血和朋友们的期待。而柳宗元在诗《酬曹侍御过象县见寄》中有云："春风无限潇湘意，欲采萍花不自由。"以陈氏当时的心境和态度，他既然当年"负"了傅斯年为首的史语所那支新军和当年的事业与理想，如今面对中国科学院展现的"萍花"不采也罢（此时在史学界流行的"五朵金花"即将泛滥开来），即不去招惹中科院那一帮身居高位的当权者，拒绝赴北京出任历史研究所第二所所长，或可相对保持个人尊严以及"独立之精神，自由之思想"。这是陈寅恪发自心灵深处的声音，也是对北京关闭大门的宣言。

汪籛手捧此诗，知道自己的一切努力就此终结，只好长叹一声，带着惶恐、沮丧与深深的遗憾踏上归途。故都北京再也见不到陈寅恪那孤独傲然的身影，陈、汪师生缘分已尽，就此永诀。

◎ 闭口休谈作哑羊

列车在苍茫的原野上向北奔驰，坐在卧铺车厢的汪籛心情并不平静，他不只在思考着如何向科学院交差，更多的是以悲凉的心境反复琢磨、参悟恩师那份《对科学院的答复》和赠予自己《答北客》诗中隐含在文字表面下的玄机奥秘。也只有离开岭南这片土地，于孤独而漫长的旅途中，汪籛才有真切回忆的机会以及对自己人生途程加以反思的可能。

当留在北大的汪籛平步青云，作为学界一颗耀眼的明星于北国腾空而起的时候，病卧岭南的陈寅恪身处怎么样的环境？其苦苦求索的是什么样的人生？他心灵的游魂又何所依托呢？

往事已矣，不可追记。从陈氏留下的为数不多的诗文中，或可隐约窥知这位双目失明的老人，在风浪裹卷泥沙呼啸而过的历史时空中，内心起伏的思绪与痛苦、伤感的情怀。

1951 年 6 月，任教于岭南大学、时年六十一岁的陈寅恪于生日那天，作《赠晓莹》诗一首赠夫人，内有"从今饱吃南州饭，稳和陶诗昼闭门"句，[23] 隐约透出陈氏欲定居岭南，摒弃流俗，灯前对坐，安心教学著述的思想脉动。

时隔不久，中山大学中文系教授朱师辙（字少滨）退休，经当局安排定居杭州。起程前，朱氏专程与陈寅恪话别。朱师辙乃江苏吴县名门鸿儒朱骏声之孙、朱孔彰之子，比陈寅恪年长十一岁，历任《清史稿》纂修、中国大学教授，1947 年转入广州中山大学任教。朱氏家族与陈家属世交，朱师辙与陈寅恪属于亦师亦友的关系。当陈氏听说朱欲定居杭州后，心中生发了对先人的怀念并有退隐定居杭州之意。这个念头在他的《赠朱少滨教授退休卜居杭州》一诗中有所流露，其尾联曰："他年上冢之江畔，更和新诗结后缘。"陈寅恪自注"寅恪先茔在六和塔后牌坊山"[24]。所谓"先茔"，指陈三立墓。1923 年，陈寅恪母亲俞淑人病逝，未几，长兄陈衡恪亦卒，遂将母、兄灵柩暂厝杭州西湖净慈寺。其后，陈家购墓地于杭州牌坊山之原，1925 年将逝者归葬于此，并预设陈三立生圹于俞淑人穴左。1948 年夏，陈三立灵柩由北平经天津用海轮运抵上海，再改用汽车运抵杭州六和塔后牌坊山，与俞淑人合葬。

接到陈氏赠诗的朱师辙有和诗，其中第二首为："西湖泛棹访坡仙，六塔坟前拜昔贤。丛桂小山招隐切，绿杨春好结邻缘。（余前在北京曾谒陈伯严丈。丈卒后，葬诸西湖六和塔牌坊山，从丈志也。余退休赴杭，拟拜丈墓。君亦有退隐之志，与余预订结邻之约。）"[25] 陈伯严，即陈三立。朱氏的称谓说明朱陈两家的世交关系。诗中的"君"，指陈寅恪。朱氏这个注释，进一步透出陈寅恪此时的心境。

随着世局骤变，"洗澡"运动开始，以及新政权"一边倒"地按苏联模式大行其道，陈寅恪内心在受到震动的同时，悲愤之情在心中发酵。作于 1951 年的最后一首诗，可以看出陈氏情绪和心境的转变。诗曰：

改旧句寄北 参丁亥春日清华园作

葱葱佳气古幽州，隔世相望泪不收。

桃观已非前度树，蕙街翻是最高楼。

名园北监空多士，老父东城剩独忧。

回首卅年眠食地，模糊残梦上心头。[26]

陈寅恪的诗向以今典与古典重叠应用，对人事、天命等感慨良多，在其生前已呈扑朔迷离之象，后世释解起来更加困难。助手黄萱后来在谈到陈诗的释解问题时说："我认为诗所以可用来作为史料的缘故，还因为它是现实的反映。陈先生说过：'诗若不是有两个意思，便不是好诗。'大概指的是古典今典吧。要从古典来体会今典，是不容易

之事。他的诗自然是有两个意思的，所以难于通解。"【27】

尽管难以通解，但若循其时事与陈氏个人情感加以细究，还是能够探听到生命脉搏跳动和心灵深处或激愤或感伤的哀叹之声。据说，汪篯在陈宅遭到惊心动魄的"怒骂"后，对恩师心中腾起怒火的来源大为不解，回到住处，灵机一动，迅速采取补救措施，并向陈氏周围的人调查、了解其原因所在。当他打听到近年来陈寅恪与朱师辙、余嘉锡等人有诗唱和且较频繁时，立即意识到可从陈诗隐晦的诗句中寻出蛛丝马迹。于是，他开始设法向师母唐筼探听陈诗留存的墨迹。结果是"他的努力是有效的，他解开了一些谜团"【28】。而上文介绍的陈寅恪写于1951年的《改旧句寄北》，即是汪篯破译理解恩师心路历程的一把关键性钥匙。

汪篯得到这首诗后，对今典叠加古典的喻义进行了详细探究，并按照自己过去对陈寅恪的性格、感情等了解，试着做了注释。据后世研究者陆键东考证，汪氏对此诗的注释是："第三句引刘禹锡'玄都观里桃千树，尽是刘郎去后栽'诗句，以斥责陈的旧日学生都学习马列去了。第四句汪篯注释错了，误认为此句讽刺郭沫若。后人一般作如是理解，'藁街'是唐代外国人所居之处，此句暗含马列主义成为人人顶礼膜拜的东西。第五句指余嘉锡等人。第六句用唐人小说'东城老父'典故，汪篯云此句疑是骂苏联。独忧是说唯有他能看到前途之可忧。"【29】

余嘉锡乃湖南常德人，当代著名目录学家、古文献学家，曾任辅仁大学文学院院长、国文系教授。1948年，六十五岁的余嘉锡与陈寅恪共同当选为中央研究院首届院士。新中国成立后，余氏被聘为中国科学院语言研究所专门委员等职。从陈诗敏感并为当局深忌的内容看，陈余二人应是知交，否则陈氏不会冒着政治风险轻易出手。对于汪篯的这个注释，尽管后人持有争议，但对第六句基本没有疑义，只是不仅骂苏联，且对中国现状表示不满。此句1947年春作"老父东城有独忧"（南按：即陈诗中所言"丁亥春日清华园作"，见本著十四章《去眼池台成永诀》一节）。唐代陈鸿祖撰有传奇小说《东城老父传》，写东城老父贾昌少年时曾是唐玄宗宠幸的一个斗鸡童，安史之乱后被迫出家为僧，晚年回忆开元遗事，由个人际遇抒发家国兴亡之慨，并谓："今北胡与京师杂处，娶妻生子，长安中少年有胡心矣。"对世道人心的变故，这位东城老父表示担忧。

1947年春，陈诗于《丁亥春日清华园作》曾借用此典，当时之"忧"自是"忧"美国和苏联在政治文化上对中国的侵蚀。第四句中的"藁街"原是汉代长安街名，方国殊族的使节皆居此处，相当于近世北京的东交民巷使馆区。"最高楼"，喻指拥有最高权力者。此句喻外国势力已成为中国的真正主宰，喻美国入主中国的政治、经济、军事、文化势力。1951年底陈寅恪《改旧句寄北》所指喻的"最高楼"与"胡"，则是指苏联。据美籍华人学者余英时后来的解释："当时中共对苏联是采取'一面倒'的政策，所以不仅'藁街翻是最高楼'，而东城老父也只'剩'下'独忧'了。"【30】余氏进一步推测说："……这显然是因为一九四九年以后苏联不仅代替了而且远远超过了以前美国在华的地位。换句话说，他认为毛泽东的'一面倒'已使中共和苏联的关系变成'唐高祖称臣于突厥'一样了。"【31】余氏的推测大体不差，但陈寅恪所"忧"的远不只是"称臣"，而是像吴宓于1945 年 10 月 10 日日记中所记载的"……教化学术，悉秉承于美、俄，即中国名号犹在，甚至人民安富尊荣，其国魂已丧失，精神已荡灭。我辈生息此国中，所感直如异国异世之人。此则今已久然，不待来远矣"【32】。国魂的丧失与文化精神的荡灭，才是陈寅恪最为关心和担忧的。陈诗最后二句，自是对知识分子已失去"独立之精神，自由之思想"的怀念、感伤和无奈的叹息。1952 年，陈寅恪作七绝诗《男旦》一首，诗曰：

改男造女态全新，鞠部精华旧绝伦。
太息风流衰歇后，传薪翻是读书人。【33】

这首诗显然与中共正在进行的知识分子"思想改造"运动有关。"鞠部"，为古代梨园伶工的头目，此处当指戏班。前两句喻指这场运动把知识分子全部改造得焕然一新，犹如戏曲中低眉垂首的旦角柔软无骨，美妙绝伦。后两句指男扮女装的传统戏曲已经式微，继之以知识分子（读书人）登台扮演角色，讽喻"思想改造"使读书人灵魂扭曲，尊严尽失。在这一改造下，男人不再是男人，知识分子已不再是原来具有文化风骨的自由知识分子。陈寅恪对这场运动的观察以及对独立之精神、自由之思想沦丧的担忧，于隐晦婉转中明晰地透露出来。

1952 年，陈寅恪与陈序经、姜立夫等三对夫妇于中山大学纪念堂前留影。左起：姜立夫，陈寅恪，唐筼，陈序经夫人黄素芬，姜立夫夫人胡芷华，陈序经（引自《陈寅恪集》，北京三联书店 2009 年出版）

1953 年，已回杭州安居的朱师辙有《癸巳端阳》诗寄陈寅恪，陈氏于这年 6 月以《次韵和朱少滨癸巳杭州端午之作》和之。诗曰：

> 惊心节物到端阳，作客犹嗟滞五羊。
>
> 艾诩人形终傀儡，槐酣蚁梦更荒唐。
>
> 南游已记玄蛇岁，北味浑忘白虎汤。医家称西瓜为天生白虎汤。
>
> 粤湿燕寒俱所畏，钱唐真合是吾乡。【34】

从时间的跨度看，陈寅恪和此诗时，上距他"从今饱吃南州饭"的理想正好两年。这短短的两年，政治空气的冷杀已让中国知识分子从内心深处体验到了惊恐、焦虑。陈氏已把自己的食眠之地看作是不得已的滞留、寄居之地（南按：唐篔手书，"滞"作"寄"）。颔联的"艾诩人形"指古代端午节用艾蒿扎草人悬于门上，草人虽为人形，但只是个傀儡而已。此处当指当时在政治文化上虽搬用苏联模式，实际上只移来了一点儿虚张声势的皮毛，形似而神不在。下句借用"南柯一梦"古典，指中国仿照苏联模式构筑大国之梦，就像当年的淳于棼梦中所见情景一样，只不过是一个乌托邦的梦幻罢了。【35】

尾联中的"燕寒"，自是指北京方面政治空气之寒冷，而"粤湿"则是事实上的环境。岭南确是潮湿之地，但联系全诗可以看出，此言喻指同样是政治因素。此时，无论是北京还是岭南，都是陈氏心中的畏惧之地，这便有了归隐杭州之意。这个"归隐"表面上可视作杭州的气候和生活环境好于广州，又是陈寅恪父母墓葬所在之地等等因素促成，但隐于深层的原因应是陈氏欲避南北政治空气的一种应变之策。

陈寅恪这首和诗寄朱师辙后，似意犹未尽，一个月后的 7 月 26 日，再赋诗一首《癸巳六月十六夜月食时广州苦热再次前韵》，诗曰：

> 墨儒名法道阴阳，闭口休谈作哑羊。
>
> 屯戍尚闻连测水，文章唯是颂陶唐。
>
> 海天明月伤圆缺，岭树重楼困火汤。
>
> 一瞬百年强半过，不知何处觅家乡。【36】

诗中首联意指中国文化中无论哪门哪派，都在"思想改造"运动中变成了"哑羊"【37】，除了歌功颂德再也发不出别的声音。这首诗写毕四个月后，汪篯来到了中山大学。陈寅恪与其谈话中除了对郭沫若等辈表示不满，盛怒中还捎带着大骂了一通民主党派的朋友，称他们是"自投罗网""无气节""可耻"等等。【38】如果解读不误，诗中的墨儒名法道阴阳"六家"，则泛指中共之外的几个民主党派。劝说陈寅恪北返而碰壁的汪篯得

第十六章　残阳如血

到这首诗并研读后，心有所悟，又有些不服气，认为他们这一批人的政治变化是形势使然，没有什么大不了的。但陈寅恪不这样认为，他认为一个人的人格高于一切，任何时候都不能因某种利益或某种压力失去尊严而卑躬屈膝。1961年，已沦落到重庆西南师范学院任教，虎落平阳，整日遭小犬们凌辱的吴宓赴广州探望陈寅恪，在谈到中国文化绝续与民主党派时，陈氏对吴明确表示："彼民主党派及趋时之先进人士，其逢迎贪鄙之情态，殊可鄙也。"【39】

1955年，时任广东省文教厅厅长的杜国庠受最高当局委托请陈寅恪出任全国政协委员，陈氏当场回绝并说道："我眼睛看不见，耳朵还是能听得清的，那些个政协委员说的东西，尽是歌功颂德，不讲真话，没有什么意思，我听着听着就气得把收音机关掉。另外，我自己身体不好，患高血压，怕冷，不适应北京的寒冷。请你转告周先生，我还是不担任政协委员。"【40】

陈诗颔联的前半句似指此时朝鲜战争虽处于僵持状态，但仍未结束。"浿水"，一作浿江，又名王城江，所指因时而异。两汉为朝鲜清川江。《史记·朝鲜列传》：汉兴，"复修辽东故塞，至浿水为界"。《汉书·地理志》乐浪郡浿水县："（浿）水西至增地入海。"朝鲜金富轼《三国史记》：高丽王谈德（392—413）"阵于浿水之上"。此水在古百济国北部，或谓即今朝鲜的礼成江，一说为临津江。《隋书·高丽传》：高丽"都于平壤城，亦曰长安城，东西六里，随山屈曲，南临浿水"。此浿水，即今朝鲜之大同江。另，又有一说，浿水即鸭绿江的古称，亦称马訾水，唐朝始称鸭绿江，原为中国内河，明朝初年才成为中朝界河。就在这首诗写毕的第二天，即7月27日，《朝鲜停战协议》正式签订，这首诗算是为朝鲜战争做了一个小小的注脚。【41】其后的"文章唯是颂陶唐"句，讽喻当时舆论对当局的颂扬。陶唐，中华民族上古部族时代的古帝名，即唐尧，与舜并称上古圣明的帝王。《孔子家语·五帝德》："宰我曰：'请问帝尧。'孔子曰：'高辛氏之子，曰陶唐，其仁如天，其智如神，就之如日，望之如云。'"当时有些知识分子吟诗作赋，把毛泽东与古代的帝王尧舜相提并论。对于当时舆论打造的"尧舜赞歌"，时在中山大学中文系任教的容庚（南按：即抗战胜利后被傅斯年拒入北大之门的那位），对整日学习毛著和语录，并且还要评选积极分子以作为一种政治荣衔等等做法大为不满，容氏在中文系小组发言中慷慨陈词，质问负责人："'言必称尧舜'，现在大家拥护毛主席跟封建时代拥护尧舜有什么不同？"【42】此话后来成了容氏反党反社会主义的"铁证"，被拿入牢狱。尽管陈寅恪与容氏关系不洽，陈氏退出中文系与二人关系不睦有直接关系，但在这一点上却是声息相通的。时在重庆的吴宓有"共颂河清未许悲"的诗句，倾诉了与陈寅恪甚至是容庚等知识分子一样的心理郁闷。

陈诗尾联中的"不知何处觅家乡"，隐隐透出当局不可能像对待朱师辙那样对待自己这位不肯颂陶唐的一介老朽的预感。

事实上，陈寅恪写此诗的时候，尚不知位于杭州牌坊山之下的家族墓地已被当地政府没收充公，碑亦摧倒砸断，荒凉落寞。在陈寅恪去世后，虽然家人多方面努力，终因当局的掣肘，其骨灰最终没能如愿安葬于杭州与家人团聚。据蒋天枢于1986年所写《师门往事杂录》载："近时，先生'稚女美延'自杭州扫墓回，云祖墓旁悉是茶树，欲归取父母骨灰来杭营葬，而祖坟前无隙地，已数上书浙江省政府，迄未得批复。蜚声国际之一代学人，身后竟无归骨之所，痛哉！"[43]

◎ 续命河汾志未休

正因为陈寅恪具有"独立之精神，自由之思想"的傲岸风骨，才有了"不知天高地厚"的汪篯贸然登门"以党员的口吻"教育恩师，从而遭到对方一顿痛骂并被逐出师门的命运。汪氏的北返标志着陈寅恪向北京方面关闭了最后一道大门的同时，也"更意味着陈寅恪在六十三岁这一年已决意选择一条余生只能是更加孤独的生命之路"[44]——这条路就是"论学论治，迥异时流"[45]，秉承中国优秀传统文化之精髓，以其托命之身实现平生"续命河汾"之志，传学术香火于"来者"。只是志向虽高，学问虽好，摆在陈氏面前的却是一个天翻地覆的新格局。此时的"来者"似乎不再喜欢陈氏的志向，更不需要他的学说，因而陈寅恪在这条路上跋涉的身影也就显得分外孤独与凄凉。

据当时在中山大学中文系担任助教的郑孟彤回忆说："解放初期，人们对古典文学有一种偏见，认为古典文学是封建主义的东西，从事古典文学研究，没有什么意义。因此，我们系里三位助教都争着去搞现代文学或文学理论，不愿意搞古典文学。有一天，冼教授在校道上碰见我，她主动地对我说：'詹先生（指詹安泰教授）说你很爱好诗词，也写得不错，为什么你不到我们古典文学教研室来？这不是很符合你的爱好吗？'"[46]在冼玉清的诚恳邀请下，郑孟彤才答应到古典文学教研室工作。这是1952年秋天间事。对冼玉清所说的詹安泰教授，一个晚辈也有类似的回忆："解放初期，詹先生在一封写给先父的信中信誓旦旦地说，要学

陈寅恪在中山大学校园内寓所阳台留影

405

第十六章 残阳如血

习马列主义的理论，下决心‘十年不读线装书’。"尽管如此，在1957年"反右"风暴一开始，詹氏即被戴上了"右派"帽子，"成为'不齿于人类狗屎堆的反动派'了"。[47]

此种怪异现象，早在炮火硝烟刚刚散去的1950年早春，就如同核裂变一样在全国四面开花，并向神州大地每一个角落蔓延开来。这年的9月14日，陈寅恪在致好友、四川大学教授李思纯的信中说道："岭南大学文史之学自不必谈。已不独岭南如此，全国皆如是也。足下中大友人已斥去矣。闻人言出蜀亦不易，须申请。远道传闻未知确否？"[48]也就在这一年，陈寅恪将岭南大学出版的新著《元白诗笺证稿》寄赠北京的邓之诚，据说去函中有：京华学人已捐弃旧学而竞逐新学，有兴趣读此书者或者仅你一人云云。[49]由此可见"文史之学自不必谈"，且人身活动都受到严格限制，确是"日照神州皆如是"了。延至1955年，形势对陈寅恪更加不利。这年9月19日，陈寅恪致史家唐长孺函，谓："寅恪于时贤论史之文多不敢苟同，独诵尊作辄为心折。"又说："寅恪壮不如人，老更健忘，复以闭门造车之学不希强合于当世。近数年来仅为诸生讲释唐诗，聊用此糊口。"[50]用此"糊口"是自谦，也是一个不争的事实。

尽管不合时宜，陈寅恪仍顽强地同时势抗争，在个人研究著述的同时，以坚忍的毅力继续"为诸生讲释唐诗"，以实现萦绕于脑际久久不能割舍的"续命河汾"之志。而以一己之力，秉持这种特立独行的品格和独立自由的追求，心系中国文化的存亡绝续，陈氏注定要于寂寞的精神世界里不合时宜地踽踽独行。

因陈寅恪双目已盲，多病缠身，出入不便，在校方的特许下，授课安排在寓所楼上进行。陈家的二楼小客厅连着一条宽宽的内走廊，此处就是授课的临时教室。在助手黄萱的布置下，靠窗边安排了十来张桌椅，正面放一张老式藤椅，旁边安置一块小黑板，以供陈氏授课之用。在这个简陋的小小讲堂上，陈寅恪展开了他胸中万壑松涛，一幅幅鲜活的历史画卷展现在弟子们面前。据听过课的学生回忆，时选修陈寅恪课业的同学达30多人，将二楼走廊占得满满的，有时来的人多，课桌缺少，廊上放着的饭桌也被同学当作书桌使用。每到开课时候，同学们早已在廊内恭候，只见一位目不能视的瘦弱老人身穿一袭长袍，天寒时犹戴上一顶瓜皮帽，身上再裹马褂，由助手黄萱或夫人唐篔从内室缓缓搀扶而出，在一把矮脚藤椅上慢慢坐下。老人用空茫的眼神扫视自己并不可见的学生，30多双眼睛都庄重肃然地静静注视着这位鼎鼎大名的学术大师。少顷，老人眼睛半睁半闭着开始授课，同学们静心聆听的同时认真做着记录。

这一时期，陈寅恪所授课业是他耗数年心血研究的新成果"元白诗证史"。

在中国史学绵延不绝的长河中，以文或以诗证史，前贤曾有过尝试，但收效甚微，真正大量付诸实践并有卓越创获则始自陈寅恪。陈氏认为，中国史籍与外国不同处，往往在于每天每事都有记载，这是中国史籍最宝贵的财富和特色。中国诗歌与外国诗歌的不同，是它多具备时、地、人等特点，有很大的史料价值，可用来研究历史并补历史文献记载之缺。陈氏把以文和以诗证史的工作视为新开辟的史学园地，并以唐诗为研究对象加以精耕细作，除了"在史中求史识"，还要得出"历史的教训"。陈氏超越前贤大儒的独特方法是：先对诗中资料的真实性、时间性、地方性做详细查考研究，再根据当时发生的情况、人与人之间的交往以及每一个人的社会背景及思想情感，断定该资料是否有用和可用，从而

陈寅恪正在自己家里给学生讲课

寻出意义之所在。有时为探究一个问题，需要连续思考几天几夜，以致夜不成寐，患了严重失眠症。对此，陈寅恪曾对助手黄萱说："晚上想到的问题，若不快点交代出来，记在脑子里是很辛苦的。"[51]正是因了陈氏的聪慧和辛苦劳作，才为这门学问于荒凉的荆棘中开辟出一方崭新的天地。

据听课的学生刘隆凯记录显示，陈寅恪所讲"元白诗证史"课程，共分《莺莺传》、《长恨歌》、《琵琶引》、《连昌宫词》和"新乐府"（五十首）五个部分，其中以唐诗，尤以唐代中期颇负盛名的元稹、白居易两位大家的诗文考证唐朝历史为主。其间，陈氏特别对学生指出中国诗和外国诗的区别。如外国最好的作品，多讲宗教、哲学；而唐诗中很多作品讲的是实际的环境、个人的生活状况和情感流露，如某年某日遇某人，或游某地，这样的情形在外国诗中是罕见的。中国诗之所以能用来作为史料考证历史，正是因为它是现实社会生活的反映。这一观点，在助手黄萱未到之前，曾由陈夫人唐篔做笔录，后经陈氏本人斟酌、修订公之于世，其要义是："中国诗短，却包括时间、人事、地理三点。中国诗既有此三特点，故与历史发生关系。把所有分散的诗集合在一起，于时代人物之关系、地域之所在，按照一个观点去研究，联贯起来可以有以下的作用：说明一个时代之关系；纠正一件事之发生及经过；可以补充和纠正历史记载之不足。最重要是在于纠正。元白诗证史即是利用中国诗之特点来研究历史的方法。"[52]

有唐一代，诗歌与诗人可谓群星灿烂、光照寰宇，在这道亮丽炫目的星河中，何以独选元白诗作为考证释解的对象？在陈寅恪看来，元白二家的诗特别注重现实生活的描写，且元稹、白居易二人又都生活在唐朝中期，用元白诗考证唐朝社会情形，上可追述唐初，下可推至唐末，唐代的政治史、社会经济、战争攻伐、民风民俗等，许多情形可以从元白诗中找到贯穿的线索，发现真相并以此推演前后的史事，从而得出新的史识。如陈寅恪通过元稹的"巧宦"和"巧婚"行径，总结出知识分子在新旧交替之际出现的

"拙才巧者"现象，陈说：

> 纵览史乘，凡士大夫阶级之转移升降，往往与道德标准及社会风气之变迁有关。当其新旧蜕嬗之间际，常呈一纷纭综错之情态，即新道德标准与旧道德标准，新社会风习与旧社会风习并存杂用，各是其是，而互非其非也。斯诚亦事实之无可如何者。虽然，值此道德标准社会风习纷乱变易之时，此转移升降之士大夫阶级之人，有贤不肖拙巧之别，而其贤者拙者，常感受苦痛，终于消灭而后已。其不肖者巧者，则多享受欢乐，往往富贵荣显，身泰名遂。其故何也？由于善利用或不善利用此两种以上不同之标准及习俗，以应付此环境而已。譬如市肆之中，新旧不同之度量衡并存杂用，则其巧诈不肖之徒，以长大重之度量衡购入，而以短小轻之度量衡售出。其贤而拙者所为适与之相反。于是两者之得失成败，即决定于是矣。[53]

此可谓陈寅恪从"史中求史识"，在知人论世的思想层面一个彰显学术洞察力的典型论断。这一超凡卓识既是对历史世道人心的归纳，也是陈氏个人"壁立千仞之态度"（吴宓语）的醒世恒言。

当然，既然陈寅恪开设的课程是"元白诗证史"，自然更体现于一个"证"字。陈氏在这一领域的过人之处，除了被学术界大加称颂的"通识之士"，更重要的还在于他的历史感，也就是世人难以企及的敏锐的历史洞察力和想象力，这一功力在对白居易的《长恨歌》和《琵琶行》的笺证中得到了淋漓尽致的体现。

白诗《长恨歌》是一首千古绝唱的长篇叙事诗，作于唐宪宗元和元年冬。时白居易任盩厔县尉，与友人陈鸿、王质夫同游仙游寺，道古论今，言及唐玄宗之溺于声色及杨贵妃之恃宠贵幸，终于酿成马嵬之变，不胜感慨，乃据王质夫之建议作成此诗。陈鸿为之作《长恨歌传》。诗传一体，相得益彰，颇为当时及后世所称颂。——这是学人们代代相沿的普遍说法。

这首诗到了陈寅恪手中，便认为事情远没有如此简单，他在向学生们论及《长恨歌》创作经过时，首先做了如下说明：白居易之前，杨贵妃的故事不只是限于人间，白氏的《长恨歌》还有一半出于天上，加进了汉武帝李夫人的故事。陈鸿也写了《长恨歌传》，但"传"与"歌"不是通常的序文与本诗的关系，而是一个不可分离的共同结构，类于元稹的《莺莺传》和李公垂（绅）的《莺莺歌》，这是白居易与陈鸿的特创。白氏写此诗的灵感与兴致到底来自何处？应该始于他的好友元稹。元氏《莺莺传》中有一段议论，把莺莺比作败国妖姬，白居易觉得此议甚是不当，为补上这个缺陷，便写了《长恨歌》，这便是该诗的创作缘起，只有白氏《长恨歌》里的主人公才合得上那种倾国倾城的议论。可以说，《长恨歌》是受《莺莺传》的影响，才因袭而成篇的。更进一步说，白氏作此"歌"的目的不是为科举而作，而是与元稹争胜。在体裁上，它和李公垂的

《莺莺歌》相似，但李氏是为科举而写作的，二者区别甚大。

言及《长恨歌》，自然要对杨贵妃其人其事、家庭政治背景等诸方面做出合理的解释，否则便不能解释她的人生轨迹与情爱艳事的是非曲直。对此，陈寅恪讲道：唐朝从武则天起，到杨玉环，中间形成一个婚姻集团。这个时期中，李、武、韦、杨诸家的关系密切地交织着。唐玄宗时，宫廷内部几乎全是武家的势力，武惠妃就最为玄宗所宠爱。在许多政治风浪中地位毫未动摇的太监高力士，就是出身武家的，他自然在各方面隐隐维护武家。唐朝选妃有很多限制，高力士参与选妃，一定尽量在武则天婚姻集团里挑选。后来，武惠妃死，被追赠为皇后，武氏集团也渐次凋零。其后，选妃的范围渐渐推到武则天婚姻集团的外围。杨家与武家是有关系的，杨玉环起初是寿王妃，而寿王是武惠妃的亲生儿子。杨玉环当然是当时的标准美人，然而绝不是最美的。既然不是最美，又怎么会被选中呢？奥秘就在于她是集团中人。在武、杨婚姻集团中，在李氏后廷中，她被认定为最美者。应该说，她的这种美是带有政治性的。[54]

杨贵妃的传闻在民间既广且多，陈寅恪认为有许多是文艺性的，要弄清真实，必须加以考证，如在学术界争论不休的杨妃与寿王是否合婚的问题即其一典型事例。清代大学者朱彝尊说杨妃与寿王并未同牢（房），其说言之凿凿，后世不少学者为之信服，朱氏之说几成定论。对这一学术公案，陈寅恪自有不同的看法，明确表示此说是错误的。理由是：唐亲王娶亲的典礼有 13 项，朱氏考定杨妃受册为寿王妃在开元二十三年（735）十一月，但到二十五年（737）才亲迎。朱氏故意拉长其间的跨度，是想表明他们并未同牢，但这是不可信从的。若依朱氏的见解，亲王娶亲全部礼毕至少要 13 年，岂不成了少小典礼老大婚？由此足见其谬。那么真实的情形如何呢？陈寅恪认为：寿王册杨氏、韦氏为妃的二诏，皆有年月。杨氏册于开元二十三年十二月，韦氏是天宝四年（745）七月。但度杨妃为女道士的敕文，则无年月，而这恰恰是非常重要的。按朱彝尊的说法，杨妃被度为女道士应在开元二十五年正月二日。他提早这个时间，显然是想表明杨妃仍是白玉无瑕。但这是错误的，因为此时的武惠妃尚未过世。玄宗是在武惠妃逝去、后庭空虚、"御宇多年求不得"的情况下，才娶儿媳妇做妃子的。那么武惠妃死于何时呢？史载：开元二十五年四月，她为儿子寿王的缘故，杀三庶人。依此可证武惠妃的死绝不会早于此时，她的死当在是年十二月七日。有了这个日期为限，度杨妃为女道士当在开元二十五年十二月七日武惠妃死后，天宝四年八月十七日册杨太真为妃以前。由是观之，杨氏自受册为寿王妃到入宫（至早是在开元二十六年［738］初），其间至少已逾两载，故而杨妃与寿王当已婚矣。

既然如此，白居易在《长恨歌》中说杨妃入宫前"养在深闺人未识"，又做何解释呢？陈寅恪通过考证得出的结论是：唐亲王娶亲礼中，亲迎、同牢必在同一天内。杨氏册为寿王妃在开元二十三年，被度为女道士应在开元二十八年（740），故不可能还待字闺中。白居易《长恨歌》所云"养在深闺"，深没寿邸一段，显然是在为尊者讳，不足

第十六章　残阳如血

凭信。

对于《长恨歌》中"春寒赐浴华清池，温泉水滑洗凝脂"的解释，陈寅恪认为这是中亚西亚胡人的习惯，传到中国有所改变。温泉之浴，本是医学上用来治病的。唐玄宗时，温泉便以治病为主，兼有游憩的作用。早在汉代宫中即有"温室"（浴室），唐代亦有温泉宫的建置。那么唐玄宗临幸温泉的时节为何？杜牧《过华清宫》绝句三首之一："长安回望绣成堆，山顶千门次第开。一骑红尘妃子笑，无人知是荔枝来。"陈寅恪认为杜牧描写的是夏天的情景，唐时荔枝只有广东、四川出产，且川产不如粤产，杨妃小时候是在四川吃过荔枝的。杜牧把杨妃的奢吃荔枝的爱好与华清池赐浴连在一起，显然错误。温汤治病必在寒冷季节，玄宗临幸当在春寒时节，而不会是在夏季。杜牧是文宗时候的人，那时温泉全做游览用了，因而杜氏认为玄宗时候亦是如此，便有了玄宗夏天临幸温泉，杨贵妃一边洗浴一边吃荔枝的离奇情节。显然，这是杜氏不知道温泉原有的治病用途，借此可见外边输入的文化是有时代性的。以温泉而言，最初，功用全在治病；其后，如唐玄宗时，治病为主，兼为游览；再之后，到了唐文宗时代，则全变为游览了。

由温泉的变途回到白居易《长恨歌》"七月七日长生殿，夜半无人私语时"一句。陈寅恪通过对时间和空间的分析，认为同样存在错误。理由是：就时间看，七月七日，自为夏天，玄宗是不会临幸长生殿的，因为此殿就设在华清宫。就空间看，唐宫名长生殿者甚多，名同，地址不同，作用也大为不同。华清宫的长生殿，是斋殿。帝王先一日至此斋戒，清心寡欲，然后祀神。其他宫的长生殿，是卧殿，都是帝王病重才移来此处。因为这样的缘由和条件限制，玄宗与杨贵妃不可能在长生殿谈情说爱，山盟海誓，白诗之说显然是一个误会。造成这个误会有两个原因：一是自安史之乱后，皇帝不再去华清宫了；二是道教风行，尤在肃宗和德宗初年为甚。到了德宗贞元年间，与玄宗时代相隔已三四十年，人们已不知道皇帝夏日不去华清宫了，加以道教盛行，白氏乃发挥想象，通过情节的虚构与人物的再现，加入了道教成仙的文化系统，如"忽闻海上有仙山，山在虚无缥缈间"等道家宇宙观，于是便有了小说体、传奇性的优美文学作品《长恨歌》。

在研究和准备教案的间隙，陈寅恪曾对助手黄萱说，人家研究理科的，是分秒不差的。而他的文史研究，是年、月、日不差。也就是说，他写的某人某事，在历史上是发生在何处、何年、何日，是不会相去太远的。[55] 陈氏此言，外人看来有些自负，却也是事实，他对古典诗歌的研究，确有一个精确推导的过程，其渊源可以追溯到陈氏游学年代所接受的追求精确性和彻底性的德国学术传统。从他对《琵琶行》的研究讲解中即可见出其深厚的学术造诣，以及运用资料以步步推理得出合理结果的卓越才能。

在现代中学生都能背诵的白居易《琵琶行》（又名《琵琶引》）中，陈寅恪利用德国学术传统在考订事实的基础上一步步推演，环环相扣，深达幽微，发千年未发之覆，将一个湮没于历史烟尘中的故事化腐朽为神奇，令人信服地呈现于世人眼前，其效果大有白诗中"银瓶乍破水浆迸，铁骑突出刀枪鸣"之感。凡听过此课者，几皆拍案叫绝。

陈寅恪首先指出，《琵琶行》表达了诗人反对战争的态度，是一部反战文学作品。诗有情节，不是小说体，是乐府体，具有纪实性质。南宋洪迈《容斋随笔》说琵琶女并无其人，是白居易凭空想象出来的一个人物，白氏在浔阳江头置身妇人船中，与礼法不合。对此，陈寅恪认为洪氏之说大谬。

白氏创作《琵琶行》的时代背景是唐元和十年（815），此时正值藩镇倡乱，如淮西蔡州吴元济之类称兵割据，目无中央。主张对藩镇用兵的丞相武元衡被藩镇所派的刺客刺死，裴度也被刺伤，长安陷入混乱。朝中牛僧孺和李德裕二党各持己见。牛党力主罢兵，李党则主张用兵，二党相互斗争，僵持不下。时为左善大夫的白居易拥护牛党，上奏反战，主张罢兵，便遭李党忌恨。事态的发展出乎牛党与白氏的预料，在李党的坚持下，中央于元和十二年（817）出兵平定了吴元济等藩乱，大唐帝国一度复振。白居易在得势的李党挤压下，被朝廷先是贬官江州刺史，继而改授次一级的江州司马。

鉴于这样一个历史背景，陈寅恪认为白诗《琵琶行》"同是天涯沦落人，相逢何必曾相识"之句，表露出作者天涯沦落之感，但在诗中并不是最重要的。更深刻，也最为隐晦的感情存在于"弟走从军阿姨死"一句中，这是诗眼，是主题，更是白氏反战态度的流露和情感迸发的来源。其他都是次要的，非主题的。[56]根据陈寅恪的考证研究，白诗中琵琶女的弟弟从军，一定是去打淮西蔡州的吴元济，时间当在元和十年或十一年（816）。白居易于元和十年遭贬，二者为同一事，在同一时。

被贬官走至浔阳江头的白居易，开始写的是送客情景。唐时风俗，客是天亮动身，饯行送别是在头天夜晚，故是"夜送客"。主客握别于次晨，客发而主归。宋代洪迈《容斋随笔》柒《琵琶行海棠诗》条说："乐天夜登其舟与饮，了无顾忌。"又说："乘夜入独处妇人船中，相从饮酒，至于极丝弹之乐，中夕方去。"洪氏之说大谬。白诗云：

> 移船相近邀相见，添酒回灯重开宴。千呼万唤始出来，犹抱琵琶半遮面。

由此可知，白诗"移船相近邀相见"之"船"，乃"主人下马客在船"之"船"，非"去来江口守空船"之"船"。即江州司马移其客之船，以就浮梁茶商外妇之船，而邀此长安故倡从其所乘之船出来，进入江州司马所送客之船中。亦并非由琵琶女所乘之大船的内房出于外厅。"重开宴"是在白氏的小船上，绝非在琵琶女的大船上。否则"商人妇"这空船中，恐无此预设之盛筵也。且白乐天诗中亦未言及其何时从商妇船中出去，洪氏何故意加"中夕方去"之语？盖其意以为白氏乃当时有名的贤者君子，既夜入商妇船中，若不中夕出去，岂非此夕径留止于其中耶？读此诗而做此解，未免令人可惊可笑。

当琵琶女自商船出见白氏，因白氏是上官，她得站着。然而，琵琶只能坐着弹，故而琵琶女弹时是坐着的。不弄明白这一点，同样难以弄懂白诗中对倡伎动作的描述。白诗中有琵琶女一段自白：

> 自言本是京城女，家在虾蟆陵下住。十三学得琵琶成，名属教坊第一部。曲罢常教善才服，妆成每被秋娘妒。

陈寅恪由此认为：这个琵琶女是家居长安的西胡种，且是"酒家胡"种。证据是"名属教坊第一部"。长安教坊不是玩杂耍的，而是教学管弦乐的专门场所。教坊中人都是西胡种，他们娶入的都是同种的人。唐代官伎有别，长安的善京都声，是新声，即从中亚西亚刚传入不久的技艺；苏杭一带的歌伎不是西胡种，只善旧声，即隋或唐初由中亚传入的技艺，旧声不如新声受欢迎。江州的官伎才貌皆不出众，连旧声也赶不上。因而遭到自京城来的白氏鄙视，觉得不足听，这便是白氏说浔阳无丝竹声的原因。而历史发展到今天，最好的琵琶曲调《十面埋伏》，溯其源，亦不过及于元朝。再早，已不可知了。

何以推断琵琶女是"酒家胡"呢？这是因为唐时的长安，不是西胡种不得入教坊学新声。琵琶女自述的虾蟆陵下之地，正是名酒产区，这位长安故倡既住在名酒产区，复具有琵琶之绝技，当是"酒家胡"（卖酒的胡人）。又，唐代女子应酬是在十三岁。证据是杜牧《赠别》："娉娉袅袅十三余，豆蔻梢头二月初。春风十里扬州路，卷上珠帘总不如。"陈寅恪认为，白诗中的"秋娘"真有其人，她是贞元十五年（799）白居易中进士时长安最

传明代仇英（1502—1552）绘白居易《琵琶行》诗图

负盛名的倡女，白氏沦落江州，感念昔日之游，乃取于诗中。有人以为是杜牧诗里的秋娘，是不对的。

在这个时间、地点、人物皆有着落的基础上，陈寅恪继续以白诗与史实印证，认为：假定琵琶女贞元十五年是十三岁，那么，到元和十一年，她在浔阳江头应该是三十岁了。而这个时候琵琶女的遭际是：

> 弟走从军阿姨死，暮去朝来颜色故。门前冷落车马稀，老大嫁作商人妇。

白居易和琵琶女都是境遇使然，不得不离开京都长安，来到江州，因而同有沦落之感。如果没有琵琶女其人，白氏从何而加"弟走从军"之事？正因为有其人，有其事，白氏想到自己因反战而遭贬谪，故更

加伤感，因之为记。根据诗中主客相见情形和长安故倡所述，可推知下列事实：

元和十年，琵琶女二十九岁时，弟走从军。不久，阿姨又死了。再过年余，她三十岁时才嫁给一位商人。古代男子三十而娶，女子二十而嫁，已是男女婚娶的最后年龄了。过了这个界限，便是老大了。像崔莺莺，贞元十六年（800）才十七岁，以后结婚也在二十岁以前。韦氏比崔莺莺大一岁，在贞元十八年（802）结婚时是二十岁，若再不出阁，也就难了。琵琶女到了三十岁才嫁人，真可谓"老大"了。

陈寅恪认为，白诗有两点要特别注意。其一为"商人妇"，即商人之妻此长安故倡，特不过一寻常之外妇，其关系本在可离可合之间，以今日通行语言之，即"同居"而已。在唐代其地位介于妻、妾之间。此即唐代当时士大夫风习，极轻贱社会阶级低下之女子，视其去留离合，所关至小，不足顾忌也。其二即唐代自高宗武则天以后，由文辞科举进身之新兴阶级，大抵放荡而不拘守礼法，与山东旧日士族甚异。白乐天乃新兴阶级之一人，其所为如此，固不足怪也。白诗中有：

　　商人重利轻别离，前月浮梁买茶去。去来江口守空船，绕船月明江水寒。

此句说明商人是个茶商。唐于安史之乱以后，失掉河北财源，为维持两京一带所需，经济上要靠江淮。茶商、盐商都要向政府领专卖券才可行商。琵琶女所嫁的商人年纪较大，应年过四十，结过婚了。他到长安领券时娶了琵琶女，那是元和十一年春天。因琵琶女已"老大"色衰，故商人所娶花费不大。商人与琵琶女的结合是有经济打算的，在商人这边，他"浮梁买茶去"的时候，好有人在"江口守空船"。这里既表现了有技能的女性的末路和痛苦，也表现了当时社会、政治、经济、文化等各方面的一些真实情况。

陈寅恪尝谓自己对唐诗的考证并不成熟，因而在教学与著述中多称为"稿"，意思是未定稿，若有新材料、新见解，随时修改增补。同时，陈氏对他的学生强调，人是资料的主人，不是奴仆，不能让资料牵着鼻子走，要善于辨别、理解和利用资料。不是先有结论，才做研究，而是先研究才得出结论。如白诗另一首广受老百姓欢迎的《卖炭翁》中的"说估法事"即可证明。[57]

《卖炭翁》表达了底层劳动人民在官僚与太监们欺压下的痛苦，并道出了丝织品在当时的估价问题。全诗不长，可列如下：

　　卖炭翁，伐薪烧炭南山中。满面尘灰烟火色，两鬓苍苍十指黑。卖炭得钱何所营？身上衣裳口中食。可怜身上衣正单，心忧炭贱愿天寒。夜来城外一尺雪，晓驾炭车辗冰辙。牛困人饥日已高，市南门外泥中歇。翩翩两骑来是谁？黄衣使者白衫儿。手把文书口称敕，回车叱牛牵向北。一车炭，千余斤，宫使驱将惜不得。半匹红纱一丈绫，系向牛头充炭直。

从诗的最后两句"半匹红纱一丈绫，系向牛头充炭直"，可以看出，当时的丝织品起有流通货币的作用，早期一匹设若值一千钱，后来便只值五百钱了，价值遭贬。估，有虚估、实估之分。民间交易按市场实价，是实估，估得低；而官价为虚，是虚估，仍视已贬值的丝织品为一千钱，估得高。这样一来，老百姓便吃了一半价格的亏。白诗中太监给予卖炭翁的官价，一定和实价距离很大。其实，受估价之苦的，不独那位遇到太监倒了霉的卖炭老翁，当时的京官也是一样的。白诗中的"宫使"，亦即下级太监，负采买之责。"黄衣"，未入流者，如小说中的黄衫客，其社会地位还在绿衣使者之下。此处骂的是这种低级太监。白氏《宿紫阁山北村》诗写到"（神策军）中尉正承恩"，则是骂的高级太监。[58]

诗中的炭当然是木炭，这是唐朝宫中冬天取暖不可缺少的稀有物品，很是值钱。老翁一牛车重千余斤的炭，其价是很高的，只是被太监们变相一折腾，所得与实价相差就十分大了。缭绫、红绡皆是丝帛，通过白诗还可以看到，当时的缭绫比红绡贵重。结合白诗《缭绫》可知，缭绫是丝织品中最为上佳的产品，绝不是一般织户所能织的。"安史之乱"后，政府加重了剥削，表面上数目不改，但尺寸上加大。度量衡原则上由小、轻、短变为大、重、长。如开元时四丈一匹，到了白居易时代变成四丈五尺一匹。卖炭老翁遇到的那个黄衣太监用二丈多一点的红绡和一丈缭绫，就把老翁一车千余斤的炭给弄走了，可见人民受剥削、压迫之重。

按通常的情形，陈寅恪每对学生讲解一段，便问对方"这样讲是否可以，听得懂听不懂，有何问题要问？"而每问必答，且想方设法给予合理的解释。在一次课上，当陈寅恪讲到卖炭的老翁早晨赶着牛车进得长安城，"手把文书口称敕，回车叱牛牵向北"一句时，学生刘隆凯突发奇想，认为"回车叱牛牵向北"之车本来朝北，如何又向北？其间必有变故，或为一个老翁见黄衣使者到来南逃未果的潜在情节。

于是，刘隆凯把这一疑问写一纸条交给黄萱，心中期待黄女士在方便的时候给自己解释几句，但直到下课却没有听到回答。刘隆凯后来回忆说："这也是我想到了的，浅薄之见也可以不予置理。不想，有一天，陈先生在讲课当中，突然换过话题，提到了我提出的问题。大出我的意料，他出语就夸奖我，一再说我肯用心思考，真令我心潮激荡。然后，他平和地一条条说出理由，来证明我提出的想法是不必要的。"[59]陈氏列举了三个理由：

> 其一，今无很好的唐长安图，有者如徐松《两京城坊考》，然亦不好，日人的《唐代之长安》亦是欠佳。
>
> 唐宫的布置大致是：大极（西内）、大明（蓬莱、东内）、兴庆（南内）。
>
> 南山，即终南山，在长安城南。
>
> 唐长安之市有二：东市、西市。老翁入市，不知是哪一个市。若是东市，老翁

入城以后，又不知走何街道，不知所走的是否直线。若不是直线，牛头即非正北。只有直线进行，车头才是正北。所以，是否正北，今尚无法说明。

其二，回车之"回"，意是转动，可能转一百八十度，但又不一定就是一百八十度。如杨贵妃的"回眸"，眸，眼珠，有的本子作"头"，不好。这是指眼珠的一转。又如《西厢》第一本第一折："怎当他临去秋波那一转"，亦是一例，也是指眼珠的一转，当然不可能是一百八十度。故而，若车头不是正北，而是偏东或偏西一点，就要转动一下，让它朝向正北。白诗中的"回"，并不一定说原来是向南的。

其三，这次买卖，除了炭值，还有门钱、脚价钱。普通人买炭，除了给十足的炭值外，脚价钱也要出的，门钱如何则不一定。太监这种买法，除了给不足的炭值外，运炭入宫是不给脚价钱的，门钱还得要老翁出，这"叱向北"也可见出对老翁的多重剥削。太监的恶行，韩愈的《顺宗实录》多有记载。

说到跑，老翁已经够累的了，知道跑不脱，想是不会跑的。可以作这个假定：老翁的牛车停在市南门外，不是正向北，是斜斜向北。说是假定，是因为今缺当时的长安地图，即便有了当时的地图，又何从知道老翁是从哪个城门进来的呢？所以，只作一个看法提出来。[60]

陈寅恪讲毕，又谦虚地说自己所做的答复也未必一定对，还可以讨论。下课之后，陈氏又让黄萱把刘隆凯单独领进内室的书房，让黄拿出线装的《两京城坊考》等书籍给刘观看。这是陈氏前几日经过思考后想到的，他认为这些古籍可以进一步帮助其解答疑难。对此，陈寅恪曾对黄萱说："人家必会以为我清闲得很，怎能知道我是日日夜夜在想问题、准备教学和做研究工作的。"[61]

然而，陈寅恪对此一问题的思考并未停止。几天后，当刘同学再次前往听课时，陈氏又告诉说自己就"回车"问题又进一步做了思考，"牛头可能向东"。半个月后，陈寅恪又告诉前往听课的刘隆凯："市，指的东市。老翁由启夏门入的可能性最大。太监多是从大明宫来的。"[62]看着目盲病衰的老人如此执着，刘隆凯很是感动，认为老师的关怀看似对自己一人，其实是想借此来启发年轻人，希望大家多去思考以寻求学术上的突破。"可惜整个讲课此时也同时中断了，不然，陈先生也许还会第四次提到它吧？这康乐园中耳提面命、亲切教诲的一幕，已成为后学心中一道永恒的风景。"[63]

刘隆凯可谓是老师的"后世知己"，陈寅恪深知中国学问博大精深，尚未开拓的领域实在太多，他要开风气，提示后学一些可走的新路并加以指导如何沿着这条新路走下去，并不自以为是，一锤定音，更多的是给学生独立思考的机会和启迪。此点正如劳榦在总结陈寅恪教学思想和方法时所言："他深深地知道'罗马不是一天造成的'。一切伟大的成功都建筑在许多人许多时候辛苦经营的基址上，所以他的路线很显然的只是为别

第十六章　残阳如血

人测量基址，指示别人去画蓝图。"[64]只是，政治气候的持续恶化，终于使陈寅恪不能继续沿着这条路走下去了。"守先哲之遗范，托未契于后生"的理想终成梦幻，康乐园不辍的弦歌遂成为一曲广陵绝响。

◎ 留命任教加白眼

历史的脚步迈入 1957 年，全国性"反右"运动开始。一夜之间，众多儒生士子被打成站在共产党与人民"对立面"的"阶级敌人"或"牛鬼蛇神"。至 1958 年，全国戴帽"右派"分子的数量达到了 55 万余众。躲在中山大学校园里整日战战兢兢、如履薄冰、生怕惹火烧身的陈寅恪也未能幸免，虽侥幸未被划为"自绝于党和人民"的"右派"分子，但仍划入"中右"圈内受到监控。这个特殊待遇，据说是受到了周恩来与掌握广东省的高官陶铸等人的暗中关照才得到的。

1958 年 3 月，随着"大跃进"风潮突起，全国高校又掀起了批判"白专道路""拔白旗"等在《辞源》里找不到的各种名号的运动。北京大学校长马寅初的《新人口论》引来了问题，北大校内立即掀起了批马诛马运动。孤军奋战的马寅初以"三军可以夺帅，匹夫不可夺志"的强硬态势与对立面展开论战甚至混战，一时举国震动，天下胆寒。

就在全国各阶层、各色人等对马寅初兴师问罪之时，南北两地的学术界高层似乎仍没忘记隐居岭南的陈寅恪那巨大投影的存在——尽管他的肉身已瘦弱不堪，走路十分困难。自感在几年前差遣汪篯南下邀请陈寅恪无情遭拒而大栽脸面的郭沫若，与中科院历史研究所第三所所长范文澜等，趁机向陈氏发难，借此展开对其围攻和敲山震虎式的攻伐。范文澜公开说："胡适，经过我们近几年来大规模的批判，一般地说，我们史学界已经看清楚了。但还有两种人：一种是自觉的胡适门徒，直到今天还坚持学术独立的看法，拒绝学术为政治服务，也就是拒绝为社会主义服务，为六亿人民服务；也就是拒绝学习马克思主义的立场观点和方法来运用到自己的学术研究上去。这种人是极少数，但是必须对他们开战。"又说："这里面也必然存在着兴无灭资和兴资灭无两条路线的斗争。不是无灭资，就是资灭无，想妥协并存是不可能的。"[65]此时的范文澜尚只是含沙射影地把矛头对准陈寅恪。

尽管如此，远在岭南的中山大学领导者已嗅出了火药喷射的味道，以杨荣国为代表的历史系领导开始集中力量对历史系几员老将岑仲勉、刘节、梁方仲等展开批判。岑氏属于罕见的学问大家，且与陈寅恪属于同辈人物。梁方仲与刘节皆陈寅恪学生辈人物，梁早年就读于清华西洋文学系与经济系，后成为陶孟和领导的中央研究院社会科学研究所的主要健将之一，新中国成立后转入岭南大学，继而成为中山大学历史系教授。而刘节原为清华国学研究院第二届学生，是王国维与陈寅恪指导的研究生，20世纪50年代初开始担任中山大学的历史系主任。1953年，被著名学者杨树达斥为"学识低劣"的原湖南大学文学院院长杨荣国调入中山大学历史系。一年后，杨反客为主，取刘节之历史系主任而代之。在批判岑、刘、梁等人的同时，杨荣国与校领导自然知道还有一个庞然大物——陈寅恪蛰伏在深宅不知内心在想些什么，说不定在哪一天夜里就呼啸而出，对"革命运动"进行反扑。于是校内领导和历史系的杨荣国等当权者，一刻也没有忘记陈氏的存在，并将其视为系内外"白专道路"的代表，是飘浮于中山大学校园上空最大的一杆白旗。

1958年5月16日，郭沫若在《关于厚古薄今问题——答北京大学历史系师生的一封信》中说："今年2月，在一次最高国务会议上，主席提出了一位朋友（南按：此人指原清华大学教授，后得毛泽东信任的张奚若）批评共产党的16个字'好大喜功，急功近利，轻视过去，迷信将来'加以指正，说共产党正是这样，正是好社会主义之大，好社会主义之功。……像毛主席的思想和诗词就是前无古人的。我们在今天依然还要厚古薄今，那简直是'呆子'中的呆子！"又说："资产阶级的史学家只偏重资料，我们对这样的人不求全责备，只要他有一技之长，我们可以采用他的长处，但不希望他自满，更不能把他作为不可企及的高峰。在实际上我们需要超过他。就如我们今天在钢铁生产等方面十五年内要超过英国一样，在史学研究方面，我们在不太长的时期内，就在资料占有上也要超过陈寅恪。这话我就当到陈寅恪的面也可以说。'当仁不让于师'。陈寅恪办得到的，我们掌握了马列主义的人为什么还办不到？我才不信。一切权威，我们都必须努力超过他！这正是发展的规律。"该信于6月10日在《光明日报》公开发表，随后又被《人民日报》转载，全国大小知识分子为之震惊，并迅速引来了一批跟风溜须者，一个像大炼钢铁赶超英美一样赶超陈寅恪的运动在教育界和学术界兴起。

此时的陈寅恪蛰伏羊城"作哑羊"已有数载，声名沉寂，自是不为外界世俗人士所知，北京大学等校青年教师与大学生根本就不知道陈寅恪是哪方神圣。1961年夏秋，当吴宓自重庆前往广州探望陈寅恪时，日记中有这样一段记载："寅恪兄双目全不能见物，在室内摸索，以杖缓步；出外由小彭搀扶而行。面容如昔，发白甚少，惟前顶秃，眉目成八字形，目盲，故目细而更觉两端向外下垂。然寅恪兄精神极好，撮要谈述十二年来近况：始知党国初不知有寅恪，且疑其已居港。"[66]连嗅觉灵敏的人物都不知其下落，后起的一群年轻娃娃，又如何晓得陈氏的死活？

因为郭沫若的"雄文"发表和"赶超"的需要，一些教师与学生，才在批判会上从一些老教授嘴里知道了陈寅恪的大名及其不可企及的巨大学术能量。想不到偏远的岭南

晚年陈寅恪夫妇在康乐园寓所前小道上散步

卑湿之地，还蛰伏着如此威猛强悍的庞然大物，这个意外发现令小子后生们着实吃了一惊。在一派喧嚣中，针对陈寅恪游学四方，饱读诗书，记忆力惊人的特点，有年轻的"天才"学生想出了一个在短时间内超过陈氏的办法，即组织几百人的阅读团，按照陈氏研究的范围搜集图书杂志阅读，假如每人读十本书，几百人加起来就是几千本，若再点灯熬油、大干快上地奋斗一番，完全可在几个月内超过陈寅恪读书的数量，如此便可轻易地赶超这个从旧社会过来的资产阶级学术权威。一时间，"每个学生读几本书，加在一起赶超陈寅恪"的口号，在全国高校甚至社会上流行起来。面对这一离奇的时髦风尚，1949年毕业于北京大学中文系，时任《大公报》记者组副主任的萧离，感到不可思议，遂专门来到北大校园，征询与陈寅恪友善的北大历史系教授向达的看法。向达听罢颇为不屑地答道："一个人读几百本书和几百人读几百本书大概不一样吧。"[67] 尽管不一样，但这个赶超陈寅恪的读书运动，还是在"红旗招展，锣鼓喧天"的政治氛围中不断升温膨胀地鼓荡起来。

随着时间的推移和"拔白旗"运动展开，一些人突然发现，作为学术大师、文化昆仑的陈寅恪已用不着赶超了，直接作为反动的资产阶级学术权威拔掉推倒即可。于是，拔掉陈寅恪这杆迎风飘扬的资产阶级白旗运动又成为先锋的号角。陈寅恪的一个学生辈人物，1952年毕业于清华大学历史系，时在河北天津师范学院（现并入河北师范大学）历史系中国古代史教研室任教的胡如雷闻风而动，很快搞出一篇针对陈氏的批判文章，谓："陈先生既不是不问政治的史学家，没有阶级偏见，也不是反对马克思主义的。解放几年来，陈先生发表的几篇文章，还原封不动地保持了二三十年前的面孔，我们从这些文章中嗅不出一点马克思主义的气味，这就是对马克思主义持对抗态度的具体表现。"[68] 胡如雷不愧为雷厉风行的行家，这是继郭沫若、范文澜等高层人物之后，作为低层人物向陈寅恪拉响的第一颗地雷。以专门编选研究墓志为业，在圈内小有名气的陈柏泉，尽管对陈寅恪"关陇集团"学说与魏晋南北朝研究并不在行，但为表现个人之勇和抢风潮之先，不甘落后地找来陈氏几篇论文一通乱翻，而后寻章摘句，"对号入座"式地口诛笔伐起来，说道："翻阅解放后陈先生的全部文章，其中丝毫也找不出马列主义理论的运用，这在解放多年来的中国史坛上说来，不能不是一个空前的怪事。"[69] 对陈柏泉来说，他眼中的"怪事"可谓不错。当年陈寅恪冒着炮火乘国民党政府派出的飞机离开北平的时候，曾有"众生颠倒诚何说"之慨，如今面对这位已经"颠倒"的叫作陈柏泉的五百年前的本家，病卧岭南"作哑羊"的陈寅恪又该说些什么呢？

中山大学校园内，早已挂满了号称二十万张大字报，以与新兴的"拔白旗"运动相呼应，讨伐校内资产阶级学术权威。在学术界处于"领头羊"地位的陈寅恪，尽管已是绑倒的"哑羊"，仍逃不脱被批判讨伐的命运。大字报由最初的"彻底批判"，渐渐演变成"拳打老顽固，脚踢假权威""烈火烧朽骨，神医割毒瘤"【70】等杀气飞扬的锋镝。部分师生借机兴风作浪，欲将陈寅恪彻底一拳打翻在地，再踏上一只脚，一批曾听过陈寅恪课或没有听过陈氏课业的中大历史系学生和部分青年教师，开始向这位昔日的导师、今日的"阶级异己分子"发难，渴望能够有幸落入"尊敬的郭老"法眼，实现青云直上、一飞冲天的美梦。

在这个辉煌大梦中，中山大学的"革命先行者"，借助全国报刊的强大舆论威力，抓住陈寅恪的命门重拳出击。如中大学生李春棠、林顺曾、方早成辈公开放言道："郭老答北大历史系师生的一封信里，对我们有很大的启发。以前我们站在陈老先生面前，认为其诗书博通，由而发生出自卑感。这是错误的。……陈寅恪教授是彻头彻尾的资产阶级权威学者。他在'元白诗证史'这一门课程所宣扬的完全是资产阶级的一套。"又说：陈本人从来不学习马列主义，也不相信马列思想，而是以资产阶级厚古薄今的治学态度，对封建阶级的史书古籍做了一些烦琐考证。他对一些琐鄙不堪的小事体和旧社会的达官贵人、王妃妓女特别感兴趣，如杨贵妃身体是胖是瘦，体重几何，入宫以前是不是处女，与寿王是否同房，何时度为道士，等等。他还特别考证出"杨贵妃和安禄山之间究竟发生过关系没有，以及皇帝穿的龙袍是刺着五个爪的龙，大臣穿的蟒袍是刺着四个爪的龙等"。他还厚古薄今地讲一些陈词滥调，搞一些无聊的考证，如讲《莺莺传》时，莺莺是"如何把淡妆短眉变为浓妆细眉"；讲到白居易的《琵琶行》时，居然考证出了那个在船头犹抱琵琶半遮面的商人妇，祖籍何处，什么人种，什么年月、什么岁数入的妓院，在长安属第几流妓女，何时退居二线，何时嫁与做何生意的商人，属于二房还是三房，是夫人还是妾身，等等。【71】

尽管此前已有史学界人士没有点名地指斥"目前尚有人在研究杨贵妃入宫前是否处女"【72】，但流传只限于史学界小圈子范围。李氏等人这个大字号响雷的引爆，使世人皆知陈寅恪不但不学习马列，还躲进小楼成一统，偷偷地在地下研究杨贵妃的"处女"问题。一时间，揶揄、讥讽、谩骂，伴随着"拳打老顽

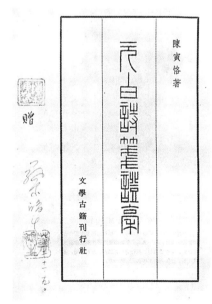

陈寅恪发赠给学生的课本《元白诗笺证稿》

固，脚踢假权威"等喊打之声甚嚣尘上，陈寅恪陷于欲"作哑羊"而不能的艰危境地。

尤令陈氏感到愤怒和痛心的，是金应熙的"反水"与"背叛师门"事件。金是陈寅恪在珍珠港事件发生前于香港大学教过的高才生。当年金应熙在港大读书时，显示了超卓脱拔的青春才华，颇得许地山和陈寅恪赏识，认为是世之罕见的可造之才，遂不遗余力栽培扶植。金氏毕业后先在澳门过了几年撰稿卖文的生活，而后辗转来到岭南大学历史系任讲师，再后来成了陈寅恪的同事。1957年"反右"前，金应熙已"入党提干"，成为中山大学历史系教授、副主任（南按：主任是后来在"批林批孔"运动中风云一时的杨荣国），且是备受校党委重视和准备重用的提拔对象。尽管如此，金对陈寅恪这位"老盲叟"仍毕恭毕敬，以恩师待之。当"反右"运动开始后，金应熙忽然变得热情高涨起来，直到1958年听到上头和"尊敬的郭老"放出批陈的风声，正在北京出差的金应熙立即打道回府，悍然带头在中山大学校园内外张贴大字报，指斥陈寅恪的史学方法是"唯心主义"和"形而上学"，并认为这种思想是一种"反动"。与此同时，金应熙凭借以前掌握的陈氏家族与陈氏个人的大量材料撰写文章，在广东省委的理论刊物《理论与实践》上公开发表，除追溯陈寅恪封建地主阶级的家世，谓陈是在中国封建文化传统中培养起来的封建遗少，还引用陈诗上纲上线地说道："……陈先生既然把社会主义思想错误地看成东欧的思想，他就在暗中忧虑马克思主义在中国的广泛传播会'用夷变夏'引致中国文化（实则是中国封建文化）的灭亡。所以他在解放后寄北京友人的诗中说：'名园北监仍多士，老父东城剩独忧！'这种思想，也就是陈先生在解放以来所以对马克思主义采取深闭固拒态度的思想基础。我们不能不指出，这种思想在今天，是比较张之洞写'劝学篇'的时候更为反动的。"【73】同篇还指斥陈寅恪1933年在《冯友兰〈中国哲学史〉下册审查报告》中"二千年吾民族与他民族思想接触史之所昭示者……"一段文字，无视其中闪烁着人性光辉和独立之精神、自由之思想的真知灼见。

金应熙"拳打老顽固"与"烈火烧朽骨"的出色表现，引起中山大学校党委高度重视和嘉许的同时，也引起了陈寅恪家人的注意。据说："在康乐园大字报的狂潮中，唐筼发现有金应熙很特别的大字报，便将它抄录下来，回家哭着念给陈寅恪听。陈寅恪听完后勃然大怒，说'永远不让金应熙进家门'。"【74】

陈寅恪的震怒通过不同的渠道传入金应熙的耳中，金氏并未放在心上，只是觉得这个老顽固确实是太顽固了，非得用烈火把他的朽骨烧一烧不可，否则他不老实。但是，情况很快又有了变化。根据上面的大政方针，整陈寅恪只是运动的前奏或称序曲，只可采取敲山震虎或猫玩老鼠的方式加以整治，在高潮大幕尚未拉开之前，不能一棒子敲死，更不能用烈火烧骨扬灰。中大师生在对待陈寅恪问题上，要做到敲而不死，死而不僵，留一个活标本为即将到来的更加伟大的革命群众运动服务。作为党员兼历史系副主任的金应熙得到消息，感到自己的做法有些过火，与上面的大政方针不太相符，遂采取亡羊补牢之策，在一个月黑风高之夜悄然潜入陈宅表示"负荆请罪"，并跪地求饶，但终未获陈氏原谅。据说陈寅恪端坐在矮脚藤椅上，看着面前一个模糊的人形黑影在地上翻来倒去，左右摇摆，嘴里不时发出呜呜嘎嘎的声音，如泣如诉。待人形黑影表演完毕，陈寅恪在唐筼的搀扶下起身离座，淡淡地撂下一句话："你走吧，免我误人子弟!"[75]自此，在众人眼中原本可继承陈寅恪衣钵与道统的金应熙，因"走火入魔"被逐出师门，在政治风波里开始了浮沉翻滚、颇具悲剧色彩的另类人生。

对于这段回荡在康乐园几十年消弭不尽的"陈门恩怨"，陈氏晚年的另一位学生蔡鸿生评价说："在新中国的辞典里，'反动'二字的分量沉甸甸，随意动用是难辞其咎的。有人说'金骂过陈反动'，我百思不得其解，现在总算明白，原来是在此处走火入魔。"[76]

面对脚后跟儿朝前，以手支地，斜溜着身子走路，身心俱已颠倒的众生发动的南北夹击、围攻、谩骂与威胁，陈寅恪悲愤交加又无处倾诉，只能以陈端生《再生缘》中"搔首呼天欲问天，问天天道可能还"，期盼"天道能还"，[77]并写下了"玉溪满贮伤春泪，未肯明流且暗吞"[78]的诗句以示心境。

1958 年 7 月，陈寅恪以"辱不能忍"的决绝态度，毅然致书中大校长，提出两点要求：

一、坚决不再开课，以免"贻误青年"。

二、马上办理退休手续，搬出学校校园，以不见为净，不闻为安，自躲一处著书立说，以不见不闻了却残生。

经过交涉，搬家未能如愿，仍住中大校园东南区康乐园一号楼，但不再开课。自此，陈寅恪与持续了三十二年传道、授业、解惑的讲台生涯告别，而自开设新课之后讲了大半部的《元白诗证史》就此中辍。

关于康乐园弦歌不继的经过，陈的学生刘隆凯有这样一段回忆："《元白诗证史》的中断乃是一种共有的不幸。它具体中断的时间，应当是在一九五八年的夏天。我查看了笔记，恰好在记录《黑潭龙》的内容时，我附记了一个时间：六月二十九日。而此后的《天可度》只刚刚开了个头，整个的讲授就中断了。查看内容，它们显然是属于同一节课。因此，我可以确切判定：《元白诗证史》的讲课是在一九五八年的六月二十九日画上了句号，这同时也是给陈先生的授课生涯画上了句号。"又说："我毕业离校后，听说校园又回复了平静，系里师生一再敦请陈先生继续开课，但他始终未加首肯。此后，他住所的长走廊上，不再出现弦歌不辍的景象。亲聆过先生最后一课的我们，真正感受到的，是自身的幸运，还是学术的不幸呢?"[79]

刘隆凯所说的陈寅恪停讲和学校敦请其复出一事，据亲与其事的黄萱回忆道："陈先生受批判，说是'拔白旗'。他遂不再教课，专力著作。我曾劝他复课。他说：'是他们不要我的东西，不是我不教的。'这是多么伤心的话啊！"【80】自此，陈寅恪的身影于中山大学师生的视线内淡出，同时在整个中国大陆史坛上隐去。归隐后的陈寅恪用尽残年最后力气，专注于《论再生缘》的修订与对明末名妓柳如是的研究与撰著，为他的名山大业开启了生命中最后一道灿烂的风景。

◎ 著书唯剩颂红妆

早在1953年，陈寅恪在清华国学研究院时代的学生、时任上海复旦大学教授蒋天枢，给陈氏寄来一部长篇弹词《再生缘》。此书乃清乾隆年间浙江钱塘才女陈端生所著之长篇弹词小说，所叙内容为元成宗时尚书之女孟丽君与都督之子皇甫少华的悲欢离合的故事，其中青年女子孟丽君乔扮男装，一波三折中状元做宰相，最后在各种阴谋与阳谋的合力夹击下左冲右突，但总是难以突出男性社会的桎梏与圈套。但陈端生只写到十七卷，未完成全稿即殒命，后由另一才女梁楚生与其夫许宗彦续作三卷终结，故后世流传的本子共二十卷。

此类弹词小说，是兴行于中国南方的讲唱文学，其渊源系由唐代变文、宋代话本、元代杂剧、明代小说诸种文体汇合演变而来，其中散文叙述较少，韵文皆为七言，有类长诗中的排律。因文字通俗，一向不登大雅之堂，文人学者对此类独弹词七字唱之体颇为鄙视。这一好恶在陈寅恪青少年时期同样有所体现，陈氏说："寅恪少喜读小说，虽至鄙陋者亦ături寓目。独弹词七字唱之体则略知其内容大意后，辄弃去不复观览，盖厌恶其繁复冗长也。"但自"中岁以后，研治元白长庆体诗，穷其流变，广涉唐五代俗讲之文，于弹词七字唱之体，益复有所心会"。以至到了衰年病目之日，"偶至《再生缘》一书，深有感于其作者之身世，遂稍稍考证其本末，草成此文。承平鬖养，无所用心，忖文章之得失，兴窈窕之哀思，聊作无益之事，以遣有涯之生云尔"。【81】此为陈寅恪在孤独的生命之旅，接触和决心考证《再生缘》的心曲。

自1953年9月，病弱目盲的陈寅恪在授课之余，正式开始《论再生缘》的研究与创作。其过程是先由黄萱诵读，陈氏逐句逐段琢磨思考，每需查找资料，便由黄萱连同陈寅恪的弟子们相助，而后在辨别材料真伪的基础上构思成文，口述于助手黄萱。对于这段经历，黄萱回忆说："他的文章取材广阔，每篇都是经过一丝不苟地考虑、缜密精心地结构才口授给我笔录的。虽然这样郑重其事，还要屡经修改、补充。"【82】如此循序渐进，一部六万多字的书稿花半年时间撰写完成。

陈寅恪的《论再生缘》，内容主要涉及以下三点：一、考证著者陈端生及续者梁楚生两位才女的身世、家庭背景、环境及作（续）《再生缘》的年代地点；二、论述《再生缘》的内容思想和艺术价值；三、陈氏本人对《再生缘》的感想。

陈寅恪认为，要了解一部名著或一篇名作的思想艺术，最重要的是先了解作者的生平和所处时代环境。古代的诗词歌赋如是，小说更是如此。中国的许多小说因为过去被士大夫阶层轻视，作者大都不传或生平无可考。如《水浒》这一部在民间广为流传的小说，其作者到底是罗贯中还是施耐庵，无从确切地知道（南按：考证者多认为是施耐庵，胡适弟子罗尔纲考证是罗贯中，又有人考证为施耐庵、罗贯中合著）。又如《红楼梦》的作者曹雪芹，在胡适的考证结果发表之前，无人知道曹氏的家世和身份，因而就出现了言人人殊、牵强附会的臆说。假如没有明末文人学者如徐文长、袁中郎、李卓吾、钟伯敬、金圣叹等人，自中国古典文学宝库中注意、认识、开掘、评点和推广，像《水浒》《三国演义》《西厢记》等文学戏曲的珍珠美玉，纵然已在民间广泛流传，亦不会在知识分子中得到应有的地位和评价。同样，像《红楼梦》《西游记》《儒林外史》等优秀小说，如不经新文学运动时期胡适等人的考证和提倡，亦不会选入学校课本作为中国语文的典范加以普及推广，并作为中华民族文学的瑰宝深入人心。或许正因为这样的缘由，当蔡元培去世、中央研究院评议员在重庆选举院长时，陈寅恪才竭力推荐胡适继任，并提出了"胡适之对于中国的几部小说的研究和考证的文章，在国外学术界是很有影响"的理由。而如今，陈寅恪欲对《再生缘》进行考证，正是不甘于这部优秀的通俗文学作品被知识界所忽视，令其艺术价值长期湮没。他要发前人未发之覆，从历史的岚烟雾海中把《再生缘》打捞出来，还其真实面目，令民族文化瑰宝放出应有的光彩。

当然，陈寅恪对《再生缘》之论，绝不是专做考证家的文章，为考证而考证。他在考证的同时，贯穿着自己的思想和情感，是现代学者对历史往事的追述，更是对当世环境和民族文化兴废的感痛与哀叹。[83]对于《再生缘》的价值，陈氏做了这样的评价："年来读史，于知人论事之旨稍有所得，遂取《再生缘》之书，与陈端生个人身世之可考见者相参会，钩索乾隆朝史事之沉隐，玩味《再生缘》文词之优美，然后恍然知《再生缘》实弹词体中空前之作，而陈端生亦当日无数女性中思想最超越之人也。"[84]

所谓"思想最超越"，即陈端生对世俗命运的抗争，特别是一个弱女子以自尊和强悍的作风，穷尽心力摆脱男权社会强加于自己身上的桎梏。然"端生此等自由及自尊即独立之思想，在当日及其后百余年间，俱足惊世骇俗，自为一般人所非议"[85]。这些非议中夹杂了声嘶力竭的指斥与诅骂：如"习成骄傲凌夫子，目无姑舅乱胡行"，"竟将那，劬劳天性一时捐。阅当金殿辞朝际，辱父欺君太觉偏"等。[86]对著中人物不见容时代的悲怆命运，陈寅恪以伤感的语调发出了哀惋的慨叹："噫！中国当日智识界之女性，大别之，可分为三类。第一类为专职中馈酒食之管家主婆。第二类为忙于往来酬酢之交际花。至于第三类，则为端生心中之孟丽君，即其本身之写照，亦即杜

　　　　　　　　　　　　第十六章　残阳如血

少陵所谓'世人皆欲杀'者。前此二类滔滔皆是，而第三类恐止端生一人或极少数人而已。抱如是之理想，生若彼之时代，其遭逢困厄，声名湮没，又何足异哉！又何足异哉！"【87】

此处明白地指出，自由及自尊之思想，不能为世所容。《再生缘》中的主角孟丽君就是作者陈端生本人的写照。而陈端生的遭际又何尝不是追求"独立之精神，自由之思想"的陈寅恪自身的投影？字里行间显示着陈氏为时代和时人所不容的内心苦痛。抚今追昔，不免怅然，陈寅恪为此发出了足以警世的愤慨之语：

> 六朝及天水一代思想最为自由，故文章亦臻上乘，其骈俪之文遂亦无敌于数千年之间矣。……再生缘一书，在弹词体中，所以独胜者，实由于端生之自由活泼思想，能运用其对偶韵律之词语，有以致之也。故无自由之思想，则无优美之文学，举此一例，可概其余。此易见之真理，世人竟不知之，可谓愚不可及矣。【88】

陈氏强调自由思想的重要乃普世真理，有自由之思想，才能有优美的文学和真正的学术，而世人竟不知，或竟完全抛弃，自是愚不可及。陈寅恪道出这个已被历史检验的事实，显然有借古讽今的意味。表面上考证一部古代弹词，实在是陈寅恪向世人泣诉自己的遭遇和知识分子的命运。而更令陈寅恪感慨万千的是，随着历史的演进，世道人心已随社会环境发生了颠覆性的变化，民族文化中优秀的懿德敦敏传统已不复存在。当《再生缘》书中讲到端生的妹妹长生不忘怀端生一段时，陈氏更是悲从中来，谓："观其于织素图感伤眷恋，不忘怀端生者如此，可谓非以势利居心，言行相符者矣。呜呼！常人在忧患颠沛之中，往往四海无依，六亲不认，而绘影阁主人于茫茫天壤间，得此一妹，亦可稍慰欤？"【89】陈端生本身既无犯罪受过，虽在忧患之中，六亲何至不认？这分明是陈寅恪为自己的遭遇伤怀感叹，心中迸发出的愤懑不平之音。

陈端生只用三年时间便写就《再生缘》十六卷，遂以母病剧辍写，时为乾隆三十五年（1770），端生年仅二十岁。十二年后方始续写第十七卷，而这一卷竟因其身心及环境变迁费了十一个月光阴，且卒非全璧，遗憾无穷。对此，陈寅恪深为感慨，说道：

> 今观第壹柒卷之文字，其风趣不减于前此之十六卷，而凄凉感慨，反似过之。则非"江淹才尽"，乃是"庾信文章老更成"，抑又可知也。

陈寅恪自注曰：

> 庾信哀江南赋云："天道周星，物极不反。"盖子山谓岁星十二年一周天，人事亦当如之。今既不然，可悲甚矣。端生云："悠悠十二年来事，尽在明堂一醉间。"

又云："岁次甲辰春二月，芸窗重写再生缘。"自再生缘十六卷写完，至第壹柒卷续写，其间已历十二年之久，天道如此，人事宜然。此端生之所以于第壹柒卷之首，开宗明义即云："搔首呼天欲问天。问天天道可能还。"古典今情合为一语，其才思之超越固不可及，而平日于子山之文，深有解会，即此可见。寅恪读再生缘，自谓颇能识作者之用心，非泛引杜句，以虚词赞美也。[90]

端生的丈夫被罪发往新疆伊犁，未被释回，因有端生如此之慨。岁星十二年一周天，人事为何不能复返？庾信（字子山）家国之感，端生身世之悲，诚然如此。陈寅恪谓端生"古典今情合为一语"，除了夫子自道其心情，还向世人暗示自己之考证《再生缘》，并非江郎才尽，而是才思不绝，风骨不减，寅恪"文章老更成"。在文章的末尾，陈寅恪自叹道："所至感者，则衰病流离，撰文授学，身虽同于赵庄负鼓之盲翁，事则等于广州弹弦之瞽女。荣启期之乐未解其何乐，汪容甫之幸亦不知其何幸也。[91]偶听读再生缘，深感陈端生之身世，因草此文，并赋两诗，附于篇末，后之览者当亦有感于斯欤？"诗曰：

一

　地变天荒总未知，独听凤纸写相思。
　高楼秋夜灯前泪，异代春闺梦里词。
　绝世才华偏命薄，戍边离恨更归迟。
　文章我自甘沦落，不觅封侯但觅诗。

二

　一卷悲吟墨尚新，当时恩怨久成尘。
　上清自惜伤沦谪，下里何人喻苦辛。
　形管声名终寂寂，青丘金鼓又振振。
　《再生缘》间叙争战事。
　论诗我亦弹词体，
　寅恪昔年撰王观堂先生挽词，述清代光宣以来事，论者比之于七字唱也。
　怅望千秋泪湿巾。[92]

"文章我自甘沦落，不觅封侯但觅诗。"这是陈寅恪对全篇的总结，也是他晚年心境和志趣、风骨的映射。

1954 年 2 月末，《论再生缘》几经修改终于定稿，中国文化史上又一座里程碑式的篇章就此奠定。过去的岁月，无论是在清华园还是颠沛流离于西南之地，陈寅恪每完成一部著作，都请自己的夫人题写封面。《论再生缘》完成了，封面依然由唐篔题写。只是在当时的政治环境中，这部闪耀着"独立之精神，自由之思想"灵光的稀世珍品，当局不予正式出版，陈寅恪只能自己出资请人用蜡版刻印若干册，分送友人，以示志念。

就在陈寅恪于岭南闭门写作《论再生缘》时，产生了一个插曲，即远在北京的郭沫若仍然对他"惦念不忘"，并于1954年初有亲笔信致送。此前曾赴穗拜谒陈寅恪并留居陈家十余日的原清华国学研究院学生、时在上海复旦大学中文系任教的蒋天枢在后来编辑出版的《陈寅恪先生编年事辑》"癸巳 一九五三年"条，做了如下记载：

"在广州时，已闻师言，有人促返北京。【93】

"阴历一月，北京中国科学院院长郭沫若有书来，先生复书如下：

沫若先生左右：

　　一九五四年一月十六日手示敬悉。尊意殷拳，自当勉副。寅恪现仍从事于史学之研究及著述，将来如有需要及稍获成绩，应即随时函告并求教正也。专此奉复敬颂著祺。

陈寅恪敬启
一九五四年一月廿三日

"按：此信据师母手写底稿。以复信时间计，疑与明年春迎先生去京事有关。惜未见郭原信，无由推知其详。"

全信连同款署年，只有八十八个字，约相当于后世一条微博长度的三分之二。郭沫若"尊意殷拳"的手书篇幅与字数已不可知，但从陈寅恪信中明显带有敷衍的语气看，似不会太长，而就事实上二人身份、地位、交情以及当时所处的政治环境推断，亦不可能太长。除了例行的客套，应是点到为止。陈寅恪回信亦是如此，惜墨如金的八十八个字不但未回应"促返北京"的好意，且就自己全力以赴撰写的《论再生缘》一事，亦未透露半点儿风声，这一态度再次显示了陈寅恪避居岭南，潜心学术以度晚年的决绝心境。

此后，时年六十五岁的陈寅恪又强撑病体，开始撰写晚年最重要的一部大作《钱柳因缘诗释证稿》，也就是后来轰动海内外的皇皇大著《柳如是别传》。

对于撰写这部大著的缘起，陈寅恪曾提及少年时在南昌居住期间，一日偶随父亲散原老人夜逛书肆，购得尚有钱牧斋（谦益）序文之《吴梅村集》，读之竟至入迷，经年不忘。后来陈氏对文学兴趣大增，并致力于钱

1954年，陈家自刊油印线装本《论再生缘》封面

谦益与柳如是因缘关系研究。许多年后，陈寅恪于抗战逃死之际，在昆明偶得常熟白茆港钱氏故园中红豆一粒，再次勾起了对往事的回忆。倏忽二十年过去，渐入老境的陈寅恪在肉体与精神陷入无限痛楚之中时，藏置箧笥的一枚红豆，触及了蛰伏于心中的相思之泪与追述之门。由钱柳因缘继之想到了明末清初宁死不屈的一代奇女子柳如是，柳氏的光芒灼亮了陈氏的心胸，柳如是成了陈寅恪精神的寄托和心灵的慰藉，躁动于心中的情感岩浆由此狂泄而出，洋洋八十余万言的皇皇大著就此开篇。【94】

由一粒红豆而想到钱谦益，由钱柳因缘想到柳如是，最后的笔墨与情感着重放在了世俗眼中烟花女子柳如是身上。对于这一演变，陈寅恪有自己的解释："牧斋事迹具载明清两朝国史及私家著述，固有缺误，然尚多可考。至于河东君本末则不仅散在明清间人著述，以列入乾隆朝违碍书目中之故，多已亡佚不可得见。即诸家诗文笔记之有关河东君，而不在禁毁书籍之内者，亦大抵简略错误，抄袭雷同。纵使出于同时作者，亦多有意讳饰诋诬，更加以后代人无知之虚妄揣测，故世所传河东君之事迹，多非真实，殊有待发之覆。今撰此书，专考证河东君之本末，而取牧斋事迹之有关者附之，以免喧宾夺主之嫌。"【95】

《柳如是别传》堪称陈寅恪晚年学术生涯中"发覆"的"典范"之作。如陈氏所言，对于"才学智侠"俱全的柳如是这样一位民间的奇女子，其身世之所以不彰，正是因为"当时迂腐者"和"后世轻薄者"的讳饰诋诬与虚妄揣测，导致人事全非，声名湮没。【96】因此，陈寅恪发出了"明清痛史新兼旧，好事何人共讨论"的感叹，立志"推寻衰柳枯兰意，刻画残山剩水情"。【97】陈氏对著述结构和内容如此安排，除了柳如是本身有"待发之覆"的材料之多，以及陈氏对柳氏"情有独钟"，认为是可以与自己在心灵深处对话交流之人外，还有为钱柳二人翻案的意图。

在以往历史叙述的语境中，柳如是不过是明末清初一个倚门卖笑的烟花女子，钱牧斋更是卑鄙无耻的下流人物。1931 年 5 月，傅斯年在钱谦益《牧斋有学集》封面上题了如下的几句话："此老行事奇丑，斯文之耻辱，人伦之败类也。然卅载风流，数朝掌故，其书固不可删，存之益彰其丑焉。"【98】从傅氏尖刻的言辞中，可见知识分子阶层对钱氏的普遍态度。陈寅恪在对钱柳著述"发覆"之后，肯定了柳如是乃一位具有民族大义，有气节、有主见的忠烈才女。而柳如是被厚诬、封杀、讹传、扭曲的生命形态，十分类似于现代中国翻天覆地的历史进程中，中国文化自身的历史与命运。因而陈氏的发覆祛疑之功，透过为钱柳二人辩诬洗冤的表层，暗含为中国文化在现代的历史命运清洗烦冤、发覆祛疑的深意。只是限于当时的环境，陈寅恪不得不隐晦地表明钱氏同样是一个"反清复明"运动的中坚人物，而把主角和表彰的光亮更多地移于柳如是身上。【99】

从《柳如是别传》这部传记大作中不难看到，陈寅恪把西方学术手法运用于研究之中的同时，特别注重首倡于清初顾炎武，而为后世朴学家奉若圭臬的"实事求是"精

神。凡立一言，必不拘烦琐地进行大量考证，甚至逐字逐句地排比考辨，而后归纳分析，得出结论。因为陈氏对西方学术研究方法的掌握和运用，比之于清代的传统朴学更高一筹，也更具创新性和突破性。此种长处从两个方面可以明显地看出：一是以诗证史，突破了传统训诂学沉溺于文字音韵的陋习；二是将具体的人与事的"发覆"，以宏观的文化视野放在历史长河的大背景下纵横考察对比，借此洞悉"大历史"下人物活动与思想情感变化的幽微，而后从不易察觉或容易被人忽略的情感与事件中，反观在历史进程中所起的积极或消极的作用。在钱柳二人身上，陈寅恪面对的是"衰柳枯兰""残山剩水"，借此生发出一股惜旧怀春的伤逝之情，但这只是漂荡于微波之上的浮萍，在浮萍掩映下，涌动着浩瀚壮阔的急流，只有细读陈氏全文并加以思考探究，方知作者立意深焉。

虽然，披寻钱柳之篇什于残缺毁禁之余，往往窥见其孤怀遗恨，有可以令人感泣不能自己者焉。夫三户亡秦之志，九章哀郢之辞，即发自当日之士大夫，犹应珍惜引申，以表彰我民族独立之精神，自由之思想。何况出于婉娈倚门之少女，绸缪鼓瑟之小妇，而又为当时迂腐者所深诋，后世轻薄者所厚诬之人哉！

寅恪以衰废余年，钩索沉隐，延历岁时，久未能就，观下列诸诗，可以见暮齿著书之难有如此者。斯乃效再生缘之例，非仿花月痕之体也。[100]

一个倚门卖笑的弱女子，在明清易鼎之际，竟比五尺男儿更看重家国、民族大义，秉持独立思考、拒绝曲学阿世的凛然正气。这使身处那个年代里的陈寅恪心通意会，发思古之幽情，探文化之良知，求天道之转圜；才促使一位目盲病弱的老人，在内化于史料的同时有了新的感悟和生命体验，才不惜于暮齿之年穷竭心力，为这个被士大夫轻蔑的奇女子立传，以彰显我民族"独立之精神，自由之思想"。通过这样一个易鼎时代中的特殊人物，把明末清初那段波澜壮阔的历史，以百科全书式的视野展现于世人。这部"痛哭古人，留赠来者"的大书，以其丰富的史料和精密的排比、考据，"忽

柳如是画像（[清]余秋室绘）

6058141

柳如是诗集《湖上草》书影

庄忽谐，亦文亦史"，与穿插其间的天才感悟融为一体，浓缩了陈寅恪一生的学养和志趣，无疑是百年中国一位大学者奉献给人类的世纪杰作。

正当陈氏于钱柳内心世界跋涉追索、借此抒发心志之时，1961年8月30日，吴宓自重庆赴中山大学拜访陈寅恪夫妇，分离多年的老友于风霜苦雨中重逢于岭南这块潮湿之地，自是百感交集。陈寅恪赠诗《辛丑七月雨僧老友自重庆来广州承询近况赋此答之》一首：

> 五羊重见九回肠，虽住罗浮别有乡。
> 留命任教加白眼，著书唯剩颂红妆。近八年来草论再生缘及钱柳因缘释证等文凡数十万言。
> 钟君点鬼行将及，汤子抛人转更忙。
> 为口东坡还自笑，老来事业未荒唐。[101]

吴宓在日记中郑重地记下了这次相见的场面与陈氏的思想志向，谓："政府虽再三敦请，寅恪兄决计不离中山大学而入京：以义命自持，坚卧不动，不见来访之宾客，尤坚决不见任何外国人士（港报中仍时有关于寅恪之记载），不谈政治，不评时事政策，不臧否人物——然寅恪兄之思想及主张，毫未改变，即仍遵守昔年'中学为体，西学为用'之说（中国文化本位论），而认为共产党（即当时中共对苏联"一边倒"的政策）已遭遇甚大之困难，彼之错误，在不效唐高祖臣事突厥，借以援以成事建国，而唐太宗竟灭突厥，即是中国应走'第三条路线'，与印度、印度尼西亚、埃及等国同列，取双方之援助，以为吾利，举足为左右之重轻，独立自主，自保其民族之道德、精神、文化，而不应'一边倒'，为C.C.C.P.之附庸。……但在我辈个人如寅恪者，则仍确信中国孔子儒道之正大，有裨于全世界，而佛教亦纯正。我辈本此信仰，故虽危行言殆，但屹立不动，决不从时俗为转移；彼民主党派及趋时之先进人士，其逢迎贪鄙之情态，殊可鄙也云云。"又说：寅恪"细述其对柳如是研究之大纲，柳心爱陈子龙，即其嫁牧斋，亦终始不离其民族气节之立场，赞助光复之活动，不仅其才之高、学之博，中以压倒时辈也。又及卞玉京、陈圆圆等与柳之关系，侯朝宗之应试，以父在，不得已而敷衍耳。总之，寅恪之研究'红妆'之身世与著作，盖借此以

陈寅恪在助手黄萱（右一）的协助下正在著书立说（1957年）

察出当时政治（夷夏）、道德（气节）之真实情况，盖有深意存焉，绝非消闲、风流之行事……”[102]

吴宓不愧是陈氏的知己，对于陈氏的谈话与赠诗的寓意，自是心领神会。尽管此时陈寅恪的教书和撰著都不合时宜，但坚守民族文化岿然不动，继绝扶衰，为延续文化命脉苦心孤诣，寻觅精研，泽被山林，传香火于后契，此举正是对明末清初一代大儒顾炎武“人间尚有遗民在，大节难随九鼎沦”的强力呼应，也是我优秀的民族精神与文化血脉涌动不息、绵延不绝的光辉写照。《柳如是别传》通过柳如是这位奇女子短暂一生显现的豪情与风骨，以表彰我民族独立之精神、自由之思想在个体生命中所体现的最为光荣的一面。同时，也是陈寅恪一生所秉持、倡导，且不惜身家性命以身示范的人生准则和理想信念。

1962 年 6 月 10 日，已是七十三岁高龄、双目失明的陈寅恪入浴时不慎滑倒于浴盆中，右腿股骨颈跌断，次日进中山医学院第二附院救治，因疼痛过度，三天昏迷不醒。医生虑其年纪偏大，若开刀手术其体质难以承受，经家属同意和醒来的陈寅恪本人认可，乃采取保守之物理疗法，但效果不佳，从此断肢再也没有复原。这年 11 月，陈寅恪于病榻上吟《壬寅小雪夜病卧榻作》诗一首：

任教忧患满人间，欲隐巢由不买山。
剩有文章供笑骂，那能诗赋动江关。
今生积恨应销骨，后世相知傥破颜。
疏属汾南何等事，衰残无命敢追攀。[103]

这首诗在一定程度上是 1961 年与吴宓谈话和赠诗内容的延续，透出了陈氏欲隐而不得，“留命任教加白眼，著书唯剩颂红妆”的心境，并以流离感伤的古代大儒庾信自况，明白地宣示自己已不可能再设馆授徒，积存于心中的“续命河汾”梦想亦不可能实现了。

1963 年 1 月 21 日，陈寅恪的残腿医治无甚进展，为了过个团圆春节决定出院，冒着凛冽寒风被人抬回家中。陈寅恪有诗《入居病院疗足疾至今日为半岁而足疾未愈拟将还家度岁感赋一律旧历壬寅十二月十日》，以示纪念。诗曰：

不比辽东木蹋穿，那能形毁尚神全。
今生所剩真无几，后世相知或有缘。
脉脉暗销除岁夕，依依听唱破家山。念家山破，乃曲调之名。吴梅村吊董白诗云：“念家山破，定风波”者是也。近撰文颇论董小宛鄂妃事，故语及之。至先删两韵古通，观再生缘第十九卷首二句即其一例。有人谓陈端生间用杭州土语押韵，未知所指何词句，俟得暇详检。

酒兵愁阵非吾事，把臂诗魔一粲然。[104]

诗中首联借用汉末避乱辽东，还乡后朝廷屡征而坚辞不就的管宁典故以明志，[105]
颔联意指自己来日无多，身后的有缘人或能与自己心灵相通，解其心事。其后半句与
前作《壬寅小雪夜病卧榻作》之"今生积恨应销骨，后世相知傥破颜"具有相同的寓
意。"积恨"，指颠倒是非，毁谤的言行；"销骨"，指令人难以生存而身心俱遭毁灭。
"傥"，失意，有"文侯傥然，终日不言"典故；"破颜"，指转为笑容，破颜一笑。唐
代诗人卢纶《落第后归终南别业》有"落羽羞言命，逢人强破颜"句，表达当时的苦
涩心境。陈氏在《柳如是别传》第一章引钱谦益《有学集》卷三九《复遵王书（论己
所作诗）》云："居恒妄想，愿得一明眼人，为我代下注脚，发皇心曲，以俟百世。今
不意近得之于足下。"陈寅恪按语云："然则牧斋所属望于遵王者甚厚。今观遵王之注，则
殊有负于牧斋矣。"陈诗中所谓的"后世相知"，亦即钱氏文中所言"代下注脚，发皇心
曲"的"明眼人"。而这个"明眼人"绝不是遵王者流，而应是真正精通陈氏学说与知达
心灵之人。无奈世俗滔滔，天下"众生颠倒"，心灵相通的"后世相知"又到哪里去寻觅
呢？最后，陈氏也只能发出元好问"酒兵易压愁城破，花影长随日脚流"的感叹了。[106]

目盲足膑的陈寅恪失去了活动能力，整日躺在床上，或被抬放到一张矮脚藤椅上静
坐，外界的光明与他已彻底绝缘，只有无尽的黑暗和孤独与他为伴。

在如此艰难时局与破碎心境中，陈寅恪立下了在撒手归天之前，完成最后一件因缘
大事的雄心大愿，遂加快了《柳如是别传》的创作进度。在助手黄萱的协助下，他不惮
辛苦，经之营之，钩稽沉隐，终于在1964年夏完成了这部长达八十余万言的皇皇巨著。
全书后有《稿竟说偈》，曰：

> 奇女气销三百载下
> 孰发幽光陈最良也
> 嗟陈教授越教越哑
> 丽香闹学皋比决舍
> 无事转忙然脂暝写
> 成册万言如瓶水泻
> 怒骂嬉笑亦俚亦雅
> 非旧非新童牛角马
> 刻意伤春贮泪盈把
> 痛哭古人留赠来者

书尾最后特别标记："钱柳逝世后三百年岁次甲辰夏月陈寅恪书于广州金明馆，

时年七十五。"[107]

这部前后历经十年的心血之作，为中国历史传记文学开一崭新篇章，其中的甘苦与"坚毅之精神，真有惊天地泣鬼神之气概"[108]。而这一"鸿篇巨制"的萌生问世，发轫于少年，志成于人生暮年，是陈寅恪所构建的托其心志、明其理想的又一心灵丰碑。此一巨大成就，正如日本东京大学教授池田温所言："若非有无比坚毅之心力和不屈信念，焉能完成此大业！人类文化史数千载中，失明史家之能撰大著，其类殆罕；陈先生之业绩，称为 20 世纪中国史学界这一大奇迹无不可也！"[109]

早在 1954 年，陈寅恪写成《论再生缘》之后，前往探访的著名民主人士章士钊把一份陈氏赠送的油印稿带到香港，辗转由香港友联出版社出版，一时间海外震动，议论纷纭，引起北京高层的关注。有关方面与郭沫若、周扬、齐燕铭等负责文化宣传的大佬交换意见后，决定在内地出版陈著和郭氏亲自校订的十七卷本《再生缘》，以回应海外对陈寅恪艰难处境的同情和议论。然而，由于这部乾隆年间的虚构作品语涉"征东"，即远征高丽等事，在当时抗美援朝的特殊国际环境下，由周恩来、康生亲自出面中止了对《再生缘》的讨论，陈著与郭氏校订本也被搁置起来。

此时陈寅恪得知这一不幸事实，却不知背后真相，但出版的艰难与可能遇到的重重阻力，他此前似早有所料。或许，即便是没有书中"东征"与现实中的"抗美援朝"，也会别生枝节，导致出版夭折。有所预感的陈寅恪于 1953 年 9 月，赋《广州赠别蒋秉南》诗一首，表达了此时的哀伤之情：

> 不比平原十日游，独来南海吊残秋。
> 瘴江收骨殊多事，骨化成灰恨未休。
> 孙盛阳秋海外传，所南心史井中全。
> 文章存佚关兴废，怀古伤今涕泗涟。[110]

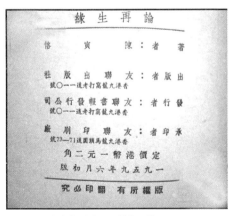

香港出版陈寅恪《论再生缘》版权页

此时陈寅恪正在发愤著述《论再生缘》。据黄萱回忆说："先生晚年完成的著作，是得到各方面的支持的。特别是他早年的学生，也就是现在的专家教授们常为他找材料。如蒋天枢教授、王永兴教授常给他寄来有关的书籍等等。在校内的资料，多数是周连宽教授从图书馆给找来的。在同事和同学中，也时有人给他抄来应用的东西。助手的工作非我一人的微力能全部负担得起……"[111]黄萱所说的蒋天枢教授，就是陈氏赠别诗中的蒋秉南（名天枢，字秉南）。

自 1948 年陈寅恪携家由北平南飞居留上海时起，时在上海复旦大学任教的蒋天枢曾数次晋谒，此后联系密切，陈氏所需许多关键材料得益于蒋氏查找寄送不少，《再生缘》长篇弹词即其一例。1953 年秋，蒋天枢首次赴广州拜谒恩师，据蒋氏自述："阳历九月十一日，枢乘车赴粤，抵穗后以初游不识路，雇车至中山大

1953 年 9 月，陈寅恪夫妇与蒋天枢合影于中山大学东南区一号楼下南草坪。左起：蒋天枢，陈寅恪，唐篔，周菡（黄萱之女），陈美延（引《陈寅恪集》三联 2009 年版）

学东南区一号晋谒。留穗约十日，得饫聆教诲。适流求妹尚在家，欢聚数日后赴渝就职。时枢方校读《周礼》（用董康珂罗版影宋本校阮刊注疏本），语次，师诲之曰：'周礼中可分为两类：一，编纂时所保存之真旧材料，可取金文及诗书比证。二，编纂者之理想，可取其同时之文字比证。'枢未能遵师嘱以有所成，愧负滋多矣！此行初识黄萱。二十二日拜辞师及师母北归。行前，先生赠以二诗。《南飞集》之最前部分，即此行所抄得。"【112】这次师生于上海分别后的首次见面，给病中的陈寅恪以极大慰藉，而这次相见，也是师生最后一次会面，自此竟成永诀。也正缘于这次相处，陈寅恪决定正式把蒋天枢视为"托命之人"，而蒋氏亦不负厚望，在后来的日子为传播陈门之学殚精竭虑，敝精劳神，做出了卓越的贡献。

陈寅恪《赠别蒋秉南》诗第三句，当是陈氏以唐代韩退之（韩愈）因反佛被皇帝下令贬谪岭南自况。韩愈在著名的《左迁至蓝关示侄孙湘》一诗中留下了千古名句："一封朝奏九重天，夕贬潮州路八千。欲为圣朝除弊事，敢将衰朽惜残年。云横秦岭家何在，雪拥蓝关马不前。知汝远来应有意，好收吾骨瘴江边。"陈诗中的"瘴江收骨"，正是韩愈被贬心情的重现。第四句则由李商隐"埋骨成灰恨未休"句而来，"此句可视为陈氏的诗谶"。【113】诗中第五句中的孙盛，字安国，东晋太原中都（今山西平遥）人，著名史学家，祖父孙楚曾为冯翊太守，父亲孙恂曾任颍川太守。受家庭严格教育和熏陶，孙盛少有大志，博学多闻，仕途顺利，累官至长沙太守、秘书监加给事中。一生著有《魏氏春秋》二十卷，《魏氏春秋异同》八卷，《晋阳秋》三十二卷。据载，孙盛作史有董狐遗风，极重史德，当年在东晋征西大将军桓温帐下任参军，受到桓温青睐，但孙对桓温第三次北伐前燕，于枋头的败绩如实记载于《晋阳秋》中，"词直理正，咸称良史"。桓温得知大怒，对孙盛之子说："枋头诚为失利，何至乃如尊君所说？若此史遂

行，自是关君门户事。"遂以杀身灭族相威胁。时桓温执持东晋朝政，内外大权结于一身，气焰熏天。孙盛诸子闻讯大惧，皆哭泣跪拜于地，请父删改。孙盛闻听大怒，拒不屈服，坚持按实书史，毫不退让。最后，在其子与家人苦苦哀求下，写定两本，未删本寄予慕容儁（十六国时期前燕第二位皇帝）。太元中，孝武帝博求异闻，始于辽东得之，以相考校，多有不同，书遂两存。

第六句是整首诗的关键。所南，即南宋遗民郑所南（字忆翁），著名画家。据丁传靖辑《宋人轶事汇编》卷十九载：郑所南一生节烈忠贞，宋亡后隐居吴下，改名郑思肖，即有"思赵"之意，坐必南向，扁其堂曰"本穴世界"，以"本"字中"十"置于下文"穴"字，喻"大宋"也。矢志不与北人交接，复国之心永不改变。尝自奋著《心史》六万余言，铁函重匣，外著"大宋铁函经"五字，内题"大宋孤臣郑思肖百拜封"十字，沉于吴门承天寺眢井。崇祯戊寅（1638）冬，被寺僧浚而得之。张国维序而刊行，所南《心史》遂传于世。

以上两句显然是陈氏预感到时势恐不能令他的作品出版传播于当世，其心血劳作只能如孙盛的《晋阳秋》传之域外，或如郑所南的《心史》藏之深井，以待后世有识之士发现刊行。

1957 年，陈寅恪书稿的命运没有丝毫转圜的迹象。这年 7 月 3 日，正在病中的陈氏思前想后，作《丁酉阳历七月三日六十八岁初度适在病中时撰钱柳因缘诗释证尚未成书更不知何日可以刊布也感赋一律》一首。其首联与尾联分别为："生辰病里转悠悠，证史笺诗又四秋。""珍重承天井中水，人间唯此是安流。"[114] 哀痛伤感之情已到了揪心撕肺的境地。

1962 年初春，正在广州养病、时为中共中央书记处书记的胡乔木前往探访陈寅恪，陈氏对自己的著作不能出版仍耿耿于怀，并略带愠怒地对这位早年就读于清华的后生说出了"盖棺有期，出版无日"的失望之语。尚不知内情的胡乔木竟稀里糊涂、不知深浅地做了"出版有期，盖棺尚远"的承诺，[115] 这位权倾一时的高官大员的到访与承诺，似乎使原本陷入绝境的出版事宜有了转机，陈氏还暗中高兴了一阵子。想不到两年多的时光悄然流逝，书稿出版的梦想终成幻影，因当年胡乔木的承诺而在心中死灰复燃的最后一线希望再度成灰。陈寅恪在《柳如是别传》的末页，以《稿竟说偈》暗示了这部书稿的命运："得成此书，乃所天假。卧榻沉思，然脂瞑写。痛哭古人，留赠来者。"[116]

事隔三个月后，自感进入垂垂暮年、来日无多的陈寅恪，在油干灯尽，生命之火熄灭之前，对自己著作的存废流布仍悬挂于心。1964 年 11 月 18 日，陈氏以"文盲叟"之喻，再写《论再生缘校补记后序》。在这篇序文中，他以低沉的语调道出了自己万念俱灰的悲凉心境：

论再生缘一文乃颓龄戏笔，疏误可笑。然传播中外，议论纷纭。因而发见新材料，有为前所未知者，自应补正。兹辑为一编，附载简末，亦可别行。至于原文，悉仍其旧，不复改易，盖以存著之初旨也。噫！所南《心史》，固非吴井之藏。孙盛阳秋，同是辽东之本。点佛弟之额粉，久已先乾。裹王娘之脚条，长则更臭。知我罪我，请俟来世。[117]

郑所南《心史》寄托其"宁可枝头抱香死，何曾吹堕北风中"（《寒菊》）之民族气节。陈寅恪之"心史"，则要把我民族"独立之精神，自由之思想"托命于"来者"。郑思肖与陈寅恪虽相隔六百余年，保持民族文化、扶衰继绝的使命感召，却使二者声息相通，心心相印。而"点佛弟之额粉，久已先乾"一语，典出《杂宝藏径》，分明是暗喻1962年胡乔木来访时所做过的那句"出版有期，盖棺尚远"的承诺。胡氏此言当然不是"胡说"，实在是出于真心，但政治大势已使他无力兑现，也无能力扭转颓局。而陈氏当年所言"盖棺有期，出版无日"，竟成谶语。面对一堆呕心沥血凝结而成的书稿，行将就木的陈寅恪唯有孤独地"怅望千秋泪湿巾"，于苍茫天地间"请俟来世"了。

陈氏在《论再生缘》中尝谓：

以端生之才思敏捷，当日亦自谓可以完成此书，绝无疑义。岂知竟为人事俗累所牵，遂不得不中辍。虽后来勉强续成一卷，而卒非全璧，遗憾无穷。至若"禅机蚤悟"，俗累终牵，以致暮齿无成，如寅恪今日者，更何足道哉！更何足道哉！[118]

——这是陈寅恪"痛哭古人，留赠来者"的悲戚，更是为自身处境发出的椎心泣血的哀鸣。

"秋风兰蕙化为茅，南国凄凉气已消。只有所南心不改，泪泉和墨写《离骚》。"[119]继《柳如是别传》之后，身处逆境且行将就木的陈寅恪倾尽残生，以蜡炬成灰、泪尽泣血之志，着手书写生命中的最后一部著述《寒柳堂记梦》，记述其三世家风及本身旧事，作为对这个世界最后的告别。令他始料不及的是，未及定稿，"文化大革命"爆发，助手黄萱被赶走，自此陈氏夫妇身陷囹圄，开始了更加悲怆的人生历程。

注释：

【1】《"胡适思想"在大陆》，载《胡适与中国》，台北：联合图书公司1962年出版。

【2】《吴宓日记续编》，第一册，吴宓著，吴学昭整理、注释，北京三联书店2006年出

版。见 1951 年 8 月 26 日条。

【3】【7】郑克晟《陈寅恪与郑天挺》，载《陈寅恪与二十世纪中国学术》，胡守为主编，浙江人民出版社 2000 年出版。

【4】《纪念陈寅恪先生》，载《毕竟是书生》，周一良著，北京十月文艺出版社 1998 年出版。

【5】周法高《记昆明北大文科研究所》，载《我与北大》，王世儒、闻笛编，北京大学出版社 1998 年出版。

【6】台北"中央研究院"历史语言研究所藏《傅斯年档案》，转引自郑克晟《中研院史语所与北大文科研究所——兼忆傅斯年、郑天挺先生》，载《傅斯年与中国文化》，布占祥、马亮宽主编，天津古籍出版社 2006 年出版。

【8】【17】【18】【28】【29】【38】【49】【70】【75】【115】《陈寅恪的最后二十年》，陆键东著，北京三联书店 1996 年出版。

【9】郭沫若《开展历史研究，迎接文化建设高潮——为〈历史研究〉发刊而作》，载《历史研究》，1954 年第 1 期。

【10】据竺可桢日记载，1954 年 1 月 28 日，科学院在政务院做报告时，总理周恩来总结说："……要团结一切爱国分子，如陈寅恪，要考虑科学家待遇。"（见《竺可桢日记》，第三册，科学出版社 1989 年出版）可见外界传毛泽东、周恩来等关注陈寅恪并非空穴来风。

【11】李永军《蒋介石"抢救大陆学人计划"破产记》，载天津《今晚报》，2007 年 7 月 27 日。

【12】【45】【107】【112】《陈寅恪先生编年事辑》（增订本），蒋天枢撰，上海古籍出版社 1997 年出版。

【13】苏景泉《三位大师与两副名联》，载台北《清华校友通讯》，新卅二期，1970 年 4 月。

【14】《吴宓日记续编》，第五册，吴宓著，吴学昭整理、注释，北京三联书店 2006 年出版。见 1961 年 9 月 3 日条。

关于陈寅恪是否准备赴台或赴海外的事实，学界尚有争论。按美籍华人学者、"国民党的同道人"（李敖语）余英时的说法，身处岭南的陈寅恪和夫人唐筼曾为去留问题发生激烈争执，唐筼执意要走，因此只身去了香港，后来陈序经做工作后派人迎还。陈寅恪事后深深佩服夫人的远见，后悔自己没有及早谋身远去，《柳如是别传》就是陈氏的忏悔之作云云。但据美籍华人学者汪荣祖考证，陈和夫人并无去留争执，因而余氏的结论只能属于一家之言，不足凭信。

另据陈寅恪早在柏林大学的同学、后在台湾大学任教的毛子水说："大陆沦陷后，寅恪先生在岭南大学教书，颇想来台，但以不知道台湾生活情形，所以不敢动身。我当时听到他有意来台的消息，即想写信劝他来；因为不管怎样，在民主政治下，总比在共产政治下要好得多。由于素向的懒性，想而不做。若使当时我马上写信，寅恪先生来台的可能性或较大。

二十年来，我每想起这件事，便深自悔恨。"（毛子水《记陈寅恪先生》，载台北《传记文学》，第十七卷第二期，1970年8月）毛氏的文章不乏真诚，但给人的印象似乎口气大了些。杭立武、傅斯年等当面或书信拉陈到台湾任教的事姑且不论，就毛子水本身的政治、学术地位以及与陈的私人关系言之，即便是做出预想中的努力，但他的能量不足以让陈氏改变决定也是无疑的。

又，据陈寅恪早年一位清华弟子，后任教台湾的梁嘉彬言："寅恪师何以不来台湾，外间多有揣测之词。据弟（南按：指梁氏本人）所知，当大陆将全部沦陷时，寅师在广州有函，托友调查台湾房屋地价租钱，为准备来台之计，后以广州已沦陷未果。"（梁嘉彬《陈寅恪师二三事》，载台北《清华校友通讯》，新卅二期，1970年4月）梁氏所言，只是道听途说，并无实证，因而也只能算是姑妄言之，姑妄听之吧。

【15】《赵俪生文集·篱槿堂自叙》，第五卷，赵俪生著，兰州大学出版社2002年出版。

【16】《致杨树达》，载《陈寅恪集·书信集》，陈美延编，北京三联书店2001年出版。此言为陈寅恪于1954年7月10日致湖南师范大学教授杨树达函中语。函中另有"去冬有一短诗，附呈以博一笑"语。附诗即赠汪篯的《答北客》。

【19】《对科学院的答复》，中山大学档案室藏，转引自《陈寅恪的最后二十年》，陆键东著，北京三联书店1996年出版。

【20】据杨树达于1954年3月28日记事："姚薇元书来，云寅恪以多病辞不北行，举陈垣自代。且谓寅老不满意于科院，谓解放数年，绝不重视史学，至此老成雕谢之际，乃临时抱佛脚，已有接气不上之象云云。"（见《积微居回忆录·积微居诗文钞》，杨树达著，上海古籍出版社1986年出版）。

【21】【23】【24】【26】【33】【34】【36】【103】【104】【110】【114】【116】《陈寅恪集·诗集》，陈美延编，北京三联书店2001年出版。

【22】欧阳修《归田录》卷二有：往时有钱昆少卿者，家世余杭人也。杭人嗜蟹，昆尝求补外郡，人问其所欲何州，昆曰："但得有蟹无通判处，则可矣。"

【25】陈正宏《陈寅恪朱师辙往来倡和诗辑》，载《中华文史论丛》，第五十八辑，上海古籍出版社1999年出版。

【27】【51】【55】【57】【61】【80】【82】【108】【111】黄萱《怀念陈寅恪教授》，载《纪念陈寅恪教授国际学术讨论会文集》，中山大学出版社1989年出版。

【30】《陈寅恪的学术精神和晚年心境》，载《现代危机与思想人物》，余英时著，北京三联书店2005年出版。

【31】《陈寅恪与儒学实践》，载《现代危机与思想人物》，余英时著，北京三联书店2005年出版。

【32】《吴宓日记》，第九册，吴学昭整理、注释，北京三联书店1999年出版。

【35】陈诗中的"槐酣蚁梦"，即成语"南柯一梦"，或称"槐安梦"之出典。唐代李公佐《南柯太守传》：淳于棼醉卧槐树下，梦入大槐安国，国王将他招为驸马，任南柯太守二十年，

享尽荣华富贵。醒来后发现槐安国原来不过是槐树下的大蚁穴，南柯郡则是另一处小蚁穴。

【37】哑羊，佛教语，指不知解者。《大智度论》卷三："云何名哑羊僧？虽不破戒，钝根无慧，不别好丑，不知轻重，不知有罪无罪，若有僧事，二人共诤，不能断决，默然无言，譬如白羊，乃至人杀，不能作声，是名哑羊僧。"

【39】《吴宓日记续编》，第五册，吴宓著，吴学昭整理、注释，北京三联书店 2006 年出版。1944 年秋，任教于西南联大外文系的吴宓借休假的机会离开昆明，到成都燕京大学任教并与陈寅恪重逢。抗战胜利后吴欲重回西南联大继续任教，因身体突然发病未成行，暂留成都。1945 年 9 月改任四川大学外文系教授，1946 年 2 月到武昌武汉大学任外文系主任，1949 年 4 月底至重庆相辉学院任外语教授，兼任梁漱溟主持的北碚勉仁文学院文学教授。1950 年 4 月两院相继撤销，吴宓到新成立的四川教育学院，9 月又随校并入西南师范学院历史系（后到中文系）任教。结果是虎落平阳，遭到了狼犬之辱。历次政治运动来临，吴氏皆作为第一轮"运动员"接受批斗。"文化大革命"中下放农场劳动改造中被造反派强拉至操场批斗跌断左腿，之后又遭断水断饭的折磨。腿伤稍好，即令打扫厕所。1971 年病重，右目失明，左目白内障严重，生活几乎不能自理，学校请吴的女儿前往照顾，遭到严词拒绝。1977 年吴宓生活完全不能自理，只好让其陕西泾阳的胞妹吴须曼领回陕西老家服侍。1978 年 1 月 17 日，吴宓怀着妻离子散的哀伤与家国文化沦丧的悲愤，于凄风苦雨中死去，终年八十四岁。

【40】王则楚《陈寅恪先生出任全国政协委员的经过》，载《羊城晚报》，2000 年 4 月 15 日。

【41】【113】《陈寅恪诗笺释》（下卷），胡文辉著，广东人民出版社 2008 年出版。

【42】中文系青年教师《揭露容庚反党反社会主义的罪行》，载《中山大学》（校报），1966 年 6 月 10 日。

【43】《师门往事杂录》，载《陈寅恪先生编年事辑》（增订本），蒋天枢撰，上海古籍出版社 1997 年出版。此文页下注有"一九八六年十二月五日草讫于复旦寓居"。另，陈寅恪于"文化大革命"中被折磨死去。略感幸运的是，在 20 世纪 50 年代初，杭州方面为扩路迫使陈家搬迁陈三立等家族墓葬，陈寅恪闻知，给周恩来写了一求援信，在周的关照下，陈家墓地没有迁移。后来，陈寅恪受周恩来之邀，"不太情愿"地出任了全国政协委员、常委之职。这个身份使他死后的骨灰拥有寄存于广州银河公墓的资格，免遭被造反派"焚尸扬灰"的厄运。"文化大革命"结束后，陈寅恪的后人开始为他的著作出版和入葬一事奔波忙碌，并有归葬杭州家族墓地的愿望。意想不到的是，不但归葬无望，在 80 年代末，杭州市政府出台了一个规定，所有原位于西湖附近的墓葬必须重新到有关部门登记，凡未重新登记者均被视作无主坟墓予以铲除荡平，陈家的墓地亦在此列。远在成都的陈流求闻讯，立即奔赴杭州补办手续，但政府在实施铲除荡平墓葬的过程中，陈家墓地仍然受到了破坏，墓碑等物被击碎，这预示着陈寅恪归葬杭州墓地已无可能，陈家姐妹遂准备改葬于江西庐山、原陈氏家族的私宅松门别墅旁。几经周折，最后还是愿望落空。直到 2003 年初，庐山植物园管理处领

导人告知陈美延，他们有意安置陈寅恪骨灰。在行政隶属上，植物园归中国科学院管理，不受地方辖制，这样就绕开了相互推诿、只打官腔不作为的江西省政府和民政厅。陈氏姐妹同意了这一方案。2003年6月16日，陈寅恪一百一十四岁冥诞之日，陈氏姐妹在家人陪同下，出席了在庐山植物园举行的墓碑揭幕仪式，碑文选择陈寅恪屡被后人引用的名句"独立之精神，自由之思想"，由著名画家黄永玉题写。陈寅恪夫妇冤屈的灵魂，经过三十四年周折轮回，至此总算是"入土为安"了。

【44】《陈寅恪的最后二十年》，陆键东著，北京三联书店1996年出版。陆氏所言陈氏此年六十三岁有误，1953年的陈寅恪应为六十四岁。蒋天枢《陈寅恪先生编年事辑》（增订本）卷下"甲午 一九五四年 先生六十五岁"条下载："本年春，国务院派原在清华任先生助教之汪篯来穗，迎先生赴京，任科学院哲学社会科学部历史研究所第二所所长。友朋亦多促行。先生谢不就，荐陈垣代己。按：据黄萱信，所派人为汪篯。又，去冬有'覆郭沫若书'，郭书为阳历一月十六日发，亦不详与'促赴京'事有无关连。总之，两人之北返复命已在今年春初矣。"亦误。

【46】郑孟彤《冼子音容笑貌深留我心》，载《冼玉清诞生百年纪念集》，陈树荣主编，澳门历史学会1995年出版。

【47】张百栋《冷月无声——缅怀詹安泰先生》，载《羊城晚报》，2002年9月14日。

【48】【50】《陈寅恪集·书信集》，陈美延编，北京三联书店2001年出版。

【52】《陈寅恪集·讲义及杂稿》，陈寅恪著，陈美延编，北京三联书店2001年出版。

【53】《元白诗笺证稿》，陈寅恪著，北京三联书店2001年出版。

【54】【63】【79】《陈寅恪〈元白诗证史〉讲席侧记》，刘隆凯整理，湖北教育出版社2005年出版。以下白诗有关引文同。

【56】关于此诗后人多有误解，即使在今天的中学教学参考书中仍有误解，如说："诗人……着力塑造了琵琶女的形象，通过它深刻地反映了封建社会中被侮辱被损害的乐伎、艺人的悲惨命运，抒发'同是天涯沦落人'的感情。"很显然，"被侮辱被损害"并非白诗的主题，之所以出现此类误读，与倡导的"阶级斗争"思维和理论有极大关系。

【58】白居易《宿紫阁山北村》诗文如下：晨游紫阁峰，暮宿山下村。村老见余喜，为余开一尊。举杯未及饮，暴卒来入门。紫衣挟刀斧，草草十余人。夺我席上酒，掣我盘中飧。主人退后立，敛手反如宾。中庭有奇树，种来三十春。主人惜不得，持斧断其根。口称采造家，身属神策军。主人慎勿语，中尉正承恩。

【59】【60】【62】《陈寅恪〈元白诗证史〉讲席侧记》（附记一），刘隆凯整理，湖北教育出版社2005年出版。

【64】劳榦《忆陈寅恪先生》，载台北《传记文学》，第十七卷第三期，1970年9月。

【65】范文澜《历史研究必须厚古薄今》，载《人民日报》，1958年4月28日。

【66】《吴宓日记续编》，第五册，吴宓著，吴学昭整理、注释，北京三联书店2006年出版。见1961年8月30日条。

【67】萧离《献给惊沙大漠中的拓荒者——向达先生逝世十四祭》，载《社会科学战线》，1980 年第 4 期。

【68】胡如雷《廓清陈寅恪先生资产阶级史学观点的不良影响》，载《新建设》，1958 年第 12 期。

【69】陈柏泉《评陈寅恪先生历史科学研究的方向》，载《史学月刊》，1958 年第 11 期。

【71】李春棠、林顺曾、方早成《陈寅恪教授和"元白诗证史"》，载《史学月刊》，1959 年第 4 期。

【72】据郑天挺之子、南开大学历史系教授郑克晟说，在 20 世纪 50 年代初，全国高等院校教师"思想改造"不断升温的时候，已有许多学术界中人和政客怀揣不同的目的，以陈寅恪做靶子，射出了或明或暗的锋镝。其中有一段时间"杨贵妃入宫前是否处女"之事，成为这个靶子中最受注目的环心而受到讥讽和批判。当时郑天挺已于 1952 年院系调整中作为胡适系中的旧人物，被踢出北大校门，调整到南开大学任历史系教授、主任。郑氏望着射向陈寅恪的锋镝觉得奇怪，不太相信陈寅恪会"闲逸至此"或无聊至此。因而，1953 年 5 月 19 日夜晚，郑天挺向清华国学研究院时代陈寅恪的学生、时为南开历史系教授谢国桢借到陈寅恪所著《元白诗笺证稿》一书。读过之后，写下了如下一段读书笔记：

> 晚读陈寅恪先生《元白诗笺证稿》，极精。近来学者每举寅老考证杨太真入宫是否处女为史学界之病态，颇多诽议，具有诋其之意。两年前首闻×××于大会中言之而未举其名；其后又闻某首长谈之（忘记是 ×× 还是 ×××）。当时未见寅老书，而心疑寅老何能"闲逸至此"！前日 ×× 又诟病及此，今日小组 ××× 亦举以为言。适见谢国桢有此书，乃假之以归。穷一夜之力毕之。书印于一九五○年十一月，为岭南学报丛书之一。凡六章，附论五篇。书前，谢公题记曰："陈寅恪师寄周一良函云，《元白诗笺证稿》分赠诸友留一纪念。然京洛耆英、河汾都讲，闻皆尽捐故技，别受新知，故又不敢以陈腐之作冒昧寄呈。《霜红龛集·望海》云：'一灯续日月，不寐照烦恼。不生不死间，如何为怀抱。'感题其后：'不生不死最堪伤，犹说扶余海外王。同入兴亡烦恼梦，霜红一枕已沧桑。'"

> 所谓考证太真事，第一章"长恨歌"，盖考太真入宫始末，因而辨及朱彝尊《曝书亭集》五十五《书杨太真外传后》，所据《旧唐书》五十一"后妃传"："（开元）二十四年（武）惠妃薨"之误（应为二十五年十二月丙午薨）。朱氏以为太真在二十四年惠妃卒后即入宫，未尝先至寿王邸，故以张俞《骊山记》所言"妃以处子入宫"为可信。陈氏辨武惠妃卒于二十五年十二月，太真为道士最早亦在二十六年正月二日，或如《新书》所言在二十八年十月，不能在二十五年正月也。陈氏之辨仅此。但有朱氏"妃以处子入宫，似得其实之论，殊不可信从也"一语。此章凡十八页，约二万余字（所占字数为二万六千字，有空格）。谈太真入宫者三页，约三千字，而兼涉他事。不应举此为病。书中考证社会生活及工业技术尤精，更不应抹煞其工力也。

（见郑克晟《陈寅恪与郑天挺》，载《陈寅恪与二十世纪中国学术》，胡守为主编，浙江人民出版社 2000 年出版）

事实上，杨贵妃入道、入宫之年，原是唐史一桩公案，不仅陈寅恪做过考证，与其齐名且在学术界并称"二陈"的原辅仁大学校长陈垣也考证过，并公开发表《杨贵妃入道之年》一文。从陈垣考证的结果看，与陈寅恪的结论不谋而合，此为现代实证史学的一段佳话。陈垣在考证中，同样引述朱彝尊"谓妃以处子入宫"一语来加以辩证。如此引述在学术上并无特别之处，更不会是为了猎奇甚至猎艳而引述。只是时代风云变幻莫测，陈氏的考证遂成为"革命者"制造炮弹的火药引子了。

【73】金应熙《批判陈寅恪先生的唯心主义和形而上学的史学方法》，载《理论与实践》，1958 年第 10 期。

【74】《陈寅恪的最后二十年》，陆键东著，北京三联书店 1996 年出版。另据周一良于 1996 年 6 月 28 日在《纪念陈寅恪先生》一文"补记"中说："陈先生及门众多，影响深远。我认为脑力学力俱臻上乘，堪传衣钵，推想先生亦必目为得意弟子者，厥有三人：徐高阮、汪籛、金应熙也。所可惜者，三人皆未能充分发挥作用。徐英年早逝，汪在'文革'中受迫害自杀，而金则作为驯服工具，不断变换工种，终未大有成就也。"（载《毕竟是书生》，第 148 页，周一良著，北京十月文艺出版社 1998 年出版）这个说法与前文所引杨联陞在美国海岸见治病的陈寅恪一文之说不尽相同，或许是周氏的自谦吧。

【76】《释"陈门恩怨"》，载《仰望陈寅恪》，蔡鸿生著，中华书局 2004 年出版。

【77】1954 年陈寅恪有《甲午春朱叟自杭州寄示观新排长生殿传奇诗因亦赋答绝句五首近戏撰论再生缘一文故诗语牵连及之也》诗，其中有"文章声价关天意，搔首呼天欲问天"句，陈氏自注此句"用《再生缘》语"。（见《陈寅恪集·诗集》，陈美延编，北京三联书店 2001 年出版）

【78】引自《南海世丈百岁生日献词》，载《陈寅恪集·诗集》，陈美延编，北京三联书店 2001 年出版。此诗乃陈氏为康有为百岁生日而作，又题作《今年戊戌旧历二月初五日为康南海先生百岁生日，其女罗夫人同璧设祭京寓，远道闻之，感赋一律，不必投寄也》。（见《陈寅恪先生编年事辑》[增订本]，蒋天枢撰，上海古籍出版社 1997 年出版）诗曰："此日欣能献一尊，百年世局不须论。看天北斗惊新象，记梦东京惜旧痕。元佑党家犹有种，（指新会某世交也。）平泉树石已无根。（借用李文饶《平泉山居戒子孙记》中'非吾子孙'之意。）玉溪满贮伤春泪，未肯明流且暗吞。"

此诗首联、颔联易解。颈联中的"元佑党家"，指参与戊戌变法并受到镇压的维新党人。"犹有种"，指戊戌变法主要人物的后人，此处指梁启超之子梁思成。作为戊戌变法领袖人物的梁启超晚年反对新兴的马克思主义思潮，尤其反对共产党，此点从梁氏书信中便可看出。1927 年 3 月 29 日，梁启超在家信中曾谈及对时局的看法，并谓："……若共党派胜利，全国人真不知死所了。"（见《梁启超年谱长编》，丁文江、赵丰田编，上海人民出版社 1983

年出版）梁启超长子梁思成在新中国成立之后，踊跃参与"思想改造"运动，在"洗澡"中对其父梁启超大加指斥，谓："在这次学习中，我也寻找到我的思想中接受父亲思想影响的一部分。我曾无条件地崇拜父亲，但并不见得认识他；现在我就更需要从革命的立场观点来认识他。……他说怕流血，怕乱，就是怕革命、怕人民。在戊戌变法时期起过了进步作用之后，他的思想就落伍了。……我父亲晚年曾周游讲学，他的目的之一就是争取青年，以抗拒最进步的无产阶级思想。"（见《我为谁服务了二十年》，载《知识分子的思想改造问题》，中国民主同盟南方总支部宣传委员会编，人间书屋 1952 年出版）这篇曾经风云一时的批判文章，2001 年由中国建筑工业出版社出版的《梁思成全集》中未收入，显然是编者觉得"不合时宜"了。

1956 年 2 月，梁思成又在政协召开的学习会议上，做了《永远一步也不再离开我们的党》的发言，表示对党无条件的忠诚和服务。在以后的"鸣放"运动中更是大加配合。在正式"反右"之前，一批坚持独立之精神、自由之思想的自由知识分子要求取消高校党委领导制度，给学术与学人以自由。梁思成对此表示明确反对，认为还是由党委来领导的好。（见《整风一个月的体会》，载《人民日报》，1957 年 6 月 3 日。另参见《我为什么这样爱我们的党？》，载《人民日报》，1957 年 7 月 14 日）正因为"梁思成对梁启超的批判，可比胡思杜对胡适的批判，陈氏可能特别反感，故此讥刺颇为严厉，而兼有痛惜之感"。（见《陈寅恪诗笺释》，下卷，胡文辉著，广东人民出版社 2008 年出版）

陈诗尾联中的"伤春泪"，似是套用李商隐的《曲江》"天荒地变心虽折，若比伤春意未多"之句，借以倾吐自己胸中的块垒。

【81】【84】【85】【86】【87】【88】【89】【90】【117】【118】《论再生缘》，载《陈寅恪集·寒柳堂集》，陈寅恪著，北京三联书店 2009 年出版。

【83】陈端生（1751—约 1796），弹词女作家。字云贞，浙江钱塘（今杭州）人。嫁淮南范秋塘（陈寅恪考证为浙江秀水范璨之子范菼，郭沫若认为是会稽范菼）。著有《绘影阁诗集》（失传），弹词小说《再生缘》（十七卷）。其祖父陈兆仑（字星斋，号勾山），雍正进士，"桐城派"古文家方苞入室弟子，曾任顺天府尹、太仆寺卿等，《续文献通考》纂修官及总裁，著有《紫竹山房文集》。父陈玉敦，乾隆时举人，曾任山东登州府同知、云南临安府同知。母亲汪氏是曾先后任云南府及大理府知府的汪上堉（字起岩）之女，亦是一个饱读诗书的女子。

陈端生之夫范秋塘以科场案（一说继母控忤逆）谪戍新疆。端生在家奉侍，其间撰《再生缘》长篇弹词。经陈寅恪考证，陈端生写《再生缘》时地点是北京，未满十八岁，到乾隆二十三年至三十五年（1758—1770）完成十六卷时还未满二十岁，时在山东登州府，因生母去世而搁笔。端生二十二岁嫁范氏，夫妻感情和睦。后因范氏应顺天乡试，请人代笔被破获，发配伊犁为奴。乾隆四十九年（1784），三十三岁的陈端生在亲友的催促下用了将近一年的时间又补写第十七卷，从此不复有作。后范遇放归，未至家而陈卒。端生的十七卷共计 60 余万字，后由梁许夫妇所续三卷不仅文辞逊于原作，而且在故事发展上写孟丽君被封为保和公主，与皇甫少华终成眷属，并形成三女共一夫的结局，已非原作本意。道光元年（1821）刊行的《再生缘全传》，女弹词家侯芝（香叶阁主人）为之作序，她不满意陈作和梁、许续作，删改而成《金闺杰》，将原著改得面目全非，又作续书《再造天》，极力宣扬"女子无才便是德"，格调更低。

《再生缘》问世后，评弹、木鱼歌、潮州歌、鼓词等均有改编本，京剧、话剧和其他地方剧种也竞相改编演出。陈寅恪认为《再生缘》是弹词篇中最杰出的文学作品，完全可与印度、希腊有名的史诗相媲美。

【91】《论再生缘》，载《陈寅恪集·寒柳堂集》，陈寅恪著，北京三联书店 2009 年出版。汪容甫，名汪中，字容甫，江苏江都人，幼孤贫，赖母授读，长阅经史百家书，乾隆四十二年（1777）拔贡生，文章为清代中叶大家，与同乡王念孙、刘台拱为友，服膺顾炎武，精《周官》《左氏传》，后至杭州文澜阁掌《四库全书》。陈寅恪《论再生缘》谓："江都汪中者，有清中叶极负盛名之文士，而又与端生生值同时者也，（汪中生于乾隆九年，卒于乾隆五十九年。）作吊马守真文，以寓自伤之意，谓'荣期二乐，幸而为男'（见述学别录）。今观端生之遭遇，容甫之言其在当曰，信有征矣。然寅恪所感者，则为端生于再生缘第一七卷第六五回中，'岂是早为今曰谶'一语。"

【92】癸巳秋夜，听读清乾隆时钱塘才女陈端生所著《再生缘》卷十七第六十五回中"唯是此书知者久，浙江一省遍相传。髫年戏笔殊堪笑，反胜那，沦落文章不值钱"之语，及陈文述《西泠闺咏》卷十五《绘影阁咏家□□》诗"从古才人易沦谪，悔教夫婿觅封侯"之句，感赋二律。此诗收入《陈寅恪诗集》，陈美延、陈流求编，清华大学出版社 1993 年出版。

【93】据陈寅恪在中山大学受批斗时第一次交代底稿："一九五四年春，中央特派人叫我去北京担任科学院第二研究所所长。我贪恋广州暖和，又从来怕做行政领导工作，荐陈垣代我。李四光我在广西教书时和他很熟，一九五四年中央要我担任历史二所时，他特地写信来劝我去。我没有听他的话。自悔负良友。北京的朋友周培源、张奚若都是清华老同事，因公来广州时，都来看我。也劝过我。"（见《陈寅恪先生编年事辑》"甲午 一九五四"条，时陈寅恪六十五岁）

【94】《柳如是别传》，载《陈寅恪集·寒柳堂集》，陈寅恪著，北京三联书店 2009 年出版。陈寅恪在《柳如是别传》第一章《缘起·咏红豆并序》中说："昔岁旅居昆明，偶购得常熟白茆港钱氏故园中红豆一粒，因有笺释钱柳因缘诗之意，迄今二十年，始克属草。适发旧箧，此豆尚存，遂赋一诗咏之，并以略见笺释之旨趣及所论之范围云尔。"诗曰："东山葱岭意悠悠，谁访甘陵第一流。送客筵前花中酒，迎春湖上柳同舟。纵回杨爱千金笑，终剩归庄万古愁。灰劫昆明红豆在，相思廿载待今酬。"

在《题牧斋初学集并序》中，陈寅恪旧事重提，抒发二十年之往事旧情："丁丑岁，卢沟桥变起，随校南迁昆明，大病几死。稍愈之后，披览报纸广告，见有鬻旧书者。驱车往观。鬻书主人出所藏书，实皆劣陋之本，无一可购者。当时主人接待殷勤，殊难酬其意，乃询之曰，此诸书外，尚有他物欲售否？主人踌躇良久，应曰：曩岁旅居常白茆港钱氏旧园，拾得园中红豆树所结子一粒，常以自随。今尚在囊中，顾以此豆奉赠。寅恪闻之大喜，遂付重值，藉塞其望。自得此豆后，至今岁忽忽二十年，虽藏置箧笥，亦若存若亡，不复省视。然自此遂重读钱集，不仅藉以温旧梦，寄遐思，亦欲自验所学之深浅也……"

【95】【97】【100】《柳如是别传》，载《陈寅恪集·寒柳堂集》，陈寅恪著，北京三联书店2009年出版。以下引文除特殊注明外，皆为《柳如是别传》。

【96】柳如是（1618—1664），浙江嘉兴人，出身贱微，身世坎坷，垂髫时颖慧绝伦，后被人卖到盛泽归家院名妓徐佛家为养女，受徐教养。年稍长，流落青楼。柳诗擅近体七言，分题步韵，作书得虞世南、褚遂良笔法。其文学和艺术才华堪称"秦淮八艳"之首（据明朝遗老余澹心《板桥杂记》载，秦淮八艳分别为：柳如是、顾横波、马湘兰、陈圆圆、寇白门、卞玉京、李香君、董小宛）。

柳如是本名爱柳，因对辛弃疾词"我见青山多妩媚，料青山见我应如是"之句颇为赞赏，遂改名是，字如是，号河东君，又号蘼芜君。后世以其字或号流传。堕入烟花巷的柳如是个性坚强，正直聪慧，魄力奇伟，以绝世才貌与几社（后为反清复明组织）、复社、东林党人相交往，常着儒服男装，与诸文人纵谈时势，诗歌唱和。时人陈卧子（子龙）、程孟阳（嘉燧）、谢象三（三宾）、宋辕文（征舆）、李存我（待问）等辈与柳如是分别有过感情纠葛。后柳氏慕东林领袖、虞山钱谦益（字受之，号牧斋，晚号蒙叟）之才学，于明崇祯十四年（1641）与历任晚明编修、詹事、礼部侍郎，后遭罢黜的钱氏结为夫妻。钱时年六十岁，柳二十四岁。老夫少妻同居绛云楼，读书论诗相对甚欢，钱戏称柳如是为"柳儒士"。

清军入关，崇祯帝自缢身死，明朝倾颓。残明势力在南京建立弘光政权，柳如是支持钱谦益当了南明的礼部尚书。未久，清军南下，金陵即将倾覆，旦夕之危中，柳劝钱与自己一起取义殉节，在刀、绳、水三种死法中选其一。钱面有难色，沉思无语，最后选择水池了结。当钱走下水后，心有不甘，以"水太冷，不能下"为由欲返身上岸。刚烈耿介的柳如是则"奋身欲沉池水中"，却被钱氏拖住并拽上岸。钱谦益涕泗滂沱，欲谋他途。柳如是不忍，乃随钱氏之便。于是钱便觍颜出城迎降，未久随例去北京做了清朝的礼部侍郎管秘书院事。柳氏拒绝随夫北上，坚留在南京做明朝遗民。钱受柳氏民族气节的感召，又遭清廷猜忌，半年后便称病辞归。后又因案件株连，吃了两次官司。柳如是在病中代他贿赂官吏营救出狱，并鼓动钱与尚在抵抗清廷的郑成功、张煌言、瞿式耜、魏耕等仁人志士联系，共同进行反清复明大业。柳如是尽全力资助反清复明运动，并捐出私房钱和身配饰物慰劳抗清义军。钱谦益降清，为后世所诟病，但有赖柳如是的义行，钱氏也一度妇唱夫随地暗中投入反清复明运动，忏悔自赎，取得世人谅解和多少弥补了内心愧疚，曾写下一些怀念故国、反对清朝、悔恨生平的诗作，内中多有不满清室的情绪。

钱谦益一生终因大节有亏，仍为后人指斥，留下谄事阉党、降清失节的污名。乾隆三十四年（1769），弘历调阅《初学》《有学》二集，见其中多有记载满洲先世、明清和战、讥讽剃发，且于字里间散布排满思想。至于诋詈之词，如"犬羊""奴狼""丑虏""杂种小丑""蛇豕"等含种族之见者，不一而足。弘历认为这些"荒诞悖谬""诋谤本朝"之语，实属"悖理犯义",乃明谕查禁。乾隆皇帝在御批中指斥道:"今阅其所著《初学集》《有学集》,荒诞悖谬,其中诋谤本朝之处,不一而足。夫钱谦益果终为明臣,守死不变,即以笔墨腾谤,尚在情理之中。而伊既为本朝臣仆,岂得复以从前狂吠之语列入集中,其意不过欲借此以掩其失节之羞,尤为可鄙可耻。钱谦益业已身死骨朽,姑免追究,但此等书籍,悖理犯义,岂可听其流传,必当早为销毁。"(见《清代七百名人传》,蔡冠洛编,北京:中国书店 1984 年出版。《清史列传·贰臣传乙》,王锺翰点校,中华书局 1987 年出版)除清王朝外,钱氏所为在汉民族中亦多受指责抨击。

钱柳二人共同生活了二十四年。1664 年钱氏郁郁而死,其尸骨未寒,乡里族人便向柳氏发难,聚众逼索房产财物。柳如是于悲愤交织中以血书立下遗嘱,投缳自尽,时年四十七岁,距钱谦益之死仅一个多月。柳如是死后,未能与钱谦益合葬,被逐出钱家坟地,在虞山脚下另修一座孤坟埋葬。百步之外的坟茔内,埋葬着钱谦益与他的原配夫人。

【98】傅乐成《傅孟真先生的民族思想》,载台北《传记文学》,第二卷第五、六期,1963 年 5、6 月。

【99】据黄萱说:陈寅恪的著作常搜集大量当时文人的来往应酬之作,不但诗,其他各体的记载如文、史、词、赋以及尺牍杂志等等都在搜集之列,从中找出线索,来证明政治上、战争上的来龙去脉。例如:"在《柳如是别传》中,他利用当时文人的各种著作,找出了复明运动暗中进行的信息,发古今人未发之覆,由此证明了郑成功的复明运动,完全不是孤立的,而是有许多的仁人志士、英雄豪杰不顾自己的生命安危,在频繁来往策划响应的。郑氏进军南京的成败,与那些参与者行动的迟速、联系的是否正确,以及当时清朝军政人员是不是坚定,心理上是不是有矛盾有关。"又说:"至于文人诗酒之会,是用来掩护行动、互通信息的。不是为娱乐而娱乐,或借酒浇愁之举。不过由于禁令严密,在诗文中,诗人不能明白说出自己心中的意愿和真实的情况,只能借用古典来表达。"(黄萱《怀念陈寅恪教授》,载《纪念陈寅恪教授国际学术讨论会文集》,中山大学出版社 1989 年出版)曾听过陈寅恪课的中山大学学生胡守为后来回忆说:"'文化大革命'前夕,一些史学著作已被歪曲为带有不可告人的政治目的而遭到批判,一天陈师母对我说,《柳如是别传》有为钱谦益申辩,有郑成功从海外进攻南京之事,是否会被认为替汉奸翻案,为蒋介石反攻大陆张目? 要不要删改? 我当时认为上述两点既非作者原意,应保持原状。由此可知,陈先生的著述,避嫌唯恐不及,何至于故意比附?"(《〈柳如是别传〉读后》,载《〈柳如是别传〉与国学研究》,浙江人民出版社 1995 年出版)对于胡守为的说法,陈寅恪研究专家胡文辉认为是错误的。胡文辉说:"事实上,唐筼的表态恰恰好说明,陈氏夫妇对《柳如是别传》'为钱谦益申辩'这一点有清楚的认识。"胡氏列举两例加以佐证,一为余英时云:"陈先生评论人物十分平恕,并不取理学家的深刻严酷。他写《柳如是别传》,一大部分也是为钱牧斋洗冤的。他一方面指出牧斋具有'热中怯懦'的个性,但另一方面则运用大量的史料来证明钱牧斋在入清以后基本是'复明运动'的主要人物。"二为冯衣北云:"明清之旧史中,对钱牧斋其人大率持否定批判态度;而陈先生是书,乃在为钱氏辩诬洗冤。"

另，据说史家钱仲联晚年表示"陈寅恪的《柳如是别传》没有搞清重点"。钱氏曾费心整理、校点钱谦益所有诗文，故他认为应将重点放在钱谦益，而不应放在柳如是上。但陈氏后来之以柳如是为主，一方面是因为关于柳氏"待发之覆"更多，另一方面也是为了在形式上避免替"汉奸"翻案之嫌。（参见《陈寅恪诗笺释》，下卷，胡文辉著，广东人民出版社 2008 年出版）

【101】《陈寅恪诗集》，陈美延、陈流求编，清华大学出版社 1993 年出版。编者注：本诗第七句唐笁另一录稿作"为口东坡休自笑"。

【102】《吴宓日记续编》，第五册，吴宓著，吴学昭整理、注释，北京三联书店 2006 年出版。分别见 8 月 30 日、9 月 1 日条。

【105】据《三国志·魏书·管宁传》载："管宁字幼安，北海朱虚人也。……天下大乱，闻公孙度令行海外，遂与原及平原王烈等至于辽东。度虚馆以候之。既往见度，乃庐于山谷。时避难者多居郡南，而宁居北，示无迁志，后渐来从之。太祖为司空，辟宁，度子康绝命不宣。"裴松之注引晋皇甫谧《高士传》曰："管宁自越海及归，常坐一木榻，积五十余年，未尝箕股，其榻上当膝处皆穿。"（见《三国志》[上]，第 243、247 页，岳麓书社 2005 年出版）参照上典，学者胡文辉已指出陈诗首句"木蹋"当为"木榻"之误，甚是。第二句之"神全"，即借用《三国志》"志行所欲必全"语，意指自己处身行事不及古代管宁先生的志节。据胡文辉考证，首联"似指自己目盲足膑，而无法拒绝官方在医疗和生活上的优待"。（见《郭沫若与〈再生缘〉》，载《陈寅恪诗笺释》（下卷），胡文辉著，广东人民出版社 2008 年出版）

陈诗颔联意指自己来日无多，身后的有缘人或能与自己心灵相通，解其心事。此句与前作《壬寅小雪夜病卧榻作》之"后世相知傥破颜"意同。

颈联中提及的"董小宛鄂妃事"，指《柳如是别传》中有关论述。吴梅村诗暗喻明末与柳如是齐名的"秦淮八艳"之一董小宛，在清军入关后被掳北上，成为顺治皇帝妃。此说在学术界与民间大有市场，并认为清史记载的"董鄂妃"就是董小宛。北大教授孟森（号心史）考证其说为非，董小宛并未被掠北上，更不是顺治皇帝的妃子。陈寅恪在论述中亦认为董小宛即董鄂妃之说不可信。"有人谓陈端生间用杭州土语押韵"之语中的"有人"，胡文辉认为指郭沫若。

1959 年，《论再生缘》在香港出版，引起大陆方面的注意。1961 年，郭沫若曾拜访过陈寅恪并谈及此著。此后郭氏为应对海外如余英时等辈对陈氏处境的议论，在一年之内排炮般地发表多篇考论《再生缘》之作，并对陈氏之说有所商榷。（见徐庆铨《陈寅恪〈论再生缘〉出版风波》，载《南方周末》，2008 年 8 月 29 日）而陈寅恪对郭氏之说亦多有不点名的反诘。其中郭沫若认为陈云贞即陈端生，陈氏不以为然，以后在《论再生缘校补记》中批评郭说："……今论者竟为之强牵红丝，使成嘉耦，以效法乔太守之乱点鸳鸯谱，岂不异哉！岂不异哉！"可见陈氏此处诗注之"有人"，亦即《论再生缘校补记》之"论者"，也就是指郭沫若无疑。

【106】陈诗"酒兵愁阵非吾事"之句，显是脱胎于元好问《追录洛中旧作》之"酒兵

易压愁城破"。愁城，喻愁苦难消的心境，北周庾信《愁赋》有"攻许愁城终不破，荡许愁门终不开"句，即有此意。另据黄萱回忆说："当时他（南按：指陈寅恪）的意中，是否已望有能为他的诗'代下注脚，发皇心曲'的'明眼人'，吾不得而知。当时我为他录下这两段时（南按：指钱谦益《复遵王书》一段与陈氏按语），深感注诗之难，便大胆地说：'您何不自下（注脚），以免他日之人难于揣测。'他笑而不答。"（见黄萱《怀念陈寅恪教授》，载《纪念陈寅恪教授国际学术讨论会文集》，中山大学出版社 1989 年出版）

【109】池田温《陈寅恪先生和日本》，载《纪念陈寅恪教授国际学术讨论会文集》，中山大学出版社 1989 年出版。

【119】倪瓒《题郑所南兰》。丁传靖辑《宋人轶事汇编》载：郑所南画兰不画土，根露其外，人问其故，答曰："土为番人所夺，汝尚不知耶？"倪瓒，字符镇，号云林，元代后期诗人、画家，与吴镇、黄公望、王蒙一起被称为"元四家"。倪瓒诗中多题画之作，诗风萧散幽淡，潜藏着一种强烈的民族意识。《题郑所南兰》诗中的兰蕙，像秋天的茅草一样枯萎凋零，南国一片凄凉衰败的景象。"气已消"，即万物生气已经消失，意喻遗民的复国之志已经被岁月风干消失了。只有郑所南的心仍痴情不改，他用泪水和着墨汁画出的香草，恰如屈子借香草喻心志，写下了千古传诵的《离骚》一样。倪诗既表现了郑氏的高尚气节，也是诗人自况。

◎ 汪篯、向达之死

大风起于青蘋之末。1965 年 11 月 10 日，上海《文汇报》发表的姚文元《评新编历史剧〈海瑞罢官〉》的战斗檄文，竟成为引燃"文化大革命"的导火索。

1966 年 5 月 25 日下午 2 时许，北京大学哲学系聂元梓、宋一秀、夏剑豸、杨克明、赵正义、高云鹏、李醒尘等七人，在校园大饭厅东墙贴出了题为《宋硕、陆平、彭珮云在文化革命中究竟干些什么？》的大字报，指责北大校长兼党委书记陆平、北京市委大学部副部长宋硕、北京大学党委副书记彭珮云等三人对轰轰烈烈的"文化大革命""按兵不动，冷冷清清，死气沉沉"，号召"一切革命的知识分子，是战斗的时候了！"[1] 6 月 1 日，毛泽东指示中央人民广播电台向全国广播聂元梓等人书写的这张"全国第一张马列主义大字报"。同日，《人民日报》发表了司马洪涛《评翦伯赞的〈中国史纲要〉》长篇文章，矛头直刺北京大学党委和时任北大副校长兼历史系主任的翦伯赞。文章指斥道："翦伯赞对社会主义文化革命极端仇视。一九五八年以来，在一些高等学校和研究机构，革命的史学工作者在党的领导下，以马克思列宁主义、毛泽东思想为指导，组织起来，编写教材，重新改写历史。在这个过程中，翦伯赞发表了《学习司马光编写〈通鉴〉的精神》一文（《人民日报》，1961 年 6 月 18 日），借司马光的幽灵，大肆攻击史学革命，诬蔑党领导下的集体编书是'浮躁急迫'，是'突击的方法'。他提出一条反党的组织路线，鼓吹'要搞好集体编写历史的工作'，每一部书都'要有一个司马光'，也就是说，要有一个像司马光那样既是政治上的'反对派'，又是所谓'专家'的人来作'主编'，自行邀请'具有专门研究而又是志同道合的朋友'合作才成。"又说："为了贯彻他的反动史学理论，翦伯赞以司马光自命，邀请了几个'志同道合'的朋友兼所谓'学者'，着手编写《中国史纲要》。"[2]

6月3日，《人民日报》发表了火药味呛人的社论《夺取资产阶级霸占的史学阵地》，内中引用了毛泽东语录："捣乱，失败，再捣乱，再失败，直至灭亡——这就是帝国主义和世界上一切反动派对待人民事业的逻辑，他们决不会违背这个逻辑的。这是一条马克思主义的定律。"而"地、富、反、坏、右，决不会违背这个逻辑。'三家村'之流的黑帮，决不会违背这个逻辑。史学界里的反共知识分子，也是决不会违背这个逻辑的"。同日下午4时，中央人民广播电台紧急插播中共中央改组北京市委和北京大学党委的消息："新市委由中共中央华北局第一书记李雪峰同志兼任第一书记，吴德同志任第二书记。""决定撤销陆平、彭珮云的一切职务，改组北京大学党委，派出了工作组，到该校领导社会主义文化大革命，并代行党委职权。"[3]

随之而来的是全国高校及中学陆续停课，投入到"文化大革命"的滚滚洪流之中。各种名号的红卫兵组织迅速兴起。北京大学的陆平、彭珮云被革职查办，号称马列主义史学"五大家"之一的翦伯赞被打翻在地。历史系教授汪篯在院系调整后，一度跟随翦伯赞与吴晗等，既是翦伯赞主持编写《中国史纲要》时所邀请的头号"志同道合的朋友"，又是所谓"三家村"之流的"黑帮"吴晗主持编写"中国历史常识"小丛书所邀请的主要撰稿人（南按：本丛书共八册，1963年由中国青年出版社陆续出版）。由于汪篯与吴晗、翦伯赞二位大腕结成了一种学术同盟，当"文化大革命"风暴到来，吴晗与翦伯赞即将走进地狱之时，汪篯其命运就可想而知了。

汪篯与翦吴二人保持着良好的关系，在得以荣幸地参与编写《中国史纲要》和"中国历史常识"小丛书的同时，继续于北大历史系主讲中国古代史专业的隋唐史，且把陈寅恪所著《隋唐制度渊源略论稿》《唐代政治史述论稿》列为研究生的必读之书，并要求写出读书报告，借此可见一介书生汪氏对自己的恩师仍是一往情深，学术观点也还有所保留。——或许陈寅恪的学术成果太庞大坚实了，已容不得汪氏不加以关注也未可知。但无论如何，此时已用马列主义思想武装了

北师大学生在学习批斗三家村材料

头脑的汪篯，继续在课堂上讲授陈氏学说确是不争
的事实。据当时在北大历史系读书的学生胡戟回忆
说："业师汪篯先生（1916—1966）早年是陈寅恪先
生的门生，因为曾常年住在先生家中，所以是名副
其实的入室弟子，又曾协助先生完成于1950年出版
的《元白诗笺证稿》，所以先生在此书末的作者附记
里提到：'此稿得以写成实赖汪篯王永兴程曦三君之
助。'后来有的书说到1947年在清华修改该书书稿
时，只提'时助先生工作者为研究生陈庆华、王永
兴等'，甚至还提了一句'原燕大毕业生程曦时亦在
北平'。惟独汪篯先生的名字不见了，这自然是与那
'逐出师门'有关。"[4]

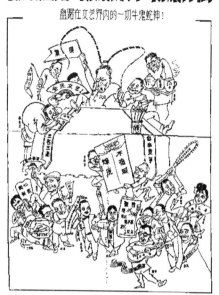

"文化大革命"期间报刊登载的批判"刘邓文
艺黑线"的漫画

　　胡戟所说的"后来有的书"，显指蒋天枢编撰
的《陈寅恪先生编年事辑》。蒋著除了1947年条下
没提汪篯的名字，在著中编年"庚寅　一九五○年
先生六十一岁"条下说道："仍任教广州岭南大学。
助教程曦。将前所著有关元白诗各篇，整理为《元白诗笺证稿》一书，初冬，由岭南大
学文化研究室作为该室丛书之一，印成直行线装本。后来又经助教黄萱协助修改，乃交
上海中华书局改为直行平装普及本。"[5]也就是说，在蒋著中，陈寅恪的《元白诗笺证
稿》与汪篯没有一点儿关系。此点是否与"逐出师门"有关，或别有隐情，尚有待考证。
但据胡戟说，他拜在汪篯门下读研究生时，"汪先生也谈到了1953年的那件事，说他是
自告奋勇主动要去的，自以为有把握把先生请来北京，结果是苦笑着说没想到碰了壁。
不过没有对我讲'你已不是我的学生了'的那句话。……对十五年的恩师下的逐客令，
他甚至没有能力感受到痛苦。其实先生（南按：指陈寅恪）用严厉到不近人情的态度给
上的这最后一课，实出自对这往日的学生的一片爱心，击这一猛掌是要汪篯回到与政治
无涉，做一个纯粹的学术人的路上来。天真的汪先生还是不懂。于是，在1959年和所有
'为民鼓与呼'的党员干部一起被扣了右倾机会主义分子的帽子。"[6]

　　事实上，自"反右"斗争兴起，特别是郭沫若于1958年公开点名指斥陈寅恪之后，
作为陈门弟子的汪篯在北大的地位随之一落千丈，立即遭到了来自同一阵营"革命战友"
的批判和围攻。面对由"红"变"黑"、突如其来的巨变奇劫，不谙世事的汪篯如同挨
了一记闷棍，精神受到极大刺激，大病一场，身体一下子垮了下来，差点倏忽中登了鬼
录。待起死回生之后，汪篯面对前来探望的学生胡戟指着一张贴在证件上的照片让其辨
认。据胡氏回忆说："那是个大胖子，我认不出来，于是告诉我就是他。我只是感到难
以置信。汪先生告诉我，经过1959年的批判，他从一个体重一百五十六十斤的大胖子变成

现在这样一身病。看他当时瘦得弱不禁风的样子，我猜大概不够一百斤了。一次运动掉五六十斤肉（陆键东的书中说二十多斤是不确的），使我好像明白了一点什么叫政治。最后汪先生以自杀结束了自己年仅五十岁的生命。"[7]

于"反右"运动之后从阎王爷掌控的阴曹地府门口重新返回阳间的汪籛，大病初愈后又重新登台讲授他的隋唐史课业，并鼓起勇气，以孱弱之身投入到当时兴行的"勤工俭学、开门办学"等等名堂甚多的教育革命中。当吴晗与翦伯赞被当局发出的锋镝射中之后，北京大学历史系部分经受"文化大革命"战斗风潮洗礼的师生，又弯弓搭箭对准了汪籛这只几乎被拔光了毛的落地凤凰。红卫兵特意在汪宅的房门上贴上了"封条状"的大字报，以示警告。翌日，当造反的"革命闯将"前来检查时，发现大字报竟变成了几块碎片在地上飘摇。关于这一变故有两种说法：一说大字报是被风自然吹掉的；另一种说法是汪要出入房门而不得，盛怒之下便把大字报撕扯下来。愤怒的"闯将"见状，开始指责汪出于仇视"文化大革命"而故意破坏捣乱，事情很快被告发到中央"文化大革命"驻北大工作组。工作组主事者立即把汪氏找来，命令他当面向"闯将"们认错并回去把大字报贴好复原，而后等待研究后的惩罚措施。汪籛心中不服，但又不敢也无力抵抗，只得在"闯将"的看押下回到家中按工作组的要求一一照办，但他的内心却无法忍受"革命者"对自己这位"党内专家"的羞辱，突如其来的"文化革命"彻底摧毁了他往日的理想与信念。或如他的学生胡戟所言："汪先生太熟悉陈寅恪先生给王国维先生写的哀悼文字了……当'文化大革命'彻底摧毁了他心目中美好的新学术新文化之梦时，自命为那虚幻的新文化的托命之人，也便没有容身之地了。"[8]于是，在"义无再辱"的心灵呼唤中选择了死亡，以示抗争。

就在当天夜里，汪籛压抑了近十年的精神苦痛终于爆发，且如银瓶乍破不能自制，遂打开家中备藏的杀虫剂"敌敌畏"喝了下去。未久，"敌敌畏"毒性发作，汪氏痛苦不已，开始在家中号叫并且以头撞击墙壁。邻居于漆黑的夜幕中听到隔壁突然传出如此凄惨可怕的声音，于惶恐中急忙招呼众人前来施救。但汪显然去意已决，早已反锁了家门，外人无法进入。当众人强行将门撞开时，发现他早已气绝身亡。——这一天是1966年6月11日，汪籛年仅五十一岁。这正是王国维当年在昆明湖以身相殉的年龄。

汪氏一死，成为北京大学"文化大革命"中首例殉难者。对于他的死，后世评说不一。有人说他性格脆弱经不起打击，有人谓汪氏此前已对生活失去信心早有死志云云。但他的学生胡戟却做了这样的评价：他在人生的最后一刻，才对陈寅恪的教导大彻大悟，并以"软弱的坚强，表明他没有遗忘师教，便把最后的生命奉献给殉'独立之精神，自由之思想'的祭坛上去了"。[9]胡氏之说略有牵强，但细加深思，亦有一些道理。

在"文化大革命"狂潮波滚浪涌、风雷激荡中，像汪籛这样的教授之死，只能被视为"自绝于人民"。继汪籛之死五个月后，与汪同在历史系任教的向达又命赴黄泉。

1944年，作为北大教授的向达（字觉明），受傅斯年、李济等学界大师聘请，离开昆明西南联大，携家赴四川南溪李庄，继之率中央研究院史语所、中央博物院筹备处等机构合组的西北考察团，与夏鼐、闫文儒等人第二次远征西部大漠，赴敦煌等一带文明遗迹考察。他的妻子儿女在李庄板栗坳与史语所同人共同度过了最为艰难的一段岁月。直到1945年底，考察任务告一段落，向达才回李庄携家眷重返昆明西南联大任教。在这段时间，向达与傅斯年建立了深厚的友谊。抗战胜利复员后，向达继续担任北大历史系教授。新中国成立，向达一度受到重视，担任北大校务委员会委员、历史系教授，并接替南渡台湾的毛子水出任北大图书馆馆长，1954年又兼任中国科学院历史研究所第二所副所长。此时的向达"已走向了历史学家最美好的年华"【10】。可惜好景过于

1949年以后，向达贴在工作证上的照片

短暂，1957年"大鸣大放"期间，向达"对民主人士非常不满，骂他们卑鄙"【11】。当时社会上正在播放一部反映云南大理人民生活的电影《五朵金花》，向达提出史学界要百花齐放，不能只开"五朵金花"（南按：指古史分期、封建土地所有制形式、资本主义萌芽、农民战争和汉民族形成等五个热门问题）。不仅如此，向达曾公开在会上说马克思主义的原理和个别结论，不能代替具体的历史研究方法，比如考据学和考古学，他形象地比喻："怎么能说明考古发掘中，那一锄是马列主义的，那一锄是资产阶级唯心主义的？"【12】此语引起了当局和一些自誉为马列主义史学家的强烈不满，遂"聚而歼之"。向达出身湘西一个土家族家庭，但在当时的社会中对少数民族成分没有认识，向达认为自己是汉族。新中国成立前后曾与湖南老家有些联系，并请户籍警在"民族"一栏里由"汉族"改为"土家族"。按向氏的说法，他这样做是为了不"数典忘祖"【13】。根据这条线索，部分位高权重者无端认为向氏有攫取湘西土家族苗族自治州州长职位，欲谋不轨的野心。于是，双箭齐发，向达被戴上了史学界四大"右派"之首的帽子（南按：据新华社1957年10月18日播发的电讯，四大"右派"依次是向达、雷海宗、荣孟源、陈梦家）。1959年国庆节前夕，向达的"右派"帽子被摘掉，总算得到了一个短暂的喘息机会。面对这一变数，北京学术界各色人等仍怀揣惊恐之心伸头缩头地悄然观望，无一人应声。第一个向他致书道贺，祝其躲过一劫的，竟是远在岭南双目失明的陈寅恪。

陈寅恪与向达交往的渊源可追溯到抗战之前，而在西南联大时期更为友善并相互引为知己。当年在李庄时，因傅斯年对向达的学问人品极为推崇，从而引发了以向达为首的西北科学考察团的成行，经过对敦煌洞窟、汉代烽燧、长城关隘、西域古国废墟、流沙坠简、草纱文书等文明遗迹、遗物的探寻考证，向达一跃成为中国首屈一指的中西交通史专家，他对这一领域研究之深透广博，整个中国学术界无人能够匹敌。而历史上的中西交通

史，实以汉代开端于唐代达到繁盛，而这一段历史与文化交流史也正是陈寅恪抗战期间研究的范围，于是陈向二人自然地交往日多，视为莫逆。当傅斯年在台湾不幸病逝后，陈寅恪那首仿傅青主诗而作的悼亡诗，首先由岭南秘密转到北京大学向达手中，向达又暗中传给郑天挺和汪篯等人，然后渐渐被北方学界小圈子中的同人所知。由这篇在当时看来需冒很大政治风险的诗作传递路径，可见陈寅恪与向达的交情之深，以及对向达人品的看重。1953 年初冬，当汪篯代表中国科学院跑到中山大学，"不知天高地厚"地约请陈寅恪出任历史二所所长而引得对方大怒，直至被赶出师门，灰头土脸地返回北京时，陈寅恪对此仍心中耿耿，怒火未消，遂疾书一封寄往北大的汤用彤、邵循正、周一良、向达等诸先生，对汪篯的所作所为大加痛斥。在致向达与周一良的函中，陈寅恪特地提出将此中情形转告已调往南开大学任教的老友郑天挺。1953 年 12 月 6 日，向达在致郑天挺的信中说道：

> 毅生先生左右：
>   上月科学院派汪篯去广州，邀请寅恪先生北上。不料汪君抵粤后语言不慎，以致寅恪先生大怒，血压增高。最近致书锡予（南按：指汤用彤）、心恒（南按：指邵循正）、（周）一良先生及弟，痛斥汪君，大发牢骚，其致弟及一良函末，并属（嘱）将情形特告先生，而陈师母另函又谓不必将函转陈。锡予先生亦同此意，谓如此可以不致广为宣扬，云云。其实陈先生致汤、邵、周及弟共二函，俱已原件交科学院矣。用陈梗概，尚祈察鉴，幸甚！幸甚！敬颂
> 道安！
>   弟向达谨上　十二月六日[14]

当时陈寅恪除当面痛斥汪篯的冒失、莽撞与不懂事理，对第二所所长的人选问题也谈了自己的看法，并以平和的口气对汪说过如下的话："唐朝中西交通是中古史的一大特点，向达对此素有研究。"[15] 意为让向达担当该所重任。后来由陈寅恪荐举的陈垣担任了二所所长，向达与侯外庐分别担任副所长。

"文化大革命"开始前两年，即 1964 年 3 月，向达专程赴广州中山大学拜谒陈寅恪，就他正在进行的《大唐西域记校注》一书涉及梵文的问题进行请教。懂四门外语的向达对这部在中西交通史上占有重要地位的皇皇巨著中一些梵文描述无法尽懂，而深谙十几种文字的陈寅恪显然要比向达技高一筹。当时中科院的主事者不同意出资让向氏去拜见一个"资产阶级的学术权威"，此次岭南之行，系向达憋着一股湖南人的"霸蛮"之劲儿，大着胆子自费而来。陈寅恪的名声光照日月，而向达的名气也是光芒四射，冠盖学界，两位大师级史学巨擘在岭南这块潮湿之地的会晤，自然成为一件非同寻常的大事，在整个中山大学引起了轰动。借这一难得的契机，中大历史系专门安排向达做了一场《敦煌学六十年》的学术报告，受到师生的广泛好评与激赏，陈寅恪与向达之间的友

谊再度得到了升华。分别时，已很少作诗赠人的陈寅恪诗兴大发，特作《甲辰春分日赠向觉明》三首绝句相赠。最后一首曰：

> 握手重逢庾岭南，失明膑足我何堪。
> 傥能八十身犹健，公案他年好共参。[16]

历史让后人看到的是，一厢情愿的陈寅恪这个"八十身犹健"的梦想似乎太遥远了，遥远得如同西天的彩虹，很快成为泡影。而向达也同样没有活着看到这一天的到来。

两年后，"文化大革命"爆发，当过"右派"分子的向达自是在劫难逃，属于北大最早登上"斗鬼台"的一批"黑鬼"。他所面临的是无情的批斗、折磨与侮辱。许多年后，历史系教授邹衡记下了向达惨遭批斗的情景："我永远不能忘记那个可怕的太阳似火的上午，时在1966年6月，几个'造反派'架住被迫剃光了头的向达先生在三院二楼外晒得滚烫的房檐瓦上'坐飞机'，一'坐'（跪）就是几个小时，向先生像过去给我们上课一样老是不敢（实际上已不能）抬头……向先生已是六十六岁高龄。我看到有的教师吓得直哆嗦，我也感到他凶多吉少，躲在一边落泪。果然，从此以后，我再也没有见到一代巨匠向达先生。"[17]

此时的向达已被关进了牛棚，但他还天真地对未来充满希望，认为"将来每一个人大约都要入八卦炉中一煅，经此一烧，然后可以凤凰涅槃，获得新生！"并暗中嘱咐友人"不必耿耿"，只要"老老实实，实事求是，一定可以过去的"，[18]云云。无奈事与愿违，本已身患重病的他在"坐喷气式飞机"之后，身体已难支撑，但造反的革命者仍"勒令"其在烈日下收集全国到北大串联的红卫兵小将们扔得满校园的西瓜皮。向达在捡西瓜皮时因暴晒过度突然晕倒在地，昏迷不醒，因未得及时救治，肾严重衰竭。9月底，向达和历史系其他"牛鬼蛇神"又被押到昌平县太平庄农场劳动，晚上寝室门被锁住，包括夜间出门上厕所之类的活动一概不准。向达的肾病越发严重，全身浮肿，排不出尿，疼得满地打滚。在阵阵哀号声中，负责监工的红卫兵为图清净，来个耳不听心不烦，索性将其用车拉到北大校园内进行"劳改"，但仍不准送医院救治，此时向达已不能行动，尿更排不出。延至11月24日，一代史学巨匠在极度的痛苦中躺在地上被尿活活憋死，终年六十六岁。

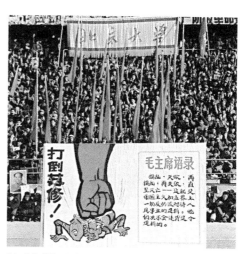

"文革"期间北京大学召开的"反帝反修"大会现场

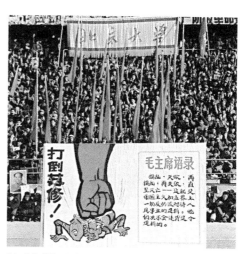

◎ 傅斯年家族的劫难

处于"文化大革命"风暴中心的北京大学校园，并没有因为向达等几个教授的最新暴毙而停止"文攻武卫"的脚步，相反，血腥暴力与夺命的劫难愈演愈烈。一时间，被关、被斗、惨遭蹂躏的"反动学术权威"达500多人，北大校园内多有跳楼和上吊自杀者，未出三个月，仅自杀的著名教授就达24名，有的教学楼因自杀人数过多，成为鬼气迷蒙的人间地狱，在校的女生晚上都不敢靠近。

1966年8月24日，是北京红卫兵暴力行动掀起大规模高潮并处于失控状态的最为疯狂的日子，城里城外大街小巷，四处蹿动着抄家打人、烧毁文物、没收财产、满脸汗水与血污混合的红卫兵的身影。这一天，孤身一人住在燕东园30号的北大西语系著名女教授俞大絪，被闯进的红卫兵三拳两脚打翻在地，然后被扒去上衣用扎腰的铜头皮带猛力抽打。俞大絪被打得满地乱滚，哀号不绝，直至被打得昏死过去，红卫兵才将其家中的财产查抄，装上卡车拉走了事。

俞大絪乃俞大维胞妹，曾国藩侄重孙曾昭抡夫人，时与其姊俞大缜皆任教于北京大学西语系。当1948年底南京国民党方面组织人力"抢救"北方学人时，俞大絪正随曾昭抡由英访学返国，因交通阻塞暂时滞留香港。其间，俞大缜及其家人属于理所当然地被"抢救"之列。为此，时任交通部长的俞大维在调度飞机时，特向傅斯年说明一定要想法把大缜"抢救"出来。傅斯年自是心领神会，拍发电报给北京大学负责"抢救"的郑天挺，特别说明俞大维对其妹的挂念，并有"乞兄务必问她一下，给她一个机会，至感！"[19]之语。

出乎俞大维和傅斯年意料的是，此前在香港的俞大絪与胞姐通信，劝其坚决不跟国民党去台湾，继续留在北大教书。俞大缜同意了妹妹的劝说，对找上门来的郑天挺表示不愿南飞，继续留在北平等待共产党解放。万般无奈中，俞大维与傅斯年只好放弃。1950年，俞大絪由香港返回北平，进入燕京大学西语系任英国文学教授。1952年随着全国教育界院系调整进入北大西语系任教授，与其姊俞大缜同台教授英国文学，

曾昭抡与夫人俞大絪1965年5月摄于北京大学燕园

其夫曾昭抡已由北大教务长调任全国高等教育部副部长，可谓福禄双全了。但是"文化大革命"中，俞大纲与曾昭抡终于未能跨过这道鬼门关。1966 年 8 月这个炎热的夏日，被红卫兵毒打得昏死过去的俞大纲，从阎王爷与小鬼的怀抱中重新回到阳间时，夜幕已降临大地，她想起经受的殴打与人身侮辱，悲不自胜，当天晚上在家中服药自杀——这是北京大学自杀的第一位女教授。时已被打成"右派"分子，撤销了高教部副部长职务的曾昭抡已被赶出京城，正在武汉大学任教，不久也被折磨而死。而此前的 1964 年 12 月 22 日，曾昭抡的胞妹、南京博物院院长曾昭燏因不堪政治运动的压力，于南京郊外灵谷寺跳塔身亡。至此，兴盛百年的曾氏家族连同其他世家的文化遗存，在精神层面上已香消玉殒，消散殆尽，于日后的神州故国不复见矣。

据后世研究者统计，"文化大革命"期间的知识分子自杀方式，除了上吊、服毒、用尖物割腕等自残手段，跳湖、跳河亦成为一大流行特色。而早在这股投湖自杀风潮之前，傅斯年的侄子傅乐焕早已跳湖自尽，算是这一自杀方式的"开先湖者"。

傅乐焕是傅斯年的堂侄，其外祖父是济南著名的豪绅张英麟（1837—1925）。自傅氏家族于晚清趋于没落后，傅乐焕的父亲携家离开聊城，到济南投靠岳父张家谋生。随着军阀混战、刀兵四起的社会大环境形成，靠生意致富的张家也一步步走向衰落。乐焕的父亲虽在先人的余荫下跻身于绅士阶层，然而随着家庭破败，生活拮据，再也没有绅士的风采与派头了。当时在济南的傅家可谓上有老下有小，不仅乐焕有胞弟乐炘、妹妹乐淑，另外还有孀居的姊娘与堂妹一家的生活需要照料。按当时社会风俗，那些所谓的衣冠中人，即使吃了上顿没下顿，也不肯把困难透露给外人，只有悄悄变卖家中的衣物维持生活，更不肯厚颜向亲友借贷求援。而像傅乐焕家族，更是多了一层顾虑，怕出面借贷会有失傅家和乐焕的外祖父张氏家族的体面。在两难境遇夹击下，乐焕的父亲既不能尽当家人的责任，又无法周旋于亲朋好友之间以引桥补路渡过难关，于长期穷困潦倒而看不见希望的境遇中，乐焕之父终于忍受不住物质与精神双重的挤压与煎熬，对人生彻底绝望，遂于 1929 年年关即将到来之夜，冒着零零星星的雪花，独自来到济南火车站旁的一个小卖店，用兜里仅有的三元钱打了二两白酒，买了一袋平时最爱吃的盐煮花生米，三下五除二灌进肚中。而后借着酒劲，迎着刺骨的寒风与凉爽的雪花，踉踉跄跄爬上了碎石铺就的路基，卧轨自杀。

噩耗传来，傅家老小悲恸不已。时年十六岁、正在初中读书的傅乐焕突遭如此惨痛打击，心情更感苦痛，待坚持读完初中，已无力继续升学。此时中央研究院史语所已迁入北平北海静心斋，傅斯年得知此情，顾及同族之情，于 1930 年把傅乐焕叫到北平，以勤工俭学的性质让其做自己的管家兼史语所抄写员（时傅尚未与俞大绵结婚）。与此同时，为了弟弟妹妹能够继续读书和维持一家老少的生活，傅乐焕主持把济南泺源门外好一点儿的住宅卖掉，全家迁居城里历山顶街南头大湾街一个小巷的贫民窟中艰难度日。

身兼管家和抄写员的傅乐焕在北平的日子并不轻松，对于一个初中刚毕业的学生而言，置身于性情急躁、遇事常暴跳如雷的傅斯年以及他的用人和同事、朋友之间，就须头脑灵活，事事加倍小心谨慎，处理好各方面关系，否则饭碗不保，未来的生活、前途更是不堪设想。好在傅乐焕是个聪明伶俐又有志气的青年，除了把工作与人事关系处理得井井有条，还挤时间刻苦自学，终于得到了族叔傅斯年的赏识和信任。1932年寒假后，在傅斯年支持下，傅乐焕得以到北平私立立达学校高三班就读，并于暑假前拿到了高中毕业证书，不久考入北京大学历史系。其时，傅乐焕在济南时一个叫严薇青的初中同学也考入北大历史系，两个人被分到同一宿舍。除星期天外，平时傅乐焕还要经常返回傅斯年家照料家务，以便取得经济上的资助。据严薇青回忆："从一些生活细节上可以看出他（傅斯年）的脾气可能不小。比如有一个初冬下午，我和乐焕约好，跟他到西铁匠营看看傅斯年的寓所和乐焕原来住的房间。那天恰好傅斯年不在家，我在乐焕屋里头坐了一会，他带我去看傅的书斋兼客厅。那是三大间北房（乐焕住的就是最西头的一间耳房），房内虽是旧式的方砖铺地，没有地毯，但是打扫得非常干净，写字台上也是一尘不染。书橱里绝大部分是外文书，而且是物理方面的。据乐焕介绍，傅斯年出国最初学的是物理。等我看过出屋的时候，乐焕小心翼翼地又仔细检查一遍，唯恐留下有人进屋的痕迹，而后才把门关好。傅斯年的卫生间在院内西南角上一座小屋里，也是抽水马桶。由于没有暖气设备，屋里生着炉子。在我用过并冲洗之后，乐焕又重新冲洗、检查一遍。从乐焕这些细心检查的活动来看，傅斯年对生活上的要求大概很高，很可能过去为这些琐事发过脾气，所以乐焕才不厌其烦地一再查看。同时也说明过去乐焕住在他家，大概总是提心吊胆，看来这家主人并不是好伺候的。"严薇青还说："有一次，一个家在北平市的初中同学来看我们，当我谈到想家、想济南时，他说：'你不过是想家，乐焕却是"挂家"，挂着家里如何生活！'"这一说法在严薇青看来"是十分中肯的"。[20]

1932年,傅乐焕考入北大后留影并自题（傅乐铜提供）

1936年，傅乐焕于北大历史系毕业，在傅斯年的关照下，进入中央研究院史语所历史组工作，直接受陈寅恪领导和栽培。抗战爆发后，乐焕陪伴傅斯年的母亲先入安徽避难，而后转长沙。前文所述傅斯年因母亲没有逃出来，在暴跳如雷的同时，当场扇了两个侄子耳光事，其中一个就是傅乐焕（另一个是傅乐成）。后来史语所迁昆明，乐焕随往，并在昆明入北大文科研究所读硕士研究生，与杨志玖、张政烺、邓广铭等友善。当史语所迁李庄后，傅乐焕以副研究员的身份在板栗坳主要从事宋辽金元史的研究，仍受陈寅恪直接指导。1942 年傅乐焕发表了著名的《辽代四时捺钵考五篇》，[21] 以辽帝春山、秋水等行迹为主线，对有关地名进行了全面考察，此文对了解辽代的疆域和地理状况具有重大价值。由于这项研究成果在历史研究中的突出地位和贡献，傅乐焕荣获中央研究院颁发的杨铨奖金。

傅乐焕在李庄时，他的老母仍在济南，妹妹傅乐淑则在昆明西南联大历史系读书。乐焕挣的薪水要拿出大部分分别寄往昆明与济南，以尽家中长子之责。时济南已沦陷，连寄款的线路都已成了问题。据乐焕的同窗好友、北大毕业后在济南刘鲁中学高中部任教的严薇青说："这时乐焕的母亲来找我，说是乐焕来信，让商量一个从后方寄钱来济南的办法。以后通过我父亲的朋友柳老先生在西安的亲戚，让乐焕设法把钱交给家在西安的友人，由友人如数送钱给柳老亲戚家，柳老在济南接信后再如数把钱给我，我再转交乐焕家里。这个拨款的办法大概一直用到抗战胜利。"[22]

由于困在李庄，医疗条件极差，加之长期焚膏继晷攻读著述，傅乐焕患上了严重的心脏病，以致到了抗战胜利返京复员之日，由于病情极其严重而不能随复员南京的史语所众人同行。乐焕在致傅斯年的信中说道，"事实上必不可能"，唯一的一条路就是"只有暂留"李庄，[23] 一个人孤独地等待病情好转。身在重庆的傅斯年读罢此信，念侄子早年丧父，命运多舛，流徙西南而只能翘首北望，家有老母而不能即行相见，想到此处，不禁潸然泪下。

傅斯年最后一次回到李庄时，察看了傅乐焕的病情，确认在短时间内无法回京，万般无奈中，只好托李庄乡绅罗南陔在镇内找了个稍好一点儿的房子，为其日后养病之居所，慢慢等待病情好转。1946 年秋，史语所人员全部复员回归南京，傅乐焕因心脏病持续恶化而不能长途行动，只好一人滞留在李庄休养。这年的 10 月 31 日，他在答傅斯年的问询时说道："侄病近月来一般情形，略有进步，唯心脏趋弱，听之而已。早日回家事，非今日体力所能支。"[24] 直到次年春，傅乐焕的病情有所好转，才告别了生活六年之久的李庄，乘船返回南京任史语所副研究员。

1947 年，傅乐焕获英国文化委员会资助，向史语所请假，赴英国伦敦大学东方学院深造，从事藏文、波斯文、政治经济思想史、欧洲中古经济史及欧洲中古近代史大纲等的学习和研究，后获博士学位。在英国期间，傅乐焕思想发生了巨变。1948 年 4 月 3 日，他以教训的口吻致信正在美国治病疗养的傅斯年说："昨间接闻人言，我叔近在美常做演讲，协助政府。在美部分左倾学生，颇为失望。今日政府之颓局，完全他们自己造成，不值得为之过分分神也。"[25]

在以往的叔侄通信中，傅斯年总是以长辈的口气居高临下地对这位侄子发号施令，而傅乐焕也都是小心谨慎、唯唯诺诺地点头奉命行事。乐焕每有致傅斯年的书信，也只是谈些读书做学问，甚或家务之类的琐事，从不涉及政治。想不到出洋没一年，这位侄子竟开始涉及政治，且在国民政府尚未倒台、自己正为蒋家王朝四处奔波，企图挽狂澜于既倒之时，教训起自己来了。此举在心高气傲、不可一世的傅斯年看来，真如太岁头上动土，佛头抹粪，犯上作乱。于是勃然大怒，恨不得立即把这位侄子拉出来像抗战初期一样当场扇几个响亮的耳光，再给他来个"下马威"。无奈远隔大洋，力不能及，只好把满腔怒火化作凌厉的文字予以反击，来了一顿真真切切的臭骂。也就从这时起，叔侄二人在政治上已呈分道扬镳之势。

尽管如此，傅斯年到了台湾之后，念及旧情以及乐焕的才学，曾多次致信致电召其在英学成后直接赴台就事，并云另一位与乐焕经常在一起的本家弟弟傅乐成已赴台岛，出任台大助教，等等。但傅乐焕此时如同一只出巢的雄鹰，面对海阔天空的大千世界，再也不想回到国民党政府与叔叔掌控的机构中做事谋职了，他要寻求一种天地清新的新社会，要投奔共产党领导的中国大陆，并将自己的余生贡献给新中国的学术事业。傅乐焕拒绝来自傅斯年的劝说与各方面的利诱，排除种种干扰，于 1951 年毅然返回中国大陆，初在中国科学院考古研究所任研究员，1952 年调中央民族学院历史系任教授、副主任，兼中国科学院历史研究所研究员和学术委员。其间，与学术大师、史学界"二

六十年代初，陈垣（后排中）与傅乐焕夫妇及女儿合影（傅乐铜提供）

陈"之一的陈垣侄女结婚，并陆续有了三个女儿。在相对安静舒心的生活环境中，傅乐焕埋头治史，先后参加并领导对满族、达斡尔族的民族识别工作和调查研究，发表了《关于达斡尔的民族成分和识别问题》等研究成果，主编了《满族简史》《金史》，参与编绘《中国历史图集》，点校"二十四史"，参与编纂《辞海》《中国地震史料辑录》，编辑"中国历史小丛书"等，对中国少数民族史的研究事业做出了划时代贡献，并以此跻身国内外最有影响的辽金史学专家之列。

1963 年秋冬，傅乐焕被借调到中华书局，与顾颉刚、邓广铭、阴法鲁、杨伯峻、陈述、邵循正、郑天挺、张政烺、王永兴、罗继祖等专家进行"二十四史"的点校工作（这一"点校工程"是根据毛泽东拟议与部署，由周恩来批准，中宣部牵头调集人员，中华书局组织全国数十名一流专家学者，由顾颉刚领衔，历时 20 年完成的学

术工作，是中国目前"二十四史"的最佳版本）。根据专家分工，作为辽金史专家的傅乐焕负责点校《金史》，与甲骨学家罗振玉之孙、来自吉林大学的辽史专家罗继祖教授在同一组。当时参加点校工作的专家在北京西郊公主坟附近中华书局大院内，傅乐焕因离家较远，为集中精力，在工作后期便搬入中华书局招待所与罗继祖联床而居。以此，罗傅二人结下了深厚的友谊。

当"文化大革命"风暴到来之际，因傅乐焕是傅斯年的侄子，以及傅氏家庭成员的"历史问题"与复杂的社会关系，运动一开始，中央民族学院的掌权者便盯上了他，派人到中华书局要求停止傅的工作，回校做检查并接受革命群众的批判。

生性内向、不苟言笑的傅乐焕，面对山雨欲来风满楼的政治运动，想到与傅斯年的关系及整个家族背景，深知自己此次是在劫难逃，遂神情紧张，惶惶不可终日。当学院第三次派人强行要把他揪回去批判时，傅乐焕紧张的神经几近崩溃，直至一脚踏上了黄泉之路。

据中华书局实际主持"二十四史"点校工作的赵守俨说，傅乐焕于1966年5月22日下午黄昏时分独自走出招待所，离开翠微路大院时，赵氏还与其打过招呼，当时并未发现有何异常，不料第二天就传来傅乐焕在陶然亭公园湖中自杀的消息。

中央民族学院派人赶到陶然亭公园湖边时，面对傅的尸体还不太理解，说是院里还没有把这家伙揪回去发动群众展开批斗，怎么人就死了！似有可惜、遗憾与不甘心之意。同时来人还怀疑，究竟傅氏是自杀还是他杀？初步检查的结果是，傅乐焕手腕上的手表一直在走动，衣袋里还有一些钱，如果是他杀，不会不把手表和钱拿走。再者傅的脸上、身上并无伤痕，从而排除了他杀的可能。支持自杀的另一个证据是，傅乐焕的尸体漂出湖面时，看到的群众说，尸体是面朝下，是趴着的。当时在北京流传着一种说法，凡投水自杀的人，当尸体浮起时，女的仰着，男的趴着。傅乐焕的案例符合这一说法，因而断定是投水自杀。

至于傅氏为何在劫难还没有切实降临到自己头顶之时就投湖自尽，此一问题为社会上一般学者和傅氏的亲朋好友不能理解。或许正如同样存有许多迷惑的陈述弟子、契丹民族史研究专家刘凤翥所言："也许他看得远，虽未触动，但从批'三家村'，知道不会有好结果，故先走一步。"【26】

就在傅乐焕投湖自杀之前，他的堂弟傅乐成随傅斯年赴台，任教于台湾大学，未及婚娶即病逝孤岛；其妹傅乐淑则远走美国。因了傅斯年与乐成、乐焕、乐淑的亲属关系，整个傅氏家族开始了一场劫难。傅斯年族叔傅昕安，在国民党撤退台湾时正在重庆政府部门工作，已买了赴台的飞机票，但傅斯年来信说"先别动，我还要回来，到时候再决定行止"云云，结果未能走成。其结果是被新政权先当作旧人员改造，后在1957年"反右"运动中被打成"右派分子"，发配到中科院北碚柑橘研究实验基地劳动改造。傅斯年族弟傅斯彉原为南京国民政府教育部职员，没有随傅斯年迁台。新中国成立后，于改造旧人员运动中被发配到安徽蚌埠治淮委员会工作，"反右"运动开始，因与傅斯年的关系被打成"右派分子"，强迫退职，遣返原籍聊城。其时傅氏家族故宅"相府"早已被当地政府没收并改为汽车运输公司，傅斯彌家人租住别人一间小屋栖身。因政治与经济双重压力，其于返乡的第二年去世，死时年仅五十四岁，撇下五个孩子，大的十三岁，小的仅一岁。这五个孩子长大成人后，皆受到挤压和迫害，老二傅乐铜1968年到济南军区当兵，两个月后被退回，后又差点儿被打成"反革命分子"。傅斯年族侄、南开大学毕业后随东北招聘团进入辽宁鞍山钢铁公司工作的教授级高工傅乐昕，因与傅斯年的关系，于1957年被打成"右派分子"，戴帽下放灵山农场劳动改造，历尽苦难。"文化大革命"中，傅家的祖宅被推倒砸掉，庞大的院落成为瓦砾遍地的废墟。至于傅氏家族受清朝皇封在聊城占地120亩的墓地——傅家坟，也毁于一旦。大清开国状元傅以渐作为"地主阶级的头子"与"台湾特务、反动文人傅斯年的祖师爷"，其墓被红卫兵用铁镐、镔铁扎油锤、绳索等物撬开，劈棺抛尸，惨不忍睹。未久，整个傅家坟近百座墓葬全部被刨开，在抛棺扬尸的同时，地下随葬品被洗劫一空。最后连牌坊、石碑、神道及道边的石像、皇帝御赐碑文等全部被推倒捣碎，傅家人甚至与其沾亲带故者，自此作为臭名昭著的"五类分子"，披枷戴帽，或拿入大牢，或被镇压，或接受革命群众的监督改造。

聊城郊外傅家坟"文化大革命"破坏惨状至今历历在目（作者摄）

聊城郊外新修建的傅以渐墓，站立者为傅斯年侄子、山东聊城傅斯年研究会副秘书长傅乐铜（作者摄）

傅氏家族后辈中还有一位特别值得一提的优秀女性，这便是傅斯年侄女、傅乐焕之妹，与傅仁轨同年赴美的傅乐淑。傅乐淑早年就读于燕京大学，抗战爆发后入西南联大化学系，后转历史系。1943年在昆明考入北大文科研究所史学部，1947年6月毕业，获得硕士学位。同年考取山东省公费留美就读斯坦福大学。1949年山东省国共政权更迭，经费中断，获芝加哥大学资助后转芝加哥大学就读，1952年获得该校历史学博士学位后旅居美国，先后任教于南加州大学、中密歇根大学、匹兹堡都昆大学。

自1978年至1986年，傅乐淑曾几次回国探亲并到北大、中央民族学院、内蒙古大学等高校访问故旧，做学术交流。虽终身未婚，独处异域50余年，傅乐淑依然心向故土，挂怀祖国的教育事业，除了像傅斯年一样想方设法资助亲属中的子侄辈及其子女到海外留学或在国内接受高等教育，还于1999年从微薄的积蓄中捐献四万美元，在中央民族大学设立"春晖""花萼"奖学金，每年资助蒙、藏、满、回四个少数民族

晚年傅乐淑（傅乐铜提供）

各两名家境贫寒、品学兼优的学子。另把自己花费多年心血与金钱购置的藏书先后捐赠国内高校（1999年捐赠《清实录》一套53册；2000年、2005年分两批捐赠给内蒙古大学共1300余册中外文图书）。

傅乐淑初治元史，后兼治清史，并曾专注于清初中西关系史，在海内外有影响的著述达十几种之多。1995年，傅乐淑自费在北京书目文献出版社出版过她的一部旧作《元宫词百章笺注》，并列入"清慎堂丛书·射集·初集"。对这部集子的命名，傅乐淑在后序中曾这样做过叙述："清慎堂者，聊城傅氏之书屋也。三百年前傅氏盛时有一府邸，中有书屋，名清慎堂焉。堂有宝焉，右军之常侍帖也，凡四十五字，有开元年间牛仙客等题跋。清慎堂久已圮矣，傅氏子孙离乡背井百余年矣，仍用清慎堂三字为傅姓人著述之名者，师周公谨自称齐人之意。"又说："《清慎堂丛书》有礼、乐、射、御、书、数六集。礼集乃傅姓人所撰之书；乐集乃傅姓人所译之书；射集乃傅姓人所注之书；御集乃傅姓人所编之书；书集乃傅姓人所辑之书；数集乃傅姓人所述之书；各有数种。《元宫词百章笺注》乃射集之第一卷，暂称初集。"这段叙述除了印证傅氏家族自大清到民国"传胪姓名无双士，开代文章第一家"的辉煌，还表明这个家族延续到傅乐淑一代，诗书之家优美的家风尚未荡尽，文化香火并未灭绝，只是以另一种方式艰难延续。

关于这部著作的写作和出版经过，傅乐淑做了如下叙述："这本笺注是我在国立北京大学文科研究所作硕士论文时写的，我的论文题目是《元代斡耳朵生活考》，宫词笺注是论文的附录，但因在报端陆陆续续地印了（南按：曾在《禹贡》周刊和《经世日报》发表过一部分），交论文时便把附录略去。我的论文一共抄写了三份，全交给了考试委员会了。考试及格后，我便匆匆出国了。四十年后重回母校，希望能找到我的论文，准备整理一下，予以发表。不幸我因流落异国，功不成，名不就，万分潦倒，学业荒疏久矣，岩穴寒士之旧业，不为母校重视，竟将当日所呈之三份论文皆当作废纸弃之久矣。我回北大三次，交涉良久，始终未能找到自己的心血。言之心痛！论文亡矣，论

　　　　　　　　第十七章　遗恨塞乾坤

文之附录因曾已发表于报端，尚可收回一部分（此稿仅印过一部分，我因出国，便停止投稿了），现在勉强把四十年前的文章补全，此乃敝帚自珍，留此以纪念抗日期间断齑画粥时代的一点读书成绩。"

从论文研究课题和附录内容可以看出，傅乐淑与其兄傅乐焕研究领域几乎相同。傅乐焕的《辽代四时捺钵考》论文和《捺钵与斡鲁朵》一书，曾名重一时，所达到的学术高度至今无人超越。傅乐淑在这个领域是下过一番苦功的，而兄妹二人研究道路的相同绝非偶然，当与傅斯年的指导或指令有关。事实上，假如不是傅乐焕于"文化大革命"一开始投湖自尽，傅乐淑流落异邦而难以施展更大抱负，这对兄妹的学术成就当比现在人们看到的大得多。但仅所见成就，亦从另一个侧面显出傅斯年学术眼光的独特和深邃。只是傅乐焕兄妹生不逢时，最后落了个陈寅恪《王观堂先生挽词并序》所云"今日吾侪皆苟活"的悲怆结局。悲夫！【27】

◎ 陈寅恪之死

身居北方的弟子汪篯自杀，好友向达死了，"论交三世"的俞大纲魂归西天，世侄傅乐焕钻入了湖底。躺在南国的病床上，在"文化大革命"狂潮洗礼与巨大冲击中奄奄一息的史学大师陈寅恪自是难逃厄运。1966年初，当批判吴晗的《海瑞罢官》风潮遍及神州之时，目盲足膑但心灵极其敏感的陈寅恪就预感到自己将大难临头，难逃罗网。这年3月，他在《丙午春分作》一诗中，道出了自己末日来临的心境：

> 洋菊有情含泪重，木棉无力斗身轻。
> 雨晴多变朝昏异，昼夜均分岁序更。
> 白日黄鸡思往梦，青天碧海负来生。
> 鄣羞茹苦成何事，怅望千秋意未平。【28】

后世对于此诗的解释多有不同，按余英时的释读："这首诗写于'文革'风暴的前夕，总结了他……十七年的心路历程，悔恨之情溢于言表。……第七句则回顾十七年来的生活，以'鄣羞茹苦'四字概括之，尤凄惋沉痛之至。这四个字，是典型的遗民语言，其中'鄣羞'两字最能表现他坚决不与新朝合作的志节。"【29】余氏之解，是耶？非耶？或似是而非？陈诗的真实寓意与个中况味究竟如何？或许只有"留赠来者"做出明确的判断了。

此前的 1964 年，陈寅恪在《赠蒋秉南序》中有云："寅恪亦以求学之故，奔走东西洋数万里，终无所成。凡历数十年，遭逢世界大战者二，内战更不胜计。其后失明膑足，栖身岭表，已奄奄垂死，将就木矣。默念平生，固未尝侮食自矜，曲学阿世，似可告慰友朋。至若追踪昔贤，幽居疏属之南、汾水之曲，守先哲之遗范，托末契于后生者，则有如方丈蓬莱，渺不可即，徒寄之梦寐，存乎遐想而已。呜呼！此岂寅恪少时所自待及异日他人所望于寅恪者哉？"又说："虽然，欧阳永叔少学韩昌黎之文，晚撰《五代史记》，作《义儿》《冯道》诸传，贬斥势利，尊崇气节，遂一匡五代之浇漓，返之淳正。故天水一朝之文化，竟为我民族遗留之瑰宝。孰谓空文于治道学术无裨益耶？"【30】

此篇泣血滴泪之序文，是陈寅恪生命中的一曲悲歌，是一个文化殉道者心路历程的独白，同时也是一位虽九死其犹未悔的学术老人留给这个世界的隐语。

"平生治学，不甘逐队随人，而为牛后"的陈寅恪，在《王静安先生遗书序》中曾说："自昔大师巨子，其关系于民族盛衰学术兴废者，不仅在能续先哲将坠之业，为其托命之人，而尤在能开拓学术之区宇，补前修所未逮，故其著作可以转移一时之风气，而示来者以规则也。"【31】这是陈寅恪心中"大师"的经典性标志，也是一个大师对另一个大师的敬仰感佩之语。只有开一代风气和示来者以规则，才堪当大师之任与大师之名号。此点在陈氏《朱延丰突厥通考序》中说得更加清楚明了："考自古世局之转移，往往起于前人一时学术趋向之细微。迨至后来，遂若惊雷破柱，怒涛振海之不可御遏。"【32】"但开风气不为师"的名言，不仅是龚自珍的自白，也是陈寅恪的志趣和自道，他没有在任何场合自命为大师，更未在任何时候端过大师的架子。在他生命的晚年，大师与非大师，都不重要了，唯让他引以为荣和自豪的，就是平生未尝侮食自矜，曲学阿世，这是他的自尊自重之处，也是垂范千古的警世名言和不朽碑铭。至于陈氏谓求学数万里而终无所成，除了他的自谦，更多的是对生平未能尽其所有精力，实现远大的治史抱负的遗憾，以及汾水之曲、先哲遗范，皆成为方丈蓬莱，邈不可寻的无奈以及内心迸发的愤懑和哀鸣。

事实上，《论再生缘》与《柳如是别传》的写作，只是陈氏晚年精神的寄托，并未能代替和了却一个伟大史学家的雄心大愿与辉煌梦想。与陈氏"两代姻亲、三代世交、七年同学"的俞大维曾云："文字是研究史学的工具，兹以《元史》为例略做说明。大家都知道我国旧有《元史》是仓促修成，不实不尽的地方很多，为后来学者所诟病。因此有志重修元史的学者，先后辈出……王国维先生为我们这一代的第一流学者，其考据之精，可与乾嘉大师并美，即关于《蒙古史》著作亦极精确。惟王氏只通日文，未能用直接史料也。"而第三代代表人物陈寅恪"有关系的文字他都懂，工具完备；可惜他生于'齐州之乱何时歇，吾侪今日皆苟活'的时候。他既无安定的生活，又无足够的时间，未能完成他的心愿，留给我们一部他的《新蒙古史》。……他平生的志愿是写成一部《中国通史》，及《中国历史的教训》，如上所说，在史中求史识。因他晚年环境的遭遇，与双目失明，他的大作（Magnum Opus）未能完成，此不但是他个人的悲剧，也是我们这个时代的悲剧"。[33]

1966 年 7 月，在大鸣、大放、大字报、大辩论的"四大"声浪中，中山大学的"革命者"闻风而动，开始造起反来。霎时，整个校园内鸡飞狗跳，大字报铺天盖地。陈寅恪由原来的大字号"走资派""资产阶级反动学术权威"，也水涨船高地被加封为"牛鬼蛇神""封建余孽""死不改悔的走资派"，同时被指斥为大肆挥霍国家财产，享受高级护理待遇，非美帝国主义的药物不吃，有意侮辱为其理疗的年轻女护士等的"罪魁祸首"。而随着原中共广东省委第一书记、中共中央中南局第一书记陶铸被江青等"文化大革命"新贵打倒在地，一直颇受陶氏关怀的陈寅恪更是雪上加霜。在一份红卫兵撰写的"战报"中宣称："像中大历史系教授陈寅恪，简直是革命阵营中一枝大毒草，陶铸却偏偏要格外照顾他，优待他……这样浪费人民的血汗，去照顾一个'反动文人'，他究竟安的什么心？"[34]

"革命"的号角已经吹到了中山大学南区康乐园一号楼陈宅的床侧，锐利的锋镝正呼呼生风向陈寅恪残朽的身躯射来。面对来势凶猛的征讨攻伐和加在自己头上的一连串罪名，有一天，陈寅恪突然问助手黄萱"反动"二字如何解释，黄无以回答。对此，黄萱回忆说："可见当时所谓的'革命行动'，连博通今古的陈先生，也莫名其妙，何况他人？！这怎能不使国内的爱国知识分子为之一哭！"[35]只是，对陈寅恪来说，能"为之一哭"已是极大的幸运，很快，他将连一哭的机会和能力都不具备了。

在神州鼎沸，子夜唯闻唱鬼歌的阵阵呼啸声中，跟随陈寅恪多年的助手黄萱被造反派赶走，不许她再与这个"反动文人"见面，否则同样以"反动分子"视之。当年受陶铸直接关怀而委派到陈家的三名护士被撤除，陈寅恪工资停发，个人一点儿存款被冻结，并以中山大学"特号反动权威"之罪被批斗。陈家三个女儿中的老大、原在医院工作的陈流求，被从四川发配到西昌一个干校劳动改造；老二小彭、老三美延均被发配到广东一个叫英德的茶场干校劳改，家中只有陈寅恪夫妇相依为命。一个目盲足膑，一个体弱多病，两位老人相濡以沫，艰难图存。因工资停发、存款被封，陈氏夫妇生活无着，只得写"申请书"上呈学校党委，请求恩赐。这份被保留下来的"申请书"大意有二：一是陈寅恪心脏病加重，为维持残弱的病体，在粗食已经难进，只能进流食的情况下，请求用自己被冻结的一点儿积蓄，每日购买四支牛奶喝，"以维持生命，不胜感激之至"。二是请求保留一位老工友，"协助厨房工作，协助扶持断腿人坐椅上大便。唐篔力小头晕，有时扶不住，几乎两人都跌倒在地。一位工友工资廿五元，饭费十五元，可否每月在唐篔活期存款折中取四十元为老工友开支。又，如唐篔在床上，无人可请医生，死了也无人知道"。[36]

意想不到的是，尽管陈氏夫妇欲用自己的一点儿存款支付费用维持残生，且表示

"不胜感激之至"，但还是没能得到批准，以致因不能提取存蓄偿付工友薪水，在陈氏夫妇死去之后，劫后余存的家具被人抬去抵了工资。

尽管"申请书"未得到批准，但陈氏夫妇还是没有上吊、投湖或像他们的晚辈人物江篯一样抱着带有骷髅头的毒药瓶当烈酒痛饮一番，然后以头撞墙，了结此生。陈寅恪作为历史文化的承载者和"托命之人"，自然知道自己的分量和生存的意义，他还要继续顽强地活下去。据中山大学留存的有关"密级"材料显示，早在1959年，陈寅恪就与校方有过数次严重冲突，在致校方的抗议信中有"走或死皆不甘心"之语。[37]1963年，陈寅恪更向家人表示：他死后要把骨灰撒到珠江黄埔港外，以免别人利用他的死开追悼会。[38]"文化大革命"爆发后，中山大学编写的一份"形势报告"称："反动学术权威陈寅恪，对于蒋家王朝的覆灭，'对于亡国、共产党是不甘心的'（原文如此——引者注）。他声称'不吃中国面粉'，'不为五斗米折腰'。他狂叫'兴亡遗恨尚如新'。他还说，'虽然年纪老到皮包骨了，但还不愿死，要看共产党怎样灭亡'，'死了以后，骨灰也要抛在大海里，不留在大陆'。……他要至死不变，就让他带着花岗岩脑袋见上帝去吧。"[39]陈寅恪是否真的说过这些话，在什么状况和心境下向谁说过，"形势报告"没有表明，后人难以确切地得知。许多年后，据中山大学前历史系教授何肇发回忆说："幸亏当年'造反派'根本读不懂陈寅恪的诗，不然陈寅恪极有可能当场被打死。"[40]何氏所言当符合历史实情。或许，这一切，也正是陈寅恪《广州赠别蒋秉南》诗"骨化成灰恨未休"的一个惨痛隐喻吧。

陈氏侥幸没有被当场打死，但造反派让他"带着花岗岩脑袋见上帝"的决心已经下定，气数已尽的史学大师末日已经来临。造反派按既定方针加大了对陈寅恪的折磨与攻伐力度，陈家居住的校园内东南区一号楼很快被大字报覆盖，远远望去如同一口巨大的黑白棺材兀立于树木丛生的校园一隅，望之令人恐惧惊悚。面对如此场面，陈氏夫妇预感到死神已逼近门前，悲愤交织中，唐篔将房门和阳台上的小门关闭。造反派们见状，认为是"负隅顽抗"，盛怒中立即组织力量向棺材状的"反动堡垒"展开猛攻。在一阵乱石飞舞、刀棍作响中，楼前楼后已搭成数道人梯，几名身穿绿军装的"勇士"迅速攀上阳台，踹开门窗。少顷，人群蜂拥而入，控制了整个局面。据说当年陈寅恪在这个楼道里讲授白居易《琵琶行》时，只一句"银瓶乍破水浆迸，铁骑突出刀枪鸣"，就讲了两个课时，且绘声绘色，眼前似真的出现了刀响马鸣之场景，令同学们听得入神着迷。假如陈氏闻见眼前造反派们强闯入室这一幕，再开讲白诗此句，或许更有真切体会吧。

1965年，垂垂老矣的陈寅恪于中山大学寓所，时骨折已三年

第十七章 遗恨塞乾坤

在皮带飞扬、棍棒森森与阵阵口号声中，一张张大字报很快由楼外糊到了室内，门脸、衣柜、床头，直至糊到陈寅恪的衣服和头上。陈氏的躯体霎时被白纸黑墨所包裹，难辨人形。对此，唐筼以无限的感伤之情发出了"人还没死，已先开吊了"[41]的哀怨。

造反派们见陈家虽已"开吊"，但人还活着，为做到名副其实，索性进行抄家与劫掠财物的大规模行动。凡屋内可拿之物，大至落地收音机，小至茶杯瓷瓶，无所不拿，无所不夺，拿不走的盆盆罐罐便摔碎砸烂。不到一天工夫，家中完整的日用品荡然无存。有几个造反头目在翻箱倒柜中发现了唐筼先祖遗留的一点儿纪念性首饰，开始哄抢起来。陈夫人见状，想到此为先祖遗留之物，意义重大，不可轻失，遂以孱弱之躯冲上前去制止。造反的头目们转过身来，一顿乱拳将唐筼打倒在地，将饰物抢劫一空。尽管此前陈寅恪以悲愤决绝的态度告诉回家探望双亲的女儿小彭"我将来死后，一本书也不送给中大"[42]，但他后半生积攒的书籍全部被造反派查封，手稿被掠。陈寅恪历尽千难万险，经过十几年战火侥幸保存下来的20余封祖父往来手札亦被劫走。最后的结局是，陈氏所有藏书全部落入中山大学与中大造反派某些人之手，甚至连当年陈寅恪为撰写《柳如是别传》向蒋天枢借阅的珍贵抄本《有学外集》12册，亦被劫去，而蒋氏后来数次函索竟不得。

经过几次"战斗洗礼"，陈家财物尽失。造反者们眼见已无油水可捞，而陈寅恪还躺在床上哼哼唧唧地喘着气息，为达到尽快让其"带着花岗岩脑袋见上帝"的目标，造反派头目心生一计，命人把陈氏抬到学校大礼堂"斗鬼台"让革命群众揭发批斗。唐筼见状上前阻止，复被打倒在地。多亏陈寅恪早年在清华国学研究院的学生、中山大学前历史系主任刘节教授及时赶到并冒死劝阻，以自己代替老师挨斗的条件换得陈寅恪没有被强行抬走。而站在"斗鬼台"上的刘节，被造反派用最新发明的"喷气式"批斗方法羞辱折磨一番后，问其有何感想，刘慨然答道："我能代表老师挨批斗，感到很光荣！"[43]这句足够"有种"的话语给造反派们意想不到的震慑，对方只是给刘氏一顿耳光外加拳脚作为教训了事，未再坚持把陈寅恪抬到"斗鬼台"当众批斗。

免登"斗鬼台"的陈寅恪，并未免掉坠入死亡之谷的悲惨命运，因了史学大师称号和赫赫声名，陈氏将经受不同于其他"牛鬼蛇神"的特殊羞辱与迫害。为验证在中大校园空气中流动不息的"陈寅恪有惊人的记忆力和渊博学识"的真伪，造反派进入陈宅将其拖下床来，强迫其下跪背诵《毛主席语录》，倘若不肯背诵或有一句背错，便遭到一顿"徒有虚名""装神弄鬼""连一个文盲老大娘都不如的骗子"的辱骂，外加一顿铜头腰带和棍棒敲头的频繁点击，让已成为老朽的陈寅恪增长"记性"。未过几天，造反派们又心生奇计，先是把几个大字号高音喇叭吊至陈宅窗前屋后，让其听取伟大领袖的谆谆教导和革命群众对"反动分子"发出的怒吼之音。双目失明，且患严重失眠症与心脏病的陈寅恪，突闻几个"怪物"在耳边吱吱作响、嗷叫不止，当即抱着脑袋在床上打起滚来。造反派见陈寅恪听到革命的声音好像很兴奋的样子，再度前来点名让其背诵《毛主席语录》某一篇某一段，以验其效。若不能背出，便群起攻之，三拳两脚将其打瘫在床上不得动弹。

造反分子见以如此方法对陈氏的"洗脑"收效不大，乃加大力度与强度，索性将高音喇叭搬进室内，绑到了陈氏的床上。每当"革命者"呼声响起，整个陈宅如狂飙突至，风雷激荡。陈氏夫妇未闻几声，即感天旋地转，双双心脏病复发，口吐白沫，倒身不起，世间发生的一切全然不知了……

1969年春节后，陈寅恪一家被扫地出门，迁至中大校园西南区五十号一所四面透风的平房居住，原居住的一号楼成为造反派的指挥部。此时陈寅恪病体衰弱得进一点儿汤水之类的"流食"都已困难，偶有亲友躲过造反派监视偷偷登门拜望，他躺在病榻上说不出话，也哭不出声，只是眼角不断有浑浊的泪水流出，望者无不凄然。身处困厄绝望的陈寅恪自知将不久于人世，面对几次被登门让其"交代问题"的"革命者"乱拳打倒、心脏病日趋严重几乎瘫痪的夫人唐筼，陈认为爱妻可能将先于自己命赴黄泉，悲凉无助中，夫妻相对而泣。奄奄一息的陈寅恪怜夫人之悲苦，叹命运之困厄，天道不还，心怀无尽的怨愤与痛楚，留下了生命中最后一曲挽歌《挽晓莹》：

> 涕泣对牛衣，卅载都成肠断史。
> 废残难豹隐，九泉稍待眼枯人。[44]

1969年5月5日下午6点三刻，躺在床上气脉已竭的陈寅恪，再次被迫向当权者做"口头交代"。陈寅恪有"我现在譬如在死囚牢"[45]之语，终至泪尽泣血，口不能言方休。延至10月7日晨5时30分，心力衰竭的陈寅恪于凄风苦雨中溘然长逝。一个月后的11月21日，唐筼因伤感太甚，刺激太深，加之环境极度恶劣，遂于病中撒手人寰，追随陈寅恪而去。

关于陈寅恪在生命旅程中最后一段时光的生活以及因何致命创伤而死去，当时住在中山大学的梁宗岱夫人甘少苏在回忆录《宗岱和我》中说："那时候，挨整的人及其家属都特别害怕高音喇叭，一听到高音喇叭声，就战战兢兢，因为红卫兵经常用高音喇叭通知开会、点人出来批斗、游行；而出去一次也就是小死一场。历史系一级教师陈寅恪双目失明，他胆子小，一听见喇叭里喊他的名字，就浑身发抖，尿湿裤子。就这样，终于活活给吓死了。"[46]

泰山其颓，梁木其坏，哲人其萎。三百年乃得一见的史学大师就此远去。

"元亮虚留命，灵均久失魂。人生终有死，遗恨塞乾坤。"[47]此为陈寅恪在自己生命历程和学术生涯中，"知不可乎骤得，托遗响于悲风"[48]的内心独白，也是一位旷代学术大师人格风范与命运遭际的真实写照。

"先生之著述，或有时而不章。先生之学说，或有时而可商。惟此独立之精神，自

　　　　　　　　　　　　　　第十七章　遗恨塞乾坤

陈寅恪先生遗容。1969 年 10 月 17 日于广州殡仪馆摄（引自《陈寅恪集》，陈美延编，北京三联书店 2009 年出版）

由之思想，历千万祀，与天壤而同久，共三光而永光。"——这是陈寅恪为沉湖而死的王国维撰写的纪念碑文，更是自己一生追求和坚守的永恒信念。只是当年王国维沉湖而去时，陈寅恪尚能以诗文表达自己的哀悼之情。而到了陈氏本人凄苦地告别这个世界的时候，华夏大地已没有人再顾及"独立之精神，自由之思想"的警世名言，更没有人敢为在孤苦中死去的他撰写挽联和碑文了。尽管在海外孤独行步的赵元任得此噩耗，用英文撰写了悼念性文章，但作为当年清华"四大导师"唯一健在者，面对 20 世纪中国大陆赤县神州最为疯狂的年代和残酷的政治环境，于惨死的老友陈寅恪夫妇，赵氏不敢，也无力对那些迫害者给予道义的谴责和法律的制裁，除了望洋兴叹，也只能是"而已"而已。

2004 年 5 月—2006 年 1 月一稿
2008 年 2 月 21 日晚校改毕
2009 年 12 月 15 日—2010 年 2 月 18 日修订
2014 年 3 月再次增订

注释：

【1】《北京大学七同志一张大字报揭穿一个大阴谋——"三家村"黑帮分子宋硕陆平彭珮云负隅顽抗妄想坚守反动堡垒》，载《人民日报》，1966 年 6 月 2 日（转新华社 6 月 1 日电讯）。

【2】司马洪涛《评翦伯赞的〈中国史纲要〉》，载《人民日报》，1966 年 6 月 1 日。翦伯赞，1898 年 4 月 14 日出生。湖南桃源人，维吾尔族。1916 年考入北京政法专门学校，后转入武昌商业专门学校。1924 年赴美国加利福尼亚大学留学。1926 年回国后，南下广东参加国民革命军。大革命失败后，在历史学家吕振羽等人影响下，开始用马克思主义观点潜心研究中国社会和历史问题。先后发表了《中国农村社会之本质及其历史的发展阶段之划分》《前封建时期之中国农村社会》等论文，与吕振羽合著了《最近之世界资本主义经济》一书。

1937 年 5 月，翦伯赞加入中国共产党。七七事变后，任南迁的北平民国大学教授，出版《历史哲学教程》一书。1940 年 2 月，至重庆，在周恩来的领导下从事秘密"统战"工作。抗战胜利后，于 1946 年 5 月到上海，与张志让、周谷城等组织并领导"上海大学教授联谊会"，兼任大夏大学教授。1947 年 10 月到香港，任达德学院教授。1948 年 11 月，与郭沫若、侯外庐等离开香港，次年 2 月 1 日到达北平，参加中国人民政治协商会议的筹备工作，并被选为第一届政协全国委员会委员。新中国成立后，出任燕京大学社会学系教授。1952 年院系调整后出任北京大学副校长兼历史系主任，继续从事马列主义史学研究并积极倡导"西周封建论"，一时名声大振，与郭沫若、范文澜、吕振羽、侯外庐，并称马列主义新史学"五大家"。这是翦氏一生中在政治和学术上达到的顶峰。

　　"文化大革命"的导火索被姚文元一篇批吴晗的《海瑞罢官》点燃后，面对蹿动的火苗，翦伯赞不明底细，以盟友的身份为吴晗辩护，并对前来采访的《文汇报》记者说：姚文元的批判文章"牵强附会"，态度极粗暴，完全是对吴晗的诬蔑和陷害，等等。没过多久，腾起的烈火就烧到了翦伯赞的身上，并以"黑帮分子"加"反动权威"把他揪出来批斗。1968 年 10 月，在八届十二中全会上，毛泽东在讲话中说，对资产阶级学术权威也要给出路，"不给出路的政策不是无产阶级的政策"，并以翦伯赞、冯友兰为例，指示今后在生活上可以适当照顾。北大军宣队很快向正在牛棚中被整得以头撞墙的冯翦二人传达了"最高指示"，还把翦氏夫妇迁移到燕南园的一幢小楼独家居住。夫妻俩住楼上，另派一杜姓工人住楼下，在照顾其生活的同时，负有监视之责。

　　好日子没过一星期，厄运再次来临。此次的起因是关于刘少奇的定案问题。此时名为国家主席的刘少奇已被内定为"叛徒、内奸、工贼"。具体罪行之一是 20 世纪 30 年代曾与蒋介石以及宋子文、陈立夫勾结，而这一时期在蒋、刘之间周旋的人，就是谌小岑、吕振羽和翦伯赞等人。于是，翦氏就成为刘少奇专案组搜取这一证据的关键人物。1968 年 12 月 4 日，由江青秘密成立和控制的"刘少奇、王光美专案组"副组长、驻军某师副政委巫中带着几名副手，气势汹汹地直奔燕南园，向翦伯赞指明开始于 1935 年的国共南京谈判是刘少奇叛卖共产党的活动，令翦提供证据。翦表示自己年纪大了，一时记不得了。经过几次谈话，翦仍交代不出具体内容，于是巫中大怒，冲到跟前，把手枪顶在翦伯赞的鼻孔底下，大吼："快说，不说马上就枪毙你！"翦仍交代不出。巫中临走撂下话，必须在三天之内想出来，否则就地正法。翦在极度的恐惧和走投无路中，于 1968 年 12 月 18 日夜，与妻子双双吃下大量安眠药自杀身亡。第二天，前往查看者发现夫妻俩平卧于床。二人穿着新衣服，合盖一条新棉被。经过检查，发现翦伯赞身着中山装的左右口袋里，各装一张字条。一张写着："我实在交代不去（出）来，走了这条绝路。我走这条绝路，杜师傅完全不知道。"另一张则写着："毛主席万岁！毛主席万岁！毛主席万万岁！"

　　【3】《毛泽东思想的新胜利》，载《人民日报》，1966 年 6 月 4 日。

　　【4】【6】【7】【8】【9】胡戟《试述陈寅恪先生对士族等问题的开拓性研究——附言：被"逐出师门"后的汪篯先生》，载《陈寅恪与二十世纪中国学术》，胡守为主编，浙江人民出

　　　　　　　　　　　　　第十七章　遗恨塞乾坤

版社 2000 年出版。汪篯于 1916 年生于江苏扬州，至 1966 年自杀，应为 51 岁。

【5】【42】【43】【45】《陈寅恪先生编年事辑》（增订本），卷下，蒋天枢撰，上海古籍出版社 1997 年出版。

【10】【11】【15】《陈寅恪的最后二十年》，陆键东著，北京三联书店 1996 年出版。

【12】肖良琼《向达》，载《当代中国社会科学名家》，刘启林主编，北京：社会科学文献出版社 1989 年出版。

【13】【18】萧离《献给惊沙大漠的拓荒者——向达先生逝世十四祭》，载《社会科学战线》，1980 年第 4 期。

【14】郑克晟《陈寅恪与郑天挺》，载《陈寅恪与二十世纪中国学术》，胡守为主编，浙江人民出版社 2000 年出版。

【16】《陈寅恪集·诗集》，陈美延编，北京三联书店 2001 年出版。

【17】邹衡《永远怀念向达先生和夏鼐先生》，载《夏商周考古学论文集》（续集），北京：科学出版社 1998 年出版。

【19】《致郑天挺》，载《傅斯年全集》，第七卷，欧阳哲生主编，湖南教育出版社 2003 年出版。

【20】【22】《追悼傅乐焕》，载《济南琐话》，严薇青、严民著，济南出版社 1997 年出版。

【21】《中央研究院历史语言研究所集刊》，第十本，中央研究院历史语言研究所 1948 年 4 月出版。

【23】【24】【25】台北"中央研究院"历史语言研究所藏《傅斯年档案》。

【26】刘凤翥致王世民信函，2011 年 2 月 1 日，未刊发。又，关于傅乐焕自杀的推断并非空穴来风，史书曾有相关论述。据南宋淳祐七年（1247）初刻的宋慈《洗冤集录》，卷三，廿一《溺死》载："若生前溺水尸首，男仆卧，女仰卧。头面仰，两手两脚俱向前。口合，眼开闭不定，两手拳握。腹肚胀，拍着响。（落水则手开，眼微开，肚皮微胀；投水则手握，眼合，腹内急胀。）两脚底皱白，不胀。头髻紧。头与发际、手脚爪缝，或脚着鞋，则鞋内各有沙泥。口、鼻内有水沫，及有些小淡色血污，或有搕擦损处，此是生前溺水之验也。（盖其人未死，必须争命，气脉往来，搐水入肠，故两手自然拳曲，脚髈缝各有沙泥，口、鼻有水沫流出，腹内有水胀也。）"

此书刻版后，引起朝廷重视，当朝皇帝下旨颁行全国各衙门，成为官方检验尸体的教科书，南宋灭亡后仍通行天下，并被各级衙门尊为"验尸宝典"。惜原书已佚，现在看到的最早版本是元朝刻本，更名为《宋提刑洗冤集录》。此书对后世验尸技术的发展产生了重大影响。

据现代研究成果，生前溺水死亡，尸体浮起后男女姿势有异，主要是男女身体重心位置不同，当腐败产生的气体充满体内空腔而上浮，就会形成不同的姿势。——这一点，对"文革"时期的验尸者来说，已不是什么大的难题。如作家老舍在 1966 年 8 月 23 日遭到残酷"批斗"后失踪，第二天，有人发现他已在北京西城区太平湖投湖自杀。据目击者说，老舍的尸体呈趴伏状浮于水面。

【27】2003 年，傅乐淑病逝于美国加州。根据"叶落归根，魂归故里"的遗愿，2004年 7 月，傅乐淑侄子、在美国的傅翔奉骨灰回国，遵照遗愿，葬于聊城傅氏祖茔，与傅斯年的原配、此前迁入傅家坟地的丁馥萃为邻，算是了了诸多生者与亡者的心愿。

【28】《陈寅恪诗集》，陈美延、陈流求编，清华大学出版社 1993 年出版。

【29】余英时《"弦箭文章"那日休？》，载《陈寅恪晚年诗文及其他》，冯衣北著，花城出版社 1986 年出版。

【30】《陈寅恪集·寒柳堂集》，陈美延编，北京三联书店 2009 年出版。蒋秉南，即蒋天枢。欧阳永叔、韩昌黎，分别指欧阳修、韩愈。据欧阳修《新五代史》卷五十四载，冯道其人于五代事四姓十君，自号"长乐老"，尝著书陈己更事四姓及契丹所得阶勋官爵以为荣。欧阳修乃斥之不爱其身而忍耻偷生，"其可谓无廉耻者矣"。

【31】《陈寅恪集·金明馆丛稿二编》，陈美延编，北京三联书店 2009 年出版。

【32】《陈寅恪集·寒柳堂集》，陈美延编，北京三联书店 2009 年出版。

【33】俞大维《怀念陈寅恪先生》，载台北《中央日报》副刊，1970 年 3 月 31 日。另据陈寅恪在成都燕大时期的学生、后任教于中央民族学院的王钟翰说："记得先生初抵成都时，曾提及《元史》一书之事。先生这样说过：'二三十年代中，我刚从国外回国，专心致志于元史，用力最勤。我的《元史》一书，并不是一部很好版本的书。我读过好几遍，每有一点心得，就批于书眉，蝇头细楷，密密麻麻，丹铅殆遍。可惜卢沟桥事变起，我携之南迁。谁知批过好几遍的这部书，托运至重庆附近时，竟毁于兵荒马乱、炮火空炸之中。我今老矣，无暇重温旧业，只好期诸后贤了！'先生此言，犹太人有余痛。"（见王钟翰《陈寅恪先生杂忆》，载《纪念陈寅恪教授国际学术讨论会文集》，中山大学出版社 1989 年出版）王氏所言恐怕有误，细考陈氏迁往西南之历程，似无书托运至重庆。1942 年 9 月 23 日，已从沦陷的香港逃亡桂林的陈寅恪，在辞却武汉大学文学院院长欲聘请其为该校教授的书信中，已提及自己藏书丢失之事："弟廿年来所拟著述而未成之稿，悉在安南遗失。中有蒙古源流注，系依据其蒙满文诸本，并参稽其所出之西藏原书四库提要所谓咖喇卜经等者，考订其得失。与沈乙庵（南按：即沈曾植号）书大异。后闻伯希和在库伦获元秘史元本，故欲俟其刊布，再有所增删。用力虽勤而原书价值颇不高，今稿既已失去，亦不复谈论此事矣。"（见《陈寅恪集·书信集》，陈美延编，北京三联书店 2001 年出版）从这封信看，王钟翰所说的《元史》，或许就是这部当年陈寅恪从长沙转往云南蒙自期间，在安南海防转运时被小偷用砖头易箱而失去的《蒙古源流注》。

【34】壶公《陈寅恪先生之死》，载台北《中央日报》副刊，1970 年 1 月 26 日。

【35】黄萱《怀念陈寅恪教授——在十四年工作中的点滴回忆》，载《纪念陈寅恪教授国际学术讨论会文集》，中山大学出版社 1989 年出版。

【36】《陈寅恪先生编年事辑》（增订本），卷下，蒋天枢撰，上海古籍出版社 1997 年出版。见一九六八年条，引"申请书"。

【37】【38】【39】【40】《陈寅恪的最后二十年》，第 293、398、477、478 页，陆键东著，北京三联书店 1996 年出版。其中"兴亡遗恨尚如新"乃陈寅恪《论再生缘》中的二首诗，作于 1954 年春暮。题为《甲午岭南春暮忆燕京崇孝寺牡丹及青松红杏卷子有作》（二绝），诗曰："回首燕都掌故花，花开花落隔天涯。天涯不是无归意，争奈归期抵死赊。（改宋人词语。红杏青松画已陈，兴亡遗恨尚如新。山河又送春归去，肠断看花旧日人。"陈氏自作："寅恪有看花送春之作，亦关涉牡丹红杏者，故附录于此。诗之词句重复钩连，固是摹拟绘影阁体。然意浅语拙，自知为才女之鬼所鄙笑也。……"（载《陈寅恪集·寒柳堂集》，陈美延编，北京三联书店 2009 年第二版）绘影阁，陈端生有《绘影阁诗集》，陈氏自称此二绝乃模仿陈端生诗的风格。对于"兴亡遗恨尚如新"释解，各家有不同。陈诗中的崇孝寺乃原名，后谐音为崇效寺，其寺素以牡丹及《青松红杏图》闻名。清光绪年间学者震钧《天咫偶闻》卷七："崇效寺，俗名枣花寺，花事最盛。昔，国初以枣花名。乾隆中以丁香名，今则以牡丹名。而《青松红杏》卷子，题者已如牛腰。相传僧拙庵，本明末逃将，祝发于盘山，此图感松山杏山之败而作也。其图画一老僧趺坐，上则松荫云垂，下则杏英霞艳。首有王象晋序，后题以竹垞、渔洋冠其首，续题者几千人，亦大观也。……"

又徐珂《清稗类钞·园林类》："京都崇效寺花事最盛……相传寺僧拙庵（即智朴）徐州人，张姓，本明季裨将，曾从洪承畴战于松山杏山间，后洪降，遂祝发于田盘并为寺僧，此图盖感于松山杏山之作也。"《青松红杏图》，寓明清兴替之感，此所谓"兴亡遗恨"。陈诗用此典又加"尚如新"，当是不仅指明亡清兴的旧恨，亦指国家易鼎的新愁。1963 年，陈寅恪有诗《十年以来继续草钱柳因缘诗释证至癸卯冬粗告完毕偶忆项莲生鸿祚云"不为无益之事何以遣有涯之生"伤哉此语实为寅恪言之也感赋二律》，其中有"明清痛史新兼旧"句，当是对政权交替的悲吟。

【41】《陈寅恪先生编年事辑》（增订本），卷下，蒋天枢撰，上海古籍出版社 1997 年出版。见一九六六年条，此语是唐篔对前来看望的黄萱所言。

【44】《陈寅恪诗集》，陈美延、陈流求编，清华大学出版社 1993 年出版。编者注："此诗可能预作于 1967 年前后。"蒋天枢在《陈寅恪先生编年事辑》（增订本）卷下，置于 1969年上半年。但此诗作为陈寅恪绝笔似无疑义。诗中的"牛衣"当为给牛御寒之衣，典出班固《汉书》卷七十六《赵尹韩张两王传第四十六》："王章，字仲卿，泰山钜平人也。……初，章为诸生学长安，独与妻居。章疾病，无被，卧牛衣中，与妻决（诀），涕泣。其妻呵怒之曰：'仲卿！京师尊贵在朝廷人谁逾仲卿者？今疾病困厄，不自激卬，乃反涕泣，何鄙也！'后章仕宦，历位及为京兆，欲上封事，妻又止之曰：'人当知足，独不念牛衣中涕泣时耶？'章曰：'非女子所知也。'书遂上，果下廷尉狱，妻子皆收系。"（见《汉书》，下册，第 1404—1405页，岳麓书社 1993 年出版）"牛衣对泣"，喻夫妻共守贫困、贫贱不移的真情。陈诗"涕泣对牛衣"，可谓一语双关，既引"牛衣对泣"之典故，又合身处"牛棚"之现实。而陈氏所穿的衣服，此时已被造反派糊满了"牛鬼蛇神"等人格侮辱的大字报，形同囚衣，因而所谓的"牛衣"已远远超出了古典意旨。"卅"，即四十，言夫妻共同生活四十载之约数。

下联的"豹隐"，典出《列女传·陶答子妻》："妾闻南山有玄豹，雾雨七日而不下食者，何也？欲泽其毛而成文章也，故藏而远害。"后世以"豹隐"比喻隐居。此处喻指欲归隐而不可得，只能经受惨烈的批斗。"眼枯"，原指泪水流尽，此处当指目盲。陈氏以哀惋悲戚之音，告知心爱的夫人在九泉之下等待自己这个瞎了眼睛的老叟相见。

【46】《宗岱和我》，甘少苏著，重庆出版社 1991 年出版。

【47】《枕上偶忆建炎以来系年要录所载何缜绝命诗因戏次其韵亦作一首诚可谓无病而呻者也》，载《陈寅恪诗集》，陈美延、陈流求编，清华大学出版社 1993 年出版。此诗标注作于 1964 年。

【48】苏轼《前赤壁赋》。

　　拙著《陈寅恪与傅斯年》出版之后，得到广大读者的热情关注，近百家报刊、电台、电视台以不同的方式予以报道，又促使更多的读者给予关注、阅读和讨论，产生了较大的社会反响。随着《光明日报》评选为"2008年度十大好书"，以及台湾繁体字版在全球华人圈发行，引发了新一轮海内外读者对追求"独立之精神，自由之思想""回到傅斯年时代"等话题的探讨热潮。到目前为止，作者共收到海内外邮件近千封，就拙著所涉人物和内容以及创作态度与技巧，有赞誉也有批评，更多的是从关怀爱护的角度，对书中不恰当的观点、提法或个别疏漏舛误之处给予指正，希望再版时能够修订。蒙读者朋友和出版方朋友们的双重好意，兹决定对拙著进行纠偏改错，删减增补，加以完善。此次修订除对错讹之处予以改正，还根据部分读者的意见，特别增加了陈寅恪与傅斯年两位学术大师的学术研究历程和成果，兼涉大师的治学路数和思想、精神，以及对后世产生的影响。鉴于两位大师的学问如无涯之海，窥之无极，在增补中不能一一尽述，只能略述大概，或如陈寅恪先生当年在清华园所讲司马光《资治通鉴》时所言："读《通鉴》者，如饮河之鼠各充其量而已。"此点期望读者有所会意。

　　本次修订过程中，先后得到了中国社会科学院考古研究所资深研究员、著名考古学家王世民先生，以及作者的师友，著名作家王久辛、钟亦非、何三坡的支持帮助。他们分别通读了拙著，对错讹和文辞不当之处提出了修订意见。特别是台湾远流出版公司文史专业编辑陈穗铮小姐，作为这部著作繁体字版的责任编辑，几乎对著中每一段、每一句所引史料内容和出处，都进行了核查、校对与修正，并对大陆和台湾两地材料稽考钩沉，探赜索隐，甄别校勘，为此付出了大量心血，同时又增补了不少难得一见的旧史籍、新材料，使拙著质量得到了进一步提升。本次修订将这些新鲜成果一并纳入。这一切都是需要特别说明和感谢的。

另外，在修订过程中，得到了陈寅恪外孙、陈小彭之子、身居香港的林日晖先生，傅斯年子侄、聊城市政协委员傅乐铜先生，身居北京的李济之子李光谟先生，以及中国艺术研究院中国文化研究所前所长刘梦溪先生，著名文化批评家朱大可、解玺璋、王珂、史奉真，以及吴怀尧、施袁喜、刘青文、贾谬、游宇明、柳已青、秦乃思、石舒波、晨曦等先生的评论和指点。中山大学沈辉教授特别拍摄了陈寅恪故居近期的照片。在此，对以上诸君表示诚挚的谢忱。

通过电子邮件和信函对拙著给予指点并提出善意批评的读者，恕我不能在此一一列出大名，这一好意，作者心领神会并表示深深的感谢。本次修订尽管费力不少，因水平有限，谬误在所难免，期盼读到修订本的各位方家，通过新浪网"岳南博客"，或通过电子信箱赐教，以便日后再度修改完善，以无愧于九泉之下的学术大师。

岳南

2010 年 3 月 25 日

全新增订版后记

时间过得真快，屈指一算，全新增订本（全本）离 2010 年初次修订又过了四个春秋。四年来，引起读者兴趣并热切关注的国内外大事小事不计其数，但仍有那么一些读者见缝插针地购来拙著阅读，并通过邮件与微博私信等方式对书中内容及编辑、印刷等诸方面的问题给予热切批评与鼓励，此举令我深深感动。

为了读者的这份好意，也为了使拙著意旨更加明确，更是为了尽可能减少字句或操作技术上的错讹，经与出版方高层商量，决定进行再次修订。现在，工作已经完毕，借此机会，向读者朋友就这次修订的经过和内容略做说明。

一、全面普查，对书中错讹之处包括人名、日期、史实等尽可能地辨识、改正。

二、还原部分本不该删除而因某种原因删掉的部分章节，以及内中人物来往书信等。

三、对认为需要增补、衔接或删减的内容进行增减，使叙述、描绘的故事更加清晰明了。

四、因本人有幸于 2011 年受聘为台湾清华大学驻校作家，有较多的时间和条件查阅收藏于台岛的有关档案、资料，从而有不少新发现，在这次增订中尽可能地加以利用，为拙著增加了新鲜血液。

以上四点，便是本次修订所做的努力和成果，粗略估计，添加的总字数在五万左右，尽管总体框架和内容没有大的改变，但这个版本显然比以前有了明显进步，相信读者阅后会有同感。

在修订过程中，许多相识与不相识的热心读者给予热情关怀与帮助，这里不一一列举，仅表达我诚挚的感激之情。

学海无涯，艺无止境。同上次后记所写一样，欢迎热心的读者和各位方家继续给予批评指正，并通过新浪网"岳南博客"或电子信箱赐教。

岳南最新电子邮箱：yuenan_999@sina.cn

岳南

2014.3.10

图书在版编目（CIP）数据

陈寅恪与傅斯年 / 岳南著 .—长沙：岳麓书社，2014.5（2024.1 重印）
ISBN 978-7-80761-853-9

Ⅰ.①陈… Ⅱ.①岳… Ⅲ.①陈寅恪（1890～1969）—传记
②傅斯年（1896～1950）—传记 Ⅳ.① K825.81 ② K825.46

中国版本图书馆 CIP 数据核字（2014）第 075102 号

陈寅恪与傅斯年

作　　者：岳　南
责任编辑：李业鹏
监　　制：于向勇
特约编辑：楚　静
装帧设计：张丽娜　李　洁
内文排版：百朗文化
岳麓书社出版
地址：湖南省长沙市爱民路 47 号
直销电话：0731-88804152 88885616
邮编：410006
2014 年 5 月第 1 版　2024 年 1 月第 4 次印刷
开本：760×1060　1/16
印张：31
字数：646 千字
书号：ISBN 978-7-80761-853-9
定价：88.00 元
承印：三河市中晟雅豪印务有限公司

若有质量问题，请致电质量监督电话：010-59096394
团购电话：010-59320018